# 다중패러다임 프로그래밍언어론

Theory of
Multi-Paradigm
Programming Languages

# 다중패러다임 프로그래밍언어론

이문근 저

전북대학교출판문화원

진(眞)

&

령(昤)

안(顔)

에게

For

OMiLAB Global

&

OMiLAB Korea

# 『Prologue』

본 교재는, 저자가 1996년부터, 전북대학교 컴퓨터과학과와 컴퓨터공학부에서 강의했던, "고급프로그래밍언어" 과목의 강의 자료를 정리하고 보강한 결과물이다.

저자는 교재를 만들면서 많은 생각이 들었다. 그 중, 가장 중요한 것은, 내가 그 동안 얼마나 체계적인 학습을 소홀히 했는가에 대한 자책이었고, 또 하나는, 내가 왜 진작 이런 교재를 만들지 않았던가에 대한 후회였다. 그 이유는 다음과 같다.

저자가 처음 프로그램에 매료되었던 시점은 학부 3학년 2학기 Assembly 언어를 배울 때였다. 지금은 기억도 희미한, IBM 출신의 중년 여교수로부터, IBM3070 architecture 기반 assembly 언어로, binary tree를 이용한 sort, search 등과 같은 연산을 수행하는 기말 프로젝트로 수행하던 때였다. Memory와 register 등의 연산에서 단 한 치(bit)의 오류도 허용하지 않았던 assembly 언어에 대한 컴퓨터 프로그래밍의 경험은 컴퓨터에 대한 엄밀성을 넘어서, 컴퓨터에 대한 경외심을 자아내기에 충분했다. Memory에서의 모든 데이터의 크기와 위치를 정밀하게 계산해서, 앞으로 전개될 binary tree에 의한 재귀적인 함수의 호출에 요구되는 입력과 출력 데이터의 크기를 반영해야 하는 상황은, 이전의 프로그래밍에서 느낄 수 없었던 성취감을 느끼게 해 주었다.

이러한 Assembly 언어에 대한 학습과 경험은 다음 학기인 4학년 1학기의 운영체제와 컴파일러 과목에서 도적전인 프로젝트를 성공적으로 수행할 수 있는 기반을 마련해 주었다. 특히, Unix OS의 fork 시스템 함수와 socket과 pipe 통신 메커니즘을 활용한, 다수의 사용자의 문서 편집을 위한 min-OS를 개발하던 프로젝트와, Lex와 Yacc을 이용한 mini C 컴파일러를 개발하던 프로젝트는, 성취감 이상의 자부심을 느끼게 해 주었다. 특히, 두 대의 terminal에서 사용자가 독립적으로 동시에 login을 할 수 있고,

그 terminal에서 각 사용자에게 서로에게 문자와 문서를 주고 받을 수 있는 min-OS의 프로그램이 실제 작동이 될 때의 환희는, 또한 C 언어로 간단한 프로그램을 작성해서, 그 프로그램을 컴파일하고 실재 그 결과가 실행이 될 때의 환희는 지금도 가슴을 설레게 만든다. 당시, 중간고사를 마치고 나면 본격적으로 시작되는 프로젝트 기간은 참으로 많은 전설을 만들어 내었다. 서로 경쟁을 하듯이, 먼동이 틀 때까지 밤을 새워가며 코딩을 하던 동료들의 모습도 눈에 선하기만 하다.

하지만 이런 성취감과 자부심에 사로잡혀 있던 저자에게 4학년 2학기 최고의 위기가 찾아왔다. 그것은 바로 인공지능 과목에서 배우는 Prolog와 Lisp 언어 때문이었다. 지금까지 내가 배웠던, 그 어떤 언어와는 전혀 차원이 다른 언어들이었다. 특히, Lisp로 Lisp interpreter를 개발하는 프로젝트는 그 동안 저자가 구축해왔던 성취감과 자부심을 산산이 무너뜨리고 말았다. 그나마, 겨우 졸업을 할 수 있었던 것은, 수학에서 배웠던 논리학이 도움이 되기는 했지만, 언어적인 관점에서의 Prolog와 Lisp는 단순히 수학의 논리학 또는 이산수학으로 해결할 수 없는 언어였고, 저자는 이 언어 때문에 심각한 좌절감에 사로잡혀 있었다. 하지만 이런 저자에게 천운과 같은 기회가, 너무도 우연히 찾아왔다.

저자는 학부를 졸업하고, "우연히", 대학원에 진학할 기회가 생겼다. 그리고, 대학원 첫학기에, 필수 과목인 "프로그래밍언어론" 과목에서, Carl Gunter라는 젊은 교수에게 ML이라는 새로운 언어를 배우게 되었다. 당시 저자는 ML이라는 언어가 있었다는 것을 학부과정 내내 전혀 몰랐었다.

저자는 처음으로, ML이라는 언어를 접하면서, 프로그램언어에 대한 이론적인 경험을 비로소 하게 되었다. 그리고 언어에는 다양한 언어의 유형(paradigm)이 존재하고, 그러한 언어들의 유형은 그 유형의 용도에 따라 사용될 수밖에 없다는 타당성에 대한 체계적인 체험을 하게 되었다. 이러한 경험 중, ML이 복합성, 즉 다중패러다임(multi-paradigm)의 성질을 가진 언어라는 것을, 실제 코딩을 통해서, 이해하게 되었다. 이 과정은, ML의 함수언어적인 성질, 논리언어적인 성질, 객체지향적인 성질 등의 다양한 언어의 유형을 일체적으로 이해할 수 있는 천운의 기회였다. 개인적으로 이 과정은, 이전 학부 과정에서 Prolog와 Lisp를 통해서 겪었던 좌절감을 체계적으로 극복하고, 그 이상의 질적 성장을 이룰 수 있었던 너무도 소중한 학습과 경험이었다. 아마도 ML로 Scheme interpreter를 작성하는 이 과목의 프로젝트는 내 일생의 어떤 프로젝트나 과제와는 비교할 수 없을 정도로 혁신적이었다고, 또한 도전적이었다고 평가하고 싶다 - 그리고 이 Prologue를 통해, Carl Gunter 교수에게 진심으로 고마움을 전하고 싶다.

사실 이 이후, 30년 이상의 프로그래밍에 대한 활동은 주로 과학자와 교수라는 직업과 관련된 것들이 주된 것들이다. 실용적인 면에서는, SW재역공학에서 요구되던 SRE(Software Re/everse-engineering Environment) 도구의 구축과, 이론적인 면에서는, dTP-Calculus에 기반을 둔 SAVE(Specification, Analysis, Veirication, and Evaluation) 도구의 구축으로 정리할 수 있다. 전자는 Meta-Programming에 기반을 둔 SW 개발방법론에 대한 활동이라면, 후자는 Process Algebra 이론을 Modeling 및 분석 및 검증에 적용하기 위한 모델링 및 모의실험 방법론에 대한 활동이었다. 그리고 돌이켜, 이런 활동에 가장 큰 도움이 되었던 대표적인 경험을 제시하라고 한다면, 저자는 주저하지 않고 Carl Gunter에게 배웠던 ML에 대한 경험이라고 말할 수 있다.

아마도 이런 이유 때문이었는지는 몰라도, 전북대학교에 부임한 이후로 지금까지, "고급프로그래밍언어" 과목의 기본 언어로 ML과 더불어, 관련 언어인 Scheme과 Prolog와 Smalltalk을 가르치게 되었다. 일반적으로, Scheme과 Prolog와 Smalltalk을 개별적으로 학습하는 것은 결코 쉬운 일이 아니다. 하지만 ML과 그 다중패러다임적인 특성을 이해하고 나면, 이러한 언어를 학습하는 것이 절대 어려운 일은 아닐 수 있다. 그 이유는 당연히, ML을 통해서, 이들 언어가 가지고 있는, 패러다임적인 관점에서의 각각의 특성을 이해할 수 있기 때문이다.

이 교재의 목적도, 당연히 이런 관점에 있다. 본 교재는 ML 언어의 기본적인 특성들을 기술하고, 이를 다중패러다임적인 관점에서 해석하였다. 그리고 이를, 각 패러다임에 해당하는 대표적인 언어로 확대하여 적용하였다. 즉 ML의 기본 특성들이 어떻게 다중패러다임적인 관점에서 해석이 될 수 있는지를 각 패러다임의 대표적인 언어로 체험하도록 하였다. 이런 관점에서 ML 언어 하나를 심도 있게 학습함으로써, 다른 3가지 유형의 언어도 같이 학습할 수 있게 하였다.

이런 면에서, 이 교재는 기본적으로 학부 4학년과 대학원 1학년 수준에 맞게 조정을 하였다. 그리고, 이론적인 측면에만 치우치지 않고, 프로그램이 실제 어떻게 실행이 되는지에 대한 실기적인 측면에서도 도식적으로 상세히 기술하였다. 그 중, 가장 강조를 한 것은, 귀납법에 기반을 둔 재귀함수의 수행성에 대한 것으로, 재귀함수의 실행 과정과 단계를 절차적으로, 또한 시각적으로 상세히 기술하였다. 즉 하위언어인 assembly 언어에서의 정밀성과 정확성이 상위언어인 함수언어나 논리언어에도 절대적으로 요구되고 있음을 단계별로, 도식적인 방법을 통해서 표현하고 기술하였다. 이렇게 함으로써, 상위언어에서의 논리, 즉 알고리즘이 관련 데이터와 일체적으로 어떻게 연동해야 하는지를 구체적으로 이해할 수 있도록 했다.

이런 관점에서, 본 교재를 다음과 같이 구성하였다:

1) 제1장: 프로그램의 원리

- 프로그래밍언어를 정의하고, 그 유형을 HOW에 기반을 둔 절차중심 프로그래밍언어와 WHAT에 기반을 둔 비절차중심 프로그래밍언어로 구분하여 특성을 분석하였다.
- 프로그래밍언어의 쟁점을 알고리즘과 복잡도의 관점, 그리고 실행체계의 관점에서, 절차중심언어와 비절차중심언의 예를 들어, 기술하였다.
- 이를 기반으로, 기본적인 프로그래밍언어의 원리와 개념들을 정리하였다.

2) 제2장: 절차중심언어

- Pascal과 C를 중심으로 절차중심 프로그램언어의 정의 및 특성을 정리하였다.
- C와 Pascal 언어를 중심으로 언어의 구성 요소, 구조 및 제어들을 정리하였다.
- 절차중심언어의 함수와 프로시저의 정의, 실행 및 적용에 대해 정리하였다.

3) 제3장: ML - 다중패러다임 프로그래밍언어

- ML의 기본 특성 및 요소에 대해 기술하였다.
- ML의 함수 개념과 high-order 함수의 개념을 기술하였다.
- 특히, Curried 함수와 partial instantiation에 대해 기술하였다.
- 사용자 자료 유형과 재귀적 복합 자료유형에 대해 기술하였다.
- Side-effect를 허용하는 reference와 array 방법을 기술하였다
- ML의 module system인 structure와 유형인 signature에 대해 기술하였다.
- Information hiding의 세 가지 방법에 대해 기술하였다.
- Functor에 대해 구술하였다.
- 특히, high-order 함수, Curried 함수와 partial instantiation를 C로 정의하였다.
- 또한, ML의 재귀구조와 관련 연산을 C로 정의하였다.
- ML을 함수 프로그래밍언어, 논리 프로그래밍언어 및 객체지향 프로그래밍언

어의 관점에서 기술하였다.

4) 제4장: 프로그래밍언어 패러다임들

- 본 장에서는 세 가지 유형의 프로그래밍언어를 ML과 비교하여 기술하였다.
- 제4.1장: Scheme
    - 대표적인 함수 프로그래밍언어 Scheme의 특징과 요소를 기술하였다.
    - 특히, high-order procedure와 λ-procedure를 상세히 기술하였다.
    - λ-procedure를 기반으로 Church Numeral과 연산들을 상세히 기술하였다.
    - 이를 ML과 비교하고, ML의 함수로 전환하였다.
- 제4.2장: Prolog
    - 첫 번째이며, 대표적인 논리 프로그래밍언어 Prolog의 특징과 요소를 기술하였다.
    - 특히, clause를 구성하는 fact와 inference rule을 상세히 기술하였다.
    - 논리 실행모델과 절차 실행모델에 대해 자세히 기술하였다.
    - 대입(substitution), 적용(application), 조합(composition), 통합(Unification) 등의 기본 개념을 상세히 기술하였다.
    - 예제를 통해서, 특정한 질의(query)가 어떻게 만족(satisfied)이 되는지를 절차적 실행모델에 기반하여, 도식적으로 상세히 기술하였다.
    - 이를 ML과 비교하고, ML의 함수로 전환하였다.
- 제4.3장: Smalltalk
    - 첫 번째 객체지향 프로그래밍언어로 알려진 Smalltalk의 특징과 요소를 기술하였다.
    - Smalltalk의 모든 요소들, 즉, value, name, expression들이 object임을, if-수식, while-수식 및 iteration도, 심지어는 class도 객체임을 기술하였다.
    - 이를 통해, 다른 객체지향언어에 비해, 객체지향도(object-oriented-ness)가 높음을 입증하였다.
    - 이를 ML과 비교하고, ML의 Structure로 전환하였다.

저자는, 컴퓨터과학 분야에 존재하는 많은 프로그램언어 이론서들의 형식을 따르지 않았다. 본 교재는 앞에서 거론한 바와 같이, assembly 언어에서 요구되는 수준의 정밀성과 정확성을 다중패러다임 프로그래밍언어인 ML을 중심으로, 각 프로그래밍언어 패러다임의 대표 언어인 Scheme, Prolog 및 Smalltalk에서도 요구됨을 각 언어의 의미론적 형식에 준하여 도식적인 방법으로 표현하고 기술하고자 하였다.

저자는 앞으로, 전북대학교에서, "고급프로그래밍언어" 과목을, 언제까지, 어떻게, 강의할 지는 모르겠다. 다만 과거 25년 동안 저자의 수업을 받았던 학생들에게, 본인들이 받았던 강의 주제와 내용 및 예시들이, 기본적으로 이러한 교재의 구조와 내용에 있었다는 것을 이해할 수 있는 조그만 계기가 되기를 진심으로 바랄 뿐이다.

이 교재가 나오기까지, 자료를 정리할 수 있도록 도움을 준 송준섭 학생에게 진심으로 감사의 마음을 전한다. 그리고 이 저서는 2019년도 전북대학교 저술장려 지원에 의하여 연구되었으며, 그리고 이런 출판의 기회를 준 전북대학교 출판문화원에 감사를 표한다.

2021년 1월 1일

화산(華山)의 석양 앞에서

저자 이문근

# 제목 차례

# 제 1장
# 프로그래밍언어의 원리

본 장에서는 프로그래밍언어의 기본적인 쟁점을 시작으로, 프로그래밍언어의 기본 개념 및 원리, 그리고 다양한 분류 체계 등에 대해 살펴보도록 한다.

## 1.1 프로그래밍언어의 기본적인 쟁점

프로그래밍언어(programming language)는 컴퓨터를 특정한 목적으로 운용하기 위하여 고안한 지시(指示) 언어다[DoC90]. 그리고 이러한 언어는 인간이 사용하는 자연어(natural language)[1)]와는 다르게 명확한 문법(syntax)과 의미(semantics)가 정의된 인공언어(artificial language)[2)]다[DoC90]. 이러한 프로그래밍언어에는 다양한 종류가 존재한다.

이러한 프로그래밍언어에 대하여 저자가 제시하는 가장 중요한 쟁점은 이 언어가 가지고 있는 유형적 특징이다. 제 1장에서는 개략적으로 절차중심언어(Procedural Language)와 비절차중심언어(Non-Procedural Language)의 하나인 함수언어(Functional Language) 및 논리언어의 특징에 대해서 논의한다.

---

1) 자연어(Natural Language): 자연어는 3,000~8,000개가 있다고 알려져 있고, SIL International에서 출판된 Ethnologue에 의하면 2009년 7,016개의 자연어가 있으며, 이 중 문자가 있는 언어는 2,000개 정도라고 알려져 있다[ETHN09]. 한글의 경우, 세계에서 13번째로 규모가 큰 언어다.

2) 인공언어(Artificial Language): 모든 인공어의 수를 파악하는 것은 어렵지만, 프로그래밍언어만 약 2,300개 이상이 있다고 알려져 있다[HOPL09]. 이 중 대표적으로 또는 범용적으로 사용되는 프로그래밍언어는 매우 제한적인데, 그 의미는 각 언어와 기법마다 특수하게 사용되는 용도가 있다고 볼 수 있다.

### 1.1.1 분류 및 종류

프로그래밍언어를 크게 절차중심언어(Procedural Language)와 비절차중심언어(Non-Procedural Language)로 분류할 수 있다.

여기서 절차(Procedure)라고 하는 것은 어떤 일을 진행하는 방법을 의미한다. 즉 어떤 일을 수행하거나 어떤 것에 영향을 미칠 수 있는 방법에 대해서 하나하나의 단계, 즉 step을, 그리고 그 과정을 명확히 규정한다.

그리고 프로그래머가 원하는 결과를 얻기 위해서 컴퓨터시스템에 의해서 수행되는 절차에 대한 명확한 정의를 내리는 프로그램을 procedural program이라고 정의한다. 예를 들면, 프로그래머들이 C언어를 이용하여 coding을 할 때, 절차적 방법으로 문제를 해결하는 단계적인 방법이 이에 해당된다.

반면에 non-procedural program은 생성되는 결과에 의해서 만족되어야 하는 조건들을 명세한 프로그램을 의미한다. 즉 절차중심프로그램이 절차를 명세한 반면 비절차중심 프로그램은 결과가 만족해야 하는 조건을 명세한다.

또 다른 관점에서는 절차중심언어를 통해서 HOW에 기반으로 한 프로그램을 한다면, 비절차중심언어를 통해서는 WHAT에 기반으로 한 프로그램을 한다고 간주할 수 있다.

그럼 이러한 쟁점을 논의하기 위한 가정 기본적인 개념을 정리해 보자.

#### (1) 절차 (Procedure)

절차중심언어에서 규정하는 '절차'는 다음과 같이 정의한다:

- 일을 진행하는 방식; 어떤 일을 수행하거나 영향을 미치는 방법.
- 결과를 수행하기 위하여 택한 일련의 단계들.

#### (2) 컴퓨터프로그램 (Computer Program)

프로그래밍언어를 활용하여 작성하는 컴퓨터프로그램을 다음과 같이 정의한다:

- 컴퓨터에 독립적인 한 단위로 입력되어, 컴퓨터시스템의 행동을 지시하기 위해 사용되는 구문들의 집합.
- 종류:
    - 절차중심프로그램(Procedural Program): 요구한 결과를 얻기 위해 컴퓨터시스템에 의해 수행되어야 하는 절차에 대한 명확한 정의를 제공하는 프로그램. 주로 절차중심언어(e.g., Pascal, C)로 작성된다.
    - 비절차중심프로그램(Non-Procedural Program): 산출될 결과를 만족해야 하는 제약조건을 명세하지만 그 결과를 결정하기 위한, 컴퓨터시스템 자체가 수행하는 절차에 대해서는 명세하지 않는 프로그램. 주로 비절차중심언어(e.g., Lisp, Scheme, Prolog)로 작성된다.

### (3) 절차중심언어 vs. 비절차중심언어

절차중심프로그램과 비절차중심프로그램을 작성하기 위한 각 프로그래밍언어의 유형을 다음과 같이 정의한다:

- 절차중심언어 (Procedural Language): 요구한 결과를 얻기 위해 컴퓨터시스템이 수행해야 하는 절차에 대해 명확한 정의를 제공하는 언어. 예를 들면, Pascal, C.
- 비절차중심언어 (Non-Procedural Language): 산출될 결과를 만족해야 하는 제약조건을 명세하지만 그 결과를 결정하기 위한, 컴퓨터시스템 자체가 수행하는 절차에 대해서는 명세하지 않는 언어. 예를 들면, Lisp, Scheme, Prolog.

### Example E.1-1) Factorial Example

다음은 factorial 예제를 통해서, 절차중심언어의 HOW 기반 프로그램과 비절차중심언어의 WHAT 기반 프로그램의 차이점을 비교해 보자.

#### E.1-1-1) Factorial: 절차중심언어 - Procedural

```
[L#] 코드
1    int factorial(int n)
2    {
3       int n_f = 1;
4
5       if (n<0)
6       {
7          printf("No factorial for negative integer! \n");
8          exit();
9       }
10      while (n>0)
11      {
12         n_f = n_f * n;
13         n = n - 1;
14      }
15      return n_f;
16   }
```

<프로그램 1-1> C: Factorial 함수

다음 <프로그램 1-1>은 C언어로 작성된 **factorial** 함수다. n!의 값을 구하기 위해, 이 함수에서 호출되면, 최종 결과값을 얻기 위해서 어떻게 실행되는지 알아보자:

1) 먼저 **factorial(n)**을 호출하면, [L1][3]의 **factorial** 함수가 실행된다. 이때 형식매개변수(formal parameter)에 실질매개변수(actual parameter)값이 대입된다.
2) 이후, 선언부에서 지역변수들이 선언되고 필요에 따라 초기값이 결정된다. **factorial** 함수의 경우, [L3]에서 지역변수 **n_f**가 정수형으로 선언되고 초기값이 1로 배정된다.
3) 다음은 실행부가 실행된다. **factorial** 함수의 경우, [L5]에서 **factorial** 값을 구하고자 하는 매개변수 **n**의 값이 타당한 정수값인지를 **if** 조건문을 통해서 점검한다. 즉 **n**이 0보다 작은지 점검해서, 0보다 작을 경우에는 음수에 대한 factorial이 없음을 명시하고 종료된다. 그렇지 않을 경우, 즉 n이 0을 포함한 자연수일 경우, [L10]에서 **while** 반복문이 실행된다.
4) 다음은 [L10]의 **while** 반복문을 통해서, **n**이 0보다 큰 조건에서, [L12]의 n∗(n-1)∗(n-2)∗…∗1 곱셈연산이, 반복적으로, [L13]에서 **n**값을 1씩 감소시키

3) [L1]은 Line 1을 의미한다. 앞으로 프로그램 코드에 대한 설명을 할 때는, 이와 같이 [L#]이 [Line Number]를 의미하도록 규정한다. 프로그램의 판독성을 체계화하기 위한 방법이다.

면서 수행된다. 그리고 **while** 반복문의 조건이 만족하지 않으면, 이 반복문의 반복을 종료한다.

5) 마지막으로 [L15]에서 n!의 최종값을 반환하고, **factorial** 함수의 실행이 종료된다.

| [L#] | 코드 | 실행 경로 | | | |
|---|---|---|---|---|---|
| | | 1 | 2 | 3 | 4 |
| 1 | `int factorial(int n)` | n=3 | | | |
| 2 | `{` | | | | |
| 3 | `  int n_f = 1;` | n_f=1 | | | |
| 4 | | | | | |
| 5 | `  if (n<0)` | (3<0)? | | | |
| 6 | `  {` | | | | |
| 7 | `    printf("No factorial for negative int!\n");` | | | | |
| 8 | `    exit();` | | | | |
| 9 | `  }` | | | | |
| 10 | `  while (n>0)` | (3>0)? | (2>0)? | (1>0)? | (0>0)? |
| 11 | `  {` | | | | |
| 12 | `    n_f = n_f * n;` | n_f=3 | n_f=6 | n_f=6 | |
| 13 | `    n = n - 1;` | n=2 | n=1 | n=0 | |
| 14 | `  }` | | | | |
| 15 | `  return n_f;` | n_f=6 | | | |
| 16 | `}` | | | | |

<프로그램 1-2> C: Factorial(3) 실행 단계

그럼 어떤 절차(procedure)를 거쳐 위 **factorial** 함수가 **3!**의 값을 산출하기 위하여 어떻게 실행되는지, <프로그램 1-2>와 함께 살펴보자. 먼저 **factorial(n)**에서 **n**의 값이 3으로 결정되어, **factorial(n)**이 호출되었다고 가정하자:

1) **factorial(3)**이 호출되면, **n**의 값이 3으로 결정되고, [경로 1]의 [L1]의 **factorial** 함수가 실행된다. 이때 형식매개변수 **n**에 실질매개변수값 3이 대입된다. 이는 <프로그램 1-2>의 [경로 1]의 [L1]에 따라 Symbol Table에서 **n**의 값이 3으로 할당된다.
2) 다음은 [경로 1]의 [L3]에서 지역변수 **n_f** 의 값이 정수형으로 선언되고, 초기값이 1로 배정된다.
3) 다음은 [경로 1]의 [L5]에서 **factorial** 값을 구하고자 하는 매개변수 n의 값이 타당한 정수값인지를 **if** 조건문을 통해서 점검한다. **n**의 값이 현재 이 시점에서 3이고, 3이 0보다 크기 때문에 **if** 문의 조건식의 평가 결과, 거짓(**false**)으로 판명된다.

4-1) 다음은 [경로 1]의 [L10]에서 `while` 반복문을 통해서 `n`이 0보다 큰 조건을 평가한다. `n`의 값이 현재 이 시점에서 3이고, 3이 0보다 크기 때문에 `while` 문의 조건식의 평가 결과, 참(`true`)으로 판명된다.

4-1-1) 따라서 [경로 1]의 [L12]에서 `n_f*n` 의 연산, 즉 `n_f`의 값이 `1`이고 `n`의 값이 3인 경우에 대한 연산, `1*3`을 수행하여, 그 결과, 즉 `3`을 `n_f`의 현재 값으로 배정한다.

4-1-2) 그런 다음, [경로 1]의 [L13]에서 `n`값을 1 감소시킨다. 즉 `n`의 값이 3인 경우, 3-1 연산을 수행하여, 그 결과, 즉 2를 n의 현재 값으로 배정한다. 그리고 다시 `while` 문의 조건식, 즉 [경로 2]의 [L10]으로 복귀한다.

4-2) 다음은, 위 4-1)의 단계처럼, [경로 2]의 [L10]에서 `while` 반복문을 통해서 n이 0보다 큰 조건을 평가한다. n의 값이 현재 이 시점에서 2이고, 2가 0보다 크기 때문에 `while` 문의 조건식의 평가 결과, 참(`true`)으로 판명된다.

4-2-1) 따라서 [경로 2]의 [L12]에서 `n_f*n` 의 연산, 즉 `n_f`의 값이 3이고 `n`의 값이 2인 경우에 대한 연산, `3*2`를 수행하여, 그 결과, 즉 6을 `n_f`의 현재 값으로 배정한다.

4-2-2) 그런 다음, [경로 2]의 [L13]에서 `n`값을 1 감소시킨다. 즉 `n`의 값이 2인 경우, 2-1 연산을 수행하여, 그 결과, 즉 1을 `n`의 현재 값으로 배정한다. 그리고 다시 `while` 문의 조건식, 즉 [경로 3]의 [L10]으로 복귀한다.

4-3) 다음은, 위 4-2)의 단계처럼, [경로 3]의 [L10]에서 `while` 반복문을 통해서 `n`이 0보다 큰 조건을 평가한다. `n`의 값이 현재 이 시점에서 1이고, 1이 0보다 크기 때문에 `while` 문의 조건식의 평가 결과, 참(`true`)으로 판명된다.

4-3-1) 따라서 [경로 3]의 [L12]에서 `n_f*n` 의 연산, 즉 `n_f`의 값이 6이고 `n`의 값이 1인 경우에 대한 연산, `6*1`을 수행하여, 그 결과, 즉 6을 `n_f`의 현재 값으로 배정한다.

4-3-2) 그런 다음, [경로 3]의 [L13]에서 `n`값을 1 감소시킨다. 즉 `n`의 값이 1인 경우, 1-1 연산을 수행하여, 그 결과, 즉 0을 n의 현재 값으로 배정한다. 그리고 다시 `while` 문의 조건식, 즉 [경로 4]의 [L10]으로 복귀한다.

4-4) 다음은, 위 4-3)의 단계처럼, [경로 4]의 [L10]에서 `while` 반복문을 통해서 `n`이 0보다 큰 조건을 평가한다. `n`의 값이 현재 이 시점에서 0이고, 그 0이 조건의 상수 0보다 크지 않기 때문에 `while` 문의 조건식의 평가 결과, 거짓(`false`)으로 판명된다. 그 결과 `while` 문의 반복을 종료하고, [경로 1]의 [L15]에서 다음 구문의 실행을 이어간다.

5) 마지막으로 [경로 1]의 [L15]에서 n!의 최종값, 즉 6을 반환하고, `factorial` 함수의 실행을 종료한다.

절차중심언어는 이와 같이 주어진 입력으로부터 원하는 결과를 산출하기 위하여, 위와 같은 절차, 즉 1)부터 5)까지의 절차 또는 단계를 거쳐야 한다는 기본적인 개념에 기반을 둔다.

이러한 단계에 기반을 둔 절차중심언어는 프로그램의 실행 상태를 변수값에 기반을 두고, 프로그램의 명령문, 즉 각 구문의 실행을 이러한 프로그램의 한 상태에서 다른 상태로의 전이로 정의한다.

| 코드 | 프로그램 상태(n, n_f)와 전이 | | | |
|---|---|---|---|---|
| | 1 | 2 | 3 | 4 |
| `int factorial(int n)` | $S_0$ = (3,0) | | | |
| `{` | | | | |
| `    int n_f = 1;` | $S_1$ = (3,1) | | | |
| | | | | |
| `    if (n<0)` | | | | |
| `    {` | | | | |
| `        printf("No ...\n");` | | | | |
| `        exit();` | | | | |
| `    }` | | | | |
| `    while (n>0)` | | | | |
| `    {` | | | | |
| `        n_f = n_f * n;` | $S_2$ = (3,3) | $S_4$ = (2,6) | $S_6$ = (1,6) | |
| `        n = n - 1;` | $S_3$ = (2,3) | $S_5$ = (1,6) | $S_7$ = (0,6) | |
| `    }` | | | | |
| `    return n_f;` | $S_f$ = (0,6) | | | |
| `}` | | | | |

<프로그램 1-3> C: Factorial(3) 실행 단계

그럼 위 **factorial** 예제를 기반으로 프로그램의 상태가 어떻게 정의되고, 어떻게 전이되는지, <프로그램 1-3>과 함께 알아보자. 여기에서 프로그램의 상태는 매개변수 **n**과 지역변수 **n_f**에 값에 의해서 정의된다고 가정한다:

1) $S_0$ = (3,0) : 위 프로그램 실행 절차 중, 1) 단계의 결과다. 즉 **factorial** 함수가 실행되는 시작상태를 의미한다. 여기에서 **n_f**에 값을 임의로 0으로 설정하였다.
2) $S_1$ = (3,1) : 위 2) 단계의 결과다. 즉 **n_f**에 값을 1로 설정하였다.
3) $S_2$ = (3,3) : 위 4-1-1) 단계의 결과다. 즉 **n_f**에 값을 3으로 설정하였다.
4) $S_3$ = (2,3) : 위 4-1-2) 단계의 결과다. 즉 **n**에 값을 2로 설정하였다.
5) $S_4$ = (2,6) : 위 4-2-1) 단계의 결과다. 즉 **n_f**에 값을 6으로 설정하였다.

6) $S_5$ = (1,6) : 위 4-2-2) 단계의 결과다. 즉 n에 값을 1로 설정하였다.
7) $S_6$ = (1,6) : 위 4-3-1) 단계의 결과다. 즉 n_f에 값을 6으로 설정하였다.
8) $S_7$ = (0,6) : 위 4-3-2) 단계의 결과다. 즉 n에 값을 0으로 설정하였다.
9) $S_f$ = (0,6) : 위 5) 단계, 즉 최종 상태다.

위 **factorial** 예제에서는 프로그램이 다음과 같은 상태로 전이하면서 실행됨을 확인할 수 있다: $S_0 \rightarrow S_1 \rightarrow S_2 \rightarrow S_3 \rightarrow S_4 \rightarrow S_5 \rightarrow S_6 \rightarrow S_7 \rightarrow S_f$.

즉 절차중심언어, 예를 들면, C같은 언어에서 시스템이 실행되는 과정을 점검할 때, 나아가 어떤 오류가 존재하는지, 그리고 프로그램이 제대로 실행되는지를 판별하는 첫 번째 작업은, 이렇게, 시스템이나 프로그램의 상태가 의도한 바대로 제대로 전이되고 있는가를 판별하는 것이다. 다시 말하면, 이러한 방법으로, 어떤 시스템 영역에서, 또는 프로그램의 코드나 구문에서 어떤 오류가 무엇 때문에 발생되었는지 확인 및 점검할 수 있다. 즉 변수값이 특정한 프로그램의 코드나 구문을 실행시킨 결과, 의도한 바대로 그 값이 변경되었는지 시스템의 상태를 점검하여 확인할 수 있다.

일반적으로, 대부분 오류가 발생되는 원인의 하나는, 프로그램의 특정한 지점에서, 해당 변수가 요구한 값이 입력된 값과 다른 경우에 기본적으로 오류가 발생된다. 즉 절차중심언어의 가장 중요한 표현방법인, 상태가 제대로 변하지 않음을 의미한다. 이렇게 프로그램의 상태의 변화가 어떻게 전이되는지 규정하는 것을, 이런 관점에서, 절차중심언어라고 정의할 수 있다.

### E.1-1-2) Factorial: 함수언어 - Recursive

다음은 비절차중심언어 중 함수언어의 관점에서 프로그램이 실행되는 방법에 대해 알아보자. 그리고 재귀적 방법(recursion)에 기반하여 factorial 함수가 어떻게 실행되는지 절차중심언어의 방법과 비교해 보자.

<프로그램 1-4>는 C언어로 작성된 factorial 함수다. 이전 <프로그램 1-1>의 **factorial**과의 차이점은 [L12]의 **fact**가 재귀함수로 정의되어 있다는 것이다. n!의 값을 구하기 위해, **fact** 함수가 어떻게 재귀적으로 호출되고, 결국 최종 결과값이 어떻게 산출되는지 살펴보자:

| [L#] | 코드 |
|---|---|

```
1  int factorial(int n)
2  {
3     if (n<0)
4     {
5        printf("No factorial for negative integer! \n");
6        exit();
7     }
8     else
9        return fact(n);
10 }
11
12 int fact (int n)
13 {
14    if (n==1 || n==0)
15       return 1;
16    else
17       return n* fact(n-1);
18 }
```

<프로그램 1-4> C: Factorial/Fact 재귀함수

1) 먼저 **factorial(n)**을 호출하면, [L1]의 **factorial** 함수가 실행된다. 이때 형식매개변수(formal parameter)에 실질매개변수(actual parameter)값이 대입된다.
2) 이 함수에는 선언부는 없고 바로 실행부가 실행된다. **factorial** 함수의 경우, [L3]에서 **factorial** 값을 구하고자 하는 매개변수 n의 값이 타당한 정수값인지를 **if** 조건문을 통해서 점검한다. 즉 **n**이 0보다 작은지 점검해서, 0보다 작을 경우에는 음수에 대한 **factorial**이 없음을 명시하고 종료된다. 그렇지 않을 경우, 즉 **n**이 0을 포함한 자연수일 경우, [L9]에서 **fact(n)**을 호출하고, 그 결과를 **factorial**의 결과값으로 반환한다.
3) [L9]에서 **fact(n)**을 호출하면, [L12]의 **fact** 함수가 실행된다. 이때 형식매개변수(formal parameter) n에 실질매개변수(actual parameter)값이 대입된다.
4) 이 함수에도 선언부는 없고 바로 실행부가 실행된다. **fact** 함수의 경우, [L14]에서 **fact** 값을 구하고자 하는 매개변수 **n**의 값이 0 또는 1인지 **if** 조건문을 통해서 점검한다. 즉 **n**이 0 또는 1이면, n!의 기초(base)에 해당되는 값 1을, [L15]에서 **fact**의 결과값으로 반환하고, 그렇지 않을 경우, (n-1)! 의 귀납값에 기초한, **n* fact(n-1)** 연산의 결과값을, [L17]에서 fact의 결과값으로 반환한다. 이를 위해서, **fact(n-1)** 함수, 즉 자신의 함수를 [L17]에서 호출하고,

[L12]에서 `fact` 함수가 다시 실행된다.

즉 `fact(n)`의 결과값을 반환하기 위하여, 다음과 같은 연산과 호출이 재귀적으로 이루어진다:

```
fact(n) = n * fact(n-1)
        = n * (n-1) * fact(n-1)
        = n * (n-1) * (n-2) * fact(n-3)
        ...
        = n * (n-1) * (n-2) * (n-3) * ... * fact(1)
        = n * (n-1) * (n-2) * (n-3) * ... * 1
```

일반적으로 재귀법은 다음과 같이 자연수 n에 기초한 재귀단계 또는 경우(recursive step/case)와 재귀단계가 종료되는 기초단계(base step/case)로 나뉜다. 참고로 여기에서 ∘은 연산이나 관계를 나타낸다:

$$R(n:\text{자연수}) = \begin{array}{ll} a & (\mathit{Base\ Case}: \quad \text{if}\, n = \mathit{Base}) \\ |\, n \circ R(n-1) & (\mathit{Inductive\ Case}: \quad \mathit{otherwise}) \end{array}$$

| [L#] | 코드 | 함수 호출 | | | |
|---|---|---|---|---|---|
| | | factorial(3) | fact(3) | fact(2) | fact(1) |
| 1 | `int factorial(int n)` | n = 3 | | | |
| 2 | `{` | | | | |
| 3 | `  if (n<0)` | (3 < 0)? | | | |
| 4 | `  {` | | | | |
| 5 | `    printf("No ...! \n");` | | | | |
| 6 | `    exit();` | | | | |
| 7 | `  }` | | | | |
| 8 | `  else` | | | | |
| 9 | `    return fact(n);` | fact(3) | | | |
| 10 | `}` | | | | |
| 11 | | | | | |
| 12 | `int fact (int n)` | | n = 3 | n = 2 | n = 1 |
| 13 | `{` | | | | |
| 14 | `  if (n==1 \|\| n==0)` | | (3==1 \|\| 3==0)? | (2==1 \|\| 2==0)? | (1==1 \|\| 1==0)? |
| 15 | `    return 1;` | | | | 1 |
| 16 | `  else` | | | | |
| 17 | `    return n*fact(n-1);` | | 3 * fact(2) | 2 * fact(1) | |
| 18 | `}` | | | | |

<프로그램 1-5> C: Factorial(3)/Fact(3) 재귀함수 실행

Factorial의 경우는 다음과 같이 정의된다:

$$\begin{array}{lll} n! = & 1 & (Base\ Case: \quad \text{if}\ n = 0\ \text{or}\ 1) \\ & \mid\ n \times (n-1)! & (Inductive\ Case: \quad otherwise) \end{array}$$

그럼 재귀법을 통해서 위 factorial 함수가 3!의 값을 산출하기 위하여 어떻게 실행되는지, <프로그램 1-5>와 함께 살펴보자. 먼저 `factorial(n)`에서 `n`의 값이 3으로 결정되어, `factorial(n)`이 호출되었다고 가정하자(<그림 1-5-1> 참조):

1) 먼저 `factorial(3)`을 호출하면, [L1]의 `factorial` 함수가 실행된다. 이때 [`factorial(3)`]의 [L1]에서 형식매개변수(formal parameter) n에 실질매개변수(actual parameter)값 3이 대입된다.
2) 이 함수에는 선언부는 없고 바로 실행부가 실행된다. `factorial` 함수의 경우, [`factorial(3)`]의 [L3]에서 `factorial` 값을 구하고자 하는 매개변수 3의 값이 타당한 정수값인지를 `if` 조건문을 통해서 점검한다. 즉 3이 0보다 작지 않으므로, [factorial(3)]의 [L9]에서 `fact(3)`을 호출하고, `fact(3)`의 결과가 반환되면, 이를 `factorial`의 결과값으로 반환한다.
3) [`factorial(3)`]의 [L9]에서 `fact(3)`을 호출하면, [`fact(3)`]의 [L12]의 `fact` 함수가 실행된다. 이때 형식매개변수(formal parameter) n에 실질매개변수(actual parameter)값 3이 대입된다.

4-1) 이 `fact` 함수에도 선언부는 없고 바로 실행부가 실행된다. `fact` 함수의 경우, [`fact(3)`]의 [L14]에서 `fact` 값을 구하고자 하는 매개변수 `n`의 값이 0 또는 1인지 `if` 조건문을 통해서 점검한다. `n`이 3이므로, (3-1)! 즉 2!의 귀납값에 기초한, `3*fact(2)` 연산의 결과값을, [fact(3)]의 [L17]에서 `fact`의 결과값으로 반환한다. 이를 위해서, `fact(2)` 함수, 즉 자신의 함수를 호출하게 되고, [`fact(2)`]의 [L12]의 `fact` 함수가 다시 실행된다.

4-2) [`fact(2)`]의 [L14]에서 `fact` 값을 구하고자 하는 매개변수 `n`의 값이 0 또는 1인지 `if` 조건문을 통해서 점검한다. `n`이 2이므로, (2-1)! 즉 1!의 귀납값에 기초한, `2*fact(1)` 연산의 결과값을, [`fact(2)`]의 [L17]에서 `fact`의 결과값으로 반환한다. 이를 위해서, `fact(1)` 함수, 즉 자신의 함수를 호출하고, [`fact(1)`]의 [L12]의 `fact` 함수가 다시 실행된다.

4-3) [`fact(1)`]의 [L14]에서 `fact` 값을 구하고자 하는 매개변수 `n`의 값이 0 또는 1인지 `if` 조건문을 통해서 점검한다. `n`이 1이므로, n!의 기초(base)에 해당되는 값 1을, [`fact(1)`]의 [L15]에서 `fact`의 결과값으로 반환한다.

5-1) 위 4-3)에서, [`fact(1)`]의 [L15]에서 `fact(1)`의 반환값 1을 반환하면,

위 4-2)에서 이를 받아, 1을 `fact(1)`의 값으로 대체하고, [`fact(2)`]는 반환값, 2*1, 즉 2를 [`fact(2)`]의 [L17]에서 반환한다.

5-2) 위 4-2)에서, [`fact(2)`]의 [L17]에서 `fact(2)`의 반환값 2를 반환하면, 위 4-1)에서 이를 받아, 2를 `fact(2)`의 값으로 대체하고, [`fact(3)`]은 반환값, 3*2, 즉 6을 [`fact(3)`]의 [L17]에서 반환한다.

5-3) 위 4-1)에서, [`fact(3)`]의 [L17]에서 `fact(3)`의 반환값 6을 반환하면, 위 2)에서 이를 받아, 6을 `fact(3)`의 값으로 대체하고, [`factorial(3)`]은 반환값 6을 [`factorial(3)`]의 [L9]에서 반환한다.

<그림 1-1>에서 보여주는 바와 같이, F(fact(n),n!)은 H(n,n!)의 부분함수(partial function)이며, F(fact(3),3!)은 H(3,3!)의 부분함수 경우 또는 예(instance)이다. 특히 F(fact(n),n!)이 부분함수이기 때문에 부분함수의 입력상태를 F(fact(n),ε)으로, 출력상태를 F(fact(n),n!)로 정의한다. 여기에서 ε은 F의 정의역 fact(n)에 대해 아직 결정되지 않은 치역의 값을 의미한다. 따라서 F(fact(3),3!)의 경우, F(fact(3),ε)은 입력상태, F(fact(3),6)은 출력상태를 의미한다.

| [L#] | 코드 | 함수 영역 | | | |
|---|---|---|---|---|---|
| | | F(factorial(3),6) | F(fact(3),6) | F(fact(2),2) | F(fact(1),1) |
| 1 | `int factorial(int n)` | n = 3 | | | |
| 2 | `{` | | | | |
| 3 | `  if (n<0)` | | | | |
| 4 | `  {` | | | | |
| 5 | `    printf("No ...! \n");` | | | | |
| 6 | `    exit();` | | | | |
| 7 | `  }` | | | | |
| 8 | `  else` | | | | |
| 9 | `    return fact(n);` | 6 | | | |
| 10 | `}` | | | | |
| 11 | | | | | |
| 12 | `int fact (int n)` | | n = 3 | n = 2 | n = 1 |
| 13 | `{` | | | | |
| 14 | `  if (n==1 \|\| n==0)` | | | | |
| 15 | `    return 1;` | | | | 1 |
| 16 | `  else` | | | | |
| 17 | `    return n*fact(n-1);` | | 6 | 2 | |
| 18 | `}` | | | | |

<프로그램 1-5-1> C: Factorial(3)/Fact(3) 재귀함수 영역(Domain)

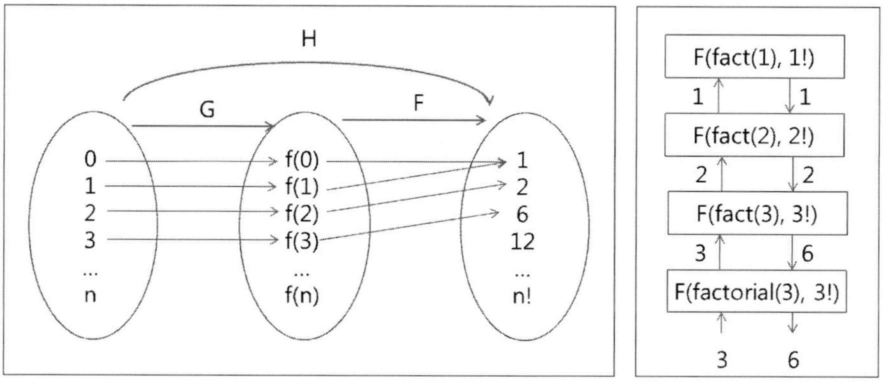


<그림 1-1> Factorial/Fact 함수 영역 및 부분 경우들(Instance)

그럼 이 factorial 예제를 기반으로 프로그램의 재귀함수 영역과 경우(instance)들이 어떻게 정의되고, 어떻게 전이되는지 살펴보자.

1) F(factorial(3),ε) : 위 재귀함수 실행 중, 1) 단계의 결과다. 즉 factorial(3) 부분함수가 실행되는 F(factorial(3),3!) instance의 진입 상태를 의미한다.
2) F(fact(3),ε) : 위 3) 단계의 결과다. 즉 fact(3) 부분함수가 실행되는 F(fact(3),3!) instance의 진입 상태를 의미한다.
3) F(fact(2),ε) : 위 4-1) 단계의 결과다. 즉 fact(2) 부분함수가 실행되는 F(fact(2),2!) instance의 진입 상태를 의미한다.
4) F(fact(1),ε) : 위 4-2) 단계의 결과다. 즉 fact(1) 부분함수가 실행되는 F(fact(1),1!) instance의 진입 상태를 의미한다.
5) F(fact(1),1) : 위 4-3) 단계의 결과다. 즉 fact(1) 부분함수가 종료되는 F(factorial(1),1!) instance의 퇴출 상태를 의미한다.
6) F(fact(2),2) : 위 5-1) 단계의 결과다. 즉 fact(2) 부분함수가 종료되는 F(factorial(2),2!) instance의 퇴출 상태를 의미한다.
7) F(fact(3),6) : 위 5-2) 단계의 결과다. 즉 fact(3) 부분함수가 종료되는 F(fact(3),3!) instance의 퇴출 상태를 의미한다.
8) F(factorial(3),6) : 위 5-3) 단계의 결과다. 즉 factorial(3) 부분함수가 종료되는 F(factorial(3),3!) instance의 퇴출 상태를 의미한다.

<그림 1-1>의 오른쪽 도표에서 보여주는 바와 같이, 위 factorial 예제에서는 재귀함수를 기반으로 프로그램이 다음과 같은 부분함수의 각 instance로의 진입과 퇴출을 통해 실행됨을 확인할 수 있다: F(factorial(3),ε) → F(fact(3),ε) → F(fact(2),ε) →

F(fact(1),ε) → F(fact(1),1) → F(fact(2),2) → F(fact(3),6) → F(factorial(3),6).

절차중심에 의한 프로그램에 비해 재귀함수에 의한 프로그램의 대표적인 장점은 프로그램의 논리가 기본적으로 수학적 정의에 기반을 두었다는 점이다. 즉 귀납법에 근거한 프로그래밍이 이루어져서 프로그램에 대한 수학적 검증이 가능하다는 것이다. 이는 프로그래밍언어론에서 매우 중요한 것을 시사한다. 즉 요구사항을 수학적으로 명세할 수 있다면, 그리고 이를 재귀함수로 프로그램을 작성했다면, 역으로 프로그램이 수학적으로 명세한 요구사항을 검증할 수 있다는 의미와 같기 때문이다.

얘를 들면, 절차중심적인 방법에서는 factorial의 값을 구하기 위해서, 1부터 n까지 곱했지만, 재귀적인 방법에서는 n!의 정의가 n*(n-1)!에 있다는 귀납적인 정의에 기반하여 프로그램이 작성되었다. 즉 프로그램이 수학적 명세에 기반으로 한 factorial의 검증이 가능하다는 것을 보여준다.

하지만 역으로 컴퓨터시스템 관점에서는 이러한 수학적 정의를 기계적으로 구현하기 위해서 지불해야 하는 대가가 있다. 일반적으로 프로그램을 컴퓨터시스템에서 실행하기 위해서는 각 함수 또는 프로시저를 runtime stack[4)]이라는 메모리의 데이터구조체로 관리해야 한다. 즉 위에서 설명한 각 부분함수의 instance들의 모든 값을 관리해야 한다. 이는 많은 메모리 영역이 필요하다는 것을 의미한다. 절차중심프로그램의 경우, factorial(3) 함수 하나만 관리하면 되지만, 재귀함수의 경우, factorial(3), fact(3), fact(2), fact(1) 모두를 관리해야 하는 부담이 있다. 이는 당연히 컴퓨터 내부적으로 프로그램의 실행시간에 부정적인 영향을 미칠 수밖에 없다.

이러한 관점에서, 어떤 방법이 시간과 자료/데이터의 관점에서 더 우수한지 분석하는 방법이 있는데, 이를 시간과 자료에 대한 복잡도(complexity)라고 한다. 이는 다음 절에 간단하게 정리해서 다루도록 하겠다.

4) Runtime Stack: 프로그램이 실행될 때, 실행 정보를 보호하기 위한 stack을 runtime stack이라고 한다. 여기에는 하나하나의 block을 적재하는데, 각각 현재 실행되고 있는 entity, 즉 function이나, procedure들의 실행정보를 보관하고 관리한다. 예를 들면, 호출시의 형식매개변수에 대입되는 실질매개변수값들, 지역변수값들, 그리고 반환값들에 대한 정보를 block 단위로 보관한다. 각각의 block은 함수의 부분함수적인 관점에서의 instance로 간주되기 때문이다. 실행시 재귀함수를 빈번하게 사용하게 되면, 메모리에 부하를 줄 수 있다. 그렇기 때문에, embedded나 한정된 자원을 가진 시스템에서는 이런 재귀함수의 사용을 권장하지는 않는다.

### 1.1.2 시.공간복잡도(Time.Space Complexity)

앞에서 C언어로 정의된 factorial 함수의 예를 들어, 절차중심 방법과 재귀방법으로 문제를 해결하는 방법에 대해 살펴보았다. 그럼 이 두 가지의 방법들을 연산 성능과 공간 활용도의 관점에서 비교해 보자.

일반적으로 연산 성능과 공간 활용도는 복잡도(complexity)[5] 관점에서 정의하고 분석한다. 복잡도는 일반적으로 프로그램의 기본 알고리즘이 주어진 입력의 규모에 비해 얼마만큼의 시간과 공간이 요구되는지를 규정하는 개념이다. 연산 성능을 규정하는 복잡도를 시간복잡도(time complexity), 공간 활용도를 규정하는 복잡도를 공간복잡도(space complexity)라고 정의한다. 일반적으로 이러한 복잡도는 주어진 입력 자료의 규모에 의해 결정되지만, 명확한 수치로 계산하기 어려운 경우가 대부분이다. 그 이유는 알고리즘의 논리에 의해서 결정되는 실행 경로들이 확정적이지 않고, 제어문의 조건식에 따라 결정되기 때문에 그 모호성 또는 비결정성을 특정한 주어진 값, 즉 알고리즘의 입력 자료의 규모, 즉 그 값의 크기에 비례한 함수로 정의하는 것이 일반적이 방법이다. 경우에 따라서는 그 복잡도 함수가 실제의 경우에 대한 최선(best case) 또는 최소(minimum)의 식, 또는 최악(worst case) 또는 최대(maximum)의 식 등으로 표현된다. 예를 들면, 특정 알고리즘이 특정한 상수(constant) 값에 비례한 복잡도를 보인다면, 이를 O(1)[6]로 정의한다. 이는 복잡도를 결정하는 최소 또는 최선의 값이 상수 값 1에 비례한다는 것을 의미한다. 또 다른 예는, 특정 알고리즘이 특정한 입력 매개변수 n 값에 비례하는 복잡도를 보인다면, 이를 O(n)으로 정의한다. 이는 복잡도를 결정하는 최소 또는 최선의 값이 매개변수값 n에 비례한다는 것을 의미한다.

복잡도는 프로그램의 효율성을 평가하는 데 가장 기본적인 지표로 활용되고 있다. 이는 특정한 임무를 수행하는 프로그램이나 SW의 효율성을 극대화하기 위한 HW 또는 인프라의 요구사항을 규명하는 데 활용된다. 역으로 주어진 HW 또는 인프라 조건 하

5) 복잡도(Complexity): 일반적으로 문제를 해결하는 데 걸리는 시간과 공간을 의미한다. 프로그램 관점에서는 보면, 컴퓨터에서 프로그램을 수행하는 데 걸리는 시간과 공간의 크기를 의미한다. 특히 주어진 입력의 크기에 비례한 수치로 표현한다. 이와 관련된 고전적인 복잡도 문제는 Turing Machine(TM)[TURING37, TURING38]을 기반으로 다양한 문제들, 예를 들면, membership problem과 같은 결정문제(decision problem) 등의 문제를 해결하는 데 걸리는 TM의 시간과 공간을 의미한다. 이러한 문제는 그 복잡도의 유형별로 크게, P, NP, NP-Hard, NP-Complete로 구분된다. 이 분야에서 가장 고전적인 문제로는 'N=NP?' 문제[COOK71]를 들 수 있다.

6) O(1): 이를 "big O" 또는 "order of"라고 읽는다. 여기에서 order는 비례급수를 의미한다. 즉 1은 상수 값의 기준 또는 기본을 의미한다.

에서 어떤 복잡도를 가진 프로그램이 효율적으로 작동될 수 있는지를 평가할 수 있을 뿐만 아니라, 현재의 복잡도를 가진 프로그램에 대한 시스템의 효율성 또는 요구사항을 만족하기 위해서, 복잡도를 얼마만큼 조절해야 하는지를 분석 및 평가할 수도 있다.

그럼 이 두 복잡도의 관계를 체계적으로 분석해 보자.

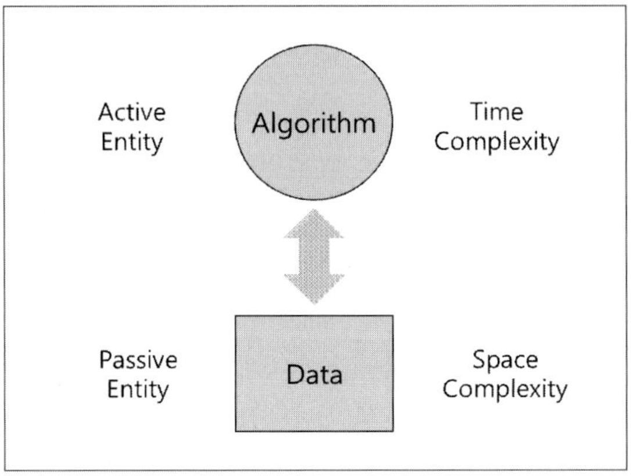


<그림 1-2> Algorithm과 Data의 관계

알고리즘과 데이터의 관계는, <그림 1-2>에서 보여주는 바와 같이, 동전의 양면과 같다[7]. 왜냐하면, 알고리즘은 일반적으로 데이터를 대상으로 적용되며, 역으로 데이터는 알고리즘에 의해서 조작되기 때문이다. 다음 장들에서 지속적으로 거론되겠지만, 재귀적인 알고리즘은 재귀적인 데이터를 기반으로 하고 있고, 역으로 재귀적인 데이터는 재귀적인 알고리즘을 요구한다. 이런 결합적인 또는 일체적인 관점에서, 알고리즘은 동적인 entity, 데이터는 이에 상응하는 정적인 entity로 정의할 수 있다. 나아가 이런 관점에서 동적인 entity로서의 알고리즘의 복잡도를 시간복잡도로, 그리고 이에 상응하는 데이터의 복잡도를 공간복잡도로 정의할 수 있다.

그럼 알고리즘과 데이터가 시간복잡도 관점에서 어떤 상관관계가 있는지 탐색 알고리즘[8]을 통해 알아보자. 일반적으로 탐색 알고리즘은 데이터베이스에서 가장 기본이 되는 기능이다. 또한 프로그램에서 저장된 자료들 중에서 특정한 자료를 찾기 위한 가장

7) 한국의 일부 대학에서는 "Data Structure와 Algorithm"을 다른 과목으로 배우는 경향이 있다. 이는 둘 사이의 상관 또는 종속 관계를 이해하지 못해 발생된 결과다. Data 없는 Algorithm, Algorithm 없는 Data는 있을 수 없다.

8) 탐색 알고리즘(Search Algorithm): 주어진 집합에서 원소를 찾는 알고리즘이다. 주어진 집합이 어떤 형식, 즉 데이터구조를 가지고 있는가에 따라 알고리즘의 논리와 복잡도가 달라진다. 대표적인 예가 linear, binary 등의 탐색 알고리즘이 있다.

기본적인 알고리즘이다. 그리고 이 검색 알고리즘에는 선형(linear), 이진(binary) 등의 다양한 검색 방법이 존재한다. 이러한 검색 방법들은 서로 다른 알고리즘을 가지고 있고, 각각의 알고리즘은 그에 해당하는 데이터 또는 그 구조에 종속되어 있다. 나아가, 그 종속성이 알고리즘의 시간복잡도를 결정한다.

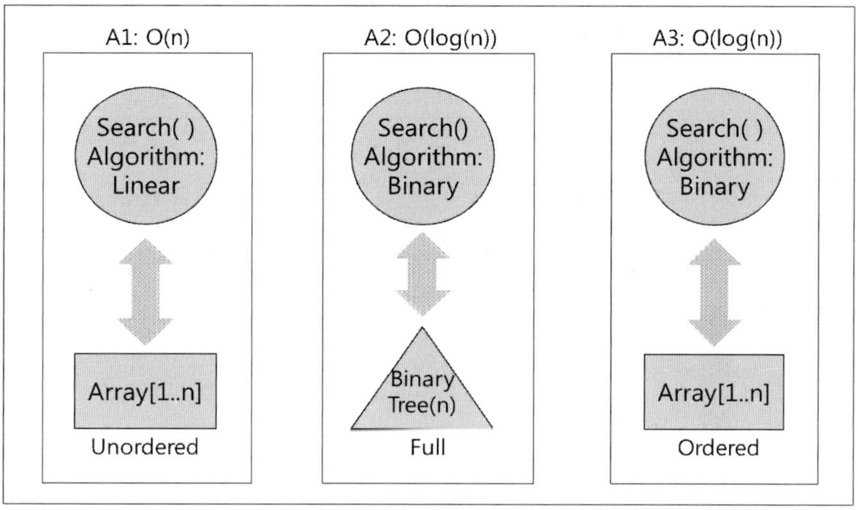


<그림 1-3> Time Complexity: Search Algorithm

<그림 1-3>은 3가지 유형의 복잡도를 보여준다:

1) A1: 선형(linear) 검색 알고리즘. 이 알고리즘은 기본적으로 데이터가 무작위로 배열된 array에 저장된 데이터에 대해 검색을 적용한다. 결과, 처음부터 맨 마지막까지 검색을 해야 하므로, 최악의 경우, 모든 데이터를 검색해야 한다. 즉 시간복잡도는 O(n)이 된다.
2) A2: 선형(linear) 검색 알고리즘. 이 알고리즘은 기본적으로 데이터가 tree에 순서화 되어, 즉 특정 노드의 값보다 적은 경우 왼쪽에, 큰 경우 오른쪽에, 저장된 데이터에 대해 검색을 적용한다. 결과, tree에 대한 검색이므로 평균 balanced tree의 깊이에 해당하는 O(log(n))의 시간복잡도를 가지면, 최악의 경우, tree의 모든 노드들이 왼쪽 또는 오른쪽으로 1열로 정렬될 경우도 발생되므로, 시간복잡도는 O(n)이다.
3) A3: 이진(binary) 검색 알고리즘. 이 알고리즘은 기본적으로 데이터가 증가 또는 감소 방식으로 배열된 array를 전제로 한다. 이 경우, 검색 시 divide-and-conquer[9] 방식으로 데이터를 검색한다. 결과, 평균, 최악의 경우,

9) 분할-점령(Divide-and-Conquer): 분할-점령 방식. 특히 binary 데이터구조를 가지고

시간복잡도는 O(log(n))의 시간복잡도를 보장한다.

이와 같이 알고리즘과 데이터 또는 그 구조가 서로 밀접하게 종속되어 있고, 시간복잡도에 서로 영향을 미치고 있음을 확인할 수 있다.

다음은 절차중심 알고리즘과 재귀중심 알고리즘이 복잡도에 어떤 영향을 미치는지 살펴보자.

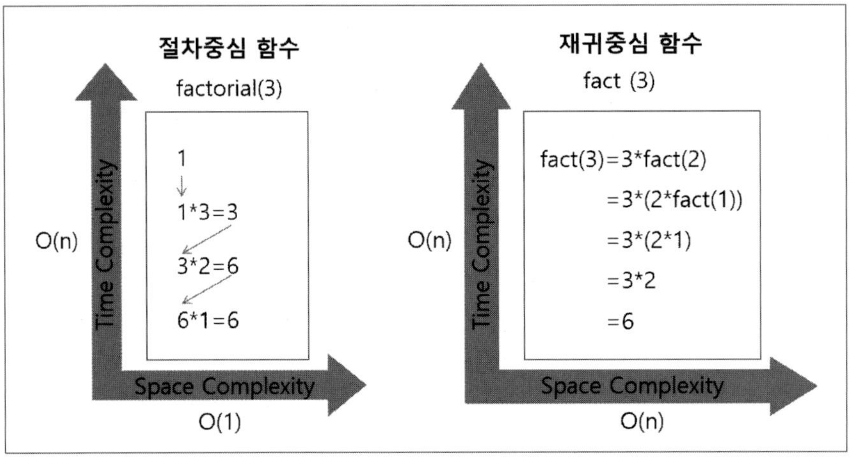


<그림 1-4> 절차 함수와 재귀함수의 시공간복잡도

<그림 1-4>는 이전에 살펴보았던 factorial 절차중심 함수와 재귀중심 함수가 어떤 시공간복잡도를 가지는지 보여준다:

1) 절차중심 함수 factorial(3)은 while 반복문을 통해서 n=3만큼의 반복을 통해서 n!, 즉 3! 값을 연산한다. 그리고 이 때 필요한 데이터 공간은 반복할 때마다 일정하게 변하지 않는다. 즉 시간복잡도는 O(n), 그리고 공간복잡도는 O(1)을 가진다.
2) 재귀중심 함수 fact(3)은 재귀함수 호출을 통해서 n=3 만큼의 부분함수 instance를 발생을 시켜, n!, 즉 3! 값을 연산한다. 이 때 필요한 데이터 공간은 반복할 때마다 호출된 instance만큼 증가한다. 즉 시간복잡도도 O(n), 그리고

있을 때 주로 사용하는 방식이다. 탐색(search), 배열(sort) 등과 같은 알고리즘에 적용할 수 있다. 특히 탐색에서의 전제 조건은 배열이 되어있어야 한다는 것이다. 대표적인 분할-점렬 방식의 장점은 시간에 대한 복잡도를 효과적으로 줄일 수 있다는 점이다. 특히 최선의 경우, O(log(n))을 보장한다. 최선의 전제조건은 binary 구조가 균형, balance가 되어야 한다. 분할-점령 방식은 Ordered Array에도 적용 가능하다.

공간복잡도도 O(n)을 가진다.

두 방법 모두 시간복잡도는 같지만, 공간복잡도는 절차중심 함수가 재귀중심 함수보다 더 효율적임을 볼 수 있다. 하지만 이전에 논한 바와 같이, 수학적 개념과 정의에 충실한 재귀중심 함수의 공간복잡도는 절차중심 함수의 공간복잡도보다 더 높지만, 함수의 알고리즘과 프로그램의 정확성을 검증하는 관점에서는 재귀중심 함수의 논리가 절차중심 함수의 논리보다 더 체계적일 수 있다.

다음은 대표적인 비절차중심언어인 Prolog에 대해 간단하게 살펴보도록 하자.

```
(infer (mult 0 y 0))
(infer (mult X Y Z) from
                    (minus X 1 V)
                    (mult V Y W)
                    (plus W Y Z))
(infer (fact 0 1))
(infer (fact 1 1))
(infer (fact n x) from
                  (minus n 1 m)
                  (fact m y)
                  (mult n y x))
(infer? (fact 3 x)(print x))
```

<프로그램 1-6> Prolog: Factorial Axion 및 Induction Rule Clause들

### E.1-1-3) Factorial: 비절차중심언어(Logic) - Prolog

Prolog[10]는 논리프로그래밍언어다. Prolog는 제4.2장에서 자세히 다루겠지만, 여기에서는, Prolog가 어떤 원리로 작동되는지 간단한 예제를 통해서 알아보고, 절차중심언어

10) Prolog: Prolog는 Proposition Logic (술어논리), 또는 Programming in Logic의 줄임말로 알려져 있다. 이 언어는 일반적으로 AI와 연산언어학에서 주로 사용되고 있는 1차논리언어다. 이 언어는 Robert Kowalski의 Horn Clauses에 대한 절차적인 해석에 기반을 하며, 1972년 프랑스 마셜(Martielle)에서 Alain Colmerauer에 의해 개발되고 구현된 언어다. 기본적으로 이 언어에서는, 논리에 대한 base 값, 즉 공리(Axiom)들을 정의하고, 이 공리로부터 유도가 가능한 귀납적 정의들을 정의한 후, 특정한 정리(Proposition)가 성립되는지를 증명하는 언어다. 즉 언어적 관점에서 주어진 입력으로부터 출력으로의 논리적인 관계가 성립되는지를 밝히는 논리언어로 이해할 수 있다. 즉 절차중심언어처럼, how에 대한 연산이 아니라, what에 기반을 두고 어떤 논리적 관계가 성립되는지를 따지는 언어다.

와 비교해 보도록 하자. 특히 이 언어는 AI와 전문가시스템(Expert System)에 필수적인 언어이기 때문에 AI의 논리적인 속성이 어떻게 프로그램으로 표현이 되는지 그 특성들을 분석해볼 수 있다.

<프로그램 1-6>은 Prolog로 작성된 factorial 프로그램이다. 여기에는 **`fact`**와 **`mult`**[11] 절(clause)이 정의된다. 그리고 이를 위해, **`minus`**와 **`plus`** 절들이 정의된다고 가정했다.

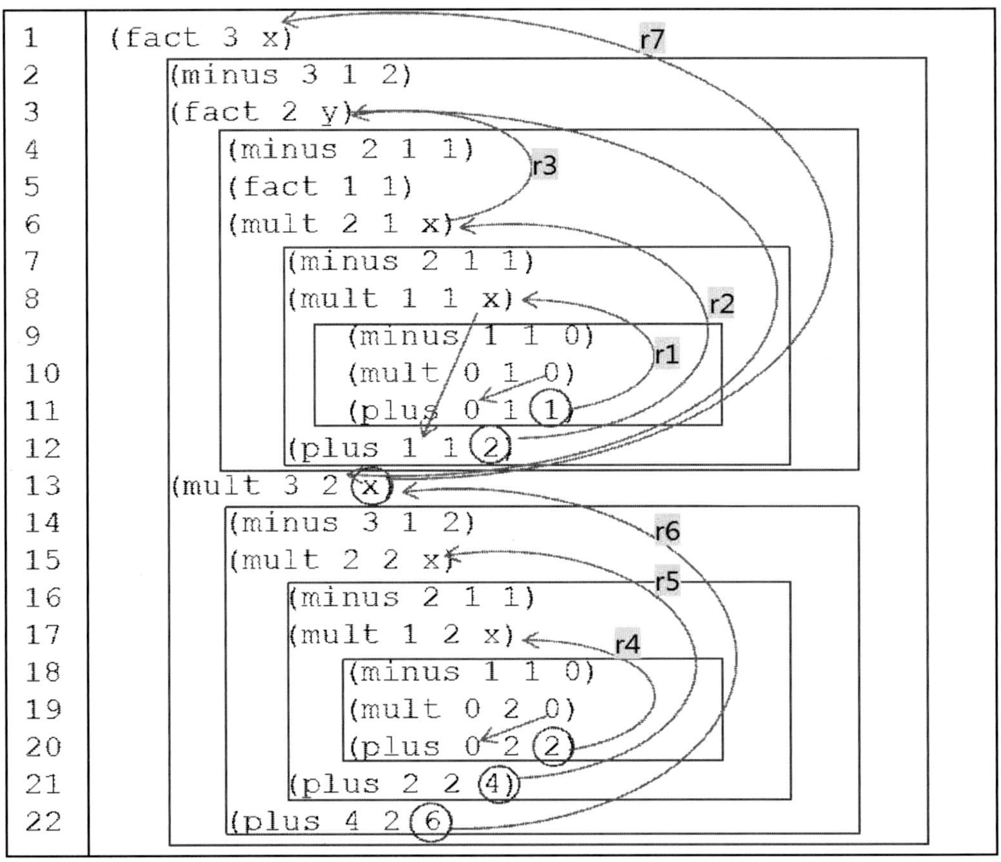


<그림 1-5> Prolog: **`(fact 3 x)`** 실행

11) 프로그램을 작성할 때는 procedure나 함수 및 절(clause), 나아가 객체(object)나 구조(structure)와 같은 모듈, 또는 SW나 시스템 등의 이름을 짓는 방법이 매우 중요하다. 일반적으로 이러한 이름들은 그 entity들의 기능성이나 특성을 추상적으로 이해할 수 있는 방법으로 지어야 한다는 것을 의미한다. 이를 위해서, 단축어(abbreviation), 표두어(acronym) 같은 방식을 채택하기도 한다. 예를 들면, fact는 factorial, mult는 multiplication의 줄임말이다.

그러면 3!의 값을 구하기 위해 <그림 1-5>의 fact Prolog 프로그램이 어떻게 실행되는지 살펴보자. 먼저 <그림 1-5>에서 [L12]줄에 있는 **(infer? (fact 3 x))** 질의(query)를 실행한다고 가정하자. 이를 술어논리에서 하나의 정리(proposition)로 간주할 수 있으면, 이 정리가 성립되는지 아닌지를, **fact**와 **mult** 절들에 의해서 정의된 공리 연역 규칙에 의해, 증명을 해야 한다. 이 증명이 이루어지면, 질의의 결과는 "**satisfied**"라는 출력을, 그렇지 않을 경우는 "**not satisfied**"라고 출력한다. 그러면 이 질의가 만족되는지, 그렇지 않은지 분석해 보자.

<그림 1-5>는 <프로그램 1-6>의 [L12], 즉 **(infer? (fact 3 x))** 질의(query)가 실행되는 과정을 보여준다. 이를 위해, 초기에, <그림 1-5>의 [L1]에서 먼저 **(fact 3 x)**가 실행된다. 이는 <프로그램 1-6>의 [L8]의 **(fact n x)** 정의에 기반으로 한 실행이며, 여기에서 **n**의 값이 3으로 대입되어, 이루지는 유도과정을 다음과 같이 거치게 된다:

1) <프로그램 1-6> [L8]의 **(fact n x)** 절에, **n**의 값이 3으로 대입된 경우, 즉 <그림 1-5> [L1]의 **(fact 3 x)**가 성립이 되기 위해서, 즉 참이기 위해서는, 다음 조건이 성립되어야 한다:

1-1) <그림 1-5> [L2]의 **(minus 3 1 2)**: 이는 위 1)의 조건인 <프로그램 1-6> [L9]의 **(minus n 1 m)**에 **n**의 값에 3이 대입되고, **minus**의 진제 징의에 의해 **m**의 값이 2로 확정된 공리로 결과가 산출된다.

1-2) <그림 1-5> [L3]의 **(fact 2 y)**: 이는 위 1)의 조건인 <프로그램 1-6> [L10]의 **(fact m y)**에 위 1-1) **(minus n 1 m)**의 **m**의 결과값, 즉 2가 여기에 대입된 clause다. 이 절이 성립되기 위해서는 위 1)처럼 <프로그램 1-6> [L8]의 **(fact n x)**가 다시 반복적으로 다음과 같이 적용되어야 한다:

1-2-1) <그림 1-5> [L4]의 **(minus 2 1 1)**: 이는 위 1-2)의 조건인 <프로그램 1-6> [L9]의 **(minus n′ 1 m′)**[12]에 **n′**의 값에 2가 대입되고, **minus**의 전제 정의에 의해 **m′**의 값이 1로 확정된 공리로 결과가 산출된다.

1-2-2) <그림 1-5> [L5]의 **(fact 1 1)**: 이는 위 1-2)의 조건인 <프로그램 1-6> [L10]의 **(fact m′ y′)**에 **m′**의 값에 1이 대입되고, 이는 <프로그램 1-6> [L7]의 **(fact 1 1)** 공리에 해당된다.

1-2-3) <그림 1-5> [L6]의 **(mult 2 1 x′)**: 위 1-2)의 조건인 <프로그램 1-6> [L2]의 **(mult n′ y′ x′)**에 **n′**과 **y′**의 값들에 각각 2와 1이 대입

12) 여기에서 single apostrophe(′)는 이전의 변수들과 구분하기 위해 사용되었다. 즉 이전의 y와 같은 변수의 이름이지만 scope이 다르기 때문에 이름은 같지만 다른 변수를 의미하기 위해 사용되었다.

된 절이 된다. 그리고 이 절이 성립되기 위해서는 다음 조건들이 만족되어야 한다:

1-2-3-1) <그림 1-5> [L7]의 `(minus 2 1 1)`: 이는 위 1-2-3)의 조건인 <프로그램 1-6> [L3]의 `(minus X 1 V)`에 X의 값에 2가 대입되고, **minus**의 전제 정의에 의해 V의 값이 1로 확정된 공리로 결과가 산출된다.

1-2-3-2) <그림 1-5> [L8]의 `(mult 1 1 x″)`: 이는 위 1-2-3)의 조건인 <프로그램 1-6> [L4]의 `(mult V Y W)`에 V의 값에 위 1-2-3-1)의 V 값, 즉 1이 대입된 절이 되고, 이 절이 성립되기 위해서는 다음 조건들이 만족되어야 한다:

1-2-3-2-1) <그림 1-5> [L9]의 `(minus 1 1 0)`: 이는 위 1-2-3-2)의 조건인 <프로그램 1-6> [L3]의 `(minus X′ 1 V′)`에 X′의 값에 1이 대입되고, **minus**의 전제 정의에 의해 V′의 값이 0으로 확정된 공리로 결과가 산출된다.

1-2-3-2-2) <그림 1-5> [L10]의 `(mult 0 1 0)`: 이는 위 1-2-3-2)의 조건인 <프로그램 1-6> [L4]의 `(mult V′ Y′ W′)`에 V′와 Y′의 값에 각각 0과 1이 대입되어, W′의 값이 0인 경우 정의된 <프로그램 1-6> [L1]의 `(mult 0 y 0)`의 공리에 해당된다.

1-2-3-2-3) <그림 1-5> [L11]의 `(plus 0 1 1)`: 이는 위 1-2-3-2)의 조건인 <프로그램 1-6> [L5]의 `(plus W′ Y′ Z′)`에 W′와 Y′의 값에 각각 0과 1이 대입되어, plus의 전제 정의에 의해 Z′의 값이 1로 결정된 공리에 해당된다.

1-2-3-2-4) 따라서 Z′의 값 1이 위 1-2-3-2)의 x″ 값으로 결정된다. 이는 <그림 1-5>에서 선 *r*1[13]로 확인할 수 있다.

1-2-3-3) <그림 1-5> [L12]의 `(plus 1 1 2)`: 이는 위 1-2-3)의 조건인 <프로그램 1-6> [L5]의 `(plus W Y Z)`에 W와 Y의 값에 각각 1과 1이 대입되어, **plus**의 전제 정의에 의해 Z의 값이 2로 결정된 공리에 해당된다.

1-2-3-4) 따라서 Z의 값 2가 위 1-2-3)의 x′ 값으로 결정된다. 이는 <그림 1-5>에서 선 *r*2로 확인할 수 있다.

1-2-4) 나아가, x′의 값 2가 위 1-2)의 y 값으로 결정된다. 이는 <그림 1-5>에서 선 *r*3으로 확인할 수 있다.

1-3) <그림 1-5> [L13]의 `(mult 3 2 x)`: 이는 위 1)의 조건인 <프로그램 1-6> [L11]의 `(mult n y x)`에 n과 y가 각각 위 1)과 1-2)에 의해 3과 2

---

13) 선(arc): 이 선은 유도규칙의 전개(induction)과정에서 대입된 결과값에 대한 회복(reconvery, 또는 roll-back)과정에서 이전 단계의 미결정 값을 결정하는 통합과정을 의미한다.

로 대입된 절이다. 이 절이 성립되기 위해서는 다음 조건들이 만족되어야 한다:

1-3-1) <그림 1-5> [L14]의 `(minus 3 1 2)`: 이는 위 1-3)의 조건인 <프로그램 1-6> [L3]의 `(minus X 1 V)`에 X의 값에 3이 대입되고, minus의 전제 정의에 의해 V의 값이 2로 확정된 공리로 결과가 산출된다.

1-3-2) <그림 1-5> [L15]의 `(mult 2 2 x′)`: 이는 위 1-3)의 조건인 <프로그램 1-6> [L4]의 `(mult V Y W)`에 V와 Y값이 각각 2(<그림 1-5> [L14]의 V)와 2(<그림 1-5> [L13]의 y)로 대입된 절이 되고, 이 절이 성립되기 위해서는 다음 조건들이 만족되어야 한다:

1-3-2-1) <그림 1-5> [L16]의 `(minus 2 1 1)`: 이는 위 1-3-2)의 조건인 <프로그램 1-6> [L3]의 `(minus X′ 1 V′)`에 X′의 값에 2가 대입되고, minus의 전제 정의에 의해 V의 값이 1로 확정된 공리로 결과가 산출된다.

1-3-2-2) <그림 1-5> [L17]의 `(mult 1 2 x″)`: 이는 위 1-3-2)의 조건인 <프로그램 1-6> [L4]의 `(mult V′ Y′ W′)`에 V′와 Y′값이 각각 1(<그림 1-5> [L16]의 V)과 2(<그림 1-5> [L15]의 Y)로 대입된 절이 되고, 이 절이 성립되기 위해서는 다음 조건들이 만족되어야 한다:

1-3-2-2-1) <그림 1-5> [L18]의 `(minus 1 1 0)`: 이는 위 1-3-2-2)의 조건인 <프로그램 1-6> [L3]의 `(minus X″ 1 V″)`에 X″의 값에 1이 대입되고, minus의 전제 정의에 의해 V″의 값이 0으로 확정된 공리로 결과가 산출된다.

1-3-2-2-2) <그림 1-5> [L19]의 `(mult 0 2 0)`: 이는 위 1-3-2-2)의 조건인 <프로그램 1-6> [L4]의 `(mult V″ Y″ W″)`에 V″와 Y″의 값에 각각 0과 2가 대입되어, W″의 값이 0인 경우 정의된 <프로그램 1-6> [L1]의 `(mult 0 y 0)`의 공리에 해당된다.

1-3-2-2-3) <그림 1-5> [L20]의 `(plus 0 2 2)`: 이는 위 1-3-2-2)의 조건인 <프로그램 1-6> [L5]의 `(plus W″ Y″ Z″)`에 W″와 Y″의 값에 각각 0(<그림 1-5> [L19]의 W″)과 2(<그림 1-5> [L19]의 Y″)로 대입되어, plus의 전제 정의에 의해 Z″의 값이 2로 결정된 공리에 해당된다.

1-3-2-2-4) 따라서 Z″의 값 2가 <그림 1-5> [L17], 즉 1-3-2-2)의 x″ 값으로 결정된다. 이는 <그림 1-5>에서 선 *r*4로 확인할 수 있다.

1-3-2-3) <그림 1-5> [L21]의 `(plus 2 2 4)`: 이는 이전 단계인 1-3-2)의 조건인 <프로그램 1-6> [L5]의 `(plus W′ Y′ Z′)`에 W′와 Y′의 값에 각각 2(<그림 1-5> [L17]의 W′)와 2(<그림 1-5> [L17]의 Y′)로 대입되어, plus의 전제 정의에 의해 Z′의 값이 4로 결정된 공리에 해당된다.

1-3-2-4) 따라서 Z′의 값 4가 위 1-3-2)의 x′ 값으로 결정된다. 이는 <그림 1-5>에서 선 *r*5로 확인할 수 있다.

1-3-3) <그림 1-5> [L22]의 **(plus 4 2 6)**: 이는 이전 단계인 1-3)의 조건인 <프로그램 1-6> [L5]의 **(plus W Y Z)**에 **W**와 **Y**의 값에 각각 4(<그림 1-5> [L15]의 **W**, 즉 **x**′의 값)와 2(<그림 1-5> [L15]의 **Y**)로 대입되어, **plus**의 정의에 의해 **Z**의 값이 6으로 결정된 공리에 해당된다.

1-4) 따라서 위 1-3-3) Z의 값 6이 위 1-3)의 **x** 값으로 결정된다. 이는 <그림 1-5>에서 선 *r*6으로 확인할 수 있다.

결과, <프로그램 1-6> [L12] **(infer? (fact 3 x))** 질의(query)의 결과는 아래 <프로그램 1-7>에서 보여주는 바와 같이, "**Satisfied**"이며, x 값, 즉 3!의 값은 <그림 1-5>에서 보여준 바와 같이 6이 출력된다.

```
(infer? (fact 3 x)(print x))
6
Satisfied
```

<프로그램 1-7> Prolog, Factorial Query와 출력

Prolog의 가장 큰 장점은 프로그램을 전개하는 논리가 인간이 추상적으로 사고하는 논리체계에 기반을 두고 있다는 점이다. 즉 함수언어처럼 기본적으로 재귀정의(recursive definition)에 기반을 두고 있어서, 공리(axiom)를 정의의 기본 단계(base case)로, 자기 자신의 정의에 기반으로 한 정의를 귀납 단계(inductive case)로 간주할 수 있다. 그리고 주어진 문제를 해결하기 위해서 재귀적 정의를 통해 기본 단계까지 유도 과정을 전개하고, 즉 확장(expansion) 과정을 거치고, 이후, 역으로, 기본단계에서 전개된 재귀 호출들을 역으로 통합 또는 복구(unification, reduction) 과정을 거치며, 최종적으로 해결해야 할 목표(goal)를 달성, 즉 문제를 해결한다. 그리고 시간과 공간에서의 복잡도는 기본적으로 재귀함수의 정의에 기반을 두고 있기 때문에 이전에 거론되었던 재귀적인 알고리즘의 복잡도와 유사하다.

여기에서는 factorial 예제를 기반으로 Prolog에 대해 간단히 소개하였다. 제4.2장에서 Prolog언어에 대해 체계적으로 설명한다.

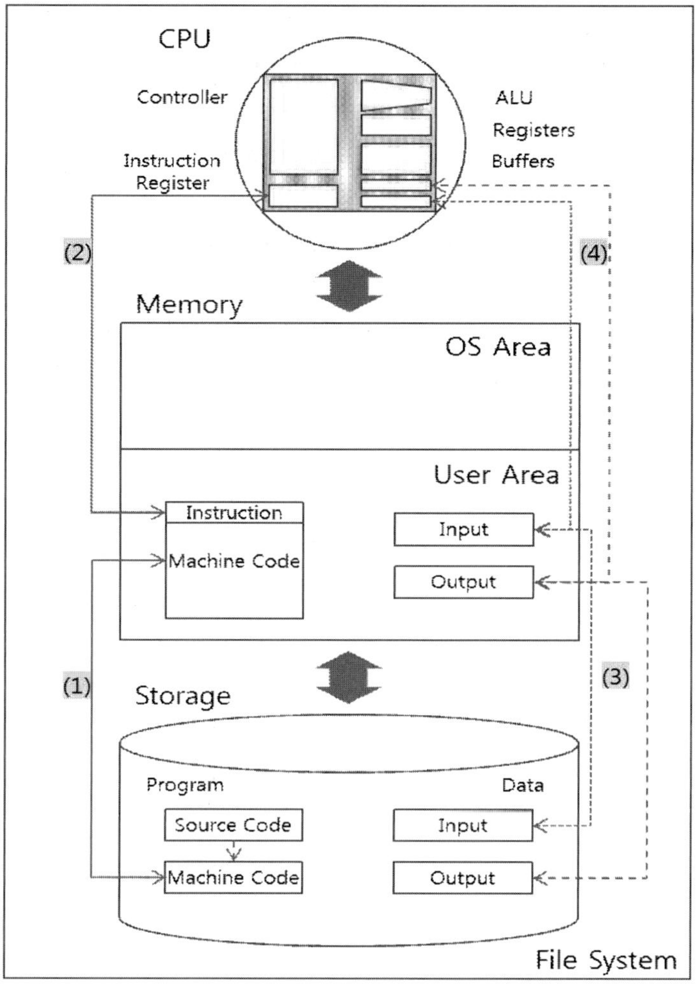


<그림 1-6> 컴퓨터시스템과 프로그램 작동 방법

### 1.1.3 프로그램 실행 체계 및 방법

다음은 이렇게 작성된 프로그램이 어떻게 작동되는지, 그리고 어떤 요소가 프로그램 실행시간에 영향을 미치는지 알아보자.

<그림 1-6>은 가장 기본적인 컴퓨터시스템의 구성도를 보여준다. 이 그림에 나오는 컴퓨터는 CPU, Memory, Storage로 구성되었다[14]. 여기에서 CPU는 Controller와

14) 일반적으로 그림의 architecture에서 상위로 올라갈수록, 즉 Disk, Memory, CPU, ALU로 올라갈수록 용량이 적지만 고가이며 속도가 빠르다. 역으로 하위로 올라갈수록, 용량은 많지만 저가이며 속도가 느리다.

Instruction Register, ALU와 관련 Register들과 Buffer들로 구성된다. Memory는 OS(Operating Systems), 즉 운영체제 영역과 사용자 영역으로 나뉘어져 있다. 그리고 Storage는 일반적으로 disk로 구성되어 있으며, OS의 File System에 의해서 관리된다.

일반적으로 특정한 언어로 작성된 프로그램, 즉 원시코드(source code)를 컴퓨터의 hardware에서 작동시키기 위해서는, 컴파일러를 통해서, 그 컴퓨터의 아키텍처에 맞는 기계언어(machine code)로 번역해야 한다. 그리고 이렇게 번역된 기계코드는 다음과 같은 과정을 통해서 실행된다:

1) Load 단계: <그림 1-6>의 선(arc) (1)에서 보여주는 바와 같이, 기계코드가 메모리의 사용자 영역에 적재된다.
2) Execution 단계: 위 그림의 선 (2)에서 보여주는 바와 같이, 기계코드의 각 명령문(instruction)이 컴퓨터의 명령어 체계에 맞게 CPU의 Instruction Register에 Load 되고, 이 코드가 명령어 의미에 맞게 Controller에 의해서 기계적으로 해석되어서, 요구되는 연산을 ALU(Arithmetic Logic Unit)에서 수행한다.
3) 입력 및 출력 단계: 위 과정에서 필요에 따라 선 (3)과 (4)의 과정을 거쳐서 데이터를 입력받거나 출력을 받을 수 있다.

이 과정에서 프로그램, 즉 기계코드의 실행시간은 당연히 위에서 설명한 프로그램의 논리를 결정하는 알고리즘의 시간복잡도에 의해서 결정된다. 그리고 공간복잡도는 당연히 입력 자료와 출력 자료 및 내부 자료의 크기에 의해서 결정된다. 하지만 기계적인 관점에서 실행시간을 결정하는 요소는 다음과 같다:

1) Disk-Memory Load/Store Time: <그림 1-6>의 선(arc) (1)과 같이 코드나 데이터를 Disk에서 Memory로 load를 하기 위해서는 Bus 1을 활용해야 한다. 즉 load의 시간은 Bus 1의 종류와 시간에 따라 결정된다.
2) Memory-CPS Load/Store Time: <그림 1-6>의 선(arc) (2)와 같이 코드나 데이터를 Memory에서 CPU로 load를 하기 위해서는 Bus 2를 활용해야 한다. 즉 load의 시간은 Bus 2의 종류와 시간에 따라 결정된다.
3) CPS 내부 Load/Store Time: CPU 내부 코드나 데이터를 전송하는 내부 Bus 속도는 Bus 3의 종류와 시간에 따라 결정된다.
4) Controller Execution Time: Instruction Register에 저장된 기계코드의 명령어(Op-Code: Operation-Code)를 Controller에 의해 기계적으로 해석하고 처리하는 시간.
5) ALU Execution Time: Instruction Register에 저장된 기계코드의 명령어

(Op-Code: Operation-Code)를 Controller에 의해 기계적으로 해석하고, 이에 상응하는 연산을 ALU에서 실행하는 시간.

이와 같이 프로그램에 반영된 알고리즘의 시·공간복잡도를 기반으로, 이에 상응하는 각각의 기계언어 명령어의 유형에 따라 요구되는 기계적인 수행시간이 최종적으로 프로그램의 실행기반을 결정한다. 따라서 특정 임무를 수행하는 임무 위주(mission-critical) 또는 안전 필수(safety-critical) 실시간시스템(real-time systems)의 경우, 임무와 안전을 위한 deadline을 만족하기 위해서는 어떤 컴퓨터 아키텍처를 기반으로 한 hardware를 사용해야 하는지가 매우 중요하다. 즉 hardware 관점에서 프로그램의 요구사항을 만족할 수 있는 성능이 보장되어야 한다는 의미다.

## 1.2 프로그래밍언어 정의

그럼 이러한 쟁점을 이론적으로 논의하기 위한 프로그래밍언어의 정형적인 개념을 정의해 보자.

### 1.2.1 프로그래밍언어 (Programming Languages)

프로그래밍언어는 컴퓨터프로그램과 알고리즘을 명확히 기술하기 위한 표기법이며, 또한 문법과 의미가 엄격하게 정의된 인공언어다. 이러한 이유 때문에, 프로그래밍언어에는 자연어의 특징이라고 할 수 있는 표현의 자유를 허용하지 않는다.

다음은, 컴퓨터프로그램과 알고리즘이 무엇인지 알아보자.

### 1.2.2 Computer Program

컴퓨터프로그램은 컴퓨터에 독립적인 한 단위로 입력되어, 그 컴퓨터시스템의 행동을 지시하기 위해 사용되는 구문들의 집합이며, 다음과 같은 종류가 있다:

1) 절차중심언어: 요구한 결과를 얻기 위해 컴퓨터시스템에 의해 수행되어야 하는 절차에 대한 명확한 정의를 제공하는 프로그램. 예를 들면, C의 Factorial 예제.
2) 비절차중심언어: 산출될 결과를 만족해야 하는 제약조건을 명세하지만 그 결과를 결정하기 위해, 컴퓨터시스템 자체가 수행하는 절차에 대해서는 명세하지 않

는 프로그램. 예를 들면, Prolog의 Factorial 예제.

즉 컴퓨터프로그램은 어떤 명령어들인데, 컴퓨터에게, unit[15], 즉 한 단위로서 제공되어, 컴퓨터의 행위를 지시하는 프로그램이다.

그리고 컴퓨터프로그램은 절차중심언어와 비절차중심어로 작성되는데, 이에 대한 자세한 정의 및 예제는 다음 장(Chapter)에서 설명한다.

### 1.2.3 알고리즘(Algorithm)

알고리즘은 문제를 해결하기 위해, 체계적으로 정의된 규칙이나 지시들의 규정된 집합을 의미한다. 알고리즘에서의 쟁점은 다음과 같다:

1) 표기법: 정형도.
2) 효과: 표현력, 복잡도.
3) 정확성: 알고리즘의 정확도에 대한 증명.
4) 유효성: 알고리즘이 필요한 연산을 수행할 것에 대한 인증 또는 검증.
5) 주어진 알고리즘에 대한 성능 특성에 대한 조사 및 연구.

알고리즘은, 특정한 연산 문제를 해결하기 위해서, 컴퓨터프로그램의 논리에 대한 기본적인 연산 방법을 정의한 pseudo 언어 프로그램이다. 일반적으로, 이를 위해서, 프로그래밍언어는 아니지만 이와 유사한 pseudo 언어로 기술된다. 하지만 유사(pseudo) 언어 또한 기본적으로 잘 정의된 규칙과 구문 또는 명령어들을 가지고 있어야 한다. 그 이유는 이렇게 정의된 언어는 바로 프로그래밍언어로 전환되거나 구체화될 수 있기 때문이다.

또 다른 관점에서 <그림 1-7>에서 보여주는 바와 같이, 알고리즘은 데이터 또는 자료와 직접적인 관련이 있다. 이 데이터는 입력, 출력 자료뿐만 아니라, 연산에 필요한 내부 자료를 의미한다. 이에 대한 내용은 함수언어에서 더 자세히 다루게 될 것이다.

---

15) 여기에서 unit이라고 함은, 한 단위로 compile을 해서, 그 결과를 실행파일로 컴퓨터에 입력할 수 있는 단위를 의미한다. 특히 SW unit이라 함은, 모듈화 개념에서 모듈을 구성하는 가장 기본적인 단위로도 이해할 수 있다. 그리고 SW unit은 SW를 구성하는 가장 기본적인 구성 요소로서, 독립적으로 compile을 해서 실행할 수 있는 기능성을 제공해야 한다.

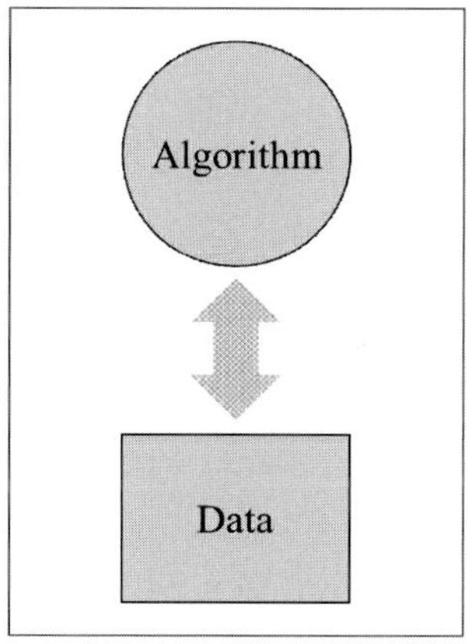


<그림 1-7> A-D 관계

### 1.2.4 구문론(Syntax)

구문론은 언어에서 언어를 구성하는 글자에 대한 적합한 순서를 정의하는 규식, 또는 프로그래밍언어의 경우, 프로그램을 구성하는 문자의 적합한 순서를 정의하는 규칙을 의미한다. 이러한 규칙들은 이러한 언어에 대한 다양한 구문의 형식을 정의하기는 하지만 이러한 구문의 의미를 정의하지는 않는다.

일반적으로 프로그래밍언어는 다음과 같이 정의된다: $G=(S, T, N, P)$ . 여기에서 $S$, $N$, $T$, $P$는 다음과 같이 정의된다:

1) $S$ : 시작 부호 (Smart Symbol).
2) $N$ : 비단말부호 (Non-terminal Symbol).
3) $T$ : 단말부호 (Terminal Symbol).
4) $P$ : 생성규칙 (Production Rule).

예를 들면, 실수(real number)를 생성하는 문법, 즉 syntax rule을 다음과 같이 정의할 수 있다:

1) $S$ : 시작 부호 (Smart Symbol).
2) $N$ :: = <real-#> | <integer-part> | <fraction-part> | <digit>
3) $T$ ::= 0 | 1 | 2 | 3 | 4 | 5 | 6 | 7 | 8 | 9
4) ① $P$ ::= <real-#>
   ② <real-#> ::= <integer-part>.<fraction-part> | .< fraction-part >

③ <integer-part> ::= <digit> | <integer-part><digit>

④ <fraction-part> ::= <digit> | <digit><fraction-part>

⑤ <digit> ::= 0 | 1 | 2 | 3 | 4 | 5 | 6 | 7 | 8 | 9

이 문법에 의해서 생성되는 실수는 생성규칙에 준한 유도(derivation)를 거친다. 그리고 그 유도과정은 문법구조도(syntax tree), 또는 구문구조도(parse tree)에 의해 표현된다.

이 문법에 의해서 생성될 수 있는 숫자의 예를 들면 다음과 같다:

1) `.78`

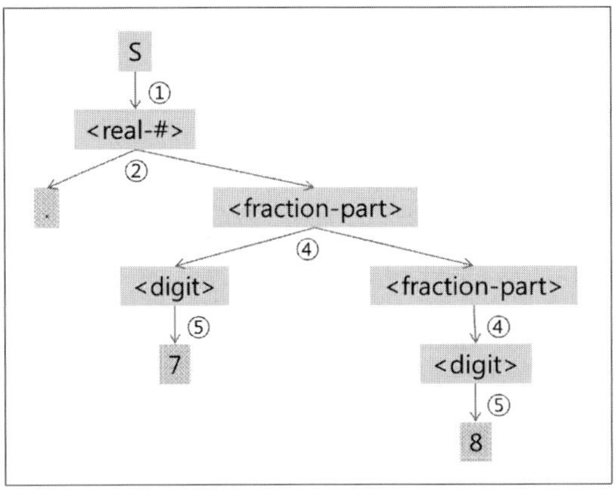


<그림 1-8> `.78` 유도 과정

2) `123.789`

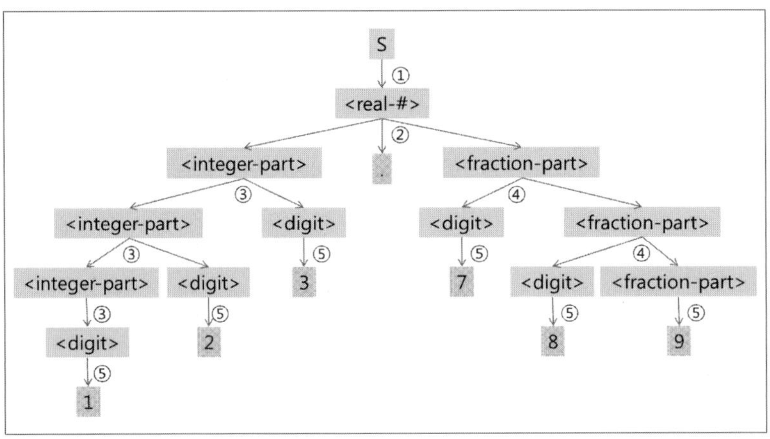


<그림 1-9> `123.789` 유도 과정

### 1.2.5 구문구성도 (Syntax/Parse Tree)

Syntax Tree 또는 Parse Tree는, 문맥자유문법에 의해, 문장의 문법적 구조를 규정하는 구조도(트리: tree)를 의미한다. 여기에서, 트리의 내부 노드(internal node)는 문법의 비단말 노드(non-terminal node)로 표기되는데, 이 비단말 노드는 문맥자유문법의 주어진 생성규칙에서, 예를 들어 *A* -> *B* 의 경우, 왼쪽 부분(*B*)을 가진 생성규칙의 오른쪽 부분(*A*) 노드의 자식 노드를 의미한다. 그리고 트리의 단말 노드는 단말 노드나 비단말 노드가 된다. 만약 모든 leaf들이 단말 노드면, 문법에 준하는 언어의 문장은 트리의 왼쪽에서 오른쪽으로 쓴 문장이 된다. 예를 들면, 이전 실수 예제에서, 트리들의 모든 leaf가 단말 노드이므로, 이를 왼쪽에서 오른쪽으로 차례대로 읽으며, 문법에 맞는 문장, 즉 "`.78`", "`123.789`"가 생성되는 것을 확인할 수 있다.

여기에서의 쟁점은 표현력(Expressiveness), 이해도(Understandability), 명백성(Clarification)과 모호성(Ambiguity), 일관성(Consistency), 건전성(Completeness)과 완전성(Soundness) 등이 있다.

### 1.2.6 정형언어 (Formal Language)

정형언어는 <그림 1-10>에서 보여주는 바와 같이, 구문론과 의미론에 대한 명시적이고 정확한 규칙이 정의되고, 이들 간의 일관성이 만족되는 언어를 의미한다[이문근 17].

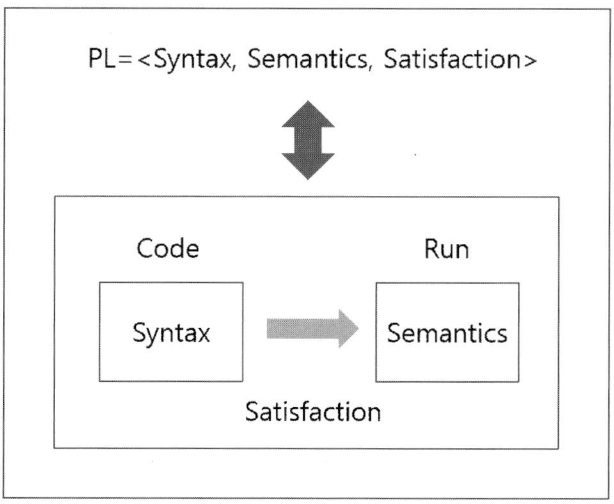


<그림 1-10> 정형언어

예를 들면, C, C++와 프로그래밍언어, 술어논리와 같은 논리언어 등을 들 수 있다. <그림 1-11>은 술어논리의 정형체계를 간단하게 보여준다.

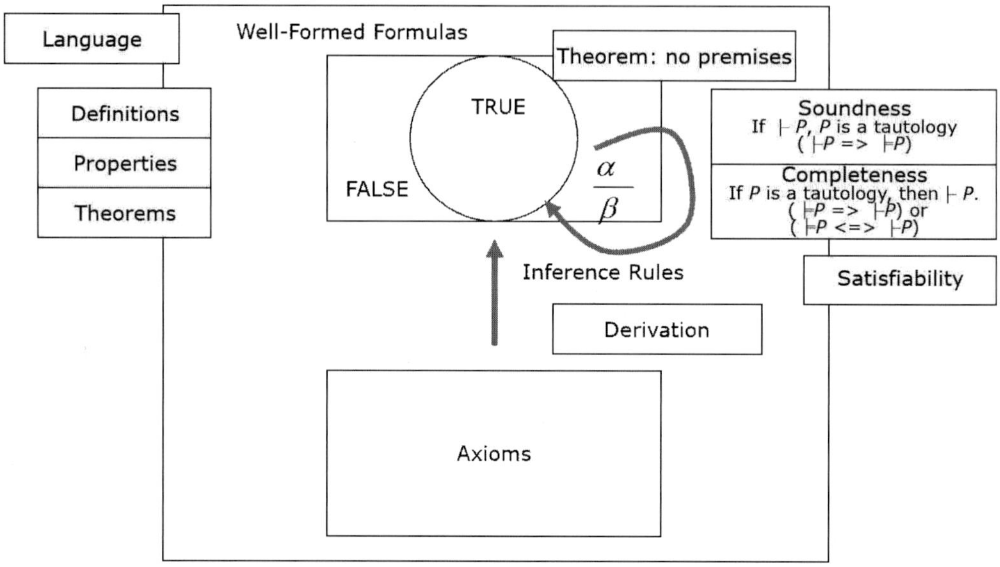


<그림 1-11> 술어논리의 정형체계

### 1.2.7 정형언어 (Formal Language) 유형[16)]

1956년 Norm Chomsky[17)]와 Marcel-Paul Schützenberger는 정형언어(Formal Language), 즉 정형문법(Formal Grammar)으로부터 생성된 언어를, <표 1-1>과 같이, 4가지 유형으로 구분하였고, 이를 촘스키 계층(Chomsky Hierarchy) 또는 쉬첸버거 계층( Schützenberger Hierarchy)이라고 칭하였다[18)].

16) [이문근17]

17) Norm Chomsky[1928년 12월 7일~ ]는 현대 언어학의 창시자로 알려진, 미국의 언어학자, 철학자, 역사학자, 사회 활동가이다. 미국 필라델피아에서, 유대인 이민자 집안에서 태어나, 16살에 펜실베니아대학에 입학해서 언어학, 수학, 철학 등을 전공했고, 이후 하버드 대학에서 변형 문법(Transformational Grammar)이론으로 박사 학위를 받았다. 이후 MIT에서 현대 언어학의 지표라 할 수 있는 문법 구조(Syntactic Structures)[CHOM57] 이론을 완성했으며, 지금까지 언어학 및 인지 과학 연구를 수행하고 있다[CHOMSKY].

18) Norm Chomsky와 Marcel-Paul Schützenberger에 의해 1956년 정립된 정형언어(formal language) 분류 체계다. 여기에서 정형언어의 문법을 G=<S, T, N, P>라는

| Grammar | Language | Automata | Production Rules (Constraints) |
|---|---|---|---|
| Type-0 | Recursively Enumerable | Turing Machine | $\alpha \to \beta$ (no restriction) |
| Type-1 | Context-Sensitive | Linear Bounded Non-Deterministic Turing Machine | $\alpha A\beta \to \alpha\gamma\beta$ |
| Type-2 | Context-Free | Non-Deterministic Pushdown Automata | $A \to \gamma$ |
| Type-3 | Regular | Finite State Automata | $A \to a$ and $A \to aB$ |

<표 1-1> 정형언어에 대한 촘스키 계층 (Chomsky Hierarchy)

위 표에서 보는 바와 같이, Chomsky Hierarchy에서는 각 정형언어를 정형문법과 이에 상응하는 기계로 구분한다. 여기에서의 정형문법 G는 <S, T, N, P>의 쌍으로 이루어진 언어 문법 체계로 정의되었으며, 이 쌍에서 S는 각각 시작 부호(Start Symbol), T는 최종 부호(Terminal Symbols)의 유한 집합, N은 중간 부호(Non-Terminal Symbols)의 유한 집합, 그리고 P는 생성규칙(Production Rules)의 유한 집합을 의미한다. 특히 생성규칙은 다음과 같이 생성규칙의 유도 과정을 보여주는 화살표를 중심으로 왼쪽에 있는 N의 부호가 오른쪽에 있는 N의 부호와 T의 부호의 조합으로 확장되도록 표현되고, 이 생성규칙의 성능에 따라 다음과 같이 4가지의 유형으로 구분한다:

1) [Type-0 문법] 무제약문법(Unrestricted Grammar): 이 문법은 제약이 없는 문법이다. 즉 모든 정형문법을 수용할 수 있다. 이는 Turing Machine에 의해서 수용되는 언어만을 생성한다. 이렇게 생성된 언어는 재귀적으로 나열-가능한 (Recursively Enumerable) 또는 튜링-수용-가능한 (Turing-Recognizable) 언어[19]라 한다.

---

형식 문법(formal grammar)으로 정의했다. 여기에서 S는 시작 부호, T는 최종(Terminal) 부호, N은 중간(Non-Terminal) 부호, 그리고 P는 생성규칙(Production Rule)으로 정의했다[CHOM56].

19) 이 언어는 정지(Halting)-TM에 의해서 수용되는 재귀 언어(RE: Recursive Language)와는 다르다. Halting-TM이 일반 TM의 특수한 경우이므로, Recursive Language는 Recursively Enumerable Language의 부분집합이다.

2) [Type-1 문법] 문맥종속문법 (Context-Sensitive Grammar): 이 유형의 문법은 생성규칙 $\alpha A\beta \rightarrow \alpha\gamma\beta$의 조건을 가진다. 여기에서 A는 Non-Terminal이며, α, β, γ는 Terminal이나 Non-Terminal의 문자열이다. α와 β는 empty일 수 있지만, γ는 empty일 수 없다[20]. S가 어떤 규칙의 오른쪽도 나타나지 않는다면, $S \rightarrow \varepsilon$을 허용한다[21]. 이렇게 생성된 언어를 문맥종속언어(Context Sensitive Language)라 하고, 이러한 언어는 오직 Linear Bounded Automata[22]에 의해서만 수용된다.
3) [Type-2 문법] 문맥자유문법(Context Free Grammar): 이 유형의 문법은 생성규칙 $A \rightarrow \gamma$의 조건을 가진다. 여기에서 A는 Non-Terminal이며, γ는 Terminal이나 Non-Terminal의 문자열이다[23]. 이렇게 생성된 언어를 문맥-자유 언어(Context Free Language)라 하고, 이러한 언어는 오직 Pushdown Automata에 의해서만 수용된다.
4) [Type-3 문법] 정규문법(Regular Grammar): 이 유형의 문법은 두 가지의 제약 조건을 가진다: 1) $A \rightarrow a$, 즉  하나의 Non-Terminal은 하나의 Terminal로 유도되거나, 2) $A \rightarrow aB$, 하나의 Non-Terminal은 하나의 Terminal과 그 다음에 하나의 Non-Terminal로 유도된다. 이것은 하나의 Non-Terminal이 하나의 Terminal로 확장되거나, 아니면 이 Terminal 다음에 또 하나의 Non-Terminal로 확장됨을 의미한다. S가 모든 규칙의 오른쪽에 나타나지 않는다면, $S \rightarrow \varepsilon$을 허용한다. 이렇게 생성된 언어를 자유 언어(Free Language)라 하고, 이러한 언어는 오직 Finite State Automata에 의해서만 수용된다.

이를 지금의 분류 체계로 표현하면 <그림 1-12>와 같다.

---

20) 생성규칙에서 A의 확정은 α와 β의 값에 따라 종속된다는, 즉 sensitive하다는 의미다.

21) 그렇지 않을 경우, α와 β의 값에 종속되지 않는 경우, 즉 sensitive하지 않다는 의미다.

22) Linear Bounded Automata는 비결정적(Non-Deterministic) TM으로 이 기계의 Tape이 주어진 입력 문자열의 길이에 한정된 경우의 기계를 의미한다.

23) 생성규칙에서 A의 확장이 문법의 어떤 값에도, 예를 들면, Context Sensitive 문법의 α와 β처럼, 종속되지 않는다는 것을 의미한다.

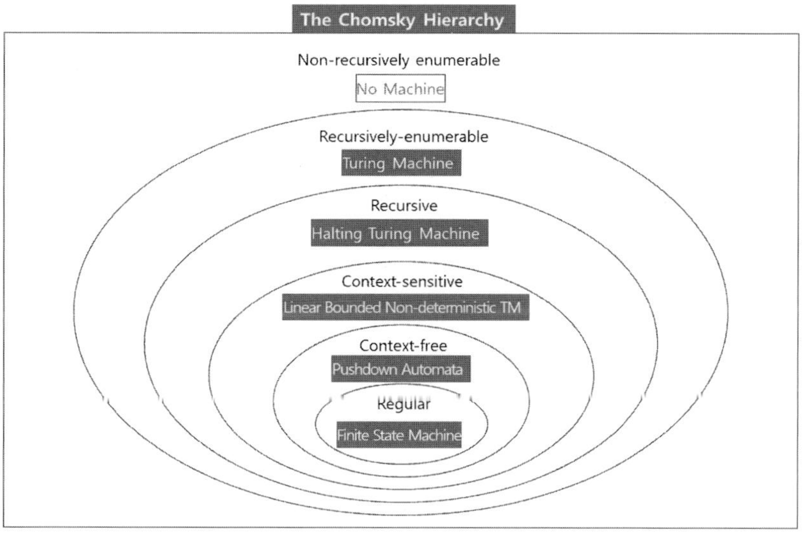


<그림 1-12> 촘스키 언어 계층 (Chomsky Hierarchy)

일반적으로 프로그래밍언어에서 문법은 BNF(Backus normal form, Backus Naur form)를 사용한다. John Backus에 의해 창안된, 프로그래밍언어의 문법을 기술하기 위하여 처음으로 널리 사용된 정형 표기법이며, Algol60[24] 보고서에서 Algol60의 문법을 기술하기 위하여 정의된 메커니즘이다. 특히 문맥자유문법을 기술할 수 있다.

그리고 여기에서 단어(word) 또는 문자열은 정형언어 이론에서 주어진 알파벳부호의 집합으로부터 도출된 유한한 부호들의 열을 의미한다.

### 1.2.8 유도트리 (Derivation Tree)

유도트리는 문맥자유언어에 의해 특정한 단어를 어떻게 생성하는지를 지시하는 방법이다. 이 트리에서는 leaf(잎) 노드가 단말부호(terminal node)이며, 다른 노드들은 비단말부호(non-terminal node)다.

예를 들면, 문자열 "aa∧bbcbb"에 대한 아래 문법에 의한 유도트리(derivation tree)는 <그림 1-13>과 같다:

24) Algol60(Algorithmic Language 60)은 미국과 유럽의 컴퓨터과학자들에 의해서 고안된 언어다. 주로 학자들에 의해서 사용되었고, 상용화는 되지 않았다. Begin-End의 프로그램 Block의 개념을 최초로 도입한, 최초의 구조적 프로그래밍언어로 알려져 있으며, 많은 언어에 중대한 영향을 미쳤다.

$G_2$ = {S, {A,B }, {a,b}, {① S->AB, ② A->aA | ∧, ③ b->bBb | c} }

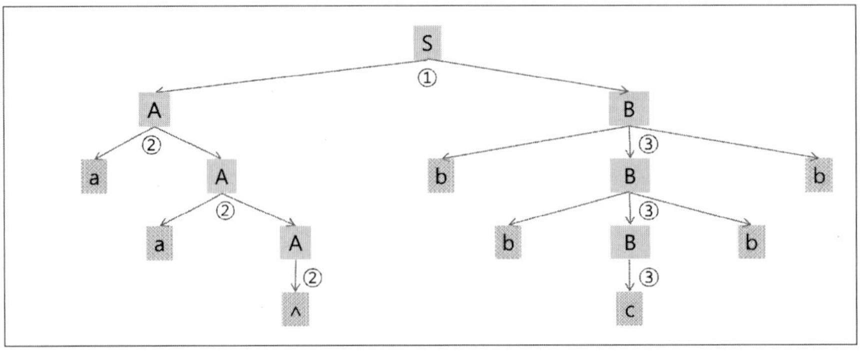

<그림 1-13> “aa∧bbcbb” 유도트리

## 1.2.9 모호성 (Ambiguity)

언어에서 하나의 문장이 하나 이상의 의미를 가지는 것을 모호하다고 한다. 프로그래밍언어적 관점에서는 구문이 하나 이상의 문법으로 구성되는 경우를 모호(ambiguous)하다고 한다. 이러한 성질은 프로그래밍언어의 일관성을 위배하는 심각한 문제를 발생시킨다. 즉 하나의 문장이나 프로그램이 하나 이상의 다른 결과를 초래할 수 있기 때문이다. 다시 말해 프로그래밍언어는 항상 모호하지 않은, 즉 명백한 하나의 결과만을 의미해야 한다. 이러한 성질을 비모호성(unambiguity) 또는 명백성(clarification)이라고 한다. 문법적 관점에서는, 서로 다른 유도 과정을 거쳐 동일한 문자열이 유도되는 문맥자유언어(context-free language)를 의미하나, 서로 다른 좌측 유도 순서 또는 서로 다른 우측 유도 순서에도 동일하게 적용됨을 의미한다.

예를 들어보자. 다음은 if 문에 대한 문법이다. 이 문법이 모호한지 아닌지 확인해 보자.

```
S → if C then S else S
S → if C then S
   | if c1 then if c2 then s2 else s1
```

<그림 1-14>는 위 if 문 문법에 의해서 생성된 2개의 parser tree A와 B를 보여준다. 즉 이 문법은 모호하다는 것이다.

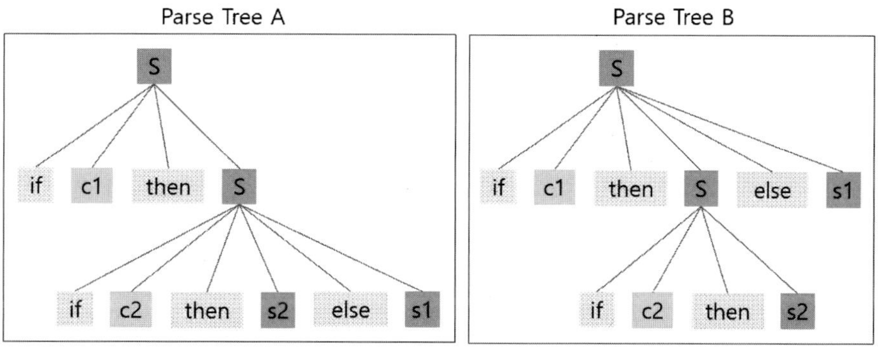


<그림 1-14> if-문 문법에 의해서 생성된 두 개의 Parse Tree A, B

### 1.2.10 의미론(Semantics)

의미론은 형식언어의 생성규칙에 맞게 구축된 글자(text) 또는 문자들이 어떤 의미 또는 효과가 있는지를 명세하기 위한 언어의 정의 영역이다. 형식언어로 작성된 모든 프로그램의 의미를 똑같이 정의하기 위한 규칙들의 유한 집합이다.

의미론의 목적은 프로그래밍언어 설계자, 구현자 및 사용자에게, 프로그래밍언어에 대한 명확하고, 완전하고, 모호하지 않은 (unambiguous) 의미를 제공하기 위한 것이다. 하지만 안타깝게도, 프로그래밍언어는 본질적으로 복잡하다. 따라서 의미론 영역에서의 어려움 중 하나는, 프로그래밍언어의 의미를 쉽고 직관적이며 자연스러운 방법으로 정의될 수 있도록 허용해 주는, 명확하고 구조적인 정의 방법들을 개발하는 것이다.

각 관련 전문가들의 의미론에 대한 관심사를 정리하면 다음과 같다:

1) 컴파일러 개발자(compiler writer): 원시언어(source language)의 프로그램 의미를 컴파일러에 의해 생성되는 목적언어(target language)의 문자열로 정의한다.
2) 시스템개발자(system implementor): 명령문의 실행 순서의 관점에서 의미를 정의한다.
3) 사용자(end user): 명령어의 순서에는 관심이 없고, 입력 자료와 출력 자료의 관계로 나타난 프로그램의 연산결과에 관심이 있다.

이러한 의미론에는 다음과 같은 정의 모델이 있다. 이를 간단하게 정리하면 다음과 같다:

1) 컴파일러 모델: 이 모델은 의미(semantics)를 컴파일러에 의해 생성되는 목적 언어의 문자열로 정의하는 모델이다. 예를 들면, 언어 $L_1$의 프로그램의 의미를 compiler에 의해서 생성되는 언어 $L_2$로 정의한다.
2) 인터프리터(interpreter)/동작(operational) 모델: 이 모델은 의미를 입력 자료와 실행 순서 사이의 관계로 정의하는 모델이다. 예를 들면, 언어 L을 이를 실행시키는 추상기계(abstract machine)의 관점에서 정의한다. 그러기 위해서는 인터프리터가 명시된 의미정의언어(semantics definition language)는 프로그램의 구조를 정의하고 실행할 수 있는 메커니즘을 가져야 한다. 예를 들면, 다음과 같은 것이 있다:
   a) 동작언어정의의 첫 번째 예: Lisp[25] 언어로 작성된 인터프리터에 의해 Lisp언어를 정의하는 경우.
   b) VDL[26]: 언어의 구조를 구현하는 데 강력한 도구이며, 프로그램을 label화된 트리 형식의 추상 구문 표기로 전환한다.
3) 수학 모델: 이 모델은 의미를 입력 자료와 출력 자료의 관계로 표현한 모델이다. 여기에는 다음과 같이 세부 모델이 있다.
   a) 외연 (denotational) 모델: 프로그램의 의미를 추상대수영역(abstract algebraic domain)의 외연 또는 경우(instance)/상태(state)로 정의한 모델이다. λ-대수 (lambda calculus)를 사용하며, 도메인을 상태로 정의하며, 구문실행을, 한 상태에서 다른 상태로의 전이로 정의한다. 예를 들면, Algol60, PL/I[27], Ada[28] 등이 있다.
   b) Operational 모델: Interpreter 모델과 같다.
   c) Axiomatic 모델: 공리 모델이다. 즉 프로그램의 기초 구문이 공리(axiom)들로 정의하고, 이를 기반으로 한 복합프로그램을, 프로그램 조합을 위한 추론규칙(inference rules)에 의해서, 기본 프로그램의 공리로부터 유도가 되는 정리(theorem)들로 정의하는 모델이다.[29] 프로그래밍언어(i.e. Pascal)의 많은 요소를 정의하는 데 사용되고,

---

25) 아마도 가장 단순하고 가장 완전한 언어로 평가할 수 있다.

26) 1972년 Vienna의 IBM 연구소에서 Lucas와 Walk에 의해 컴퓨터시스템 개발을 위해 개발한 정형기법(formal method)이다. PL/I 언어를 정의하는 데 활용되었다.

27) PL/I은, 1950년~1960년대 초, IBM에서 개발한 procedural, imperative한 프로그래밍 언어다.

28) Ada는 미국방부가 미국방용 SW를 위해서 개발한 언어다.

29) 1969년 Hoare에 의해 제안된 정의는 다음과 같다:
- assignment: {P} X:=E; {P'}. 여기에서 P는 precondition, P': postcondition
- while: from {P∧B } S {P } infer {P } while B S {P ∧ ¬B }

procedure, pointer, exception, 그리고 task 등과 같은 언어의 구성 요소를 포함하기 위해 확장되었다.

### 1.2.11 일치(Satisfaction)

프로그래밍언어에서 <그림 1-10>에서 보여주는 바와 같이 문법적 정의가 의미적 정의를 만족하는지를 입증하는 것은 매우 중요하다. 즉 문법적인 정의가 의미적인 정의를, 또는 의미적인 정의가 문법적인 정의를 충분히 반영하고 있는지를, 즉 일치하는지를 보장해야만 프로그래밍언어를 믿고 사용할 수 있다는 것이다.

## 1.3 프로그래밍언어의 표현 수준(Level of Expression)

지금까지 프로그래밍언어에 대한 기본적인 개념과 원리들을 간단하게 정리해 보았다. 그럼 이를 기반으로 프로그래밍을 위한 프로그래밍언어의 수준에 어떤 차이점이 있는지 알아보자.

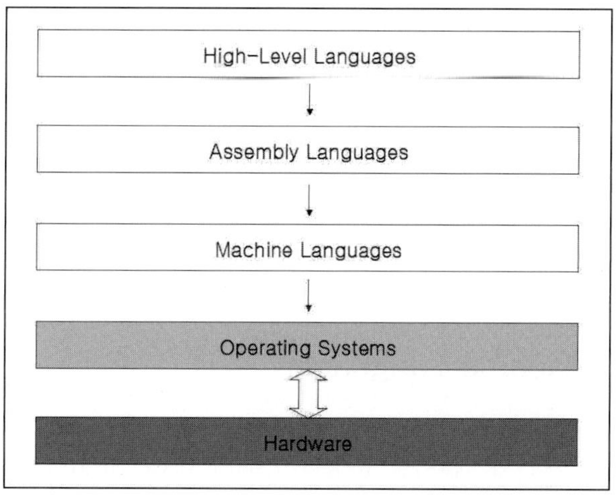


<그림 1-15> 프로그래밍언어의 계층구조

<그림 1-15>는 특정한 컴퓨터시스템에서 실행하는 관점에서 정리한 프로그래밍언어의 계층구조를 보여준다. 이 계층구조에 따르면 다음과 같은 3단계의 언어군(group)으로 분류할 수 있다:

1) 고급프로그래밍언어(advanced/high-level programming languages): 이 언어군

은 그림의 맨 위에 정의된 언어다. 여기에는 다양한 유형의 고급프로그래밍언어로 구성되어 있다. 예를 들면, 절차중심언어인 C, Pascal 등; 함수언어인 Lisp, Scheme, ML 등; 논리언어인 Prolog 등; 객체지향언어인 Java, Smalltlak 등이 있다. 이 언어의 대표적인 특징은 특정한 computer architecture나 hardware에 종속되지 않는다는 점이다.

2) 어셈블리언어(assembly language): 이 언어군은 특정한 computer architecture, 특히 ALU의 functional unit과 register 등에 종속된, 기계 연산을 제어하기 위한 제어문을 기반으로 구축된 언어다. 특히 다양한 조건의 goto 문을 사용함이 특징이라고 볼 수 있다. 예를 들면, 전통적인 DPD 계열의 어셈블리언어와 IBM 계열의 언어를 볼 수 있다.
3) 기계언어: 기계언어는 어셈블리언어를 기반으로 컴퓨터 CPU가 직접 기계수준에서 해석하고 실행할 수 있는 언어다. 0과 1로 이루어져 있으며, computer architecture와 hardware의 특성에 종속되어 있다.

일반적으로, 컴퓨터 아키텍처와 하드웨어에 종속되지 않은 언어를 기반으로 프로그램을 작성하는 것이 바람직하다. 그리고 이렇게 작성된 프로그램은 컴파일러를 통해서 어셈블리언어로, 그리고 다시 기계언어로 번역되어서, 특정한 컴퓨터 하드웨어에서 실행된다. 이렇게 하는 이유는 특정한 컴퓨터 아키텍처와 하드웨어에 종속된 프로그램을 작성한 경우, 호환성(interoperability)이나 이식성(transportability)에 대한 문제가 발생되기 때문이다. 유효한 컴파일러와 인터프리터가 있다면, 고급프로그래밍언어로 작성된 어떤 일반적인 프로그램도 컴파일을 통해서 특정한 컴퓨터시스템에서 실행된다[30].

그럼 이러한 관점에서 각 언어의 특징을 간단하게 알아보자.

### 1.3.1 기계언어 (Machine Language)

설명한 바와 같이, 컴퓨터 하드웨어를 운영하기 위한 programming language에는 표현력의 차이가 있다. 예를 들면, 기계언어(machine language)가 가장 기본이고, 이를 기반으로 한 assembly language, 그리고 이를 고급화하고 추상화한, high-level language, 이렇게 3가지 그룹으로 구분된다. 이런 구분 외에, 다양한 용도에 따라서 프로그래밍언어가 구분될 수가 있다.

30) 반면 Embedded 시스템의 경우, 이 시스템을 구성하는 컴퓨터의 아키텍처와 하드웨어에 종속된 프로그램을 요구하는 고급프로그래밍언어도 있다. 예를 들면, C나 C#을 들 수 있다.

| [L#] | Machine 코드 |
|---|---|
| 1 | 00000010101111001010 |
| 2 | 00000010111111001000 |
| 3 | 00000011001110101000 |

<프로그램 1-8> 기계언어 예제

기계언어는, 컴퓨터가 바로 반응할 수 있는, 컴퓨터의 원어(original Language)다. 하지만. 이 언어는 컴퓨터만 이해할 수 있고, 인간이 이해하기는 거의 불가능한 언어다. 예를 들면, 다음 <프로그램 1-8>은 "memory의 주소값 10과 11에 있는 수를 더해서 그 결과를 주소값 12에 저장하라"는 기계언어의 명령어다.

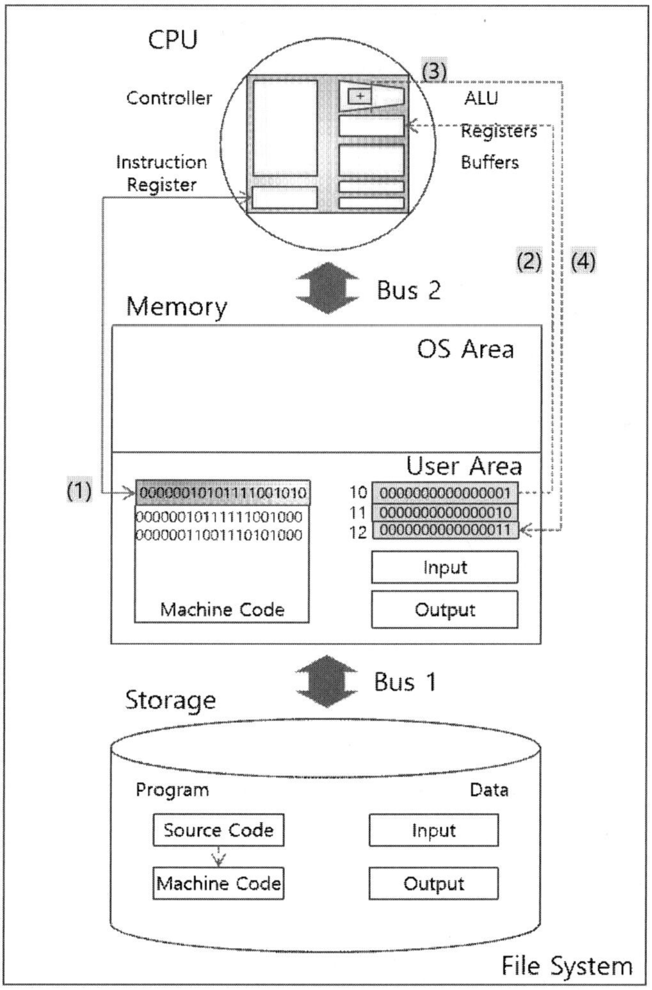


<그림 1-16> 기계언어 코드 실행 예제

이를 이해하기 위해서는 이 코드가 실행하게 될 컴퓨터 아키텍처와 하드웨어가 규정되어있어야 한다. 그리고 이 코드가 그 아키텍처와 하드웨어의 구조와 성능에 따라 작동되어야 한다. 예를 들면, 컴퓨터 아키텍처 또는 하드웨어가 <그림 1-16>과 같다고 가정하자. 그러면 이 코드는 다음과 같은 과정을 거쳐 실행될 것이다:

1) [L1]: 이 코드는 Memory 주소값 10에 위치한 숫자를 CPU의 Register에 적재하라는 명령어다. 이 코드를 실행하기 위해서, Memory의 User Area에 실행코드, 즉 machine 코드가 적재된다. 그리고 맨 처음 코드, 즉 [L1]의 코드가 실행되기 위해서, 그 기계의 코드 체계에 맞게, 그림의 선 (1)에서 보여주는 바와 같이, CPU의 Instruction Register에 적재된다. 그리고 이 코드의 의미를 CPU Controller가 해석하고 이 의미에 따라 기계적으로 CPU BUS와 CPU-Memory 간 Bus를 개폐하므로 Memory의 User Area 주소값 10에 위치한 데이터를 CPU의 적절한 Register에 적재한다.
2) [L2]: 이 코드는 Memory 주소값 11에 위치한 숫자를 CPU의 Register에 적재하라는 명령어다. 이 코드를 실행하기 위해서, 위 1)과 같이, 다음 코드, 즉 [L2]의 코드가, 그 기계의 코드 체계에 맞게, 그림의 선 (1)에서 보여주는 바와 같이, CPU의 Instruction Register에 적재된다. 그리고 이 코드의 의미를 CPU Controller가 해석하고 이 의미에 따라 기계적으로 CPU BUS와 CPU-Memory 간 Bus를 개폐하므로, Memory의 User Area 주소값 11에 위치한 데이터를 CPU의 적절한 Register에 적재한다.
3) [L3]: 위 1)과 2)를 통해 CPU Register에 적재된 두 개의 숫자를 더해서 그 결과를 Memory 주소값 12에 저장하라는 명령어다. 이 코드를 실행하기 위해서, 위 1), 2)와 같이, 다음 코드, 즉 [L3]의 코드가 그 기계의 코드 체계에 맞게, 그림의 선 (1)에서 보여주는 바와 같이 CPU의 Instruction Register에 적재된다. 그리고 이 코드의 의미를 CPU Controller가 해석하고 이 의미에 따라, 기계적으로 CPU BUS와 CPU-Memory 간 Bus를 개폐하므로, 위 1)과 2)에 의해서 적절한 CPU Register에 적재된 값을, 그림의 선 (3)에서 보여주는 바와 같이, CPU ALU의 가산기(Adder) Functional Unit을 가동시켜 덧셈을 수행하고, 그 결과를 Memory의 임시 Register에 저장한 다음, 그림의 선 (4)에서 보여주는 바와 같이, 이를 Memory의 User Area 주소값 12에 저장한다.

이런 관점에서, 즉 기계언어는 대상 컴퓨터 아키텍처 또는 하드웨어에서만 정확히 해석되고 실행된다는 관점에서, Goldstein[GOLDSTINE72]은 "이 숫자들은 인간에게는 사실상 거의 무의미/무지하지만 이것은 정확히 기계가 이해하는 바이다."[31] 라고 지적했다.[32]

이러한 기계언어에서의 가장 중요한 쟁점은 이와 같이 판독성(readability)이 있는가와 나아가 이해가능한가(understandability)의 문제다. 다시 말하면, 이러한 어려움 때문에 상위언어의 필요성이 필연적으로 대두되었다는 것이다. 즉 하위언어(low-level language)의 이러한 어려움 때문에, 컴퓨터 하드웨어에 종속되지 않고, 독립적인 상위언어(high-level language)가 필요하게 된 것이다.

### 1.3.2 어셈블리언어 (Assembly Language)

다음은 어셈블리언어에 대해 간단하게 알아보도록 하다. 어셈블리언어는 기계언어의 한 유형으로, 기계의 연산과 값 그리고 저장 위치에 상응하는 이름(name)과 부호(symbol)를 사용하여, 각 개별 코드의 명령어를 읽을 수 있도록 한 프로그래밍언어다.

우선 간단한 예를 살펴보자. 다음 코드는 위 machine 코드를 어셈블리언어의 정의에 맞게, 컴퓨터 하드웨어의 연산, 값, 그리고 연산을 이름으로 표현한 어셈블리언어 코드다.

| [L#] | Machine 코드 | 어셈블리 코드 |
|---|---|---|
| 1 | 0000001010111001010 | LOAD M[10] R1; |
| 2 | 0000001011111001000 | LOAD M[11] R2; |
| 3 | 00000011001110101000 | ADD R1, R2, R3; |
| 4 | | STORE R3 M[12]; |

<프로그램 1-9> 어셈블리언어 예제

<프로그램 1-9>의 어셈블리 코드를 보면, 각 해당 Machine 코드의 연산 유형과 데이터 및 주소 등을 그에 해당하는 적합한 이름으로 다음과 같이 명명했음을 확인할 수 있다:

1) [L1]: 위에서 설명한 바와 같이, 이 코드는 Memory 주소값 10에 위치한 숫자를 CPU의 Register에 적재하라는 명령어다. 이를 어셈블리언어로 표현하면, 이 명령어의 연산을 `LOAD` 명령어로, 그리고 Memory 주소값에 있는 숫자를

---

31) "While this enumeration is virtually unintelligible to a human, it is exactly what the machine understands."

32) AI 관점에서 컴퓨터는 단순히 숫자에 의해 실행되는 기계로 인식이 된다. 때문에, 생명을 가지고 태어난 인간의 지식과, 나아가 감성을 어떻게 정의하고 축적하고 활용하는가는 AI의 중요한 쟁점이 될 것이다.

M[10] 으로, CPU Register를 R1로 표현하였다.

2) [L2]: 위에서 설명한 바와 같이, 이 코드는 Memory 주소값 11에 위치한 숫자를 CPU의 Register에 적재하라는 명령어다. 위 1)과 동일하게, 이를 어셈블리언어로 표현하면, 이 명령어의 연산은 **LOAD** 명령어로, 그리고 Memory 주소값에 있는 숫자를 M[11] 로, CPU Register를 R2로 표현하였다.

3) [L3]: 위에서 설명한 바와 같이, 이 코드는 CPU의 Register에 적재된 Memory 주소 10과 11의 숫자를 더해서 그 결과를 Memory 주소 12에 저장하라는 명령어다. 이를 어셈블리언어로 표현하면 다음과 같다:

3-1) 첫 번째 명령어의 연산을 **ADD** 명령어로, 그리고 Register에 적재된 숫자들을 R1과 R2로, 그리고 연산의 결과값을 저장하기 위한 CPU Register를 R3으로 표현하였다.

3-2) 두 번째 명령어의 연산을 **LOAD** 명령어로, **ADD** 연산의 결과값이 저장된 CPU Register를 R3으로, 그리고 이 값을 Memory에 저장할 Memory 주소를 M[12] 로 표현하였다.

이전 Machine 코드는 거의 판독성이 없었지만, 어셈블리언어의 정의에 의해, 그 코드에 내재된 연산과 값 그리고 주소 위치 등의 이름을 부여함으로써 코드의 판독성을 높였다. 하지만 아직 어셈블리언어에 Memory의 주소값과 CPU의 Register 등의 하드웨어 종속적인 이름이 있어, 기계적인 종속성을 탈피할 수 없다.

| [L#] | 어셈블리 코드 |
|---|---|
| 1 | `M[0] :=0` |
| 2 | `read(M[1])` |
| 3 | `if M[1] >= 0 then goto 5` |
| 4 | `goto 7` |
| 5 | `M[3] :=M[0] - M[1]` |
| 6 | `if M[3] >= 0 then goto 16` |
| 7 | `writeln(M[1])` |
| 8 | `read(M[2])` |
| 9 | `M[3] :=M[2] - M[1]` |
| 10 | `if M[3] >= 0 then goto 12` |
| 11 | `goto 14` |
| 12 | `M[3] :=M[1] - M[2]` |
| 13 | `if M[3] >= 0 then goto 8` |
| 14 | `M[1] :=M[2] + M[0]` |
| 15 | `goto 3` |
| 16 | `halt` |

<프로그램 1-10> 어셈블리 프로그램 예제

그럼 조금 더 복잡한 어셈블리 프로그램의 예를 살펴보자. <프로그램 1-10>의 예제는 0보다 큰 입력 자연수 숫자 데이터를 읽고 출력하는 프로그램이다. 그런데 여기에는 하나의 조건이 있다. 그 조건은 연이어 동일한 숫자가 반복될 경우 그 반복되는 동일한 숫자는 출력하지 않는 것이다. 여기에서 각 명령어의 의미는 <프로그램 1-11>에 설명되어 있다.

| 명령어 | 의미 |
|---|---|
| M[l]:=n | 정수 n을 메모리 주소 l에 저장한다. |
| M[l]:=M[j] + M[k] | 주소 j와 k에 있는 정수의 합을 주소 l에 저장한다. |
| M[l]:=M[j] - M[k] | 주소 j와 k에 있는 정수의 차를 주소 l에 저장한다. |
| M[l]:=M[M[j]] | 주소 M[j]에 있는 값은 k이고 M[l]:=M[k]다. |
| M[M[j]]:=M[k] | 주소 M[j]에 있는 값은 l이고 M[l]:=M[k]다. |
| read(M[l]) | 다음 입력 숫자를 읽어들여, 주소 l에 저장한다. |
| writeln(M[l]) | 주소 l에 있는 값을 다음 출력 값으로 출력한다. |
| goto i | 다음 실행할 명령어는 프로그램의 i번째 명령어다. |
| if M[j] >= 0 then goto i | 만약 M[j]>=0이 만족되면, i번째 명령어를 실행한다. |
| halt | 실행을 종료한다. |

<프로그램 1-11> 어셈블리 코드 의미

<프로그램 1-10>의 코드를 보고, 이러한 프로그램의 알고리즘이나 논리를 바로 이해하기란 전문가라 해도 결코 쉬운 일은 아니다. 우선 프로그램을 읽기 전에 프로그램의 구성 요소가 어떤 의도로 작성되었는지를 이해하는 것이 중요하다. 우선 메모리 변수[33]의 의도를 파악해보자:

1) **M[0]**: 이 변수는 입력 숫자가 정상인지를 비교하기 위한 기본 (default) 값이다. 처음 0으로 설정되어 변하지 않는다. 일반 상위언어에서는 상수로 정의해도 무방하다. 이 변수의 용도는 다음과 같다:
   i) 입력 숫자가 0 이상인지를 상대적으로 비교하는 데 활용된다 (위 코드 [L5, L6]). 만약 입력이 0이면, 연산을 마친다.
   ii) 그렇지 않을 경우, 즉 입력이 적합한 숫자면, 그리고 중복되지 않는 첫 번째 숫자면, 이를 확인하기 위한 기본 값이 활용되어 (위 코드 [L14, L6, L7]), 그 값을 출력하기 위한 조건에 활용된다.
2) **M[1]**: 입력 숫자가 0 이상인 정상적인 입력에 대하여 항상 새로 시작하는 숫자를 저장하는 데 활용된다 (위 코드 [L2, L14]). 그리고 중복되지 않는 그 숫자

33) 변수, 즉 variable은 변동되는 값을 저장할 수 있는 메모리의 영역.

에 대해 출력하기 위한 목적으로 활용된다 (위 코드 [L7]).

3) M[ 2] : 입력 숫자가 저장하기 위한 목적으로 (위 코드 [L8]), 그리고 이 숫자가 중복되는지를 판단하기 위한 기본 값으로 활용된다 (위 코드 [L14]).
4) M[ 3] : 비교 값을 저장하기 위한 임시 저장소이며, 다음과 같은 목적으로 활용된다:
   i) 이전에 입력된 숫자와 동일한지를 비교하기 위하여 활용된다 (위 코드 [L9], [L12]). 한번은 이전 숫자와 이번 숫자를 비교하고 (위 코드 [L12]), 다른 한번은 역으로 이번 숫자와 이전 숫자를 비교한다 (위 코드 [L9]). 두 조건이 다 맞을 경우, 두 숫자는 중복되는 숫자를 의미한다.
   ii) 입력 숫자가 0 이상인지를 상대적으로 비교하는 데 활용된다 (위 코드 [L5, L6]). 만약 M[3]의 값이 입력된 숫자에 비례적으로 입력이 0 또는 음수가 되면, 연산을 마치는 데 활용된다 (위 코드 [L6, L16]).

이렇게 메모리 기반의 변수에 대한 활용 방안을 프로그램의 알고리즘과 논리에 맞게 규정했으면, 다음은 그 알고리즘을 프로그램의 논리에 맞게 작성하는 것이다. 이를 정리하면 다음과 같다:

1) [L1]: 위 M[ 0] 을 활용하여, 그 용도에 맞게 기본 값을 0으로 설정한다.
2) [L2]: 위 M[ 1] 을 활용하여, 그 용도에 맞게 첫 번째 입력 숫자를 읽는다. 이 숫자는 당연히 이전에 어떤 숫자도 입력되지 않은 첫 번째 숫자이므로 출력의 조건에 맞게 M[ 1] 에 저장된다.
3) [L3]: 위 M[ 1] 의 용도에 맞게 이 값이 0과 같거나 큰지 확인한다. 만약 크면, [L5]에 가서 M[ 0] 에 대한 빼셈을 수행한다. 그렇지 않을 경우, [L4]를 통해, [L7]에서의 출력에 대비한다.
4) [L4]: 위 [L3]의 조건에 맞지 않을 경우, M[ 1] 의 용도에 맞게, [L7]로 가서, M[ 1] 출력에 대비한다.
5) [L5]: M[ 1] 에 입력된 값이 M[ 0] 의 기본 값에 빼셈으로의 결과값을 M[ 3] 에 저장한다.
6) [L6]: 만약 이 M[ 3] 의 값이 0 또는 음수면, 즉 입력된 숫자의 값이 0이거나 음수면, 입력이 종료됨을 의미하므로 [L16]으로 가서 프로그램을 종료한다.
7) [L7]: 위 M[ 1] 의 용도에 맞게 이 값이 0보다 크고 중복되지 않는 경우이므로 이를 출력한다.
8) [L8]: 위 M[ 2] 의 용도에 맞게 입력 숫자를 읽는다.
9) [L9]: 현재 읽은 숫자와 이전에 읽은 숫자를 비교하기 위하여, 그 차이 값을 M[ 3] 에 저장한다.

10) [L10]: 만약 그 차이가 없다면, 그 역의 차이, 즉 이전에 읽어들인 숫자와 현재 읽어들인 숫자를 역으로 비교하기 위하여, [L12]로 간다.
11) [L11]: 만약 그 차이가 있다면, 동일하게 연이어 반복되는 숫자가 아니므로 이 숫자를 출력하기 위한 절차로 [L14]로 간다.
12) [L12]: [L10]에서 현재 읽어들인 숫자와 이전에 읽어들인 숫자를 비교하여 그 차이가 없다면, 그 역의 차이가 없는지 확인하기 위하여, 이전에 읽어들인 숫자와 현재 읽어들인 숫자를 역으로 비교하여 그 결과값을 M[3]에 저장한다.
13) [L13]: 만약 그 차이가 없으면, 동일하게 연이어 반복되는 숫자이므로 이 숫자를 출력할 필요가 없기 때문에 [L8]로 가서 다음 입력 숫자를 읽는다.
14) [L14]: 현재 M[2]에 저장된 숫자, 즉 방금 읽은 숫자가 이전 숫자와 다르면, 중복되지 않는 숫자이므로, 이 값이 입력의 마지막인지 확인하기 위하여, M[0]의 기본 값, 즉 0을 더해 최종적인 출력 값으로 결정한다. 그리고 이 값이 0 또는 음수 값에 해당될 경우, 위 [L3]과 [L3]을 통해 [L16]에서 프로그램이 종료된다. 그렇지 않을 않을 경우, [L7]에서 적합한 입력 숫자에 연이어 중복되지 않는 숫자로 출력된다.
15) [L15]: 중복되지 않는 숫자면, [L3]으로 가서 위 14)의 종료 조건과 출력 조건을 따지게 된다.
16) [L16]: 프로그램을 종료한다.

그러면 아래와 같은 숫자가 입력되었을 경우, 어떤 숫자가 어떻게 출력되는지 알아보자. 이를 위해서는 프로그램이 어떻게 실행되는지 그 경로를 정확히 점검해야 한다.

| 입력 | 1 1 2 2 2 3 1 4 4 0 |
|---|---|
| 출력 | 1 2 3 1 4 |

위 <프로그램 1-12>는 각 입력 숫자에 대해 프로그램이 실행되는 경로 및 연산의 결과를 보여준다. 여기에서 0/0/0/0은 각각 M[0], M[1], M[2], M[3]의 값을 나타낸다. 그리고 I1[34]부터 I10까지는 각 입력 값에 대한 경로를 나타낸다. 각 입력에 대해, M[0], M[1], M[2], M[3]의 값이 어떻게 할당되고, `if` 조건문의 결과에 따라 어떤 줄의 구문이 실행되는지를 이 표를 통해 점검해 보면, 어셈블리 프로그램이 어떤 원리로 실행되는지를 간단하게 체험해 볼 수 있다.

34) Iteration-1.

| | 어셈블리 코드 | I1 | I2 | I3 | I4 | I5 | I6 | I7 | I8 | I9 | I10 | |
|---|---|---|---|---|---|---|---|---|---|---|---|---|
| | 입력 | 1 | 1 | 2 | 2 | 2 | 3 | 1 | 4 | 4 | 0 | |
| 1 | M[ 0] :=0 | | | | | | | | | | | |
| 2 | read(M[ 1] ) | 0/?/?/? | | | | | | | | | | |
| 3 | if M[ 1] >= 0 then goto 5 | 0/1/?/? | | | | | | | | | | |
| 4 | goto 7 | T | | | T ↓ | | | T ↓ | T ↓ | T ↓ | | T ↓ |
| 5 | M[ 3] :=M[ 0] - M[ 1] | 0/1/?/-1 | | | 0/2/2/-2 | | | 0/3/3/-3 | 0/1/1/-1 | 0/4/4/-4 | | 0/0/0/0 |
| 6 | if M[ 3] >= 0 then goto 16 | F | | | F | | | F | F | F | | T ↓ |
| 7 | writeln(M[ 1] ) | 0/1/?/-1 | | | 0/2/2/-2 | | | 0/3/3/-3 | 0/1/1/-1 | 0/4/4/-4 | | |
| 8 | read(M[ 2] ) | → | 0/1/1/-1 | 0/1/2/0 | 0/2/2/-2 | 0/2/2/0 | 0/2/3/0 | 0/3/1/-3 | 0/1/4/-1 | 0/4/4/-4 | 0/4/0/0 | |
| 9 | M[ 3] :=M[ 2] - M[ 1] | | 0/1/1/0 | 0/1/2/1 | 0/2/2/0 | 0/2/2/0 | 0/2/3/-1 | 0/3/1/-2 | 0/1/4/-3 | 0/4/4/0 | 0/4/0/-4 | |
| 10 | if M[ 3] >= 0 then goto 12 | | T ↓ | T | T ↓ | T ↓ | F | F | F | T ↓ | F | |
| 11 | goto 14 | | | | | | ↓ | ↓ | ↓ | | ↓ | |
| 12 | M[ 3] :=M[ 1] - M[ 2] | | 0/1/1/0 | 0/1/2/-1 | 0/2/2/0 | 0/2/2/0 | | | | 0/4/4/0 | | |
| 13 | if M[ 3] >= 0 then goto 8 | | T ↑ | F | T ↑ | T ↑ | | | | T ↑ | | |
| 14 | M[ 1] :=M[ 2] + M[ 0] | | | 0/2/2/-1 | | | 0/3/3/-1 | 0/1/1/-2 | 0/4/4/-3 | | 0/0/0/-4 | |
| 15 | goto 3 | | | ↑ | | | ↑ | ↑ | ↑ | | ↑ | |
| 16 | halt | | | | | | | | | | | halt |
| | 출력 | 1 | | | 2 | | | 3 | 1 | 4 | | |

<프로그램 1-12> 어셈블리 프로그램 예제

이렇게 프로그램을 실행하다 보면 프로그램의 실행을 제어하는 방식이 일방적으로 **goto** 제어문에 의해서 결정됨을 볼 수 있다. 즉 상위언어의 **if** 조건문, **while** 반복문, 또는 **for** 반복문과 같이 제어의 흐름을 구조화한 제어 구문들 없이 일방적으로 **if** 조건문에 따른 **goto** 제어문이나, **if** 조건문이 없는 무조건적인 **goto** 제어문을 통해서 프로그램의 흐름이 결정되는 것을 볼 수 있다. 이러한 흐름을 도식적으로 표현하면, <그림 1-17>과 같다. 그리고 이러한 코드를 일명 "스파게티 코드"라고 한다[35]. 특히 어셈블리언어는 이러한 언어의 특성에서 벗어날 수 없다.

35) 일반적으로 상위언어들은 goto 문을 제공한다. 그리고 이러한 goto 문은 loop에서 빠져나오기 위해서 사용된다. 하지만 이러한 goto 문을 빈번하게 사용하게 되면, 언어의 진화과정에서 스파게티 코드와 같은 프로그램의 단점을 극복하기 위해서 고안된 상위언어로 작성된 고급 프로그램이, 역으로 스파게티 코드와 같은 하위언어의 제어 형식을 가지게 되는 결과를 낳을 수 있다. 결과적으로, 우수한 프로그램을 작성하기 위해서는 goto 문의 사용을 제한해야 한다는 주장도 있다. 특히 프로그램, 나아가 SW의 안전성을 검증하기 위해서는 더욱더 이러한 제한이 요구되고 있다.

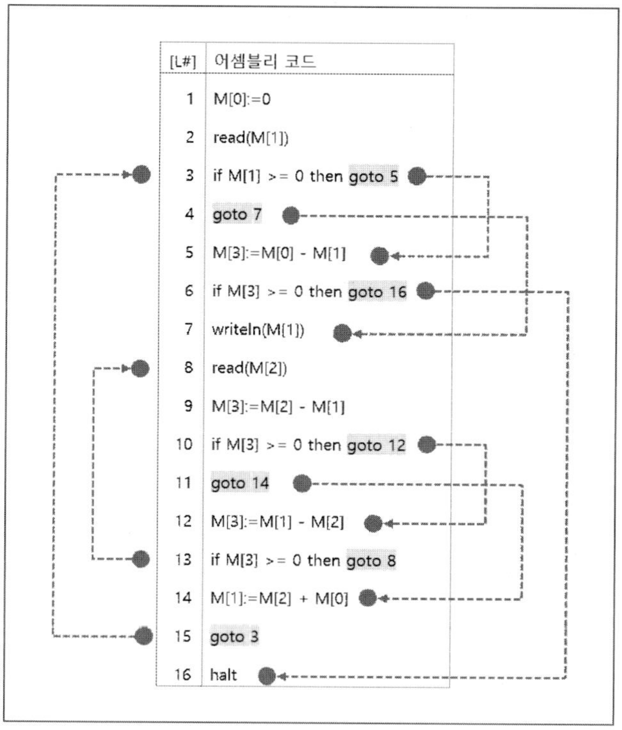


<그림 1-17> 스파게티 코드

이렇게 어셈블리언어를 통해 프로그램을 작성하는 것은 쉬운 일이 아니다. 이를 다시 정리하면 다음과 같다:

1) 각 메모리의 영역을 어떤 용도로 어떻게 사용해야 할지를 사전에 면밀히 설정해야 한다.
2) 논리 전개를 1)을 기반으로 `if` 조건문과 `goto` 제어문을 통해서 체계적으로 구축해야 한다.
3) 그리고 입력 데이터에 대해 프로그램이 논리적으로 전개되는지를, 면밀하게 메모리의 영역을 점검하면서 확인해야 한다.

이러한 방법으로 아무리 체계적으로 논리를 전개한다 할지라도 이 어셈블리 프로그램에 내재된 알고리즘과 논리를 바로, 또는 면밀히 이해한다는 것은 쉬운 일이 아니다. 그 이유는 당연히 언어가 컴퓨터의 하드웨어, 즉 메모리와 레지스터 등에 종속되어 있기 때문이다. 이러한 문제를 극복하기 위해서, 컴퓨터 하드웨어에 종속되지 않은 상위언어가 필연적으로 요구되었다. 그러면 상위언어는 무엇이며 어떤 특성을 가지고 있는지 알아보자.

### 1.3.3 상위언어 (High-level Language)

상위(또는 고급)언어는 기계에 종속되지 않고, 연산과 값 그리고 변수에 이름(name)과 부호(symbol)를 사용하여, 각 개별 코드의 명령어를 정의하도록 한 프로그래밍언어를 의미한다.

| [L#] | Machine 코드 | 어셈블리 코드 | 상위언어 |
|---|---|---|---|
| 1 | 00000010101111001010 | LOAD M[ 10] R1; | int x=1, y=2, z; |
| 2 | 00000010111111001000 | LOAD M[ 11] R2; | z = x + y; |
| 3 | 00000011001110101000 | ADD R1, R2, R3; | |
| | | STORE R3 M[ 12] ; | |

<프로그램 1-13> 단계별 언어 예제

이전의 기계언어와 어셈블리언어 예제에 제시된 내용과 부합이 되는 간단한 예를 살펴보자. <프로그램 1-13>에는 다음과 같이 3가지 유형의 코드가 나온다:

1) 기계언어: 이전에 설명한 바와 같다. 기계가 직접 이해할 수 있는 코드다. 하지만 판독성이 거의 없다.
2) 어셈블리언어: 이전에 설명한 바와 같다. 기계의 연산, 값, 그리고 메모리에 이름을 부여하여, 1) 기계언어의 단점인 판독성을 높였다. 하지만 아직도 기계에 종속된 성질 때문에, 그리고 `goto` 제어문에 의한 논리 전개 때문에, 판독성에 어려움이 많다.
3) 상위언어: 기계에 종속성을 제거하고, 알고리즘에서 표현하고자 하는 연산, 상수 및 변수에 추상적인 이름을 부여하고, 또한 제어의 흐름을 구조화하기 위한 조건문, 반복문 등을 구문화하고, 나아가 반복적이고 단위적인 프로그램을 함수 또는 프로시저 등으로 추상화하여 프로그램을 이전의 언어보다 더 고차원적으로 발전시켰다. 예제에서는 숫자 1과 2의 값을 저장하기 위한 변수를 `x`와 `y`, 그리고 그 결과값을 저장하기 위한 변수 `z`를 선언하였고, `x`와 `y` 변수의 선언 시, 이들의 초기값을 각각 1과 2로 설정하였다. 그리고 이 변수를 통해서 이 값을 더한 그 결과값을 변수 `z`의 값으로 배정하였다.

위 프로그램은 기본적으로 값 1과 2를 더해서 그 결과 3을 구하는 프로그램이다. 하지만 각 언어가 가지고 있는 표현의 수준은 서로 다름을 확연히 확인할 수 있다. 각 프로그램은 <그림 1-15>의 프로그래밍언어 계층구조의 특성을 보여준다.

이와 같은 관점에서 상위언어는 다음과 같은 장점 및 혜택을 제공한다:

1) 보편적 판독성에 기반으로 한 표기법으로 기술되어 판독성이 높다.
2) 일반적으로 기계에 종속적이지 않아[36] 판독에 보편성을 제공한다.
3) 프로그램 라이브러리를 제공한다[37].
4) 프로그램의 오류를 발견할 수 있는 구현과정에서 일관성 점검을 제공한다[38].

특히 기계에 종속적이지 않기 때문에 하나의 프로그램이 다양한 기계에서 코드를 거의 변경하지 않거나 최소한으로 변경한 상태에서 실행이 가능하다. 즉 하나의 기계에서 작동되는 프로그램이 다른 기계에 이식이 되어서도 실행이 된다[39].

이와 같이 상위언어에서의 중요한 쟁점은 다음과 같은 것이 있다:

1) 가독성(Readability): 보편성과 추상화에 기반으로 한 가독성을 제공해야 한다.
2) 가해성(Understandability): 가독 후 이해할 수 있어야 한다.
3) 이식성(Portability): 다양한 기계에서 작동될 수 있어야 한다.
4) 범위(Scope)와 가시성(Visibility): 범위가 단위/계층적으로 설정될 수 있어야 하고, 각 이름이 구조에 맞게 적용될 수 있어야 한다.
5) 건전성(Soundness)과 완전성(Completeness)[40]: 건전성과 완선성이 보상되어야 한다. 하지만 일반적으로 건전성은 보장할 수 있지만, 완전성을 보장하기는 어렵다.

---

36) 일반적으로 상위언어는 기계에 종속적이지 않고, 독립적임을 원칙으로 하고 있으나, C 또는 C#과 같이 Embedded System에서 사용되는 언어들은 하드웨어에 종속적인 성질 때문에 완벽하게 기계에 독립적이라고 할 수 없다. 대표적인 예로 C언어에서의 Register 연산이나 Bit 연산을 들 수 있다. 특히 프로그램, 나아가 이 프로그램을 기반으로 한 시스템의 성능을 극대화하기 위해서는, 즉 연산의 속도를 빠르게 하기 위해서는, Compiler를 통해서 C언어를 어셈블리언어나 기계언어로 바꾸지 않고, C언어 상에서 직접 Register나 Bit 연산을 수행하는 경우가 많다.

37) 상위언어의 대표적인 특징 중 하나는 반복적이고 단위적인 프로그램을 함수 또는 프로시저 등으로 추상화하여 재사용할 수 있다는 점이다. 이 특징은 장점이면서도 상위언어의 대표적인 요구사항 중 하나다.

38) 단위별 프로그램의 구성 요소 및 계층 구조에 따라 모든 이름과 요소 및 입·출력 유형에 대한 일관성 있는 검사가 가능하다.

39) 이러한 성질을 이식성(portability)이라고 한다.

40) 상위언어는 그 논리의 수준이 고차원논리(high-order logic)에 해당된다. 1차논리, 즉 술어논리의 불완전성을 감안한다면 상위언어의 완전성은 보장할 수 없다. 단 건전성은, 기계적인 수준에서의 건전성을 보장할 수 있으나, 기계적인 수준의 정밀도에서 벗어난 오류는 보장할 수 없다는 한계가 있다.

6) 일관성(Consistency)[41]: 이전에 설명한 바와 같다.
7) 안전성(Safety): 언어가 의도하지 않은 결과를 초래할 가능성이 있는지를 보장하는 것은 매우 중요하다. 그를 보장하지 않을 경우, 이러한 언어를 사용하여 작성된 프로그램이 다양한 요구사항을 만족하고 있는지를 검증할 수 없기 때문이다.
8) 검사(Testing), 검증(Verification): 프로그램이 의도한 바대로 작동되는지 검사하고 검증할 수 있어야 한다.
9) 조직화(Organization): 모듈화(Modularization), 유형화와 객체화(classes/objects), 단위화(package), 요소화(components) 등을 통해서 언어가 SW의 계층적, 나아가 분산적인 속성과 특징을 가질 수 있도록 해야 한다.
10) 시스템 접근 (System Interface): 언어가 시스템에 접근할 수 있는 속성을 제공해야 한다.
11) 통합(Integration): 시스템 및 SW 관점에서 언어가 다양한 SW나 시스템들과 통합할 수 있는 기능을 제공해야 한다.

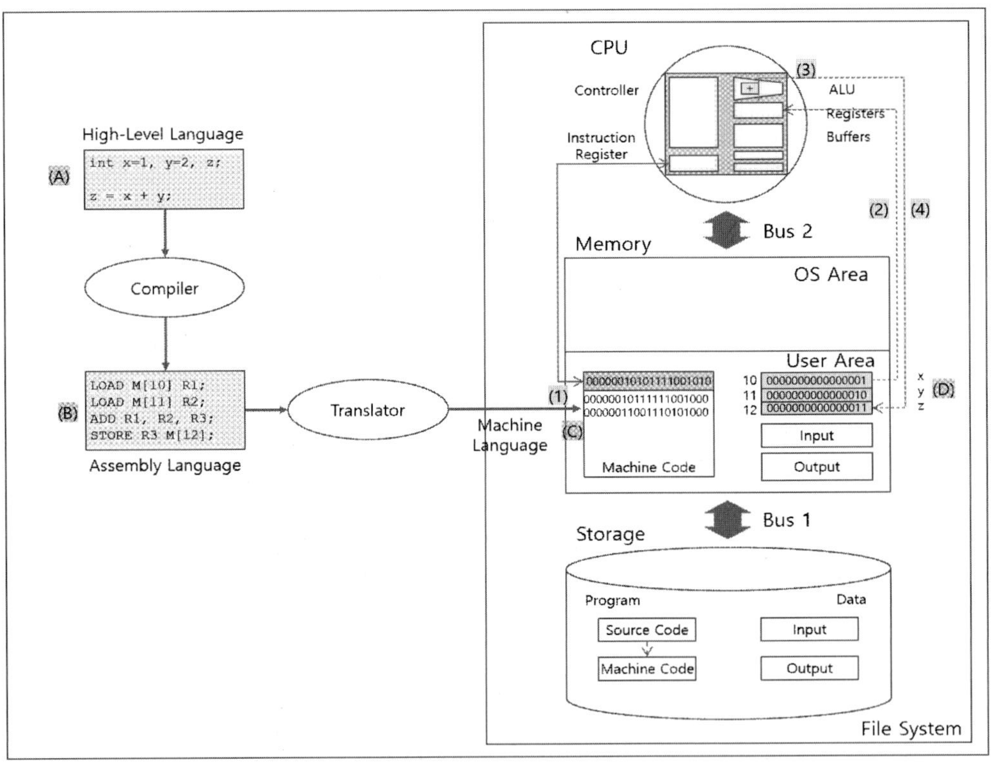


<그림 1-18> 상위언어에서 기계언어로의 번역 과정

41) 단위별 프로그램의 구성 요소 및 계층 구조에 따라 모든 이름과 요소 및 입·출력 유형에 대한 일관성(consistency) 검사가 가능하다.

그러면 역으로 상위언어가 특정 기계나 컴퓨터에서 실행되기 위해서 어떤 과정을 거치는지 알아보자.

<그림 1-18>은 상위언어에서 기계언어로의 번역(translation) 과정을 보여준다:

1) (A)의 상위언어 코드가 Compiler에 의해 대상 기계나 컴퓨터의 아키텍처에 맞는 어셈블리언어의 코드 (B)로 번역된다. 이 과정에서 상위언어 코드의 변수 **x**, **y**, **z**는 각각 Memory 주소 10, 11, 12로 배정되었다고 가정하자.
2) (B)의 어셈블리언어 코드가 Translator에 의해 대상 기계나 컴퓨터의 아키텍처에 맞는 기계언어의 코드 (C)로 번역된다.
3) 기계언어의 코드 (C)는 이전에 <그림 1-16>에서 설명한 바와 같이 실행된다.

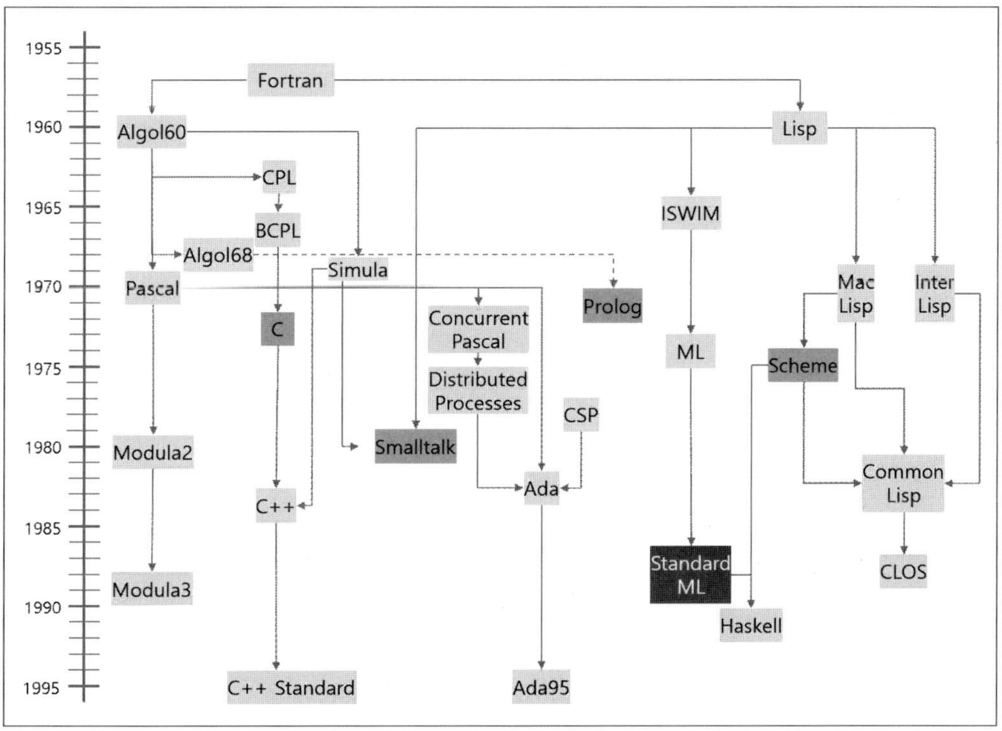


<그림 1-19> 프로그래밍언어 지도: ML 중심

## 1.4 프로그래밍언어의 패러다임

<그림 1-19>는 본 교재에서 다루고자 하는 핵심 언어를 중심으로 한 관련 언어의

관계도를 보여준다.

본 교재의 편찬 목적 중 하나는 ML이라는 Meta-Language를 소개하기 위한 것이다. 이를 위해서, 기본적으로 이해해야 하는 언어는 절차중심언어다.

### 1.4.1 절차중심언어

설명한 바와 같이, 절차중심언어는 요구한 결과를 얻기 위해 컴퓨터시스템에 의해 수행되어야 하는 절차에 대해 명확한 정의를 제공하는 언어다. 즉 프로그램을 통해, 주어진 입력에 대해, 어떤 절차를 거쳐서, 어떻게 결과를 얻을 것인지를 명시적으로 지시하지만 그 결과가 어떤 속성과 특성을 만족해야 하는지는 명시하지 않는다. 언어의 또 다른 분류에서는 이러한 언어를 imperative language[42]라고도 한다. 그런 절차중심언어의 특징은 다음과 같다:

1) 프로그래밍언어의 한 유형.
2) 프로그램은 원하는 결과를 어떻게 얻을 것인지를 명시적으로 기술하지만 그 결과가 어떤 속성을 보여야 하는지는 명시적으로 기술하지 않는다. 즉 그 결과는 오직 명시된 절차를 수행함으로써 암시적으로 얻어지는 것일 뿐이다.
3) 원하는 결과를 산출하는 절차는 일련의 연산 형식을 따르며, 그 형식은 제어의 흐름과 구문의 순서를 결정한다.
4) 이러한 제어와 구문의 특징 중 대표적인 것은 배정문와 구문의 실행 순서다. 특히 배정문은 상태전환을 결정하는 파괴적(destructive)[43] 속성, 즉 이전의 값과 상태를 지우고 새 것으로 바꾸는 성질을 가진다.
5) 대표적인 예는 Fortran, Algol, Pascal, C 등이다.
6) 이 언어와 비교될 수 있는 대표적인 언어는 선언적 언어(Declarative Language)[44]다. 이유는, 선언적 언어에서는 원하는 결과를 얻는 절차를 명시적으로 기술하기 보다는, 그 결과가 어떤 속성을 만족해야 하는지를 기술하기 때문이다. 이러한 대표적인 언어는 Prolog, Lisp 등이다.

---

42) Imperative Language: 프로그램의 상태를 변환하는 구문을 사용하는 언어다.

43) 여기에서 destructive 성질은, 절차중심언어에서 배정문(assignment statement)의 실행 결과, 기존의 변수값이 새로운 값으로 바뀌는 속성을 의미한다.

44) Declarative Language: 원하는 결과를 얻는 절차를 명시적으로 기술하기 보다는, 그 결과가 어떤 속성을 만족해야 하는지를 기술하는 언어로, 대표적인 언어로는 함수언어인 Lisp와 논리언어인 Prolog가 있다.

본 교재에서는, 제 2장에서, 이러한 절차중심언어의 정의와 개념들이, 가장 대표적인 프로그래밍언어인, 다음의 C와 Pascal언어를 통해서, 어떻게 반영되었는지 설명할 것이다:

1) Pascal: Pascal은 스위스 컴퓨터 과학자인 Niklaus Wirth(1934년 2월 15일~)에 의해서 1970년에 개발된 imperative(프로그램의 상태를 바꾸는)하고 procedural(how에 기반을 둔)한 언어다. 이 언어의 개발 목적은 구조적 프로그래밍(structural programing)을 통해, 데이터구조화에 기반으로 한, 품질이 우수한 프로그램을 구축하기 위한 것이었다. 이 언어는, Wirth의 저서인 "Algorithm+Data=Programs"[WIRTH76]에서 AOGOL60의 문법에 기반하여 개발되었다. ALGOL60의 Scalar와 array에, Pascal은 복합 자료유형과, list, tree와 같은, 동적 재귀 자료유형을 정의할 수 있게 했다. Pascal은 strong type 언어로 분류되며, nested procedure/function을 저장된다. Pascal은 1970년에 가장 성공적인 프로그래밍언어 중 하나였다.[45)]
2) C: C언어는 1970년대에 Bell Lab 에서 Dennis Ritchie에 의해서 개발된 상위언어다. 이 언어는 원래 Assembly 언어로 짜여진 Unix Operating System을 상위언어로 전환하기 위한 방법으로 개발된, Ken Thompson의 Prototype 언어 B를 승계한 언어다. C언어는 이 언어의 tutorial을 작성한 Brian Kernighan과 개발자인 Dennis Ritchie에 의해, 1978년 2월 "The C Programming Language"[KerRit78]라는 책으로 세상에 공개되었다. 이 책은 C언어의 교육과 대중화에 기여를 했으며, de facto C언어의 표준으로 인정받고 있고, 지금도 광범위하게 사용되고 있는 책이다.[46)]

### 1.4.2 비절차중심언어

반면 비절차중심언어는, 절차중심언어와 다르게, 프로그램이 결과를 만족해야 하는 조건, 즉 what에 기반으로 한 프로그램을 명세하는 언어다. 비절차중심언어의 대표적인 언어로는 Lisp, Scheme과 같은 함수언어(Functional Language)[47)]와 Prolog와 같은 논리언어(Logical langauge)[48)] 등을 들 수 있다. 추가적으로 절차중심언어와 비교할

45) 일반적으로 Pascal언어는 C언어보다 더 절차중심적이다.

46) Pascal에 비해 C언어는 프로그래밍언어의 관점에서 안전하지 못하다고 판단된다. 그 대표적인 예로 포인터(pointer)를 들 수 있다.

47) Functional Language: 함수언어는 입력과 출력의 상관관계를 함수적인 관계로 정의하는 언어다.

48) Logic Language: 논리언어는 주어진 입력에 산출되는 출력이 만족해야 하는 조건을

수 언어는 객체지향언어[49]를 들 수 있다. 본 교재에서는 이러한 비절차중심언어를 이해할 수 있는 Meta-프로그래밍언어로서의 ML언어를 제 3장에서 소개한다.

### 1.4.2.1 다중패러다임 언어(Multi-Paradigm Language): ML

ML은 1970년 초반 Edinburgh 대학에서 Robin Milner 교수를 중심으로 개발된 다중패러다임 프로그래밍 언어다.[50] 일반적으로 함수언어(functional language)로 분류되기는 하지만 비(非)순수 함수언어 또는 일반목적언어로 분류하는 경향도 있다. Syntax는 ISWIM 문법에 영향을 받았고, LCF(Logic for Computable Functions) theorem prover에서 증명기술을 개발하기 위한 목적으로 고안되었다.

ML언어군에는 여러 개의 언어가 있는데, 그 중 Standard ML, OCaml, F# 등이 있고, Haskel, Cyclone, Nemerle, ATS 및 ELM에 막대한 영향을 미쳤다. 특히 최근에 주목을 받고 있는 Python도 ML에 기반을 둔 언어로 평가할 수 있다. 본 교재의 내용은 Standard ML에 따른다.

이 교재의 가장 중요한 목적은 함수언어, 논리언어, 객체지향언어의 공통적인 성질을 가진 ML언어의 원리를 습득함으로써, 이를 기반으로 각 유형의 대표적인 언어인 Scheme 함수언어, Prolog 논리언어, Smalltalk 객체지향언어를 학습하는 것이다. 즉 ML언어에 내재된 각 언어군의 Meta 언어적인 성질을 정확히 이해함으로써 각 언어의 본질을 파악하고 이를 학습하는 것이다.

### 1.4.2.2 함수언어 (Functional Language) : Scheme

Scheme은 1970년대 MIT AI Lab에서 Guy L Steele과 Gerald Jay Sussman에 의해서 개발된 Lisp의 방언(dialect)이다.

Scheme은 기본적으로 함수언어이며, Lisp의 대표적인 특징을 상속받고 있다. Scheme의 단순한 문법은 s-expression에 기반을 두었으며, 그렇기 때문에, 프로그램은 다중 list로 구성된다. List는 Scheme의 기본 data structure다. 즉 프로그램과 data가 같은 구조를

---

알고리즘으로 구현한 언어다.

49) Object-Oriented Programming Language (OOPL): 객체지형언어는 Ontology 체계(paradigm)에 기반으로 한 언어다.

50) 일명, meta-language라고도 한다.

가진다. Scheme은 Lisp의 list 연산자들을 사용하고, 제한된 동적 type checking을 적용하며, first-class procedure를 지원한다.

Scheme은 제4.1장에서 ML의 관점에서 자세히 다룬다.

#### 1.4.2.3 논리언어 (Logic Language) : Prolog

Prolog는 AI(Artificial Intelligence; 인공지능)와 CL(Computational Linguistics; 연산언어학)에서 사용되는 대표적인 논리프로그래밍언어 중 하나다.

다른 프로그래밍언어와 다르게, Prolog는 정형 논리의 하나인, 술어논리에 기반을 둔 언어다. Prolog는, 기본적으로, 선언적 프로그래밍언어(Declarative Programming Language)로 개발되었다. 즉 Prolog에서의 프로그램은 사실(facts)와 규칙(rules)이라는 규정된 관계(relations)로 작성된다. 그리고 프로그램에서의 연산은 이러한 relation에 대한 query를 기반으로 수행이 된다.

Prolog는 이론적으로 Robert Kowalski의 Horn Clauses에 대한 절차적 해석[KOWALSKI70]에 기반을 두고 있다[KOWALSKI74]. 이는, J. A. Robinson의 Resolution Principle과 McCarthy의 Functional Language[McCARTHY62]를 결합한 해석이다. Prolog언어는 1972년 Alain Colmerauer가 Phillippe Roussel과 함께 프랑스, 마르세유(Marseille)에서 고안하고 구현했다.

Prolog는 초기 논리프로그래밍언어의 하나이며, 다수의 공개 및 상용 SW의 지원을 받는, 지금까지 가장 많이 사용되는 언어다. 이 언어는 Theorem Proving, Expert Systems, Term Rewriting, Type Systems 및 Automated Planning 외에도, 원래 의도했던 바, 자연어처리분야(Natural Language Processing)에 지금까지 사용되고 있다. 지금의 Prolog 환경은 GUI뿐만 아니라, 행정과 통신 분야도 지원한다. Prolog는 규칙기반 논리 질의의 혜택을 받을 수 있는 업무에 가장 적합하다고 평가받는다.

Prolog는 제4.2장에서 ML의 관점에서 자세히 다룬다.

#### 1.4.2.4 객체지향언어 (Object-Oriented Language) : Smalltalk

Smalltalk은 동적-유형 (dynamically-typed) 기반 반응형 (reflexive) 객체지향

(object-oriented) 프로그래밍언어다. Smalltalk은 원래 1971년부터 Xerox PARC의 Alan Kay를 중심으로, PARC의 학습연구회에서, 구성주의학습의 명분으로 사용하기 위해 개발되었다. 이 Smalltalk에는 1980년, Xerox의 구동환경과 함께 Smalltalk-80으로 공개되었고, 1998년 ANSI에 표준 Smalltalk으로 등록되었다. Smalltalk은 2017년 가장 사랑받는 프로그래밍언어 2위로 Stack Overflow에서 조사된 바 있다.

초기 Smalltalk은 Simula의 영향을 받았다고 알려져 있다. 하지만 전문가들에 의해, Smalltalk은 Simula보다, 이론적인 측면과 실용적인 측면에서, 객체지향성(OOP: Object-Oriented Paradigm)이 강한 언어로 평가받고 있으며, 일반적으로도 대중적으로도, 첫 번째 객체지향언어(OOPL: Object-Oriented Programming Language)로 평가받고 있다.

이러한 속성 때문에, Smalltalk은 첫 번째 OOPL이라고 평가받고 있으며, Flavors, CLOS, Objective-C, Java, Python 등과 같은 대부분의 현재 OOPL에 영향을 미쳤다.

Smalltalk은 제4.3장에서 ML의 관점에서 자세히 다룬다.

## 1.5 결어

본 장에서는 프로그래밍언어의 기본적인 개념 및 원리, 쟁점, 정의 및 다양한 유형에 대해 살펴보았다.

다음 장에서는 절차중심언어의 원리와 특징을 C와 Pascal언어를 통해서 설명하도록 한다.

# 제 2장

# 절차중심언어(Procedural Language)

본 장에서는 Pascal[51)52)]과 C[53)54)] 언어를 기반으로 절차중심언어의 정의, 필요성, 그리고 대표적인 특성을 알아보도록 하자.

---

51) 1장의 1.4.1절 (1) 참조.

52) 일반적으로 Pascal언어는 C언어보다 더 절차중심적이라고 볼 수 있다. 그 이유는 Pascal은 절차중심 프로그래밍언어가 가져야 할 다양한 성질을 가지고 있기 때문이다. 예를 들면, 다양한 모듈화가 가능하며, 이를 기반으로 구성 요소가 상하계층적인 구조를 가질 수 있기 때문이다. 또한 자료유형이 강하며, 이를 기반으로 다양한 연산이 구조적으로 건전하게 수행된다. 또한 재귀적인 자료형도 이러한 관점에서 구축될 수 있고, 활용된다. 이런 면에서 처음 프로그래밍언어를 배울 때는 Pascal을 배우는 것이 더 바람직하다고 판단된다. 즉 C가 실용적인 언어라면, Pascal은 원리적인 언어라고 비유할 수 있다. C를 우선 배우다보면 원리를 이해하지 못하고 구형성에만 집중해서 프로그램을 작성하는 경향이 강해질 수 있다. 그러다 보면, 프로그램의 설계, 명세 및 검증의 관점에서 체계적으로 시스템을 구현하지 않고, 프로그램의 작동성에만 집중하는 결과를 낳을 수 있다. 즉 언어 자체가 프로그램을 기반으로 한 SW의 개발과정에 구조적으로 SW 체계와 기능성 및 안전성을 구축해줄 수 있는 언어가 요구된다.

53) 1장의 1.4.1절 (2) 참조.

54) Pascal에 비해 C언어는 프로그래밍언어의 관점에서 안전하지 못하다고 판단된다. 그 대표적인 예로 포인터(pointer)를 들 수 있다. 포인터를 사용하는 것은 언어적으로 안전하지 않다. 자료유형에 대한 포인터유형을 정의해야 하고, 이를 기반으로 그 유형에 맞는 변수를 선언하고, 이를 위한 메모리를 확보한 후에, 이를 활용해야 한다. 그리고 포인터를 사용하고 나면, 이의 메모리를 free 시켜야 한다. 특히 이러한 포인터를 기반으로 재귀적인 자료형이 정의되면, 이를 활용하는 재귀함수와 맞물려 전개되는 상황들을 면밀히 관리하고 통제해야 한다. 그렇지 않을 경우 다양한 오류가 발생된다. 또한 역으로 오류가 발생되지 않음을 검증하는 것 또한 매우 난해한 또 다른 문제가 된다. 그리고 이러한 포인터 유형에 대한 전환이 용이하다는 점도 이러한 문제의 어려운 점을 더욱 증폭시킨다. 또 다른 예로는 C언어의 하드웨어에 대한 종속성을 들 수 있다. 하드웨어에 종속된 영역에서는 장점이겠지만, 그 반대인 경우에는 단점이 된다. 이러한 내용은 뒤에 좀 더 자세히 다루도록 한다.

이 장은 다음과 같은 내용으로 구성된다:

1) 제2.1장 정의: 절차중심언어를 정의하고 특징을 설명한다. 그리고 전형적인 절차중심언어인 Pascal과 C의 예를 들어, 절차중심언어의 절차성과 대표적인 특징을 알아본다.
2) 제2.2장 동기(Motivation): 절차중심언어를 요구하게 된 동기를 알아본다.
3) 제2.3장 속성(Characteristics): 절차중심언어의 속성을 알아본다. 특히 C언어를 SW 공학적 관점에서 파싱(parsing)을 하고, 분석하기 위한 기능적 속성을 체계적으로 정의한다.[55)]
4) 제2.4장 함수/절차(Function/Procedure): 절차중심언어의 기본 프로그램 단위인 function과 procedure에 대해 알아본다.

## 2.1 정의(Definition)

이전 장에서 설명한 바와 같이, 절차중심언어는 요구한 결과를 얻기 위해 컴퓨터시스템에 의해 수행되어야 하는 절차에 대해 명확한 정의를 제공하는 언어다. 즉 프로그램을 통해, 주어진 입력에 대해, 어떤 절차를 거쳐서, 어떻게 결과를 얻을 것인지를 명시적으로 지시하지만 그 결과가 어떤 속성과 특성을 만족해야 하는지는 명시하지 않는다. 언어의 또 다른 분류에서는 이러한 언어를 Imperative Language[56)]라고도 한다. 그럼 절차중심언어의 특징을 알아보자.

다음은 절차중심언어의 특징이다:

1) 프로그래밍언어의 한 유형.
2) 프로그램이 원하는 결과를 어떻게 얻을 것인지를 명시적으로 기술하지만 그 결과가 어떤 속성을 보여야 하는지는 명시적으로 기술하지 않는다. 즉 그 결과는

55) 특히 이 장은 SW 공학자들이 특정한 프로그래밍언어로 작성된 프로그램 및 SW를 순공학(forward engineering), 역공학(reverse engineering), 또는 재공학(reengineering)하는 과정에서 요구되는 다양한 기법 중, 프로그램 코드를 데이터로 간주하고 이를 저장소에 저장하고, 메모리에 적재하고, 이렇게 적재된 코드를 이해하고 분석하기 위한 구문 분석적 표현 및 관리 체계에 초점을 맞추었다. 프로그램을 구문 트리로 표현하고, 또 각 구문이 수식 트리로 표현함으로써, 프로그램 코드 내에 내재된 의미를 규정 및 가공할 수 있는 기본적인 구조와 요소를 정의하고 활용할 수 있게 했다.

56) Imperative Language: 프로그램의 상태를 변환하는 구문을 사용하는 언어. 이전 장에서 factorial 예제를 통해 보여주었던 상태변화의 경우가 이에 해당된다. 대표적인 언어로는 Fortran, Pascal, C 등이 있다.

오직 명시된 절차를 수행함으로써 얻어지는 것일 뿐이다.

3) 원하는 결과를 산출하는 절차는 일련의 연산 형식을 따르며, 그 형식은 제어의 흐름과 구문의 순서를 결정한다.
4) 이러한 제어와 구문의 특징 중 대표적인 것은 배정문(assignment statement)과 구문의 실행 순서다. 특히 배정문은 상태전환을 결정하는 파괴적(destructive)[57] 속성, 즉 이전의 값과 상태를 지우고 새 것으로 바꾸는 성질을 가진다.
5) 대표적인 예는 Fortran, Algol, Pascal, C 등이다.
6) 이 언어와 비교될 수 있는 대표적인 언어는 선언적언어(Declarative Language)다. 이유는, 선언적 언어에서는 원하는 결과를 얻는 절차를 명시적으로 기술하기 보다는, 그 결과가 어떤 속성을 만족해야 하는지를 기술하기 때문이다. 이러한 대표적인 언어는 Prolog, Lisp 등이다.

이러한 특징을 가진 절차중심언어와 비교될 수 있는 대표적인 언어는 Lisp, Scheme과 같은 함수언어(Functional Language)[58]와 Prolog와 같은 논리언어(Logical langauge)[59] 등을 들 수 있다. 추가적으로 질차중심언어와 비교힐 수 언어는 객세지향언어[60]

57) 여기에서 destructive 성질은, 절차중심언어에서 배정문(assignment statement)의 실행 결과, 기존의 변수값이 새로운 값으로 바뀌는 속성을 destructivity(파괴성) 라고 정의했다. 프로그램의 상태가 변수값에 기반을 두고 있다면, 이러한 배정문의 실행결과, 프로그램의 현 상태가 새로운 상태로 전환되기 때문에 현 상태를 파괴한다는 의미에서 이러한 성질을 규정하였다.

58) Functional Language: 함수언어는 입력과 출력의 상관관계를 함수적인 관계로 정의하는 언어다. 특히 함수언어의 대표적인 특징은 귀납법에 근거한 재귀성(recursion)을 들 수 있다. 즉 절차중심언어와 다르게 문제를 해결하기 위한 방법, 즉 알고리즘이 중첩되는 반복에 기반하지 않고, 귀납법에 기반한 함수의 일반화에 기반을 두고 있다. 특히 이러한 함수의 귀납적 성질은 자료의 귀납적인 구조를 요구한다. 이러한 귀납적인 성질에 의한 알고리즘 내의 함수 구조와 데이터구조의 재구성이 이 교재에서 다루고자 하는 가장 중요한 쟁점이다. 제 3장과 제4.1장에서 자세히 다룬다.

59) Logic Language: 논리언어는 주어진 입력에 산출되는 출력이 만족해야 하는 조건을 알고리즘으로 구현한 언어다. 즉 주어진 공리(axiom)와 이로부터 성립 가능한 규칙들, 즉 연역 유도규칙(inference rules)들을 정의하고, 주어진 입력과 출력의 관계가 이 공리와 규칙으로 성립되는지를 따지는 언어다. 즉 이러한 공리에 기반으로 한 유도적 조건이 성립되는지를 따지는 언어다. 그 대표적인 언어가 Prolog다. 제4.2장에서 자세히 다룬다.

60) Object-Oriented Programming Language (OOPL): 객체지향언어는 Ontology 체계(paradigm)에 기반한 언어다. 이 패러다임에서는 프로그램으로 표현하고자 하는 대상들의 유전적 성질에 기반으로 한 Class라는 유형으로 모형화되고, 각 프로그램의 연산을 수행하는 주체들은 이러한 유형으로부터 생성된(instantiation) 객체(object)로 정의하고, 연산의 수행 방법은 이 객체들과의 대면(interface), 대화(communication) 및 호출(call)로 정의한다. 이를 위해 객체 내의 요소를 정적인 요소인 attribute와 동적인 요소인 method로 구분하며, 각 요소는 공개(public)와 비공개(private) 유형으로 구분한다. 이러한 paradigm의 가장 중요한 개념은 모듈화(modularization) 및 구조화

를 들 수 있다. 설명한 바와 같이, 이 교재의 가장 중요한 쟁점은 이러한 언어의 공통적인 성질, 즉 함수언어, 논리언어, 객체지향언어의 성질을 모두 가진 대표적인 언어, 즉 ML언어[61]를 배움으로써, 이의 Meta 언어적 관점에서, 각 유형의 대표적인 언어인, Scheme[62] 함수언어, Prolog[63] 논리언어, Smalltalk[64] 객체지향언어를 배우는 것이다. 즉 ML언어에 내재된 각 언어군의 Meta 언어적인 성질을 정확히 이해함으로써 각 언어의 본질을 파악하고 이를 학습하는 것이다.

### Example E.2-1) gcd: Pascal

그럼 간단한 절차중심언어의 프로그램 예를 보자. 다음은 Pascal과 C언어로 짜여진 GCD[65] 예제다.

---

(structuralization), 추상화(abstraction), 객체화(instantiation), 은닉화(encapsulation), 다형화(polymorphism), 유전화(generic hierarchy, class)와 상속화(inheritance) 등을 들 수 있다. 이러한 개념은, 어떤 면에서 절차중심언어의 개념을 상위하는 개념으로 이해할 수 있다. 즉 절차중심적인 알고리즘에 기반으로 한 문제의 해결보다는, 객체들이 가진 값과 이러한 값을 접근할 수 있는 방법들을 기반으로 어떤 interface를 해야 하는지가 주요한 관점이 되기 때문이다. 그런 관점에서 Java나 C++와 같은 객체언어를 사용자 입장에서는 쉽다고 판단할 수는 있겠으니, 이를 설계하고 구현하는 설계자와 개발자의 입장에서는 이러한 OOPL의 패러다임을 체계적으로, 완벽하게 이해해야 한다는 입장에서는 결코 쉬운 일이 아니다. 제4.3장에서 자세히 다룬다.

61) ML과 절차중심언어의 대표적인 차이점 중 하나는 Recursion을 처리하는 구조적인 성질이라고 볼 수 있다. 즉 ML은 재귀함수가 재귀자료구조(i.e., lisp)와 결합한 형태로 구성되어 있어서 알고리즘 내의 재귀적 정의 및 논리를 구조적으로 접근할 수 있다. 하지만 절차중심언어는 재귀함수를 정의함에 있어, 이에 상응하는 자료구조(i.e., linked list, tree, etc.)를 새로운 유형의 재귀적 구조로 정의하고, 이를 재귀함수와 맞물려 활용하기 위한 재귀자료구조 연산자들을 정의해야 하는 복잡성이 존재한다. 즉 ML은 언어 자체 내에 재귀성이 구조적으로 성립되는 언어고, 절차중심언어는 자료구조에 대해 인위적으로 이러한 재귀적 구조성을 성립시켜야 해야 하는 언어라고 볼 수 있다. 이 쟁점에 대해서는 3장에서 자세히 다루도록 한다.

62) Scheme은 Lisp가 진화한 한 변종이다. Scheme은 제4.1장에서 자세히 다룬다.

63) Prolog는 이론적으로 Robert Kowalski의 Horn Clauses에 대한 절차적 해석[KOWALSKI70]에 기반을 두고 있다[KOWALSKI74]. Prolog는 제4.2장에서 자세히 다룬다.

64) Smalltalk은 최초의 객체지향언어로 구분된다. C++와 Ada 및 Java의 OOPL 패러다임의 기반이 되었다. Smalltalk은 제4.3장에서 자세히 다룬다.

65) GCD: Greatest Common Devisor (최대공약수). 최대공약수를 구하는 방법은 여러 가지가 있다. 대표적인 예는, 소인수분해(Prime Factorization) 방법, 유클리드 알고리즘(Euclid's Algorithm), 레머의 GCD 알고리즘(Lehmer's GCD Algorithm), 이진 GCD 알고리즘 (Binary GCD Algorithm) 등이 있다.

| | | |
|---|---|---|
| 1 | `function gcd (x, y: in integer)`<br>`   return integer` | f: (int, int) -> int |
| 2 | `is` | 선언부: |
| 3 | `  a, t, b: integer;` | 지역변수 선언 |
| 4 | `begin` | 실행부: 시작 |
| 5 | `  a := x;` | 배정문 |
| 6 | `  b := y;` | 배정문 |
| 7 | `  loop` | 반복문: 시작 |
| 8 | `    exit when b = 0; (* gcd(a, 0)=a *)` | 반복문 종료 조건 |
| 9 | `    t := b;` | 배정문 |
| 10 | `    b := a mod b;    (* gcd(a, b)=gcd(b, a mode b) *)` | 배정문: 나머지 연산에 의한 배정문 |
| 11 | `    a := t;` | 배정문 |
| 12 | `  end loop;` | 반복문: 끝 |
| 13 | `  return a;` | 반환문 |
| 14 | `end gcd;` | 실행부: 끝 |

<프로그램 2-1> Pascal: gcd 예제

<프로그램 2-1>에 기술된 gcd 예제는 유클리드 알고리즘을 구현한 Pascal 코드다. 유클리드 알고리즘(Euclid's Algorithm)은 두 정수의 GCD는 두 정수의 차를 나눈다는 성질에 근거한 알고리즘이다. 이를 등식으로 표현하면 다음과 같다:

- gcd(a,0) = a
- gcd(a,b) = gcd(b, a mode b), where b, a mode b = a - b* $\lfloor a/b \rfloor$

만약 a, b가 0보다 크다면, 알고리즘은 다음과 같이 정의된다:

- gcd(a,a) = a
- gcd(a,b) = gcd(a-b, b), if a>b
- gcd(a,b) = gcd(a, b-a), if a<b

프로그램은 다음과 같이 작성되었다:

1) [L1] 함수의 head다. 여기에서는 다음과 같은 요소가 정의된다:
   i) keyword: (**function**).
   ii) function name: (**gcd**).
   iii) function input parameter (name, type): (**x, y: in integer**).
   iv) function output type: (**return integer**).
2) [L3] 지역변수(local variable) (name, type): (**a, t, b: integer;**).

3) [L4] 함수본문(function body) 시작: (`begin`).

4) [L5] 배정문(assignment statement): (`a := x;`).

5) [L6] 배정문(assignment statement): (`b := y;`).

6) [L7] 반복문(repetition statement) 시작: (`loop`).

7) [L8] 반복종료-제어문(control statement): (`exit when b = 0;`).

   - gcd 첫등식 조건 확인: `b`의 값이 0인지 확인 (`gcd(a, 0)=a`).

8) [L9] 배정문(assignment statement): b값 임시저장 (`t := b;`).

9) [L10] 배정문(assignment statement): 다음 gcd 등식(gcd(a, b)=gcd(b, a mode b))을 위해, `b`값을 `a`와 `b`의 차이값으로 갱신 (`b := a mod b;`).

10) [L11] 배정문(assignment statement): 다음 gcd 등식(gcd(a, b)=gcd(b, a mode b))을 위해, `a`값을 이전의 `b`값으로 갱신 (`a := t;`).

11) [L12] 반복문(repetition statement) 종료: (`end loop;`).

12) [L13] 반환문(return statement): gcd 첫 등식에서 최종 `a`값 반환 (`gcd(a, 0)=a`).

13) [L14] 함수본문(function body) 끝: (`end gcd;`).

| [L#] | 코드 | Loop | | | |
|---|---|---|---|---|---|
| | | 1 | 2 | 3 | 4 |
| 1 | `function gcd (x, y: in integer) return integer` | (**48**,**18**) | | | |
| 2 | `is` | | | | |
| 3 | `a, t, b: integer;` | [0/0/0] | | | |
| 4 | `begin` | | | | |
| 5 | `a := x;` | [**48**/0/0] | | | |
| 6 | `b := y;` | [48/0/**18**] | | | |
| 7 | `loop` | | | | |
| 8 | `exit when b = 0;` | (b=18)/=0 | (b=12)/=0 | (b=6)/=0 | (b=0)=0 |
| 9 | `t := b;` | [48/**18**/18] | [18/**12**/12] | [12/**6**/6] | |
| 10 | `b := a mod b;` | [48/18/**12**] | [18/12/**6**] | [12/6/**0**] | |
| 11 | `a := t;` | [**18**/18/12] | [**12**/12/6] | [**6**/6/0] | |
| 12 | `end loop;` | | | | |
| 13 | `return a;` | | | | **6** |
| 14 | `end gcd;` | | | | |

<프로그램 2-2> Pascal: gcd(48,18) 실행

그럼, 이렇게 정의된 function `gcd`가 어떻게 작동되는지 수작업으로 실행해 보자. 예로, 정수 48과 18의 최대공약수는 6인데, `gcd(48, 18)`을 호출하면, <프로그램 2-2>에서 보여주는 바와 같이, 다음과 같은 절차를 통해 6이 48과 18의 `gcd` 값으로 반환된다:

1) [L1]: 형식매개변수 `x`, `y`에 정수 48과 18이 대입된다.

2) [L3]: 지역변수 `a`, `t`, `b`가 선언된다. 각 변수값을 [0/0/0]으로 표현한다. 즉 모든 변수의 초기 값을 0으로 가정한다.

3) [L5]: gcd(a, b)를 등식 연산을 위해, a의 값을 `x`의 값, 즉 48로 배정한다.

4) [L6]: gcd(a, b)를 등식 연산을 위해, b의 값을 `y`의 값, 즉 18로 배정한다.

5-1) [Loop][1]

i) [L8]: gcd(a, 0)의 등식 조건을 따진다. `b`가 18이므로 성립되지 않는다.

ii) [L9]: `b`의 값 18을 임시저장소인 `t`에 저장한다.

iii) [L10]: 다음 gcd(a,b)=gcd(b, a mode b) 등식을 위해, `b`값을, `a`를 `b`로 나눈 나머지 값, 즉 `48 mod 18 = 12`로 갱신한다.

iv) [L11]: 다음 gcd(a,b)=gcd(b, a mode b) 등식을 위해, `a`값을 `t`에 저장된 이전의 `b`값, 즉 18로 갱신한다.

5-2) [Loop][2]

i) [L8]: gcd(a, 0)의 등식 조건을 따진다. `b`가 12이므로 성립되지 않는다.

ii) [L9]: `b`의 값 12를 임시저장소인 `t`에 저장한다.

iii) [L10]: 다음 gcd(a,b)=gcd(b, a mode b) 등식을 위해, `b`값을, `a`를 `b`로 나눈 나머지 값, 즉 `18 mod 12 = 6`으로 갱신한다.

iv) [L11]: 다음 gcd(a,b)=gcd(b, a mode b) 등식을 위해, `a`값을 `t`에 저장된 이전의 `b`값, 즉 12로 갱신한다.

5-3) [Loop][3]

i) [L8]: gcd(a, 0)의 등식 조건을 따진다. `b`가 6이므로 성립되지 않는다.

ii) [L9]: `b`의 값 6을 임시저장소인 `t`에 저장한다.

iii) [L10]: 다음 gcd(a,b)=gcd(b, a mode b) 등식을 위해, `b`값을, `a`를 `b`로 나눈 나머지 값, 즉 `12 mod 6 = 0`으로 갱신한다.

iv) [L11]: 다음 gcd(a,b)=gcd(b, a mode b) 등식을 위해, `a`값을 `t`에 저장된 이전의 `b`값, 즉 6으로 갱신한다.

5-4) [Loop][4]

i) [L8]: gcd(a, 0)의 등식 조건을 따진다. `b`가 0이므로 성립된다. 따라서 Loop을 종료하고, Loop의 다음 구문을 실행한다.

6) [L13]: gcd(a, 0)의 조건을 만족하는, `gcd` 함수의 반환값으로 `a`의 값, 즉 6을 반환한다.

즉 수 48과 18의 최대공약수 값으로 6이 위와 같은 절차를 통해서 반환됨을 확인하였다.

## Example E.2-2) gcd: C

| | | |
|---|---|---|
| 1 | `int gcd (int x, y)` | `f: (int, int) -> int` |
| 2 | `{` | 함수: 시작 |
| 3 | `   int a, t, b;` | 선언부: |
| 4 | | 지역변수 선언 |
| 5 | `   a = x;` | 실행부: |
| 6 | `   b = y;` | 배정문 |
| 7 | `   while (b != 0)  /* gcd(a, 0)=a */` | 배정문 |
| 8 | `   {` | 반복문: 시작 |
| 9 | `      t = b;` | 배정문 |
| 10 | `      b = a mod b;/* gcd(a, b)=gcd(b, a mode b) */` | 배정문: 나머지 연산에 의한 |
| 11 | `      a = t;` | 배정문 |
| 12 | `   }` | 반복문: 끝 |
| 13 | `   return a;` | 반환문 |
| 14 | `}` | 함수: 끝 |

<프로그램 2-3> C: gcd

다음은 C 코드를 살펴보자. <프로그램 2-3>에 기술된 GCD 예제는 유클리드 알고리즘을 구현한 C 코드다. 문법에 약간의 차이는 있지만, 기본적인 함수의 구조나 알고리즘을 구현한 절차는 거의 같음을 확인할 수 있다. 이를 설명하면 다음과 같다:

1) [L1] 함수의 head다. 여기에서는 다음과 같은 요소가 정의된다:
   - function output type: (**int**).
   - function name: (**gcd**).
   - function input parameter (name, type): (**int x, y**).
2) [L2] 함수본문(function body) 시작: ({ ).
3) [L3] 지역변수(local variable) (name, type): (**int a, t, b;**).
4) [L5] 배정문(assignment statement): (**a = x;**).
5) [L6] 배정문(assignment statement): (**b = y;**).
6) [L7] 반복문(while statement): (**while (b != 0)**).
   - gcd 첫등식 조건 확인: **b**의 값이 0인지 확인 (**gcd(a, 0)=a**).
7) [L8] 반복문 시작: ({ ).
8) [L9] 배정문(assignment statement): **b**값 임시저장 (**t = b;**).
9) [L10] 배정문(assignment statement): 다음 gcd 등식(gcd(a, b)=gcd(b, a mode b))을 위해, **b**값을 **a**와 **b**의 차이 값으로 갱신 (**b = a mod b;**).
10) [L11] 배정문(assignment statement): 다음 gcd 등식(gcd(a, b)=gcd(b, a

mode b))을 위해, **a**값을 이전의 **b**값으로 갱신 (`a = t;`).

11) [L12] 반복문(while statement) 종료: (} )

12) [L13] 반환문(return statement): gcd 첫 등식에서 최종 **a**값 반환 (`gcd(a, 0)=a`).

13) [L14] 함수본문(function body) 끝: (} ).

| [L#] | 코드 | Loop | | | |
|---|---|---|---|---|---|
| | | 1 | 2 | 3 | 4 |
| 1 | `int gcd (int x, y)` | (**48**,**18**) | | | |
| 2 | `{` | | | | |
| 3 | `int a, t, b;` | | | | |
| 4 | | [0/0/0] | | | |
| 5 | `a = x;` | | | | |
| 6 | `b = y;` | [**48**/0/0] | | | |
| 7 | `while (b != 0)` | [48/0/**18**] | | | |
| 8 | `{` | (b=18)/=0 | (b=12)/=0 | (b=6)/=0 | (b=0)=0 |
| 9 | `t = b;` | | | | |
| 10 | `b = a mod b;` | [48/**18**/18] | [18/**12**/12] | [12/**6**/6] | |
| 11 | `a = t;` | [48/18/**12**] | [18/12/**6**] | [12/6/**0**] | |
| 12 | `}` | [**18**/18/12] | [**12**/12/6] | [**6**/6/0] | |
| 13 | `return a;` | | | | **6** |
| 14 | `}` | | | | |

<프로그램 2-4> C: gcd(48,18) 실행

Pascal 예제처럼, C 예제도 function **gcd**가 어떻게 작동되는지 수작업으로 실행시켜 보자. 예로, 정수 48과 18의 최대공약수는 6인데, `gcd(48, 18)`을 호출하면, <프로그램 2-4>에서 보여주는 바와 같이, 다음과 같은 절차를 통해 6이 48과 18의 gcd 값으로 반환된다:

1) [L1]: 형식매개변수 **x**, **y**에 정수 48과 18이 대입된다.

2) [L3]: 지역변수 **a**, **t**, **b**가 선언된다. 각 변수값을 [0/0/0]으로 표현한다. 즉 모든 변수의 초기 값을 0으로 가정한다.

3) [L5]: gcd(a, b)를 등식 연산을 위해, **a**의 값을 **x**의 값, 즉 48로 배정한다.

4) [L6]: gcd(a, b)를 등식 연산을 위해, **b**의 값을 **y**의 값, 즉 18로 배정한다.

5-1) [Loop][1]:

  i) [L7]: 반복문의 조건, 즉 gcd(a, 0)의 등식 조건을 따진다. **b**가 18이므로 성립되지 않는다.

  ii) [L9]: **b**의 값 18을 임시저장소인 **t**에 저장한다.

iii) [L10]: 다음 gcd(a,b)=gcd(b, a mode b) 등식을 위해, b값을 a를 b로 나눈 나머지 값, 즉 48 mod 18 = 12로 갱신한다.

iv) [L11]: 다음 gcd(a,b)=gcd(b, a mode b) 등식을 위해, a값을 t에 저장된 이전의 b값, 즉 18로 갱신한다.

5-2) [Loop][2]:

i) [L7]: 반복문의 조건, gcd(a, 0)의 등식 조건을 따진다. b가 12이므로 성립되지 않는다.

ii) [L9]: b의 값 12를 임시저장소인 t에 저장한다.

iii) [L10]: 다음 gcd(a,b)=gcd(b, a mode b) 등식을 위해, b값을, a를 b로 나눈 나머지 값, 즉 18 mod 12 = 6으로 갱신한다.

iv) [L11]: 다음 gcd(a,b)=gcd(b, a mode b) 등식을 위해, a값을 t에 저장된 이전의 b값, 즉 12로 갱신한다.

5-3) [Loop][3]:

i) [L7]: 반복문의 조건, gcd(a, 0)의 등식 조건을 따진다. b가 6이므로 성립되지 않는다.

ii) [L9]: b의 값 6을 임시저장소인 t에 저장한다.

iii) [L10]: 다음 gcd(a,b)=gcd(b, a mode b) 등식을 위해, b값을, a를 b로 나눈 나머지 값, 즉 12 mod 6 = 0으로 갱신한다.

iii) [L11]: 다음 gcd(a,b)=gcd(b, a mode b) 등식을 위해, a값을 t에 저장된 이전의 b값, 즉 6으로 갱신한다.

5-4) [Loop][4]:

i) [L7]: 반복문의 조건, gcd(a, 0)의 등식 조건을 따진다. b가 0이므로 성립된다. 따라서 while 복문을 실행하지 않고, while의 다음 구문을 실행한다.

6) [L13]: gcd(a, 0)의 조건을 만족하는, gcd 함수의 반환값으로 a의 값, 즉 6을 반환한다.

즉 수 48과 18의 최대공약수 값으로 6이 위와 같은 절차를 통해서 반환됨을 확인하였다.

Pascal과 C 절차중심언어에서의 절차란 위 두 개의 예에서 보여주는 바와 같이 프로그램이 수행됨을 의미한다. 그럼 이러한 절차중심언어의 가장 주요한 특징을 알아보자.

첫 번째 특징은, <프로그램 2-5>에서 [a/t/b]의 값으로 표현된, a, t, b 각 변수값 배정과 갱신 과정에서 보여준 성질이다. 즉 변수값이 배정문을 통해서 변하는 성질, 다시 말하면, 배정문의 실행 결과, 변수의 이전 값이 지워지고, 새로운 값이 할당되는 성질을 파괴적(distructive) 성질이라 한다. <프로그램 2-5>에서 이러한 파괴적 성질의 영향을 받은 변수값은 [a/t/b]로 표현하였고, 갱신된 값은 굵게(bold-face) 표현하였다.

| 코드 | Loop | | | |
|---|---|---|---|---|
| | 1 | 2 | 3 | 4 |
| `int gcd (int x, y)` | (**48,18**) | | | |
| `{` | | | | |
| `int a, t, b;` | [0/0/0] | | | |
| | | | | |
| `a = x;` | [**48**/0/0] | | | |
| `b = y;` | [48/0/**18**] | | | |
| `while (b != 0)` | (b=18)/=0 | (b=12)/=0 | (b=6)/=0 | (b=0)=0 |
| `{` | | | | |
| `t = b;` | [48/**18**/18] | [18/**12**/12] | [12/**6**/6] | |
| `b = a mod b;` | [48/18/**12**] | [18/12/**6**] | [12/6/**0**] | |
| `a = t;` | [**18**/18/12] | [**12**/12/6] | [**6**/6/0] | |
| `}` | | | | |
| `return a;` | | | | **6** |
| `}` | | | | |

<프로그램 2-5> C: gcd(48,18) 실행 - 상태변이

그 다음 중요한 성질은 프로그램의 절차를 결정하는 순서화(ordering) 성질이다. 예를 들면, 위 예제에서 반복을 결정하는 반복문의 조건식(conditional expression), 즉 Pascal의 `when b = 0`, C의 `(b != 0)`에 대한 평가 결과다. 이러한 평가의 결과는 프로그램이 실행되는 절차, 즉 제어의 흐름을 결정하는 핵심적인 요소다. 따라서 두 개의 서로 다른 프로그램의 동일성을 따지기 위해서는 두 프로그램이 동일한 제어의 흐름을 가지는가를 비교해야만 한다. 예를 들면, 위 두 개의 Pascal 프로그램과 C 프로그램은 동일한 제어의 흐름을 가지고 동일한 절차를 거쳐 동일한 파괴적 과정을 거치므로 동일한 작업을 수행하는 프로그램이라고 평가할 수 있다.

## 2.2 동기(Motivation)

제 1장에서 기계언어의 문제점을 해결하기 위해 고안된 어셈블리언어를 살펴보았다. 제 1장에서 보았던, 이 언어의 간단한 예를 보면 <그림 2-1>와 같다.

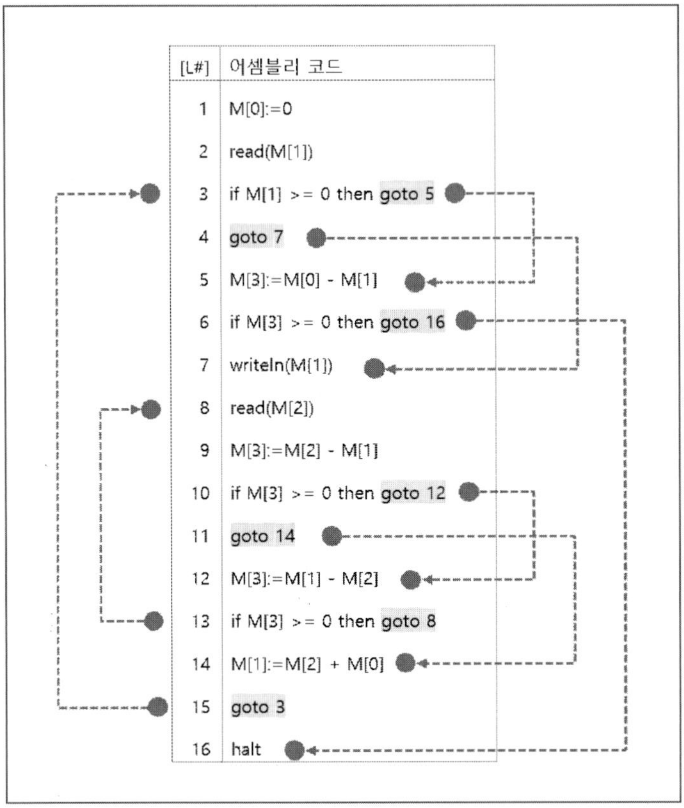


<그림 2-1> 어셈블리 프로그램 예제: 스파게티 코드

이 예를 통해서 분석했던 문제점들을 간단하게 정리하면 다음과 같다:

1) 제어흐름(flow of control): 정형화된 제어문의 결여 및 goto 문(statement)[66]

66) <그림 2-1>처럼 어셈블리언어의 goto 문이 얽히고설킨 코드를 spaghetti 코드라고 한다. 이렇게 goto 문을 이용하여 spaghetti 코드를 작성할 수 밖에 없는 이유는 복문(block) 형식을 가진 구문이 아직 정의되지 않았기 때문이다. 즉 상위언어에서 요구되는 if 문, while 문 같은 복문이 없기 때문에 if 문, while 문과 같은 제어 흐름을 goto 문을 사용해 표현했기 때문이다. 또한 이러한 복문의 구조를 가지지 못했기 때문에 if 문, while 문과 같은 복문에 대한 goto 문의 사용 제약조건이 성립될 수 없게 되었다. 다시 말하면, C와 같은 상위언어에서는 block의 내부에서 외부로의 goto는 허용되지만, block의 외부에서 내부로의 goto는 허용되는 않는데, 어셈블리언어에서는 block과 같은 복문이 없으므로, 이와 같은 외부에서 내부로의 goto 또는 내부에서 외부로의 goto의 정의 및 구분이 가능하지 않은 결과, 이 유형의 goto가 모두 가능하다는 의미다. C에서처럼, block의 내부에서 외부로의 goto 만을 허용하는 이유는 if 문, while 문의 조건을 항상 일정하게 유지할 수 있지만, 역으로 block의 외부에서 내부로의 goto 만을 허용할 경우, if 문, while 문의 조건을 항상 일정하게 유지할 수 없어, 프로그램의 일관성와 안전성을 검증할 수 없기 때문이다. 즉 프로그램의 오작동을 사전에 예방할 수 없다는 의미다. 즉 상위언어는 이렇게 조건을 가진 복문, 즉 block에 대해 제어

에 의한, 불규칙적(ad hoc), 임의적(arbitrary), 내·외부 또는 외·내부 방향의 혼합(mixed: inner & outer)적인 제어 흐름을 가진다.

2) 저장소(storage): 값을 저장하기 위한 주소(address), 이름(name), 참조(referencing)에 대한 편의성이 부족하다.
3) 자료(data): 유형(types), 연산(operations), 치역(ranges)에 대한 개념이 부족하다.
4) 단위적 구성 요소(unit): procedure, function, block에 대한 입력, 출력, 참조 및 주소 인용(addressing) 등이 취약하다.

그리고 이러한 문제를 해결하기 위해서, 절차중심언어(procedural) 또는 명령적(imperative) 언어가 고안되었다. 이러한 문제를 해결하기 위한 절차중심언어 또는 명령적 언어의 특징을 정리하면 다음과 같다:

1) 구조: Statement를 기본 단문으로, 복문을 허용하는 구문의 구조를 가진다.
2) 자료유형(data type): record, array, enumeration, pointer (list, tree)[67] 등이 있다.
3) 변수(variables): 주소 인용, 참조 및 배정할 수 있다..
4) 이름(name): 변수(variables), 상수(constants), 유형(types), 함수(functions), 절차(procedures) 등에 적용된다.
5) 모듈화(modularization) 및 통합(integration): 모듈 및 통합 메커니즘을 제공하고, 이들에 대한 접근, 즉 Interface를 제공한다.

그럼, 이러한 특성을 기반으로 절차중심언어의 속성을 알아보자.

## 2.3 속성(Characteristics)

우선 간단한 C 프로그램 예제를 보자. 다음 C 프로그램은 gcd(최대공약수; greatest common divisor)를 구하는 프로그램이며, 두 개의 함수(function)로 구성된다:

규칙을 유지함으로써 프로그램의 일관성과 안전성을 보장한다.

67) 절차중심언어는 pointer 유형을 통해서 재귀적인 자료유형을 정의할 수 있도록 했다. 즉 함수가 자기 자신을 호출할 때, 재귀 자료와 동일한 패턴으로 재귀성을 표현할 수 있다. 즉 동적인 entity인 함수와 정적인 entity인 자료가 같이 재귀적으로 맞물려, 함수언어처럼, 재귀적인 연산을 정의하고 수행할 수 있다. 하지만 pointer의 특성상 재귀성이, 함수언어에 비해, 인위적으로 이루어질 수밖에 없다. 이에 대한 내용은 이 장의 뒷 부분에서 자세히 다룬다.

1) **main** 함수: 프로그램이 작동되는 주 함수로, 입력(두 개의 정수)을 위한 문자 메시지를 화면(screen)에 제시하고, 이 정수들이 입력되면, 이를 지역변수 **x**와 **y**의 값으로 할당하고 난 다음, 이 정수들의 gcd 값을 구하는 **gcd** 함수에 이 정수값을 실질매개변수값으로 입력한 후에, 그 결과 값을 이 정수들의 gcd 값으로 출력하는 함수다.
2) **gcd** 함수: 이 함수는 재귀법에 기반으로 한 유클리드 알고리즘(Euclid's Algorithm)을 구현한 함수다. 두 개의 정수값을 구해서, 다음과 같은 알고리즘의 등식에 기반하여 재귀적으로 gcd 함수를 실행한다:

- gcd(a,0) = a
- gcd(a,b) = gcd(b, a mode b), where b, a mode b = a − b∗⌊a/b⌋

```
#include <stdio.h>     /* Standard Input/Output Library */

int gcd(int a, int b); /* Function GCD Open Declaration */

main()                 /* Main Function: I/O driver */
{
   int x, y;

   printf("Input two integers: \n");
   scanf("%d%d",&x,&y);
   printf("The gcd of %d and %d is %d \n", x, y, gcd(x,y));
   return 0;
}

int gcd(int a, int b) /* Function GCD Definition */
{
   if (b == 0)
      return a;
   else
      return gcd(b, a % b); /* GCD Tail recursion */
}
```

<프로그램 2-6> C: gcd, main Function

예제에서 보여주는 바와 같이, 프로그램은 영어 문자(character)들로 이루어져 있다. 일반적으로 character는 일반 character와 특수 character로 구분된다:

1) 일반 character:

a) 문자: C언어의 기본 문자는 알파벳으로, 대문자[A..Z]와 소문자[a..z]로 구분된다.
b) 숫자: C언어에서 기본 숫자는 [0..9]로 표현한다.
c) 공백(white space): 공백은 프로그래밍언어에서 키워드와 식별자, 상수 등과 같은 token이 연속적으로 계속되는 경우, 각각의 token을 분리할 때 사용한다. C언어에서 공백의 종류는 스페이스(space), 줄 바꿈(\n), 수평 탭(\t) 등이 있다.

```
...  ...
15   int gcd(int a, int b) /* Function GCD Definition */
16   {
17      if (b == 0)
18         return a;
19      else
20         return gcd(b, a % b); /* GCD Tail recursion */
21   }
```

<프로그램 2-6-1> C: gcd, main Function [L15~21]

<프로그램 2-6-1>을 살펴보면, 프로그램의 코드가 영어 알파벳으로 작성되어 있는 것을 확인할 수 있으며, [L17]을 보면, 숫자 0을 사용하여 매개변수 b와 비교하는 코드를 확인할 수 있다.

<프로그램 2-6-1>의 경우, [L15]에서 키워드(int), 식별자(gcd), 특수문자("(...)")와 같은 token이 스페이스(space)로 명확히 분리되어 있으며, 다음 줄인 [L16~L21] 또한 마찬가지로 공백으로 token이 분리되어 있는 것을 확인할 수 있다. 따라서 <프로그램2-6>은 구문 오류 없이 정상적으로 작동한다.

```
...  ...
15   intgcd(int a, int b) /* Function GCD Definition */
16   {
17      if (b == 0)
18         return a;
19      else
20         return gcd(b, a % b); /* GCD Tail recursion */
21   }
```

<프로그램 2-6-2> C: gcd, main Function [L15~21] (white space)

만약 <프로그램 2-6-2>의 [L15]와 같이 키워드(`int`)와 식별자(`gcd`)가 공백으로 분리되지 않을 경우, C컴파일러에서 `intgcd`를 하나의 token으로 간주하여 구분 오류가 발생한다.

또한 [L20]을 살펴보면, `return`이라는 키워드가 중간에 공백으로 인해 `re`와 `turn`으로 분리되어 나누어졌다. 이 경우, C컴파일러에서 해당 token을 처리하지 못해 마찬가지로 구문 오류가 발생한다.

2) 특수 character:

a) 괄호: `{ }` (Curly Bracket), `( )` (Round Bracket), `[ ]` (Square Bracket), `< >` (Angle Bracket).

b) 구두점: `;` (Semi-colon), `:` (Colon), `,` (Comma), `'` (Single Quotation), `"` (Double Quotation), `.` (Period), `-` (Dash), `>` (Less than), `<` (Greater than), `=` (Equal Sign), `!` (Exclamation Point), `&` (Ampersand), `*` (Asterisk), `%` (Percent Sign), `^` (Hat), `|` (Vertical Bar), `~` (Tilde), `@` (At Sign), `#` (Sharp), `$` (Dollar Sign), `_` (Underline, Underscore), `+` (Plus Sign).

```
...  ...
5    main()                   /* Main Function: I/O driver */
6    {
7       int x, y;
8
9       printf("Input two integers: \n");
10      scanf("%d%d",&x,&y);
11      printf("The gcd of %d and %d is %d \n", x, y, gcd(x,y));
12      return 0;
13   }
14
15   int gcd(int a, int b) /* Function GCD Definition */
16   {
17      if (b == 0)
18         return a;
19      else
20         return gcd(b, a % b); /* GCD Tail recursion */
21   }
```

<프로그램 2-6-3> C: gcd, main Function [L5~21] 일부

<프로그램 2-6-3>을 살펴보면, 다양한 특수 character가 사용되는 것을 확인할 수 있다. 여기에서 [L10]과 [L11]에서 사용된 구두점 %는 형식 제어 문자로써 사용되었으며, [L20]에서 사용된 구두점 %의 나머지 연산자로써 사용되었다. 즉 같은 특수 character라 하더라도, 문맥에 따라 용도가 결정된다. character의 자세한 설명은 본 교재 2.3.1.1절에서 확인할 수 있다.

이러한 문자들로 구성된, C 문법에 의해 정의된 프로그램의 구성 요소는 다음과 같다:

1) Token: Token은 언어를 구성하는 최소 단위로, 영어로 보면 단어에 해당하는 것이다. 따라서 프로그래밍언어에서 명령이 되는 문장은 여러 token으로 구성되며, Token은 다음과 같이 분류할 수 있다:

   a) 키워드(Keyword).
   b) 리터럴(Literals):
      i) 정수 상수(Integer literal).
      ii) 실수 상수(Float or real literal).
      iii) 문자 상수(Character literal).
      iv) 문자열 상수(String literal).

c) 특수 부호(Special symbols):

i) 특수 character(Special character).

ii) 연산자(Operators).

d) 식별자(Identifiers).

e) 주석(Comments).

```
...  ...
5    main()        /* Main Function: I/O driver */
6    {
7       int x, y;
8
9       printf("Input two integers: \n");
...     ...
12      return 0;
13   }
...  ...
```

<프로그램 2-6-4> C: gcd, main Function [L5~13] 일부

| [L#] | Token | Token의 종류 |
|---|---|---|
| | ... | |
| 5 | main | 식별자 |
| | ( | 연산자(calling function) |
| | ) | 연산자(calling function) |
| | /* Main Function: I/O driver */ | 주석 |
| 6 | { | 특수 부호 |
| 7 | int | 키워드 |
| | x | 식별자 |
| | , | 특수 부호 |
| | y | 식별자 |
| | ; | 특수 부호 |
| 9 | printf | 식별자 |
| | ( | 연산자(calling function) |
| | "Input two integers: \n" | 문자열 상수(String literal) |
| | ) | 연산자(calling function) |
| | ; | 특수 부호 |
| | ... | |
| 12 | return | 키워드 |
| | 0 | 정수 상수(Integer literal) |
| | ; | 특수 부호 |
| 13 | } | 특수 부호 |

<표 2-1> <프로그램 2-6-4>의 token 표

<프로그램 2-6-4>를 token 별로 구분하여 표를 작성하면 <표 2-1>과 같은 token 표를 구성할 수 있으며, token의 자세한 설명은 본 교재 2.3.1.2절에서 확인할 수 있다.

2) Expression: Token은 다음 단계에서 구문을 구성하는 수식으로 정의되며, C언어에서는 다음과 같은 대표적인 수식이 있다:

a) 설정/배정식 (Assignment expression).
b) 조건식 (Conditional expression).
c) 상수식 (Constant expression).
d) 논리식 (Logical expression).
e) 연산식 (Arithmetic expression).
f) 변환식 (Cast expression).
g) 기본식 (Primary expression): identifier, constant, string.

Token의 자세한 설명은 본 교재 2.3.1.3절에서 확인할 수 있다.

3) Statement: Statement는 프로그래밍에서 실행가능한(executable) 최소의 독립적인 코드 조각을 밀한다. 프로그래밍을 하면시 검파일러가 이해하고 실행할 수 있는 모든 구문은 statement이며, 문법적으로 언어에 적합한 모든 코드의 한 줄이나 블록을 statement라고 할 수 있다. statement는 흔히 한 개 이상의 expression과 키워드를 포함하며, C 문법에서 구성하는 대표적인 구문은 다음과 같다:

a) Labelled Statement.
b) Expression Statement.
c) Compound Statement(Block-Statement).
d) Selection Statement.
e) Iteration Statement.
f) Jump Statement.
g) Function.

Statement의 자세한 설명은 본 교재 2.3.1.4절에서 확인할 수 있다.

4) Block: Block은 C언어에서 중괄호({ })로 묶은 부분을 의미한다. Block 안에

선언된 변수는 해당 block에서만 사용(접근)이 가능하며, 이를 변수의 범위(scope)라고 한다.

<프로그램 2-6-5>는 <프로그램 2-6>에 사용된 block을 정리한 것이다. block 1은 함수 **main**의 block으로 [L6~13]에 해당한다. block 1에 선언된 변수 **x**와 **y**는 block 1에서만 접근 가능하다. 마찬가지로 block 2는 함수 **gcd**의 block이며, block 3은 if 문의 block, block 4는 else문의 block을 의미한다. block의 자세한 설명은 본 교재 2.3.2.1절에서 확인할 수 있다.

5) Function: 함수는 head와 body로 구분한다. Head는 함수의 반환유형, 함수 이름, 입력유형(매개변수 유형), 이렇게 세 가지의 요소에 의해 정의된다. Body는 head의 구체적인 의미를 기술하며, block으로 구분한다.

```
...  ...
 5   main()                  /* Main Function: I/O driver */
 6   {                                                    block 1
 7      int x, y;
 8
 9      printf("Input two integers: \n");
10      scanf("%d%d",&x,&y);
11      printf("The gcd of %d and %d is %d \n", x, y, gcd(x,y));
12      return 0;
13   }
14
15   int gcd(int a, int b) /* Function GCD Definition */
16   {                                                    block 2
17      if (b == 0)
18
19      {                                                 block 3
20      return a;
21      }
22      else
23
24      {                                                 block 4
25      return gcd(b, a % b); /* GCD Tail recursion */
     }
   }
```

<프로그램 2-6-5> C: gcd, main Function의 block

```
..                         ...
 2
 3  int gcd(int a, int b); /* Function GCD Open Declaration */
 4
..                         ...
14
15  int gcd(int a, int b) /* Function GCD Definition */
16  {
17     if (b == 0)
18     {
19        return a;
20     }
21     else
22     {
23        return gcd(b, a % b); /* GCD Tail recursion */
24     }
25  }
```

<프로그램 2-6-6> C: Function gcd

<프로그램 2-6-6>은 <프로그램 2-6>에서 **gcd** 함수의 head와 body만 발췌한 것이다. [L3]은 **gcd** 함수의 head 부분으로 **int**는 반환유형, **gcd**는 함수 이름, **(int a, int b)**는 입력유형을 의미한다. [L15-25]는 **gcd** 함수의 body 부분으로 **gcd** 함수의 구체적인 의미가 기술되어 있다. function의 자세한 설명은 본 교재 2.3.1.4절-(7)에서 확인할 수 있다.

6) Program Unit: Program unit은 프로그램을 구성하는 기본 단위로 프로시저와 함수가 있다. Program unit의 자세한 설명은 본 교재 2.4장에서 확인할 수 있다.

7) Compilation Unit: Compilation Unit은 컴파일러가 문장을 번역하는 단위로, 언어마다 다르다. 하나의 프로그램이 여러 개의 Compilation Unit으로 구성되는 경우, 각각을 독립적으로 컴파일 한 후에 이들을 연계해서 object program으로 만든다.

이 구성 요소 간의 포함관계를 보면 <그림 2-2>와 같다.

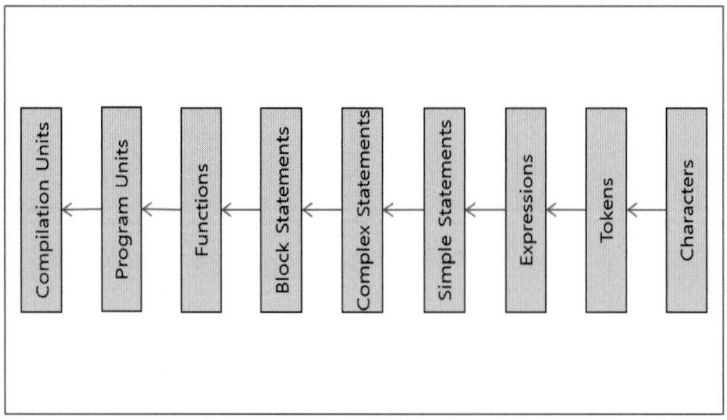


<그림 2-2> C: 문법 요소들

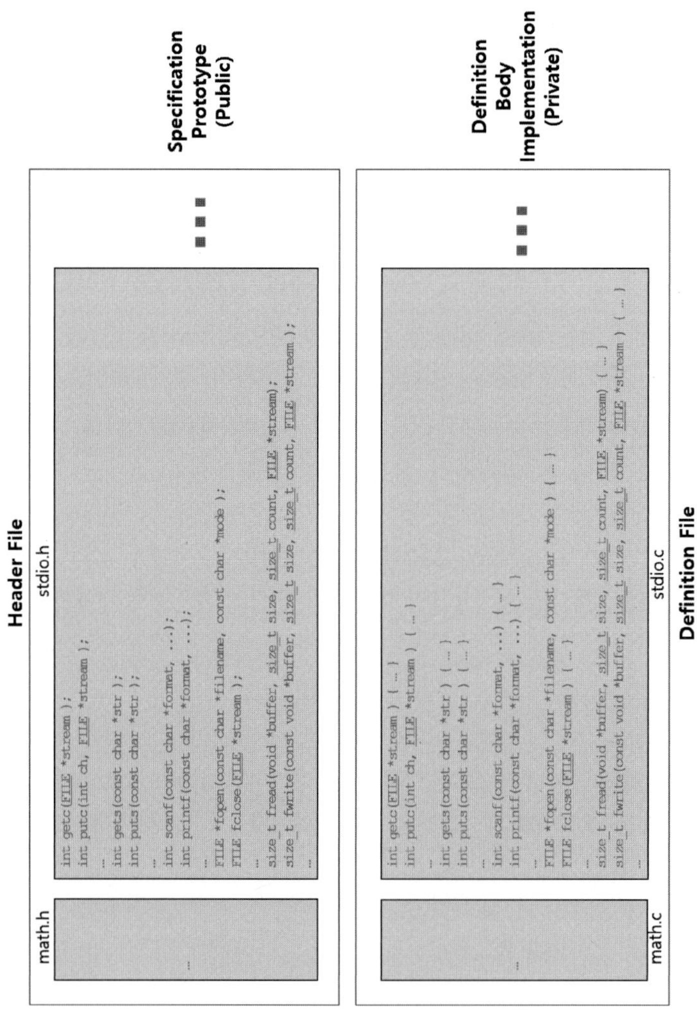


<그림 2-3>  C Library Package

예제의 각 구문들은 C 문법 관점에서 어떤 요소로 구성되어 있는지 간단하게 알아보자. 자세한 사항은 다음 절부터 유형별로 설명한다:

1) [L1]: (**#include <stdio.h>**) Library[68].

| | 문법 요소 | | | | | | | | | |
|---|---|---|---|---|---|---|---|---|---|---|
| | Char | Token | Expr | Sim Stmt | Com Stmt | Block | Func | Prg Unit | Comp Unit | Directive |
| # | | | | | | | | | | |
| i | | | | | | | | | | |
| n | | | | | | | | | | |
| c | | | | | | | | | | |
| l | | | | | | | | | | |
| u | | | | | | | | | | |
| d | | | | | | | | | | |
| e | | | | | | | | | | |
| | | | | | | | | | | |
| < | | | | | | | | | | |
| s | | | | | | | | | | |
| t | | | | | | | | | | |
| d | | | | | | | | | | |
| i | | | | | | | | | | |
| o | | | | | | | | | | |
| . | | | | | | | | | | |
| h | | | | | | | | | | |
| > | | | | | | | | | | |

68) Library: Library는 일반적으로 재사용성(reusability)을 목적으로 프로그램의 구성요소를 기본적인 SWU(Software Unit), 즉 독립적으로 compile이 가능한 단위로 모듈화(modulization)를 한 SW 관리 체계다. 이 예제에서 보는 Library **<stdio.h>**는 표준 I/O 라이브러리, 즉 standard input/output library다. 그리고 여기에 있는 file 이름의 확장자(extension)인 **h**는 header를 의미한다. 즉 standard input/output library의 header file이라는 의미다. (일반적으로 header file에는 공개적으로 사용 가능한 함수들의 header 정보, 즉 signature들과 공개 변수 및 유형들만 선언된다. 그리고 이에 대한 원(original) 정의 함수들은 각 header 파일에 대응하는 definition file인 C 파일에 extern으로 정의된다. 즉 재사용 관점에서 외부에서 접근해서 library 형식으로 사용 가능하다는 의미다.) 그리고 이러한 library header file 이름은 **#include**라는 preprocessor directive(지시자)를 사용하여 컴파일러에게 이 프로그램에서는 **stdio.h**에 포함되어 있는 IO 관련 함수를 사용할 것이라는 점을 preprocessor가 선처리 과정에서 파악할 수 있도록 미리 알리는 역할을 한다. 그렇지 않을 경우, 컴파일러가 컴파일을 하는 과정에서 프로그램이 정의하지 않은 IO 관련 함수를 사용했다고 판단할 수 있기 때문이다. 그리고 이렇게 사용 가능한 library는 두 가지 유형으로 구분된다. 하나는 C언어와 이 언어의 기반 운영체제인 Unix가 제공하는 system library이며, 또 하나는 사용자가 정의한 user library다. 전자는 기술시 꺽쇠(<>), 즉 angle bracket을 사용하며, 후자는 인용구, 즉 Quotation(“”)을 사용한다. 예를 들면, **<stdio.h>**와 **“myio.h”**를 들 수 있다. 이러한 Library 구축은 시스템과 SW를 개발할 때 매우 중요한 요구사항을 반영한다. 특히 아키텍처와 재사용성 관점에서 체계적으로 조직화해야만 한다. <그림 2-3> 참조.

2) [L3]: (`int gcd(int a, int b);`) Open Declaration[69].

| | 문법 요소 | | | | | | | | | |
|---|---|---|---|---|---|---|---|---|---|---|
| | Char | Token | Expr | Sim Stmt | Com Stmt | Block | Func | Prg Unit | Comp Unit | Directive |
| i | | | | | | | | | | |
| n | | | | | | | | | | |
| t | | | | | | | | | | |
| | | | | | | | | | | |
| g | | | | | | | | | | |
| c | | | | | | | | | | |
| d | | | | | | | | | | |
| ( | | | | | | | | | | |
| i | | | | | | | | | | |
| n | | | | | | | | | | |
| t | | | | | | | | | | |
| | | | | | | | | | | |
| a | | | | | | | | | | |
| , | | | | | | | | | | |
| | | | | | | | | | | |
| i | | | | | | | | | | |
| n | | | | | | | | | | |
| t | | | | | | | | | | |
| | | | | | | | | | | |
| b | | | | | | | | | | |
| ) | | | | | | | | | | |
| ; | | | | | | | | | | |

3) [L5]: (`main()`).

| | 문법 요소 | | | | | | | | | |
|---|---|---|---|---|---|---|---|---|---|---|
| | Char | Token | Expr | Sim Stmt | Com Stmt | Block | Func | Prg Unit | Comp Unit | Directive |
| m | | | | | | | | | | |
| a | | | | | | | | | | |
| i | | | | | | | | | | |
| n | | | | | | | | | | |
| ( | | | | | | | | | | |
| ) | | | | | | | | | | |

69) 기본적으로 모듈화(modularization)는 SW의 규모를 체계적으로 관리하기 위한 방법론이다. SW는 일반적으로 프로그램들로 구성된다. 그리고 이러한 프로그램은 설계과정을 거쳐서 전체 SW를 구조/기능적인 역할을 하는 체계적인 SW의 단위 요소가 된다. 특히 SW 재사용 및 인터페이스 관점에서 이러한 프로그램을 안전하게 관리하기 위한 방법이 필요한데, 이를 정보의 은닉화(encapsulation)라고 한다. 이 은닉화에서는 중요한 정보는 private로 내부에 숨기고, 사용해야 할 정보, 즉 상수, 변수 및 함수는 public으로 외부에 공개한다. 전자는 specification, prototype 또는 open declaration, signature 등으로 정의하고, 후자를 이에 대한 implementation, body, definition 등으로 정의한다. C의 Library 경우, header file을 전자에, 이에 상응하는 정의파일(definition file)을 후자라 볼 수 있다. 또 다른 관점에서는 프로그램을 작성하는 방법 중에 top-down 방법과 bottom-up 방법이 있다. Top-down 방법은 각 함수에 필요한 모든 함수들의 prototype 또는 signature를 사전에 미리 다 선언하고, main 함수의 정의를 시작으로 함수를 호출 또는 사용하는 순서, 즉 call-dependency대로 각 prototype 함수에 상응하는 본 함수, 즉 definition을 정의하는 방법이다. Bottom-up 방법은 이러한 call-dependency에 의해 형성된 호출 관계에 대하여 맨 마지막에 사용되는 함수부터, 함수의 prototype 선언 없이, 함수의 definition을 Bottom-up 순서대로 정의하고 맨 마지막에 main 함수를 정의하는 방법이다. Top-down 방법에서 함수의 prototype을 미리 선언하는 방법을 open declaration이라고 한다. <그림 2-3> 참조.

4) [L6]: ({ ).

| | 문법 요소 | | | | | | | | | |
|---|---|---|---|---|---|---|---|---|---|---|
| | Char | Token | Expr | Sim Stmt | Com Stmt | Block | Func | Prg Unit | Comp Unit | Directive |
| { | | | | | | | | | | |

5) [L7]: (`int x, y;`).

| | 문법 요소 | | | | | | | | | |
|---|---|---|---|---|---|---|---|---|---|---|
| | Char | Token | Expr | Sim Stmt | Com Stmt | Block | Func | Prg Unit | Comp Unit | Directive |
| i | | | | | | | | | | |
| n | | | | | | | | | | |
| t | | | | | | | | | | |
| | | | | | | | | | | |
| x | | | | | | | | | | |
| , | | | | | | | | | | |
| | | | | | | | | | | |
| y | | | | | | | | | | |
| ; | | | | | | | | | | |

6) [L9]: (`printf("Input two integers: \n");`).

| | 문법 요소 | | | | | | | | | |
|---|---|---|---|---|---|---|---|---|---|---|
| | Char | Token | Expr | Sim Stmt | Com Stmt | Block | Func | Prg Unit | Comp Unit | Directive |
| p | | | | | | | | | | |
| r | | | | | | | | | | |
| i | | | | | | | | | | |
| n | | | | | | | | | | |
| t | | | | | | | | | | |
| f | | | | | | | | | | |
| ( | | | | | | | | | | |
| " | | | | | | | | | | |
| I | | | | | | | | | | |
| n | | | | | | | | | | |
| p | | | | | | | | | | |
| u | | | | | | | | | | |
| t | | | | | | | | | | |
| | | | | | | | | | | |
| t | | | | | | | | | | |
| w | | | | | | | | | | |
| o | | | | | | | | | | |
| | | | | | | | | | | |
| i | | | | | | | | | | |
| n | | | | | | | | | | |
| t | | | | | | | | | | |
| e | | | | | | | | | | |
| r | | | | | | | | | | |
| : | | | | | | | | | | |
| | | | | | | | | | | |
| \ | | | | | | | | | | |
| n | | | | | | | | | | |
| " | | | | | | | | | | |
| ) | | | | | | | | | | |
| ; | | | | | | | | | | |

7) [L10]: (`scanf("%d%d",&x,&y);`).

| | 문법 요소 | | | | | | | | | |
|---|---|---|---|---|---|---|---|---|---|---|
| | Char | Token | Expr | Sim Stmt | Com Stmt | Block | Func | Prg Unit | Comp Unit | Directive |
| s | | | | | | | | | | |
| c | | | | | | | | | | |
| a | | | | | | | | | | |
| n | | | | | | | | | | |
| f | | | | | | | | | | |
| ( | | | | | | | | | | |
| “ | | | | | | | | | | |
| % | | | | | | | | | | |
| d | | | | | | | | | | |
| % | | | | | | | | | | |
| d | | | | | | | | | | |
| ” | | | | | | | | | | |
| , | | | | | | | | | | |
| & | | | | | | | | | | |
| x | | | | | | | | | | |
| , | | | | | | | | | | |
| & | | | | | | | | | | |
| y | | | | | | | | | | |
| ) | | | | | | | | | | |
| ; | | | | | | | | | | |

8) [L11]: (`printf("The gcd of %d and %d is %d \n", x, y, gcd(x,y));`).

| | 문법 요소 | | | | | | | | | |
|---|---|---|---|---|---|---|---|---|---|---|
| | Char | Token | Expr | Sim Stmt | Com Stmt | Block | Func | Prg Unit | Comp Unit | Directive |
| p | | | | | | | | | | |
| r | | | | | | | | | | |
| i | | | | | | | | | | |
| n | | | | | | | | | | |
| t | | | | | | | | | | |
| f | | | | | | | | | | |
| ( | | | | | | | | | | |
| “ | | | | | | | | | | |
| T | | | | | | | | | | |
| h | | | | | | | | | | |
| e | | | | | | | | | | |
| | | | | | | | | | | |
| g | | | | | | | | | | |
| c | | | | | | | | | | |
| d | | | | | | | | | | |
| | | | | | | | | | | |
| o | | | | | | | | | | |
| f | | | | | | | | | | |
| | | | | | | | | | | |
| % | | | | | | | | | | |
| d | | | | | | | | | | |
| | | | | | | | | | | |
| a | | | | | | | | | | |
| n | | | | | | | | | | |
| d | | | | | | | | | | |
| | | | | | | | | | | |
| % | | | | | | | | | | |
| d | | | | | | | | | | |
| | | | | | | | | | | |
| i | | | | | | | | | | |
| s | | | | | | | | | | |
| | | | | | | | | | | |
| % | | | | | | | | | | |
| d | | | | | | | | | | |
| | | | | | | | | | | |
| \ | | | | | | | | | | |
| n | | | | | | | | | | |
| ” | | | | | | | | | | |
| , | | | | | | | | | | |

| | | | | | | | | | | |
|---|---|---|---|---|---|---|---|---|---|---|
| x | | | | | | | | | | |
| , | | | | | | | | | | |
| | | | | | | | | | | |
| y | | | | | | | | | | |
| , | | | | | | | | | | |
| | | | | | | | | | | |
| g | | | | | | | | | | |
| c | | | | | | | | | | |
| d | | | | | | | | | | |
| ( | | | | | | | | | | |
| x | | | | | | | | | | |
| , | | | | | | | | | | |
| y | | | | | | | | | | |
| ) | | | | | | | | | | |
| ) | | | | | | | | | | |
| ; | | | | | | | | | | |

9) [L12]: (`return 0;`)

| | 문법 요소 | | | | | | | | | |
|---|---|---|---|---|---|---|---|---|---|---|
| | Char | Token | Expr | Sim Stmt | Com Stmt | Block | Func | Prg Unit | Comp Unit | Directive |
| r | | | | | | | | | | |
| e | | | | | | | | | | |
| t | | | | | | | | | | |
| u | | | | | | | | | | |
| r | | | | | | | | | | |
| n | | | | | | | | | | |
| | | | | | | | | | | |
| 0 | | | | | | | | | | |
| ; | | | | | | | | | | |

10) [L13]: (} )

| | 문법 요소 | | | | | | | | | |
|---|---|---|---|---|---|---|---|---|---|---|
| | Char | Token | Expr | Sim Stmt | Com Stmt | Block | Func | Prg Unit | Comp Unit | Directive |
| } | | | | | | | | | | |

11) [L15]: (`int gcd(int a, int b)`).

| | 문법 요소 | | | | | | | | | |
|---|---|---|---|---|---|---|---|---|---|---|
| | Char | Token | Expr | Sim Stmt | Com Stmt | Block | Func | Prg Unit | Comp Unit | Directive |
| i | | | | | | | | | | |
| n | | | | | | | | | | |
| t | | | | | | | | | | |
| | | | | | | | | | | |
| g | | | | | | | | | | |
| c | | | | | | | | | | |
| d | | | | | | | | | | |
| ( | | | | | | | | | | |
| i | | | | | | | | | | |
| n | | | | | | | | | | |
| t | | | | | | | | | | |
| | | | | | | | | | | |
| a | | | | | | | | | | |
| , | | | | | | | | | | |
| | | | | | | | | | | |
| i | | | | | | | | | | |
| n | | | | | | | | | | |
| t | | | | | | | | | | |
| | | | | | | | | | | |
| b | | | | | | | | | | |
| ) | | | | | | | | | | |

12) [L16]: ({ ).

| | 문법 요소 | | | | | | | | | |
|---|---|---|---|---|---|---|---|---|---|---|
| | Char | Token | Expr | Sim Stmt | Com Stmt | Block | Func | Prg Unit | Comp Unit | Directive |
| { | | | | | | | | | | |

13) [L17]: (`if (b == 0)`).

| | 문법 요소 | | | | | | | | | |
|---|---|---|---|---|---|---|---|---|---|---|
| | Char | Token | Expr | Sim Stmt | Com Stmt | Block | Func | Prg Unit | Comp Unit | Directive |
| i | | | | | | | | | | |
| f | | | | | | | | | | |
| | | | | | | | | | | |
| ( | | | | | | | | | | |
| b | | | | | | | | | | |
| | | | | | | | | | | |
| = | | | | | | | | | | |
| = | | | | | | | | | | |
| | | | | | | | | | | |
| 0 | | | | | | | | | | |
| ) | | | | | | | | | | |
| | | | | | | | | | | |
| | | | | | | | | | | |
| | | | | | | | | | | |
| | | | | | | | | | | |
| | | | | | | | | | | |
| | | | | | | | | | | |
| | | | | | | | | | | |

14) [L18]: (`return a;`).

| | 문법 요소 | | | | | | | | | |
|---|---|---|---|---|---|---|---|---|---|---|
| | Char | Token | Expr | Sim Stmt | Com Stmt | Block | Func | Prg Unit | Comp Unit | Directive |
| r | | | | | | | | | | |
| e | | | | | | | | | | |
| t | | | | | | | | | | |
| u | | | | | | | | | | |
| r | | | | | | | | | | |
| n | | | | | | | | | | |
| | | | | | | | | | | |
| a | | | | | | | | | | |
| ; | | | | | | | | | | |

15) [L19]: (`else`).

| | 문법 요소 | | | | | | | | | |
|---|---|---|---|---|---|---|---|---|---|---|
| | Char | Token | Expr | Sim Stmt | Com Stmt | Block | Func | Prg Unit | Comp Unit | Directive |
| e | | | | | | | | | | |
| l | | | | | | | | | | |
| s | | | | | | | | | | |
| e | | | | | | | | | | |

16) [L20]: (`return gcd (b, a % b);`).

| | 문법 요소 | | | | | | | | | |
|---|---|---|---|---|---|---|---|---|---|---|
| | Char | Token | Expr | Sim Stmt | Com Stmt | Block | Func | Prg Unit | Comp Unit | Directive |
| r | | | | | | | | | | |
| e | | | | | | | | | | |
| t | | | | | | | | | | |

| | | | | | | | | | | |
|---|---|---|---|---|---|---|---|---|---|---|
| u | | | | | | | | | | |
| r | | | | | | | | | | |
| n | | | | | | | | | | |
| | | | | | | | | | | |
| g | | | | | | | | | | |
| c | | | | | | | | | | |
| d | | | | | | | | | | |
| | | | | | | | | | | |
| ( | | | | | | | | | | |
| b | | | | | | | | | | |
| , | | | | | | | | | | |
| | | | | | | | | | | |
| a | | | | | | | | | | |
| % | | | | | | | | | | |
| b | | | | | | | | | | |
| ) | | | | | | | | | | |
| ; | | | | | | | | | | |

17) [L21]: (} ).

| | 문법 요소 | | | | | | | | | |
|---|---|---|---|---|---|---|---|---|---|---|
| | Char | Token | Expr | Sim Stmt | Com Stmt | Block | Func | Prg Unit | Comp Unit | Directive |
| } | | | | | | | | | | |

18) [L0]: (gcd.c).

| | 문법 요소 | | | | | | | | | |
|---|---|---|---|---|---|---|---|---|---|---|
| | Char | Token | Expr | Sim Stmt | Com Stmt | Block | Func | Prg Unit | Comp Unit | Directive |
| g | | | | | | | | | | |
| c | | | | | | | | | | |
| d | | | | | | | | | | |
| . | | | | | | | | | | |
| c | | | | | | | | | | |

이러한 구문 중, **main** 함수와 **gcd** 함수를 C 구문법에 기반으로 한 syntax tree로 도형화하면 <그림 2-4>, <그림 2-5>와 같다. 이 그림을 통해, 각 함수들에 정의된 구문이 어떻게 구성되는지를 구문도(statement tree)로 확인할 수 있고, 각 구문들에 속한 수식들 또한 어떻게 구성되어 있는지를 수식도(expression tree)로 확인할 수 있다. 이러한 구문과 수식으로 구성된 syntax tree는 SW를 개발하는 개발자와 공학자에게는 매우 중요하다. 왜냐하면 문자열로 이루어진 문서나 언어를 문법으로 정의하고 이를 프로그램을 통해서 의미적으로 데이터로서 해석하고 분석하기 위해서다[70].

이러한 언어를 구성하는 가장 기본적인 요소가 무엇인지를 수식과 구문 관점에서 알아보도록 하자.

70) SW Reverse Engineering: 기존의 SW나 System이 어떻게 구성되어 있는지, 어떤 기능과 역할을 하는지를 분석하는 분야가 역공학이다. 이러한 역공학의 필수적인 기능이 기존의 SW를 데이터로서 저장, 분석 및 검증하는 것이다. 이러한 기능을 수행하기 위해서는 SW나 프로그램을 memory에 적재시켜, 구문 간에, 수식 간에 다양한 관계 및 조건이 성립되는지를 따질 수 있어야 한다. 여기에서 보여주고 있는 이 수식도, 구문도들이 그러한 경우에 해당된다.

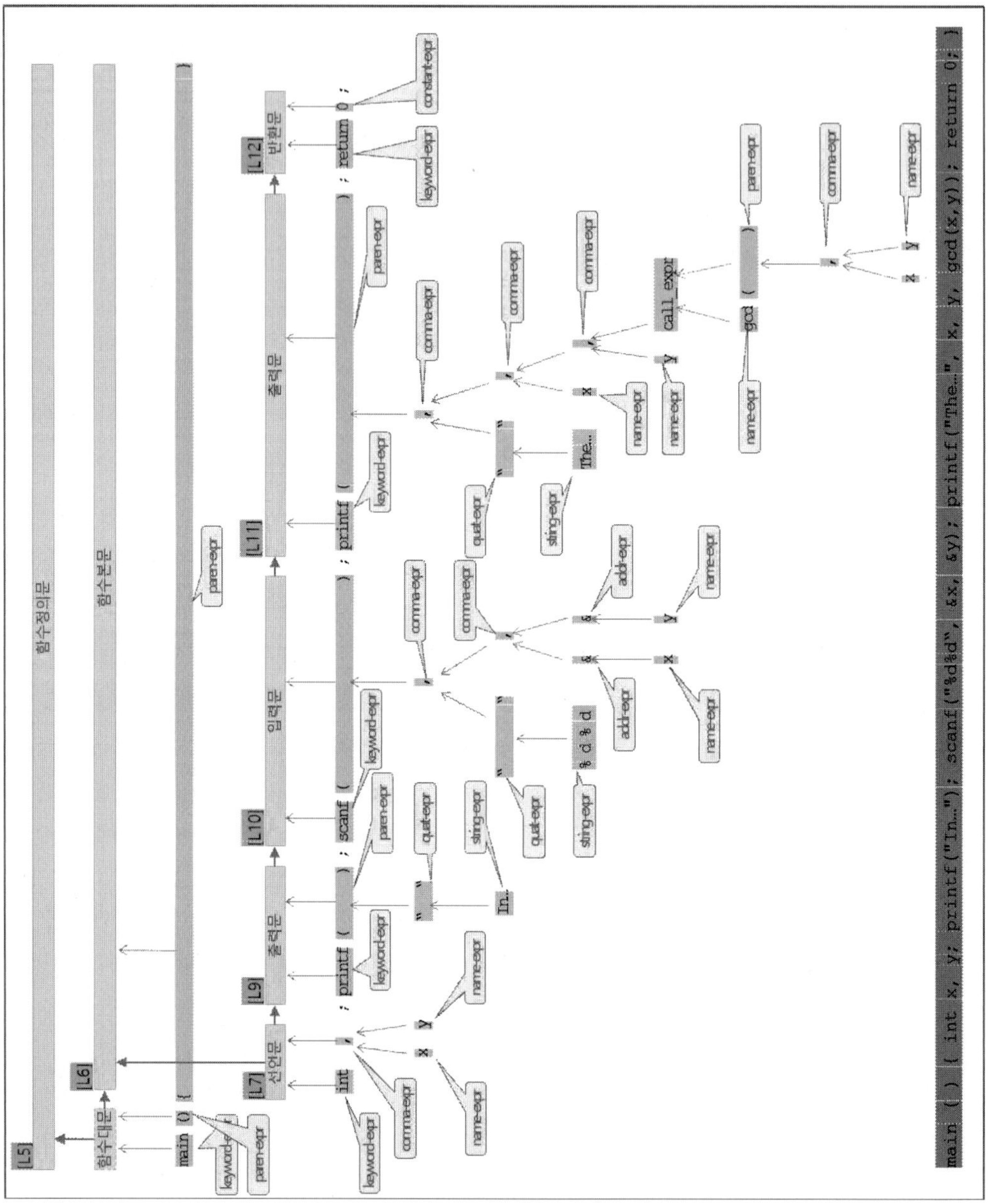


<그림 2-4> Syntax Tree: **main** 함수

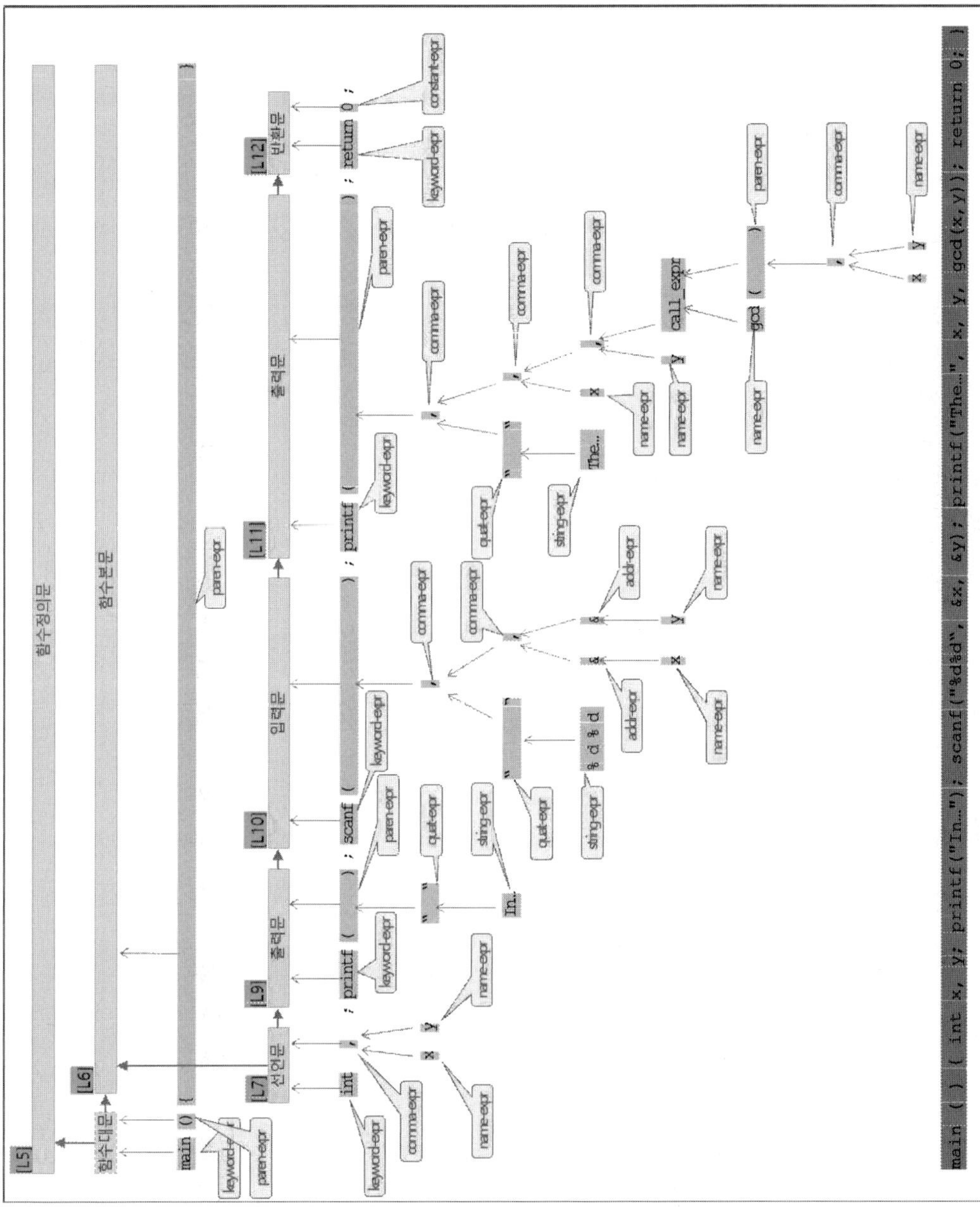


<그림 2-5> Syntax Tree: `gcd` 함수

## 2.3.1 Preliminary

### 2.3.1.1 Character

우선 언어를 구성하는 가장 기본적인 요소는 문자[71]다. 절차중심언어인 C언어는 다음과 같은 문자(character)로 이루어진다:

1) Alphabet: [A..Z, a..z][72]

기본적으로 C언어의 기본 알파벳이다. 대문자와 소문자로 구분되며, 대문자를 [A..Z]로, 소문자를 [a..z]로 표현한다. 여기에서, “..”는 미국영어코드체계[73]의 A에서 Z, 또는 a에서 z 까지를 의미한다.

2) Number: [1..0]

기본적으로 C언어의 기본 숫자이다. [1..0]으로 표현하며, 여기에서, “..”는 미국영어코드체계의 1에서 0까지를 의미한다.

---

71) 특히 이러한 문자는 컴퓨터의 자판(keyboard)에서 입력이 가능한 가시적인 형태를 가진 문자를 의미한다. 프로그램을 구성하는 각 구문과 수식을 기술할 수 있는 형태를 가진 문자를 의미한다.

72) 이와 같이 언어에서 대문자와 소문자를 구분하는 언어를 case-sensitive 언어라고 한다. 즉 대문자의 case와 소문자의 case를 구분(sensitive)한다는 의미가 된다.

73) 대표적인 미국영어코드체계에는 ASCII[ASCII]과 EBCDIC[EBCDIC]이 있다. 이 체계들은 컴퓨터에서 기본적으로 사용하는 문자 및 제어 코드를 규정하였다:
(1) ASCII (American Standard Code for Information Interchange) [아스키]: 이 코드 체계는 1 byte의 8 bit 중, 7개의 bit를 사용한다. 즉 총 $2^7$, 128개의 문자를 표현할 수 있다. 이 중, 문자의 형태를 가지고 있는, 즉 출력이 가능한 문자는 95개(알파벳 대문자, 소문자; 숫자; 구두점 등 특수문자)이며, 출력되지 않는, 즉 제어 문자는 33개(teletype 기반 다양한 출력기 제어 코드)다. 이 문자 체계는 1960년 American Standards Association's (ASA) (지금의 The American National Standards Institute (ANSI))에서 채택되었다. <그림 2-6> 참조.
(2) EBCDIC (Extended Binary Coded Decimal Interchange Code) [엡스틱]: 이 코드 체계는 1 byte의 8 bit 모두를 사용한다. 즉 총 $2^8$, 256개의 문자를 표현할 수 있다. 기본적으로 EBCDIC 코드 체계는 ASCII 코드 체계를 수용할 수 있지만, 각 코드의 문자 유형, i.e., 문자, 숫자 등의 코드 값 구간의 구분이 서로 상이하고, 또한 그 값과 값의 구간이 상이하여, 전환 과정에서 면밀히 점검하지 않을 경우, 문제를 발생시킬 소지가 다분하다. 이 코드 체계는 1963~1964년에서 고안되었으며, 각 나라의 언어 코드 체계를 표현하기 위해 다양한 변형으로 사용되고 있다. <그림 2-7> 참조.
참고로, 모든 문자 및 제어 코드는 1 Byte를 기본으로 한다.

3) 특수문자 (special character): [{ : ; , ' ' " " . - > ( ) < = ! & * % ^ | ~ } ] [74)]

컴퓨터의 자판(keyboard)[75)]에서 입력이 가능한 시각적인 형태를 가진 특수 문자를 의미한다.

| | _0 | _1 | _2 | _3 | _4 | _5 | _6 | _7 | _8 | _9 | _A | _B | _C | _D | _E | _F |
|---|---|---|---|---|---|---|---|---|---|---|---|---|---|---|---|---|
| 0_ 0 | NUL 0000 | SOH 0001 | STX 0002 | ETX 0003 | EOT 0004 | ENQ 0005 | ACK 0006 | BEL 0007 | BS 0008 | HT 0009 | LF 000A | VT 000B | FF 000C | CR 000D | SO 000E | SI 000F |
| 1_ 16 | DLE 0010 | DC1 0011 | DC2 0012 | DC3 0013 | DC4 0014 | NAK 0015 | SYN 0016 | ETB 0017 | CAN 0018 | EM 0019 | SUB 001A | ESC 001B | FS 001C | GS 001D | RS 001E | US 001F |
| 2_ 32 | SP 0020 | ! 0021 | " 0022 | # 0023 | $ 0024 | % 0025 | & 0026 | ' 0027 | ( 0028 | ) 0029 | * 002A | + 002B | , 002C | - 002D | . 002E | / 002F |
| 3_ 48 | 0 0030 | 1 0031 | 2 0032 | 3 0033 | 4 0034 | 5 0035 | 6 0036 | 7 0037 | 8 0038 | 9 0039 | : 003A | ; 003B | < 003C | = 003D | > 003E | ? 003F |
| 4_ 64 | @ 0040 | A 0041 | B 0042 | C 0043 | D 0044 | E 0045 | F 0046 | G 0047 | H 0048 | I 0049 | J 004A | K 004B | L 004C | M 004D | N 004E | O 004F |
| 5_ 80 | P 0050 | Q 0051 | R 0052 | S 0053 | T 0054 | U 0055 | V 0056 | W 0057 | X 0058 | Y 0059 | Z 005A | [ 005B | ₩ 005C | ] 005D | ^ 005E | _ 005F |
| 6_ 96 | ` 0060 | a 0061 | b 0062 | c 0063 | d 0064 | e 0065 | f 0066 | g 0067 | h 0068 | i 0069 | j 006A | k 006B | l 006C | m 006D | n 006E | o 006F |
| 7_ 112 | p 0070 | q 0071 | r 0072 | s 0073 | t 0074 | u 0075 | v 0076 | w 0077 | x 0078 | y 0079 | z 007A | { 007B | \| 007C | } 007D | ~ 007E | DEL 007F |

Letter / Number / Punctuation / Symbol / Other / Undefined / Character changed from 1963 version and/or 1965 draft

<그림 2-6> ASCII Code [ASCII]

74) 특수문자의 이름은 다음과 같다:
- (1) 괄호(braket):
  - (a) { } : Curly Bracket; Open({ ), Close(} )
  - (b) ( ) : Parenthesis, 또는 Round Bracket; Open('('), Close(')')
  - (c) [ ] : Square Bracket; Open([ ), Close(] )
  - (d) < > : Angle Bracket; Open(<), Close(>)
- (2) ':' : Colon
- (3) ';' : Semi-colon
- (4) ',' : Comma)
- (5) ' ' : Single Quotation; Open('), Close(' )
- (6) " " : Double Quotation; Open("), Close(")
- (7) . : Period
- (8) - : Dash
- (9) < : Less than
- (10) > : Greater than
- (11) = : Equal to
- (12) % : Percentage
- (13) ^ : Hat; Angle Hat, Round Hat, Bar Hat 등.
- (14) _ : Underscore
- (15) ~ : Tild

75) 문자를 입력하는 문자 입력 체계는 기본적으로 QWERTY Keyboard를 기준으로 한다. <그림 2-8> 참조.

| | _0 | _1 | _2 | _3 | _4 | _5 | _6 | _7 | _8 | _9 | _A | _B | _C | _D | _E | _F |
|---|---|---|---|---|---|---|---|---|---|---|---|---|---|---|---|---|
| 0_ | NUL 0000 | SOH 0001 | STX 0002 | ETX 0003 | SEL | HT 0009 | RNL | DEL 007F | GE | SPS | RPT | VT 000B | FF 000C | CR 000D | SO 000E | SI 000F |
| 1_ | DLE 0010 | DC1 0011 | DC2 0012 | DC3 0013 | RES/ENP | NL 0085 | BS 0008 | POC | CAN 0018 | EM 0019 | UBS | CU1 | IFS 001C | IGS 001D | IRS 001E | IUS/ITB 001F |
| 2_ | DS | SOS | FS | WUS | BYP/INP | LF 000A | ETB 0017 | ESC 001B | SA | SFE | SM/SW | CSP | MFA | ENQ 0005 | ACK 0006 | BEL 0007 |
| 3_ | | | SYN 0016 | IR | PP | TRN | NBS | EOT 0004 | SBS | IT | RFF | CU3 | DC4 0014 | NAK 0015 | | SUB 001A |
| 4_ | SP 0020 | | | | | | | | | | ¢ 00A2 | . 002E | < 003C | ( 0028 | + 002B | \| 007C |
| 5_ | & 0026 | | | | | | | | | | ! 0021 | $ 0024 | * 002A | ) 0029 | ; 003B | ¬ 00AC |
| 6_ | - 002D | / 002F | | | | | | | | | ¦ 00A6 | , 002C | % 0025 | _ 005F | > 003E | ? 003F |
| 7_ | | | | | | | | | | ` 0060 | : 003A | # 0023 | @ 0040 | ' 0027 | = 003D | " 0022 |
| 8_ | | a 0061 | b 0062 | c 0063 | d 0064 | e 0065 | f 0066 | g 0067 | h 0068 | i 0069 | | | | | | ± 00B1 |
| 9_ | | j 006A | k 006B | l 006C | m 006D | n 006E | o 006F | p 0070 | q 0071 | r 0072 | | | | | | |
| A_ | | ~ 007E | s 0073 | t 0074 | u 0075 | v 0076 | w 0077 | x 0078 | y 0079 | z 007A | | | | | | |
| B_ | ^ 005E | | | | | | | | | | [ 005B | ] 005D | | | | |
| C_ | { 007B | A 0041 | B 0042 | C 0043 | D 0044 | E 0045 | F 0046 | G 0047 | H 0048 | I 0049 | | | | | | |
| D_ | } 007D | J 004A | K 004B | L 004C | M 004D | N 004E | O 004F | P 0050 | Q 0051 | R 0052 | | | | | | |
| E_ | ₩ 005C | | S 0053 | T 0054 | U 0055 | V 0056 | W 0057 | X 0058 | Y 0059 | Z 005A | | | | | | |
| F_ | 0 0030 | 1 0031 | 2 0032 | 3 0033 | 4 0034 | 5 0035 | 6 0036 | 7 0037 | 8 0038 | 9 0039 | | | | | | E0 |

Letter Number Punctuation Symbol Other Undefined

<그림 2-7> EBCDIC Code [EBSDIC]

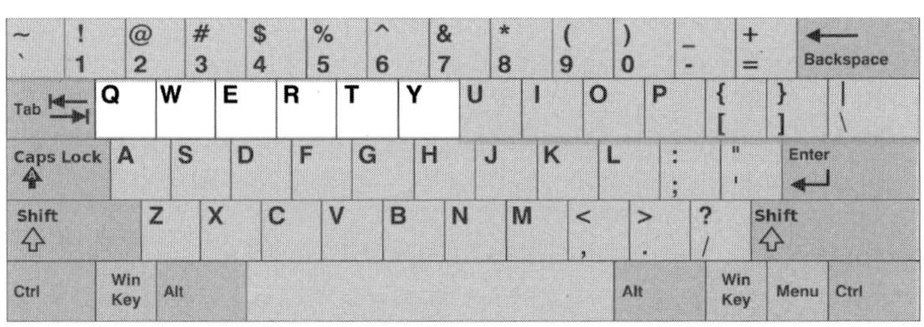


<그림 2-8> QWERTY Keyboard [QWERTY]

## 2.3.1.2 Token

언어를 구성하는 각각의 문자가 식별되면, 그 다음은 이러한 문자들을, 언어를 구성하는 가장 기본적인 단위인 어휘구/어휘소, 또 token으로 구분해야 한다. 이 어휘소에는 다음과 같은 것이 있다:

1) Keyword 또는 Reserved Word (핵심어, 예약어): `if`

프로그래밍언어에서, 언어의 의미를 사전에 규정하기 위한 기본 어휘소로, 특별한 의미를 가지는 단어에는 다음과 같은 핵심어와 예약어가 있다:

(a) 핵심어(Keyword): 특수어는 문법의 일부다. 즉 특별한 문맥적 관계에서 의미를 가진다. 따라서 다른 문맥적 관계에서 식별자(variable, function 등)로 사용될 수도 있다. 예를 들면, Fortran의 경우, 예약어가 없기 때문에 모든 핵심어는 식별자로 사용된다.

| auto | do | goto | signed | unsigned |
|---|---|---|---|---|
| break | double | if | sizeof | void |
| case | else | int | static | volatile |
| char | enum | long | struct | while |
| const | extern | register | switch | |
| continue | float | return | typedef | |
| default | for | short | union | |

<표 2-2> C: Reserved Words

(b) 예약어(Reserved word): 예약어는 언어 자체에 의해서 이미 예약되어 있기 때문에 식별자로 사용될 수 없다. Java에서 `goto`는 예약어이지 핵심어는 아니기 때문에 이를 식별자로 사용할 수 없다.

실재 사용 시, 모든 핵심어는 예약어고, 모든 예약어는 핵심어다. 하지만 이론적으로 두 개의 개념은 다르기 때문에, 핵심어가 예약어가 아닌 경우(핵심어는 문맥적인 상황에서 의미를 가지기 때문에 식별자로 사용될 수 있고)와, 예약어가 핵심어가 아닌 경우(향후 사용을 위해 예약되었기 때문에)가 발생하기도 한다. 이런 관점에서 `if`라는 철자의 단어는 Pascal이나 Ada에서는 예약어, Fortran이나 PL/I에서는 핵심어라는 뜻으로 설명된다. 즉 전자에서는 식별자로 사용할 수 없으나, 후자에서는 식별자로 사용할 수 있다는 의미로 설명된다. 하지만 C언어에서는 모든 핵심어를 예약어로 규정하여, 식별자로 사용할 수 없다.

2) Literals (문자열상수): `"if"`

Literal은 프로그램 코드에 직접 삽입된 값, 즉 상수다. 때문에, 이 값은 변경할

수 없다. C언어에는 다음과 같이 4가지 유형의 literal이 존재한다:

(a) 정수 상수 (integer literal):

(i) Decimal number (base 10).
(ii) Octal number (base 8).
(iii) Hexadecimal number (base 16).

(b) 실수 상수 (Float or real literal):

(i) Decimal notation.
(ii) Exponential notation.

(c) 문자 상수 (character literal):

(i) 단일 인용문을 사용한다. 예를 들면, 'a' '0' '/' '.' 등.
(ii) 단일 인용문에 역슬래쉬(escape sequence, backward slash) 문자를 사용한다. 예를 들면, '\n' '\a' '\b' 등.
(iii) 문자를 표현하기 위해 ASCII 코드 상의 정수값을 사용한다. 예를 들면, 'A'에 대해 65.
(iv) 역슬래쉬(escape sequence) 문자에 8진법 또는 16진법의 값을 0과 x로 구분한다. 예를 들면, \05 \xA.
(v) 역슬래쉬(escape sequence) 문자에 Unicode 값을 u로 구분한다. 예를 들면, \u00A9.

(d) 문자열 상수 (string literal)

Double 인용문을 사용한다. 예를 들면, "if".

3) Special symbols (특수부호): ;

(a) Special characters:

[{ : ; , ' ' " " . -> ( ) < = ! & * % ^ | ~ } ]

(b) Operators:

- arithmetic: `+`, `-`, `*`, `/`, `%`
- assignment: `=`
- augmented assignment: `+=`, `-=`, `*=`, `/=`, `%=`, `&=`, `|=`, `^=`, `<<=`, `>>=`
- bitwise logic: `~`, `&`, `|`, `^`
- bitwise shifts: `<<`, `>>`
- boolean logic: `!`, `&&`, `||`
- conditional evaluation: `? :`
- equality testing: `==`, `!=`
- calling functions: `( )`
- increment and decrement: `++`, `--`
- member selection: `.`, `->`
- object size: `sizeof`
- order relations: `<`, `<=`, `>`, `>=`
- reference and dereference: `&`, `*`, `[ ]`
- sequencing: `,`
- subexpression grouping: `( )`
- type conversion: `(typename)`

4) Identifiers (식별자): `IF`

식별자는 프로그래밍언어에서 상수, 변수, 함수 및 유형 등의 실체들 각각을 다른 것들과 구분하기 위하여 사용하는 이름이며, 프로그램을 구성하는 기본요소의 하나다. 일반적으로 영어 문자와 숫자를 이용하지만 이러한 이름을 짓는 방식은 언어마다 제약조건이 있다. 예를 들면, 이름의 첫 문자가 영문자만 되는 언어, 특수문자를 허용하는 언어, 이름의 길이에 제한이 있는 언어 등을 들 수 있다. C언어는 영어 문자와 숫자와 underscore(_)를 사용할 수 있지만, 첫 문자는 문자와 underscore만을 허용한다. C에서의 식별자는 case-sensitive[76]하다.

5) Comments (주석) (often treated as blanks): `/*if*/`

주석은 "`/*`"으로 시작하고 "`*/`"로 종료된다. 프로그램 코드의 어느 위치에나 직

76) 즉 SENSITIVE와 sensitive는 다르다.

접 삽입할 수 있으며, 파서나 컴파일러에 의해서 blank로 처리된다. 한 줄 이상으로 주석을 달 수 있다.

### 2.3.1.3 수(사)식 (Expression)

이렇게 규정한 token들은 다음 단계에서 구문을 구성하는 수식으로 정의된다. 예를 들어, 다음과 같은 문자열이 있다고 가정하자:

```
(1<(x+2))
```

이 문자열은 각각, open parenthesis (‘(’), 정수 1인 literal, less-than symbol, identifier symbol **x**, close parenthesis (‘)’) token으로 이루어져 있다. 그리고 이 token은 각각 inter-literal, identifier, less-than, parenthesis expression으로 정의되고 수식의 포함관계에 의해 다음과 같은 수식도(expression tree)로 도식화된다:

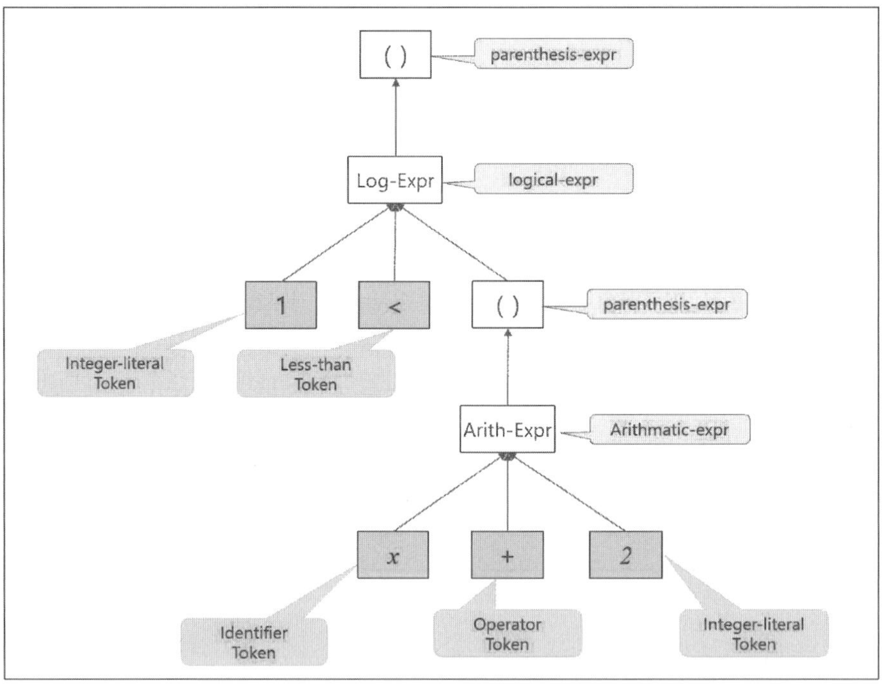


<그림 2-9> Expression Tree: (1<(x+2))

여기에서 **x**+2는 산술식이 되고, 이 산술식은 괄호식에 묶이고, 이는 1<(**x**+2)의 논리

식이 되고, 이는 다시 괄호식에 묶이게 된다. 산술식의 결과는 수치가 되며, 논리식의 결과는 참 또는 거짓의 진리값이 된다.

C언어에서, 이러한 대표적인 수식으로는 다음과 같은 것이 있다:

1) 설정/배정식 (Assignment expression)

예를 들면, 다음과 같은 식이 배정식이다:

```
x = 1
```

이는 변수 **x**의 유형에 따라 달라진다. 예를 들면, **y**가 boolean 유형의 변수라면, 다음과 같은 배정식도 가능하다:

```
y = 1<x
```

이는 배정문(assignment statement)을 결정하는 기본식이 된다.

2) 조건식 (Conditional expression)

예를 들면, 다음과 같은 식이 논리식이 된다:

```
(1<x)
```

괄호안의 식은 논리식(logical expression)인데, 이 식이 괄호 안에 정의되어 특정한 구문의 일부가 되면, 예를 들어 if 문이라면, if 문의 조건식(conditional expression)이 된다. 즉 식의 유형이 특정한 구문의 문법에 맞게 규정된다.

3) 상수식 (Constant expression)

위 token에서 설명한 Literal이 상수식으로 정의된다. 즉 다음과 같은 상수가 존재한다:

(a) 정수 상수식 (integer literal expression).

(b) 실수 상수식 (Float or real literal expression).
(c) 문자 상수식 (character literal expression).
(d) 문자열 상수식 (string literal expression).

4) 논리식 (Logical expression)

위 논리 연산자 token으로 이루어진 식을 의미한다. 여기에는 논리연산자의 유형에 따라 다음과 같은 연산의 피연산도가 결정된다:

(a) 1진 연산식 (unary-operation expression): negation.
(b) 2진 연산식 (binary-operation expression): 나머지 연산.

5) 연산식 (Arithmetic expression)

위 연산자 token으로 이루어진 식을 의미한다. 여기에는 연산자의 유형에 따라 다음과 같은 연산의 피연산도가 결정된다:

(a) 1진 연산식 (unary-operation expression): `++`, `--`, `&` 등.
(b) 2진 연산식 (binary-operation expression): 나머지.
(c) 3진 연산식 (trinary-operation expression): `if-then` 수식.

6) 변환식 (Cast expression)

변수에 다른 유형의 값을 할당하는 식. 예를 들면, 다음과 같이 두 개의 변수가 선언되었다고 가정하자:

```
float j = 1.1;
int i = j;
```

이 경우 `i`의 값이 `int`인데 `float` 값으로 배정될 경우, 언어에 따라서는 변수의 유형에 맞지 않는 실수 값이 배정되기 때문에 오류가 발생된다. 하지만 C와 같은 경우, 자동으로 정수값 1만 할당된다. 만약 그렇지 않는다면 다음과 같이 배정을 하기 전에 실수를 정수값으로, 인위적으로 유형을 전환할 필요가 있다:

```
int i = (int) j;
```

이러한 전환을 cast 또는 casting이라고 한다[77]. 그리고 이러한 수식을 변환식이라고 정의한다.

7) 기본식 (Primary expression): identifier, constant, string

주어진 token을 기반으로 정의된 수식을 기본식이라고 정의한다. Identifier token이나 literal token들이 이에 해당된다.

#### 2.3.1.4 구문 (Statement)

위와 같은 수식(expression)들이 정의되면, 그 다음 단계는 구문이 정의할 수 있다. 예를 들면, 다음과 같은 배정문의 정의가 가능하다:

```
x = 1;
```

여기에서 배징문과 배정식(assignment expression)과의 차이점은 배정식 다음에 오는 특수문자인 ';'(semi-colon)에 의해 문법적으로 배정문(assignment statement)이 정의된다는 점이다. 이는 다음 구문도(syntax tree)를 보면 이해할 수 있다:

<그림 2-10>에서 '**x**', '=', '1' 문자들이 각각 identifier, equal, integer-literal token으로 C 문법에 의해 판명되고, 이 token들은 배정식(assignment-expression)의 수식 요소가 되며, 이 수식은 뒤에 나오는 특수문자 '**;**' (semi-colon)에 의해 배정문으로 판명된다. 이와 같은 언어를 구성하는 모든 관계를 결정하는 규칙이 문법이다.

77) 일반적으로 유리, 철물, 석고 등의 주형물을 cast라 하고, 이러한 작업을 casting이라고 한다. 프로그래밍언어에서도 다른 유형의 값을 대상의 값으로 주형물을 만드는 것처럼 강제적으로 만든다는 개념으로 이해할 수 있다. 즉 '**float** 유형을 **int** 유형으로 강제적으로 만든다'라고 할 수 있다. 참고로 의학적으로 깁스를 plaster cast라고 한다.

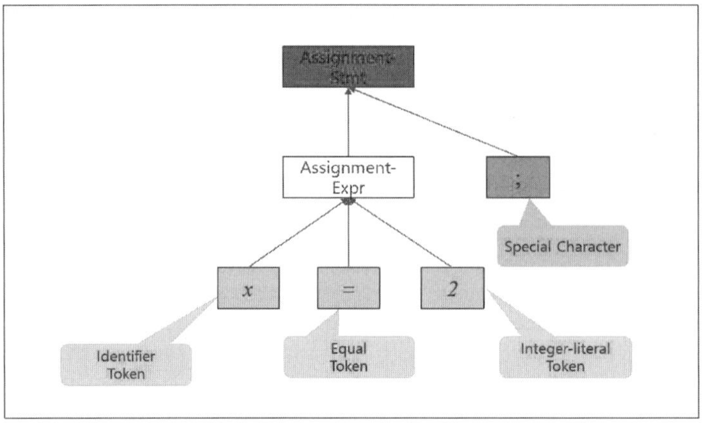


<그림 2-10> Statement Tree: **x = 1;**

그럼, 이러한 C 문법에 의해 구성되는 대표적인 구문들에 대해 알아보자.

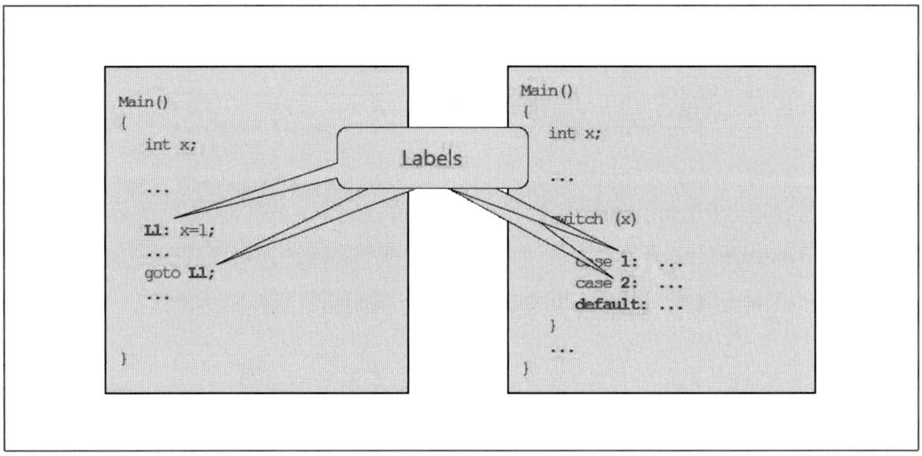


<그림 2-11> Labelled Statements

### (1) 레이블 구문 (Labelled Statement)

Label 구문의 형식은 <그림 2-11>과 같다:

```
    label : statement ;
```

여기에서 label은 변수와 같이 취급하나, 선언부에서 선언할 필요는 없다.
이렇게 선언한 label은, 이전 장에서 assembly 언어로 설명한 바와 같이, goto 문의 용

도와 맞게 활용된다. C에서는 다음과 같은 제약조건이 있다:

1) Label 문은 goto 문과 같은 함수 안에 있어야 한다.
2) 복문 밖에 label 문이 있고, 복문 안에 goto 문이 있을 수 있다.
3) 하지만 그 역은 가능하지 않다. 즉 복문 안에 label 문이 있고, 복문 밖에 goto 문이 있을 수 있다.
4) Label 문이 선언되고 난 다음, 다른 복문 안에 동일한 label 이름이 다른 변수로 선언되어도 무방하다.

위 3)의 조건은 무분별한 goto 문의 사용을 제한하기 위한 것이다. 특히 if 문, while 문과 같이 조건을 만족해야 하는 구문에 대해, 조건이 성립되지 않는 상황에서 특정한 구문이 실행되는 것을 예방하기 위한 것이다.[78]

Label과 관련된 또 다른 구문은 switch 문의 case 구문을 들 수 있다. <그림 2-11>에서 나오는 예제처럼 다음 구문이 label 구문이다:

```
case 1 : ...
case 2 : ...
default : ...
```

## (2) 수식 구문 (Expression Statement)

이 구문은 위 배정문에서 설명한 구문에 해당된다:

```
x = 1;
```

즉 'x', '=', '1' 문자들이 각각 identifier, equal, integer-literal token으로 C 문법에 의해 판명되고, 이 token들은 배정식(assignment-expression)의 수식 요소가 되며, 이 수식은 뒤에 나오는 특수문자 ';' (semi-colon)에 의해 배정문으로 판명된다.

78) 이전 장의 assembly 언어에서 spaghetti code와 관련하여 논한 바와 같다. C에서도 goto 문 없이 프로그램을 충분히 작성할 수 있다. 또한 그렇게 작성하는 것을 권장한다. 그 이유는 무분별한 goto 문의 사용으로 인해 spaghetti code가 될 수 있고, 그럴 경우, 프로그램의 건전성과 안전성을 보장할 수 없기 때문이다. 하지만 충분한 논리적 근거를 제시한다면, 예를 들면, 다중 loop에서 빠져 나오는 경우처럼, 프로그램의 복잡도를 현격하게 줄일 수 있다.

추가적인 내용은, 복문처럼, ‘,’ (콤마) 다음에 <assignment-expression>이 연속적으로 정의된다는 점이다.

### (3) 복문 (Compound Statement)

<Compound-Statement>는 <Block-Statement>로 이해할 수 있다. 즉 block 문은 선언부(<Declaration-List>)와 실행부(<Statement-List>)로 나누어진다. 예를 들면, 다음 함수와 같다:

|  | |
|---|---|
| `void main ()` | |
| `{` | |
| `   int  x;` | 선언부 |
| `   int  x;` | 선언부 |
| | |
| `   x = 1;` | 실행부 |
| `   y = 2;` | 실행부 |
| `}` | |

<프로그램 2-7> Block 문

즉 ‘{ ’와 ‘} ’로 묶인 구문을 block 문이라고 정의한다[79]. 그리고 block 문은 선언부와 실행부로 나뉜다.

if 문와 while 문 같은 구문들도 단문이 아닌 복문(<Compound-Statement>, 또는 block 문)을 선언할 수 있고, 복문인 경우 당연히, 선언부와 실행부로 선언할 수 있다.

### (4) 선택문 (Selection Statement)

다음 구문은 선택문(<Selection-Statement>)이다. 이 선택문에는 다음과 같이 3가지의 유형이 있다:

79) 지금의 편집기 기능은 matching 기능을 기본적으로 포함한다. 즉 각 괄호에 대해서 code 상에서 상응 또는 대응하는 괄호를 자동으로 찾아주는 기능을 말한다. 예를 들면, block 문에서 ‘{’, 즉 복문의 시작을 지시하는 괄호에 block 문이 끝나는 괄호, 즉 ‘}’이 어디에 정의되었는지 편집기 상에서 자동으로 찾아주는 기능이다. 이러한 기능을 기반으로 각 괄호의 범위와 괄호 안의 구문 및 수식을 색으로 자동으로 구문해 주는 편리한 편집기도 있다. Coding을 할 때는 이러한 편집 기능 및 beautification(코드를 의미적으로 단정하게 꾸며주는 방법) 기능을 제공해 주는 편집기를 사용하면, coding을 효과적(effective)이며 효율적(efficient)으로 수행할 수 있다.

1) If 문(<if-statement>):
   a) If-then 문(<if-then-statement>): else 부분이 없는 구문이다.
   b) If-then-else 문(<if-then-else-statement>): else 부분이 있는 구문이다.
2) Switch 문(<switch-statement>): 각각의 case에 해당하는 구문을 포함할 수 있는 구문이다.

예를 들면, 다음과 같은 if 문이 있다고 가정하자:

```
if (x==1)
  y = 1;
else
  y = 2;
```

이를 구문법에 기반한 구문도로 그리면 다음 그림과 같다:

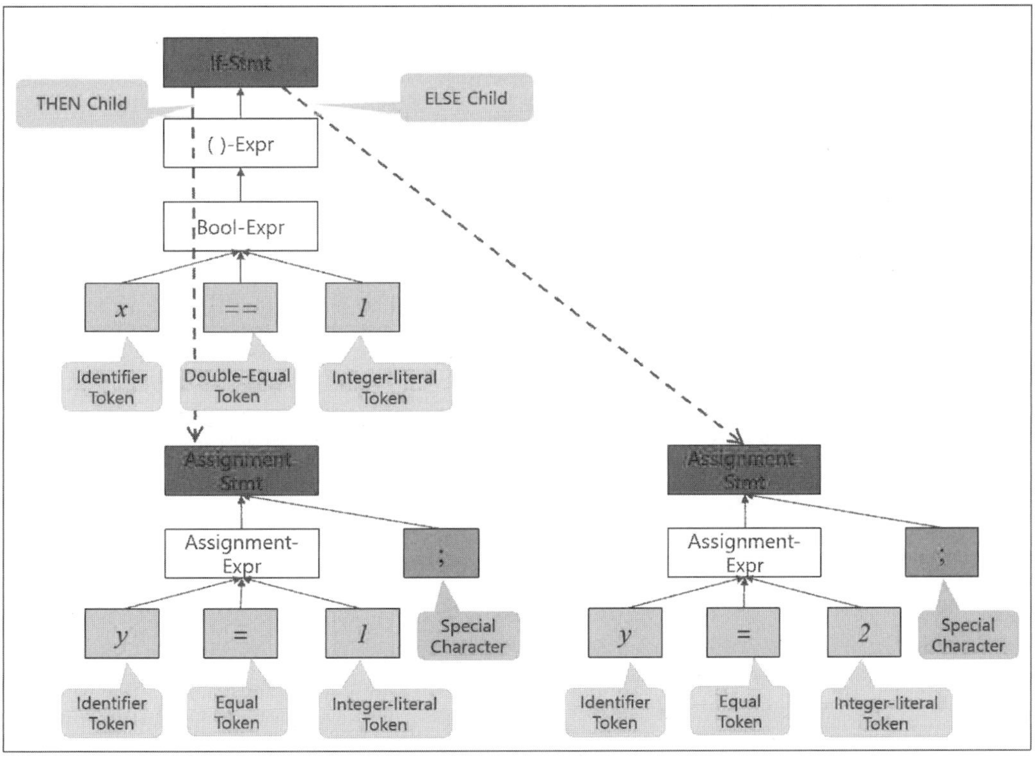


<그림 2-12> if 문 구문 트리: `if (x==1) y=1; else y=2;`

### (5) 반복문 (Iteration Statement)

다음 구문은 반복문(<iteration-Statement>)이다. 이 반복문에는 다음과 같이 3가지의 유형이 있다:

1) While 문(<while-statement>): While 문의 조건이 만족될 때까지 반복하는 구문이다.
2) Do-while 문(<do-while-statement>): 반복의 조건이 while 문의 뒤에 있는 구문이다. 최소한 한 번의 while 문을 실행한다.
3) For 문(<for-statement>): 특정한 변수의 조건에 맞게 규칙적으로 반복할 수 있는 구문이다.

첫 번째 반복문은 while 문의 조건이 만족되는 동안 관련 구문을 실행하는 구문이다. 가장 보편적인 구문이라고 볼 수 있다.

다음 구문은 do-while 문이다. 이 구문은 기본적으로 이에 해당하는 반복구문이 한번 실행하고 난 다음, 다음 반복을 위해서 do-while 문의 조건식을 평가한다. 이전의 while 문과의 차이점은 while 문은 반목구문을 한번도 실행하지 않을 수 있으나, do-while 문은 반목구문을 꼭 한번은 실행해야 한다는 것이다.

마지막 구문은 for 문이다. For 문은 일반적으로 반복을 결정하는 특정한 변수가 규칙적으로, 또는 monotonic하게 반복 조건을 결정하는 값을 증가 또는 감소시키는 경우, 용이하게 활용할 수 있다. 여기에는 다음과 같은 3가지의 조건을 명시할 수 있다:

1) 사전 연산식: for 문의 반복구문을 실행하기 전의 사전 연산식. 일반적으로 반복 조건 변수에 대한 초기화 연산을 일반적으로 수행한다.
2) 반복 조건식: for 문의 반복구문을 실행하기 위한 조건식. 일반적으로 논리식에 해당한다.
3) 사후 연산식: for 문의 반복구문을 실행한 후, 다음 반복을 위한 2)의 조건식을 평가하기 전에 실행할 수 있는 연산식. 일반적으로 반복조건 변수에 대한 반복적 규칙 연산을 일반적으로 수행한다.[80)]

---

80) 미시적인 관점에서, `a++`, `++a`의 차이를 구분하는 것도 필요하다. 예를 들면, `x=a++;` 와 `x=++a;` 의 차이는 무엇일까? 변수 `a`가 사용되기 전(`++a`), 또는 후(`a++`)의 연산을 의미하며, 각 연산자를 pre-increment(선증가), post-increment(후증가) 연산자라 한다.

### (6) 도달문 (Jump Statement)

다음 구문은 구문의 실행을 통제하기 위한 구문, 즉 도달문(<Jump-Statement>)이다. 이 도달문에는 다음과 같이 4가지 유형이 있다:

1) Goto 문: goto 문은 다음에 나오는 명시한 label로 점프한다.
2) Continue 문: 반복문에서 이 구문의 뒤에 나오는 구문을 수행하지 않고 바로 다음 반복을 위한 반복문의 조건으로 가는 구문이다.
3) Break 문: 2)와 상반된 구문이다. 즉 반복을 멈추고 반복문에서 빠져나오는 구문이다.
4) Return 문: 함수의 실행을 종료하고 최종 값을 반환하는 구문이다.

```
#include <stdio.h>    /* Standard Input/Output Library */

int gcd(int a, int b); /* Function GCD Open Declaration */

main()                /* Main Function: I/O driver */
{
   int x, y;

   printf("Input two integers: \n");
   scanf("%d%d",&x,&y);
   printf("The gcd of %d and %d is %d \n", x, y, gcd(x,y));
   return 0;
}

int gcd(int a, int b) /* Function GCD Definition */
{
   if (b == 0)
      return a;
   else
      return gcd (b, a % b); /* GCD Tail recursion */
}
```

<프로그램 2-8> C: gcd, main Function

### (7) 함수 (Function)

함수는 다음과 같이 함수의 head와 body로 나뉜다:

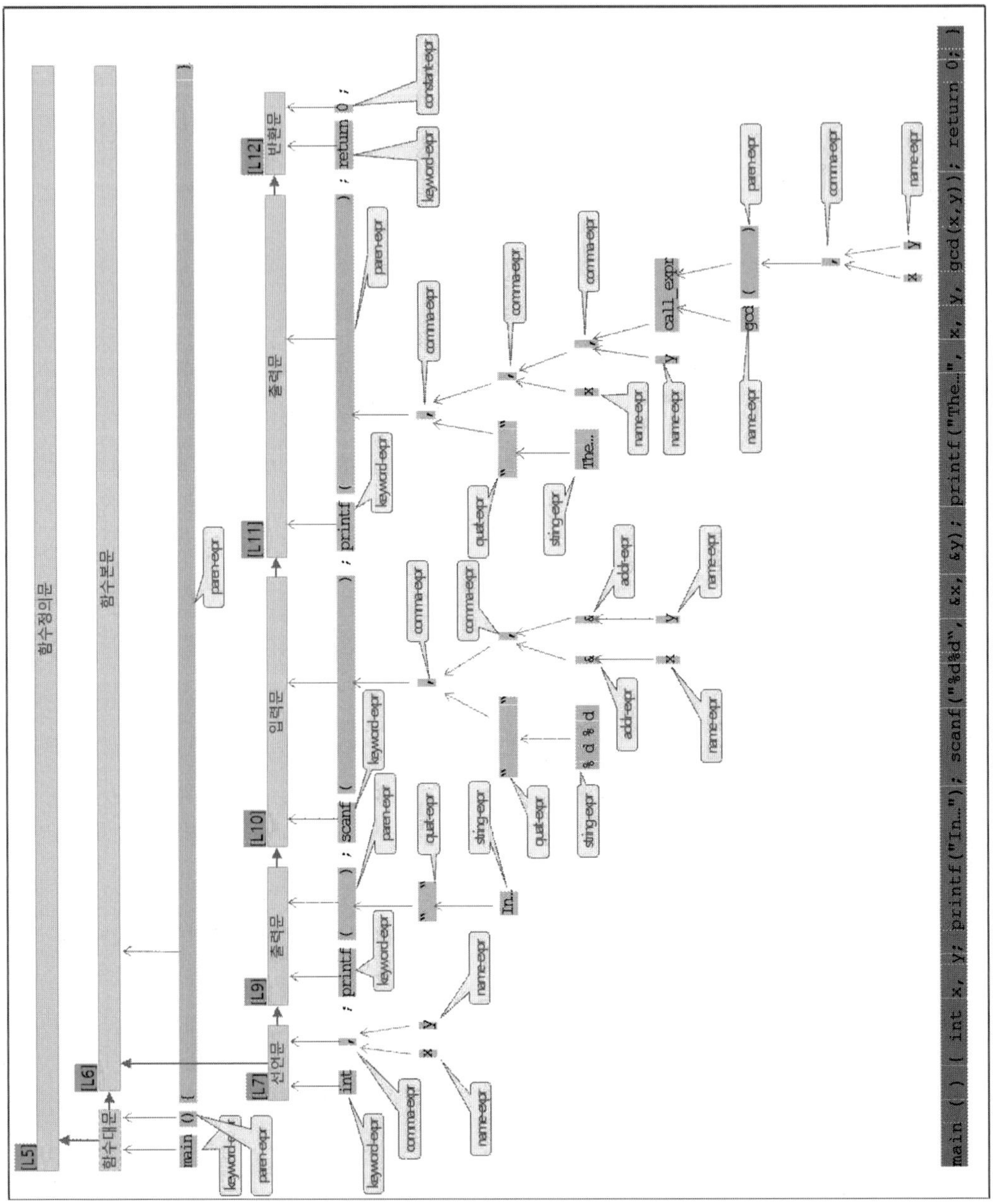


<그림 2-13> Syntax Tree: `gcd`

1) Head: Head는 함수의 반환유형, 함수 이름, 입력유형, 이렇게 세 가지의 요소에 의해 정의된다. 이를 일반적으로 함수의 signature라고 정의하고, 이러한 signature를 정의하는 것을 함수의 prototype 또는 open declaration이라고 한다.
2) Body: Body는 위 1)의 구체적인 의미를 정의한다. 이는 block 문으로 정의되어서, 선언부와 실행부로 나뉜다. 이를 일반적으로 1)에 대한 정의(definition), 구현(implementation)이라고 정의한다.

예를 들면, <프로그램 2-8>의 `main`을 <그림 2-13>으로 표현할 수 있다.

### 2.3.1.5 preprocess indicator

C언어는 코드 내에 preprocessing 정보를 정의할 수 있다. 그 대표적인 예는 이 장의 초반부에 설명한 Library에 관한 명세 방법이다. 이는 <그림 2-13>에서 보여주는 바와 같이 컴파일러가 어떻게 컴파일을 할 것인가에 대한 정보를 Preprocess Indicator를 활용하여 프로그램(코드) 내에 지시하는 방법이다.

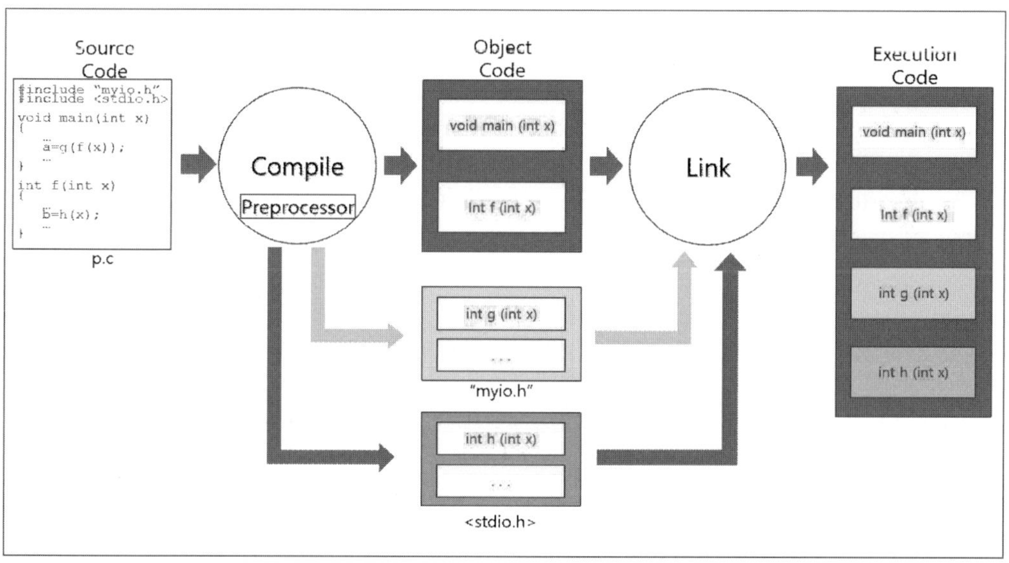


<그림 2-14> Compilation Process

<그림 2-14>에서 보여주는 바와 같이, 그림의 왼쪽에 C 프로그램이 있고, 이 코드는 컴파일러에 입력되어서 컴파일이 될 것이다. 이때 코드 내에 main 함수를 제외한 3개

의 함수, 즉 f, g, h가 사용되는데, f는 원시코드(source code) 내에 정의되어 있지만, g와 h는 원시코드에 정의되어 있지 않아서 컴파일러에 의해서 정의되지 않은 함수를 사용했다는 컴파일 오류가 발생된다. 사전에 이러한 오류가 발생되지 않도록, 컴파일러, 좀 더 명확히는, 선처리기(preprocessor)에게 g와 h가 "myio.h"와 <stdio.h>에 정의되어 있다는 것을 다음과 같은 방법을 통해서 알리게 된다[81]:

```
#include "myio.h"
#include <stdio.h>
```

이를 preprocessor indicator, 또는 compiler control line이라고 정의한다. 이럴 경우, 여기에 명시된 순서대로, g와 h 함수를 "myio.h"와 <stdio.h> library에서 찾아 이에 해당하는 object 코드를 link 과정에서 원시코드의 object 코드에 통합하여, 최종 실행 코드를 완성한다.

이러한 선처리기-지시어(preprocessor indicator, 또는 compiler control line)에는 다음과 같은 구문이 있다[82]:

1) `#define identifier token-string`

   원시코드 내의 모든 identifier를 token-string으로 대체한다.

2) `#define identifier (identifier, ..., identifier) token-string`

81) 여기에서 "" 내에 명시된 파일은 사용자 정의 파일이고, <>에 정의된 파일은 C언어 또는 배경 운영체제인 Unix의 시스템에서 제공하는 기본 library 파일들이다. 일반적으로, preprocessor에 의해서, 원시코드 내에서 정의되지 않은 함수를 ""로 정의된 파일에서 먼저, 그리고 그 다음 <>로 정의된 파일에서, 순서대로 찾는다.

82) 이러한 선처리기 지시어는 일반적으로 두 가지 용도로 활용된다: 1) 실행 및 시험(testing/debugging), 2) 설치(installation). 전자는 프로그램을 작성한 후에 다양한 조건 하에서 프로그램을 시험하고 실행시켜야 하는 경우가 많다. 이런 경우, 이러한 조건들을 코드에 반영해서 시험하는 것은 매우 번거롭고 반복적인 작업이 될 수 있다. 이렇게 시험하고 실행하는 것을 용이하게 하기 위해서, preprocessor 변수를 사전에 설정하여 수행한다. 또한 원시코드의 관리 관점에서도, 다양한 버전의 코드를 관리하고 운영하기 위해서도 이러한 방법이 필요하다. 후자의 경우, 프로그램이나 SW 및 Package, 그리고 시스템을 설치할 때, 다양한 시스템 및 환경 변수에 따라 설치 방법 및 내용이 달라질 수 있다. 이 지시어는 이러한 조건들을 설정하기 위한 방법으로도 활용된다.

원시코드 내의 모든 identifier를 token-string으로 대체한다.

3) #undefine identifier token-string

원시코드 내의 모든 identifier를 token-string으로 대체를 종료한다.

4) #include <filename>

원시코드 내의 정의되지 않은 이름을 시스템 정의 filename에서 찾는다.

5) #include "filename"

원시코드 내의 정의되지 않은 이름을 사용자 정의 filename에서 찾는다.

6) #if constant-expression

원시코드 내에서 constant-expression이 참일 경우 #endif까지 컴파일을 하지 않는다.

7) #ifdef identifier

원시코드 내에서 identifier가 정의되어 있다면 #ifndef까지 컴파일을 하지 않는다.

8) #ifndef identifier

#ifdef의 종료 지시어다.

9) #else

원시코드 내에서 constant-expression이 거짓일 경우 #endif까지 컴파일을 하지 않는다.

10) #endif

`#if`의 종료 지시어다.

11) `#line constant identifier`

주로 디버깅(debugging)하기 위해 사용하는 방법이다. 원시코드의 라인넘버(line number)를 `constant`로 설정하고 이 지점 이후의 코드를 `identifier`로 지칭한다. `identifier`가 없을 경우, 원래 원시코드 파일의 이름을 따른다.

## 2.3.2 Structure와 Flow

이렇게 구문이 정의되면, 이를 기반으로 다양한 논리를 전개할 수 있다. 특히 프로그램의 논리의 흐름을 결정하는 구문을 체계적으로 활용하는 것이 중요하다. 이미 설명한 바와 같이 무절제한 goto 문을 사용하지 않고, 체계적으로 흐름이 구조화된, 선택문.반복문 등을 프로그램의 논리 조건에 맞게 혼합해서 사용하는 것이 중요하다.

우선 설명한 바와 같이, 가장 기본이 되는 구문은 배정문이다. 여기에는 다음과 같은 배정이 가능하다:

1) `=` : LHS(Left-Hand Side) 변수에 RHS(Left-Hand Side)의 값으로 배정한다.
2) `+=, -=, *=, /=, ...` : LHS(Left-Hand Side) 변수에 RHS(Left-Hand Side)의 값으로 연산을 수행한 후에 배정한다.

### 2.3.2.1 Block

다음은 block이다. 기본 구문들이 모여 block을 형성한다. 다음은 C의 block과 Pascal의 block을 보여준다.

| C | Pascal |
|---|---|
| `{`<br>`   . . .`<br>`}` | `begin`<br>`   . . .`<br>`end;` |

이를 기반으로 다양한 구문이 복문을 형성할 때는 이러한 구조를 가지게 된다.

### 2.3.2.2 Control Flow

다음은 이런 기본 배정문과 복문을 기반으로 제어 흐름이 어떻게 결정되는지 알아보자:

1) Sequence

기본적으로 프로그램은 단순 구문의 연속이다. 그리고 이러한 구문이 연속되는 성질을 표현한 표식이 '`;`', 즉 semi-colon이다. 이 semi-colon의 뜻은 한 구문 다음에 다른 구문이 연이어 실행된다는 의미다.[83] 이런 면에서 복문(compound-statement, 또는 block 문)은 이러한 연속문의 집합이라고 간주할 수 있다.

```
{ s1; s2; ... ; sn}
```

즉 `s1`부터 `s2`까지 순차적으로 실행된다는 것을 의미한다.

2) Branching

다음은 제어의 흐름이 한 지점에서 분기되는 경우다. 특히 선택문에 의해서 제어의 흐름이 분기된다. If 문에 의해서 두 개로 분기되든지, 아니면 switch 문에 의해 여러 개 이상으로 분기된다.

3) Loop

다음은 제어의 흐름이 특정한 구문을 반복적으로 수행하는 것이다. 설명한 바와 같이, while 문, do-while 문, 그리고 for 문이 있다. 제어의 흐름이라는 관점에서 do-while 문은 최소한 1번 이상을 반복하고, 나머지 while 문과 for 문은 한번도 반복하지 않을 수도 있다.

83) 프로그래밍언어론에서는, 검증 관점에서 프로그램 및 코드를 구문들 간의 관계와 그 관계 속에서 발생되는 값의 변화 관점에서 간주하는 것이 일반적이다. 특히 절차중심언어에서는 특정한 프로그램에서 다루는 변수가 구문의 실행결과 어떻게 값이 변화되는가라는, 변수에 대한 변동된 값의 ordering 문제로 전환해서 정의하고 분석하기도 한다. 예를 들어, 특정한 Program A와 B가 같기 위해서는, A와 B에 속한 변수들이 각 프로그램의 구문들에 의해서 변화되는 시점과 값이 동일하다면, 데이터의 변화적 또는 외형적 관점에서 동일하다고 판단할 수 있다고 본다.

4) Jump

다음은 임의의 흐름으로 직접 도달할 수 있는 방법이다. 여기에는 설명한 바와 같이 4가지 방법이 있다:

a) goto 문: goto 문은 다음에 나오는 명시한 label로 건너뛴다.
b) continue 문: 반복문에서 이 구문의 뒤에 나오는 구문을 수행하지 않고 바로 다음 반복을 위한 반복문의 조건으로 가는 구문이다.
c) break 문: b)와 상반된 구문이다. 즉 반복을 멈추고 반복문에서 빠져나오는 구문이다.
d) return 문: 함수의 실행을 종료하고 최종 값을 반환하는 구문이다.

언어를 프로그램 관점에서 이해하기 위해서는 프로그램의 논리 흐름, 즉 제어의 흐름을 구조화하는 것이 매우 중요하다. 다시 말하면, 분기 및 반복 또는 도달과 같은 흐름을 구조화하기 위한 구문을 정의해야 한다는 의미다. 특히 goto 문은 일반적으로 편리하지만 그 편리함에 따르는 댓가는, 논리의 흐름을 규격화하기 어려운 점 때문에 프로그램의 건전성과 안전성을 보장할 수 없다는 것이다. 이러한 점을 해결하기 위해, goto 문을 사용할 때는 몇 가지의 제약조건을 두었다:

1) 한 함수 내에서만 goto 문을 허용한다.
2) 같은 수준의 sequence 흐름에서 goto 문을 허용한다.
3) 한 수준의 scope 밖으로 goto 문을 허용한다.
4) 한 수준의 scope 안으로는 goto 문을 허용하지 않는다.

이런 관점에서 continue와 break는 goto 문의 흐름을 조건문과 반복문의 복문으로 제한한 표현 형식이라고 판단할 수 있다.

## 2.3.3 Data 표현(Representation)과 구조(Structures)

### 2.3.3.1 절차중심언어의 Data Structure 특징

다음은 데이터와 그 구조에 대해 알아보자. 이전 장에서 설명한 바와 같이 algorithm과 data 상관관계를 <그림 2-15>에서 보여준다. 이를 정리하면 다음과 같다:

> 알고리즘과 데이터의 관계는 동전의 양면과 같다. 즉 알고리즘은 일반적으로 데이터를 기반으로 이루어진다. 역으로 데이터는 알고리즘에 의해서 결정된다. 특히 재귀적인 알고리즘은 재귀적인 데이터를 기반으로 하고 있고, 역으로 재귀적인 데이터는 재귀적인 알고리즘을 요구한다. 이런 결합적인 또는 일체적인 관점에서, 알고리즘은 동적인 entity, 데이터는 이에 상응하는 정적인 entity로 정의할 수 있다. 나아가 이런 관점에서 동적인 entity로서의 알고리즘의 복잡도를 시간복잡도, 그리고 이에 상의하는 데이터의 복잡도를 공간복잡도로 정의할 수 있다.

C와 같은 절차중심언어의 데이터 특징은 배정문에 의한 변수값의 파괴적 성질, 즉 파괴성(destructivity)이다. 즉 한 변수값이 구문을 실행한 결과, 이전의 값이 지워지고 새로운 값이 할당되는 성질이다. 이러한 데이터의 특징은 기본적으로 algorithm의 재귀적인 성질에 부합하는 데이터의 재귀적인 성질을 만족하지 못한다. 즉 함수의 재귀적인 성질에 부합하는 새로운 구조로서의 데이터의 정의가 요구된다. 예를 들면, linked-list와 같은 자기 자신의 유형에 대한 참조에 의해서, 비로소 재귀적인 형식의 데이터구조기 정의되고, 재귀힘수와 맞물려 새귀성(recursivity)이 쌍방 간에 성립한다.[84]

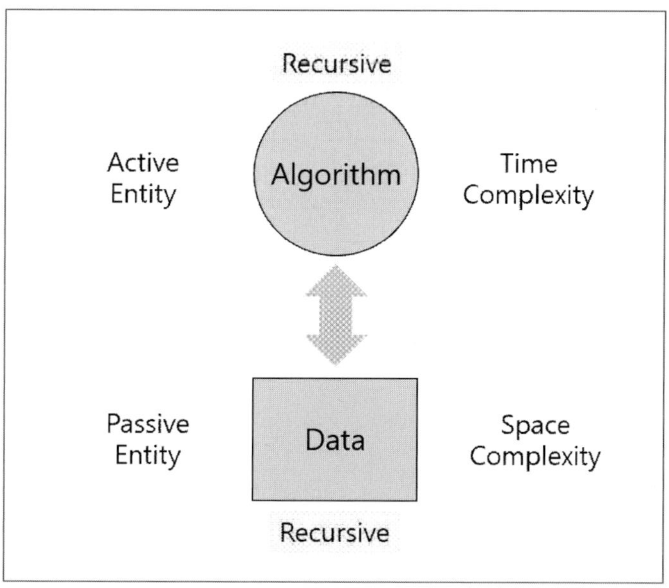


<그림 2-15> Algorithm-Data Relationship

84) ML, Lisp, Scheme과 같은 함수언어에서는 이러한 Linked-List를 기본적인 List 데이터 유형으로 제공함으로써 절차중심언어가 가지는 재귀 자료유형 선언 및 관련 활용 함수 정의와 같은 사용자 책임 문제를 근본적으로 해결한다.

그럼 절차중심언어인 C에는 어떤 자료유형과 어떤 자료구조(data structure)를 정의할 수 있는지 알아보자.

C언어가 제공하는 대표적인 기본 자료유형은 integer, real, character, string, boolean, enumeration, 나열형 등이 있다. 그리고 이러한 기본 유형으로부터 복잡한 유형을 정의할 수 있다.

### 2.3.3.2 Basic Type

#### (1) integer, real

Integer(정수)와 real(실수)은 가장 기본적인(primitive) 자료유형(data type)이다. 그리고 이 유형들은 숫자를 저장할 수 있는 bit의 수에 따라, short, basic, long으로 구분된다.

1) 유형: integer(정수), float(실수), double(실수).
2) 크기: short[85], basic, long[86].

* ()는 생략 가능

| 자료형 | 크기 | 표현 범위 | 비고 |
|---|---|---|---|
| (signed) short (int) | 2byte | -32,768 ~ 32,767 | |
| unsigned short (int) | 2byte | 0 ~ 65,535 | |
| (signed) int | 4byte | -2,147,483,648 ~ 2,147,483,647 | 기본 자료형 |
| unsigned (int) | 4byte | 0 ~ 4,294,967,295 | |
| (signed) long (int) | 4byte | -2,147,483,648 ~ 2,147,483,647 | |
| unsigned long (int) | 4byte | 0 ~ 4,294,967,295 | |

<표 2-3> integer(정수)의 종류

| 자료형 | 크기 | 유효 자리수 | 최소값 | 최대값 | 비고 |
|---|---|---|---|---|---|
| float | 4byte | 소수점 이하 6 | $-10^{38}$의 근삿값 | $+10^{38}$의 근삿값 | |
| double | 8byte | 소수점 이하 15 | $-10^{308}$의 근삿값 | $+10^{308}$의 근삿값 | |
| long double | 8byte | 소수점 이하 15 | $-10^{308}$의 근삿값 | $+10^{308}$의 근삿값 | 기본 자료형 |

<표 2-4> real(실수)의 종류

85) Short 유형은 Embedded 코딩과 같이 제한된 hardware 내에서 시스템을 실시간적 요구시항들을 만족하기 위한 경우에 주로 사용된다.

86) Long 유형은 과학적인 연산을 많이 하는 경우에 주로 사용된다.

## (2) character

Character(문자)는 이전 1) Preliminary 절에서 설명한 바와 같다.

| 자료형 | 크기 | 표현 범위 | 비고 |
|---|---|---|---|
| char | 1byte | -128 ~ 127 | 기본 자료형 |
| signed char | 1byte | -128 ~ 127 | |
| unsigned char | 1byte | 0 ~ 255 | |

<표 2-5> character(문자)의 종류

## (3) string

String은 문자열을 의미한다. 다른 고급언어에서는 문자열 유형을 기본 유형으로 제공하고 있지만, C에서는 기본형이 아니라, 다음과 같이 두 가지 방법을 사용하여 문자열을 정의할 수 있다:

1) Array: 문자 array로 정의한다.
2) Pointer: 문자에 대한 pointer를 정의한다.

```
#include <stdio.h>

int main()
{
    char str1[10] = "Hello";// 크기가 10인 char형 배열 선언, 문자열 할당
    char *str2 = "Hello";    // 포인터에 문자열 "Hello"의 주소 저장

    printf("%s\n", str1);     // Hello: %s로 문자열 출력
    printf("%s\n", str2);     // Hello: %s로 문자열 출력

    return 0;
}
```

<프로그램 2-9> C: String Array & String Pointer

| 실행 결과 |
|---|
| Hello |
| Hello |

<프로그램 2-9>에서 [L5]는 배열(array)을 사용하여 변수 str1에 문자열을 정의하였으며, [L6]은 포인터(pointer)를 사용하여 변수 **str2**에 문자열을 정의하였다. 배열을 사용할 경우, <그림 2-16>과 같이 **str1**이라고 하는 배열 공간이 10개 할당되어, 각각의 문자(character)가 들어가 있는 것을 확인할 수 있다. 반면에 포인터를 사용할 경우, <그림 2-17>과 같이 **str2**에는 "**Hello**"가 저장되어 있는 메모리 주소가 저장되어 있다는 차이를 보인다.

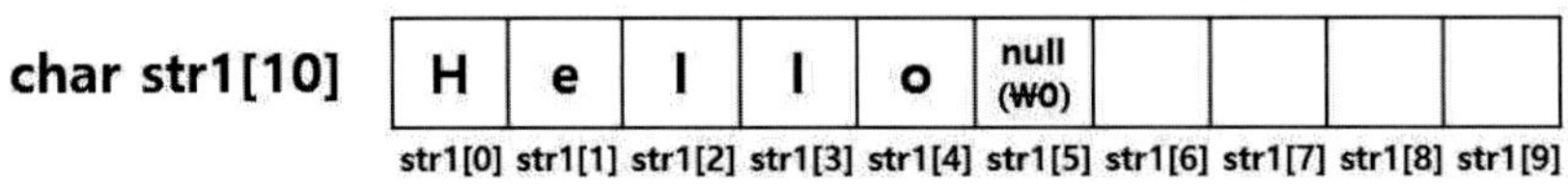


<그림 2-16> String Array

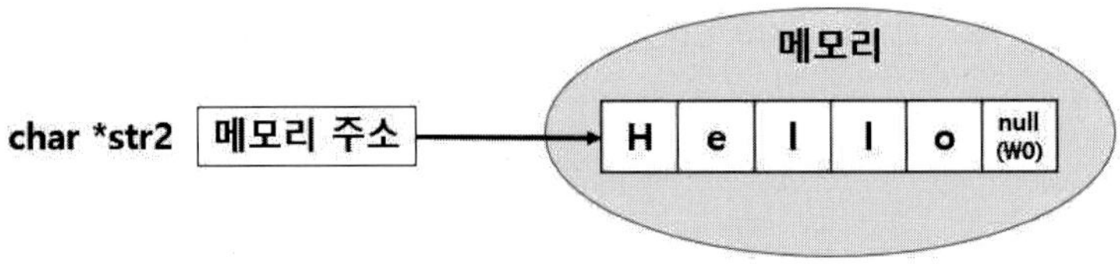


<그림 2-17> String Pointer

C에서 안전하게 문자열 pointer를 사용하기 위해서는 다음과 같은 유의 사항이 따른다:

1) 사용하기 전에 memory에서 필요한 만큼의 공간을 할당받아야 한다.
2) 할당받은 후, 초기화를 해야 한다.[87)]
3) 사용 후, 사용한 공간을 반환, 즉 free해야 한다.[88)]
4) 함수의 매개변수에 대해서는 empty string, 즉 **NULL**인지 확인해야 한다.[89)]

---

87) 초기화를 하지 않을 경우, 이전에 사용하던 값이 메모리에 그대로 남아 있어, 이를 그대로 사용할 경우, 프로그래머가 전혀 의도하지 않은 결과를 초래할 수 있다.

88) 적은 규모의 프로그램일 경우 프로그램에 할당된 메모리가 전혀 문제가 되지 않을 것이다. 하지만 규모가 크고 복잡한, 특히 실시간시스템(Real-time Systems) 같은 경우는 메모리를 효율적으로 사용하는 것이 매우 중요하다. 그렇지 않을 경우, 메모리의 부족으로 운영체제에서 기대 이상의 page fault가 발생되어, 시스템의 성능저하뿐만이 아니라, 실행되는 프로그램의 실행 시간에 직접적인 영향, 즉 delay가 발생될 수 있기 때문이다. 때문에, 사용한 memory를 다시 사용하지 않을 경우, 바로 제거, 즉 free 하는 것이 필요하다.

5) `<string.h>`의 기본 함수를 사용하지 않을 경우, string의 맨 마지막 문자는 항상 `NULL`, 즉 '`\0`'으로 마감한다.[90]

문자열에 대한 연산을 하기 위해서는 문자열 library를 참조하고, 여기에 정의된 기본 함수를 사용해야 한다. 예를 들면 다음과 같다:

1) Library: `<string.h>`
2) Functions:

a) `char* strcpy(char* str1, char* str2)`

```
#include <stdio.h>
#include <string.h>

int main()
{
  char str1[ ]  = "Sample string";
  char str2[ 40] ;
  char str3[ 40] ;
  strcpy(str2, str1);
  strcpy(str3, "copy successful");
  printf("str1: %s\nstr2: %s\nstr3: %s\n", str1, str2, str3);
  return 0;
}
```

<프로그램 2-10> C: strcpy

89) NULL인지 확인하지 않고 바로 사용할 경우, 실행 시, run-time error가 발생된다. 특히 "Unauthorized Access to System Area" 라는 오류가 발생된다. 그 이유는 일반적으로 memory는 System Area와 User Area로 나뉘고, 사용자 프로그램은 사용자에게 할당된 memory에서만 실행하게 되어 있다. 그런데, `NULL`의 주소를 가진 string에 접근하고자 하면, 일반적으로 사용자 memory 영역을 벗어난 System 영역인 경우가 대부분이어서, 이런 오류가 발생된다. 당연히, 여기에서의 전제조건은 사용자는 절대 memory의 시스템 영역에 접근할 수 없다는 우선순위에 의한 제약조건이다.

90) `<string.h>`의 기본 함수를 사용하고, string에 변동사항이 있을 경우, 그 문자열의 맨 마지막 문자를 자동으로 `NULL`, 즉 '`\0`'으로 마감한다. 따라서 안전하게 사용할 수 있다. 하지만 사용자가 직접 문자를 조작하거나, 조작하는 함수를 정의하여 사용할 때는 이렇게 `NULL`, 즉 '`\0`'으로 마감하지 않는 경우가 있다. 이는 문자열이 의도한 위치에서 마감이 되지 않고, 그 지점으로부터 처음 만나는 `NULL`, 즉 '`\0`'이 있는 위치까지 문자열이 자동으로 연장되었음을 의미한다. 즉 문자열에 결함이 발생한 것이다.

| [L#] | 실행 결과 |
|---|---|
| 1 | str1: Sample string |
| 2 | str2: Sample string |
| 3 | str3: copy successful |

<프로그램 2-10>은 함수 strcpy를 사용한 예제를 보여준다. <프로그램 2-10>에서 str2에는 str1에 저장되어 있는 문자열, 즉 "Sample string"이 복사되어 저장되고, str3에는 "copy successful"이 복사되어 저장된다.

b) char* strncpy(char* str1, char* str2, size_t n)

```
1   #include <stdio.h>
2   #include <string.h>
3
4   int main()
5   {
6     char str1[ ] = "To be or not to be";
7     char str2[ 6] ;
8     strncpy(str2, str1, 5);
9     str2[ 5] = '\0';
10    puts(str2);
11    return 0;
12  }
```

<프로그램 2-11> C: strncpy

| [L#] | 실행 결과 |
|---|---|
| 1 | To be |

<프로그램 2-11>은 함수 strncpy를 사용한 예제를 보여준다. 앞서 살펴본 함수 strcpy와의 차이점은 문자의 수를 지정하여 복사하는 것이다. 즉 [L8]을 보면, strncpy(str2, str1, 5)에서 마지막 매개변수 5는, str2에, str1에 저장되어 있는 문자열의 처음부터 다섯 번째까지의 문자, 즉 "To be"를 복사해 저장한다. 이때, str2에는 자동으로 끝에 NULL 문자가 붙는 것이 아니므로, [L9]와 같이 문자열의 끝을 의미하는 '\0'를 인위적으로 넣어주어야 한다.

c) `char* strcat(char* str1, char* str2)`

```
1  #include <stdio.h>
2  #include <string.h>
3
4  int main()
5  {
6    char str[80];
7    strcpy(str, "these ");
8    strcat(str, "strings ");
9    strcat(str, "are ");
10   strcat(str, "concatenated.");
11   puts(str);
12   return 0;
13 }
```

<프로그램 2-12> C: strcat

| [L#] | 실행 결과 |
|---|---|
| 1 | these strings are concatenated. |

<프로그램 2-12>는 함수 **strcat**을 사용한 예제를 보여준다. 함수 **strcat**은 문자열들을 덧붙이는 함수로, <프로그램 2-12>의 [L7~10]을 살펴보면, **strcat** 함수에 의해 변수 **str**에 각 문자열이 덧붙여지는 것을 확인할 수 있다.

d) `char* strncat(char* str1, char* str2, size_t n)`

```
#include <stdio.h>
#include <string.h>

int main()
{
  char str1[20];
  char str2[20];
  strcpy(str1, "To be ");
  strcpy(str2, "or not to be");
  strncat(str1, str2, 6);
```

```
11    puts(str1);
12    return 0;
13  }
```

<프로그램 2-13> C: strncat

| [L#] | 실행 결과 |
|---|---|
| 1 | To be or not |

<프로그램 2-13>은 함수 strncat을 사용한 예제를 보여준다. 함수 strncat은 두 번째 매개변수의 문자열에서 원하는 수만큼의 문자를 지정하여 문자열들을 덧붙이는 함수로, <프로그램 2-13>의 [L10]을 살펴보면, strncat(str1, str2, 6)은 함수 strncat에 의해 변수 str1에 str2 문자열이 덧붙여지지만, 마지막 매개변수 6에 의해 str2의 첫 번째에서 여섯 번째까지의 문자인 문자열 "or not"이 str1에 덧붙여지는 것을 확인할 수 있다.

e) int strcmp(char* str1, char* str2);

```
#include <stdio.h>
#include <string.h>

int main()
{
  char szKey[] = "apple";
  char szInput[80];
  do {
    printf("Guess my favourite fruit? ");
    scanf("%s", szInput);
  } while (strcmp(szKey, szInput) != 0);

  puts("Correct answer!");
  return 0;
}
```

<프로그램 2-14> C: strcmp

| [L#] | 실행 결과 |
|---|---|
| 1 | Guess my favourite fruit? pine |
| 2 | Guess my favourite fruit? apple |
| 3 | Correct answer! |

<프로그램 2-14>는 함수 **strcmp**를 사용한 예제를 보여준다. 함수 **strcmp**는 두 개의 문자열을 비교하는 함수로, <프로그램 2-14>의 [L11]을 살펴보면, **strcmp(szKey, szInput)**에 의해 문자열 **szKey**와 **szInput**이 비교되는 것을 확인할 수 있다. 이때 문자열이 동일하면, 함수 **strcmp**는 숫자 0을 반환하게 되고, 그렇지 않으면 임의의 숫자를 반환한다. 이 프로그램에서는 변수 **szKey**에 문자열 "**apple**"이 저장되어 있기 때문에, 변수 **szInput**에 "**apple**" 이외 다른 문자열이 입력되면, [L8~11]의 코드가 반복되고, "**apple**"이 입력될 경우, 반복이 종료되는 것을 실행 결과를 통해 확인할 수 있다.

f) `int strncmp(char* str1, char* str2, size_t n);`

```
#include <stdio.h>
#include <string.h>

int main()
{
  char str[][5] = {"R2D2", "C3PO", "R2A6"};
  int n;
  puts("Looking for R2 astromech droids...");
  for (n = 0; n < 3; n++)
  {
    if (strncmp(str[n], "R2xx", 2) == 0)
    {
      printf("found %s\n", str[n]);
    }
  }
  return 0;
}
```

<프로그램 2-15> C: strncmp

| [L#] | 실행 결과 |
|---|---|
| 1 | Looking for R2 astromech droids... |
| 2 | found R2D2 |
| 3 | found R2A6 |

<프로그램 2-15>는 함수 strncmp를 사용한 예제를 보여준다. 함수 strncmp는 앞선 strcmp와 마찬가지로 두 개의 문자열을 비교하는 함수지만, 비교하는 문자의 수를 지정할 수 있다. <프로그램 2-15>의 [L11]을 살펴보면, strncmp(str[n], "R2xx", 2)에 의해 변수 str에 저장되어 있는 각 문자열과 "R2xx"를 비교하게 되는데, 마지막 매개변수인 2에 의해 "R2xx"의 첫 번째부터 두 번째까지의 문자, 즉 "R2"만 비교를 수행한다. 따라서 실행 결과와 같은 결과가 출력된다.

g) size_t strlen(char* str);

```
1  #include <stdio.h>
2  #include <string.h>
3  
4  int main()
5  {
6    char szInput[256];
7    printf("Enter a sentence: ");
8    scanf("%s", szInput);
9    printf("The sentence entered is %lu characters long.\n", strlen(szInput));
10   return 0;
11 }
```

<프로그램 2-16> C: strlen

| [L#] | 실행 결과 |
|---|---|
| 1 | Enter a sentence: Hello |
| 2 | The sentence entered is 5 characters long. |

<프로그램 2-16>은 함수 strlen을 사용한 예제를 보여준다. 함수 strlen은 문자열의 길이를 반환하는 함수로, <프로그램 2-16>의 [L9]를 살펴보면, strlen(szInput)에 의해 변수 szInput에 입력된 문자열의 길이가 반

환되는 것을, 실행 결과를 통해 확인할 수 있다.

### (4) boolean

C에서의 boolean 유형은 정의되어 있지 않다. 하지만 이 유형은 기본적으로 다음과 같이 참과 거짓을 구분한다:

1) 거짓: 0[91].
2) 참: 이외 나머지 값.

### (5) enum

이 유형은 유형의 원소를 하나씩 열거하는 나열형(enumeration type)이다. 다음은 C의 boolean type을 다음과 같이 정의하여 사용할 수 있다:

```
enum { FALSE, TRUE} ;
enum Boolean { FALSE, TRUE} ;
```

첫 번째는 나열형의 값만을 정의한 것이고, 두 번째는 이 유형(type)을 정의한 것이다. 여기에서 둘 다, **enum**의 요소는 기본적으로 정수값을 가지며, 0부터 1씩 증가하며 값을 할당받는다. 즉 boolean 유형에서는, **false**는 0, **true**은 1의 값을 가진다.[92] 이렇게 정의되면, 다음과 같이 사용할 수 있다:

```
void main()
{
   Boolean b = FALSE;

   if (b==FALSE)
     b = TRUE;
}
```

91) 이런 이유 때문에 "`if ((char *) s == NULL)`"의 조건식 논리가 성립된다. 여기에서 `NULL`은 '`\0`', 즉 0의 값을 가진다.

92) 이러한 나열형 값은, compile이 되고 나면, 나열형의 이름값을 모두 이에 상응하는 정수값으로 대체된다. Preprocessor Directive에 의해서 정의된 값은 모두 preprocessing 단계를 거치면서, 정의된 literal 값들로 대체된다. 때문에, preprocessing에 의한 컴파일(compilation)의 결과는 판독할 수 없는 경우가 많다.

다음은 Pascal의 나열형이다. 보면 바로 이해할 수 있는 문법을 가진다:

```
type boolean = (TRUE, FALSE);
type day = (Mon,Tue,Wed,Thu,Fri,Sat,Sun);
```

### (6) Subrange

다음은 Subrange 유형이다. 이 유형은 기본 데이터 유형의 일부를 파생 유형으로 사용하기 위한 것이다. 예를 들면, 정수의 유형 중에, 그 값의 1부터 12까지만을 사용하고자 한 경우, 이를 subrage로 정의하여 사용할 수 있다. C에서는 이러한 개념이 없지만, Pascal에서는 이 개념이 있다. 예를 들면, 다음과 같다:

```
var month : 1..12;
type NaturalNumber = 0..MaxInteger;
var n : NaturalNumber;
```

이 예제에 대한 설명은 다음과 같다:

1) 첫 예제는 변수에 대한 선언이다. 즉 변수 **month**는 1부터 12사이의 값을 갖도록 선언한다. 즉 설명한 바와 같이, 파스칼이나 다른 언어에서는 integer의 한 subset을 새로운 type으로 규정해서 쓸 수 있다.
2) 다음 예제는 데이터 유형에 대한 선언이다. 즉 type **NaturalNumber**(자연수)를 0부터 **MaxInteger**를 가지도록 선언한다. 여기에서, **MaxInteger**는 하드웨어 또는 컴파일러마다 조금 다르겠지만, Pascal에서 이미 정해놓았다.
3) 그리고 마지막으로 **NaturalNumber** 유형을 가진 **n** 변수가 선언된다. 즉 **n**에 자연수만 할당할 수 있도록 규정한다.

### Example E.2-3) Counting Example: C

간단한 C 코드 예제를 살펴보자[KerRit78].

다음은, 문장을, 문장의 끝이 아닐 때까지, 한 문자씩 읽고, 문자의 수, 단어의 수, 그리고 줄의 수를 계산하는 C 프로그램이다. 여기에서 단어는 white space, 즉 blank(빈 문자[93]), tab(탭), new line(새 줄)이 없는 문자열을 의미한다.

```
#include <stdio.h>

#define IN  1 /* inside  a word */
#define OUT 0 /* outside a word */

/* count lines, words, and characters in input */[94]
main()
{
  int c, nl, nw, nc, state;

  state = OUT;
  nl = nw = nc = 0;
  while ((c=getchar()) != EOF)
  {
    ++nc;
    if (c == '\n')
      ++nl;
    if (c == ' ' || c == '\n' || c == '\t')
      state = OUT;
    else if (state == OUT)
   {
      state = IN;
      ++nw;
    }
  }
  printf ("%d %d %d \n", nl, nw, nc);
}
```

<프로그램 2-17> C: 문자 Counting 예제 (1)

프로그램이 작성된 의도는 다음과 같다:

93) 빈 문자는 빈 칸을 표현하는 문자이다. 공문자(Empty Character, 즉 ε)와 구분해야 한다. 빈 문자는 단순한 빈 칸을 나타내며, 공문자는 글자가 없는 것을 나타낸다. 자연수의 관점에서 보면, 0과 같이 간주할 수 있다. ASCII 코드 상으로도 공문자를 0으로 간주해도 좋다.

94) 코딩을 할 때, 프로그램의 각 구문들의 역할과 논리에 대해 자세하게 주석을 다는 것은 매우 중요하다. 왜냐하면, 프로그램은 다양한 요구사항이 설계과정을 거쳐 반영된 결과물이기 때문이다. 즉 프로그램에는 다양한 요구사항뿐만 아니라, 설계정보가 반영되어야 한다. 또한 관리관점에서도 프로그램의 SW 개발의 일환으로 볼 때, 개발의 결과물을 관리하고 운영하는 것은 필수적이기 때문이다. JAVA 언어 같은 경우에는, 코드 상에 이러한 목적을 위해 사용가능한 다양한 keyword가 있어 코드에 이러한 정보를 입력하고, 이후에 관리할 수 있는 환경을 제공하기도 한다.

1) [L1] Preprocessor Directive: `<stdio.h>`[95] (Standard IO) library 포함.

2) [L3] Preprocessor Directive: 선처리기 변수 **IN** 선언.

3) [L4] Preprocessor Directive: 선처리기 변수 **OUT** 선언.

4) [L7] **main** 함수 head.

5) [L8] **main** 함수 body: In.

5-1) [L9] 변수[96] 선언:

- **c** : 입력문자를 저장하는 변수 (character의 약자).
- **nl** : 새 줄의 수를 저장하는 변수 (number of lines의 약자[97]).
- **nw** : 단어의 수를 저장하는 변수 (number of words의 약자).
- **nc** : 문자의 수를 저장하는 변수 (number of characters의 약자).
- **state** : character 문자열에 진입한 상태 여부.
  - **IN**: white space에서 keyboard 문자열로 진입한 상태.
  - **OUT**: 반대로 keyboard 문자열에서 white space로 진출한 상태.

5-2) [L11] 초기 상태 선언: **state**는 **OUT**.

5-3) [L12] **count** 변수의 초기화: **nl**, **nw**, **nc** 모두 0으로.

5-4) [L13] while 문: 표준입력으로부터 char를 **c**로 읽고 **EOF**[98]이 아닐 때까지.

5-4-1) [L14] while 문 block: In

5-4-1-1) [L15] **++nc** : 하나의 char를 **c**로 읽어들였기 때문.

5-4-1-2) [L16] if 문 : **c**가 new line인지 확인.

---

95) 예제에서, `<stadio.h>`에 선언된 `getchar` 함수를 사용한다.

96) 변수를 작명할 때는 그 뜻이 잘 반영될 수 있는 이름을 짓는 것이 매우 중요하다. 이를 위해서 변수, 유형, 함수, 모듈 등의 이름을 요소의 유형과 용도에 맞게 작성하는 양식이나 pattern을 규정하는 것이 필요하다. 예를 들면, Type의 이름은 항상 대문자로 시작하거나, 또는 `_type_`처럼 `underscore`를 유형이름의 앞과 뒤에 붙이는 방법이다. 함수의 이름은, `function_name`처럼 항상 소문자이지만 단어를 underscore로 연결하는 방법이다. 이러한 방법을 사전에 규정하여 코딩 style에 형식적인 의미를 부여한 것을 Code Convention이라고 한다.

97) 약자에는 일반적으로 두 가지 방법이 있다:
(1) Abbreviation(줄임말): 한 단어의 길이를 줄이는 방법이다. 예를 들면, statement를 STMT로, building을 BLDG으로 줄이는 방법이다. 이렇게 줄일 때는, 기본적으로 자음을 기준으로 하며, 한 단위의 발음을 기준으로 한다. 예를 들면, statement[S/T/M/T], building[BL/DG]으로 구분하는 것과 같다. 또는 단어의 몇 자를 그 단어의 대표어로 사용하는 방법이다. 예를 들면, expression을 expr, token을 tok로 사용하는 방법이다.
(2) Acronym(표두어): 이는 여러 개의 단어로 구성된 개념을 단어의 맨 앞 자들 또는 대표어들을 묶어서 합성어를 만드는 방법이다. 예를 들면, programming language를 PL로, operating system을 OS로 줄여서 사용하는 것과 같다.

98) **EOF**(End Of File): OS에서 입력장치(stream 또는 file)로부터 문자를 입력할 때 입력의 끝을 나타내는 지시어다. 일반적으로 '-1'값으로 표현한다.

5-4-1-2-1) [L17] 참이면, `++nl` : new line이기 때문.
5-4-1-3) [L18] if 문 : `c`가 while space(' ', '`\n`', '`\t`')인지 확인.
5-4-1-3-1) [L19] 참이면, `state = OUT` : while space(WS)이기 때문.
5-4-1-3-2) [L20] 거짓이면,
5-4-1-3-2-1) [L21] if-else: In
5-4-1-3-2-1-1) [L22] `state = IN` : WS가 아니기 때문.
5-4-1-3-2-1-2) [L23] `++nw` : 새 단어 시작.
5-4-1-3-2-2) [L24] if-else: Out.
5-4-2) [L25] while 문 block: In.
5-5) [L26] 출력문: `nl`, `nw`, `nc` ; 각 줄, 단어, 문자의 수 출력.
6) [L25] main 함수 body: Out.

다음은 동일한 예제에서 state를 나열형으로 정의하여 변수를 선언한 예를 살펴보자.

<프로그램 2-18>은 이전의 프로그램, <프로그램2-17>에서 개선된 프로그램이다.[99] 즉 이전의 `state`에 적용된 `IN`과 `OUT`이라는, Preprocessor Directive의 `#define`에 의해서 정의된, 고정값을 `STATE`라는 `{ IN, OUT}` 의 값을 가지는 `enum`의 유형으로 정의하고 (<프로그램 2-18>의 [L3]), 이전의 `state`를 이 `STATE` 유형의 변수로 선언하여 사용한다(<프로그램 2-18>의 [L9]). 이러한 수정은 이 프로그램 코드에 전혀 영향을 미치지 않는다.

99) 여기에서 개선(improvement)이라 함은 프로그램을 작성하는 단계를 의미한다. 이전의 예제가 직접적인 값을 대입했다면, 이 예제는 이를 유형화하였다. 이와 같이 직접적인 값을 분류하고, 유형화하는 것은 일반적으로 추상화의 과정이라고 볼 수 있다. 값과 함수 및 모듈을 추상화하다 보면, 일반화를 거치게 되고, 일반화를 거쳐서 추상화의 단계로 고도화시킬 수 있다. 특히 ontology 관점에서 이러한 개념을 일반화하고 추상화할 수 있다.

```
#include <stdio.h>

enum STATE { IN, OUT} ;

/* count lines, words, and characters in input */
main()
{
   int c, nl, nw, nc;
   STATE state;

   state = OUT;
   nl = nw = nc = 0;
   while ((c=getchar()) != EOF)
   {
      ++nc;
      if (c == '\n')
         ++nl;
      if (c == ' ' || c == '\n' || c == '\t')
         state = OUT;
      else if (state == OUT)
     {
         state = IN;
         ++nw;
      }
   }
   printf ("%d %d %d \n", nl, nw, nc);
}
```

<프로그램 2-18> C: 문자 Counting 예제 (2)

## (7) array

다음은 array에 대해 알아보자.

Array는 배열을 의미한다. 즉 같은 유형의 데이터를 배열한 자료유형이다. 값이 저장된 array의 각 저장소를 cell이라 하고, 이 cell을 가르키는 위치값을 index라고 정의한다. 1차원 array의 예를 살펴보자:

| C | `int A[ 100] ;` |
|---|---|
| Pascal | `var A : array [ 0..99] of int;` |

C 예제는 100개의 정수를 배열한 array다. 각 정수들은 0부터 99까지 나열되어 있다. 여기에서 특이한 사항은 배열이 항상 0부터 나열된다는 점이다. 그리고 여기에서, 특정한 수가 어디에 배열되어 있는지를 index로 지시한다. 즉 array에 index의 값은 항상 0에서부터 시작한다.[100)]

반면 Pascal에서는 **index**를 선언 시 정의할 수 있다. 예제에서처럼, 100개의 정수 array를, 0부터 99까지, `[0..99]`라고 선언할 수도 있고, 또는 1부터 100까지, `[1..100]`으로 선언할 수도 있다.

다음은 2차원 array다. 크기는 100x100이다[101)].

| C | `int M[100][100];` |
|---|---|
| Pascal | `var M : array [0..99] of [0..99] of int;` |

Array 각 cell의 초기 값을 다음과 같이 정의한다.

| C | `int coins[] = {1,5,10,25,50,100};` |
|---|---|

Array에서 발생하는 쟁점 중 하나는 array의 크기를 언제 결정하는가의 문제다. 즉 compile 시간에 array의 크기를 알아서 설정하는 경우(정적인 경우)와 실행 시, 즉 runtime에 결정되는 경우(동적인 경우)가 있다. 예를 들어보면 다음과 같다:

| Static | `int A[100];` |
|---|---|
| Dynamic | `int A[n];` |

일반적인 경우는 compile 시간에 모든 array의 크기가 결정되어야 하지만 runtime에 array의 크기가 결정되는 경우도 허용한다.[102)]

100) C에서 array가 항상 0부터 시작한다는 점이 100개의 요소가 1부터 시작하는 산술적인 개념과 일치하지 않기 때문에, 코딩을 하면서 간혹 문제를 야기하는 경우가 있다. 이러한 문제를 해결하기 위해, 때로는 array를 0부터 100까지 101개로, 즉 [100+1]로 정의하고, 첫 번째 cell, index 0이 가르키는 원소는 사용하지 않고, 1부터 100까지만 직접 index 값으로 인용하여 사용하는 경우도 있다.

101) 이를 영어로 "100 by 100" array로 읽는다. 영어에서는 곱을 by라고도 표현하기 때문에, 100x100 행렬을 "100 by 100" matrix로, 그리고 길이, 넓이, 높이가 각각 2, 4, 6인 직육면체를 "2 by 4 by 6" rectangular parallelepiped로 읽는다.

그럼, array를 사용하는 간단한 C 예제를 살펴보자.

```
#include <stdio.h>

/* count digits, white space, others */
main()
{
   int c, i, nwhite, nother;
   int ndigits[ 10] ;

   nwhite = nother = 0;
   for (i=0; i<10; ++i)
      ndigit[ i] = 0;

   while ((c=getchar()) != EOF)
   {
      if (c >= '0' && c <= '9')
         ++ndigit[ c-'0'] ;
      if (c == ' ' || c == ' \n' || c == ' \t')
         ++nwhite;
      else
         ++nother;
   }
   printf("digits = ");
   for (i=0; i<10; ++i)
      printf(" %d", ndigit[ i] );
   printf (", white space =%d, other = %d \n", nwhite, nother);
}
```

<프로그램 2-19> C: 숫자 Counting 예제

### Example E.2-4) Array Example: C

<프로그램 2-19>는 array를 사용하는 간단한 C 프로그램이다[KerRit78]. 문장을, 문장의 끝이 아닐 때까지, 한 문자씩 읽고, 각 숫자의 수, white space의 수, 그리고 모든 다른 문자들의 수를 계산하는 C 프로그램이다. 여기에서, 이전의 예와 마찬가지로, white space는 blank(빈 문자), tab(탭), new line(새 줄)을 의미한다.

프로그램이 작성된 의도는 다음과 같다:

102) 초기 ANSI C(89)언어에서는 정적인 경우의 array만 허용을 했지만 이후 C(99)부터는 가변크기(variable-length) array도 허용을 했다. 하지만 동적으로 결정되는 array의 크기는 적당해야 한다는 전제조건이 따른다. 만약 array가 매우 방대하다면, 프로그램이 의도대로 작동되지 않을 수도 있다.

1) [L1] Preprocessor Directive: `<stdio.h>` (Standard IO) library 포함.

2) [L4] **main** 함수 head.

3) [L5] **main** 함수 body: In.

3-1) [L6] 변수선언:

- **c** : 입력문자를 저장하는 변수 (character의 약자).
- **i** : Array index (Index의 약자).
- **nwhite** : White space 수를 저장하는 변수 (number of whites의 약자).
- **nother** : 다른 문자의 수를 저장하는 변수 (number of others의 약자).

3-2) [L7] 변수선언:

- **ndigits[ 10]** : 수문자(digit)의 수를 저장하는 array. 각 index로 저장.

3-3) [L9] 변수 초기화: **nwhite**, **nother** 모두 0으로.

3-4) [L10] for 문 Array 초기화: **i=0**부터 **9**까지, 총 10번 반복.

3-4-1) [L11] 각 Array Cell 초기화: **ndigits[ i] =0.**

3-5) [L13] while 문: 표준입력으로부터 char를 **c**로 읽고 **EOF**이 아닐 때까지.

3-5-1) [L14] while 문 block: In .

3-5-1-1) [L15] if 문 : **c**가 만약 digit, 즉 '**0**'≤**c**≤'**9**' 인지 확인.

3-5-1-1-1) [L16] 참이면, array에서 그 digit을 index로 하는 셀의 값을 하나 증가, 즉 **++ndigit[ c-'0']** 수행.[103]

3-5-1-2) [L17] if 문 : **c**가 만약 white space(' ', '\n', '\t') 인지 획인.

3-5-1-2-1) [L18] 참이면, **++nwhite** : white space이기 때문.

3-5-1-3-2) [L19] 거짓이면,

5-5-1-3-2-1) [L20] **++nother** : 나머지 문자이기 때문.

3-5-2) [L21] while 문 block: Out.

3-6) [L22] 출력문: String literal "**digits =** "

3-7) [L23] for 문 Array 출력: **i=0**부터 **9**까지, 총 10번 반복.

3-7-1) [L24] 각 Array Cell 출력: **ndigits[ i]** 의 값 출력.

3-6) [L25] 출력문: **nwhite**, **nother** ; 각 white space, 기타 문자의 수 출력.

4) [L26] main 함수 body: Out.

## (8) Basic record and record types

다음은 record[104] type이다. Record는 데이터를 하나의 덩어리로 묶은 것이다.[105] 다음과 같은 예를 들어 보자:

103) ASCII 코드 체계에 의해, '**0**'은 48(십진법), '**1**'은 49, '**2**'는 50, '**3**'은 51, '**4**'는 52, '**5**'는 53, '**6**'은 54, '**7**'은 55, '**8**'은 56, '**9**'는 57로 정의된다.

| | |
|---|---|
| C | `struct complex_no`<br>`{`<br>`   float real_no;`<br>`   float imaginary_no;`<br>`} ;`<br>`typedef struct complex_no`<br>`{`<br>`   float real_no;`<br>`   float imaginary_no;`<br>`} Complex_No ;` |
| Pascal | `type complex_no =`<br>`   record`<br>`      real_no : real;`<br>`      imaginary_no : real;`<br>`   end;` |

이 예제는 복수(complex number)를 record로 정의한 것이다. 이 record에는 다음과 같은 요소가 있다:

1) float real_no: 실수.
2) float imaginary_no: 허수.

그리고 이 record의 유형은 **typedef**를 사용하여 선언한다[106]. **Tydedef**는 기존의 유형에 새로운 이름을 부여하는 구문이다. 예를 보면, **struct complex_no { ...}** 를 **Complex_No**로 재명명(rename)했다.

Pascal의 예도 C와 같이 쉽게 이해할 수 있다. 단 record와 end라는 keyword를 사용했다.

104) Record의 유형은 Database에서 Schema로 이해할 수 있다. 그리고 Record의 각 요소는 Schema의 Field 값으로 이해해도 무방하다.

105) 초기 어셈블리언어에서는 메모리를 프로그램 영역과 데이터 영역으로 구분하여 사용했다. 특히 각 변수의 메모리 위치를 정확히 정의하고 활용해야 했다. 더욱이 동적으로 생성되는 tree와 같은 자료구조들은 사전에 각 노드마다 각 자식 노드, 즉 left son, right son의 데이터 크기와 그에 따르는 상대적인 주소값을 면밀히 계산을 해야 하는 어려움이 있었다. 또한 역으로 각 자식 노드에게도 부모 노드의 주소값을 자신의 데이터 영역에서 관리해야 하는 어려움도 있었다. 하지만 고급언어에서는, 이와 같이 record와 그의 구성요소의 이름에 의해서 메모리 값이 아닌 추상적인 이름으로 관리가 되기 때문에 더 고차원적으로 프로그램을 할 수 있게 되었다.

106) 만약 각 실수가 2 word를 요구한다면 record의 크기는 4 word가 된다.

```
struct point
{
   int x;
   int y;
} ;

struct rect
{
   struct point pt1;
   struct point pt2;
} ;

struct point makepoint (int x, int y)
{
   struct point temp;

   temp.x = x;
   temp.y = y;
   return temp;
}

main()
{
   struct rect  screen;
   struct point middle;

   screen.pt1 = makepoint(0,0);
   screen.pt2 = makepoint(MAX, MAX);
   middle = makepoint((screen.pt1.x + screen.pt2.x)/2,
                       screen.pt1.y + screen.pt2.y)/2);
}
```

<프로그램 2-20> C: Screen Record 예제 (1)

## Example E.2-5) Struct Example: C

Record를 사용하는 간단한 C 프로그램 예제를 살펴보자.

<프로그램 2-20>은 2차원 공간에서의 한 지점을 **point**라는 record 유형으로 정의하고, 2차원 상에서의 직사각형(rectangular) **rect** 유형을 대각선의 두 맞선점, 즉 **point**로 정의한 후에, 2차원 공간에 **screen**을 **rec**의 유형으로 정의한 후에, 그 **screen**의 중심점, 곧 **middle** 점, 즉 **point**를 구하는 프로그램이다. <그림 2-18>과 같다.

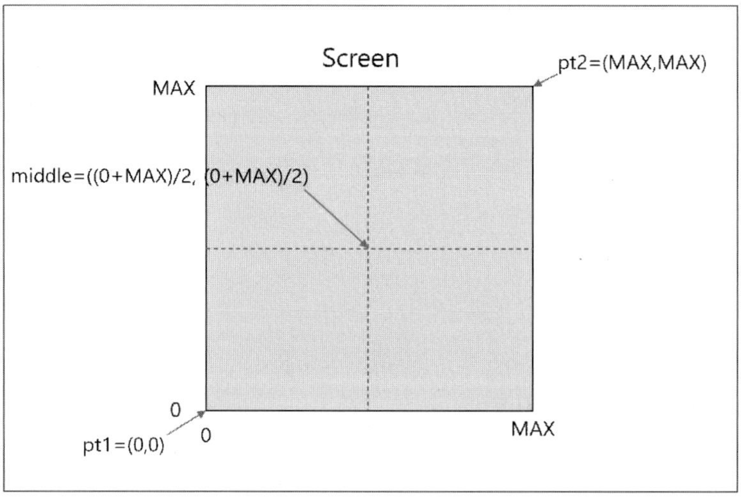


<그림 2-18> C: Screen Record 예제

이 프로그램은 다음과 같은 의도로 작성되었다:

1) [L1] Record 유형 선언: **point.**
1-1) [L2] Record Body: In.
1-1-1) [L3] Record Member: **x** (**int** 유형).
1-1-2) [L4] Record Member: **y** (**int** 유형).
1-2) [L5] Record Body: Out.
2) [L7] Record 유형 선언: **rect.**
2-1) [L8] Record Body: In.
2-1-1) [L9] Record Member: **pt1** (**point** record 유형).
2-1-2) [L10] Record Member: **pt2** (**point** record 유형).
2-2) [L11] Record Body: Out.

3) [L13] makepoint 함수 head.

- 입력[107]:
    - **x** (**int** 유형).
    - **y** (**int** 유형).
- 출력[108]:
    - **point** record 유형.

3-1) [L14] **makepoint** 함수 body: In.

3-1-1) [L15] 변수선언: **temp** (**point** record 유형).

3-1-2) [L17] 배정문: **temp.x=x**

3-1-3) [L18] 배정문: **temp.y=y**

3-1-4) [L19] 반환문: **return temp**

3-2) [L20] **makepoint** 함수 body: Out.

4) [L22] **main** 함수 head.

4-1) [L23] **main** 함수 body: In.

4-1-1) [L24] 변수선언: **screen** (**rect** record 유형).

4-1-2) [L25] 변수선언: **middle** (**point** record 유형).

4-1-3) [L27] 배정문: **screen.pt1 = makepoint(0,0)**

4-1-4) [L28] 배정문: **screen.pt2 = makepoint(MAX,MAX)**

4-1-5) [L29~30] 배정문:

```
middle = makepoint((screen.pt1.x + screen.pt2.x)/2,
                   screen.pt1.y + screen.pt2.y)/2);
```

4-2) [L31] **main** 함수 body: Out.

<프로그램 2-21>은 <프로그램 2-20>과 동일한 예제로서, **typedef** keyword를 사용하여 record 유형을 재명명(rename)하여 활용한 프로그램이다. 어떻게 선언하고 어떻게 활용하는지 알아보자.

이전 프로그램과의 차이점은 다음과 같다:

1) [L13] **Point**: **point** record 유형 재명명.

2) [L14] **Rect**: **rect** record 유형 재명명.

3) [L16] **makepoint** 함수 head.

107) 정의역(Domain)

108) 치역(Range)

- 출력 유형:
    - `Point`로 변경: `point` record 유형 재명명의 결과.

4) [L24] `Rect`: `screen` 변수 유형 변경 (`rect` record 유형 재명명의 결과).
5) [L25] `Point`: `middle` 변수 유형 변경 (`point` record 유형 재명명의 결과).

```
struct point
{
   int x;
   int y;
} ;

struct rect
{
   struct point pt1;
   struct point pt2;
} ;

typedef struct point Point;
typedef struct rect  Rect;

Point makepoint (int x, int y)
{
   struct point temp;

   temp.x = x;
   temp.y = y;
   return temp;
}

main()
{
   Rect  screen;
   Point middle;

   screen.pt1 = makepoint(0,0);
   screen.pt2 = makepoint(MAX, MAX);
   middle = makepoint((screen.pt1.x + screen.pt2.x)/2,
                      screen.pt1.y + screen.pt2.y)/2);
}
```

<프로그램 2-21> C: Screen Record 예제 (2)

이렇게 **typedef**를 사용하여 record 유형의 이름을 재명명하면 record 유형의 변수를 선언할 때 기본 유형처럼 **struct**라는 record 유형을 지시하는 keyword를 사용하지 않고 변수를 선언할 수 있다.

### (9) Unions과 variant record type

다음은 union 유형과 variant record 유형에 대해 알아보자.

모든 변수는 기본적으로 하나의 유형으로만 생성된다. 하지만 경우에 따라, 변수가 여러 유형의 값을 가져야 하는 경우가 발생된다. 이런 경우, 여러 유형의 값을 수용할 수 있는 통합 유형을 union 유형이라 한다.[109)]

우선 C언어의 예를 들어보자:

```
union u_tag            /* type name */
{
    int    ival;       /* integer value */
    float  fval;       /* float value */
    char   *sval;      /* string pointer value */
} uvalue;              /* variable name */
```

Union은 기본적으로 **struct** 구조를 가진다. 이 예에서는 **u_tag**라는 union 유형을 선언한다. 여기에는 3개의 변수, 즉 **ival**, **fval**, **sval**이 선언된다. 그리고 변수 **uvalue**가 **u_tag union** 유형으로 선언된다. 그럼 이 union 유형이 요구하는 공간의 크기는 얼마인지 알아보자. 정의에 의해 이 **u_tag** 유형은 메모리에 하나의 공간을 확보한 후에 이 중 하나의 값을 저장한다. 그렇기 때문에 이 유형의 변수는 기본적으로 3가지 변수 중에 가장 큰 변수 유형의 저장공간을 확보해야 한다. 예를 들면, 각 유형에 따라 다음과 같은 크기의 공간이 필요하다면, 가장 큰 float의 4 bytes를 확보해야 한다.

109) 초기 컴퓨터시스템은 고가일 뿐 아니라 용량도 매우 적었다. 따라서 메모리 공간을 효율적으로 사용할 필요가 있었다. 특히 record에 서로 다른 유형의 값 중 하나의 값만을 필요로 할 경우, 관련된 모든 값을 따로 독립적으로 선언해서 관리하는 것보다, 이들 값 중, 메모리의 크기가 가장 큰 값의 유형 하나만의 메모리 공간을 확보한 후에, 여기에, 어떤 유형이라 하더라도, 필요한 하나의 값만을 저장하게 함으로써 나머지 공간을 절약할 수 있었다.

| int | 4 bytes |
|---|---|
| float | 4 bytes |
| char * | 1 bytes |

Union은 다른 구조체에 포함될 수도 있다. 다음 예를 보자.

다음은 **NSYM**(number of symbols)의 수만큼의 구조체 cell을 가진 array로 정의된 symbol table이다. 각 symbol 구조체 record는 문자열(pointer) name, 정수 flags, 정수 **utypes**, 그리고 union 유형인 **uvalue** 요소 변수들로 정의된다.

```
struct {
   char *name;
   int flags;
   int utypes;
   union
   {
     int    ival;
     float fval;
     car   *sval;
   } uvalue;
} symtab[NSYM];
```

그리고 각 symbol과 구조체의 **utype**의 값에 따라 union 값이 다음과 같이 활용된다:

```
symtab[i].u.ival
*symtab[i].u.sval
 symtab[i].u.sval[0]
```

다음은 Pascal의 Union 유형이다.

```
type kind = 1..2;
type t =
   record
      case k: kind of
         1 : (i: integer);
         2 : (r: real)
    end;
var x: t;
```

다음은 Pascal의 또 다른 예다.

```
Type kind = (leaf, unary, binary);
     node = record
               c1: T1;
               c2: T2;
               case k: kind of
                  leaf: ();
                  unary: (child: T3);
                  binary: (lchild, rchild: T4);
            end;
```

## (10) Set

다음은 집합 유형과 연산이다. C에서는 기본적으로 집합에 대한 유형과 연산이 제공되지 않는다. 하지만 Pascal언어는 집합 유형과 관련 연산을 제공한다. Pascal의 예를 알아보자.

다음은 Pascal 코드다:

```
var a : set of [ 1..3] ;
type A  = set of [ 1..3] ;
var a : A;
```

```
if y in [ 1..3]  then
  begin
  ...
end;
```

Pascal에서는 특정한 데이터 유형이나 그 유형의 부범위(subrange)를 집합으로 선언할 수 있다. 또한 집합을 데이터의 유형으로도 선언할 수 있다. 위 예제에서는 변수 a를 정수의 subrange [1..3], 1, 2, 3을 집합, 즉 {1, 2, 3,}으로 선언한다. 또한 이를 유형 A로 선언하고, a를 A의 유형으로 선언한다.

이렇게 변수를 집합 유형으로 선언하면, 집합에 대한 연산이 가능하다. <표 2-6>은 Pascal에서 가능한 연산을 기술한다. 위 예제에서는 y가 집합 {1, 2, 3}의 원소인지를 판명하는 in 연산을 보여준다.

| 연산자 | 정의 | 예제: 집합 S1은 ['a', 'b', 'c']이고 집합 S2는 ['c', 'd', 'e']일 경우, |
|---|---|---|
| + | 두 집합의 합집합을 구한다. | S1 + S2 -> ['a', 'b', 'c', 'd', 'e'] |
| - | 두 집합의 차집합을 구한다. | S1 - S2 -> ['a', 'b'] |
| * | 두 집합의 교집합을 구한다. | S1 * S2 -> ['c'] |
| = | 두 집합이 같은지 확인한다. | S1 = S2 -> False |
| <> | 두 집합이 다른지 확인한다. | S1 <> S2 -> True |
| <= | 연산자를 기준으로 왼쪽 집합이 오른쪽 집합의 부분집합인지 확인한다. | S1 <= S2 -> False |
| >= | 연산자를 기준으로 오른쪽 집합이 왼쪽 집합의 부분집합인지 확인한다. | S1 >= S2 -> False |
| include | 집합에 요소를 추가한다. | Include (S1, ['d']) -> ['a', 'b', 'c', 'd'] |
| exclude | 집합에 요소를 삭제한다. | Exclude (S2, ['d']) -> ['c', 'e'] |
| in | 연산자를 기준으로 왼쪽의 요소가 오른쪽 집합에 포함되어 있는지 확인한다.(오른쪽은 반드시 집합이어야 한다.) | ['e'] in S2 -> True |

<표 2-6> Pascal의 집합 연산

C에서는 이러한 연산을 하기 위해서는 집합을 수용할 수 있는 자료유형을 활용해야 한다. 예를 들면, array이나 linked list와 같은 유형을 사용해야 한다. 그리고 추가적으로 집합 관련 연산을 이러한 유형에 종속된 함수로 정의해야 한다. 즉 언어가 library를 통해서 제공되지 않고, 사용자가 직접 이러한 유형과 연산을 정의해서 사용해야 한다.

| 일반 연산(C) | 행렬 연산(C*) |
|---|---|
| <pre>void matrix_addition()<br>{<br>   int A[100][100];<br>   int B[100][100];<br>   int C[100][100];<br>   int i, j;<br><br>   /* B,C:initialzation */<br><br>   for (i=0; i<100; i++)<br>      for (j=0; j<100; j++)<br>         A[i][j] = B[i][j] + C[i][j];<br>}</pre> | <pre>void matrix_addition()<br>{<br>   int A[100][100];<br>   int B[100][100];<br>   int C[100][100];<br><br>   /* B,C:initialzation */<br><br>   A = B + C;<br>}</pre> |

<프로그램 2-22> C* Example

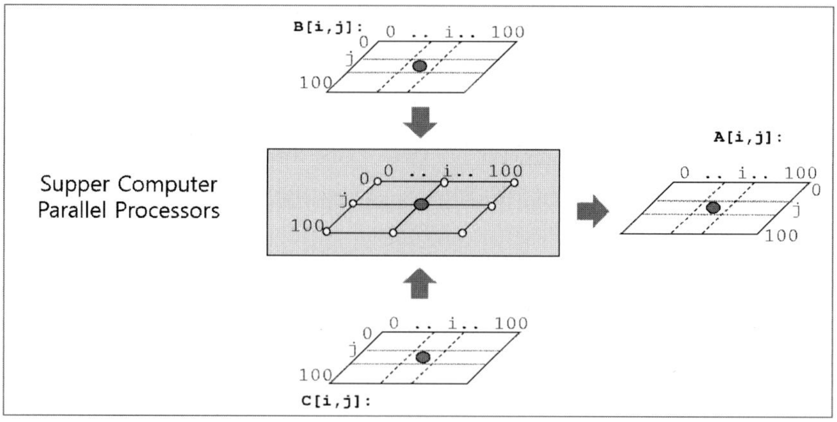


<그림 2-19> Matrix Addition Operation in Super Computer

Matrix 연산도 마찬가지다. 각 행렬에 대한 정의와 행렬 관련 연산도 집합과 마찬가지로 사용자가 직접 이러한 유형과 연산 함수를 정의해서 사용해야 한다.

하지만 이를 기본 연산으로 제공해주는 특수한 C언어도 있다. 예를 들면, Thinking Machine Corporation[110]의 Connection Machine[111]이라는 Super Computer에서 사용되는 있는 C* 라는 언어는, array의 연산을, <프로그램 2-22>에서처럼, addition(+) 행렬연산처럼 기본 연산으로 제공해주고 있다. <프로그램 2-22>의 왼쪽은 100x100 크기의 array로 정의된 행렬 `B`, `C`를 더해서 그 결과를 `A`에 할당하는 코드다. 반면 오른쪽은 C* 언어에서 같은 크기의 array로 정의된 행렬 `B`, `C`를 더해 연산이 기본 연산으로 정의되어서, `B+C` 연산을 통해서 그 결과를 바로 `A`에 할당하는 코드다. 이러한 연산이 가능한 근본적인 이유는, <그림 2-19>에서 보여주는 바와 같이, memory에 저장된 100x100, 즉 10,000개의 `B[i][j]`와 `C[i][j]`의 값이 동시에 bank 방식으로 정렬된 100x100, 즉 10,000개의 process `P[i][j]`에 적재되고, 이후 모든 processor

110) Thinking Machine Corporation(TMC)[TMC95, TMC06]은 1983 Sheryl Handler와 Daniel Hillis에 의해 미국 Massachusetts 주에 설립된 슈퍼컴퓨터 제작사이며, AI 공급사였다. 특히 Hillis의 박사논문을 기반으로 Connection Machine(CM)을 제작하였으며, CM-1부터 CM-5까지 CM 시리즈를 제작하였으며, 1993년까지 이중 3개는 세계에서 가장 빠른 슈퍼컴퓨터로 기록되었다. 이 회사는 1994년 파산하였고, Sun Microsystems 회사가 인수하였다.

111) Connection Machine(CM)[DANNY86]은 Thinking Machine Corporation(TMC)에서 제작한 super computer 시리즈다. 초기 모델인 CM-1은 1985년 제작되었고, 최대 65,536개의 processor가 탑재되었다. 이후, CM-5까지 계승 모델을 제작하였으며, CM-5는 1993년 세계에서 가장 빠른 super computer로 인정받았고, 수년 동안 다수의 CM-5 계열 super computer는 세계에서 가장 빠른 10대 super computer로 기록되었다. 특히 프로그램언어 관점에서 CM super computer는 Lisp 계열언어와 C* 언어를 사용하였다.

10,000개의 process P[i][j]가 동시에 B[i][j]+C[i][j] 연산을 수행하게 한 후에, 그 결과를 메모리의 100x100, 즉 10,000개의 A[i][j] 저장소에 저장하게 할 수 있기 때문이다. 즉 super computer의 10,000개의 병렬 processor들을 동시에 사용함으로써 10,000개의 addition(+) 연산을 한 번의 행렬 addition 연산으로 처리하게 되었다.

### 2.3.3.3 Recursive data structure

다음은 재귀자료구조에 대해 알아보자. 재귀자료구조는 자신의 원소에 자신의 유형과 같은 유형의 원소가 pointer로 정의되어 있는 구조다.[112] 여기에서 pointer는 이미 설명한 바와 같이 특정한 자료의 유형을, 실재 값이 아닌, 그 값을 저장한 주소의 값으로 가지고 있는 구조다.

그럼 간단한 C 예제를 보자. 다음은 linked list 자료유형을 정의한 코드다.

```
struct linked_list
{
   int    id;
   char * name;
   struct linked_list * next;
} ;

typedef struct linked_list   LL;
typedef struct linked_list * LLP;

LL   t;
LL * tp;
LLP  tp;
```

112) Pointer로 자기 자신의 구조를 원소로 갖지 않고 값을 직접 원소로 가질 경우의 어려움은, 그 원소 또한 자신의 구조에 의해, 그 원소의 원소 또한 값을 직접 가져야 하는, 즉 반복적으로 각 자식들의 원소들이 부모의 원소에 포함되어야 하는 복잡성을, 메모리 상에서, 하나의 반복적인 내재된 값들의 덩어리로 표현할 수 없다는 점이다. 이를 해결하는 방법은 pointer를 사용하는 방법인데, 자기 자신의 구조 안에 있는 자기 자신과 같은 유형의 원소를 단순히 그 주소값을 표현할 수 있기 때문에, 내재된 값으로서가 아닌 독립적인 값으로 처리할 수 있게 된다. 또 다른 방법으로는 언어 자체에서 pointer를 허용하지 않고, 내재된 값으로 정의한다 하더라도 컴파일러에 의해서 자동으로 pointer로 전환하고 이에 대한 참조를 pointer를 통해서 접근하게 하는 방법이다. 주로 객체지향언어에서 적용되는 방법이다.

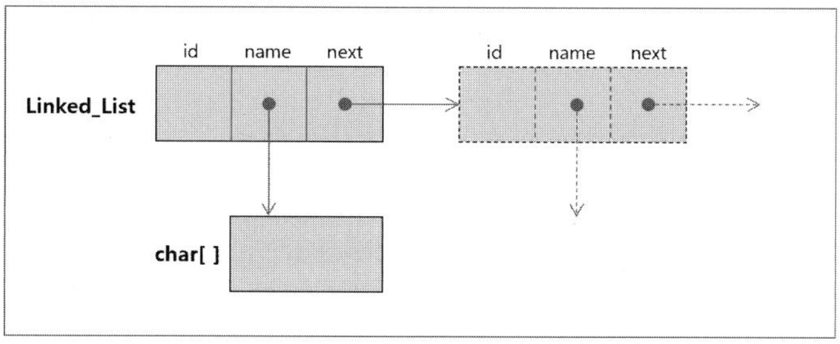


<그림 2-20> Linked List

즉 <그림 2-20>에서처럼, **linked_list**의 원소에 next라는 원소가 **linked_list**의 pointer 유형으로 정의됨으로써 재귀적인 구조가 구축된다. 이러한 재귀적인 데이터 구조는 함수의 재귀성과 맞물려 프로그램의 재귀적인 성질을 비로소 완성할 수 있다.

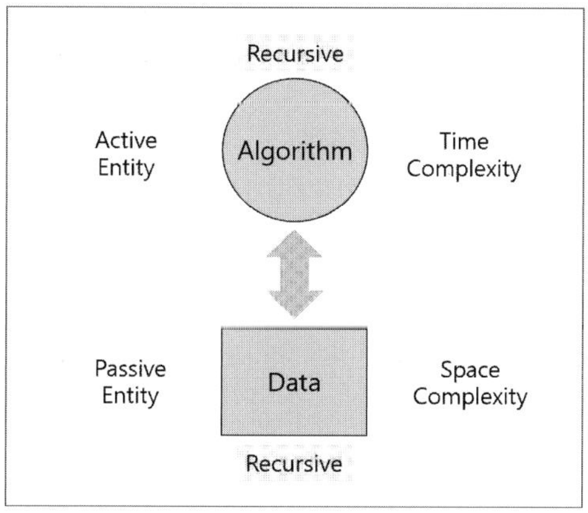


<그림 2-21> Algorithm-Data Relationship

그럼 이러한 recursion이 어떻게 성립되는지 알아보자. <그림 2-21>은 이전에 설명한 recursion에 대한 algorithm과 data의 구조적인 관계도를 보여준다. 이에 대한 간단한 예를 들면, <그림 2-22>와 같다.

그림에서 `f`를 factorial 함수라 가정하자. 5!을 구하고자 한다면, `f(5)`를 실행시키면 된다. 그러면 factorial의 재귀적 정의에 의해 `f(4)`가 호출되고, 그리고 `f(4)`에서는 `f(3)`이 호출되고, 이렇게 재귀적으로 `f(1)`까지 호출된다[113]. 만약 입력과 출력의 값을 factorial에 재귀적으로 적용시키고자 한다면 linked list의 재귀적인 구조에 맞게 입력과 출력 또한 구조적으로 재귀함수 호출에 결합할 수 있다.

113) 이렇게 재귀함수가 확장되는 과정을 expansion이라고 한다. 역으로 이렇게 확정된 재귀함수들이 연산을 마치고 복구하는 과정을 recovery 또는 rollback이라고 한다.

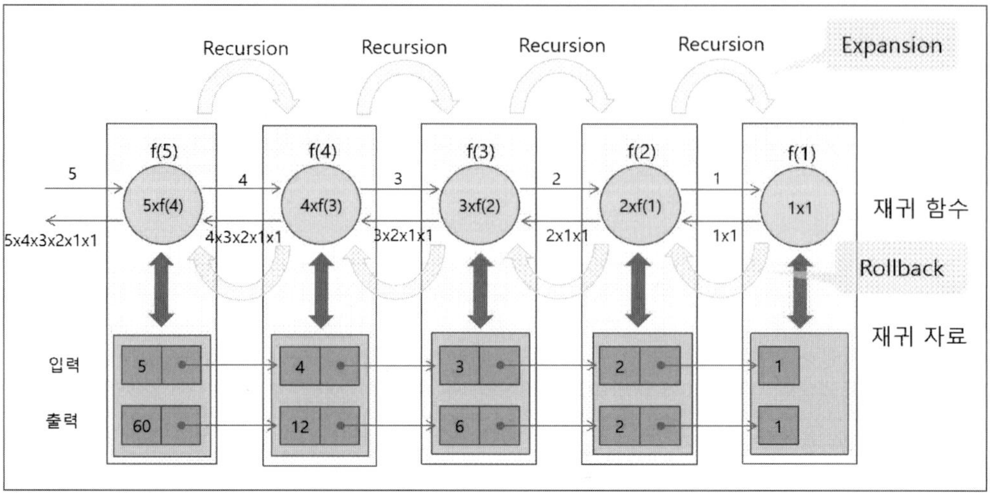


<그림 2-22> Recursion 관계도: factorial 예제

이 개념을 이해하는 것은 매우 중요하다. 왜냐하면, 다음 장에서부터 배우게 될 함수언어, 즉 ML과 Scheme의 기본적인 귀납적 구조가 함수의 재귀성과 기본 자료로서의 List의 재귀성이 결합함으로써 프로그래밍언어의 재귀성이 성립되기 때문이다.

이런 면에서 C언어의 재귀성은 ML과 Scheme언어의 재귀성에 비해 이론적인 또는 실제적인 재귀도(recursivity)가 약하다고 볼 수 있다. 왜냐하면, ML과 Scheme은 기본적인 자료유형으로 Lisp와 관련 연산이 제공되는 반면, C는 이러한 자료유형과 관련 연산 함수를 사용자가 직접 정의하고, 사용 시 사용자가 직접 그 pointer 값을 연산하고 지정해야 하기 때문이다. 특히 pointer에 의해서 발생되는 다양한 오류를 감안한다면, 재귀도는 더욱 취약하다고 간주할 수 있다. 다시 정리하면, 프로그램에서의 재귀성을 극대화하기 위해서는 언어적 관점에서 함수의 재귀성만큼이나 자료의 재귀성을 언어의 기본 요소로 제공해줘야 한다.[114)]

또 다른 예를 살펴보자. 다음은 tree를 정의한 코드를 보여준다.

114) 추상화 관점에서 이러한 재귀성을 이해할 수 있다. 자료를 직접 다루지 않고 자료를 추상화하여 다룰 수 있다면 이러한 C언어의 한계를 잘 극복할 수 있다. 예를 들면, Linked List나 Tree, 또는 Queue와 같은 ADT(Abstract Data Type)를 정의해서 사용할 수 있다면, ML이나 Scheme에서의 Lisp와 같은 효과를 거둘 수 있다. 이런 관점에서 ML의 structure나 C++, Java의 class가 구조적으로 프로그램에 더 편리하고, 안전하다고 평가할 수 있다.

```
struct tree
{
   int            node_id;
   char *         node_name;
   struct tree * left_son;
   struct tree * right_son;
};
typedef struct tree   Tree;
typedef struct tree * TreeP;

Tree   t;
Tree * tp;
TreeP  tp;
```

이렇게 정의된 pointer를 기반으로, 재귀적인 자료유형을 사용하기 위해서는 동적으로 다음과 같은 pointer 유형을 사용하는 절차를 따라야 한다:

1) 할당(allocation): pointer로 지정된 자료의 유형이 요구하는 자료를 동적으로 운영체제로부터 할당받는 함수 적용. 예를 들면, 트리(tree) 구조체의 크기를 sizeof 함수로 구한 다음[115], 이 크기만큼의 메모리를 malloc 함수를 구한 다음, 이에 대한 주소값을 (Tree *)의 유형으로 받아, tp 변수값으로 정한다.

```
tp = (Tree *)malloc(sizeof(struct tree));
```

2) 마찬가지로 tp 변수의 원소, 즉 tp의 자료유형과 동일한 유형을 가진 원소인 left_son과 right_son도 동일한 방법으로 메모리 영역을 할당받는다. 여기에서 정적인 경우와 동적인 경우의 변수를 참조하는 방식은 '.'과 '->'로 구분된다.

```
tp.left_son = (Tree *)malloc(sizeof(struct tree));
if (tp->node_id == 10)
tp->left_son=(Tree *)malloc(sizeof(struct tree));
```

3) 이렇게 pointer 유형을 사용하고 난 다음에는 사용한 메모리를 반납해야 한다.

115) 만약 struct Tree의 int, (char *), (struct Tree *), (struct Tree *)가 각각 2 byte씩이라면 struct Tree에 총 8 byte가 할당된다.

그렇지 않을 경우, 사용하지 않는 메모리를 점유하고 있는 문제로 인해 시스템에 부하가 걸릴 수 있다.[116] 메모리를 **free** 할 때는 자동으로 모든 pointer로 연결된 메모리들을 **free** 시키지 않기 때문에 인위적으로 하나씩 직접 **free** 시켜야 한다.[117]

```
free(tp->left_son);
free(tp);
```

이와 같이 pointer를 직접 할당받아서 사용할 경우 당연히 문제가 발생될 수 있다. 이를 간단하게 정리하면 다음과 같다:

1) 메모리 관리:
   a) Dangling pointer: 사용하지 않는 pointer, 즉 dangling pointer에 의한 메모리 낭비 및 불필요한 메모리 관리.
   b) Memory leak: Pointer에 의해서 지시되고 있는 메모리의 정보가 다른 process 또는 user에게 유출될 가능성.
2) 높은 오류 확률: 위의 절차와 같이 pointer를 관리하는 것은 쉬운 일이 아니다. 언어나 컴파일러에 의해서 자동으로 동적 자료가 관리된다면 안전하겠지만, 그렇지 않을 경우, 이러한 절차에 따른, pointer의 선언, 할당, 인용 및 참조, 그리고 반납과 같은 작업을 모두 사용자가 책임진다는 것은 프로그램의 오류 가능성을 높이는 결과를 초래할 수 있다.

이러한 문제들 때문에 프로그램의 안전성과 건전성을 위해서 추상자료유형(ADT: Abstract Data Structure)과 관련 연산 및 함수를 언어가 기본적으로 제공해주는 것이 필요하다. 그렇지 않을 경우, 이러한 안전하고 건전한 ADT와 관련 연산 및 함수를 library나 module로 선언해서 사용하는 것이 필요하다.

다음 예를 살펴보자. <프로그램 2-23>은 입력장치로부터 단어를 읽고 이 단어가 숫자가 아닌 경우에 대해 이 단어가 몇 번 발생되는지를 계산하는 프로그램이다.

---

116) 이와 같이, 사용하지 않으나 메모리를 점유하고 있는 pointer를 dangling pointer라고 한다.

117) 이러한 문제를 해결하기 위해서, ADT 관점에 맞게, 각 유형에 부합하는 메모리를 순서대로 free 시키는 **free** 함수를 정의할 필요가 있다.

## Example E.2-6) Tree Example: C

```
#include <stdio.h>
#include <ctype.h>
#include <string.h>

#define MAXWORD 100

/* the tree node */
struct tnode
{
   char * word;
   int    count;
   struct tnode * left
   struct tnode * right
};

struct tnode *talloc(void);
void          treeprint(struct tnode *);
int           getword(char *, int);

/* addtree: add a node with w, at or below p */
struct tnode *addtree(struct tnode *p, char *w)
{
   int cond;

   if (p == NULL)
   {
      p = talloc();
      p->word  = strdup(w);
      p->count = 1;
      p->left = p->right = NULL;
   }
   else
      if ((cond = strcmp(w, p->word)) == 0)
         p->count++;
      else
         if (cond < 0)
            p->left  = addtree(p->left,  w);
         else
            p->right = addtree(p->right, w);
   return p;
}

/* word frequency count */
main()
{
   struct tnode *root;
   char          word[MAXWORD];

   root = NULL;
   while (getword(word, MAXWORD) != EOF)
      if (isalpha(word[0]))
         root = addtree(root,word[0]);
   treeprint(root);
}
```

<프로그램 2-23> C: Tree 예제

이 프로그램[KerRit78]은 다음과 같은 의도로 작성되었다:

1) [L1] Preprocessor Directive: `<stdio.h>` (Standard IO) library 포함.
   - `main`에서 `getword`, `treeprint` 함수 사용.
2) [L2] Preprocessor Directive: `<ctype.h>` (Character) library 포함.
   - `main`에서 `isalpha` 함수 사용.
3) [L3] Preprocessor Directive: `<string.h>` (Character) library 포함.
   - `addtree`에서 `strcmp`, `strdup`[118] 함수 사용.
4) [L5] Preprocessor Directive: 선처리기 변수 `MAXWORD` 선언.
   - `main`에서 word 분자열변수의 최대 크기 고정.
5) [L8] Record 유형 선언: `tnode` (`Bibary Tree`의 `Node`)

5-1) [L9] Record Body: In.

5-1-1) [L10] Record Member: `word` (`char *` 유형).

5-1-2) [L11] Record Member: `count` (`int` 유형).

5-1-3) [L12] Record Member: `left` (`struct tnode *` 재귀 유형).

5-1-4) [L13] Record Member: `right` (`struct tnode *` 재귀 유형).

5-2) [L14] Record Body: Out.

6) [L16] `talloc` 함수 Prototype[119] 선언: `tnode` 메모리 공간 할당.
   - 입력: 없음.
   - 출력: `(struct tnode *)` 새로운 `tnode`에 대한 pointer.
7) [L17] `treeprint` 함수 Prototype 선언: `tnode word`, `count` 출력(`print`).
   - 입력: `(struct tnode *)` 단어를 저장하고 있는 `tnode Tree`.
   - 출력: 없음.
8) [L18] `getword` 함수 Prototype 선언: 입력장치로부터 한 단어 입력.
   - 입력:
     - `(char *` 유형): 복사하고자 하는 단어.
     - `(int)`: 최대 복사 문자열 크기.
   - 출력: `(int)` 읽어들인 단어의 첫문자; 입력의 끝인 경우 `EOF` 반환.
9) [L21] `treeprint` 함수 head.
   - 입력:
     - `p` (`struct tnode *` 유형): 단어를 저장하기 위한 `Binary Tree`.

118) `strdup` 함수는 초기 ANSI C의 `<string.h>`에는 정의되지 않았으나, 후에 확장된 library에는 포함되었다.

119) Prototype 함수들에 대한 정의는 예제에서 생략한다. 기본적인 함수 기능은 충분히 이해할 수 있다.

- w (char * 유형): p, 즉 Binary Tree에 저장하기 위한 단어.
- 출력:
  - p (struct tnode * 유형): 단어 w가 추가된 p.

9-1) [L22] treeprint 함수 body: In.

9-1-1) [L23] cond 변수 선언: strcmp로 단어를 비교한 결과 값.

9-1-2) [L25] if 문 : p가 만약 NULL, 즉 empty면.

9-1-2-1) [L26] Then Block: In. (참이면, 즉 empty면).

9-1-2-1-1) [L27] 배정문: tnode 메모리 확보 후 p에 할당.

9-1-2-1-2) [L28] 배정문: tnode, 즉 p의 word에 입력 w 복사.

9-1-2-1-3) [L29] 배정문: tnode, 즉 p의 count 값 1로 배정.

9-1-2-1-4) [L30] 배정문: tnode, 즉 p의 left, right 값 NULL로 초기화.

9-1-2-2) [L31] Then Block: Out.

9-1-3) [L32] Else: (거짓이면, 즉 empty가 아니면).

9-1-3-1) [L33] if 문 : p의 word가 입력 w와 같으면 (p에 이미 존재하면).

9-1-3-1-1) [L34] Then (참이면, 즉 w가 p에 존재하면):

- 배정문: p의 count 값에 1 추가.

9-1-3-2) [L35] Else: (거짓이면, 즉 w가 p에 존재하지 않으면):

9-1-3-2-1) [L36] if 문 : w가 p의 word보다 선행하면 (w에서 왼쪽).

9-1-3-2-1-1) [L37] Then (참이면, 즉 w가 p에서 word의 왼쪽이며):

- 재귀함수: p의 left에 대해 w로 addtree 호출.
- left는 갱신된 left node를 가지게 될 것임.

9-1-3-2-2) [L38] Else (거짓이면, 즉 w가 p에서 word의 오른쪽이며):

9-1-3-2-2-1) [L39] 재귀함수:

- p의 right에 대해 w로 addtree 호출.
- left는 갱신된 left node를 가지게 될 것임.

9-1-4) [L40] 반환문 : (tnode *) p 반환[120].

9-2) [L41] treeprint 함수 body: Out.

10) [L44] main 함수 head: 입력, 출력 없음.

10-1) [L45] main 함수 Body: In.

10-1-1) [L46] root 변수 선언: (tnode *) 유형, Binary Tree의 root.

10-1-2) [L47] word 변수 선언: 문자열 유형, 크기 MAXWORD=100.

120) Recursive 호출이 된 역순으로 반환이 이루어지기 때문에 p의 구조는 Binary Tree 구조를 유지하고, 새로운 단어가 추가될 경우에만, 그 단어를 위한 노드가 추가된 형태를 유지할 것이다. 그리고 중복된 단어에 대해서는 그 단어를 위한 node의 count 값만 증가될 것이다.

10-1-3) [L49] 배정문: `root`를 `NULL`로 초기화.

10-1-4) [L50] while 문 : `getword`로 한 단어를 읽어, `EOF`이 아니면.

10-1-4-1) [L51] if 문 : 단어의 첫문자가 알파벳이면.

10-1-4-1-1) [L52] Then (참이면, 즉 `w`가 원하는 알파벳으로 된 단어면):

- `addtree`로 `root`에 `word` 추가.

10-1-5) [L53] 함수 호출: `treeprint`로 `root`내의 `word`와 `count` 출력.

10-2) [L54] `main` 함수 Body: Out.

이 예제에서는 `tnode`의 메모리 공간과 `tnode`의 `word` 공간을 `addtree` 함수에서 직접 `malloc` 함수를 사용해 확보하지 않고, `talloc` 함수와 `strdup` 함수를 통해서 확보했다. 즉 추상화를 통해서 pointer를 사용함으로써 발생될 수 있는 오류의 가능성을 제거했음을 확인할 수 있다. 당연히 전제조건은 `talloc` 함수와 `strdup` 함수 내에 오류가 없다는 조건이다.

## 2.3.4 Operations

다음은 연산에 대해 알아보자. C에서 제공하는 연산은 다음과 같이 정리할 수 있다:

1) Arithmetic operators: 산술 연산

- `+` (addition), `-` (subtraction), `*` (multiplication), `/` (division: float), `div` (division: integer), `**` (exponential), `%` (remainder), `++`(increment by 1), `--` (decrement by 1) 등.

2) Relational operators: 비교 연산

- `>` (greater than), `>=` (greater than or equal to), `<` (less than), `<=` (less than or equal to), `!=` (not equal), `==` (equal to).

3) Logical operators: 논리 연산

- `&&` (and), `||` (or), `!` (not).

4) Conditional operators: 조건 연산

- `? :` (if-not-else)[121].

5) String operators: 문자열 연산

- `strlen` : string length.
- `strcpy` : string copy.
- `strcat` : string concatenatio.
- `strchr` : char in string.
- `strcmp` : string comparison.
- `atoi` : string to integer.
- `atof` : string to double.
- `atol` : string to long.
- `strncpy` : string n copy.
- `strncat` : string n concatenation.
- `strncmp` : string n comparison.
- `strstr` : string in string.
- `strtod` : string to digit.
- `strtok` : string to token.

6) Sign operators: 음수/양수화 연산

- +(convertion to positive), - (convertion to negative).

7) Indirect operators: 자료의 직접 및 간접 주소값; 정적 및 동적 구조체의 원소 주소값

- `&` (address), `*` (pointer), `.` (static member), `->` (dynamic member).

8) Bit operators: 비트 연산[122]

121) 예를 들면 다음과 같은 배정문에 if 수식을 적용할 수 있다: "`x = y > 1 ? 1 : 2;`" 이 의미는 `x`의 값이, `y`의 값이 1보다 큰 경우는 1로, 그렇지 않을 경우는 2로 배정됨을 의미한다. 문법적으로 <conditional-expression> ? <then-value> : <else-value> 의 수식을 따른다.

122) 설명한 바와 같이, 연산 시스템 관점에서 프로그램의 실행시간을 결정하는 요소를 분석하는 것은 매우 중요하다. 특히 bus에 의한 데이타의 전송 속도와 cpu에 의한 연

- ~ (negation), & (and), | (or), ^ (complement), << (shift left), >> (shift right).

9) Other concerns: 괄호 표현 연산[123]

- `()` : parenthesis.
- `a[i,j,k]` : indexing.
- `f(a,b)` : function.
- `(int)x` : type casting.

### 2.3.5 Types과 Error Checking

다음은 유형과 검사에 대해 알아보자.

일반적으로 프로그램언어는 type 기반 언어라고 해도 과언이 아니다. 그 이유는 다음과 같다:

1) 언어는 기본적인 유형을 제공한다: **int**, **float**, **char** 등.
2) 모든 상수, 변수는 이러한 기본 유형(type)에 속해 있다.
3) 기본 또는 사전에 선언된 새로운 유형을 기반으로 새로운 유형을 선언할 수 있다.
4) 새로운 유형의 상수나 변수를 선언할 수 있다.
5) 이러한 유형을 기반으로 한 정의역과 치역의 사상관계, 즉 관계형 signature를 가진 함수를 정의할 수 있다.
6) 이를 기반으로 한 집합형 signature를 가진 module, structure, class 등을 정의

---

산 속도는 프로그램에 결정적인 역할을 한다. 그런 면에서, bit 연산은 이러한 시간을 줄일 수 있는 방법 중 하나다. 특히 Embedded 시스템이나 실시간시스템에서 System의 시간과 HW에 대한 요구사항을 만족하기 위해 주로 사용하는 방법이다. 특히 Embedded 시스템 같은 경우에는, 제한된 HW의 여건 때문에 OS의 통제 없이 코드와 데이터가 모두 memory에 탑재되어 시스템을 운영하는 경우가 많다. 이 또한 HW의 제약조건을 극복하기 위한 방편도 되겠지만, 시스템의 시간에 대한 제약조건, 즉 운영체데에 의한 운영 시간, i.e., memory management, process management 등과 같이, 프로그램, 데이터를 메모리에서 관리하는 시간을 줄임으로써 전체 실행시간을 단축시키기 위한 방안이라고 볼 수도 있다.

123) 일반 연산에는 포함되어 있지 않지만, 괄호 식(expression)을 문법적으로 표현하기 위한 방편으로 ()와 관련된 연산식으로 정의를 했다. 이는 프로그램을 데이터로서 메모리에 적재해서 프로그램의 의미를 분석하는 데 매우 중요한 방법 중 하나다.

할 수 있다.

이런 type을 기반으로 한 언어의 특성 상, 대표적으로, 다음과 같은 경우에 type에 대한 검사(Check)가 이루어진다[124]:

1) 변수에 값이 할당되는 경우: 상수, 다른 변수값, 함수의 반환값 등. 변수의 유형에 이러한 값이 부합해야 한다.
2) 유형의 연산: 각 연산의 경우 피연산자의 유형과 부합해야 한다.
3) 함수의 호출: 함수의 호출시 매개변수에 대입되는 값이 그 변수의 유형과 부합해야 한다.

이러한 유형과 검사의 관점에서 프로그래밍언어는 크게 다음과 같이 두 가지 유형으로 구분된다:

1) Weak Type 언어: 검시기 엄격하지 않아서, 등치싱이 있는 유형의 값으로 내제할 수 있는 경우의 언어들. 필요에 따라서는, 등치가 되는 대상 유형으로 값을 type casting[125], 또는 type conversion을 해야 한다.
2) Strong Type: 검사가 엄격하여, 다른 유형의 값으로 대체될 수 없고, 설령 등치성이 있는 유형의 값으로 대체한다 할지라도, type conversion을 해야만 대체될 수 있는 경우의 언어들. 강제적으로 Type Casting을 항상 허용하지는 않는다.

그럼 이와 관련된 몇 가지 개념을 살펴보자:

1) Binding: 기본적으로 어떤 entity에 이름을 부여하는 것을 의미한다. 값일 수도 있고, 변수일 수도 있고, 함수 및 모듈일 수도 있다. 자연히 Binding 대상에는

---

124) 이를 type check라고 한다.

125) type casting은 하나의 유형을 다른 유형으로 변환하는 연산이다. 예를 들면, 다음과 같은 배정문이 있다고 가정하자:

```
int i = '1';
```

Strong Type 언어의 경우라고 한다면, 변수 `i`에 char '1'을 배정할 수 없다. 왜냐하면, type이 다르기 때문이다. `i`와 '1'의 type이 각각 `int`와 `char`이기 때문이다. 그런데, Weak Type 언어에서 `int`와 `char`가 호환적이라면, 배정이 가능할 수 있다. 만약 호환적이지만 그 호환성을 명시적으로 지시해야 한다면, 다음과 같이 `char` type을 `int` type으로 강제적으로 casting해주면 된다:

```
int i = (int) '1';
```

이를 type casting이라고 하며, `(int)`를 casting 연산이라고 한다. 이는 type conversion을 하는 방법이다.

유형이 정해진다.

2) Overloading: 절차중심언어에서는 기본적으로 Binding의 결과에 의해 Binding 대상에는 한가지 유형이 정해진다. 하지만 경우에 따라 하나 이상의 유형이 정해지는 경우도 있다. 예를 들면, 객체지향언어인 C++에서는 동일한 이름의 함수가 서로 다른 signature를 가질 수 있다. 또 함수언어인 ML언어에서도 서로 다른 signature를 가진 동일한 이름의 함수를 정의할 수 있다. 이를 하나의 이름에 여러 개의 signature가 부여가 되었다는 의미에서 overloading이 되었다고 한다.
3) Polymorphism: 이런 overloading 개념의 연장선상에서 하나의 함수가 하나 이상의 관계 형식, 즉 morphism을 형성한다는 의미에서 polymorphism이라고도 한다.
4) Coercion: 위에서 언급한 type casting이 언어에 의해서 자동으로, 강제적으로 전환되는 개념을 의미한다. 즉 컴파일 과정에서 자동의 casting 연산자가 삽입이 된다. 예를 들면 다음과 같다:

```
int i = '1' ;    →  int i = (int) '1' ;
```

즉 전자의 배정문에서 `i`와 '`1`'의 유형, 즉 `int`와 `char`가 서로 다르기 때문에 언어, 즉 컴파일러가 자동으로, 즉 강제적으로 후자와 같이 `(int)` type casting 연산자를 삽입해서 type conversion을 시키게 된다.

## 2.4 Procedure/Function

다음은 프로그램을 구성하는 기본 단위(program unit[126])인 함수(function)와 절차(Procedure)[127]에 대해 알아보자.

### 2.4.1 정의(Definition)

프로시저는 한 묶음의 코드에 이름을 붙인 것이다. 이 코드의 덩어리를 프로시저 본문(body)이라 하고, 이 본문을 작동하기 위해서는 그 코드의 이름을 사용하면 된다. 즉

126) <그림 2-2>에서 설명한 바와 같이, 구문이 모여 프로그램의 기본 단위인 프로시저와 함수를 만든다.

127) Procedure는 절차라 하지 않고, 프로시저라고 명명한다.

그 이름을 호출(call)하면 본문(body)이 작동된다.[128]

프로시저가 이렇게 의도한 바대로 binding이 되고 또한 작동되기 위해서는 다음과 같은 몇 가지 쟁점을 해결해야 한다:

1) Mapping: 이름과 코드를 binding 하는 방법과 시기. 예를 들면, Compile time 또는 runtime에 할 것인지에 대한 방안. 그리고 runtime에 이름을 호출시, 이 binding에 의해 binding 된 코드를 어떻게 작동시킬 것인지에 대한 방안.
2) Mapping 사안:
   - 이름에서 선언부(declaration).
   - 선언부에서 저장소(storage).
   - 저장소와 값(value).

### 2.4.2 선언 및 호출

프로시저는 다음과 같이 두 가지 유형으로 구분된다:

1) Function procedure (function): 언어가 제공하는 연산(operation)의 확장 개념.[129]
2) Proper procedure (procedure): 언어가 제공하는 구문(statement)이나 행동(action)[130]의 확장 개념.[131]

이렇게 정의된 프로시저를 사용하기 위해서는 프로시저를 호출하면 된다.

프로시저를 구성하는 기본적인 요소는 다음과 같다:

1) 선언되는 프로시저의 이름.
2) 지역 선언부와 구문으로 이루어진 프로시저의 본문 (body).

---

128) 이렇게 본문에 이름을 연결하는 것을 binding이라고 한다. 이름을 호출하면 그 이름에 binding되어 있는 body가 작동된다. 이를 procedure call이라고 한다.

129) 연산의 피연산자를 입력으로, 연산의 결과를 출력으로 간주하면, 일반 함수를 연산의 연장 개념으로 수용할 수 있다.

130) print와 같이 주변 장치를 작동시키는 개념으로 이해할 수 있다.

131) 구문과 액션의 결과는 함수처럼 입력 대비 출력의 관계로 볼 수 없고, 변수나 환경에 대한 변경 및 변화로 이해할 수 있다. 즉 비(非)함수적 개념으로 정의할 수 있다.

3) 실질매개변수를 저장하기 위한 형식매개변수.
4) (선택) 반환유형: function에만 적용.

## (1) Procedure

그럼 간단한 procedure 예를 알아보자. 다음은 Pascal program이다.

| 원 코드 | 프로시저 정의 | 프로시저 호출 |
|---|---|---|
| `begin` | `procedure getch` | `begin` |
| `  while eoln do` | `  (var ch: character)` | `  getch(ch)` |
| `    readln;` | `  begin` | `end;` |
| `  read(ch)` | `    while eoln do` | |
| `end;` | `      readln;` | |
| | `    read(ch)` | |
| | `  end;` | |

<프로그램 2-24> Pascal Procedure

<프로그램 2-24>의 왼쪽에 나오는 코드가 원시코드다. 이 코드의 본문은 다음과 같은 Pascal언어가 제공하는 구문을 사용한다:

1) **eoln:** 입력(input)에서 한 줄의 끝(end of line)을 점검하는 함수에 대한 호출. 매개변수가 필요 없으나, 반환유형이 boolean이다.
2) **readln:** 입력(input)에서 줄의 끝(end of line)까지를 지나치며 무시하는 프로시저에 대한 호출. 매개변수가 필요 없다. 프로시저이기 때문에 반환값이 없다.
3) **read(ch):** 입력(input)에서 한 문자를 읽고 그 값을 ch에 저장하는 프로시저. 매개변수는 ch이며, 프로시저이기 때문에 반환값이 없다.

이 <프로그램 2-24>의 의미는 다음과 같다: 빈 줄을 무시하고 첫 문자를 읽어들인다. 이러한 코드는 일반적으로 입력을 처리할 때 사용하는 대표적인 방법이다. 즉 입력에서 첫 문자가 나오기 전의 모든 빈 줄은 무시해야 한다는 의미다. 이런 면에서 문자를 읽기 전에 빈 줄들을 무시하는 작업을 매번 반복하는 것은 의미적으로 중복되는 작업일 뿐만 아니라 코드를 작성하는 것 또한 중복되는 일이다. 이러한 중복성을 해결하기 위한 방안이, 이를 독립적인 프로시저로 정의한 다음, 이를 문자를 읽을 때마다 이 프로시저를 사용하는 것이다. 그 방법은 다음과 같다:

1) 정의(선언): <프로그램 2-24>의 중간에 나오는 코드처럼, 이렇게 빈 줄을 무

시하고 첫 문자를 읽어들이는 코드 부분을 분리시켜, **getch**라는 procedure를 정의한다. 이때 중요한 것은 본문의 **read(ch)**에 필요한 변수를 형식매개변수로 정의하는 것이다.

2) 호출(사용): <프로그램 2-24>의 오른쪽에 나오는 코드처럼, **get** procedure를 호출한다. 이때 중요한 것은 **get**의 실질매개변수를 대입하는 것이다.

## (2) Function

그럼 간단한 function 예를 알아보자. 다음은 Pascal과 C program들이다.

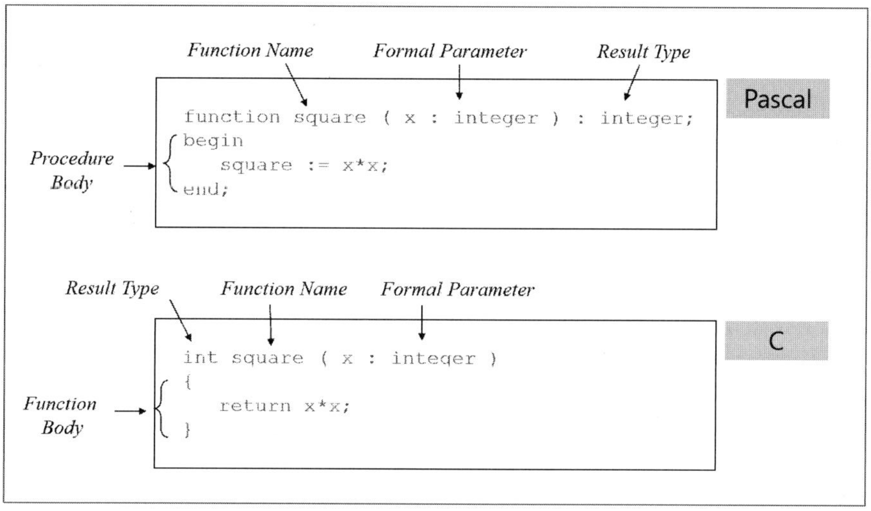


<그림 2-23> Procedure, Function Format

<그림 2-23>의 위쪽에 나오는 코드는 Pascal 함수다. 이 함수는 다음과 같은 요소로 구성된다:

1) 함수 이름(function name): 이름은 일반적으로 알파벳으로 시작하고 이후는 알파벳과 숫자 및 underscore(_)로 구성된다. 이는 각 언어의 문법이 허용하는 이름 규칙을 따른다.
2) 형식매개변수(formal parameter)[132]: 함수에 입력되는 변수를 형식매개변수라고 한다. 기본적으로 변수의 이름과 유형이 결정된다. 변수의 이름은 위 이름의 규칙을 따른다.
3) 반환유형[133]: 함수가 반환(출력)하는 자료의 유형을 정한다.

132) 함수의 정의역으로 간주할 수 있다.

4) 함수 본문(body): 기본적으로 block의 형식을 따르며, 주로 선언부와 실행부로 구성되어 있다. 선언부에서는 지역변수를 선언할 수 있고, 실행부는 매개변수와 지역변수를 기반으로 한 실행문으로 구성된다.
5) 본문에는 꼭 반환유형에 부합하는 반환문이 있어야 한다.

<그림 2-23>의 아래쪽에 나오는 C 코드 또한 문법은 조금 다르나, 기본적으로 Pascal 같은 형식을 따른다.

함수의 가장 대표적인 특징 중 하나는 함수를 통해서 recursion을 구현할 수 있다는 것이다. 이전에 설명한 바와 같이, recursion은 함수가 자기 자신의 함수를 호출하는 것을 의미한다. 대표적인 예가 n factorial이다. 언어적으로 이러한 함수의 recursion이 가능한 이유는 실행 시 각 함수의 실행정보를 관리하는 activation record를 통해서 각 호출되는 함수의 실행정보를 독립적으로 관리함으로써 각 recursive한 함수들 간의 관계를 추적할 수 있기 때문이다. 이 사안은 뒤에서 자세히 다룰 것이다.

이와 같이 프로시저를 사용하는 대표적인 장점을 정리하면 다음과 같다:

1) 프로시저 추상화(abstraction): 프로시저를 통해서 추상화가 이루어진다. 즉 구체적인 단계로 이루어진 절차를 하나의 개념으로 묶고, 역으로 그 개념을 통해서 그 구체적인 단계로 이루어진 절차를 표현할 수 있다.
2) 구현 은닉 (Implementation hiding): 언어적 관점에서는 이러한 구체적인 단계로 이루어진 절차를 일일이 적시하며 사용하는 것은 불필요하다. 즉 추상화라는 과정을 통해서 그러한 정보를 은닉해야 한다. 즉 추상화가 되는 많은 정보 중에 필요한 정보만을 공개하고, 나머지는 비공개로 하는 것이 추상화된 정보를 안전하게 관리하는 방법이다.
3) 모듈화: 프로시저를 통해서 프로그램을 체계적으로 개념화하고 이 개념화에 따라 프로그램을 작은 개념 단위의 프로시저로 분할할 수 있다. 그리고 이런 기본 단위로 분할된 프로시저들을 묶어서 하나의 독립된 기능과 역할을 수행하는 모듈을 구축할 수 있다. 이렇게 모듈이 구축되면, 프로그램을 관련된 모듈들의 상호작용으로 개념화하여 정의할 수 있다.
4) Library: 이런 모듈 중에 공개적으로 사용할 수 있는 모듈을 library라고 한다.

그럼, 다음은 이러한 프로시저를 호출하는 방식에 대해 알아보자.

133) 함수의 치역으로 간주할 수 있다.

### 2.4.3 매개변수 전달방식(Parameter-Passing Methods)

프로시저나 함수를 호출하는 방식은 다음과 같다:

1) 함수의 이름과 함수의 변수에 값을 대입한다. 이렇게 대입하는 변수를 실질매개변수(real parameter)라고 한다. 위 <그림 2-23>의 예를 들면, 다음과 같다:

```
int i = square(2);
```

여기에서 2가 **square** 함수의 변수 **x**에 대한 실질매개변수가 된다.

2) 함수의 본문에 정의된 매개변수에 이 실질매개변수값을 대입해서 본문이 실행된다. 위 예를 들면, 다음과 같이 형식매개변수인 **x**에 실질매개변수값 2가 대입되어 실행된다:

```
int square ( (x=2) )
{
   return (x=2)*(x=2);
}
```

이렇게 실질매개변수가 형식매개변수에 대입될 때, 어떻게 대입되는가에 따라 프로시저나 함수 본문의 실행 결과가 달라진다. 그럼 대입의 방식에는 어떤 것이 있는지 알아보자.

#### 2.4.3.1 Call-By-Value

실질매개변수값(value)이 형식매개변수에 직접 대입되는 경우다. 이 방식에 의해서 <프로그램 2-25>의 Pascal Square 함수가 실행되는 과정을 보면 다음과 같다:

1) **x:=E;**
   - 실질매개변수 E의 값을 형식매개변수 **x**의 값으로 할당한다.
2) **square := x*x;**
   - 함수 본문의 구문을 실행한다.
3) **return square;**
   - 연산의 결과를 반환한다.

| | L# | Pascal | C |
|---|---|---|---|
| 함수선언 | 1 | function square ( x : integer ) : integer; | int square ( int x ); |
| | 2 | begin | { |
| | 3 | square := x*x; | return x*x; |
| | 4 | end; | } |
| 함수호출 | 5 | var a, b : integer; | int a, b; |
| | 6 | ... | ... |
| | 7 | a := square(2); | a = square(2); |
| | 8 | b := square(a); | b = square(a); |

<프로그램 2-25> Call-By-Value 예제: square 프로시저/함수 (Pascal, C)

위 <프로그램 2-25>에서 보면, Pascal square 함수는 다음과 같이 실행된다:

1) [L7] `a := square(2);`

```
function square ( (x←2)[134] : integer ) : integer;
begin
  square := 2*2=4;
end;
```

2) [L8] `b := square(a=4);`

```
function square ( (x←4) : integer ) : integer;
begin
  square := 4*4=16;
end;
```

위 <프로그램 2-25>에서 보면, C의 square 함수도 동일하게 실행된다:

1) [L7] `a = square(2);`

```
int square ( int (x←2))
{
  return 2*2=4;
}
```

2) [L8] `b = square(a=4);`

```
int square ( int (x←4))
{
  return 4*4=16;
```

134) 여기에서, '←'는 대입을 의미한다.

```
    }
```

Call-By-Value 방식은 가장 기본적인 매개변수 전달방식이다. 하지만 이 방식이 의도대로 실행되지 않은 경우도 있다.

| | | |
|---|---|---|
| 프로시저 선언 | 1 | `procedure swap(x, y : integer )` |
| | 2 | `   var z: integer;` |
| | 3 | `begin` |
| | 4 | `   z:=x;` |
| | 5 | `   x:=y;` |
| | 6 | `   y:=z;` |
| | 7 | `end;` |
| 프로시저 호출 | 8 | `var a, b : integer;` |
| | 9 | `...` |
| | 10 | `a:= 1;` |
| | 11 | `b:= 2;` |
| | 12 | `swap(a,b);` |
| | 13 | `write(a,b);` |

<프로그램 2-26> Call-By-Value 예제: swap - Pascal

다음 예를 보자. <프로그램 2-26>은 Pascal **swap**[135] 프로시저다. Swap의 개념은 두 개의 값을 교환, 또는 바꾸고자 하는 의도로 작성된 프로시저 또는 함수다. 여기에서는, 원래의 Pascal procedure 관점에서 살펴보자.

**swap** 프로시저의 의도는 다음과 같다:

1) [L1] 프로시저 Head:
   - 프로시저 이름: **swap**
   - 형식매개변수: 교환하고자 하는 두 개의 변수.
     - **x** : (**integer**) 유형.
     - **y** : (**integer**) 유형.
2) [L2] 지역변수 선언:
   - **z** : (**integer**) 유형 - **x**와 **y**의 교환을 위한 임시 저장소.
3) [L3] Procedure Body: In.

3-1) [L4] 배정문: 매개변수 **x**의 값을 지역변수 **z**에 저장.

135) Swap은 프로그램언어에서 parameter passing 방법을 설명하는 대표적인 예제다.

3-2) [L5] 배정문: 매개변수 **y**의 값을 매개변수 **x**에 저장.

3-3) [L6] 배정문: 지역변수 **z**에 저장된 원 **x**의 값을 매개변수 **y**에 저장.

4) [L7] Procedure Body: Out.

<프로그램 2-26>에서 보여주는 바와 같이, **a**와 **b** 변수값을 swap하고자 **swap** 프로시저를 사용할 경우, 원하는 것처럼 두 변수값이 변경되지 않음을 다음과 같이 확인할 수 있다:

1) [L8] 변수 선언: **a**, **b** (int) 유형
2) [L10] 변수 초기화: **a**에 1 배정.
3) [L11] 변수 초기화: **b**에 2 배정.
4) [L12] 프로시저 호출: **swap(a,b)**

```
procedure swap((x←1), (y←2): integer)
  var z: integer;
begin
  z:=1(=1);
  x:=2(=2);
  y:=z(=1);
end;
```

5) [L13] 출력문: **write(a=1, b=2);**
   - 1과 2가 출력됨.

위 4)에서 bold face로 보여주는 바와 같이, **swap** 프로시저 내에서는 형식매개변수값 **x**와 **y**의 값이 서로 바뀐 것이 확인되지만, 위 5)에서 bold face로 보여주는 바와 같이, **a**와 **b**의 값은 변경되지 않음을 확인할 수 있다. 그 이유는 매개변수의 전달방식이 value에 기반을 두었기 때문이다. 즉 의도한 바대로 **a**와 **b**의 값이 변경되기 위해서는, 프로시저 **swap** 내에서의 **x**와 **y**의 변경이 이를 호출하면서 전달된 실질매개변수 **x**와 **y**의 변경을 유도할 수 있는 방식이 되어야 한다. 이러한 방식을 Call-By-Reference 방식이라고 한다.

### 2.4.3.2 Call-By-Reference

위 swap 예제와 같은 문제를 해결하는 근본적인 방법은, 실질매개변수를 전달할 때 매개변수값으로 전달하지 않고 주소값으로 전달하는 방식이다. 이를 Call-By-Reference 라고 한다. 매개변수값이 전달되지 않고, reference 값, 즉 주소값을 전달한다는 것이다. 이전의 Call-By-Value 방식과 구분하기 위하여, 다음과 같이 형식매개변수에

reference 유형임을 명시하는 'var' keyword를 사용한다:

| | | |
|---|---|---|
| 프로시저 선언 | 1<br>2<br>3 | `procedure P(x: Tx; var y: Ty)`<br>`   ...`<br>`end;` |
| 프로시저 호출 | 4 | `P(a+b,c);` |

<프로그램 2-27> Call-By-Reference Format: Pascal

<프로그램 2-27>의 P 프로시저의 의도는 다음과 같다:

1) [L1] 프로시저 Head:
   - 프로시저 이름: P
   - 형식매개변수:
     - x : (Tx) 유형 - Call-By-Value 유형.
     - y : (var Ty) 유형 - Call-By-Reference 유형.
2) [L2~3] N/A

P에 대한 호출은 다음과 같이 진행된다:

1) [L4] 프로시저 호출: P(a+b,c)

```
procedure P((x←((a+b)의 결과 값): Tx; var (y←(c의 주소값): Ty)
   ...
end;
```

   - x: Call-By-Value 방식이므로 (a+b)의 값이 전달된다.
   - y: Call-By-Reference 방식이므로 실질매개변수 c의 주소값이 전달된다.

즉 P내에서의 y에 대한 변경은 c에 대한 변경을 의미하므로 P의 종료 후에도 C의 값이 변경됨을 보장할 수 있다.

그럼 이전의 swap 문제가 call-by-reference 방식으로 어떻게 해결되는지 알아보자. 다음은 이전 예제와 동일하나, 매개변수의 전달방식을 call-by-reference 방식으로 선언했다.

| | | |
|---|---|---|
| 프로시저 선언 | 1 | `procedure swap(var x : integer; var y : integer )` |
| | 2 | `  var z: integer;` |
| | 3 | `begin` |
| | 4 | `  z:=x;` |
| | 5 | `  x:=y;` |
| | 6 | `  y:=z;` |
| | 7 | `end;` |
| 프로시저 호출 | 8 | `var a, b : integer;` |
| | 9 | `...` |
| | 10 | `a:= 1;` |
| | 11 | `b:= 2;` |
| | 12 | `swap(a,b);` |
| | 13 | `write(a,b);` |

<프로그램 2-28> Call-By-Reference 예제: swap - Pascal

<프로그램 2-28>의 **swap** 프로시저의 의도는 다음과 같다:

1) [L1] 프로시저 Head:
   - 프로시저 이름: **swap**
   - 형식매개변수: 교환하고자 하는 두 개의 변수.
     - **x** : call-by-reference (**var integer**) 유형.
     - **y** : call-by-reference (**var integer**) 유형.

2) [L2] 지역변수 선언:
   - **z** : (**integer**) 유형 - **x**와 **y**의 교환을 위한 임시 저장소.

3) [L3] Procedure Body: In.

3-1) [L4] 배정문: 매개변수 **x**의 값을 지역변수 **z**에 저장.

3-2) [L5] 배정문: 매개변수 **y**의 값을 매개변수 **x**에 저장.
   - **x**의 실질매개변수값도 변경됨.

3-3) [L6] 배정문: 지역변수 **z**에 저장된 원 **x**의 값을 매개변수 **y**에 저장.
   - **y**의 실질매개변수값도 변경됨.

4) [L7] Procedure Body: Out.

<프로그램 2-28>에서 보여주는 바와 같이, swap하고자 **swap** 프로시저에 의해 **a**와 **b** 실질매개변수값이 swap됨을 다음과 같이 확인할 수 있다:

1) [L8] 변수 선언: **a**, **b** (**int**) 유형.
2) [L10] 변수 초기화: **a**에 1 배정.
3) [L11] 변수 초기화: **b**에 2 배정.
4) [L12] 프로시저 호출: **swap(a,b)**

```
procedure swap((x←(a=1)), (y←(b=2)): integer)
   var z: integer;
begin
   z:=1(=1);
   x:=2(a:=2);
   y:=z(b:=1);
end;
```

5) [L13] 출력문: `write(a=2, b=1);`
   - 2와 1이 출력됨.

위 4)에서 bold face로 보여주는 바와 같이, **swap** 프로시저 내에서는 형식매개변수 **x**와 **y**의 값이 서로 바뀐 것이 확인된다. 그 이유는 매개변수의 전달방식이 call-by-reference에 의해, 프로시저 내의 **x**와 **y**의 변경은 이에 상응하는 매개변수, 즉 **a**와 **b**의 변경을 의미하기 때문이다. 결과적으로, 프로시저 내의 **x**와 **y**의 **swap**은 이에 상응하는 매개변수, **a**와 **b**의 swap을 수행한다. 즉 의도한 바대로 **a**와 **b**의 값이 변경된다.

이와 같이 call-by-value와 call-by-reference의 차이점을 **swap** 프로시저를 통해서 알아보았다. 그럼 동일한 예를 C언어로 정의해 보자.

| | | |
|---|---|---|
| 함수 선언 | 1 | `void swap(int *px, int *py)` |
| | 2 | `{` |
| | 3 | `   int z;` |
| | 4 | |
| | 5 | `   z = *px;` |
| | 6 | `   *px = *py;` |
| | 7 | `   *py = z;` |
| | 8 | `}` |
| 함수 호출 | 9 | `int a, b;` |
| | 10 | `...` |
| | 11 | `a = 1;` |
| | 12 | `b = 2;` |
| | 13 | `swap(&a, &b);` |
| | 14 | `printf("a=%d; b=%d", a,b);` |

<프로그램 2-29> Call-By-Reference 예제: swap - C

<프로그램 2-29>의 **swap** 함수의 의도는 다음과 같다:

1) [L1] 함수 Head:
   - 프로시저 이름: **swap**

- 형식매개변수: 교환하고자 하는 두 개의 변수 – point 형으로 정의.
    - **px** : call-by-reference (int *) 유형.
    - **py** : call-by-reference (int *) 유형.

2) [L2] 함수 Body: In.

3) [L3] 지역변수 선언:

- **z** : (int) 유형 – (int *) **px**와 (int *) **py**의 교환을 위한 임시 저장소.

3-1) [L5] 배정문: 매개변수 (int *) **px**, 즉 **x**의 주소에 저장된 값을 지역변수 **z**에 저장.

3-2) [L6] 배정문: (int *) **py**, 즉 매개변수 **y**의 주소에 저장된 값을 매개변수 (int *) **px**, 즉 **x**의 주소에 저장.

- **x**의 실질매개변수값도 변경됨.

3-3) [L7] 배정문: 지역변수 **z**에 저장된 원 **x**의 값을 매개변수 (int *) **py**, 즉 **y**의 주소에 저장.

- **y**의 실질매개변수값도 변경됨.

4) [L8] Procedure Body: Out.

<프로그램 2-29>에서 보여주는 바와 같이, **swap** 함수에 의해 **a**와 **b** 실질매개변수 값이 swap됨을 다음과 같이 확인할 수 있다:

1) [L9] 변수 선언: **a**, **b** (int) 유형.
2) [L11] 변수 초기화: **a**에 1 배정.
3) [L12] 변수 초기화: **b**에 2 배정.
4) [L13] 프로시저 호출: **swap(&a, &b)**

```
void swap(int(*px←(&(a=1))), int(*py←(&(b=2))))
{
   int z;
   z = 1(=1);
   *px = 2(a=2);
   *py = z(b=1);
}
```

- Call-by-reference이기 때문에 실질매개변수 **a**, **b**의 주소값이 형식매개변수 **px**, **py**의 값들로 각각 전달된다.
- (int *)**px**의 값에 대한 변경은 바로 **a**의 값에 대한 변경을 의미함.
- (int *)**py**의 값에 대한 변경은 바로 **b**의 값에 대한 변경을 의미함.

5) [L14] 출력문: **printf("a=%d; b=%d", a,b);**

- 2와 1이 출력됨.

위 4)에서 bold face로 보여주는 바와 같이, **`swap`** 함수 내에서는 형식매개변수 **`(int *) px`**와 **`(int *) py`** 값의 변경은, 이에 상응하는 매개변수, 즉 **`a`**와 **`b`**의 변경을 초래함을 확인할 수 있다. 그 이유는 당연히 매개변수의 전달방식이 call-by-reference 이기 때문이다. 즉 의도한 바대로 **`a`**와 **`b`**의 값이 변경된다.

### 2.4.3.3 Call-By-Value-Result

다음은 call-by-value-result 방식이다. 이 방식은 다음과 같이 두 단계로 이루어진다:

1) Copy-in 단계(Phase): 실질매개변수가 형식매개변수로 복사되는 단계.
   - 프로시저 호출이 실행되기 전에, 실질매개변수가 형식매개변수에 대입되기 전에, 실질매개변수의 주소와 값이 계산이 된다.

2) Copy-out 단계(Phase): 반대로, 형식매개변수가 실질매개변수로 복사되는 단계.
   - 프로시저 호출에 의해 프로시저가 실행을 마친 후, 형식매개변수의 최종 값이 copy-in 단계에서 계산된 주소로 다시 복사된다.

프로시저 선언

```
program
   ...
   i: integer;
   ...
   procedure foo(x,y);
   begin
      i := y
   end;
```

호출

```
begin
   i := 2;
   j := 3;
   foo(i,j);
end;
```

<프로그램 2-30> Call-By-Value-Result 예제: foo - Pascal

<프로그램 2-30>은 Pascal의 한 예제다. 여기에서는 하나의 **`program`**이 선언되면, **`program`** 안의 procedure **`foo`**가 선언되고, **`program`**의 본문에서 이 procedure **`foo`**가 호출된다. 호출시, **`program`**의 지역변수, **`i`**와 **`j`**가 **`foo`**의 실질매개변수로 전달되었다. 만약 매개변수의 전달방식이 call-by-value-reference 방식이라면, 다음과 같은

절차를 거쳐 copy-in과 copy-out 단계를 거치게 될 것이다:

1) Copy-in 단계:
   - 실질매개변수의 주소 복사:
     - `px := &i;` {save the location of actual `i`}
     - `py := &j;` {save the location of actual `j`}
   - 실질매개변수값을 형식매개변수값으로 복사:
     - `x := i;` {copy-in value of actual `i` into formal `x`}
     - `y := j;` {copy-in value of actual `j` into formal `y`}
2) 프로시저 본문 실행:
     - `i := y;` {change value of `i`}
3) Copy-out 단계:
   - 형식매개변수값을 실질매개변수의 주소에 이 변수값으로 복사:
     - `*px := x;` {copy out `x`, thereby restoring `i`}
     - `*py := y;` {copy out `y`, thereby restoring `j`}

추가적으로, Ada[136]에서는 형식매개변수의 유형을 다음과 같이 3가지 매개변수 전달 방식 모드(mode)를 정의하여 세분화하였다:

1) IN: Copy-in 유형. 실질매개변수값만을 형식매개변수로 대입할 수 있다.
2) OUT: 형식매개변수값을 실질매개변수로 반환할 수 있다.
3) INOUT: IN과 OUT이 동시에 성립한다.

### 2.4.3.4 Call-By-Name

다음은 call-by-name 방식이다. 기본적인 원리는 프로시저 호출시 실질매개변수의 이름이 그대로 직접 형식매개변수의 이름으로 대입되는 것이다. 예를 들어보자.

다음 <프로그램 2-31>은 Pascal **swap** procedure다.

136) Ada는 미국방부가 미국방용 SW를 위해서 개발한 언어다. 지금까지 알려진 프로그래밍 언어 중에 가장 방대한 언어라고 알려져 있다. 진화 과정에서 총 3종류의 유형이 존재한다: Ada83, Ada95, Ada12. 무기체계, 우주 항공 분야와 같은 분산실시간시스템을 구현하는 주요 핵심언어로 평가받고 있다. 이에 대한 표준안도 ISO/IEC 8652:2012로 규정되었다[ADA].

| | | |
|---|---|---|
| 프로시저 선언 | 1 | `procedure swap(x, y : integer )` |
| | 2 | `var z: integer;` |
| | 3 | `begin` |
| | 4 | `z:=x;` |
| | 5 | `x:=y;` |
| | 6 | `y:=z;` |
| | 7 | `end;` |
| 프로시저 호출 | 8 | `var i : integer;` |
| | 9 | `var a: array 1..10 of integer;` |
| | 10 | `...` |
| | 11 | `i     := 3;` |
| | 12 | `a[ i]  := 4;` |
| | 13 | `swap(i,a[ i]);` |
| | 14 | `write(i,a[ i]);` |

<프로그램 2-31> Call-By-Name 예제: swap - Pascal

만약 [L13]에서 **swap** 프로시저에 대한 호출이 이루어졌을 경우, call-by-name 방식으로 매개변수전달이 이루어졌다면, 변수의 대입은 <프로그램 2-32>의 코드와 같이 조정된다. 즉 형식매개변수 **x**와 **y**에 대입되는 실질매개변수 **i**와 **a[ i]** 에 의해 **swap** 프로시저 내의 모든 **x**와 **y** 매개변수들이 실질매개변수 **i**와 **a[ i]** 의 이름으로 대체된다.

| i:=3;<br>a[ i] =4; | 코드 | 변수값 | | | | | |
|---|---|---|---|---|---|---|---|
| | | | | | i | a[3] | a[4] |
| | | ix | a[i] | | 3 | 4 | ? |
| swap(i, a[ i]); | procedure swap ((x←i),(y←a[ i])) | x | y | | | | |
| | var temp: integer; | | | temp | | | |
| | begin | | | | | | |
| | temp := i; | | | 3 | | | |
| | i := a[ i]; | | | | 4 | | |
| | a[ i] := temp; | | | | | | 3 |
| | end swap; | | | | | | |
| write(i,a[ i]); | | | | | **4** | **4** | 3 |

<프로그램 2-32> Call-By-Name 예제: 대입 코드

그리고 실행결과, **(i=3)**은 **a[ (i=3)]** 의 값, 즉 4로 변경되고, (**i**가 3에서 4로 변경되었기 때문에) **a[ (i=4)]** 의 값은 **temp**의 값, 즉 3으로 변경되어, 원래 의도했던 **i**와 **a[ i]** 와의 **swap**은 실질적으로 성립되지 않음을 확인할 수 있다. 즉 call-by-name

이 제대로 적용되기 위해서는, 형식매개변수의 이름을 실질매개변수의 이름으로 바꾸었을 경우, scope rule이 제대로 적용되는지 확인해야 한다.

```
program L;
  var n : char;
  procedure W;
  begin
    writeln(n)
  end;
  procedure D;
    var n : char;
  begin
    n := 'D';
    W
  end;
begin
  n := 'L';
  W;
  D;
end;
```

<프로그램 2-33> Pascal: Scope 예제

## 2.4.4 Scope Rules for Names

다음은 scope 규칙에 대해 알아보자.

일반적으로 상수, 변수, 유형, 프로시저 등에 이름을 선언하고 나면 binding[137])이 이루어진다. 그리고 이렇게 선언된 이름을 프로그램에서 적합한 용도로 사용할 수 있다. 이렇게 프로그램에서 사용하는 각 이름을 적합하게 사용하기 위해서는 사용하고자 하는 이름이 어디에서 선언되었고, binding 된 대상이 무엇인지를 관리하는 규칙이 있어야 한다. 이러한 규칙을 scope rule이라고 한다.
일반적으로 scope rule의 유형에는 다음과 같은 두 가지 종류가 있다:

1) Lexical scope rule (구문 영역 규칙): Binding이 compile time에 정적으로 규정하는 규칙. 일명, static scope rule(정적 영역 규칙)이라고도 한다.

137) Association이라고도 한다. 여기에서의 association은 두 개의 요소가 쌍으로 어떤 관계를 가지는지를 규정한 개념이다. 일반적으로 list 형식으로 관리한다.

2) Dynamic scope rule (동적 영역 규칙): Binding이 동적으로 runtime에 규정된다.

그럼 예를 들어 두 유형의 차이를 알아보자. <프로그램 2-33>은 간단한 Pascal program이다.

이 프로그램에 대한 설명은 다음과 같다:

1) [L1] Program 선언 : `L.`
1-1) [L2] 선언부 : 시작.
1-1-1) [L2] 변수 선언 : `n` (`char` 유형).
1-1-2) [L3] Procedure 선언 : `W.`
1-1-2-1) [L4] Procedure Body : In.
1-1-2-1-1) [L5] 출력문 : `writeln(n)` (<그림 2-24> 참조).
- Lexical Scope Rule: [L2]의 `n` 지정 .
- Dynamic Scope Rule: `W`의 호출 위치에 따라 결정.
    - [L15]에서의 호출: [L2]의 `n` 지정.
    - [L11]에서의 호출: [L5]의 `n` 지정.

1-1-2-2) [L6] Procedure Body : Out.
1-1-3) [L7] Procedure 선언 : `D`
1-1-3-1) [L8] 변수 선언 : `n` (`char` 유형).
1-1-3-2) [L9] Procedure Body : In.
1-1-3-2-1) [L10] 배정문 : `n`에 '`D`' 배정 (Scope 관계상 [L8]의 `n` 지정).
1-1-3-2-2) [L11] 프로시저 호출 : `W` 호출.
1-1-3-3) [L12] Procedure Body : Out.
1-2) [L12] 선언부 : 종료.
1-3) [L13] 실행부 : 시작.
1-3-1) [L14] 배정문 : n에 '`L`' 배정 (Scope 관계상 [L2]의 `n` 지정).
1-3-2) [L15] 프로시저 호출 : `W` 호출.
1-3-3) [L16] 프로시저 호출 : `D` 호출.
1-4) [L17] 실행부 : 종료.

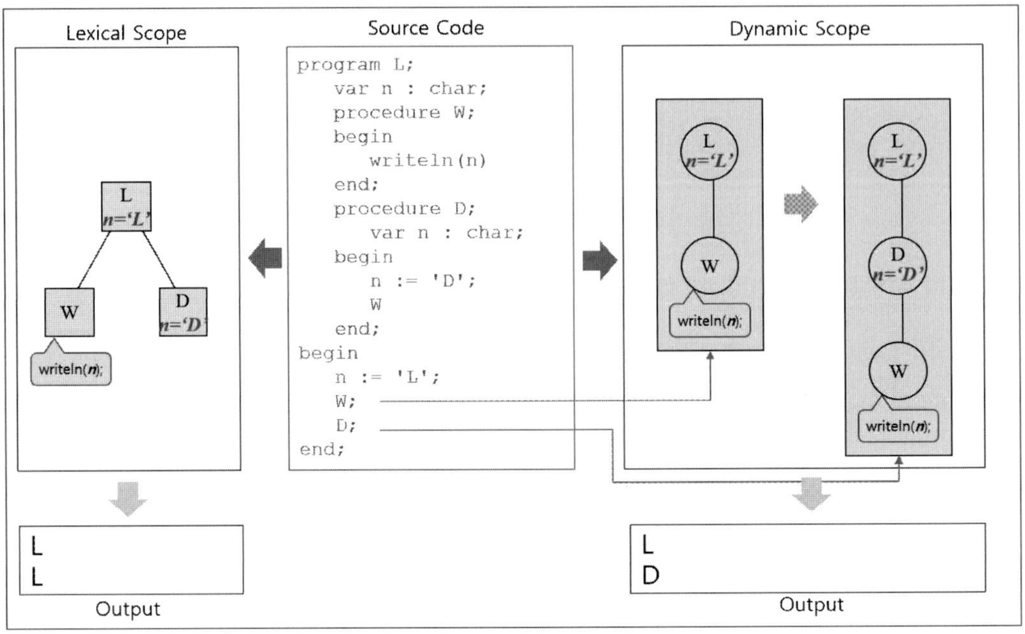


<그림 2-24> Scope의 차이점: Pascal

이 예제의 핵심 사안은 scope의 유형별에 따른 binding의 차이다. Binding의 차이는 <그림 2-24>에서 보여주는 바와 같다:

1) Lexical Scope: Lexical scope은 그림의 왼쪽과 같은 프로그램의 구성요소, 즉 program **L**과 procedure **W**와 **D**간의 scope 관계를 가진다. 결과, procedure **W** 내에 선언된 **writln(n)**의 **n**은 그 관계에서 **L**의 **n**을 의미하며, 출력의 결과는 다음과 같다:

   (a) [L15] **W** 호출:
   - [L5] **W**의 **writeln(n)** 호출: [L2]의 **n** 지정 → '**L**' 출력.

   (b) [L16] D 호출:
   - [L11] **D**에서 **W** 호출
     - [L5] **W**의 **writeln(n)** 호출: [L2]의 **n** 지정 → '**L**' 출력.

2) Dynamic Scope: Dynamic scope은 그림의 오른쪽과 같은 프로그램의 구성요소, 즉 program **L**과 procedure **W**와 **D**간의 동적인 scope 관계를 가진다. 결과, procedure **W**에서의 **writln(n)**의 **n**은 그 동적인 관계에서 **n**에 의해서 결정된다. 그 관계에 따른 출력의 결과는 다음과 같다:

(a) [L15] W 호출:
- [L5] `W`의 `writeln(n)` 호출: `L`의 [L2]의 `n` 지정 → '`L`' 출력.

(b) [L16] `D` 호출:
- [L11] `D`에서 `W` 호출:
  - [L5] `W`의 `writeln(n)` 호출: `D`의 [L8]의 `n` 지정 → '`D`' 출력.

만약 `D`의 [L11]에서 `W` 호출이 `D`의 [L8]의 `n`을 의도했다면, lexical scope에서의 결과는 의도한 결과가 아님을 확인할 수 있다.

여기에서 확인할 수 있는 점은 scope rule이 프로그램의 의미를 결정하는 매우 중요한 역할을 한다는 점이다. 특히 name이 어디에서 무엇으로 binding이 되었는지와, 이 name을 사용할 때, 어디에서 무엇으로 binding이 된 어떤 name을 의미하는지가 중요하다. 일반적으로 static scope에 의해서는 name에 의한 오류가 발생되지 않는다. 하지만 dynamic scope의 경우, 면밀히 프로그램을 작성하지 않는 이상, 의도하지 않는 결과를 초래할 수 있다. 따라서 프로그램이 실행되는 상황에서 요구되는 다양한 대입, 즉 substitution에서는 이름이 중복되지 않도록 해야 한다. 그리고 이러한 이름의 중복성을 제거함으로써 static scope과 dynamic scope이 동일한 output을 보장할 수 있도록 해야 한다. 즉 일관성을 보장해줘야 한다.

일관성(consistency)[138]은 프로그램에서 매우 중요하다. 정적이든 동적이든 프로그램은 하나의 결과만을 보장해줘야 한다. 만약 정적인 분석을 통해서 예상된 결과가 동적인 실행 결과와 같지 않는다면 프로그램의 행위를 예측할 수 없기 때문이다. 이렇게 예측할 수 없는 프로그램은 안전성을 보장하지 않기 때문에 신뢰성이 떨어지고, 결국 사용할 수 없게 된다.

이러한 일관성을 보장하기 위해서, 지역변수를 재명명(rename)해야 하는 상황들이 발생된다. 그 이유는 당연히 lexical(static) scope과 dynamic scope이 동일한 결과를 보장하기 위한 것이다. 이를 위한 macro expansion과 dynamic scope에 대해 알아보자.

Macro[139] expansion은 프로시저 호출 지점에서 프로시저 호출이 프로시저의 본문

138) 일관성(Consistency)이란 논리적으로 모순이 없는 상태를 의미한다. 즉 참과 거짓이 동시에 성립할 수 없음을 의미한다. 프로그램도 마찬가지로 모순이 없음을 보장함으로써 프로그램과 이 프로그램이 작동되는 시스템의 건전성(soundness)을 보장해야 한다. 건전성을 보장하지 않는 프로그램과 시스템을 사용하는 것은 결코 안전하지 않다.

139) 일반적으로, macro는 코드의 block을 프로그램의 한 구문으로 대체하는 방법을 의

(body)으로 직접 대체되는 것을 의미한다. 그 방식은 다음과 같다:

1) 실질매개변수가 문자 그대로 형식매개변수로 대체된다.
2) 호출 자체를 실제 프로시저의 본문으로 대체한다.

이렇게 함으로써 macro expansion은 이전 예에서 발생되었던 W와 D 프로시저들 간의 n에 대한 name conflict를 해결하고 consistency를 보장할 수 있다. 예를 들어 보자.

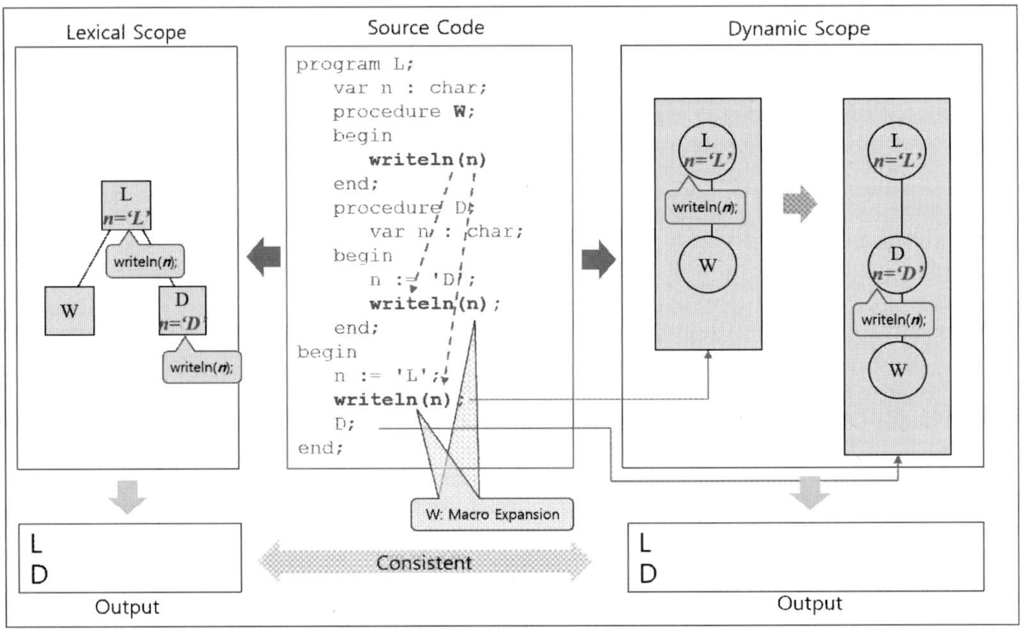


<그림 2-24-1> Scope Rule - Consistency

<그림 2-24-1>은 이전 예제에서 W 프로시저 call을 macro expansion한 결과물이다. 이렇게 본문의 대체(substitution)를 확장(expansion)한 결과, n의 binding이 명확해지고, 그 결과 lexical scope의 경우나 dynamic scope의 경우, 동일한 결과가 산출됨을 확인할 수 있다.

그런데, 이렇게 macro expansion을 하다 보면, 초기 프로시저 호출 시 형식매개변수를 대체하는 실질매개변수의 name과 본문에 선언된 name이 충돌, 즉 동일한 name이 사용되는 경우가 있다. 이럴 경우 이름의 중복성 문제를 해결하기 위해서, 이중 name 중

미한다. 역으로 한 구문을 그 구문에 해당하는 block으로 대체한다. 여기에도 parameter를 정의하여 사용할 수 있다.

에 본문에 있는 중복 name을 다른 name으로 변경하면 이름 중복 문제를 해결할 수 있다. 예를 들면, <그림 2-25>와 <그림 2-26>과 같다. 그림에서 **P(x)**에서 **x**를 **A[ i]**로 대체할 경우, 본문의 **i**와 이름 중복성으로 충돌이 발생되므로, expansion이 될 프로시저의 본문의 **i**를 다른 이름, 즉 **j**로 rename을 하면 문제가 해결된다. 당연히 여기에서의 전제조건은 **j**가 호출한 원문의 어떤 name과 또 다른 이름 중복성에 의한 충돌이 발생되지 않는다는 것이다.[140)]

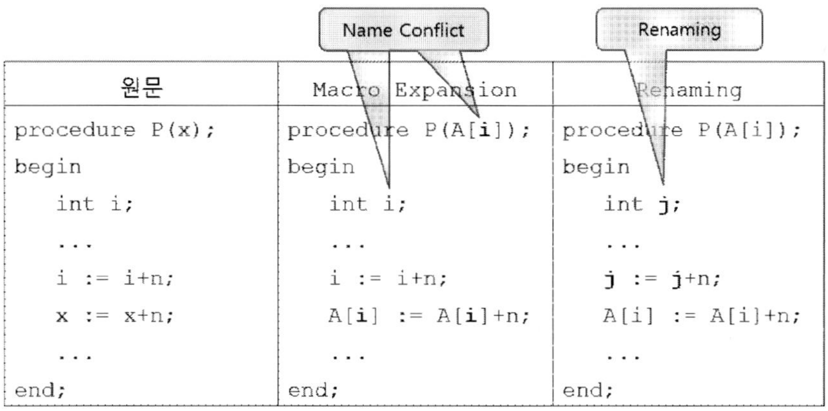


<그림 2-25> Name Conflict: Renaming

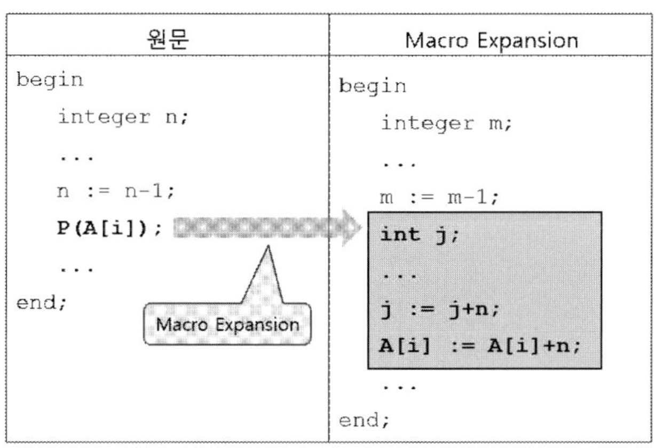


<그림 2-26> Macro Expansion - Renaming

140) 이러한 macro expansion에 의한 name conflict가 근본적으로 call-by-name과 lexical scope의 관점에서 발생되고, 이를 rename에 의해서 해결할 수 있다는 점에서 Algol60 언어가 프로그램언어학적 관점에서 주목을 받았다.

## 2.4.5 Nested Scopes in Source Text

다음은 프로그램의 원시코드 상에서의 scope에 대해 알아보자. 설명한 바와 같이, scope은 선언을 통해서 이름(name)을 binding함으로써 이름의 scope이 생성된다. 그리고 역으로 이름을 사용하기 위해서는, 이름이 프로그램의 어느 지점에 어떤 유형으로 선언되었는지를 scope에 의해서 판단해야 한다. 즉 scope에 대한 기본적인 정의는 <그림 2-27>에서 보여주는 바와 같이 이러한 개념에 의해서 구축된다:

1) Binding Occurrence: 이름을 binding으로 선언하는 경우.
2) Bound Occurrence: Binding한 이름을 사용하는 경우.

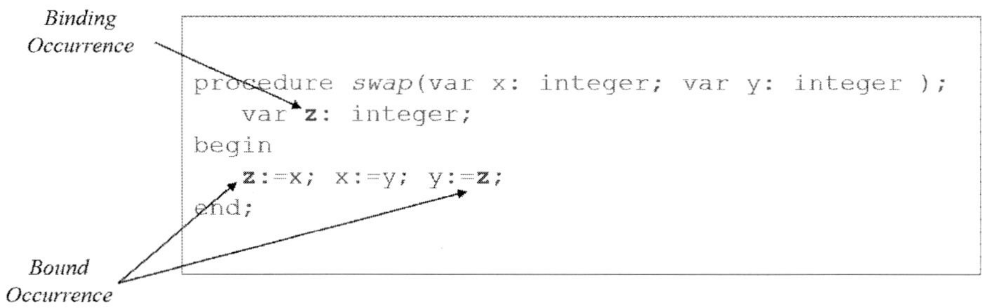


<그림 2-27> Binding & Bound Occurrences

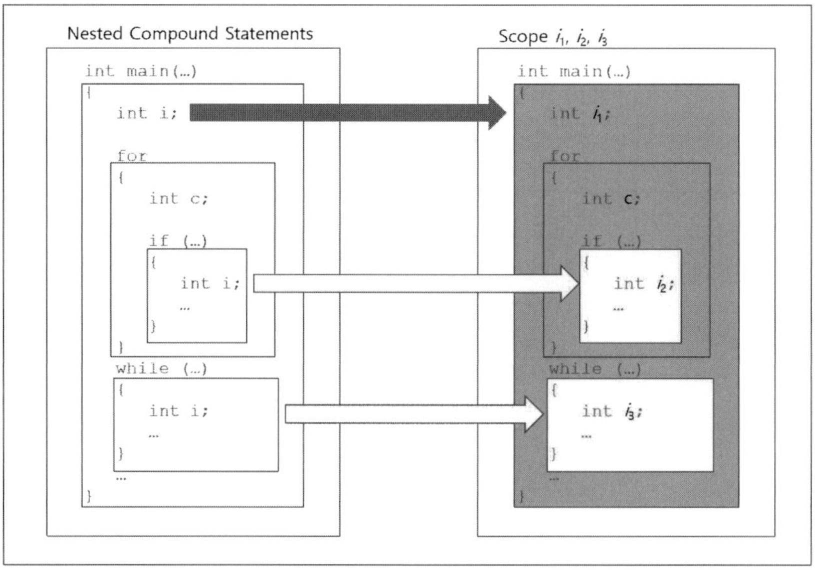


<그림 2-28> Scope Visibility

Swap procedure 예에서는 **z**가 swap procedure의 지역변수로 선언되었고, 이 **z**가 본문에서 배정되고 인용됨을 확인할 수 있다. 전자를 binding occurrence라 하고, 후자를 bound occurrence라고 한다.

다음은 이를 기반으로 한 nested scope의 경우를 보자. <그림 2-28>은 C 프로그램 코드다. Main 함수에 지역변수로 선언된 **i**, 즉 $i_1$의 scope은, if 문와 while 문을 제외한, main  함수의 전체 본문임을 확인할 수 있다. 반면 if 문에 선언된 **i**, 즉 $i_2$와 while 문에 선언된 **i**, 즉 $i_3$의 scope은 if 문과 while 문의 block 문 내에서만 한정됨을 알 수 있다.

```
Program Evaluator;
    type token = ...
    var lookahead: token;
         lookvalue: integer;
         ch: char;
         tok: array[char] of token;
    procedure scan;
        procedure getch;
            ...
        end;
        function getnum: integer;
            ...
        end;
    begin
        ... (* stmts in scan *)
    end;
    procedure scaninit;
        ...
    end
    function expr: integer
        var val: integer
        function term: integer;
            var val: integer
            function factor: integer;
                var val: integer;
            begin
                ...
            end;
        begin
            ... (* stmts in term *)
        end;
    begin
        ... (* stmts in expr *)
    end;
begin
    ... (* execution begins here *)
end
```

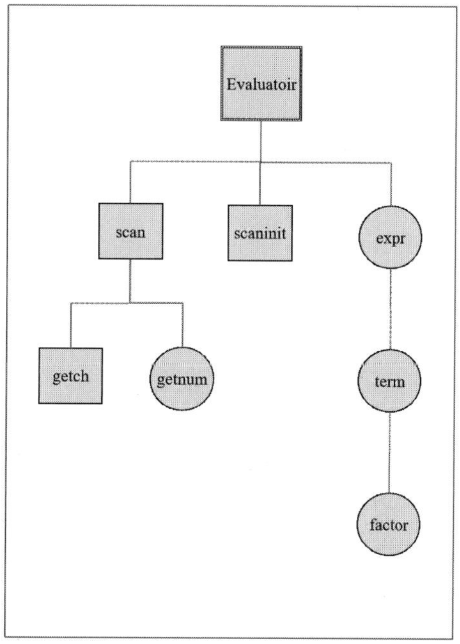


<그림 2-29> Scope Example: Pascal

더 복잡한 Pascal의 예를 살펴보자. <그림 2-29>의 왼쪽 코드는 전형적인 Pascal 프로그램이다. 그리고 오른쪽은 이 프로그램의 scope 관계를 보여주는 프로그램 unit의 관계도다. Program **Evaluator**는 procedure **scan**, procedure **scaninit**, function **expr**으로 구성되어 있고, 이 Unit은 각각, procedure **scan**은 procedure **getch**, function **getnum**으로, function **expr**은 function **term**으로, 그리고 function **term**은 function **factor**로 구성된다. Unit은 다른 unit을 계층적으로 지역 unit으로 선언할 수 있는 것을 확인할 수 있다. Pascal의 scope 규칙에는 procedure와 function 내에 다른 procedure와 function이 포함(nest)될 수 된다.

### 2.4.6 Activation Records

다음은 activation record[141]에 대해 알아보자. Activation record는, 프로그램 실행 시, 프로그램 내의 프로시저나 함수를 효율적으로 실행하기 위해서, 메모리 내 프로그램의 실행을 위한 runtime stack[142]에서 프로그램의 각 unit들의 실행 정보를 관리하기 위하여 규정한 레코드(record)다. 이 레코드에서는 lexical 및 dynamic scope 정보, 실질매개변수의 위치(location)와 값(value), 형식매개변수의 이름과 값, 지역변수의 이름과 값, 반환 변수의 이름과 값처럼 중요한 정보를 저장하고 관리 및 반환한다.

우선 activation record를 이해하기 위해서는 프로그래밍언어에서 언제 lexical scope에 대한 mapping이 이루어지는지 알아야 한다. Mapping은 일반적으로 다음과 같이 3 단계로 이루어진다:

1) Compile time: 프로그램을 컴파일할 때 각 선언에 대한 이름을 binding한다. 원시코드의 관점에서 정의한다.
2) Activation time: Activation 시, 즉 프로그램을 실행하는 과정에서, 각 프로그램의 unit, 즉 procedure 또는 function들을 실행하기 위해, runtime stack에 activation record를 만들 때, 컴파일 과정에서 binding한 이름을 memory의 주소값으로 binding한다. 만약 이름에 충돌이 발생되지 않는다면, 이 binding은 하나의 activation마다 계속 바뀔 수 있다.
3) Runtime: 이러한 메모리 주소값에 정해진 유형의 값을 runtime에 binding한다. 이 binding에 의한 정해지는 값은 배정(assignment)문의 수행에 의해서 이루어진다.

이러한 activation record는 그 원리에 의해 동적인 activation dependency 관계를 형성하며, 이 관계는 activation tree 형식으로 표현된다.

이 activation record를 구성하는 요소는 기본적으로 다음과 같다:

1) 지역변수들.

141) 이를 구동 또는 활성 레코드라고 한다.

142) Runtime stack은 activation record를 보관하는 stack이다. 이 stack은 프로그램이 실행되는 동안 실행에 필요한 program unit들의 모든 동적인 정보를 호출이 이루지는 순서대로 stack의 LIFO(Last-in First-Out), 또는 FILO(First-in Last-Out) 원리에 따라 보관하고 관리한다. <그림 2-30> 참조.

2) 형식매개변수들.
3) 반환값.
4) 제어(control) 및 접근(access) link: 호출 및 scope 관련 정보 (call dependency).
5) Saved state: 활성 또는 비활성 정보.

Activation record의 배치(layout)는 기본적으로 언어와 OS마다 조금씩 다르다. 예를 들면, 다음과 같은 요소는 언어마다 위에서 설명한 mapping의 원리에 의해서 달라질 수 있다:

1) 프로시저 내의 지역변수들.
2) Control link (dynamic link): Runtime에 호출하는 activation record에 대한 pointer.
3) Access link (static link): Lexical scope을 관리하는 나타내는 activation record에 대한 pointer.

이러한 activation record들을 관리하는 방식은 일반적으로 stack[143] 방식이지만, heap[144] 방식으로도 처리한다. 그리고 runtime에 운영되는 체계이기 때문에 stack의 크기와 garbage collection과 같이 동적으로 stack을 효율적으로 관리하기 위한 방안도 미련해야 한다.[145]

Runtime stack과 activation record에 대한 간단한 예를 들면 <그림 2-30>과 같다. Main 함수에서 `f(4)`를 호출했다고 가정하자. 그럼, 다음과 같은 순서로 프로그램이 실행되면서, activation record가 runtime stack에서 작동된다:[146]

143) Stack은 대표적인 ADT(Abstract Data Type), 즉 추상자료유형이다. ADT의 정의에 의해, stack이 구체적으로 어떤 데이터구조로 정의되어 있는지 알 필요는 없다. 단 stack을 사용하기 위한 기본적인 연산, 즉 operation으로 makeQ, enQ, deQm topQ 등을 제공하면 된다. Stack은 기본적으로 LIFO(Last-In First-out) 방식을 따른다. <그림 2-30> 참조.

144) Heap은 일반적으로 Linked List의 List로 표현한다.

145) 운영체제(OS: Operating Systems) 입장에서 memory에 overflow가 발생되면 시스템에 심각한 문제가 발생된다. Stack이 array 방식으로 관리된다면, array의 최대 크기를 제한하므로 이러한 overflow가 발생되지 않도록 통제할 수 있다. 그런데 만약 linked list 방식이라면 activation record가 동적으로 생성되기 때문에 overflow를 통제하기 어려울 수가 있다. 또한 dangling activation record pointer들을 제대로 관리하지 않을 경우, 동일한 문제가 발생된다.

146) 운영체제(OS: Operating Systems) 관점에서 프로그램이 실행되면 process로 간주

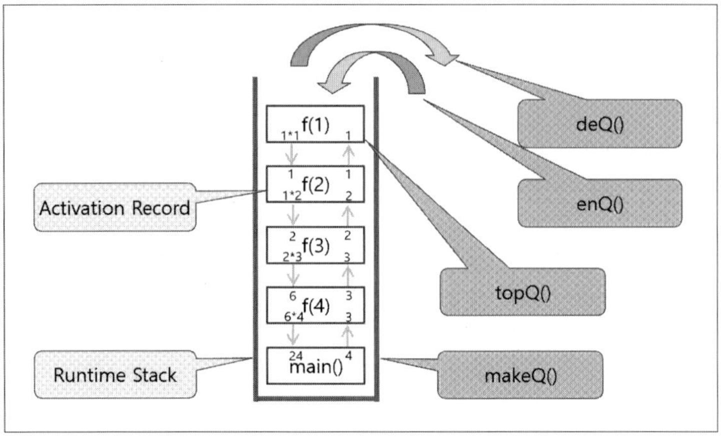


<그림 2-30> Runtime Stack: `factial(4)` 예제

1) Main: main 함수 activation record에서 `f(4)`를 호출한다.
2) F(4): `f(4)` activation record가 형성되고 dynamic scope link (↑)를 구축하고, 다시 `f(3)`을 호출한다.
3) F(3): `f(3)` activation record가 형성되고 dynamic scope link (↑)를 구축하고, 다시 `f(2)`를 호출한다.
4) F(2): `f(2)` activation record가 형성되고 dynamic scope link (↑)를 구축하고, 다시 `f(1)`을 호출한다.
5) F(1): `f(1)`에서, 1!의 반환조건이 성립되므로, 여기에 `f(2)`에게 받은 1을 곱해, dynamic scope의 반환 link (↓)에 1*1의 값을 반환하고, `f(1)` activation record를 제거한다.
6) F(2): `f(2)`에서, `f(1)`로부터 반환값으로 1을 받아, 여기에 `f(3)`에게 받은 2를 곱해, dynamic scope의 반환 link (↓)에 1*2의 값을 반환하고, `f(2)` activation record를 제거한다.
7) F(3): `f(3)`에서, `f(2)`로부터 반환값으로 2를 받아, 여기에 `f(4)`에게 받은 3을 곱해, dynamic scope의 반환 link (↓)에 2*3의 값을 반환하고, `f(3)` activation record를 제거한다.
8) F(4): `f(4)`에서, `f(3)`으로부터 반환값으로 6을 받아, 여기에 main에게 받은 4

한다. 특히 OS의 주요 기능 중 하나인 process management 측면에서 각 process가 실행 시 요구되는 모든 정보를 context라 한다. 대표적인 정보는 PCB(process control block)에 의해서 관리가 되고, 그 대표적인 정보는 CPU 관련 정보, 그리고 runtime stack 및 activation record들이다. 이 외에 파일 descriptor table 등 다양한 정보가 있다. 특히 process들이 schedule에 의해서 CPU 점유권을 양도할 때, 즉 context switch가 발생될 때, 이러한 정보를 잘 보관했다가, CPU에 대한 점유권을 회복할 때, 이러한 정보들, 즉 context를 제대로 복구해야 한다.

를 곱해, dynamic scope의 반환 link (↓)에 6*4의 값을 반환하고, `f(4)` activation record를 제거한다.

9) Main: main 함수에서, `f(4)`로부터 반환값으로 24를 받고, main activation record를 제거한다.

<그림 2-31>의 오른쪽은 activation record들이 프로그램이 실행되면서 어떻게 변경되는지에 대한 간단한 예를 보여준다. 이는 다음과 같다:

1) Main: 1차 search 함수 호출.
   - `search(1,7)`
2) S(1, 7) activation record 생성.
   - 매개변수:
     - lo = 1.
     - hi = 7.
   - 지역변수:
     - k = 4.
   - 반환값: <???> (미정).
   - `search(5,7)` 2차 재귀함수 호출.
3) S(5, 7) activation record 생성:
   - 매개변수:
     - lo = 5.
     - hi = 7.
   - 지역변수:
     - k = 6.
   - 반환값: <???> (미정).
   - `search(5,5)` 3차 재귀함수 호출.
4) S(5, 5) activation record 생성:
   - 매개변수:
     - lo = 5.
     - hi = 5.
   - 지역변수:
     - k = 5.
   - 반환값: <yes>.
   - activation record 제거.
5) S(5, 7) :

- 반환값: <yes>.
- activation record 제거.

6) S(1, 7):
   - 반환값: <yes>.
   - activation record 제거.

7) Main:
   - `printf("found\n");`
   - activation record 제거.

```
#include <stdio.h>
int yes =1, no=0;
#define N 7
int X[] = {0, 11, 22, 33, 44, 55, 66, 77};
int T;
int search(int lo, int hi)
{
   int k;
   if (lo>hi) return no;
   k=(lo+hi)/2;
   if (T==X[k]) return yes;
   else if (T < X[k]) return search(lo, k-1);
   else if (T > X[k]) return search(k+1, hi);
}

int main(void)
{
   scanf("%d", &T);
   if (search(1, N))
      printf("found\n");
   else
      printf("not found\n");
   return 0;
}
```

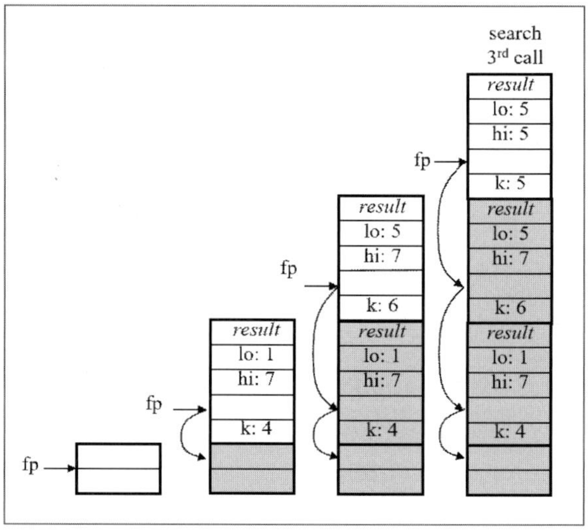


<그림 2-31> Activation Records

또 다른 예를 보자.

<그림 2-32>의 왼쪽은 Pascal 프로그램이다. <그림 2-32>의 중간은 프로그램의 static scope을 보여준다. <그림 2-32>의 오른쪽은 activation record들이 프로그램이 실행되면서 어떻게 변경되는지에 대한 간단한 예를 보여준다. 이는 다음과 같다:

1) Main: main 함수 activation record 생성.
   - P 호출.
2) P[1]: p[1] activation record 생성.
   - Q 호출.
3) Q[1]: q[1] activation record 생성.
   - R 호출.

4) R[1]: r[1] activation record 생성.
   - `P` 호출.
5) P[2]: p[2] activation record 생성.
   - `Q` 호출.
6) Q[2]: q[2] activation record 생성.
   - …

```
Program M;
   procedure P;
      var x,y,z;
      procedure Q;
         procedure R;
         begin
            . . .
            z:=P;
            . . .
         end R;
      begin
         . . .
         y:=R;
         . . .
      end Q;
   begin
      . . .
      x:=Q;
      . . .
   end P;
begin
   . . .
   P;
   . . .
End M;
```

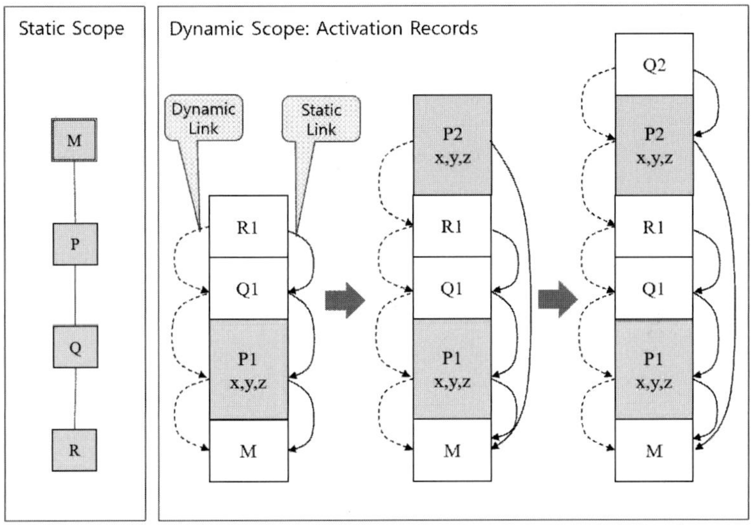


<그림 2-32> Activation Records : Pascal Example

## 2.5 결어

본 장에서는, 다음과 같이, Pascal과 C언어를 기반으로 절차중심언어의 정의, 필요성, 그리고 대표적인 특성을 알아보았다:

1) 정의: 절차중심언어를 정의하고, 특징을 설명하였다. 그리고 전형적인 절차중심 언어인 Pascal과 C의 예를 들어, 절차중심언어의 절차성과 대표적인 특징을 알아보았다.
2) 동기(Motivation): 절차중심언어가 요구된 동기를 알아보았다.
3) 속성(Characteristics): 절차중심언어의 속성을 알아보았다. 특히 C언어를 SW 공학적 관점에서 파싱하고, 분석하기 위한 기능적 속성을 체계적으로 정의하였다.

4) 함수/절차(Function/Procedure): 절차중심언어의 기본 프로그램 단위인 function과 procedure에 대해 알아보았다.

다음 장에서는 Meta-프로그래밍언어인 ML의 원리와 특징 및 예제들을 설명한다.

# 제 3장

# ML: Multi-Paradigm Programming Language

본 장에서 본 교재의 가장 핵심적인 언어인 ML을 다룬다.

ML[147]은 1970년 초반 Edinburgh 대학에서 Robin Milner[148] 교수를 중심으로 개발된 meta-언어다. 일반적으로 함수언어(functional language)로 분류되기는 하지만 비(非) 순수 함수언어[149] 또는 일반목적언어로 분류하는 경향도 있다[150]. Syntax는 ISWI M[151] 문법에 영향을 받았고, LCF(Logic for Computable Functions) theorem

147) ML언어에 대한 어원은 명확하지 않다. 또한 여러 이름으로 해석된다. 하지만 일반적으로 Meta-Language로 알려져 있고, ML언어의 특성상 이렇게 이해하는 것이 타당해 보인다. 왜냐하면, ML언어의 다양한 언어적 특성이 함수언어, 논리언어 및 객체지향언어 군들의 대표적인 메타-언어적인 특징을 반영하기 때문이다.

148) Robin Milner(1934년 1월 13일~2010년 3월 20일)는 영국의 컴퓨터 과학자다 [MILNER]. 그는 CCS[MIL80]과 pi-Calculus[MIL99]를 개발하였으며, LCF라는 최초의 자동 이론 검증기를 개발하였을 뿐만 아니라, 대표적인 함수언어인 ML언어도 개발하였다. 그는 죽음 직전까지 CCS와 pi-Calculus를 통합하기 위한 Bi-Graph를 개발하고 있었다. Robin Milner를 Alan Turing(1912년 6월 23일~1954년 6일 7일)과 C.A.R Hoare(1934년 1월 11일~ )를 잇는 영국의 대표적인 computer 과학자로 평가하고 있다.

149) Side-effect를 허용하기 때문이다.

150) 함수언어 이외에 논리언어 및 객체지향언어의 특징을 가지고 있기 때문이다.

151) ISWIM(If you See What I Mean)은 1966년 Peter Landin에 의해서 고안된 추상 컴퓨터 프로그래밍언어(Abstract Computer programming Language)다. 즉 Turing Machine과 같은 추상기계를 작동하기 위한 목적으로 고안된 언어다. 이 언어는 λ-Calculus를 syntactic sugar(판독력이 높은 문법)로 표현하고 여기에 변이 변수(mutable variable)와 배정(assignment) 및 program point operator(function as return object)라고 하는 강력한 제어 체계를 핵심 기능으로 구축된 언어다. 당연히, λ-Calculus에 기반을 두고 있기 때문에 이 언어는 다차원 함수(high-order function)와 정적 범위 변수(lexically scope variable)를 가진다.

prover[152]에서 증명기술을 개발하기 위한 목적으로 고안되었다.

ML언어군에는 여러 개의 언어가 있는데, 그 중 Standard ML[153], OCaml[154], F#[155] 등이 있고, Haskel[156], Cyclone[157], Nemerle[158], ATS[159] 및 ELM[160]에 막대한 영향을 미쳤다. 특히 최근에 주목을 받고 있는 Python[161]도 ML 기반을 둔 언어로 평가

152) LCF(Logic for Computable Functions)는 1970년 초반 Robin Milner와 공동연구자들이 Edinburgh 대학과 Stanford 대학에서 개발한 interactive theorem prover(이론검증기)며, Dann Scott에 의해서 제안된 연산함수논리(Logic of Computational Functions)에 이론적 기반을 두었다. 특히 이 증명기에서 사용한 언어는 ppλ-Calculus로 일차술어논리와 단순유형 다체 (simple-typed polymorphic) λ-Calculus를 결합한 언어다.

153) LCF를 위해 고안되었던 ML의 현대식 언어다. type rule과 operational semantics가 있는 정형명세언어다.

154) ML에 객체지향속성(object-orientedness)을 강화한 언어다.

155) ML에 함수성을 우선적(function-first, value나 변수처럼 취급)으로 하고 함수성(functionality), 명령성(imperativity)과 객체지향성(object-orientedness)을 강화한 언어다.

156) Haskel은, 1987년 FPCA-87(Functional Programming Languages and Computer Architecture)에서 형성된 위원회를 중심으로, 상용 Miranda 언어의 폐쇄성과 한계를 극복하기 위하여, 기존의 함수언어들을 함수언어 설계 연구를 목적으로 일반화한, 1990년에 공개한 첫 번째 공동(common) 함수언어다. 이 언어는 유형 추론(type inference)과 lazy evaluation(확장 후 평가)에 기반을 둔, 범용적이며, 정적 유형에 기반을 두었으며, 순수함수언어로 분류된다. 특히 type class 개념을 정립하였다. 이후, Haskel은 Haskel-98, Haskel-2010 version으로 진화했다.

157) Cyclone: C언어에서 발생가능한 buffer overflow나 pointer에 대한 안전성을 보장하기 위한 C의 변형언어다. 주로 System Programming에서 사용하기 위한 목적으로 고안되었다.

158) Nemerle: .NET의 CLI(Common Language Infrastructure)를 사용하는 platform을 위해서 고안된 범용, 상용, 정적 유형 프로그래밍언어다. 함수, OOP 및 Imperative 언어의 기능을 제공하며, 간단한 C# 문법과 강력한 meta-programming 언어의 특징을 가진다.

159) ATS(Applied Type System): 정형명세를 통해서 프로그래밍을 통합하기 위해 고안된 프로그래밍언어다. 선진화된 type system을 이용하여, theorem proving과 프로그래밍이 결합할 수 있도록 지원하는 mechanism을 가진다.

160) ELM: 선언적으로 Web browser에 기반 GUI를 생성하기 위해 고안된, 함수적 특성을 가진 언어다.

161) Python: Interpreter 기반 상위, 범용 프로그래밍언어다. 기본 철학은 코드 재사용성에 있으며, 프로그래머가 프로젝트를 수행하는 데 있어, 명확하고 논리적인 코드를 작성할 수 있도록 지원하기 위한 목적으로 언어의 구문과 OOP 방식이 적용되었다. 특히 구조적인 절차중심, OOP, 함수 프로그래밍언어의 특성을 다양하게 가지고 있는 다중패러다임언어다. Pythone은 ABC 프로그래밍언어의 후계자로, Guido van Rossum에 의해서, 1980년 후반기에 개발되어, 1991년에 공개되었다. 2000년에 Pythone 2.0,

할 수 있다. 본 교재의 내용은 Standard ML에 따른다.[162)]

## 3.1 ML언어의 특징

그럼 ML언어의 대표적인 특징을 알아보자:

- A functional language: ML은 일반적으로 범용프로그래밍언어로 알려져 있지만, 대표적인 비(非)순수 언어로 평가받고 있다. 일반 수학적 함수, 즉 사상관계에 입각한 정의역과 치역 간의 관계로 함수를 정의한다. 여기에는 functor[163)]도 같은 관점에서 함수성(function property)을 반영한다. 즉 category theory[164)]에서처럼 structure[165)](구조)의 instance인 object 간의 관계를 정의한다.
- Strong type: ML은 strong type 언어다. 동일한 유형이 아닌 자료에 대한 연산은 허용하지 않는다. 필요시, type conversion을 해야 한다.[166)]
- Side-effect freedom: side-effect는 함수의 관점에서 정의역과 치역 사이의 사상관계 이외의 결과, 즉 함수적 부작용을 의미한다.[167)] 특별한 경우[168)]를 제외하고는, 근본적으로 연산이나 함수에서 함수적 관계만을 허용한다.
- High-order function: 함수는 정의역과 치역 사이의 사상관계다. 각 영역에는 이론적으로 제한이 없다. 즉 함수의 정의역으로서 매개변수가 함수로, 치역으로

2008년에 Pythone 3.0이 배포되었다.

162) ML의 기본 자료는 Harper[Harper93, Harper11], Milner[MTH97], Ullman[ULLMAN98]의 저작에 기반을 두고 있다. 그리고 본 장에서 제시된 예제 프로그램들 중의 일부는 부분적으로 이 저작에서 발췌한 것이 포함되어 있다.

163) Functor는 Category 이론에서 Category 간의 사상관계를 정의한다.

164) Category theory는 Category라고 정의된 labelled directed graphy라는 개념을 수학체계(mathematical structure)로 정형화한 이론이다. 이 graph에서 node는 object로, 선은 arrow 또는 morphism으로 정의된 수학 체계다. Category는 각 object에 대한 identity arrow의 존재와 그 arrow간의 관계를 형성하는 조합이라는 두 개의 기본 속성을 가진다. Category 이론의 언어는 set(집합), ring(환(環)), group(군(群))을 고도로 추상화된 개념으로 정형화하기 위해서 사용된다. 비정형적으로, 이 Category 이론은 함수의 일반론으로 알려져 있다.

165) Structure는 일반적으로 class 유형으로 간주할 수 있다.

166) ML에서는 type conversion을 허용한다.

167) 프로그램에서 side-effect가 발생되면, 프로그램의 연산, 즉 행위를 예측하기 어렵다. 즉 건전성을 보장할 수 없다. 때문에, 사전에 언어적인 관점에서 언어적으로 side-effect를 허용하지 않는 언어를 고안하게 되었다. 대표적인 언어가 함수언어다.

168) 예를 들면, 참조형(reference type)과 array structure에서만 변수값을 비함수적으로, 즉 인위적으로 변경할 수 있도록 허용한다.

서 반환값이 함수를 정의된다. 나아가, 치역으로서의 반환값이 부분함수, 즉 partial instance[169])로도 반환이 가능하다. 이러한 함수를 high-order 함수[170]) 라 한다.

- Polymorphism: ML은 다중성을 허용한다. 하나의 함수가 하나 이상의 사상관계를 가질 수 있도록 허용한다.[171])
- Abstract data types: ML은 추상자료유형(ADT: Abstract Data Structure)을 제공한다. 대표적인 예가 list[172])다. 이 외에도 structure 정의를 통해서 이러한 유형을 구조적으로 정의하고 활용할 수 있다.
- Recursion: ML은 기본적으로 비순수이긴 하지만 함수언어의 특징을 가지고 있어서 recursion에 대한 정의함수적으로 자유롭게 정의할 수 있다.
- Rule-based programming: ML은 Prolog와 같은 Rule 기반 프로그램을 가능하게 하게 한다. 즉 axiom과 induction rule을 함수의 signature 형식에 따라 정의할 수 있는 방법을 제시한다.[173])
- Pattern: ML에서 함수를 선언하는 방식은 입력의 유형과 종류에 따라 독립적으로 정의할 수 있는 형식이다. 이를 일반적으로 pattern으로 간주해도 무방하다.
- Generic data/function/module: ML은 generic 유형을 선언하고 이를 기반으로 특정한 유형을 생성시킬 수 있는 언어적인 특성이 있다.
- Structure & Object-oriented paradigm: ML의 structure는 객체지향언어의 class로 이해할 수 있다. 특히 object-oriented paradigm 관점에서의 모듈화(modularization) 및 구조화(structuralization), 추상화(abstraction), 객체화(instantiation), 은닉화(encapsulation), 다형화(polymorphism), 유전화(generic hierarchy, class)와 상속화(inheritance) 등을 반영한다.

---

169) 함수의 partial instantiation(부분 객체화) 개념은 매우 중요하다. 이 개념에 의해 함수를 부분함수, curried 형식으로 정의하여 활용할 수 있다. 뒤에서 자세히 설명한다.

170) 함수를 단순히 값들의 집합과 값들의 집합 간의 관계, 즉 사상관계로 제한하지 않고, 어떤 것들의 집합과 어떤 것들의 집합으로 간주할 수 있다. 예를 들면, 함수들의 집합과 함수들의 집합 간의 사상관계도 또 다른 사상관계로 정의할 수 있다. 이런 함수를 high-order function이라 정의한다.

171) 전제조건은 당연히 정의역과 치역의 정의가 각각 달라야 한다. 동일한 경우, 동일한 이름의 함수가 선언되지 않는다.

172) List는 아주 고전적인 자료유형이다. 예를 들면, Lisp의 List가 그렇다. 이러한 ADT(Abstract Data Structure)에는, 자료의 건전성을 위해서, 기본적인 연산자(OP: Operator)를 제공해줘야 한다. 그렇지 않을 경우, 자료 불일치 (data inconsistency) 상황이 발생된다. Lisp에서는 lisp에 대한 기본 연산으로 car와 cdr 함수, 즉 연산자를 제공한다. ML도 동일한 원리로 운영된다.

173) Prolgo와 같은 논리언어에서도 공리(axiom)로부터 추론(inference) 규칙을 증명하는 과정 역시 기본적으로 함수적인 관점에서의 recursion에 기반을 둔다.

이러한 ML언어의 특징을 정리해 보면, <그림 3-1>에서처럼, ML언어의 Meta-Language 적인 특성을 함수언어, 논리언어, 그리고 객체지향언어의 특성으로 재해석할 수 있다. 즉 ML언어를 통해서, 함수언어의 특성, 논리언어의 특성, 그리고 객체지향언어의 특성을 동시에 이해할 수 있다.[174)]

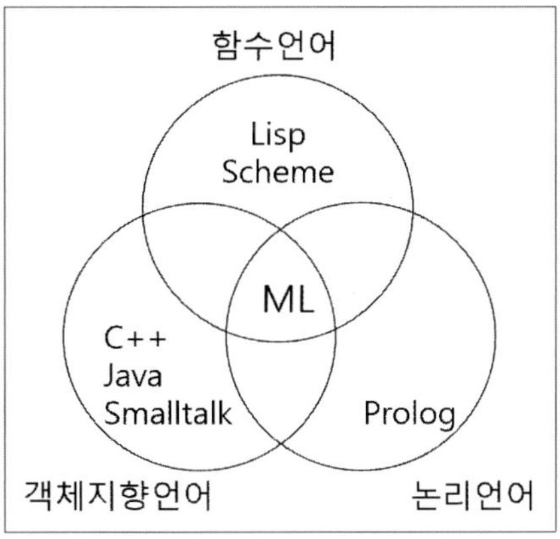


<그림 3-1> ML Meta-Domain

그럼, 이러한 ML의 기본 속성이 어떻게 ML언어에 반영되었는지 알아보자.

## 3.2 Basic

### 3.2.1 Interpreter

본 교재는 Standard ML[175)], 즉 SML에 기반을 둔다. 그리고 SML은 기본적으로 interpreter 방식으로 작동된다. 즉 프로그램을 한 파일 단위로 입력해서 object code

174) 이것이 바로 ML언어를 학습하는 가장 중요한 이유다. 1석4조(一石四鳥)처럼, ML로 3개의 언어를 동시에 습득할 수 있다. 이러한 이유 때문에, 제 3장에서 ML을, 제4.1장에서 함수언어인 Scheme, 제4.2장에서 논리언어인 Prolog, 제4.3장에서 함수언어인 Smalltalk을 배치했다. 일반적으로 Scheme이나 Prolog 및 Smalltalk을 바로, 개별적으로 이해하는 것은 결코 쉬운 일이 아니다. 하지만 ML을 학습하고 난 다음에는, Scheme이나 Prolog 및 Smalltalk을 바로, 개별적으로 이해하는 것이 어려운 일이 아니라는 것을 체험할 수 있다.

175) SML은, 컴파일 시, 유형검사(compile-time type checking)와 유형추론(type inference)에 기반으로 한 범용 및 모듈화 함수 프로그래밍언어다. SML은 컴파일러 개발자와 프로그래밍언어 학자들이 이론 검증기(theorem prover)를 개발하기 위해서 많이 활용하는 언어다. SML은 LCF(Logic for Computational Functions)의 이론 검증기 프로젝트에서 사용된 ML 프로그래밍언어의 최신판이다.

를 얻고, 이를 관련 object code들과 link한 후에 execution code를 생성하여, 프로그램 전체를 일관적으로 실행하는 compiler 방식이 아닌, 프로그램 코드를 한 구문씩 개별적으로 입력해서 그 결과를 바로 확인하는 interactive한 방법으로 프로그램을 실행하는 interpreter 방식에 기반을 둔다. 하지만 프로그램을 파일로 작성하고 이를 compile하는 compiler 방식도 가능하다. 본 교재에서는 먼저 interpreter 방식으로 ML의 기본 기능을 설명하도록 한다.

SML/[176]NJ[177] 인터프리터(interpreter)를 실행시키면 다음과 같은 안내문이 나오며, 인터프리터가 작동된다.[178] 그리고 이 인터프리터에 ML 수식(expression)이나 문장(statement)을 입력하면, 인터프리터는 그 수식과 문장을 실행(evaluation)한 다음 최종 결과를 화면에 출력한다. <프로그램 3-1>은 이 상황에 해당하는 화면을 보여준다. 굵게 쓴 글자체(bold normal face)는 인터프리터에 입력한 내용이며, 기울여 쓴 글자체(italic face)는 인터프리터가 화면에 출력한 내용이다.

| [L#] | 화면 |
|---|---|
| 1 | (UNIX command level) |
| 2 | **> sml** |
| 3 | *Standard ML of New Jersey, Version 0.93, February 15, 1993* |
| 4 | *val it = () : unit* |
| 5 | **5;** |
| 6 | *val it = 5 : int* |
| 7 | **"abc";** |
| 8 | *val it = "abc" : string* |
| 9 | **^d** |
| 10 | **>** (Return to UNIX command level) |

<프로그램 3-1> Interpreter 방식

앞으로 자세히 설명이 되겠지만, 우선 <프로그램 3-1>에서 보여주고 있는 화면의 내용을 간단하게 설명하면 다음과 같다:

1) [L1] **Unix Shell Command Line.**
2) [L2] sml 명령어 입력: **sml**은 SML Interpreter 실행파일 이름[179].

176) / : forward slash, \ : backward slash라고 한다.

177) SML/NJ(Standard ML of New Jersey)는, Bell 연구소와 Princeton 대학이 공동으로 개발한, SML 프로그래밍언어를 위한 무료 공개 컴파일러 및 프로그래밍 환경이다. SML/NL의 실행 환경은 C로 개발되었지만, SML/NL은 Standard ML로 작성되었다.

178) Unix System에서 실행되었다.

3) [L3] 인터프리터 출력: Interpreter Version 정보 및 공개 날짜.

4) [L4] 인터프리터 기본 반환값: default 값 '()' 180) 과 그의 유형(type).

- `val` : 반환값을 지칭하는 키워드.
- `it` : 방금 입력한 것을 지칭하는 지시어.
- `=` : it의 값을 지시하는 부호.
- `()` : 아무 것도 없다는 **null** 또는 **nothing** 값의 표현식181).
- `:` : 구분자. 값이 어떤 유형에 속하는지를 구분하는 분리자.
- `unit` : `()`의 유형. 즉 **unit**은 단 하나의 값, `()`을 가진다.

5) [L5] 값 `5` 입력:

- `5` : 입력 값.
- `;` : 입력의 끝을 지시하는 입력 종결자182).

6) [L6] 입력한 값 5에 대한 인터프리터 반환값: 5와 그의 유형(type).

- `val` : 상동.
- `it` : 상동.
- `=` : 상동.
- `5` : 입력 받은 값.
- `:` : 상동.
- `int` : 값 5의 유형. ML의 기본 유형.

7) [L7] 값 문자열 "**abc**" 입력:

- `"abc"` : 입력 값. "" 안에 문자열을 인용함.
- `;` : 상동.

8) [L8] 입력한 값 5에 대한 인터프리터 반환값: 5와 그의 유형(type).

---

179) 인터프리터를 Unix에 설치(installation)하게 되면, 설치과정에서 환경설정이 이루어지고, 실행파일이 미리 규정된 directory에 설치될 것이다. 그리고 sml 명령어를 입력하게 되면, 이 명령어의 위치를 찾을 수 있는 path에 대한 정보를 Shell에서 정의할 것이다.

180) 인터프리터가 처음 작동되는 시점이기 때문에 이전에 입력된 내용이 없다. 따라서 이전에 아무 것도 입력된 것이 없다는 의미에서 null 또는 nothing을 상징하는 '()'이 출력되었다. 그리고 ML은 strong type 언어이기 때문에, 어떤 값도 없는 의미의 '()'에 대한 유형(type)을 규정해야 하는 데, ML에서는 이를 unit이라는 유형으로 정의했다. 즉 unit은 아무 것도 아닌 것의 값을 갖는 type인데, 여기에는 단 하나의 값, 즉 아무 것도 아닌 값인 '()', 즉 null만을 원소로 갖는다.

181) NULL로 발음한다.

182) SML/NJ Interpreter에서 prompt가 '-'인 경우는 인터프리터가 입력을 기다리고 있다는 의미고, '='인 경우는 인터프리터에 입력이 계속되고 있다는 의미다. 후자의 경우, 아직 입력이 종료되지 않았으니, 입력을 종료시켜야 한다는 의미로 해결이 가능하다. 일반적으로 마감하지 못한 수식을 입력하든지, 아니면 수식 종결자인 ';'을 입력해서 입력을 마감하라는 의미다.

- `val` : 상동.
- `it` : 상동.
- `=` : 상동.
- `"abc"` : 상동.
- `:` : 상동.
- `string` : 값 `"abc"`의 유형. `string`은 ML의 기본 유형.[183]

9) [L9] 인터프리터 종료 명령어:
   - `^D` : 입력 종료 명시. 현재 작동되는 인터프리터가 종료된다.[184]

SML은 interpreter 방식 외에도, compiler 방식을 지원한다. 예를 들면, interpreter에서 입력했던 식(expression)들을, <프로그램 3-2>에서처럼, foo.sml 파일에 정의할 수 있다.

| [L#] | Code in File |
|---|---|
| 1 | `5;` |
| 2 | `"abc";` |

<프로그램 3-2> ML File: foo.sml

File에 정의된 식은 다음과 같다:

1) [L1] Interpreter 예제의 L5,
2) [L2] Interpreter 예제의 L7,

그리고 이 파일에 정의된 식 또는 프로그램을, <프로그램 3-3>에서처럼, batch 방식으로 한번에 compile할 수 있다.

| [L#] | 화면 |
|---|---|
| 1 | `(UNIX command level)` |
| 2 | **`> sml`** |

183) C와 비교하여, ML에서는 string이 기본유형이다. 따라서 string에 대한 기본 연산을 제공한다.

184) Unix에서 사용하는 대표적인 control-key는 `^C`(Control-C), `^D`(Control-C), `^Z`(Control-C) 등이 있다. `^C`는 실행 프로그램의 종료를, `^D`는 입력의 끝을, `^Z`은 실행 프로그램의 정지(suspension)를 의미한다.

```
3   Standard ML of New Jersey, Version 0.93, February 15, 1993
4   val it = () : unit
5   use "foo.sml"
6   (opening foo.sml)
7   5;
8   val it = 5 : int
9   "abc";
10  val it = "abc" : string
11  > (Return to UNIX command level)
```

<프로그램 3-3> Compilation 결과

화면에 출력된 내용은 다음과 같다:

1) [L1] **Unix Shell Command Line.**
2) [L2] **sml** 명령어 입력: sml은 SML Interpreter 실행파일 이름[185].
    - **sml** : SML Interpreter 실행파일 이름.
3) [L3] 출력 내용: 인터프리터 예제 [L3]과 동일.
4) [L4] 출력 내용: 인터프리터 예제 [L4]와 동일.
5) [L5] **use "foo.sml"**
    - **foo.sml** : File 이름.
6) [L6] 출력 내용: **foo.sml** File 열기
5) [L7] 출력 내용: <프로그램 3-2>의 [L1] 입력 내용.
6) [L8] 출력 내용: 인터프리터 예제 [L6]과 동일.
7) [L9] 출력 내용: <프로그램 3-2>의 [L2] 입력 내용.
8) [L10] 출력 내용: 인터프리터 예제 [L8]과 동일.
9) [L11] 출력 내용: 인터프리터 예제 [L10]과 동일.

#### 3.2.1.1 연습 문제

1. Compiler 방식과 interpreter 방식이란 무엇인지 서술하시오.

### 3.2.2 기본 데이터 유형 및 상수

185) 인터프리터를 Unix에 설치(installation)하게 되면, 설치과정에서 환경설정이 이루어지고, 실행파일이 미리 규정된 directory에 설치될 것이다. 그리고 sml 명령어를 입력하게 되면, 이 명령어의 위치를 찾을 수 있는 path에 대한 정보를 Shell에서 정의할 것이다.

제 2장에서 설명한 바와 같이 프로그램언어에서 사용하는 자료(data)나 값(value) 또는 데이터를 저장하는 변수는 일반적으로 유형(type)화가 되어 있다.[186] 그리고 각 값에 대한 연산 또한 그 유형의 연산에 부합해야 한다. ML도 마찬가지다. ML에서 사용되는 모든 값과 연산은 이러한 연산체계를 따른다. 단 ML이 strong type 언어이기 때문에, 그 제약조건이 더 강하다. 그러면 ML에는 어떤 데이터 유형들이 있는지 알아보자.

ML의 기본 type은 다음과 같다:

1) integer:

- Value : 정수, <프로그램 3-3-1>의 [L1]과 같이 표기.
- ~[187] : 음수, <프로그램 3-3-1>의 [L3]과 같이 표기.
- `0X` 또는 `0x` : Hexadecimal notation, <프로그램 3-3-1>의 [L5]와 같이 표기할 수 있으며, **`0x1234`**는 $1*16^3 + 2*16^2 + 3*16^1 + 4*16^0$이기 때문에 결과값으로 4660이 나오는 것을 확인할 수 있다.
- 연산자:

| 연산자 | | 의미 | 유형 |
|---|---|---|---|
| 산술 | `+` | 더하기 연산자 | int * int -> int |
| | `-` | 빼기 연산자 | |
| | `*` | 곱하기 연산자 | |
| | `div` | 나누기 연산자 | |
| | `mod` | 나머지 연산자 | |
| | `~` | 음수 | int -> int |
| 비교 | `=` | 두 피연산자의 동일 여부 비교 | int * int -> bool |
| | `<>` | | |
| | `<` | 두 피연산자의 대소 비교 | |
| | `<=` | | |
| | `>` | | |
| | `>=` | | |

산술 연산자 및 비교 연산자는 각각 3.2.5.1 Arithmetic Operators 절과

186) 기본적으로 수학적 관점에서 연산은 건전성과 안전성을 보장하기 위해서 각 domain에 한정되어 있다. 즉 각 연산은 피연산자의 유형, 즉 정의역과 연산 결과값의 유형, 즉 치역의 유형이 같아야 한다. 그렇지 않을 경우, 그 연산의 결과, 다른 유형을 산출하여 연산의 건전성과 안전성을 보장할 수 없다. 수학적으로, Algebra ***A***=<S, C, O>의 tuple로 정의된다. 여기에서 S는 집합이며, O는 연산자이며, C는 연산자에 대한 항등원을 의미한다. 예를 들면, ***I***=<I, <0,1,1>, <+, 1, *>>. 즉 Algebra ***I***는 정수 집합 I에 <+, -, *> 연산에, 각 연산자의 항등원인 <0, 0, *>으로 정의할 수 있다. 즉 프로그램언어에서의 모든 값들도 이러한 관점에서 특정한 집합에 소속되어 있고, 그 집합의 연산에 종속되었다고 볼 수 있다.

187) ~ [tilde]: Unary minus.

3.2.5.3 Comparison Operators 절에서 자세히 확인할 수 있다.

- 예제:

```
5;
val it = 5 : int
~5;
val it = ~5 : int
0x1234;
val it = 4660 : int
1 + 2;
val it = 3 : int
5 - 2;
val it = 3 : int
5 * 5;
val it = 25 : int
5 div 5;
val it = 1 : int
5 mod 5;
val it = 0 : int
5 = 5;
val it = true : bool
5 <> 5;
val it = false : bool
5 < 2;
val it = false : bool
5 <= 5;
val it = true : bool
5 > 2;
val it = true : bool
5 >= 5;
val it = true : bool
```

<프로그램 3-3-1> integer 관련 연산자 예시 및 결과

2) Real:

- Value : 실수, <프로그램 3-3-2>의 [L1]과 같이 표기.
- ~ : 음수, <프로그램 3-3-2>의 [L3]과 같이 표기.
- E 또는 E~ : Scientific notation, E는 <프로그램 3-3-2>의 [L5]와 같이 표기할 수 있으며, **3.14E3**은 3.14 * $10^3$을 의미한다. E~는 <프로그램 3-3-2>의 [L7]과 같이 표기하여 소수점 이하 자리수를 표현할 수 있다. 즉 3E~3은 3 * $10^{-3}$을 의미한다.
- 연산자:

| 연산자 | | 의미 | 유형 |
|---|---|---|---|
| 산술 | + | 더하기 연산자 | real * real -> real |
| | - | 빼기 연산자 | |
| | * | 곱하기 연산자 | |
| | / | 나누기 연산자 | |
| | ~ | 음수 | real -> real |
| 비교 | = | 두 피연산자의 동일 여부 비교 | real * real -> bool |
| | <> | | |
| | < | 두 피연산자의 대소 비교 | |
| | <= | | |
| | > | | |
| | >= | | |

산술 연산자 및 비교 연산자는 각각 3.2.5.1 Arithmetic Operators 절과 3.2.5.3 Comparison Operators 절에서 자세히 확인할 수 있다.

- 예제:

화면

```
5.1;
val it = 5.1 : real
~5.2;
val it = ~5.2 : real
3.14E3;
val it = 3140.0 : real
3E~3;
val it = 0.003 : real
1.2 + 2.2;
val it = 3.4 : real
5.2 - 2.1;
val it = 3.1 : real
5.4 * 5.2;
val it = 28.08 : real
5.5 / 5.2;
val it = 1.05769230769 : real
5.1 = 5.1;
val it = true : bool
5.1 <> 5.1;
val it = false : bool
5.1 < 2.1;
val it = false : bool
5.1 <= 5.1;
val it = true : bool
```

```
5.1 > 2.1;
val it = true : bool
5.1 >= 5.1;
val it = true : bool
```

<프로그램 3-3-2> real 관련 연산자 예시 및 결과

3) Boolean:

- Value : **true**, **false**, <프로그램 3-3-3>의 [L1]과 같이 표기
- 연산자 :

<table>
<tr><th colspan="2">연산자</th><th>의미</th><th>유형</th></tr>
<tr><td rowspan="3">논리</td><td>not</td><td>부정 연산자</td><td>bool -> bool</td></tr>
<tr><td>andalso</td><td>and 연산자</td><td rowspan="2">bool * bool -> bool</td></tr>
<tr><td>orelse</td><td>or 연산자</td></tr>
<tr><td rowspan="2">비교</td><td>=</td><td rowspan="2">두 피연산자의 동일 여부 비교</td><td rowspan="2">bool * bool -> bool</td></tr>
<tr><td><></td></tr>
</table>

비교 연산자 및 논리 연산자는 각각 3.2.5.3 Comparison Operators 절과 3.2.5.4 Logical Operators 절에서 자세히 확인할 수 있다.

- 예제:

```
[L#]  화면
 1  true;
 2  val it = true : bool
 3  false;
 4  val it = false : bool
 5  not true;
 6  val it = false : bool
 7  not false;
 8  val it = true : bool
 9  ( 5 < 1 ) andalso ( 5 <= 5 );
10  val it = false : bool
11  ( 5 < 1 ) orelse ( 5 <= 5 );
12  val it = true : bool
13  1=1;
14  val it = true : bool
15  "string" = "string";
16  val it = true : bool
17  1<>1;
18  val it = false : bool
19  "string" <> "String";
20  val it = true : bool
```

<프로그램 3-3-3> Boolean 관련 연산자 예시 및 결과

4) Char:

- Value　　　　　: 문자[188], <프로그램 3-3-4>의 [L1]과 같이 표기
- 연산자:

| 연산자 | | 의미 | 유형 |
|---|---|---|---|
| 비교 | = | 두 피연산자의 동일 여부 비교 | char * char -> bool |
| | <> | | |
| | < | 두 피연산자의 대소 비교 | |
| | <= | | |
| | > | | |
| | >= | | |

비교 연산자는 3.2.5.3 Comparison Operators 절에서 자세히 확인할 수 있다.

- 예제:

| [L#] | 화면 |
|---|---|
| 1 | **#"A";** |
| 2 | *val it = #"A" : char* |
| 3 | **#"A" = #"a";** |
| 4 | *val it = false : bool* |
| 5 | **#"A" <> #"B";** |
| 6 | *val it = true : bool* |
| 7 | **#"A" < #"B";** |
| 8 | *val it = true : bool* |
| 9 | **#"A" <= #"B";** |
| 10 | *val it = true : bool* |
| 11 | **#"A" > #"B";** |
| 12 | *val it = false : bool* |
| 13 | **#"A" >= #"B";** |
| 14 | *val it = false : bool* |

<프로그램 3-3-4> Char 관련 연산자 예시 및 결과

188) ASCII

5) String:

- Value : 문자열, <프로그램 3-3-5>의 [L1]과 같이 표기
- 연산자:

<table>
<tr><th colspan="2">연산자</th><th>의미</th><th>유형</th></tr>
<tr><td>이음</td><td>^</td><td>문자열 이음 연산자</td><td>string * string -> string</td></tr>
<tr><td rowspan="6">비교</td><td>=</td><td rowspan="2">두 피연산자의 동일 여부 비교</td><td rowspan="6">string * string -> bool</td></tr>
<tr><td><></td></tr>
<tr><td><</td><td rowspan="4">두 피연산자의 대소 비교</td></tr>
<tr><td><=</td></tr>
<tr><td>></td></tr>
<tr><td>>=</td></tr>
</table>

이음 연산자 및 비교 연산자는 각각 3.2.5.2 String Operator 절과 3.2.5.3 Comparison Operators 절에서 자세히 확인할 수 있다.

- 예제:

| [L#] | 화면 |
|---|---|
| 1 | **"this is a string";** |
| 2 | *val it = "this is a string" : string* |
| 3 | **"abc" ^ "defg";** |
| 4 | *val it = "abcdefg" : string* |
| 5 | **"string" = "string";** |
| 6 | *val it = true : bool* |
| 7 | **"string" <> "String";** |
| 8 | *val it = true : bool* |
| 9 | **"string" < "string";** |
| 10 | *val it = false : bool* |
| 11 | **"string" <= "string";** |
| 12 | *val it = true : bool* |
| 13 | **"string" > "string";** |
| 14 | *val it = false : bool* |
| 15 | **"string" >= "string";** |
| 16 | *val it = true : bool* |

<프로그램 3-3-5> String 관련 연산자 예시 및 결과

이를 정리하면 <표 3-1>과 같다.

| | integer | real | boolean | char | string |
|---|---|---|---|---|---|
| values | positive<br>negetive<br>hexidecimal | positive<br>negetive<br>scientific | true<br>false | character<br>ASCII<br>code | string |
| 연산자 | +<br>-<br>*<br>div<br>mod<br>~<br>=<br><><br><<br><=<br>><br>>= | +<br>-<br>*<br>/<br>~<br>=<br><><br><<br><=<br>><br>>= | not<br>andalso<br>orelse<br>=<br><> | =<br><><br><<br><=<br>><br>>= | ^<br>=<br><><br><<br><=<br>><br>>= |

<표 3-1> 데이터 유형의 값과 연산

### 3.2.2.1 연습 문제

1. 다음 ML code의 결과와 데이터유형이 무엇인지 작성하시오.

    1-1) 2+3;
    1-2) 4-5;
    1-3) 6*7;
    1-4) 37 div 5;
    1-5) 37 mod 5;
    1-6) (3+4)*2;
    1-7) 3.12 * 4.3
    1-8) ~34E2;
    1-9) 4.57E~3;
    1-10) 2 + 3.5 ;
    1-11) "Hello ML world!";
    1-12) "Hello " ^ "world";
    1-13) #"x";
    1-14) ( 2 = 2 ) orelse ( 37 div 0 = 5 );
    1-15) ( 2 = 0 ) andalso ( 37 div 0 = 5 );

### 3.2.3 Constants

설명한 바와 같이 ML에서 interpreter에 입력되는 기본 단위는 expression(수식)이다. 그리고 이러한 수식은 연산자들과 피연산자로 구성되고, 피연산자는 상수 또는 변수로 선언된다. 각 데이터 유형별로 상수는 다음과 같이 선언된다.

1) integer:
   - 양수:
     - `1, 2, 3, ...`
     - `12345, 67890, ...`
   - 음수: tilde(~) 사용.
     - `~1, ~2, ~3, ...`
     - `~12345, ~67890, ...`
   - 16진법(Hexidecimal): 0X, 0x
     - `0x1, 0x2, 0x3, ...`
     - `0x12345, 0x67890, ...`
2) Real:
   - 양수:
     - `1.1, 2.22, 3.333, ...`
     - `12345.12345, 67890.6789, ...`
   - 음수: tilde(~) 사용.
     - `~1.1, ~2.22, ~3.333, ...`
     - `~12345.12345, ~67890.6789, ...`
   - Scientific Notation: E, e 사용.
     - `1.3E3` : $1.3\text{x}10^{3} = 1300$
     - `1.2345e~3` : $1.2345\text{x}10^{-3} = 0.0012345$
3) Boolean:
   - 참 : `true`
   - 거짓 : `false`
4) Char[189]: #[190] 사용
   - `#"A"` : 문자 A.
   - `#"\t"` : 문자 `\t` (tap), `\n` (new line).

189) ML에서는 char를 기본 유형으로 제공하나, char를 길이가 1인 string으로 표현한다.

190) `#`: Sharp으로 읽는다.

- `#"\\"` : 문자 \ (backslash).
- `#"\""` : 문자 "
- `#"\007"` : ASCII Code 값 (10진법 3자리 수) - 벨 울리기.
- `#"\^G"` : ASCII Control Code: ^ 사용 - 위 #"\007"과 동일.

5) String[191]: "" 사용.

- `"abc"` : 문자열 abc

### 3.2.3.1 연습 문제

1. 다음 상수의 데이터유형이 무엇인지 작성하시오.

   1-1) `2;`
   1-2) `~5;`
   1-3) `6* 7;`
   1-4) `3.14;`
   1-5) `~34E2;`
   1-6) `4.57E~3;`
   1-7) `true;`
   1-8) `false;`
   1-9) `#"a";`
   1-10) `"a";`

## 3.2.4 Variables

각 유형에 따른 변수(variable)[192]는 <프로그램 3-4>에서처럼 선언할 수 있다.

191) C언어와 다르게, ML에서는 string을 기본 유형으로 제공한다. 당연히, 기본 유형에 대한 기본 연산자도 제공한다. 예를 들면, ^인 문자열 이음연산자다.

192) ML에서의 변수는 C와 같은 절차중심언어의 변수와 근본적으로 다르다. 그 이유는 ML에서는 side-effect를 차단하기 위하여, 한번 값이 할당된 변수값을 수정할 수 없도록 차단하기 때문이다. 절차중심언어의 변수는 symbol table을 통해 선언된 변수들이 값을 변경할 수 있도록 했고, 이러한 성질을 절차중심언어의 파괴적인(destructive) 성질이라고 정의했다. 그리고 이러한 성질이 HOW를 구현하는 절차중심언어로서 고유한 특성이라고 설명했다. 반면 WHAT을 구현하는 함수언어에서는 근본적으로 변수값을 변경할 수 없게 함으로써 절차중심언어의 파괴적인 성질을 제거했다. 그리고 변수를 관리하는 방식을 symbol table이 아니라, working space 또는 environment 방식, 즉 변수값을 변경하지 못하도록 하는 방식으로 변수를 관리한다. 단 동일한 이름의 변수를 선언하게 되면, 이전의 변수 이름은 제외되고, 최신의 변수만이 활용된다.

```
1  val x = 1;
2  val x = 1 : int
3  val y = 1.1;
4  val y = 1.1 : real
5  val z = true;
6  val z = true : bool
7  val s = "abc";
8  val s = "abc" : string
9  val t = #"d";
10 val t = #"d" : char
```

<프로그램 3-4> Variables

이를 설명하면 다음과 같다:

1) [L1] integer 변수 선언:
- `val` : 데이터를 지시하는 keyword.
- `x` : 변수의 이름.
- `=` : **x**의 값을 지시하는 부호.
- `1` : **x**의 값.
- `;` : 입력의 끝을 지시하는 입력 종결자.

2) [L2] Interpreter에 의한 integer 변수 수용:
- `val x = 1` : 1)과 상동.
- `:` : 값이 어떤 유형에 속하는지를 구분하는 분리자.
- `int` : Interpreter에 의해 인식된 **x**의 유형.

3) [L3] Real: Real 변수 선언:
- `val y =` : 1)과 상동.
- `1.1` : **y**의 값.
- `;` : 1)과 상동.

4) [L4] Interpreter에 의한 real 변수 수용:
- `val y = 1.1` : 3)과 상동.
- `:` : 2)와 상동
- `real` : Interpreter에 의해 인식된 **y**의 유형.

5) [L5] Boolean 변수 선언:
- `val z =` : 1)과 상동.
- `true` : **z**의 값.
- `;` : 1)과 상동.

6) [L6] Interpreter에 의한 boolean 변수 수용:

- `val z = true` : 5)와 상동.
- `:` : 2)와 상동.
- `bool` : Interpreter에 의해 인식된 `z`의 유형.

7) [L7] String 변수 선언:
- `val s =` : 1)과 상동.
- `"abc"` : `s`의 값.
- `;` : 1)과 상동.

8) [L8] Interpreter에 의한 String 변수 수용:
- `val s = "abc"` : 7)과 상동.
- `:` : 2)와 상동.
- `string` : Interpreter에 의해 인식된 `s`의 유형.

9) [L9] Char 변수 선언:
- `val t =` : 1)과 상동.
- `#"d"` : `t`의 값.
- `;` : 1)과 상동.

10) [L10] Interpreter에 의한 char 변수 수용:
- `val t = #"d"` : 9)와 상동.
- `:` : 2)와 상동.
- `char` : Interpreter에 의해 인식된 `t`의 유형.

여기에서 중요한 점은 변수를 선언할 때, 변수의 유형을 명시하지 않아도, 기본 유형에 대해서는 interpreter 또는 compiler가 변수의 유형을 그 변수값을 기반으로 자동으로 결정한다는 점이다. 이러한 점은 연산을 수행할 때에도 연산의 유형에 따라 자동으로 검사가 이루어진다.

### 3.2.4.1 연습 문제

1. 다음 ML code는 원의 넓이를 구하는 code다. 오류가 발생하는 code의 경우, 오류의 원인을 서술하시오.

```
val radius = 5;
val pi = 3.14;
val area = pi * radius * radius;
```

1-1) 변수 **radius**, **pi**의 데이터 유형이 무엇인지 작성하시오.

1-2) 변수 area의 값은 무엇인지 작성하고, 왜 그런 결과가 나오는지 서술하시오.

## 3.2.5 Operators

### 3.2.5.1 Arithmetic Operators

수(integer, real)에 대한 기본 연산은 다음과 같다:

1) + : 덧셈[193] (정수, 실수).
2) - : 뺄셈 (정수, 실수).
3) * : 곱셈 (정수, 실수).
4) / : 나눗셈 (실수).
5) **div** : 나눗셈 (정수)[194].
6) **mod** : 나머지 연산 (정수)
7) ~ : 일진 음화(陰化) (unary minus) 연산 (정수, 실수).

간단한 예를 보자.

```
1+2;
val it = 3 : integer
1.0+2.0;
val it = 3.0 : real
20 div 6;
val it = 3 : int
20 mod 6;
val it = 2 : int
~2*(~3);[195]
val it = 6 : int
```

<프로그램 3-5> Arithmetic Operations

193) 각 연산을 함수적인 관점에서 해석할 수 있다. 예를 들면, +의 경우, (int, int) → int의 사상관계로 해석할 수 있다. 즉 두 개의 int가 쌍으로 이루어진 정의역과 하나의 int를 치역의 사상관계로 정의된다.

194) 정수 연산의 닫힘(closure) 성질에 의해 연산의 결과값은 내림(flooring)을 하여 정수가 된다.

195) 이 식(arithmetic expression)에서 괄호가 없고, 또한 *과 ~ 사이에 빈 칸(blank space)이 없다면, 이 연산에 오류가 발생될 것이다. 왜냐하면, 이 식이 ~2*~3으로 표

이를 설명하면 다음과 같다:

1) [L1] integer 덧셈: +의 피연산자가 int이므로 자동으로 integer 연산이 된다.
2) [L2] integer 덧셈 결과: integer 연산의 닫힘 성질에 의해 그 결과도 int가 된다.
3) [L3] real 덧셈: +의 피연산자가 real이므로 자동으로 real 연산이 된다.
4) [L4] real 덧셈 결과: real 연산의 닫힘 성질에 의해 그 결과도 real이 된다.
5) [L5] integer 나눗셈: 명시적인 integer에 대한 나눗셈 연산. 피연산자는 integer여야 함.
6) [L6] integer 나눗셈 결과: integer 연산의 닫힘 성질에 의해 그 결과도 integer가 된다.
7) [L7] integer 나머지 (mod) 연산: 명시적인 integer에 대한 나머지 연산. 피연산자는 integer여야 한다.
8) [L8] integer mod 연산 결과: integer 연산의 닫힘 성질에 의해 그 결과도 integer가 된다.
9) [L9] integer 곱셈: 명시적인 integer에 대한 곱셈 연산. 피연산자는 integer여야 한다.
10) [L10] integer 곱셈 결과: integer 연산의 닫힘 성질에 의해 그 결과도 integer가 된다.

상수뿐만이 아니라 변수에 대한 연산도 가능하다. 예를 들면, <프로그램 3-6>의 코드와 같다. 이 코드에서는 변수 **x**와 **y**를 각각 1과 2로 정의하고, 이 변수값을 더해서 변수 z의 값을 얻는다.

```
val x = 1;
val x = 1 : int
val y = 2;
val y = 2 : int
val z = x+y;
val z = 3 : int
```

<프로그램 3-6> Integer Addition: Variable

현되고, 파서(parser)에 의해서 이 식의 *~을 하나의 연산자로 인식하기 때문이다. 그러나, *~은 기본 연산으로 정의되어 있지 않기 때문에 정의되지 않은 연산이라는 오류가 발생될 것이다. 만약 이러한 연산이 프로그래머의 의도라고 한다면, 이에 대해 정의할 경우, 이 지점에서 parser 오류가 발생되지 않고, 프로그래머가 정의한 함수로서 인식이 될 것이다.

연산에서의 중요한 쟁점은 다음과 같다:

1) 연산자들의 우선순위는 다음과 같다:
    - 1 순위: `~`
    - 2 순위: `*`, `/`, `div`, `mod`
    - 3 순위: `+`, `-`
2) 연산 방향: 왼쪽에서 오른쪽.

인위적으로 우선순위를 높이기 위해서는 괄호, 즉 ()를 사용하면 된다.

간단한 예를 들어보자. <프로그램 3-7>은 간단한 연산을 보여준다. 연산의 순서는 위 원칙에 따라 <그림 3-2>와 같이 진행된다. 왼쪽에서 오른쪽으로, 아래에서 위로 진행된다.

```
1*2+3-4div5;
val it = 4 : int
```

<프로그램 3-7> Integer Addition: Variable

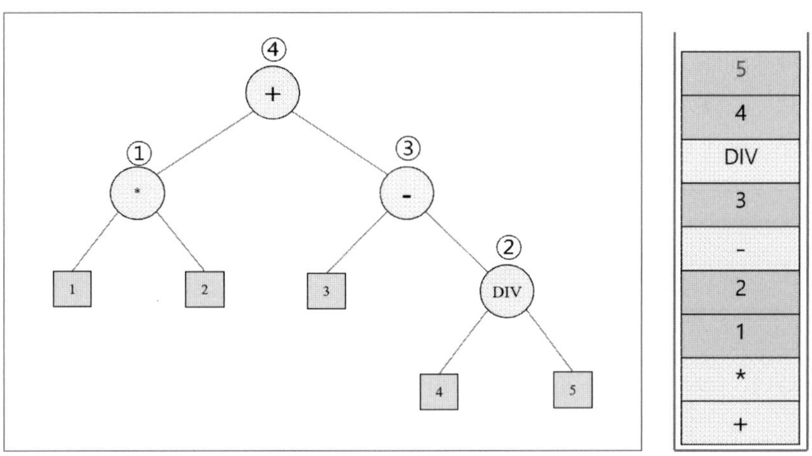


<그림 3-2> Precedency Tree & Execution Stack

<그림 3-2>에서는 이 ML 문법에 의해서 구축된 syntax tree를 볼 수 있으며, 연산은 이러한 원리에 순서대로, 즉 ①, ②, ③, ④ 순서대로 수행됨을 확인할 수 있다. 그리고 이러한 연산을 위해서 stack에 연산자와 관련 피연산자들이 polish notation[196] 방식으로 적재되어있음을 확인할 수 있다.

그리고 이러한 연산을 통해서 stack에 있는 연산자와 관련 피연산자들이, ①, ②, ③, ④ 순서대로 stack에서 어떻게 변환이 되는지를 <그림 3-3>을 통해서 확인할 수 있다.

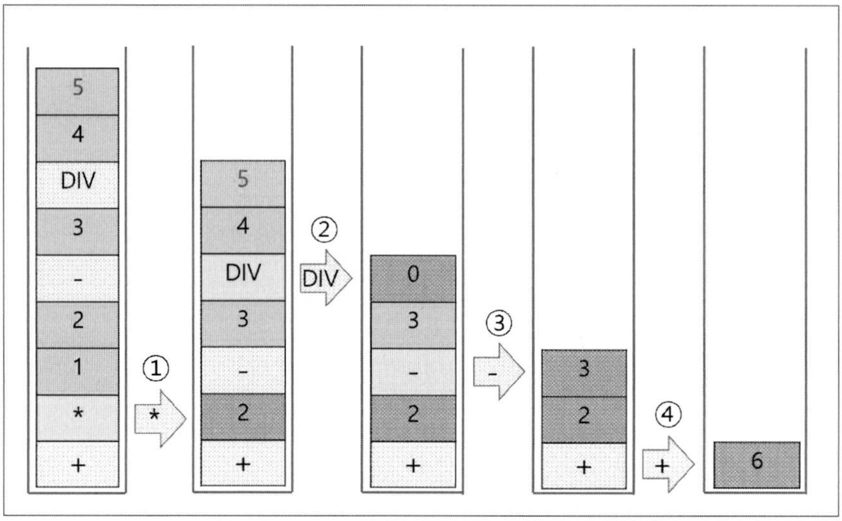


<그림 3-3> Stack Operations

### 3.2.5.2 String Operator

String에 대한 기본 연산은 다음과 같다:

1) ^[197] : 이음 연산[198]

196) 프로그래밍언어에는 이러한 원리에 의한 연산 순서가 매우 중요하다. 왜냐하면, 연산을 수행하기 위한 방법으로, compiler에 의해서 이 연산식(operation expression)에 해당하는 parse 또는 syntax tree를 구축한 다음, 그에 해당하는 연산자와 피연산자를, 연산을 위한 stack에, 이러한 연산의 원리를 반영한 순서대로 적재한 다음, 이러한 원리대로 연산을 수행할 수 있기 때문이다. 일반적으로 이런 원리에 의한 연산 표현 방식을 polish notation이라고 한다. 일반 notation은 연산자가 피연산자 사이에 표현된 in-fix notation인 반면 polish notation은 pre-fix notation이다. 예를 들면, 1+2를 + 1 2로 표현하는 것과 같다. 이러한 polish notation에 기반으로 한 언어가 바로 Lisp언어다. 하지만 프로그램언어의 의미론적 관점에서, compiler에 의해서 연산을 기계언어로 번역하기 위해서, 이러한 방식으로 stack에서 polish notation 방식으로 전환해야 한다.

197) Angle Hat으로 읽는다.

198) 이외의 다른 연산은 사용자가 정의할 수 있다. 이에 대한 방법은 뒤에서 다루기로 한다.

String에 대한 이음 연산도 <프로그램 3-8>의 코드처럼 수행할 수 있다. 이 코드에서는 변수 **s1**과 **s2**를 각각 **"abc"**와 **"def"**로 정의하고, 이 변수값들에 대한 이음연산으로 변수 z의 값 **"abcdef"**를 얻는다.

```
val s1 = "abc";
val s1 = "abc" : string
val s2 = "def";
val s2 = "abc" : string
val s3 = s1^s2;
val s3 = "abcdef" : string
```

<프로그램 3-8> String 이음(Concatenation)

#### 3.2.5.3 Comparison Operators

기본 비교 연산[199]은 다음과 같다:

1) = : Equal .
2) <> : Not equal.
3) >= : Great than or equal to.
4) <= : Less than or equal to .

비교연산의 피연산자는 동일 유형의 constant나 variable이나 모두 가능하다. 예를 들면, integer, real, char, string, boolean 등을 들 수 있다. 그리고 그 연산의 결과는 boolean이다.

간단한 예를 보자. <프로그램 3-9>에는 두 개의 비교 연산 예제가 있다.

199) 비교 연산의 함수적 해석은 **('a, 'a) → boolean**의 사상관계로 표현할 수 있다. 여기에서 **'a**는 type parameter(**a**는 type의 이름을 위한 변수)로서, 어떤 type도 수용할 수 있다는 의미다. 즉 **'a**는 특정하게 규정된 유형이 아닌, 하나 이상의 유형, 즉 polymorphic type을 의미한다. 다시 말해, integer, real, char, boolean, string 등에 대한 여러 유형의 비교가 가능하다는 의미다. 그리고 **''a**의 의미는 동일한 유형에 대한 비교가 가능하다는 의미다. 그래서 비교 연산의 함수적 해석은 동일한 유형의 쌍을 비교해서 그 결과를 반환하는 연산으로 해석할 수 있다. 특히 'a와 ''a의 차이(**''**는 2개의 **'**)는 **'a**에 비해 **''a**는 비교, 즉 등치관계가 성립되는 유형을 의미한다. 즉 비교연산의 함수적 해석은 **('a, 'a) → boolean**에서 **(''a, ''a) → boolean**으로 대체된다. 이 내용은 함수 영역에서 더 자세히 거론하도록 한다.

```
1 1<=2;
2 val it = true : bool
3 "abc" < "def";
4 val it = true : bool
```

<프로그램 3-9> Comparison Operation

이를 설명하면 다음과 같다:

1) [L1] integer 비교: (int, int).
2) [L2] 비교 결과: true.
3) [L3] string 비교[200]: (string, string).
4) [L4] 비교 결과: true.

### 3.2.5.4 Logical Operators

기본 논리 연산[201]은 다음과 같다:

1) **andalso** : AND (C의 &&) - 피연산 모두 참이어야 함.

| A | andalso | B |
|---|---|---|
| false | false | false |
| false | false | true |
| true | false | false |
| true | true | true |

2) **orselse** : OR (C의 ||) - 피연산 하나는 참이어야 함.

| A | orselse | B |
|---|---|---|
| false | false | false |
| false | true | true |
| true | true | false |
| true | true | true |

3) **not** : NOT (C의 !).

200) String은 lexicographic, 즉 사전적 순서(dictionaryorder)를 기준으로 한다.

201) 논리 연산의 함수적 해석은 andalso와 orselse는 (boolean, boolean) → boolean의 사상관계로, not은 boolean → boolean의 사상관계로 표현할 수 있다.

| A | not |
|---|---|
| false | true |
| true | false |

간단한 예를 보자. <프로그램 3-10>에는 두 개의 비교 연산 예제가 있다.

```
1  1<2 andalso 2<1;
2  val it = false : bool
3  1<2 andalso (not (3<4) orelse 5<6);
4  val it = true : bool
```

<프로그램 3-10> Comparison Operation

1) [L1] **andalso** 예제:

| 1 < 2 | andalso | 2 < 1 |
|---|---|---|
| true | false | false |

2) [L2] 연산 결과: false.

3) [L3] **orelse** 예제:

| 1<2 | andalso | (not | (3<4) | orelse | 5<6) |
|---|---|---|---|---|---|
| true | true | false | true | true | true |

4) [L4] 비교 결과: true.

논리연산자에서 다음과 같은 두 가지의 중요한 쟁점들이 있다(<그림 3-4> 참조):

1) Precedency[202]: 3개의 연산자 중, **not**이 우선순위(priority)가 가장 높고, 나머

202) 프로그램언어에서는 이진 연산자에 대한 교환법칙(associativity)은 항상 적용되지 않는다. 그 이유는 이러한 이진 연산을 수행하는 과정에서 첫 번째 피연산자의 평가 수행 결과가 두 번째 연산자의 수행 결과에 직접적인 영향을 미칠 수 있기 때문이다. 즉 원 연산의 결과와 교환된 연산의 결과가 같다는 것을 보장할 수 없기 때문이다. 대표적인 예가, short-circuit 연산자 (C의 **&&** 와 **||**), "**?:**" 연산자, 제어문의 조건식, 함수 매개변수 평가, **++**, **--** 등과 같은 unary 연산자 등을 들 수 있다. 이런 현상의 근본적인 이유는 eager evaluation에 근거하여 규정된 프로그램 실행의 원칙, 즉 sequence point 원칙 때문이다. 이 원칙은 프로그램이 syntax와 semantics에 의해서 실행될 때, 어느 시점이든 실행되면, 실행된 결과가 바로 전역적으로 반영되어야 한다는 원칙이다. 즉 이진 연산에서 첫 번째 피연산자에 대한 평가가 eager 방식으로 수행되면, 그 결과를 바로 그 환경에 반영하고, 즉 side-effect를 발생시키고, 그 다음 두 번째 피연산자에 대한 평가가 eager 방식으로 수행될 때, 전자에 대한 평가 결과에 직접, 그리고 바로 영향을 받는다는 의미다.

지 둘의 우선순위는 같다. 따라서 논리연산의 우선순위와 피연산자(operand)를 규정하기 위해서 괄호를 쓰는 것은 필수적이다. 예를 들면, 위 예제 `not (3<4)`에서 `not`의 피연산자를 `()`로 묶은 이유는 `()`가 없을 경우, 즉 `not 3<4`인 경우, 3을 `not`의 피연산자로 간주하기 때문에 오류가 발생된다.

2) 단축연산자[203]: ML은 `andalso` 와 `orelse` 단축연산자에 단축연산을 허용한다.

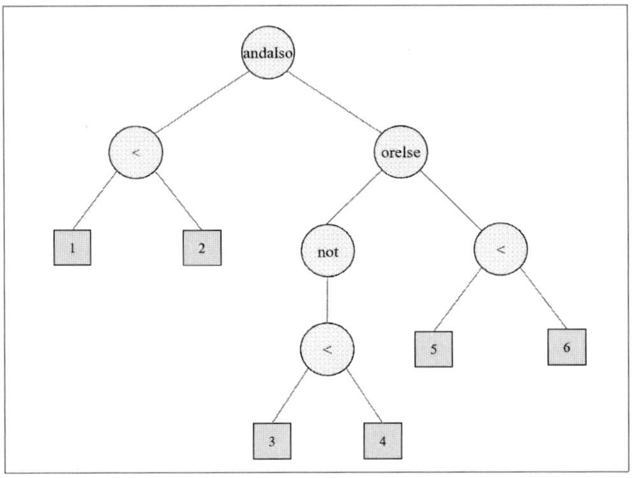


<그림 3-4> Precedency Tree

203) 단축연산자(short-circuit operator)는 이진 논리 연산자의 2개의 피연산자를 평가(evaluation)하는 과정에서 전자의 평가가 결정적일 때, 후자의 평가를 수행하지 않는 연산자를 의미한다. 대표적인 예가 C의 `&&`(and) 와 `||`(or) 논리연산자들이다. `&&`의 경우, "`a && b`"식에서 `a`가 거짓으로 판명나면, `b`를 구태여 평가할 필요가 없다. ||의 경우도 마찬가지다. "`a || b`"식에서 `a`가 참으로 판명나면, `b`를 구태여 평가할 필요가 없다. 왜 그럴까? 첫 번째 이유는 실행시간을 줄일 수 있기 때문이다. 그렇다면, 만약 `b`를 평가하면 문제가 되는 것일까? 그렇다. `b`에 대한 평가를 실행하는 과정에서 a의 평가가 참임을 전제로 한 `b`에 대한 평가이거나, `a`의 평가에 따른 side-effect에 의해서 오류를 발생시키는 `b`에 대한 평가일 경우다. 전자의 경우에 대한 예를 들어보자. "`if (!p && p->x)`"라는 구문이 있다고 하자. `p`를 구조체에 대한 pointer라고 간주하면, 이 조건식의 뜻은 `p`가 참이고, 즉 `NULL`이 아니고, `p`의 `x`가 참인 경우라는 조건이다. 그런데, 만약 `p`가 `NULL`임에도 불구하고 단축연산자로서 `p->x`를 수행한다면 `NULL`인 `p`에 의해 당연히 오류가 발생된다. 후자의 경우에 대한 예를 들어보자. "`if ((q=p)!=NULL && q->x)`"라는 구문이 있다고 하자. `p`를 구조체에 대한 pointer라고 간주하면, 이 조건식의 뜻은 `p`를 `q`로 배정하고 그 결과 참이고, 즉 `NULL`이 아니고, `q`의 `x`가 참인 경우라는 조건이다. 전자의 예와 유사하나, 여기에서 중요한 쟁점은, `&&`의 첫 번째 피연자를 평가하는 과정에서 발생된 배정(assignment)에 의한 side-effect의 결과, `&&`의 두 번째 피연자, 즉 side-effect의 결과인 `q`가 `NULL`임에서 불구하고 단축연산자로서의 `q->x`가 수행하게 됨으로써 `NULL`인 `p`에 의한 오류가 당연히 발생된다.

### 3.2.5.5 If-Then-Else Operator

ML에서는 C와 다르게[204] if-then을 구문이 아닌 expression-operator로 정의한다. 간단한 예를 들어보자. <프로그램 3-11>은 if-then-else expression의 예다.

```
1  if 1<2 then 3 else 4;
2  val it = 3 : int
```

<프로그램 3-11> If-Then-Else Operation

이를 설명하면 다음과 같다:

1) [L1] if-then-else expression.
2) [L2] 수행 결과.

### 3.2.5.6 Type Check: Type Strong Language

#### (1) Basic Types

ML에는 다음과 같은 4가지의 기본 유형이 있다:

1) int : C의 int와 같다.
2) real : C의 float와 같다.
3) Boolean : true, false 두 개의 값을 가진다.
4) String : C와 다르게 기본 유형으로 정의된다.

ML에서 char는 string의 특별한 경우, 즉 길이가 1인 string으로 정의한다. 표식은 맨 처음 #으로 시작한다.

#### (2) Types Must Agree

ML은 type strong 언어다. 모든 expression에 대해 적합한 유형을 판단해야 한다. 따라서 모든 연산에 부합한 값을 제공해야 한다. 간단한 예를 들어보자.

204) C의 if-the-else expression과 비교할 필요도 있다. 즉 C에서 "`a = (x>0) ? x | -x;`"와 같은 expression이다.

```
1  3 + 4.0;
2  std in:1.1-1.7 Error: operator and operand don't agree
3  (tyconmismatch)
4  operator domain: int * int
5  operand: int * real
6  in expression:
7  + : overloaded (3,4.0)
```

<프로그램 3-12> Type Checking

<프로그램 3-12>에서 보여주는 바와 같이, `3 + 4.0`을 interpreter에 입력했다고 가정하자. 그러면 interpreter는, 이에 대해, 다음과 같은 오류 관련 문장을 화면에 출력한다:

1) [L2]:
   - Error 위치: Standard Input, Line 1, Column 1~7.
   - Error 이유: 피연산자와 연산자가 같지 않음.
2) [L3] Error name: tycon mismatch (유형조건 불일치).
3) [L4] 연산자 도메인: **int * int**[205] .
4) [L5] 입력된 피연산자 유형: **int * real.**
5) [L7] 결과 + 연산은 overload[206]가 됨.

즉 + (addition) 연산은 같은 유형의 피연산자에 대해 + 연산이 가능한데, 입력된 두 피연산자의 유형이 서로 다르기 때문에 run-time 오류가 되었다는 해석이다. 즉 + 연산에 대한 type checking을 했는데, 오류가 발생되었다는 뜻이다.[207]

---

205) **int * int**에서 *의 의미는 tuple 관계를 의미한다. 예를 들면, in-fix notation 연산식 **1+2**를, 연산자 +에 대하여 prefix notation으로 전환하면, **+ 1 2**로 표현할 수 있다. 여기에 syntatic sugar를 도입해, **(op) + (1, 2)**처럼, 연산자를 함수와 같은 식으로 표현한다면, **(op) +** 함수에 입력되는 피연산자를 **(1,2)**라는 tuple 식으로 표현할 수 있다. 이때 1과 2의 관계를 유형(type)식으로 표현하면, **int*int**로 표현할 수 있다. 기존의 산술연산(arithmetic operation) *(multiplication)과 혼돈하면 안된다.

206) 제 2장에서 설명한 바와 같이, binding 시, 하나의 함수가 하나 이상의 유형적 관점에서의 사상관계를 가지는 것을 의미한다. 즉 서로 다른 함수의 signature를 허용한다는 의미다.

207) 일반적으로 이전에 설명한 바와 같이, + 연산은 정수(int)에 덧셈, 실수(float)에 덧셈이 가능하기 때문에, overload 되었다고 설명했다. 하지만 이 외에도, 만약 정수와 실수, 또는 그 역으로 실수와 정수에 대한 덧셈이 가능하다면, 그에 대해서도 overload가 되었다고 정의할 수 있다. 제 2장에서 거론한 C* 언어에서의 행렬 + 연산도 참고하기 바란다.

### (3) Coercion

그러면 이러한 오류를 예방하기 위한 방책은 무엇일까? ML에서는 연산자의 유형에 맞게 피연산자의 C언어처럼 자동으로 전환(type conversion)해주지는 않는다.[208] 이를 위해서는 강제적으로, 명시적으로, type을 변경시켜주어야 한다. 간단한 예를 살펴보자.

```
1  (real) 3 + 4.0;
2  val it = 7.0: real
```

<프로그램 3-13> Coercion

<프로그램 3-13>에서 보여주는 바와 같이, `3 + 4.0`을 interpreter에 입력했다고 가정하자. 그러면 interpreter는, 이에 대해, 다음과 같은 오류 관련 문장을 화면에 출력한다:

1) [L1] +의 첫 번째 피연산자 3의 유형을 강제적으로 int에서 `3.0` real로 바꾸었다.
2) [L2] real에 대한 + 연산 결과 실수 `7.0`이 산출되었다.

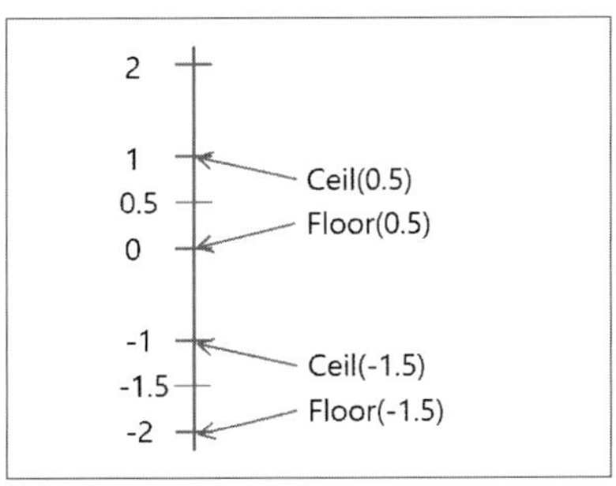


<그림 3-5> Ceil, Floor 함수

반면 ML에서는 real을 int로 바꿀 수 있는 int type casting 함수가 없다[209]. 대신 real을 int로 바꾸는 다음과 같은 함수들이 있다[210]:

208) 자동으로 type을 전환해 주는 방식을 type conversion이라고 한다.

209) 이유는 간단하다. real을 등가의 값을 가진 int로 바꿀 수 없기 때문이다.

210) C에서도 유사한 원칙을 가진다. 산술에서의 conversion도, 명시적인 전환은 작은 크기의 자료유형에서 이 보다 큰 크기의 자료유형의 전환만이 가능하다. C에서의 자료의

1) floor : <그림 3-5>처럼, 주어진 실수 값보다 큰 가장 작은 정수 반환.
2) ceil : <그림 3-5>처럼, 주어진 실수 값보다 적은 가장 큰 정수 반환.
3) round : 주어진 실수 값을 반올림한 정수값 반환.
4) trunc : 주어진 실수 값을 반내림한 정수값 반환.

예를 들면, 위 예제에서 int에 대한 + 연산을 수행하고자 한다면, 다음 <프로그램 3-14>처럼, 4.0을 floor 함수에 의해 정수 4로 전환한 후에 + 연산을 수행하면 된다.

```
1  3 + floor(4.0);
2  val it = 7: int
```

<프로그램 3-14> Floor 함수

1) [L1] +의 두 번째 피연산자 **4.0**의 유형을, floor 함수를 사용하여 **4**로 바꾸었다.
2) [L2] int에 대한 + 연산 결과 정수 7이 산출되었다.

이와 같이 **(int)**와 **(real)**을 통해서 type을 전환하는 것은 type casting이라고 한다. Type casting이 가능하기 위해서는 등치관계가 성립될 수 있어야 한다. 예를 들면, 3과 3.0, 또는 7.0과 7과 같은 등치관계가 성립되어야 한다. 대표적인 경우는 다음과 같다:

1) Integer vs. Real: 위 예제에서 설명한 바와 같다.
2) Character vs. Integer: <프로그램 3-15>와 같다.
3) String vs. Character: <프로그램 3-15>와 같다.

```
ord(#"a");
val it = 97 : int
chr(97);
val it = #"a" : char
str(#"a");
val it = "a" : string
```

<프로그램 3-15> Type Conversion

크기는 다음과 같다: short/char < int < unsigned int < long < unsigned long < long long < unsigned long long < double < long double.

<프로그램 3-15>를 설명하면 다음과 같다:

1) [L1] char를 ord 함수를 사용하여 양의 정수로 전환.
2) [L2] 변환된 정수 결과값, (a의 ASCII 코드: 97).
3) [L3] 정수를 chr 함수를 사용하여 char로 전환.
4) [L4] 변환된 char 결과값, (ASCII 코드 97의 문자: a).
5) [L5] char를 str 함수를 사용하여 string으로 전환.
6) [L6] 변환된 char 결과값, ("a"(string type)와 #"a"(char type)는 type이 같지 않음).

### 3.2.5.7 연습 문제

1. 다음 ML code의 결과와 데이터유형이 무엇인지 작성하고, 왜 그런 결과가 나오는지 서술하시오. (오류가 발생하는 code의 경우, 오류의 원인을 서술하시오.)

1-1) `if true then "then" else "else";`

1-2) `if false then if true then 1 else 2 else if false then 3 else 4;`

1-3) `if true then 2 else 37 div 0;`

1-4) `if false then 37 div 0 else 3;`

1-5)
```
val a = 3;
val b = 97.6;
val a = "One";
val c = a^str(chr(floor(b)));
```

## 3.2.6 Identifiers & Environments

### (1) Identifier

프로그래밍언어에서 프로그램을 구성하는 모든 요소를 이름 지어 부른다. ML도 예외는 아니다.

이름은 기본적으로 문자열로 구성되어 있지만, 다음과 같은 제약 조건에 의해 이름을 짓는다:

1) Alphanumeric identifier: 문자와 숫자로 이루어진 이름.
   - C언어와 같이, 이름은 문자로만 시작하면 된다. 즉 첫 문자를 제외하고는 숫자를 사용해도 된다.
   - '(one single quote)은 하나의 의미 있는 글자로 사용할 수 있다:
     - ' 로 시작하는 이름은 데이터 유형을 구별하는 변수 이름만 가능하다.
     - 예를 들면, 'a일 경우, a는 int, real, string, boolean 등과 같은 유형의 이름을 의미한다.[211]
   - ''(two single quotes)는 하나의 의미 있는 글자로 사용할 수 있다:
     - 위 조건과 동일하나, 등치관계 또는 비교가 가능한 유형에 한정한다.
     - 예를 들면, ''a일 경우, a는 x=y 식의 비교가 가능한 유형을 의미한다. 기본 유형은 '=' 식이 요구될 때 가능하다.

2) Symbolic identifier: 20개의 symbol이 이에 해당된다.[212]
   - 독립 부호: ( ) [ ] { } " . , ;
   - Symbolic identifiers:
     - + - * ~ : 산술 연산자 (더하기, 곱하기, 나누기, 음수).
     - div / : 나누기 연산자 (div: 정수, /: 실수).
     - mod : 나머지 연산자 (정수만 해당).
     - = <> < <= >= > : 비교 연산자.
     - andalso orselse not : 논리 연산자.
     - @ : list 이음 연산자.
     - ^ : 문자열 이음 연산자.

### (2) Working Environment

이렇게 선언된 식별자는 실행 시 C와 같은 절차중심언어의 symbol table과 같은 방식으로 이름과 이에 할당된 값 또는 코드를 관리한다. 하지만 절차중심언어의 symbol table과 다르게 ML에서는 다른 방식, 예를 들면, environment 방식[213]으로 이러한 이름을 관리해야 한다. 그 이유는 절차중심언어와 다르게, 한번 선언한 변수값을 변경할 수 없기 때문이다. 따라서 변수값을 변경하는 효과를 초래하기 위해서는, 동일한 이름의 새 변수를 선언해야 하고, 그 결과, environment에 동일한 새 이름이 등록되고, 이

211) 일반적으로 'a 를 α라고 표기하기도 한다. 이럴 경우, ''a 는 'α 로 표기한다.

212) 이전 예제에서 설명한 *~ 에서 오류가 발생되었지를 여기에서 설명할 수 있다. 즉 *~은 부호식별자(symbolic identifier)로 정의되어 있지 않다.

213) 편의상, 이름과 그에 할당된 유형의 값을 관리하는 association 관계의 table 정도면 충분하다.

전의 이름은 결과적으로 무시된다. 간단한 예를 살펴보자.

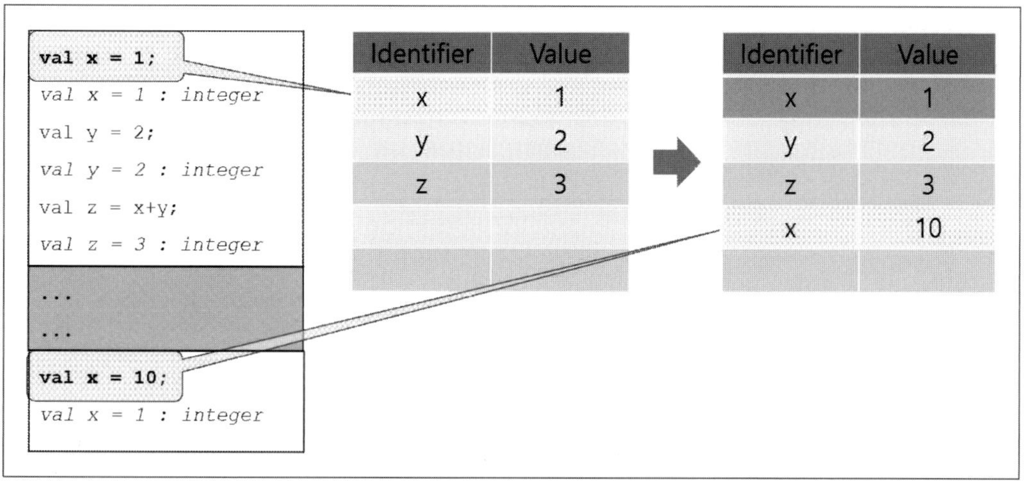


<그림 3-6> ML Environment

<그림 3-6>에서 보여주는 바와 같이, 왼쪽 코드의 상단에서 변수 x가 선언된다. 그리고 environment 상단에 이에 해당하는 entry가 생겼다. 여기에는 x가 1의 값으로 배정됨을 확인할 수 있다. 이후 왼쪽 코드의 하단에서 변수 x가 다시 선언된다. 이 시점에서 ML은 변수값을 번경할 수 없기 때문에 environment 상난에 선언된 x의 값을 변경할 수 없다. 대신, environment 하단에 새로운 x가 선언된다. 그리고 그 x의 값에 새로운 값 10이 할당된다. 즉 ML에서는 전자의 x와 후자의 x가 서로 다른 x임을 분명히 규명하고 이에 맞게 environment에서 관리하는 것을 확인할 수 있다.

### 3.2.6.1 연습 문제

1. Alphanumeric identifier와 Symbolic identifier란 무엇인지 예를 들어 서술하시오.

## 3.2.7 구조체: Tuple, List

### (1) Tuple

Tuple은 특정한 유형의 값을 괄호로 묶은 일련의 값이다. C의 struct와 유사하나, 각 요소, field에 대한 이름은 없다. 이름이 없다고 하지만 각 요소를 지칭할 수 있는 방법은 있다. 우선 간단한 예를 살펴보자.

```
1 (1, 1.0, "one");
2 val it = (1,1.0,"one") : int * real * string
3 (1, (2,3), (4,(5,6)));
4 val it = (1,(2,3),(4,(5,6))) : int * (int*int) * (int * (int*int))
```

<프로그램 3-16> Tuple Example

<프로그램 3-16>을 설명하면 다음과 같다:

1) [L1] tuple의 원소를 괄호로 묶고, 각 원소를 comma로 분리한다:
   - `1` : integer.
   - `1.0` : real.
   - `"one"` : string.
2) [L2] interpreter가 tuple로 인식한다:
   - `value it = (1, 1.0, "one")` : tuple value.
   - `int * real * string` : tuple type[214].
3) [L3] tuple의 원소를 괄호로 묶고, 각 원소를 comma로 분리한다:
   - `1` : integer.
   - `(2,3)` : integer*integer.
   - `(4,(5,6))` : integer*(integer*integer).
4) [L4] interpreter가 tuple로 인식한다:
   - `val it = (1, (2,3), (4,(5,6))")` : tuple value.
   - `int * (int* int) * (int * (int* int))` : tuple type.

이런 tuple에서 각 원소를 추출하기 위해서는 다음과 같은 #i tuple 연산자를 사용하면 된다. 여기에서 i는 tuple의 i번째 원소를 의미한다.

```
1 #2(1, 1.0, "one");
2 val it = 1.0 : real
```

<프로그램 3-17> Tuple Operation

<프로그램 3-17>을 설명하면 다음과 같다:

1) [L1] tuple의 두 번째 원소를 명시한다.

214) 설명한 바와 같이, *은 tuple 관계를 나타낸다.

2) [L2] interpreter가 tuple의 두 번째 원소를 반환한다.

### (2) List

List[215]는 대괄호([ ] : square bracket)에, comma(, )로 분리된 같은 유형의 값을 묶은 일련의 값이다. Tuple과의 차이점은 round bracket 대신에 square bracket을 쓰고, 값이 모두 같은 유형을 갖는 것이다.

간단한 예를 살펴보자.

```
1  ["1", "2", "3"];
2  val it = ["1","2","3"] : string list
3  [(1,2.0), (3,4.0)];
4  val it = [(1,2.0),(3,4.0)] : (int * real) list
```

<프로그램 3-18> List Example

<프로그램 3-18>을 설명하면 다음과 같다:

1) [L1] string list를 입력한다.
2) [L2] interpreter가 string list로 설정한다.
3) [L3] (정수, 실수) tuple list를 입력한다.
4) [L4] interpreter가 (정수, 실수) tuple list, 즉 (int * real) list로 설정한다.

ML에서는 empty list를 [][216] 또는 nil로 정의한다.

215) List는 ML에서 가장 중요한 데이터구조로 평가해도 무방하다. 그 이유는 제 2장에서 설명한 바와 같이, 절차중심언어와 ML의 대표적인 차이점 중 하나인 Recursion을 처리하는 재귀적인 구조성 때문이다. 즉 <그림 2-19>에서 보여주는 바와 같이, ML은 재귀함수가 재귀자료구조(i.e., lisp)와 결합한 형태로 구성되어 있어서 알고리즘 내의 재귀적 정의 및 논리를 구조적으로 접근할 수 있다. 하지만 절차중심언어는 재귀함수를 정의함에 있어, 이에 상응하는 자료구조(i.e., linked list, tree, etc.)를 새로운 유형의 재귀적 구조로 정의하고, 이를 재귀함수와 맞물려 활용하기 위한 재귀자료구조 연산자들을 정의해야 하는 복잡성이 존재한다. 즉 ML은 언어 자체 내에 재귀성이 구조적으로 성립되는 언어고, 절차중심언어는 자료구조에 대해 인위적으로 이러한 재귀적 구조성을 성립시켜야 하는 언어라고 볼 수 있다.

216) nil로 발음한다.

ML에는 다음과 같은 기본 연산자와 함수를 제공한다:

1) **hd()**　　: List의 첫 번째 원소를 추출하는 head 함수.
2) **tl()**　　: List의 첫 번째 원소를 제외한 나머지를 추출하는 tail 함수.
3) **::**　　　: List의 맨 앞에 첫 번째 원소를 추가하는 cons[217] 함수.
4) **@**　　　: 두 개의 list를 잇는 concatenation 함수.
5) **explode()**: string 데이터를 분할하여 char list로 만드는 함수.
6) **implode()**: char list를 string 데이터로 합치는 함수.

간단한 예를 살펴보자.

```
1  hd([1,2,3]);
2  val it = 1 : int
3  tl([1,2,3]);
4  val it = [2, 3] : int list
5  tl [1];218)
6  val it = [] : int list
7  1::[2,3];
8  val it = [1,2,3] : int list
9  [1]@[2,3];
10 val it = [1,2,3] : int list
11 explode(“abcd”)
12 val it = [#"a",#"b",#"c",#"d"] : char list
13 implode( [#“a”, #“b”, #“c”, #“d” ])
14 val it = "abcd" : string
```

<프로그램 3-19> List Operations

이를 설명하면 다음과 같다:

1) [L1] List [1,2,3] 에서 **hd** 함수 호출.
2) [L2] interpreter가 int 1을 반환.
3) [L3] List [1,2,3] 에서 **tl** 함수 호출.
4) [L4] interpreter가 int list [2,3] 을 반환[219].

217) 여기에서의 cons는 construct 또는 construction의 의미를 가진다. 즉 head와 tail을 묶어서 list를 만든다는 의미다.

218) 함수에 매개변수가 하나일 경우는 ()를 제거해도 된다.

219) hd는 `'a` type을, tl은 `'a list` type을 반환함을 명심하자. 여기에서 `'a`는 type

5) [L5] List `[1]` 에서 `tl` 함수 호출.
6) [L6] interpreter가 int list `[]` 을 반환[220].
7) [L7] List `[2,3]` 앞에 int `1`을 삽입하기 위해 :: 연산자 호출[221].
8) [L8] interpreter가 int list `[1,2,3]` 을 반환.
9) [L9] List `[1]` 과 list `[2,3]` 을 잇기 위해 `@` 연산자 호출[222].
10) [L10] interpreter가 int list `[1,2,3]` 을 반환.
11) [L11] 문자열 "`abcd`"를 분할하기 위해 **`explode`** 함수 호출.
12) [L12] interpreter가 char list `[#"a",#"b",#"c",#"d"]` 를 반환.
13) [L13] List `[#"a",#"b",#"c",#"d"]` 를 문자열로 합치기 위해 implode 함수 호출.
10) [L14] interpreter가 문자열 `abcd`를 반환.

### (3) Complex Types

ML에서 tuple과 list가 중요한 이유는 tuple과 list는 기본 type으로부터 복합적인 type을 구축할 수 있게 해 주기 때문이다. ML에서는 이러한 복합적인 type을 선언하는 방식은 기본적으로 다음과 같은 귀납적 규칙을 따르고 있다:

1) Basis: 기본 유형에는 `int`, `real`, `boolean`, `string` type이 있다.
2) Induction: 다음과 같은 두 가지 구문(construct)을 제공한다:[223]
   (i) Tuple Construct: 만약 $T_1$, $T_2$, …, $T_n$이 type이라면, ($T_1 * T_2 *$ …, $* T_n$) tuple이 새로운 type이 된다.[224]
   (ii) List Construct: 만약 T가 type이라면, T list도 새로운 type이 된다. [225]

---

parameter를 의미한다. 즉 어떤 type도 가능하다는 의미다.

220) 설명한 바와 같이, `[]` 또는 nil은 empty list를 의미한다. Empty이기 때문에 원소가 없어서 list에 원소를 규정하는 것이 어색해 보이겠지만, ML에서는 모든 value가 type이 있음을 상기하자. 심지어, 아무것도 아니라는 것의 값도 `()`로 규정했고, 이것의 유형도 unit으로 규정했다.

221) 두 개의 피연산자가 `'a`와 `'a` list임을 꼭 확인해야 한다. 여기에서 `'a`는 type parameter를 의미한다.

222) 두 개의 피연산자가 `'a` list와 `'a` list임을 꼭 확인해야 한다. 여기에서 `'a`는 type parameter를 의미한다.

223) Tuple(`*`)과 list(`[]`) construct에서 list가 tuple보다 선행성에 대한 우선순위, 즉 precedency가 높다. 때문에 사용 시 우선순위를 조정하기 위해 적절하게 ()로 묶어야 한다.

224) C의 struct와 같이 간주할 수 있다.

ML에서 사용되는 기본적인 또는 복합적인 값은 이러한 type들에 의해 유형이 결정된다. 그리고 ML의 strong type 성질을 만족할 수 있다.

### (4) Recursion Based on Induction

일반적으로 재귀함수는 다음과 같은 induction 체계에 기반을 둔다. 여기에서 n은 자연수다:

1) Basis: Case (1).
   - Recursion이 종료되는 Base 함수유형.
2) Induction: Case (n).
   - Recursion에 의해 Case (n-1)로 전개되는 Inductive 함수유형.

이러한 재귀함수의 귀납적 성질이 list와 tuple의 귀납적인 특징과 맞물려 recursion을 구조적으로 가능하게 만든다. 즉 <그림 3-7>에서 보여주는 바와 같이, 함수가 재귀적으로 호출되기 위해서는 함수에 종속된 데이터 또한 재귀적인 구조를 가지고 있으면, 구조적으로 재귀성이 성립된다. 이는 제 2장 <그림 2-20>의 factorial 예제에서 설명한 바와 같다.

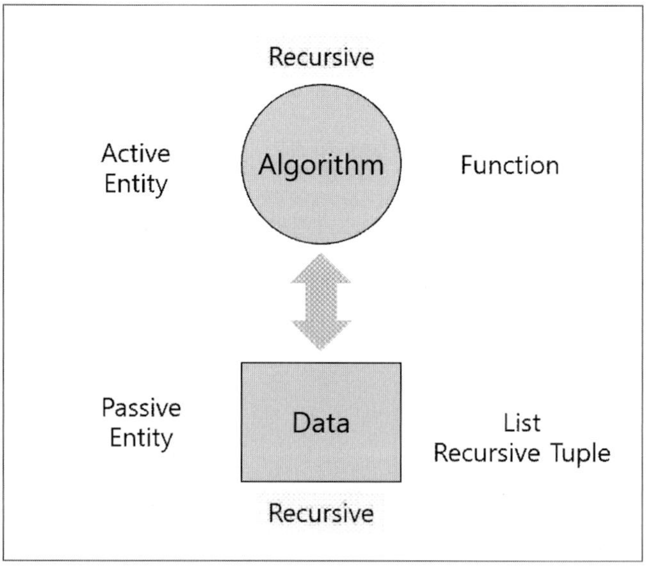


<그림 3-7> Recursive Algorithm-Data 구조

225) C의 array와 같이 간주할 수 있다.

그러면 ML에서 어떻게 이러한 재귀적인 데이터구조가 성립되는지 알아보자. ML에서의 재귀적인 데이터구조는 다음과 같은 두 가지 방식에 기반을 두고 있다:

1) List: list는 당연히 이전 complex type의 귀납적 구조에 부합한다. 왜냐하면 head::tail에서 tail이 다시 head::tail의 재귀적인 구조를 가지기 때문이다.
2) Tuple: 만약 tuple이 자기 자신과 동일한 tuple을 참조한다면 complex type의 귀납적 구조에 부합한다. 왜냐하면 tuple type DT가 (T1 * … * DT)로 구성된다면, DT가 DT 내에 DT의 원소로 구성되어 있어 재귀적인 구조를 형성하기 때문이다.[226)]

함수가 재귀적으로 작동되기 위해서는 재귀성(recursivity)을 제어할 수 있는 기준이 필요하다. 어떤 값이든 어떤 구조든 이러한 재귀성을 내포한 것이라면 재귀함수는 체계적인 구조 하에서 전개된 후, 회복될 것이다. 특히 이런 재귀성을 가장 잘 내포하고 있는 개념이 귀납성이다. 예를 들면, 값에서는 자연수를 들 수 있고, 구조에서는 list나 tree를 들 수 있다. List는 위 1)에 해당되고, tree는 위 2)에 해당된다. 이러한 구조적인 재귀성을 *Recursive Algorithm-Data Structure*라고 정의하고, 약자로 rAD라고 정의한다. 그리고 앞으로 재귀함수에 대해서는 rAD 구조에 의해 설명한다.

### 3.2.7.1 연습 문세

1. 다음 ML code의 결과와 데이터유형이 무엇인지 작성하시오. (오류가 발생하는 code의 경우, 오류의 원인을 서술하시오.)
   1-1) `#1(1);`
   1-2) `#2("one", 2, "three");`
   1-3) `#4(3,4,5)`
   1-4) `hd([3,4,5]);`
   1-5) `hd([]);`
   1-6) `tl([3,4,5]);`
   1-7) `tl([]);`
   1-8) `explode("foo");`
   1-9) `explode(["foo"]);`
   1-10) `implode([#"f", #"o", #"o"]);`
   1-11) `implode(#"f", #"o", #"o");`

226) 이런 관점에서 List는 recursive tuple의 특별한 경우라고 볼 수 있다.

1-12) "c"::["a", "t"];
1-13) ["c"]::["a", "t"];
1-14) ["c","o"]@["b", "o","l"];
1-15) 1@2;

## 3.3 Function

### 3.3.1 함수 정의/선언

ML에서 정형적인 함수(function) 선언 방법은 다음과 같다:

```
fun <identifier> ( <first pattern> ) = <first expression>
 |  <identifier> ( <second pattern> ) = <second expression>
 |   . . .
 |  <identifier> ( <last pattern> ) = <last expression>
```

여기에서, 일반적으로 "<identifier>(<pattern>)"을 pattern이라고 한다.

그럼 비정형적인 관점에서의 ML 함수에 대해 알아보자.

ML 함수(function) 선언 방법은 다음과 같다:

1) Keyword **fun**
2) function name & formal parameters.
3) =
4) 함수에 의해서 반환되는 expression.

간단한 예를 보자.

```
fun square(x:int) = x*x;
val square = fn : int -> int
```

<프로그램 3-20> square Example

이를 설명하면 다음과 같다:

1) [L1] function declaration:
   - (i) `fun` : keyword for function.
   - (ii) `square` : function name.
   - (iii) `(x:int)` : formal parameter[227].
   - (iv) `=` : equal identifier.
   - (v) `x*x` : 반환값을 결정하는 expression.
2) [L2] function identify in ML returned by the ML Interpreter:
   - (i) `val` : keyword for value.
   - (ii) `square` : function name.
   - (iii) `=` : equal identifier.
   - (iv) `fn` : 함수값을 상징하는 keyword.
   - (iii) `:` : separator for type from value.
   - (v) `int -> int` : 함수유형, 즉 type.
     - ◦ `int` : 정의역.
     - ◦ `->` : 사상관계.
     - ◦ `int` : 치역.

여기에서 중요한 것은 함수유형, 즉 type이다. interpreter는 함수유형이 어떻게 **int -> int**라는 것을 알았을까? 그 답은 위 1)의 (iii)에 있다. 즉 매개변수의 선언에서 입력 **x**의 유형이 **int**라는 것을 명시했다. 그래서 정의역이 **int**가 된 것이다. 그리고 반환값을 결정하는 위 1) (v)의 expression, 즉 **x*x** 산술식에서, **int**가 * 연산(closure)에 닫혀있기 때문에, 그 결과, 반환유형, 즉 치역도 **int**가 된다. 즉 이렇게 함수유형이 **int -> int**임이 판명되었다. 일반적으로 이러한 판명은 ML interpreter나 compiler에 의해서 자동으로 수행된다.[228]

그럼, 형식매개변수의 유형은 꼭 함수의 선언부에서만 해야 할까? 그렇지 않다. ML에서는 형식매개변수의 선언을 함수의 본문(body)에서 선언해도 전혀 문법적인 문제가 되지 않는다. <프로그램 3-20-1>처럼, 아래 함수 선언부에서 매개변수 **x**에 대한 type 선언을 본문에서 정의해도 전혀 문제가 되지 않는다.

---

227) '**:**'(colon)을 괄호, 즉 '()'로 묶은 이유는 '**:**'의 precedency가 낮기 때문이다.

228) 제 2장에서 설명한 바와 같이, 프로그래밍언어의 의미론적 관점 중 compiler 의미론을 가능하게 하는 compiler의 요구사항 관점에서는, 이러한 함수의 type을 규명하는 type checking은 필수적인 기능적 요구사항이 된다.

```
fun square x[229] = (x:int)*x;
```

<프로그램 3-20-1> square Example

### 3.3.2 함수 호출 (Call, Invoke)

ML에 함수를 호출할 때는 함수의 이름과 함수의 형식매개변수에 실질매개변수를 대입하여 호출하면 된다.

간단한 예를 보자.

```
1  square(3);
2  val it = 9 : int
```

<프로그램 3-21> square Example

이를 설명하면 다음과 같다:

1) [L1] function call/invocation:
   - `square` : 함수 이름 '(' 실질매개변수 ')'.
   - `(` : 실질매개변수 delimiter (begin).
   - `3` : 실질매개변수값.
   - `)` : 실질매개변수 delimiter (end).
2) [L2] Return value:
   - `val` : 반환값을 지칭하는 키워드.
   - `it` : 방금 입력한 것을 지칭하는 지시어.
   - `=` : it의 값을 지시하는 부호.
   - `9` : 함수의 반환값.
   - `:` : 구분자. 값이 어떤 유형에 속하는지 구분하는 분리자.
   - `int` : 반환값 9의 유형.

**square (3)** 함수유형을 확인해 보면, 입력된 3의 유형이 **int**이고, 출력된 9의 유형이 **int**이므로, 즉 **square** 함수유형 **int -> int**에 적합한 정의역과 치역임을 확인할 수 있다.

229) 매개변수가 하나일 경우는 괄호, 즉 '()'로 변수를 묶지 않아도 된다.

또 다른 간단한 예를 들어 보자. <프로그램 3-22>는 일명 membership을 판단하는 함수다. 즉 이 member 함수는 특정한 집합에 원하는 원소가 있는지를 판단한다. 여기에서 집합은 list로 표현했고, 원소는 list 원소의 유형으로 표현했다.

```
1 fun member(x, nil)   = false
2   | member(x, y::ys) =
3       if x=y then true
4       else member(x, ys);
5 val member= fn : ''a * ''a list -> bool
```

<프로그램 3-22> member Example

이를 설명하면 다음과 같다:

1) [L1] function 선언 (1) : Pattern 1 - Base Case.
   - (i) **fun** : keyword for function.
   - (ii) **member** : function name.
   - (iii) **(x, nil)** : formal parameters (pattern 1).
     - ◦ **x** : 제1형식매개변수.
     - ◦ **nil** : 제2형식매개변수 - List가 empty인 경우.
   - (iv) = : equal identifier.
   - (v) **false** : x가 []에 없기 때문에.

2) [L2] function 선언 (2) : Pattern 2 - Inductive Case.
   - (i) **member** : function name.
   - (ii) **(x, y::ys)** : formal parameters (pattern 2)[230][231].
     - ◦ **x** : 제1형식매개변수.
     - ◦ **y::ys** : 제2형식매개변수 - List가 empty가 아닌 경우.
   - (iii) = : equal identifier.

3-1) [L3] if-expression : Then.
   - • **if x=y** : 만약 원소 **x**가 list의 head **y**와 같으면.
   - • **then true** : **true**를 반환.

3-2) [L4] if-expression : Else.

230) ML뿐만 아니라, 다른 프로그래밍언어에서 이름지을 때 이름에 그 뜻이 담기게 짓는 것이 타당하다. 여기에서 변수의 이름이 **x**와 **xs**(**x**들; 복수)로 지어졌다. **x**는 head이며 **xs**는 tail이다. list의 유형에 맞게 **x**는 원소이며, **xs**는 그 원소들로 이루어진 List다. 이렇게 변수의 이름에 그 뜻이 담겨 있음을 확인할 수 있다.

231) '**::**'은 list의 cons 연산자다.

- else : 만약 원소 **x**가 list의 head **y**와 같지 않으면.
- `member (x, ys)` : list의 tail에 x의 member 함수 적용.

4) [L5] function identify in ML returned by the ML Interpreter.
   (i) `val` : keyword for value.
   (ii) `member` : function name.
   (iii) `=` : equal identifier.
   (iv) `fn` : 함수값을 상징하는 keyword.
   (iii) `:` : separator for type from value.
   (v) `"a * "a list -> bool` : 함수유형, 즉 type[232].
   - `"a * "a list` : 정의역 – type parameter[233]와 그 type의 list로 된 tuple.
   - `->` : 사상관계.
   - `bool` : 치역.

위 member 함수는 다음과 같은 두 가지의 중요한 쟁점을 다루고 있다:

1) 함수의 pattern: 함수 선언부를 통해서 다음과 같은 두 가지 유형의 함수 pattern을 확인할 수 있다.
   (i) [L1] Pattern 1: Base Case.
   - 매개변수 list가 []인 경우 .
   - 일반적으로, Base Case를 정의한다.

   (ii) [L2] Pattern 2: Inductive Case.
   - 매개변수 list가 []이 아닌 경우. 즉 head::tail 인 경우.
   - 일반적으로, Inductive Case를 정의한다.

2) Recursion: 거론되었던 rAD 구조에 따라 list의 tail에 따라 재귀적으로 member 함수가 호출됨을 확인할 수 있다.
   (i) [L1] Pattern 1: Base Case.
   - 매개변수 list가 []인 경우.

232) ML은 strong type 언어다. ML에서 선언되는 모든 것은 type이 있어야 한다. 다른 언어에서는 이러한 함수의 type을 signature라고도 한다. 즉 list 원소는 어떤 유형일 수 있다. 따라서 이 list의 원소를 `'a`라 가정하면, member임을 확인하고자 하는 `x` 원소의 유형도 당연히 `'a`가 된다. 그리고 member임을 확인하는 원소에 대한 연산이 `=`, 즉 등치관계이므로 원소의 유형은 `''a`가 되어야 한다. 결과, 함수의 반환유형이 `bool`이므로, 함수유형은 `"a * "a list -> bool`이 된다.

233) 여기에서 `''a`는 `'a` 중 `=`의 의미가 성립되는 type을 의미한다. 그 이유는 <프로그램 3-22> [L3]의 if-expression의 조건식에서 `x=y`라는 등식이 있기 때문이다.

- 일반적으로, Base Case에 recursion이 종료된다.

(ii) [L2] Pattern 2: Inductive Case.

- 매개변수 list가 []이 아닌 경우. 즉 head::tail인 경우.
- 일반적으로, Inductive Case를 recursion이 전개된다.

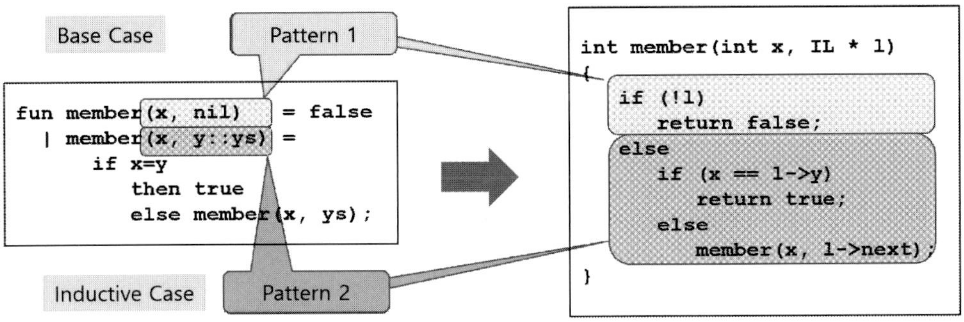


<그림 3-8> Patterns

첫 번째 쟁점에서, 함수의 pattern이 가능하게 된 근거는 함수의 매개변수 유형을 구분할 수 있기 때문이다. 즉 ML언어는 함수의 매개변수를 변수의 구조 및 값에 따라 유형 별로 함수를 독립적으로 선언할 수 있다. 위의 예를 들자면, member의 두 번째 매개변수인 list가 []인 경우와 그렇지 않은 경우로 구분하여 각각 독립된 함수의 본문을 작성한 것을 들 수 있다. 절차중심언어인 C와 비교해 본다면, <그림 3-8>에서 보여주는 바와 같이, C언어에서는 두 번째 매개변수를 함수의 본문에서 empty인지 아닌지를 판단하여, 하나의 본문 내에서 두 개 경우를 독립적으로 처리를 하는 것이 타당하다. 그 이유는 당연히 C에는, 함수의 head에서 매개변수값이나 구조의 유형을 구분할 수 없기 때문이다. 참고로 <그림 3-8>의 C 예제에서 IL은 다음과 같이 정의되었다고 가정했다:

```
struct Integer_List
{
  int x;
  struct Integer_List * nest;
}
typedef struct Integer_List IL;
```

이러한 ML의 함수 pattern은 문법적으로 다음과 같이 정의된다:

fun <identifier>(<first pattern>) = <first expression>

```
| <identifier>(<second pattern>) = <second expression>
|   . . .
| <identifier>(<last pattern>) = <last expression>
```

그리고 이러한 pattern이 모든 가능한 경우를 다 명세하지 않는다면, interpreter 또는 compiler는 다음과 같은 경고 메시지를 출력한다:

```
Warning: match not exhaustive
```

경고문의 뜻은 정의한 pattern이 형식매개변수의 모든 pattern을 다 정의하지 않았다는 경고이며, 이 때문에 오류가 발생된다는 의미다. 이에 대해서는 뒤에서 exception(예외)과 handler(처리)에서 자세히 설명한다.

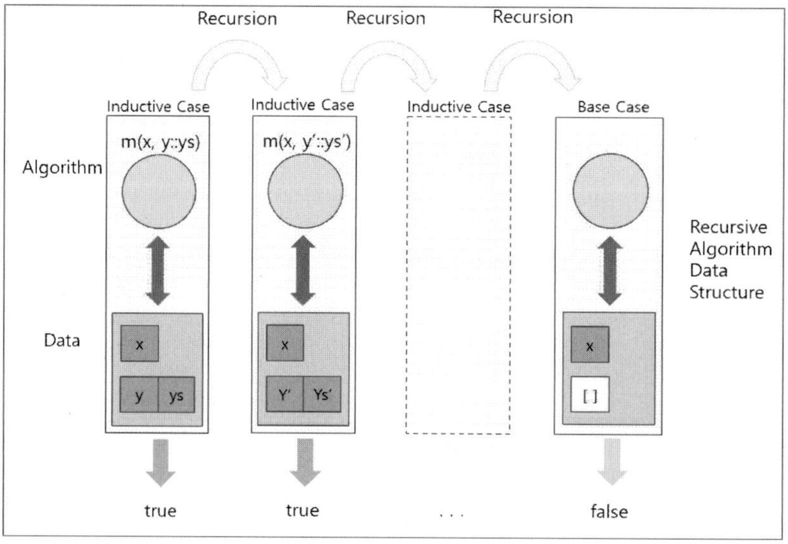


<그림 3-9> rAD 구조: member 함수

두 번째 쟁점에서, recursion이 구조적으로 성립될 수 있었던 근거는 앞에서 <그림 3-7>과 함께 거론했던 rAD 구조에 의해서다. 이 구조는 <그림 3-9>에서 보여주는 바와 같이 member 함수의 recursion이 list의 tail을 기준으로 전개되었다. 즉 2개의 pattern 중 두 번째 pattern에서 매개변수 x와 list의 head y가 같은 경우, true를 반환하지만, 그렇지 않을 경우, tail에 대해서, tail에 대한 재귀함수 member가 호출되었다. 그리고 list가 []인 경우까지 매개변수 x가 list에서 발견되지 않은 경우, pattern 2

를 통해서 list가 []인 경우에 대하여 false 값을 반환한다.

이러한 recursion의 전개 형태, 즉 recursion pattern은 기본적으로 rAD의 구조에 의해서 이루어진다. 이를 일반화하면 다음과 같이 정리할 수 있다:

1) Linear recursion: 위 member 예제처럼 recursion이 ML의 list 또는 C의 linked list 등과 같은 구조에 따라 recursion이 이루어지는 경우다. 특히 list의 tail에 의해서 이루어지는 경우 또는 recursion 위치가 함수의 본문 맨 뒤에서 이루어지는 경우를 tail recursion이라고 한다.
2) Non-linear recursion: 이외의 recursion을 non-linear recursion이라고 한다. 대표적인 예가 binary tree 또는 n-ary tree 구조에 따라 이루어지는 recursion을 들 수 있다. List의 List로 이루어진 recursion도 non-linear한 성격을 띨 수 있다. Non-linear recursion의 경우, algorithm 자체는 귀납법에 의해 논리적으로 해결할 수 있으나, 이를 실행하는 과정에서 시스템에 기하급수적으로 증가하는 심각한 시공간복잡도의 문제를 야기시킬 수 있다.
3) Mutual recursion: 두 개의 함수가 서로의 함수를 호출하는 경우를 의미한다. 이 경우, recursion이 두 개의 톱니바퀴처럼 서로 맞물려 발생된다.
4) Ad-hoc recursion: 기본적으로 recursion은 rAD구조와 귀납적인 원칙에 의해서 성립되는데, 이러한 구조와 원칙 없이 발생되는 경우를 의미한다.[234)]

이러한 pattern과 recursion의 두 쟁점에서 더욱 중요한 것은 rAD 관점에서 pattern에 의해서 recursion이 성립된다는 점이다. 즉 귀납적인 관계가 구조적으로 성립하기 위한 2가지의 경우가 이러한 pattern에 해당된다:

1) Base Case: Pattern 1에 의해서 처리됨.
2) Inductive Case: Pattern 2에 의해서 처리됨.

그러면 이러한 pattern을 적용할 때 중요한 한 가지 제약조건에 대해 알아보자. 만약 추가적으로 이러한 pattern을 좀 더 세분하기 위하여 pattern에 동일한 변수의 이름을

234) Recursion을 사용하는 이유는 algorithm에 존재하는 규칙성을 표현하기 위해서다. 특히 recursion은 귀납적인 규칙을 표현하기 위한 가장 일반적인 방법이다. 하지만 이를 활용하는 데는 그만한 대가를 치루어야 한다. 논리적으로 성립된 일반화를 프로그램언어로 구현해서 시스템에서 그들의 instance를 재귀적으로 실행하기 위해서는 그에 따른 시공간적인 복잡도에 해당하는 비용, 즉 CPU와 memory, BUS time 등의 비용을 지불해야 한다. 역으로, 재귀적인 규칙성이 부재한 상황에서의 과도한 recursion 사용은, 역으로 algorithm의 이해도를 현저하게 떨어뜨리는 결과를 초래할 수 있다.

사용할 수 있도록 허용하는 방안이 있을 수 있다고 가정해 보자. 예를 들면, <프로그램 3-23>에서 보는 바와 같이, pattern 2를 첫 번째 매개변수 x가 두 번째 매개변수의 head인 x와 같은 경우[L2]와, 첫 번째 매개변수 x와 다른 y인 경우[L3], 이렇게 2개의 경우로 세분화하였다.

| | | |
|---|---|---|
| 1 | `fun member(x, nil)    = false` | |
| 2 | `  | member(x, x::ys) = true` | x=x |
| 3 | `  | member(x, y::ys) = member(x, ys);` | x=y |

<프로그램 3-23> member Example

이에 대한 설명은 다음과 같다:

1) [L1] Pattern 1: list가 empty인 경우.
2-1) [L2] Pattern 2-1: 변수 x와 list head x가 같은 경우.[235]
2-2) [L3] Pattern 2-2: 변수 x와 list head y가 다른 경우.[236]

하지만 이런 방식은 언어 이론적 관점에서 근본적인 문제를 발생시킨다. 왜냐하면, 형식매개변수의 이름은 모두 달라야 하기 때문이다. 만약 같다고 하더라도 위치에 따라 다른 이름일 수밖에 없다. 즉 같은 이름이라고 해서 같은 값이라고 말할 수 없고, 다른 이름이라고 해서 다른 값이라고 말할 수 없다. 즉 함수의 정의에서, 형식매개변수의 이름을 통해서 실질매개변수값이 결정된다는 자체가, 함수의 형식매개변수에 대한 실질매개변수의 대입에 대한 원칙을 위배한 것과 같다. 즉 ML의 함수 정의에서는 이렇게 사용할 수 없다.

## 3.3.3 함수 실행 (Execution)

다음은 함수의 실행에 대해 알아보자. 함수를 실행시키기 위해서는 함수의 이름과 함수의 형식매개변수에 실질매개변수를 대입하여 호출하면 된다.

235) 이름 그 자체로, 같다고 주장할 수도 있을 것이다. 하지만 ML에서는 이런 경우를 허용하지 않는다. 그 이유는 형식매개변수에서 같은 이름을 사용할 수 없기 때문이다. 같은 이름을 사용한다 하더라도 이론적으로 다른 이름일 수밖에 없고, 다른 이름을 같은 이름으로 정하는 그 자체가 모순, 즉 오류가 발생됨을 의미한다. Pattern의 관점에서 보면, pattern 내에 매개변수를 중복해서 사용할 수 없다는 원칙으로 해석할 수 있다.

236) 이 경우도 마찬가지다. **x**와 **y**가 다른 이름이라고 하여 서로 다르다는 것을 보장할 수 없다.

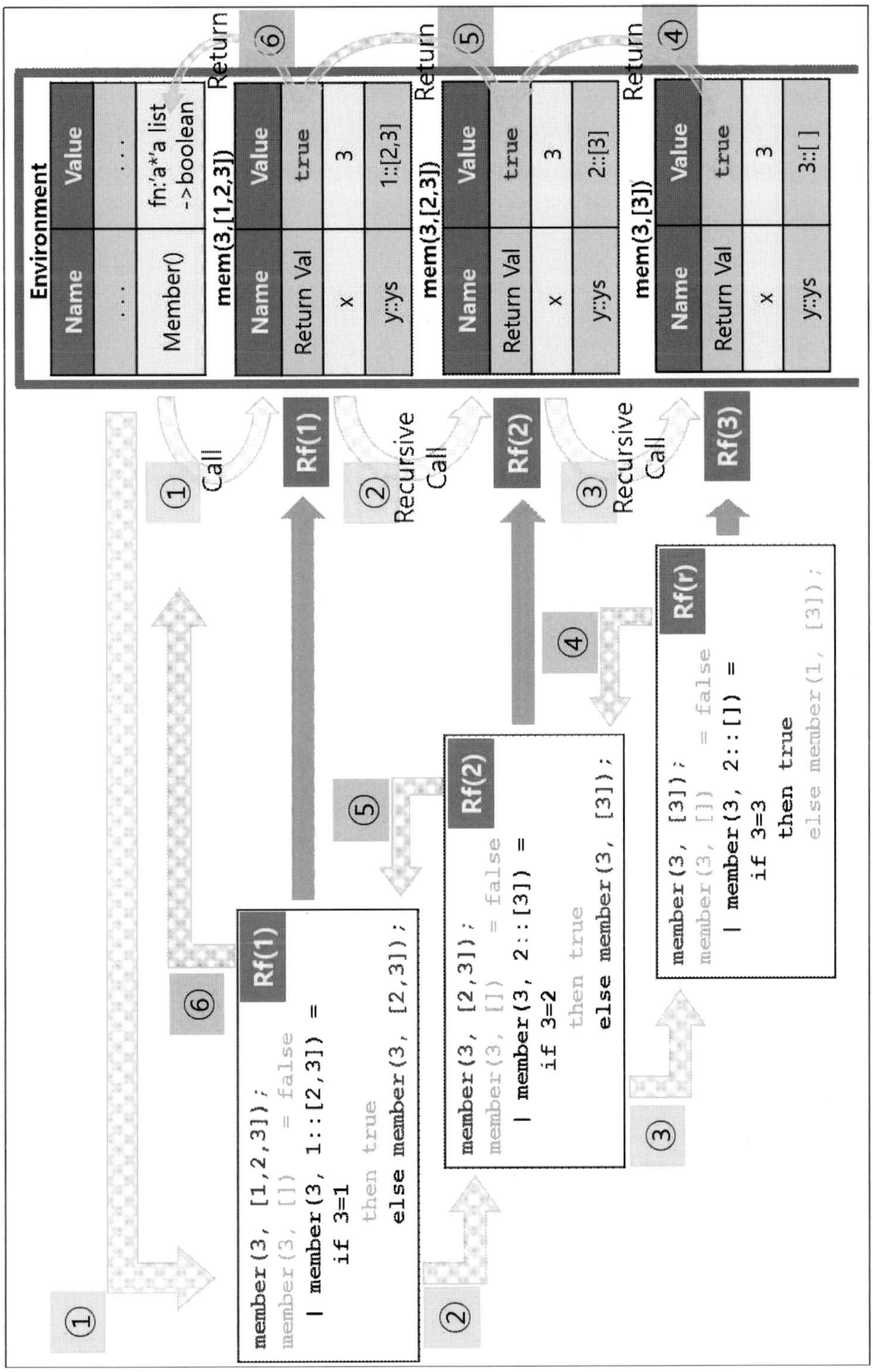


<그림 3-10> Execution: Recursive Call on `member(3,[ 1,2,3] )`

## Example E.3-1) Membership Example

간단한 예를 살펴보자. <프로그램 3-24>는 이전에 정의한 member 함수에 3과 [1,2,3]을 대입하여 interpreter에서 실행시킨 결과다. 실행 결과 interpreter는 true라는 결과값을 반환했다. Interpreter에 의해 이러한 결과가 어떻게 산출되었는지 알아보자.

```
member(3,[1,2,3]);
val it = true : bool
```

<프로그램 3-24> member Example

<그림 3-10>은 SML Interpreter가 위 <프로그램 3-24>의 **member(3,[ 1,2,3] )**을 어떻게 실행하는지를 보여준다. 이를 설명하면 다음과 같다:

1) [그림의 ①] **member(3,[ 1,2,3] )** 함수를 호출한다.
   - member 함수가 Environment에 선언되어야 한다.[237]
   - 이 환경에 상수, 변수, 함수 등이 선언된다.
2) [그림의 Rf(1)] **member(3, [ 1,2,3] )** 함수가 실행된다.
   - 함수가 호출될 때, 이 함수에 대한 activation record가 만들어진다. runtime stack처럼, environment에 이 member를 실행하기 위한 지역 environment를 형성하고 여기에 형식매개변수와 반환값을 위한 entry를 만든다:
     - 형식매개변수 x : 실질매개변수값 3으로 배정.
     - 형식매개변수 list y::ys : 실질매개변수값 1::[2,3]으로 배정.
     - 반환값 : 현 시점에서 결정되지 않음.
   - 두 번째 실질매개변수가 []이 아니기 때문에 member 함수의 pattern 2가 실행된다.
   - Pattern 2에서 x가 3이고 y가 1이기 때문에 if-식의 조건식이 false가 되고 else-절에서 [1,2,3]의 tail, 즉 [2,3]에 대한 member 재귀 호출이 이루어진다.[238]
   - [그림의 ②] 즉 member(3,[2,3]) 함수가 호출된다.

---

237) 전역 변수들과 함수 등이 선언된 전역 환경이다. 절차중심언어에서의 symbol table을 기반으로 한 runtime stack과 같은 실행환경이라고 간주해도 좋다.

238) 이를 tail recursion이라고 한다.

3) [그림의 Rf(2)] member(3,[2,3]) 함수가 실행된다.
   - 함수가 호출될 때, 이 함수에 대한 activation record가 만들어진다. runtime stack처럼, environment에 이 member를 실행하기 위한 지역 environment를 형성하고 여기에 형식매개변수와 반환값을 위한 entry를 만든다:
     - 형식매개변수 x : 실질매개변수값 3으로 배정.
     - 형식매개변수 list y::ys : 실질매개변수값 2::[3]으로 배정.
     - 반환값 : 현 시점에서 결정되지 않음.
   - 두 번째 실질매개변수가 []이 아니기 때문에 member 함수의 pattern 2가 실행된다.
   - Pattern 2에서 x가 3이고 y가 2이기 때문에 if-식의 조건식이 false가 되고 else-절에서 [2,3]의 tail, 즉 [3]에 대한 member 재귀 호출이 이루어진다.
   - [그림의 ③] 즉 member(3,[3]) 함수가 호출된다.
4) [그림의 Rf(3)] member(3,[3]) 함수가 실행된다.
   - 함수가 호출될 때, 이 함수에 대한 activation record가 만들어진다. runtime stack처럼, environment에 이 member를 실행하기 위한 지역 environment를 형성하고 여기에 형식매개변수와 반환값을 위한 entry를 만든다:
     - 형식매개변수 x : 실질매개변수값 3으로 배정.
     - 형식매개변수 list y::ys : 실질매개변수값 3::[ ]으로 배정.
     - 반환값 : true
   - 두 번째 실질매개변수가 []이 아니기 때문에 member 함수의 pattern 2가 실행된다.
   - Pattern 2에서 x가 3이고 y가 3이기 때문에 if-식의 조건식이 true가 되고 then-절에서 true boolean 값이 반환된다.
5) [그림의 ④] true 값을 member(3,[2,3]) 함수[그림의 Rf(2)]에게 반환하고 member(3,[3]) 함수[그림의 Rf(3)]을 종료한다.
6) [그림의 ⑤] **`member(3,[ 3])`** 함수[그림의 Rf(3)]으로부터 받은 true 값을 member(3,[1,2,3]) 함수[그림의 Rf(1)]에게 반환하고 member(3,[2,3]) 함수[그림의 Rf(2)]를 종료한다.
7) [그림의 ⑥] **`member(3,[ 2,3])`** 함수[그림의 Rf(2)]으로부터 받은 true 값을 interpreter가 Environment에 반환하고 member(3,[1,2,3]) 함수[그림의 Rf(1)]을 종료한다.

`member(3, [ 1,2,3])` 함수유형을 확인해 보면, 입력된 `(3, [ 1,2,3])`의 유형이

**int * int list list**고, 출력된 **true**의 유형이 **bool**이므로, 즉 **member** 함수유형 **"a * "a list list -> bool**에 동치관계(=)가 성립되는 type parameter인 **a**에 **int** 유형이 대입된 형식에 적합한 **member** 함수유형이 됨을 확인할 수 있다.

그러면 여기에서 <그림 3-10>의 중요한 쟁점을 다시 정리해 보자:

1) 첫 번째는, recursion이 list의 tail을 기반으로 전개되었다는 점이다. 이는 이전에 설명한 rAD에서의 tail recursion의 예가 된다.
2) 두 번째는 각 재귀함수들이 각자의 독립적인 local environment를 가진다는 점이다.
3) 세 번째는 각 개별 재귀함수의 반환값은 함수유형(type)에 부합해야 하고, 반환값은 재귀함수의 귀납규칙인 Base Case 결과를 recursion이 전개된 역방향으로, 그림의 ④, ⑤, ⑥에서 보여주는 바와 같이, 재귀함수들이 반환값을 반환하면서 종료가 된다는 점이다.[239]

## Example E.3-2) Reverse Example

다음은, <프로그램 3-25>의 reverse 함수처럼, 주어진 list에 대하여 원소의 배열순을 역순으로 바꾸는 함수 예제를 알아보자. 이 함수는, [1,2,3]을 [3,2,1]로 바꾼다.

```
fun reverse([])     = []
  | reverse(x::xs) =
     reverse (xs) @ [x];
val reverse = fn : 'a list -> 'a list
```

<프로그램 3-25> reverse Example

<프로그램 3-25>를 간단하게 설명하면 다음과 같다:[240]

239) 재귀함수는 Induction의 base case에서 함수의 반환값을 반환하고 종료됨으로써 이전에 초기 Inductive Case에 해당하는 모든 Base Case에 이르는 관련 recursion path의 함수들이 일시에 종료되는 것이 아니다. f(n)이 재귀함수라고 하면, 이 함수의 모든 instance인 f(1), f(2), …, f(m)은 모두 함수의 type, 즉 signature를 만족해야 한다. (여기에서 1을 Base Case라고 가정하고, domain(n)=1..m이라 가정하자.) 즉 f(x)를 호출했을 경우, f(x)→f(x-1)→…→f(1)의 recursion이 발생되었다면, Base Case, 즉 f(1)에서 재귀함수가 반환값을 반환하고 종료되면, recursion이 전개된 역방향으로 모든 f(1<i=x)들은 그 반환값을 relay식으로 반환하며 종료한다. 즉 f(1)→…→f(x-1)→f(x)로 반환하면서 종료된다. 그리고 최종적으로 f(x)가 f(x)의 반환값을 반환한다.

240) 일반적으로 ML의 코드는 매우 함축되어 있다. 단 3줄의 코드지만, 필요한 논리와

1) [L1] function 선언 (1) : Pattern 1 - Base Case.
   - 입력이 **nil**([ ])인 경우, [ ] 을 반환한다.
2) [L2] function 선언 (2) : Pattern 2 .
   - 입력이 [ ] 이 아닌 경우, head와 tail, 즉 **x::xs**로 구분한다.241)
3) [L3] Pattern 2 의 expression - Inductive Case.
   - tail(**xs**)에 대해 reverse 함수를 재귀적으로 호출한다. 그 결과는 list다.
   - head, 즉 **x**를 list로 만든다.
   - 두 개의 list를 순서대로 잇는다.
4) [L4] Environment에 정의된 function signature:
   - **val reverse = fn :**　: **reverse** 함수가,
   - **'a list -> 'a list**　: 함수유형으로 정의됨.242)

그럼 이 reverse 함수를 실행시켜 보자. <프로그램 3-26>은 reverse 함수에 [1,2,3] 을 대입하여 Interpreter에서 실행시킨 예제다. 실행 결과 interpreter는 [3,2,1] 이라는 결과값을 반환했다. Interpreter에 의해 이러한 결과가 어떻게 산출되었는지 알아보자.

```
reverse([1,2,3]);
val it - [3,2,1] : int list
```

<프로그램 3-26> reverse Example

데이터에 대한 구조를 충분히 표현한다. 그 이유는 당연히 list라는 ADT(Abstract Data Type)를 기본 유형으로 제공하기 때문이다. 또한 list라는 재귀적 데이터구조에 함수언어의 대표적인 특성인 귀납적 규칙을 연동하여 논리를 recursive하게 체계적으로 전개할 수 있기 때문이다. 만약 이를 C와 같은 절차중심언어로 구현한다면, ML의 특성을 반영하기 위한 작업이 요구된다. 즉 C에서는 list를 표현하기 위한 재귀적인 데이터구조를 정의하고, 관련 연산 함수를 정의해야 한다. 그리고 reverse 함수 내에서 list의 조건을 따지고, 그에 맞게 list를 조작하기 위한 작업을 수행해야 한다. ML처럼 단 3줄로 algorithm을 구현할 수 없다.

241) '::'은 list의 cons 연산자다.

242) **reverse** 함수는 어떤 유형의 list를 입력받아서, list안에 배열되어 있는 원소들의 순서를 역순으로 바꾸는 함수다. 함수의 type 또는 signature 관점에서는 이 함수의 입력이 어떤 유형의 원소, e.g., int, real, string 등일 수 있기 때문에, 입력 type은 'a이고, 출력도 당연히 입력유형을 반영하여 'a가 되어야 한다. 결과적으로 함수유형은 'a->'a가 된다.

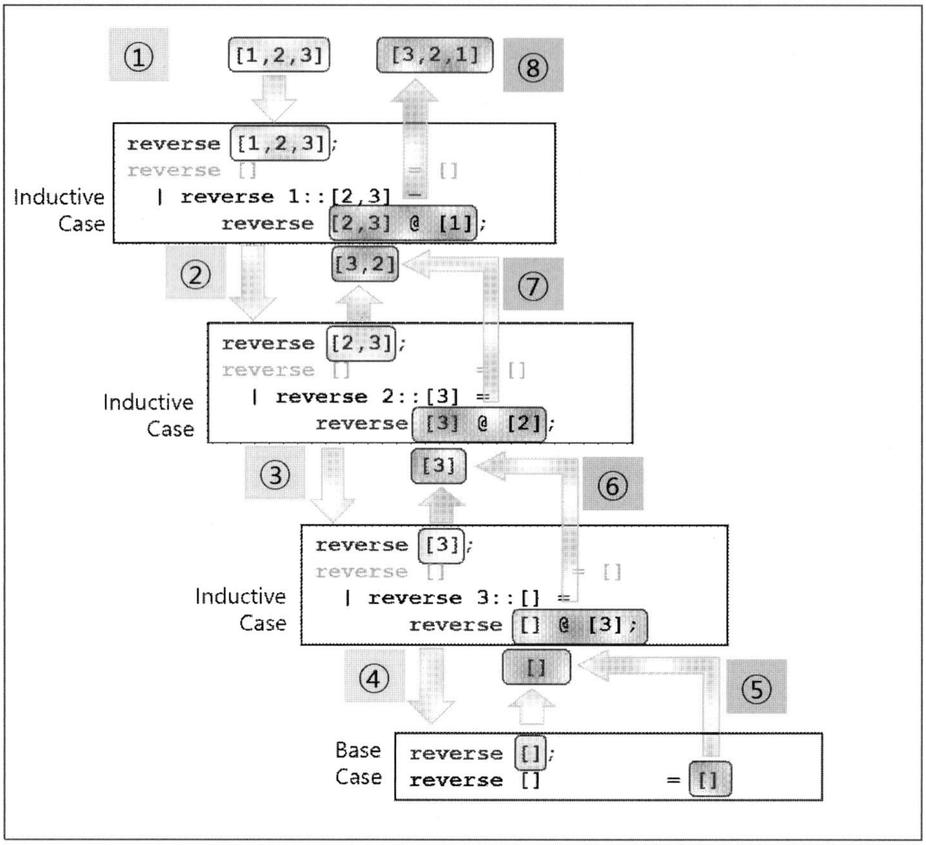


<그림 3-11> Execution for **reverse** [ 1,2, 3]

<그림 3-11>243)은 SML Interpreter가 위 <프로그램 3-26>의 **reverse** ([ 1,2, 3] ) 을 어떻게 실행하는지를 보여준다. 이를 설명하면 다음과 같다:

1) [그림의 ①] **reverse** [ 1,2, 3] 함수를 호출한다.
2) **reverse** [ 1,2, 3] 을 실행한다.
   - 매개변수가 []이 아니기 때문에 pattern 2가 실행된다.
   - [그림의 ②] Pattern 2의 expression에 의해 **tail** ([ 1,2, 3] ), 즉 [ 2, 3] 에 대한 reverse 재귀함수를 먼저 호출한다.
   - **reverse** ([ 2, 3] ) 재귀함수로부터 반환값을 받은 이후에 expression의 연산을 수행한다.
3) **reverse** [ 2, 3] 을 실행한다.

243) 이전 **member** (3,[ 1,2, 3] ) 함수의 그림과 비교하여, Environment에 관한 내용은 삭제했다. recursion에 대하여 입력과 출력 관계만을 부각시키는 것이 학습에 더 효과적이라고 판단했기 때문이다.

- 매개변수가 []이 아니기 때문에 pattern 2가 실행된다.
- [그림의 ③] Pattern 2의 expression에 의해 tail ([ 2, 3] ), 즉 [ 3] 에 대한 reverse 재귀함수를 먼저 호출한다.
- **reverse** ([ 3] ) 재귀함수로부터 반환값을 받은 이후에 expression의 연산을 수행한다.

4) **reverse** [ 3] 을 실행한다.
- 매개변수가 []이 아니기 때문에 pattern 2가 실행된다.
- [그림의 ④] Pattern 2의 expression에 의해 **tail** ([ 3] ), 즉 [ ] 에 대한 reverse 재귀함수를 먼저 호출한다.
- **reverse** ([ ] ) 재귀함수로부터 반환값을 받은 이후에 expression의 연산을 수행한다.

5) **reverse** [ ] 을 실행 및 종료한다.
- 매개변수가 [ ] 이기 때문에 pattern 1이 실행된다.
- [그림의 ⑤] Pattern 1의 expression에 의해 []을 반환하고 종료한다.

6) [그림의 ⑥] **reverse** [ 3] 의 결과값을 반환하고 종료한다.
- head, 즉 3을 list [ 3] 으로 만든다.
- **reverse** [ ] 로부터 받은 반환값 [ ] [그림의 ⑤]과 방금 전 만든 list [ 3] 을 @ (이음) 연산자를 이용하여 하나의 list, 즉 [ 3] 으로 만들어, **reverse** [ 3] 의 반환값으로 **reverse** [ 2, 3] 에게 반환하고, 종료한다.

7) [그림의 ⑦] **reverse** [ 2, 3] 의 결과값을 반환하고 종료한다.
- head, 즉 2를 list [ 2] 로 만든다.
- **reverse** [ 3] 으로부터 받은 반환값 [ 3] [그림의 ⑥]과 방금 전 만든 list [ 2] 를 @ (이음) 연산자를 이용하여 하나의 list, 즉 [ 3, 2] 로 만들어, **reverse** [ 2, 3] 의 반환값으로 **reverse** [ 1, 2, 3] 에게 반환하고, 종료한다.

8) [그림의 ⑧] **reverse** [ 1, 2, 3] 의 결과값을 반환하고 종료한다.
- head, 즉 1을 list [ 1] 로 만든다.
- **reverse** [ 2, 3] 으로부터 받은 반환값 [ 3, 2] [그림의 ⑦]와 방금 전 만든 list [ 1] 을 @ (이음) 연산자를 이용하여 하나의 list, 즉 [ 3, 2, 1] 로 만들어, **reverse** [ 1, 2, 3] 의 반환값으로 Environment에 반환하고, 종료한다.

**reverse** [ 1,2,3] 함수유형을 확인해 보면, 입력된 [ 1,2,3] 의 유형이 **int list**고, 출력된 [ 3,2,1] 의 유형이 **int list**이므로, 즉 **reverse** 함수유형 **'a list -> 'a list**에 type parameter인 **a**에 **int** 유형이 대입된 형식에 적합한 **reverse** 함수유형임을 확인할 수 있다.

### Example E.3-3) Factorial Example

다음은 factorial 예제를 보자. <프로그램 3-27>은 factorial n의 값을 구하는 함수 fact다.

```
1  fun fact 0 = 1
2    | fact n = n*fact(n-1);
3  val fact = fn : int -> int
```

<프로그램 3-27> **fact** Example

이를 간단하게 설명하면 다음과 같다:

1) [L1] function 선언 (1) : Pattern 1 - Base Case.
   - Pattern : 변수값이 0인 경우.
   - Expression : 1을 반환한다.
2) [L2] function 선언 (2) : Pattern 2 - Inductive Case.
   - Pattern : 변수값 **n**이 0이 아닌 경우.
   - Expression : **n**에 fact(n-1)의 값을 곱해서 반환한다.[244]

그럼 이 **fact 3**, 즉 3!의 값이 어떻게 산출되는지 알아보자. <프로그램 3-28>은 **fact** 함수에 **3**을 대입하여 Interpreter에서 실행시킨 예제다. 실행 결과 **6**이라는 결과값이 반환되었다. Interpreter에 의해 이러한 결과가 어떻게 산출되었는지 알아보자.

```
fact 3;
val it = 6 : int
```

<프로그램 3-28> **fact** Example

<그림 3-12>는 SML Interpreter가 위 <프로그램 3-28>의 **fact 3**을 어떻게 실행하는지를 보여준다. 이를 설명하면 다음과 같다:

1) [그림의 ①] **fact 3** 함수를 호출한다.

244) 함수 호출과 -(subtraction) 연산 중, 선행 우선순위는 함수 호출이 더 높다. **n**에 대한 - 연산을 먼저 수행하기 위해서 '()'로 이 연산을 묶었다.

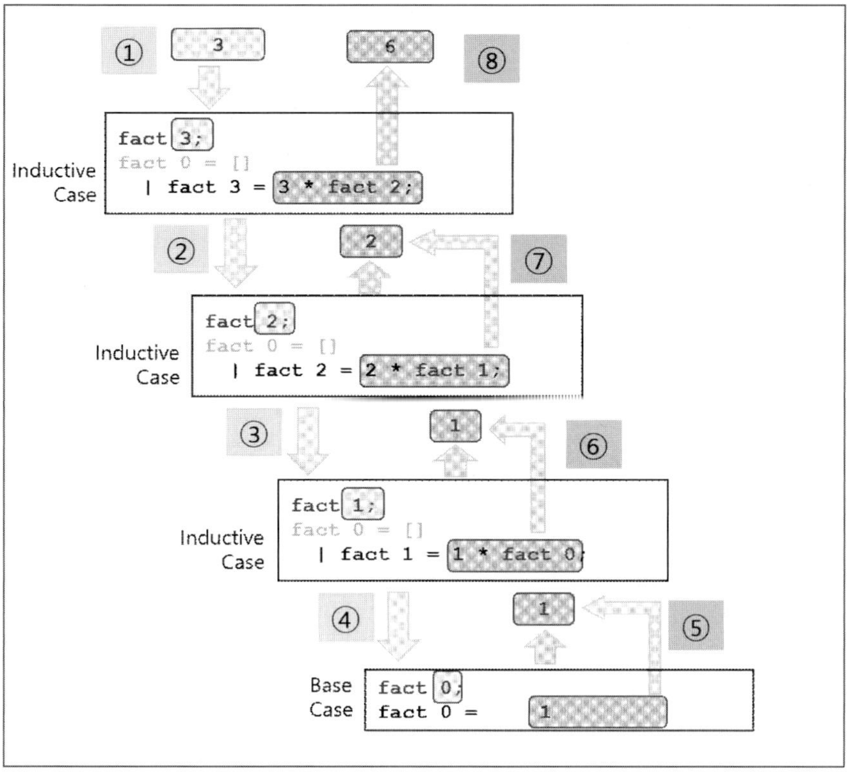


<그림 3-12> Execution for `fact 3`

2) `fact 3`을 실행한다.
   - 매개변수가 0이 아니기 때문에 pattern 2가 실행된다.
   - [그림의 ②] Pattern 2의 expression에서 `fact 2`를 호출한다.
   - `fact 2`로부터 반환값을 받은 이후 연산을 계속한다.
3) `fact 2`를 실행한다.
   - 매개변수가 0이 아니기 때문에 pattern 2가 실행된다.
   - [그림의 ③] Pattern 2의 expression에서 `fact 1`을 호출한다.
   - `fact 1`로부터 반환값을 받은 이후 연산을 계속한다.
4) `fact 1`을 실행한다.
   - 매개변수가 0이 아니기 때문에 pattern 2가 실행된다.
   - [그림의 ④] Pattern 2의 expression에서 `fact 0`을 호출한다.
   - `fact 0`으로부터 반환값을 받은 이후 연산을 계속한다.
5) `fact 0`을 실행 및 종료한다.
   - 매개변수가 0이기 때문에 pattern 1이 실행된다.
   - [그림의 ⑤] Pattern 1의 expression에 의해 1을 반환하고 종료한다.

6) [그림의 ⑥] fact 1의 결과값을 반환하고 종료한다.
   - 매개변수 n의 값 1에 fact 0으로부터 받은 반환값 1[그림의 ⑤]을 곱해, 그 결과값 1을, fact 1의 반환값으로 fact 2에게 반환하고, 종료한다.
7) [그림의 ⑦] fact 2의 결과값을 반환하고 종료한다.
   - 매개변수 n의 값 2에 fact 1로부터 받은 반환값 1[그림의 ⑥]을 곱해, 그 결과값 2를, fact 2의 반환값으로 fact 3에게 반환하고, 종료한다.
8) [그림의 ⑧] fact 3의 결과값을 반환하고 종료한다.
   - 매개변수 n의 값 3에 fact 2로부터 받은 반환값 2[그림의 ⑦]를 곱해, 그 결과값 6을, fact 3의 반환값으로 Environment에게 반환하고, 종료한다.

fact 3 함수유형을 확인해 보면, 입력된 3의 유형이 int이고, 출력된 6의 유형이 int이므로, 즉 fact 함수유형 int -> int에 적합한 정의역과 치역임을 확인할 수 있다.

### (1) Local Environment

C와 Pascal의 function에서 지역변수를 선언할 수 있는 것처럼, ML은 함수에서 local environment를 통해 지역변수를 선언할 수 있다. 그 방법은 다음과 같이 let-in-end expression을 사용하는 것이다:

```
let
   val <1st variable> = <1st expression>;
   val <2nd variable> = <2nd expression>;
   . . .
   val <last variable> = <last expression>
in
   <expression>
end
```

이 expression에서, **let**, **in**, **end**는 keyword다. 그리고 **val**로 시작하는 expression은 이전에 상수와 변수를 선언하는 선언식(declaration expression)이다.

간단한 예를 살펴보자. 이 예는 집합 S의 부분집합을 구하는 함수다. ML에서 집합, 즉 set은 기본 데이터 유형이 아니다. 하지만 list 유형으로 이를 충분해 표현할 수 있다.

만약 정수의 집합을 int list로 표현한다면, 멱집합(power set)은 int list list로 표현할 수 있다. 그럼 이 함수를 정의하기 전에 이 함수가 요구하는 관련 함수 하나를 정의해 보자.

### Example E.3-4) Preappend Example

<프로그램 3-29>는 list에 원소인 각 list의 맨 앞에 list와 동일한 유형의 원소를 붙이는, 즉 cons를 하는 함수다.

```
1  fun preappend(x,nil) = nil
2    | preappend(x,L::Ls) = (x::L)::preappend(x,Ls);
3  val preappend = fn : 'a * 'a list list  -> 'a list list
```

<프로그램 3-29> **preappend** Example

이 코드를 간단히게 설명하면 다음과 같다:

1) [L1] function 선언 (1) : Pattern 1 - Base Case.
   - 입력: list가 [ ] 인 경우.
     - **x** : cons의 제1피연산자.
     - [ ] : list가 empty.
   - 출력:
     - [ ] 을 반환한다.
2) [L2] function 선언 (2) : Pattern 2 - Inductive Case.
   - 입력: list가 [ ] 이 아닐 경우.
     - **x** : cons의 제1피연산자.
     - **L::Ls** : list
   - 출력:
     - **(x::L)** : 두 번째 매개변수인 list의 head인 **L**의 앞에 **x**를 cons (::) 연산자로 연결한다.
     - **preappend(x,Ls)**: list의 tail인 **Ls**에 **x**로 recursion을 수행한다.
     - 그 결과를 이전의 list, 즉 **(x::L)**에 cons (::) 연산자로 연결하여 반환한다.
3) [L3] Environment에 정의된 function signature
   - **val preappend = fn :** : **preappend** 함수의
   - **'a * 'a list list -> 'a list list** : 유형이 정의됨.[245]

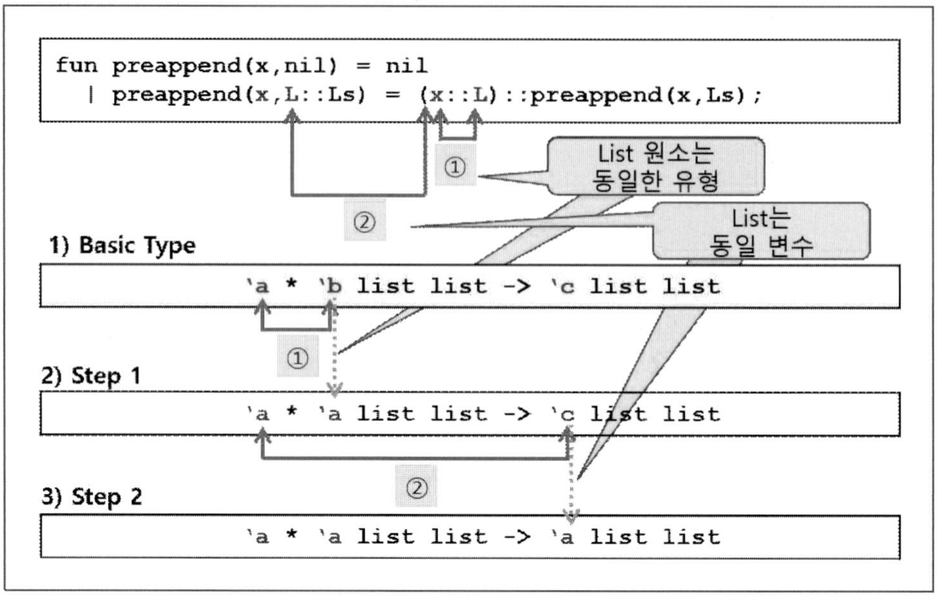


<그림 3-13> Type Checking for **preappend**

이 함수를 통해 ML에서 함수에 대한 type checking이 어떻게 이루어지는지 알아보자. <그림 3-13>은 `preappend` 함수유형이 최종 어떻게 판명되는지를 도식화한 그림이다. 이를 정리하면 다음과 같다:

1) Basic type: 입력과 출력의 유형이 모두 다르다고 가정한다.
   - 입력: `(x, L::Ls)` : `'a * 'b list list`.
   - 출력: `(x::L)::preappend(x,Ls)` : `'c list list`.
2) Type Check 1: [그림의 ①] `(x::L)`에 의해 `'a`와 `'b`는 같아야 함.
   - 입력: `(x, L::Ls)` : `'a * 'a list list`.
3) Type Check 2: [그림의 ②] 입력 `x`와 출력 `(x::L)`의 `x`가 같은 `x`이므로 `'a`와 `'c`가 같아야 함.
   - 출력: `(x::L)::preappend(x,Ls)` : `'a list list`.

245) `preappend` 함수는 어떤 유형의 list의 list를 입력받아서, list의 각 list의 맨 앞에 원소 `x`를 새로운 head로 cons를 하는 함수다. 함수유형을 규정하는 과정에서, list의 원소는 어떤 유형의 원소일 수 있고, 이 list에 cons를 하고자 하는 원소는 list의 원소와 같은 유형이어야 한다. 그 이유는 당연히 list는 같은 유형만을 원소를 가질 수 있기 때문이다. 결과 preappend 하고자 하는 원소의 유형이 `'a`라면, list의 list의 유형은 `'a list list`가 되고, 반환되는 list의 list의 유형도 입력의 유형과 같아야 하므로, `'a list list`가 된다. 결과적으로 `preappend` 함수유형은 `'a * 'a list list -> 'a list list`가 된다.

이런 과정을 거쳐, 최종적으로 이 함수유형이 다음과 같이 결정된다:

```
val preappend = fn : 'a * 'a list list  -> 'a list list
```

그럼 <프로그램 3-30>에서처럼 **preappend(1, [[],[2,3], [4,5,6]])**을 실행시키면 왜 이런 결과값이 나오는지 확인해 보자.

```
preappend(1, [[],[2,3], [4,5,6]]);
val it = [[1], [[1,2,3], [1,4,5,6]] : int list list
```

<프로그램 3-30> **preappend** Example

<그림 3-14>는 SML Interpreter가 위 <프로그램 3-30>의 **preappend(1, [[],[2,3], [4,5,6]])**을 어떻게 실행하는지를 보여준다. 이를 설명하면 다음과 같다:

1) [그림의 ①] **preappend(1, [[],[2,3], [4,5,6]])** 함수를 호출한다.
2) **preappend(1, [[],[2,3], [4,5,6]])**을 실행한다.
   - 누 번째 매개변수가 **[]**이 아니기 때문에 pattern 2가 실행된다.
   - [그림의 ②] Pattern 2의 expression에서 **preappend(1, [[2,3], [4,5,6]])**을 호출한다.
   - **preappend(1, [[2,3], [4,5,6]])**으로부터 반환값을 받은 이후 연산을 계속한다.
3) **preappend(1, [[2,3], [4,5,6]])**을 실행한다.
   - 두 번째 매개변수가 **[]**이 아니기 때문에 pattern 2가 실행된다.
   - [그림의 ③] Pattern 2의 expression에서 **preappend(1, [[4,5,6]])**을 호출한다.
   - **preappend(1, [[4,5,6]])**으로부터 반환값을 받은 이후 연산을 계속한다.
4) **preappend(1, [[4,5,6]])**을 실행한다.
   - 두 번째 매개변수가 **[]**이 아니기 때문에 pattern 2가 실행된다.
   - [그림의 ④] Pattern 2의 expression에서 **preappend(1, [])**을 호출한다.
   - **preappend(1, [])**로부터 반환값을 받은 이후 연산을 계속한다.
5) **preappend(1, [])** 을 실행 및 종료한다.

- 두 번째 매개변수가 [ ] 이기 때문에 pattern 1이 실행된다.
- [그림의 ⑤] Pattern 1의 expression에 의해 [ ] 을 반환하고 종료한다.

6) [그림의 ⑥] preappend(1, [[ 4,5,6] ] )의 결과값을 반환하고 종료한다.
   - 첫 번째 매개변수 x의 값 1을 두 번째 매개변수의 head, 즉 [ 4,5,6] 의 head로 cons(::) 시키고, 그 결과 [ 1,4,5,6] 을,
   - preappend(1, [ ] )로부터 받은 반환값 [ ] [그림의 ⑤]의 head로 cons(::)시키고, 그 결과 list [ 1,4,5,6] ::[ ] , 즉 [ [ 1,4,5,6] ] 을,
   - preappend(1, [[ 4,5,6] ] )의 반환값으로, preappend(1, [[ 2,3] , [ 4,5,6] ] )에게 반환하고, 종료한다.

7) [그림의 ⑦] preappend(1, [[ 2,3] , [ 4,5,6] ] )의 결과값을 반환하고 종료한다.
   - 첫 번째 매개변수 x의 값 1을 두 번째 매개변수의 head, 즉 [ 2,3] 의 head로 cons(::) 시키고, 그 결과 [ 1,2,3] 을,
   - preappend(1, [[ 4,5,6] ] ))으로부터 받은 반환값 [[ 1,4,5,6] ] [그림의 ⑥]의 head로 cons(::) 시키고, 그 결과 list [ 1,2,3] ::[[ 1,4,5,6] ] , 즉[ [ 1,2,3] ,[ 1,4,5,6] ] 을,
   - preappend(1, [[ 2,3] , [ 4,5,6] ] )의 반환값으로 preappend(1, [[ ] ,[ 2,3] , [ 4,5,6] ] )에게 반환하고, 종료한다.

8) [그림의 ⑧] preappend(1, [[ ] , [ 2,3] , [ 4,5,6] ] )의 결과값을 반환하고 종료한다.
   - 첫 번째 매개변수 x의 값 1을 두 번째 매개변수의 head, 즉 [ ] 의 head로 cons(::) 시키고, 그 결과 [ 1] 을,
   - preappend(1, [[ 2,3] , [ 4,5,6] ] )으로부터 받은 반환값 [[ 1,2,3] ,[ 1,4,5,6] ] [그림의 ⑦]의 head로 cons(::) 시키고, 그 결과 list [ 1] ::[[ 1,2,3] ,[ 1,4,5,6] ] ] , 즉[ [ 1] ,[ 1,2,3] ,[ 1,4,5,6] ] 을,
   - preappend(1, [[ ] , [ 2,3] , [ 4,5,6] ] )의 반환값으로 Environment에 반환하고, 종료한다.

preappend(1, [[ ] , [ 2,3] , [ 4,5,6] ] ) 함수유형을 확인해 보면, 입력된 (1, [[ ] , [ 2,3] , [ 4,5,6] ] )의 유형이 int * int list list고, 출력된 [[ 1] ,[ 1,2,3] ,[ 1,4,5,6] ] 의 유형이 int list list이므로, 즉 preappend 함수유형 'a * 'a list list -> 'a list list에 type parameter인 a에 int 유형이 대입된 형식에 적합한 preappend 함수유형임을 확인할 수 있다.

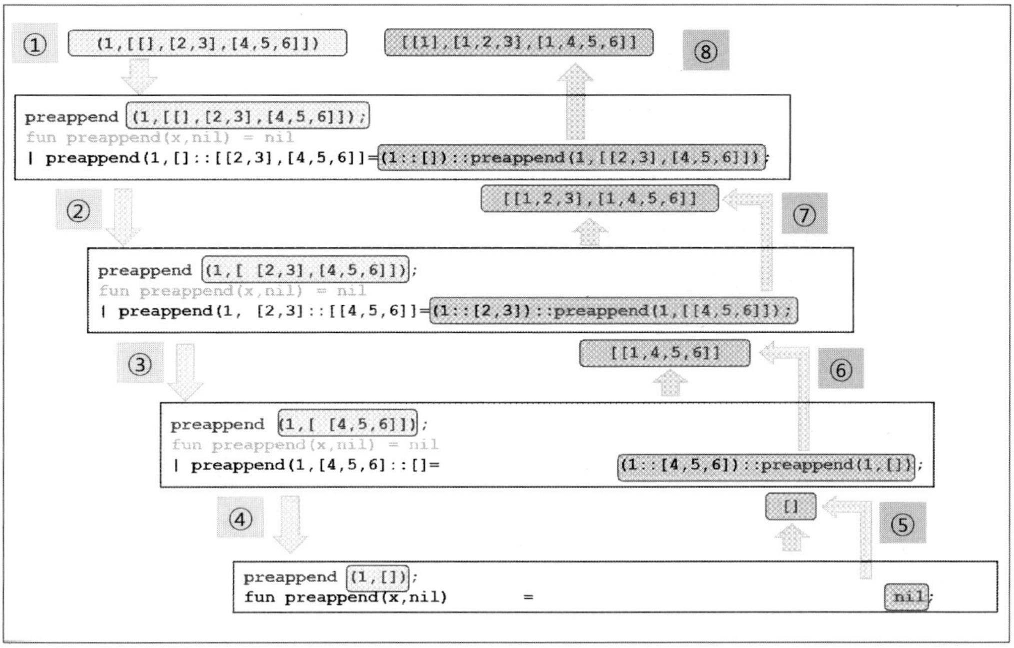


<그림 3-14> Execution for **preappend(1, [[],[ 2,3] , [ 4,5,6]])**

## Example E.3-5) power_set Example

그러면 let-in-end expression의 예를 들어보자.

다음은 집합 S의 멱집합(power set) $2^S$를 구하는 **power_set** 함수다. 입력에서 집합을 list로 정의했고, 출력은 당연히 list의 list로 정의된다. 집합 원소의 유형은 어떤 것도 가능하기에 type parameter로 정의된다.

```
fun power_set([]) = [[]]
  | power_set(x::xs) =
    let
      val ps = power_set(xs);
    in
      ps @ preappend(x,ps)
    end;
val power_set = fn : 'a list -> 'a list list
```

<프로그램 3-31> **power_set** Example

이 코드를 간단하게 설명하면 다음과 같다:

1) [L1] function 선언 (1) : Pattern 1 - Base Case.
   - 입력: list가 [ ] 인 경우
   - 출력: 공집합인 원소인 list, 즉 [ [ ] ] 를 반환한다.

2) [L2] function 선언 (2) : Pattern 2 - Inductive Case.
   - 입력: List **L = x::xs**

2-1) [L3] **let**

2-1-1) [L4] 지역변수 **ps** 선언.
   - **val ps = power_set(xs)** : tail **xs**의 **power_set**을 **ps**로 정한다.

2-2) [L5] **in**

2-2-1) [L6] **power_set(xs)**의 반환값을 반환한다.
   - **ps**와
   - **ps**에 **x**를 **preappend**한 결과를 이음 연산자(**@**)로 이어,
   - 반환한다.

2-3) [L7] **end;** : 함수를 종결한다.

3) [L8] Environment에 정의된 function signature.
   - **val power_set = fn :** : **power_set** 함수의
   - **'a list -> 'a list list** : 유형이 정의됨.[246]

그럼 <프로그램 3-32>에서처럼 **power_set ([ 1,2,3] )**을 실행시키면 어떤 결과가 어떻게 산출되는지 확인해 보자.

```
power_set([1,2,3]);
val it = [[],[3],[2],[2,3],[1],[1,3],[1,2],[1,2,3]] : int list list
```

<프로그램 3-32> **power_set** Example

---

246) **power_set** 함수는 어떤 유형의 list를 집합으로 입력받아서, 집합의 멱집합, 즉 list의 list를 출력하는 함수다. 함수유형을 규정하는 과정에서, 입력 list의 원소는 어떤 유형의 원소일 수 있기 때문에 **'a list**로 규정되었고, 출력은 그 입력유형의 list의 list이므로 **'a list list**로 규정되었다. 따라서 함수유형은 **'a list -> 'a list list**가 된다.

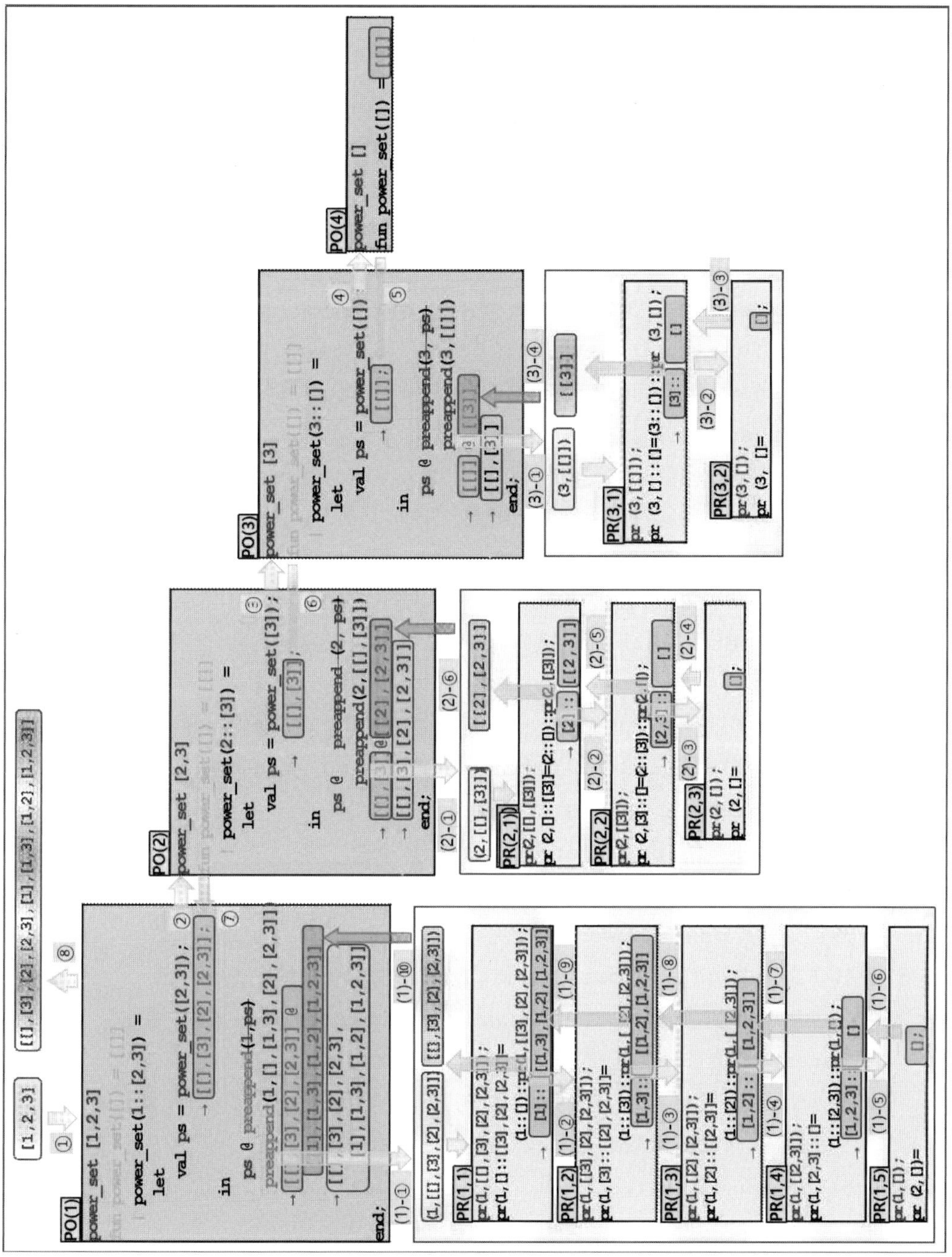

<그림 3-15> Execution for `power_set ([ 1,2,3] )`

<그림 3-15>는 SML Interpreter가 위 <프로그램 3-32>의 power_set ([ 1,2,3] )을 어떻게 실행하는지를 보여준다. 이를 설명하면 다음과 같다:

1) [그림의 ①] power_set ([ 1,2,3] ) 함수 호출.

2) [그림의 PO(1)] power_set (1::[ 2,3] ) 실행: Pattern 2.
   - [그림의 ②] Local Environment의 ps 값 산출에 list tail에 대한 power_set ([ 2,3] ) 호출.
   - power_set ([ 2,3] )의 결과 수신 후 본 expression 수행.

3) [그림의 PO(2)] power_set (2::[ 3] ) 실행: Pattern 2.
   - [그림의 ③] Local Environment의 ps 값 산출에 list tail에 대한 power_set ([ 3] ) 호출.
   - power_set ([ 3] )의 결과 수신 후 본 expression 수행.

4) [그림의 PO(3)] power_set (3::[ ] ) 실행: Pattern 2.
   - [그림의 ④] Local Environment의 ps 값 산출에 list tail에 대한 power_set ([ ] )을 호출한다.
   - power_set ([ ] )의 반환값을 받은 후 본 expression을 수행한다.

5) [그림의 PO(4)] power_set ([ ] ) 실행 및 종료: Pattern 1.
   - [그림의 ⑤] Pattern 1의 expression [ [ ] ] 을 PO(3)에게 반환 및 종료.

6) [그림의 PO(3)] [그림의 ⑥] power_set (3::[ ] ) 결과 반환 및 종료.

6-1) ps에 power_set ([ ] )의 결과, 즉 [ [ ] ] 할당 .

6-2) [그림의 (3)-①] preappend(3, [ [ ] ] ) 호출.
   - 3 : 매개변수 list의 head.
   - [ [ ] ] : ps, 즉 power_set ([ ] )의 값.

6-2-1) [그림의 PR(3,1)] preappend(3,[ ] ::[ ] ) 실행: Pattern 2.
   - [그림의 (3)-②] 둘째 변수의 tail [ ] 에 preappend(3, [ ] ) 호출.
   - preappend(3, [ ] ) 결과값 수신 후 연산 계속.

6-2-2) [그림의 PR(3,2)] preappend(3, [ ] ) 실행: Pattern 1
   - [그림의 (3)-③] Pattern 1의 expression [ ] 을 PR(3,1)에게 반환 및 종료.

6-2-3) [그림의 PR(3,1)] [그림의 (3)-④] preappend(3, [ ] ::[ ] ) 결과 반환 및 실행 종료.
   - 매개변수 1의 3을 매개변수 2의 head, 즉 [ ] 의 head로 cons(::) 시킨 결과, 즉 3::[ ] → [ 3] 을,
   - preappend(3, [ ] )로부터 받은 반환값 [ ] [그림의 (3)-③]의 head로 cons(::)시킨 결과, 즉 [ 3] ::[ ] → [ [ 3] ] 을,
   - 본 함수, 즉 PR(3,1)의 결과로, power_set ([ 3] ) [그림의 PO(3)]에 반환

및 종료.

6-3) [그림의 ⑥] `ps`, 즉 `[[]]`에, 위 6-2-3)의 반환값, 즉 `[[3]]`을 `@`으로 이은 결과, 즉 `[[]]@[[3]]` → `[[],[3]]` PO(2)에 반환 및 종료.

7) [그림의 PO(2)] [그림의 ⑦] `power_set (2::[3])` 결과 반환 및 종료.

7-1) `ps`에 `power_set ([3])`의 결과, 즉 `[[],[3]]` 할당.

7-2) [그림의 (2)-①] `preappend(2,[[],[3]])` 호출.

- `2` : 매개변수 list의 head.
- `[[],[3]]` : `ps`, 즉 `power_set ([3])`의 값.

7-2-1) [그림의 PR(2,1)] `preappend(2,[]::[[3]])` 실행: Pattern 2.

- [그림의 (2)-②] 둘째 변수의 tail `[[3]]`에 `preappend(2,[[3]])` 호출.
- `preappend(2,[[3]])` 결과값 수신 후 연산 계속.

7-2-2) [그림의 PR(2,2)] `preappend(2,[3]::[])` 실행: Pattern 2.

- [그림의 (2)-③] 둘째 변수의 tail `[]`에 `preappend(2,[])` 호출.
- `preappend(2,[])` 결과값 수신 후 연산 계속.

7-2-3) [그림의 PR(2,3)] `preappend(2, [])` 실행: Pattern 1.

- [그림의 (2)-④] Pattern 1의 expression `[]`을 PR(2,2)에게 반환 및 종료.

7-2-4) [그림의 PR(2,2)] [그림의 (2)-⑤] `preappend(2,[3]::[])` 결과 반환 및 실행 종료.

- 메개변수 1의 `2`를 매개변수 2의 head, 즉 `[3]`의 head로 cons(`::`) 시긴 결과, 즉 `2::[3]` → `[2,3]`을,
- 위 7-2-3) `preappend(2, [])`로부터 받은 반환값 `[]` [그림의 (2)-④]의 head로 cons(`::`)시킨 결과, 즉 `[2,3]::[]` → `[[2,3]]`을,
- 본 함수, 즉 PR(2,2)의 결과로, PR(2,1)에 반환 및 종료.

7-2-5) [그림의 PR(2,1)] [그림의 (2)-⑥] `preappend(2,[]::[[3]])` 결과 반환 및 실행 종료.

- 매개변수 1의 `2`를 매개변수 2의 head, 즉 `[]`의 head로 cons(`::`) 시킨 결과, 즉 `2::[]` → `[2]`를,
- 위 7-2-3) `preappend(2,[3]::[])`로부터 받은 반환값 `[[2,3]]` [그림의 (2)-⑤]의 head로 cons(`::`)시킨 결과, 즉 `[2]::[[2,3]]` → `[[2],[2,3]]`을,
- 본 함수, 즉 PR(2,1)의 결과로, `power_set ([2,3])` [그림의 PO(2)]에 반환 및 종료.

7-3) [그림의 ⑦] `ps`, 즉 `[[],[3]]`에, 위 7-2-5)의 반환값, 즉 `[[2],[2,3]]`을 `@`으로 이은 결과, 즉 `[[],[3]]@[[2],[2,3]]` → `[[],[3],[2],[2,3]]` PO(1)에 반환 및 종료.

8) [그림의 PO(1)] [그림의 ⑧] `power_set (1::[2,3])` 결과 반환 및 종료.

8-1) `ps`에 `power_set ([2,3])`의 결과, 즉 `[[],[3],[2],[2,3]]` 할당.

8-2) [그림의 (1)-①] `preappend(1,[[],[3],[2],[2,3]])` 호출.

- `1` : 매개변수 list의 head.
- `[[],[3],[2],[2,3]]` : `ps`, 즉 `power_set ([2,3])`의 값.

8-2-1) [그림의 PR(1,1)] `preappend(1,[]::[[3],[2],[2,3]])` 실행: Pattern 2.

- [그림의 (1)-②] 둘째 변수의 tail `[[3],[2],[2,3]]`에 `preappend(1,[[3],[2],[2,3]])` 호출.
- `preappend(1,[[3],[2],[2,3]])` 결과값 수신 후 연산 계속.

8-2-2) [그림의 PR(1,2)] `preappend(1,[3]::[[2],[2,3]])` 실행: Pattern 2.

- [그림의 (1)-③] 둘째 변수의 tail `[[2],[2,3]]`에 `preappend(1,[[2],[2,3]])` 호출.
- `preappend(1,[[2],[2,3]])` 결과값 수신 후 연산 계속.

8-2-3) [그림의 PR(1,3)] `preappend(1,[2]::[[2,3]])` 실행: Pattern 2.

- [그림의 (1)-④] 둘째 변수의 tail `[[2,3]]`에 `preappend(1,[[2,3]])` 호출.
- `preappend(1,[[2,3]])` 결과값 수신 후 연산 계속.

8-2-4) [그림의 PR(1,4)] `preappend(1,[2,3]::[])` 실행: Pattern 2.

- [그림의 (1)-⑤] 둘째 변수의 tail `[]`에 `preappend(1,[])` 호출.
- `preappend(1,[])` 결과값 수신 후 연산 계속.

8-2-5) [그림의 PR(1,5)] `preappend(1,[])` 실행: Pattern 1.

- [그림의 (1)-⑥] Pattern 1의 expression `[]`을 PR(1,4)에 반환 및 종료

8-2-6) [그림의 PR(1,4)] [그림의 (1)-⑦] `preappend(1,[2,3]::[])` 결과 반환 및 실행 종료.

- 매개변수 1의 1을 매개변수 2의 head, 즉 `[2,3]`의 head로 cons(`::`) 시킨 결과, 즉 `1::[2,3]` → `[1,2,3]`을,
- 위 8-2-5) `preappend(1, [])`로부터 받은 반환값 `[]` [그림의 (1)-⑥]의 head로 cons(`::`)시킨 결과, 즉 `[1,2,3]::[]` → `[[1,2,3]]`을,
- 본 함수, 즉 PR(1,4)의 결과로, PR(1,3)에 반환 및 종료.

8-2-7) [그림의 PR(1,3)] [그림의 (1)-⑧] `preappend(1,[2]::[[2,3]])` 결과 반환 및 실행 종료.

- 매개변수 1의 1을 매개변수 2의 head, 즉 `[2]`의 head로 cons(`::`) 시킨 결과, 즉 `1::[2]` → `[1,2]`를,
- 위 8-2-6) `preappend(1,[2,3]::[])`로부터 받은 반환값 `[[1,2,3]]`

[그림의 (1)-⑦]의 head로 cons(::)시킨 결과, 즉 [1,2]::[[1,2,3]] → [[1,2],[1,2,3]]을,

- 본 함수, 즉 PR(1,3)의 결과로, PR(1,2)에 반환 및 종료.

8-2-8) [그림의 PR(1,2)] [그림의 (1)-⑨] `preappend(1,[3]::[[2],[2,3]])` 결과 반환 및 실행 종료.

- 매개변수 1의 1을 매개변수 2의 head, 즉 [3]의 head로 cons(::) 시킨 결과, 즉 1::[3] → [1,3]을,
- 위 8-2-7) `preappend(1,[2]::[[2,3]])`으로부터 받은 반환값 [[1,2],[1,2,3]]] [그림의 (1)-⑧]의 head로 cons(::)시킨 결과, 즉 [1,3]::[[1,2],[1,2,3]] → [[1,3],[1,2],[1,2,3]]을,
- 본 함수, 즉 PR(1,2)의 결과로, PR(1,1)에 반환 및 종료.

8-2-9) [그림의 PR(1,1)] [그림의 (1)-⑩] `preappend(1,[]::[[3],[2],[2,3]])` 결과 반환 및 실행 종료.

- 매개변수 1의 1을 매개변수 2의 head, 즉 []의 head로 cons(::) 시킨 결과, 즉 1::[] → [1]을,
- 위 8-2-9) `preappend(1,[3]::[[2],[2,3]])`으로부터 받은 반환값 [[1,3],[1,2],[1,2,3]] [그림의 (1)-⑨]의 head로 cons(::)시킨 결과, 즉 [1]::[[1,3],[1,2],[1,2,3]] → [[1],[1,3],[1,2],[1,2,3]] 을,
- 본 함수, 즉 PR(1,1)의 결과로, `power_set ([1,2,3])` [그림의 PO(1)]에 반환 및 종료.

8-3) [그림의 ⑧] `ps`, 즉 [[],[3],[2],[2,3]]에, 위 8-2-9)의 반환값, 즉 [[1],[1,3],[1,2],[1,2,3]]을 @으로 이은 결과, 즉 [[],[3],[2],[2,3]]@[[1],[1,3],[1,2],[1,2,3]] → [[],[3],[2],[2,3],[1],[1,3],[1,2],[1,2,3]] Environment에 반환 및 종료.

`power_set ([1,2,3])` 함수유형을 확인해 보면, 입력된 [1,2,3] 유형이 `int * int list`고, 출력된 [[],[3],[2],[2,3],[1],[1,3],[1,2],[1,2,3]]의 유형이 `int list list`이므로, 즉 `power_set` 함수유형 `'a list -> 'a list list`에 type parameter인 `a`에 `int` 유형이 대입된 형식에 적합한 `power_set` 함수유형임을 확인할 수 있다.

```
p[1,2,3]
    ps= p[2,3]
           ps= p[3]
                  ps= p[]
                    = [[]]
                  → ps   @ pre(3, ps)
                   [[]] @ pre(3, [[]])
                   [[]] @ [[3]]
                   [[],[3]]
             = [[],[3]]
           → ps        @ pre(2, ps)
            [[],[3]] @ pre(2, [[],[3]])
            [[],[3]] @ [[2],[2,3]]
            [[],[3],[2],[2,3]]
      = [[],[3],[2],[2,3]]
    → ps @ pre(1, ps)
     [[],[3],[2],[2,3]] @ pre(1, [[],[3],[2],[2,3]])
     [[],[3],[2],[2,3]] @ [[1],[1,3],[1,2],[1,2,3]])
     [[],[3],[2],[2,3],[1],[1,3],[1,2],[1,2,3]])
 =[[],[3],[2],[2,3],[1],[1,3],[1,2],[1,2,3]])
```

<그림 3-16> Summary of **power_set**([ 1,2,3] )

<그림 3-16>은 위 <그림 3-15>의 실행 과정을 **power_set** 함수의 입력과 출력 및 local environment의 **ps** 관점에서 정리한 것이다. 여기에서, **p**는 **power_set** 함수를, **pre**는 **preappend** 함수를 의미한다. 각 **preappend** 함수의 recursive call을 기술하지 않았다. Recursive하게 호출되는 각 **power_set** 함수마다, **ps**와 이를 기반으로 한 **preappend** 결과가 적합하게 산출되었고, 반환 과정에서도 이러한 결과가 적합하게 연산되었음을 확인할 수 있다.

```
fun split(nil) = (nil, nil)
 | split([a]) = ([a], nil)
 | split(a::b::cs) =
     let
        val (M, N) = split(cs)
     in
        (a::M, b::N)
     end;
val split = fn: 'a list -> 'a list * 'a list
split([1,2,3,4,5]);
val it = ([1,3,5],[2,4]) : int list * int list
```

<프로그램 3-33> **split** Example

### Example E.3-6) Split Example

Local Environment의 또 다른 예를 들어보자.

<프로그램 3-33>은 list L을 원소의 list 내 위치에 따라 홀수 위치에 있는 원소들과 짝수 위치에 있는 원소들로 이루어진 두 개의 sub list로 양분하는 함수다. List의 유형은 어떤 것도 가능하기에 type parameter로 정의된다.

이 코드를 간단하게 설명하면 다음과 같다:

1) [L1] function 선언 (1) : Pattern 1 - Base Case 1.
   - 입력: list가 `[ ]` 인 경우.
   - 출력: 한 쌍의 empty list, 즉 `([ ],[ ])`을 반환한다.
2) [L2] function 선언 (2) : Pattern 2 - Base Case 2.
   - 입력: list가 `[ a]` 인 경우.
   - 출력: 원소 한 개를 list와 empty list인 쌍, 즉 `([ a],[ ])`을 반환한다.
3) [L3] function 선언 (3) : Pattern 3 - Inductive Case.
   - 입력: list가 `[ a::b::cs]` 인 경우.
   - [L5] `cs`에 대해 `split(cs)` 함수를 적용해, 그 결과를 `(M,N)`으로 받은 후,
   - 출력: [L7] `M`에 `a`를 head로 한 list와 `N`에 `b`를 head로 한 list의 쌍, 즉 `(a::M,b::N)`을 반환한다.
4) [L9] Environment에 정의된 function signature.
   - `val split = fn :` : `split` 함수의
   - `'a list -> 'a list * 'a list` : 유형이 정의됨.[247)]

<그림 3-17>은 SML Interpreter가 위 <프로그램 3-33>의 `split [1,2,3,4,5]`를 어떻게 실행하는지를 보여준다. 이를 설명하면 다음과 같다:

247) `split` 함수는 어떤 유형의 list를 집합으로 입력받아서, list의 홀수 위치에 있는 원소들과 짝수 위치에 있는 원소를 독립된 두 개의 sub-list를 하나의 쌍으로 묶어서 출력하는 함수다. 함수유형을 규정하는 과정에서, 입력 list의 원소는 어떤 유형의 원소일 수 있기 때문에 `'a list`로 규정되고, 출력은 그 입력유형의 원소로 구성된 두 개의 list이므로 `'a list * 'a list`로 규정된다. 따라서 함수유형은 `'a list -> 'a list * 'a list`가 된다.

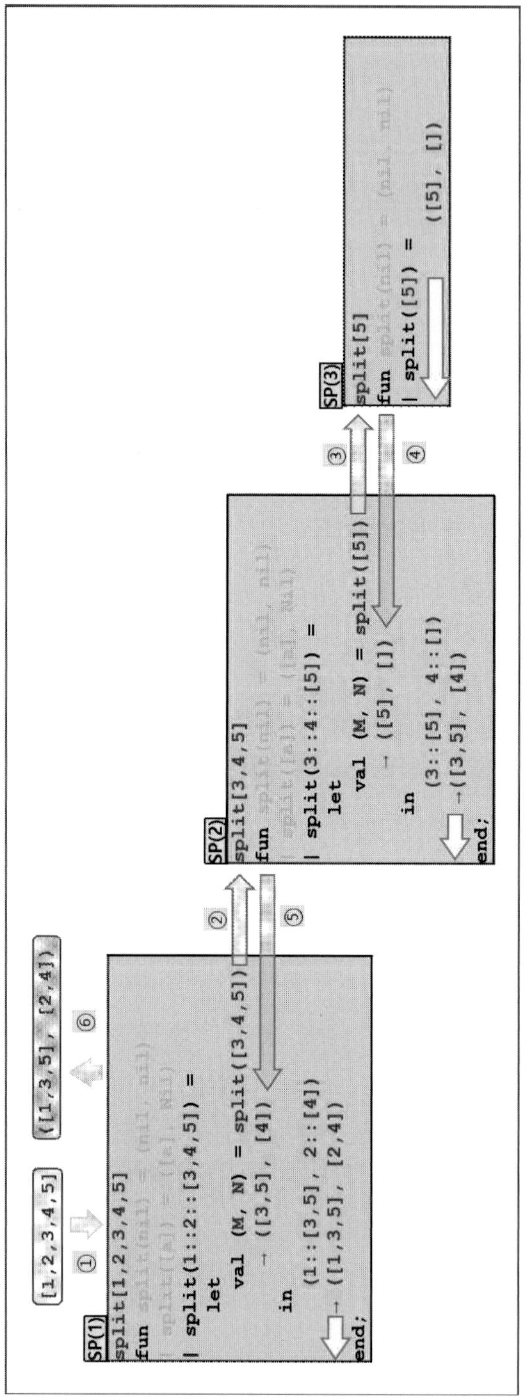


<그림 3-17> Execution for `split [ 1,2,3,4,5]`

1) [그림의 ①] split ([1,2,3,4,5]) 함수 호출.
2) [그림의 SP(1)] split (1::2::[3,4,5]) 실행: Pattern 3.
   - [그림의 ②] Local Environment의 (M,N) 값 산출에 list tail, 즉 [3,4,5]에 대한 split ([3,4,5]) 호출.
   - split [3,4,5]의 결과 수신 후 본 expression 수행.
3) [그림의 SP(2)] split (3::4::[5]) 실행: Pattern 3.
   - [그림의 ③] Local Environment의 (M,N) 값 산출에 list tail, 즉 [5]에 대한 split ([5]) 호출.
   - split ([5])의 결과 수신 후 본 expression 수행.
4) [그림의 SP(3)] split (5::[]) 실행 및 종료: Pattern 2
   - [그림의 ④] Pattern 2의 expression ([5],[])을 SP(2)에게 (M,N) 값으로 반환 및 종료.
5) [그림의 SP(2)] [그림의 ⑤] split (3::4::[5]) 결과 반환 및 종료.

5-1) (M,N)에 split (5::[])의 결과, 즉 (M,N)=([5],[]) 할당.

5-2) [그림의 ⑤] 3과 4를 M과 N의 새 head로 정한 후, 쌍으로 묶어서 반환, 즉 (3::[5],4::[])=([3,5],[4]) SP(1)에 반환 및 종료.

6) [그림의 SP(1)] [그림의 ⑥] split (1::2::[3,4,5]) 결과 반환 및 종료.

6-1) (M,N)에 split (3::4::[5])의 결과, 즉 (M,N)=([3,5],[4]) 할당.

6-2) [그림의 ⑥] 1과 2를 M과 N의 새 head로 정한 후, 쌍으로 묶어서 반환, 즉 (1::[3,5],2::[4])=([1,3,5],[2,4]) Environment에 반환 및 종료.

split [1,2,3,4,5] 함수유형을 확인해 보면, 입력된 [1,2,3,4,5] 유형이 int list고, 출력된([1,3,5],[2,4])의 유형이 int list * int list이므로, 즉 split 함수유형 'a list -> 'a list * 'a list에 type parameter인 a에 int 유형이 대입된 형식에 적합한 split 함수유형임을 확인할 수 있다.

### Example E.3-7) Min-Max Example

Local Environment의 또 다른 예를 들어보자. 이 예제는 함수의 pattern이 모든 입력의 유형을 포함하지 않는 경우에 대해 어떠한 조치를 취할 수 있는지에 대한 예제다.

<프로그램 3-34>는 정수를 원소로 가지는 list L에서 가장 작은 수와 큰 수를 구하는 함수다.

```
1  fun min_max([x:int]) = (x,x)
2    | min_max(x::xs) =
3      let
4        val (min, max) = min_max(xs);
5      in
6        if x<min then (x,max)
7        else if x>max then (min,x)
8        else (min,max)
9      end;
10 std in:2.1-7.3 Warning: match nonexhaustive
11       (x : int  :: nil ) ...
12       x :: xs  ...
13 val min_max = fn : int list -> int * int
```

<프로그램 3-34> **min_max** Example

이 코드를 간단하게 설명하면 다음과 같다:

1) [L1] function 선언 (1) : Pattern 1 - Base Case.
   - 입력: list가 [ **x:int**] 인 경우.
   - 출력: **x**를 **min**과 **max** 값으로 정한 후, 이를 쌍으로 묶어서, **(min,max)=(x,x)**로 반환.
2) [L2] function 선언 (2) : Pattern 2 - Inductive Case.
   - 입력: list가 [ **x::xs**] 인 경우.
   - [L4] **xs**에 대해 **min_max(xs)** 함수를 적용해, 그 결과를 **(min,max)**로 받은 후,
   - 출력: 다음과 같은 조건에 따라 결과를 반환한다.
     - **x**가 **min**보다 작을 때: **x**를 새로운 **min**으로 정해서 **(x,max)**를 반환.
     - **x**가 **max**보다 클 때: **x**를 새로운 **max**로 정해서 **(min,x)**를 반환.
       - 이외의 경우는 변동이 없으므로 **(min,max)**를 그대로 반환.
3) [L13] Environment에 정의된 function signature.
   - **val min_max = fn :** : **min_max** 함수의
   - **int list -> int * int** : 유형이 정의됨.[248)]

248) **min_max** 함수는 int list를 입력받아서, list 내의 원소 중 최소값과 최대값을 하나의 쌍으로 묶어서 출력하는 함수다. 함수유형을 규정하는 과정에서, 입력 list의 원소는 **int list**로 규정되고, 출력은 두 개의 원소들로 구성된 하나의 쌍이므로 **int * int**로 규정된다. 따라서 함수유형은 **int list -> int * int**가 된다.

이 예제에서 중요한 점은 interpreter/compiler가 [L10~12]에서 warning 메시지를 반환한 것이다. 이 메시지는 함수의 정의, 즉 pattern이 입력의 유형, 즉 정의역의 모든 경우를 다루지 않는다는 점을 전한다. 그 내용은 다음과 같다:

1) [L10] Line 2의 Column 1부터 Line 7의 Column 3 사이에 입력유형의 형식이 다음과 같이 두 가지 경우만이 명세되었다:
   (i) [L11] 원소가 하나인 경우 : ***(x : int :: nil ) ...***
   (ii) [L12] 원소가 하나 이상인 경우 : ***x :: xs ...***
2) [L10] 정의역의 모든 경우에 제외된 것은 다음 경우다.
   (i) [L11] 원소가 없는 경우 : ***(x : int :: nil ) ...***

즉 매개변수 list가 empty인 경우에 대해 정의되어 있지 않다. 즉 ***match nonexhaustive*** 라는 warning 메시지를 반환하였다.

```
min_max([3,7,1,5,6]);
val it = (1,7) : int * int
```

<프로그램 3-35> **min_max** Example

<그림 3-18>은 SML Interpreter가 위 <프로그램 3-35>의 **min_max([ 3,7,1,5,6] )**을 어떻게 실행하는지를 보여준다.[249] 이를 설명하면 다음과 같다:

1) [그림의 ①] mm([ 3,7,1,5,6] ) 함수 호출.
2) [그림의 MM(1)] mm(3::[ 7,1,5,6] ) 실행: Pattern 2.
   - [그림의 ②] Local Environment의 (mn,mx) 값 산출에 list tail, 즉 [ 7,1,5,6] 에 대한 mm([ 7,1,5,6] ) 호출.
   - mm([ 7,1,5,6] )의 결과 수신 후 본 expression 수행.
3) [그림의 MM(2)] mm(7::[ 1,5,6] ) 실행: Pattern 2.
   - [그림의 ③] Local Environment의 (mn,mx) 값 산출에 list tail, 즉 [ 1,5,6] 에 대한 mm ([ 1,5,6] ) 호출.
   - mm([ 1,5,6] )의 결과 수신 후 본 expression 수행.

249) <그림 3-18>에서 **min_max**를 **mm**으로, **min**과 **max**를 각각 **mn**과 **mx**로 표현했다.

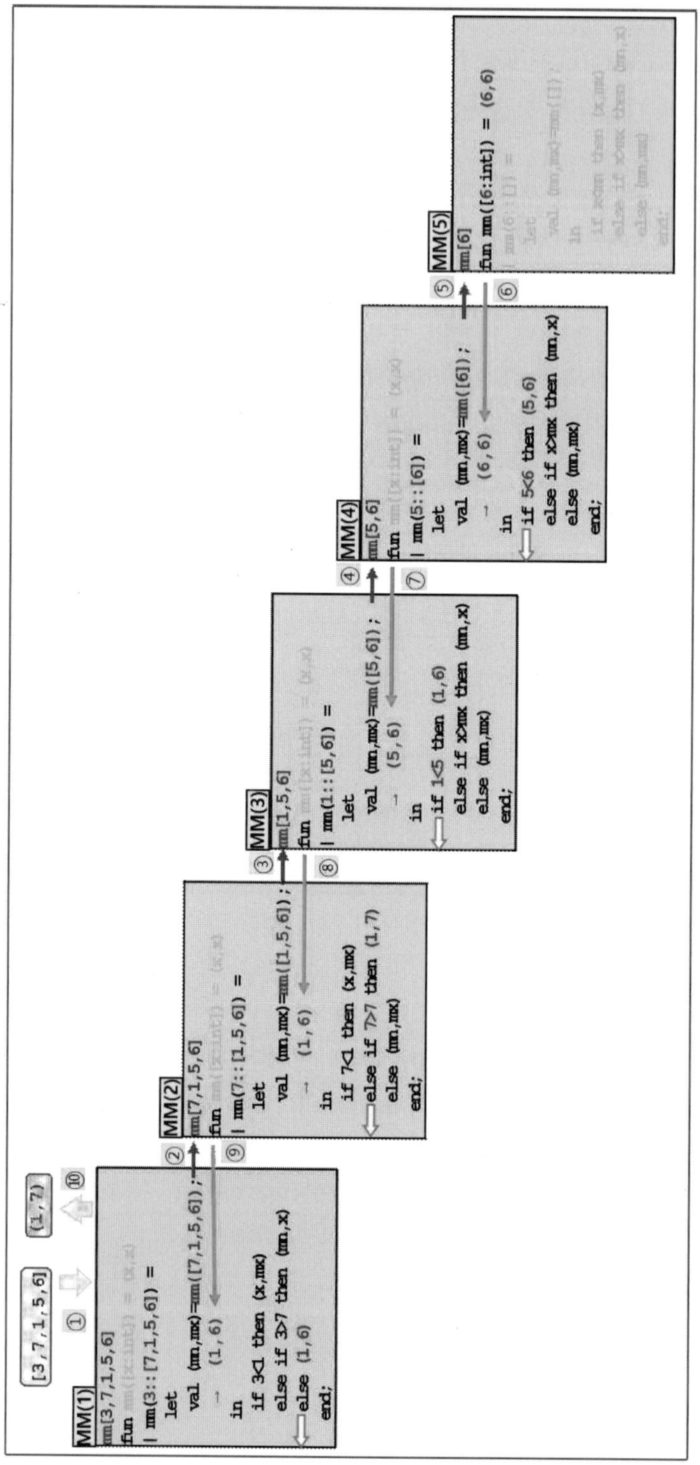


<그림 3-18> Execution for `min_max([ 3, 7, 1, 5, 6] )`

4) [그림의 MM(3)] mm (1::[ 5,6] ) 실행: Pattern 2.
   - [그림의 ④] Local Environment의 (mn,mx) 값 산출에 list tail, 즉 [ 5,6] 에 대한 mm ([ 5,6] ) 호출.
   - mm ([ 5,6] )의 결과 수신 후 본 expression 수행.
5) [그림의 MM(4)] mm (5::[ 6] ) 실행: Pattern 2.
   - [그림의 ⑤] Local Environment의 (mn,mx) 값 산출에 list tail, 즉 [ 6] 에 대한 mm ([ 6] ) 호출.
   - mm ([ 6] )의 결과 수신 후 본 expression 수행.
6) [그림의 MM(5)] mm (6::[ ] ) 실행 및 종료: Pattern 1.
   - [그림의 ⑥] Pattern 1의 expression (6,6)을 MM(4)에 (mn,mx) 값으로 반환 및 종료.
7) [그림의 MM(4)] [그림의 ⑦] mm (5::[ 6] ) 결과 반환 및 종료.
   - 7-1) (mn,mx)에 mm ([ 6] )의 결과, 즉 (mn,mx)=(6,6) 할당.
   - 7-2) [그림의 ⑦] 5를 mn=6과 mx=6과 비교하여, 5가 mn=6보다 작으니, 새로운 min으로 (mn,mx)=(5,6)을 MM(3)에세 반환 및 종료.
8) [그림의 MM(3)] [그림의 ⑧] mm (1::[ 5,6] ) 결과 반환 및 종료.
   - 8-1) (mn,mx)에 mm ([ 5,6] )의 결과, 즉 (mn,mx)=(5,6) 할당.
   - 8-2) [그림의 ⑧] 1을 mn=5와 mx=6과 비교하여, 1이 mn=5보다 작으니, 새로운 min으로 (mn,mx)=(1,6)을 MM(2)에게 반환 및 종료.
9) [그림의 MM(2)] [그림의 ⑨] mm (7::[ 1,5,6] ) 결과 반환 및 종료.
   - 9-1) (mn,mx)에 mm ([ 1,5,6] )의 결과, 즉 (mn,mx)=(1,6) 할당.
   - 9-2) [그림의 ⑨] 7을 mn=1과 mx=6과 비교하여, 7이 mx=6보다 크니, 새로운 max로 (mn,mx)=(1,7)을 MM(1)에게 반환 및 종료.
10) [그림의 MM(1)] [그림의 ⑩] mm(3::[ 7,1,5,6] ) 결과 반환 및 종료.
   - 10-1) (mn,mx)에 mm ([ 7,1,5,6] )의 결과, 즉 (mn,mx)=(1,7) 할당.
   - 10-2) [그림의 ⑩] 3을 mn=1과 mx=7과 비교하여, 3이 mn=1보다 작거나, 3이 mx=7보다 크지 않으니, 변동없이 (mn,mx)=(1,7)을 Environment에게 반환 및 종료.

mm ([ 3,7,1,5,6] ) 함수유형을 확인해 보면, 입력된 [ 3,7,1,5,6] 유형이 int list고, 출력된 (1,7) 유형이 int * int이므로, mm 함수유형이 int list -> int * int 임을 확인할 수 있다.

그러면 만약에 empty list, 즉 [ ] 이 min_max 함수에 어떻게 실행되는지 알아보자. 즉 min_max([ ] ) 을 호출하면 어떤 결과가 나오는지 알아보자.

```
min_max([]);
Error: Exception Match
...
```

<프로그램 3-36> **min_max** Example

즉 이 **min_max** 함수에 [] 을 입력하게 되면, 그에 해당하는 pattern이 정의되어 있지 않아서 오류가 발생된다. 그리고 그 오류 원인이 해당 pattern에 대한 정의, 즉 match가 없음을 명시한다. 이 내용은 제3.5절에서 자세히 다룬다.

### 3.3.3.1 Comparison with C: power set

<프로그램 3-37>은 <프로그램 3-31>의 power set 문제를 C언어로 작성한 프로그램이다. ML언어는 추상화된 집합 개념을 함축적으로 표현할 수 있지만, 이러한 개념을 C언어로 표현할 경우, 매우 복잡하게 전개되는 것을 확인할 수 있다. 특히 ML의 기본 복합 자료형인 List의 경우, C언어에는 List 자료형이 없기 때문에, List 자료형 선언과 List 자료형의 기본 연산을 정의하는 작업이 선행이 되어야 비로소 power set 연산을 수행할 수 있다. <프로그램 3-37>은 list의 유형을 int list로 제한한다.

```c
#include <stdio.h>
#include <stdlib.h>

/* Definition of Int List */
typedef struct IntList   IL;
typedef struct IntList* PIL;

struct IntList
{
   int h;
   PIL t;
};

PIL IL_empty = NULL;
int IL_head(PIL);       /* IL head */
PIL IL_tail(PIL);       /* IL tail */
PIL IL_cons(int, PIL);/* ::  IL construct */
void IL_print(PIL);     /* IL print */

/* Definition of Int List List */
typedef struct IntListList   ILL;
typedef struct IntListList* PILL;

struct IntListList
{
   PIL  h;
   PILL t;
};

PILL ILL_empty = NULL;
PIL  ILL_head(PILL);              /* ILL head          */
PILL ILL_tail(PILL);              /* ILL tail          */
PILL ILL_cons(PIL,  PILL);        /* ::  ILL Construct   */
PILL ILL_conc(PILL, PILL);        /* @   ILL Concatenate */
void ILL_print(PILL);             /* ILL print */

/* function preappend() */
PILL pre(int x, PILL ll)
{
   if (ll == NULL)
      return NULL;
   else
      return ILL_cons(IL_cons(x, ILL_head(ll)), pre(x,
ILL_tail(ll)));
}

PILL power_set(PIL l)  /* function powe_set() */
{
   if (l == IL_empty)
      return ILL_cons(IL_empty, ILL_empty);
   else
   {
      PILL ps = power_set(IL_tail(l));
      return ILL_conc(ps, pre(IL_head(l), ps));
   }
}
```

<프로그램 3-37> power_set.c Example in C (1)

```
void main()
{
   PIL   set = NULL;
   PILL pset = NULL;

   /* Construct the set of [1, 2, 3] */
   set = IL_cons(1, IL_cons(2, IL_cons(3, IL_empty)));

   /* Generate the power set of [1, 2, 3] */
   pset = power_set(set);

   /* Output the power set */
   ILL_print(pset);
}

int IL_head(PIL pil)
{
   return pil->h;
}

PIL IL_tail(PIL pil)
{
   return pil->t;
}

PIL IL_cons(int head, PIL pil)
{
   PIL IL_tmp = (PIL)malloc(sizeof(IL));

   if (pil == IL_empty)
   {
      IL_tmp->h = head;
      IL_tmp->t = NULL;
   }
   else
   {
      IL_tmp->h = head;
      IL_tmp->t = pil;
   }
   return (IL_tmp);
}

void IL_print(PIL p)
{
   printf("[ ");
   if (p == NULL) printf("");
   else
   {
      while (p->t != NULL)
      {
         printf("%d ", (p->h));
         p = p->t;
      }
      printf("%d ", p->h);
   }
   printf("]");
}
```

<프로그램 3-37> power_set.c Example in C (2)

```

PIL ILL_head(PILL pill)
{
   return pill->h;
}

PILL ILL_tail(PILL pill)
{
   return pill->t;
}

PILL ILL_cons(PIL pil,  PILL pill)
{
   PILL ILL_tmp = (PILL)malloc(sizeof(ILL));

   if (pill == ILL_empty)
   {
      ILL_tmp->h = pil;
      ILL_tmp->t = NULL;
   }
   else
   {
      ILL_tmp->h = pil;
      ILL_tmp->t = pill;
   }
   return ILL_tmp;
}

PILL ILL_conc(PILL pill1, PILL pill2)
{
   PILL tmp = pill1;

   while(pill1->t != NULL)
   {
      pill1 = pill1->t;
   }
   pill1->t = pill2;
   return tmp;
}

void ILL_print(PILL p)
{
   printf("[");
   while (p->t != NULL)
   {
      IL_print(p->h);
      printf(", ");
      p = p->t;
   }
   IL_print(p->h);
   printf("]\n");
}
```

<프로그램 3-37> power_set.c Example in C (3)

```c
...

/* Definition of Int List */
typedef struct IntList  IL;
typedef struct IntList* PIL;

struct IntList
{
   int h;
   PIL t;
};

PIL IL_empty = NULL;
int IL_head(PIL);          /* IL head */
PIL IL_tail(PIL);          /* IL tail */
PIL IL_cons(int, PIL);     /* ::  IL construct */
void IL_print(PIL);        /* IL print */

...

int IL_head(PIL pil)
{
   return pil->h;
}

PIL IL_tail(PIL pil)
{
   return pil->t;
}

PIL IL_cons(int head, PIL pil)
{
   PIL IL_tmp = (PIL)malloc(sizeof(IL));

   if (pil == IL_empty)
   {
      IL_tmp->h = head;
      IL_tmp->t = NULL;
   }
   else
   {
      IL_tmp->h = head;
      IL_tmp->t = pil;
   }
   return (IL_tmp);
}

void IL_print(PIL p)
{
   printf("[ ");
   if (p == NULL) printf("");
   else
   {
      while (p->t != NULL)
      {
         printf("%d ", (p->h));
         p = p->t;
      }
      printf("%d ", p->h);
   }
   printf("]");
}
```

<프로그램 3-37-1> int list 자료형 선언 및 int list 자료형의 기본 연산 : C

```
...

/* Definition of Int List List */
typedef struct IntListList   ILL;
typedef struct IntListList* PILL;

struct IntListList
{
   PIL  h;
   PILL t;
};

PILL ILL_empty = NULL;
PIL  ILL_head(PILL);                 /* ILL head          */
PILL ILL_tail(PILL);                 /* ILL tail          */
PILL ILL_cons(PIL,  PILL);           /* ::  ILL Construct   */
PILL ILL_conc(PILL, PILL);           /* @   ILL Concatenate */
void ILL_print(PILL);                /* ILL print */

...

PIL ILL_head(PILL pill)
{
   return pill->h;
}

PILL ILL_tail(PILL pill)
{
   return pill->t;
}

PILL ILL_cons(PIL pil,  PILL pill)
{
   PILL ILL_tmp = (PILL)malloc(sizeof(ILL));

   if (pill == ILL_empty)
   {
      ILL_tmp->h = pil;
      ILL_tmp->t = NULL;
   }
   else
   {
      ILL_tmp->h = pil;
      ILL_tmp->t = pill;
   }
   return ILL_tmp;
}

PILL ILL_conc(PILL pill1, PILL pill2)
{
   PILL tmp = pill1;

   while(pill1->t != NULL)
   {
      pill1 = pill1->t;
   }
   pill1->t = pill2;
   return tmp;
}

void ILL_print(PILL p)
{
   printf("[");
   while (p->t != NULL)
   {
      IL_print(p->h);
      printf(", ");
      p = p->t;
   }
   IL_print(p->h);
   printf("]\n");
}
```

<프로그램 3-37-2> int list list 자료형 선언 및 int list list 자료형의 기본 연산 : C

<프로그램 3-37-1>은 list의 자료형과 list 자료형의 기본 연산을 C언어로 구현한 것이다. [L8] ~ [L12]를 살펴보면, 구조체를 사용하여 `IntList` 자료형을 정의하고, [L5] ~ [6]에서 `IL`과 `PIL`로 재명명하였다. `IntList`의 멤버 변수는 head를 의미하는 `h`와 tail를 의미하는 `t`로 구성된다. `IntList`의 경우, `h`는 int형으로 list의 요소인 정수값을 저장하며, `t`는 `PIL`, 즉 `IL`의 포인터로 선언하여 다음 list의 요소에 대한 주소값을 저장한다. <그림 3-18-1>은 `IntList`의 자료구조로 linked list 형태를 보인다.

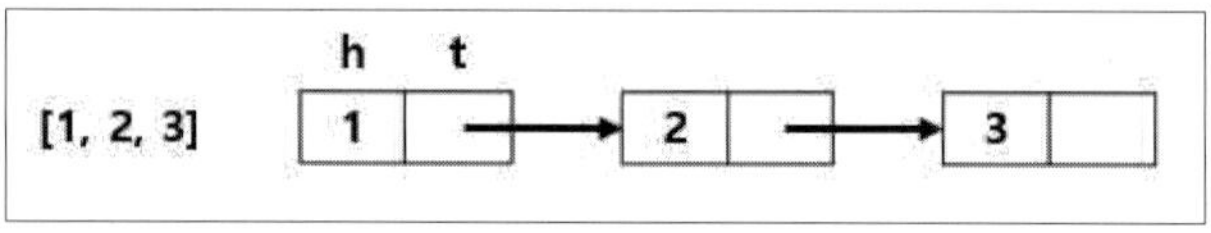


<그림 3-18-1> list [1, 2, 3]의 자료구조

<프로그램 3-37-1>에서 [L14] ~ [L18]은 `IntList`의 기본 연산을 보여준다. 앞에서 살펴본 ML의 기본 연산 중 `hd`는 `IL_head`, `tl`은 `IL_tail`, `::`(cons)는 `IL_cons` 함수로, ML의 기본 연산과 동일한 과정으로 동작하도록 구현하였다. 각 함수의 상세 동작은 [L72] ~ [L113]에서 확인할 수 있다.

<프로그램 3-37-2>는 ML의 list list의 자료형과 list list 자료형의 기본 연산을 C언어로 구현한 것이다. [L24] ~ [L28]을 살펴보면, 구조체를 사용하여 `IntListList` 자료형을 정의하고, [L21] ~ [L22]에서 `IIL`과 `PIIL`로 재명명하였다. `IntListList`의 멤버 변수는 `IntList` 자료형과 동일하게 head를 의미하는 `h`와, tail를 의미하는 `t`로 구성된다. `IntListList`의 경우, `h`는 PIL형으로 list list의 요소인 list의 주소값을 저장하며, `t`는 `PPIL`로 다음 list list 요소의 주소값을 저장한다. <그림 3-18-1>은 `IntListList`의 자료구조를 보여준다.

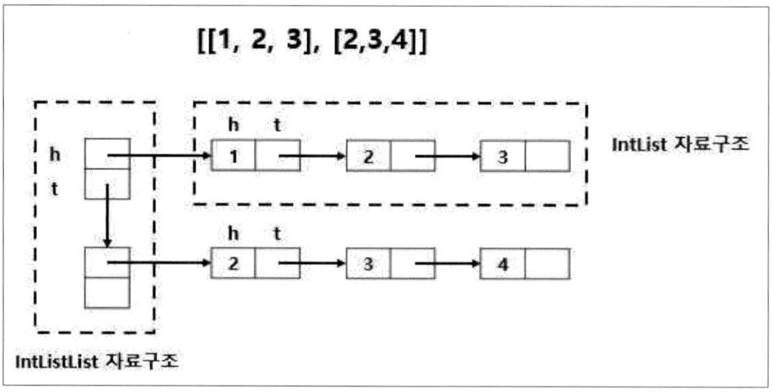


<그림 3-18-2> list list [[1, 2, 3], [2, 3, 4]]의 자료구조

<프로그램 3-37-2>에서 [L30] ~ [L35]는 **IntListList**의 기본 연산을 보여준다. **hd**는 **IIL_head**, **tl**은 **IIL_tail**, **::**(cons)는 **IIL_cons**, **@**(concat)은 **ILL_conc** 함수로 ML의 기본 연산과 동일한 과정으로 동작하도록 구현하였다. 각 함수의 상세 동작은 [L115] ~ [L165]에서 확인할 수 있다.

ML : preappend 함수

```
1  fun preappend(x,nil) = nil
2    | preappend(x,L::Ls) = (x::L)::preappend(x,Ls);
3  val preappend = fn : 'a * 'a list list  -> 'a list list
```

<프로그램 3-37-3> preappend 함수 : ML

```
...  ...
36
37   /* function preappend() */
38   PILL pre(int x, PILL ll)
39   {
40     if (ll == NULL)
41       return NULL;
42     else
43       return ILL_cons(IL_cons(x, ILL_head(ll)), pre(x,
44   ILL_tail(ll)));
45   }
...  ...
```

<프로그램 3-37-4> preappend 함수 : C

<프로그램 3-37-4>는 **preappend** 함수를 C언어로 구현한 것이다. ML code에서 **preappend** 함수의 데이터 유형을 살펴보면, input 매개변수 유형은 **'a**와 **'a list list** 유형이며, return 값의 유형은 **'a list list** 유형임을 <프로그램 3-37-3>의 [L3]에서 확인할 수 있다.

이를 C언어로 표현하면, **PILL pre(int x, PILL ll)**로 <프로그램 3-37-4>의 [L38]에서 확인할 수 있다. input 매개변수의 유형은 ML의 **'a** type을 **int** 유형으로 제한하여 **int**와 **IntListList** 유형(**int x, PILL ll**)이며, return 값의 유형은 **IntListList** 유형(**PILL**)이다.

**preappend** 함수의 동작은 <프로그램 3-37-4>의 [L39] ~ [L44]에서 확인할 수 있다. <프로그램 3-37-1>과 <프로그램 3-37-2>에서 선언한 **IntList** 및 **IntListList**의 기본 연산을 사용하여 <프로그램 3-37-3>과 동일한 동작을 하도록 구현하였다.

<프로그램 3-37-3>의 [L1]은 <프로그램 3-37-4>의 [L40] ~ [L41]에 해당하며, <프로그램 3-37-3>의 [L2]는 <프로그램 3-37-4>의 [L42] ~ [L43]에 해당한다.

ML : power_set 함수

```
1  fun power_set([]) = [[]]
2    | power_set(x::xs) =
3      let
4        val ps = power_set(xs);
5      in
6        ps @ preappend(x,ps)
7      end;
8  val power_set = fn : 'a list -> 'a list list
```

<프로그램 3-37-5> powers_set 함수 : ML

```
...  ...
45
46   PILL power_set(PIL l)  /* function powe_set() */
47   {
48     if (l == IL_empty)
49       return ILL_cons(IL_empty, ILL_empty);
50     else
51     {
52       PILL ps = power_set(IL_tail(l));
53       return ILL_conc(ps, pre(IL_head(l), ps));
54     }
55   }
56
...  ...
```

<프로그램 3-37-6> power_set 함수 : C

<프로그램 3-37-6>은 **power_set** 함수를 C언어로 구현한 것이다. ML code에서 **power_set** 함수의 데이터 유형을 살펴보면, input 매개변수 유형은 **'a list** 유형이며, return 값의 유형은 **'a list list** 유형임을 <프로그램 3-37-5>의 [L8]에서 확인할 수 있다.

이를 C언어로 표현하면, **PILL power_set(PIL l)**로 <프로그램 3-37-6>의 [L46]에서 확인할 수 있다. input 매개변수의 유형은 ML의 **'a** type을 **int** 유형으로 제한하여 **IntList** 유형(**PIL l**)이며, return 값의 유형은 **IntListList** 유형(**PILL**)이다.

**power_set** 함수의 동작은 <프로그램 3-37-6>의 [L47] ~ [L55]에서 확인할 수 있다. <프로그램 3-37-1>과 <프로그램 3-37-2>에서 선언한 **IntList** 및 **IntListList**의 기본 연산을 사용하여 <프로그램 3-37-5>와 동일한 동작을 하도록 구현하였다.

<프로그램 3-37-5>의 [L1]은 <프로그램 3-37-6>의 [L48] ~ [L49]에 해당한다. <프로그램 3-37-5>의 [L2] ~ [L7]은 <프로그램 3-37-6>의 [L50] ~ [L54]에 해당한다.

ML : list 생성

```
1::2::3::[];
val it = [1,2,3] : int list
```

<프로그램 3-37-7> list 생성 : ML

```
...  ...
56
57   void main()
58   {
59     PIL   set = NULL;
60     PILL pset = NULL;
61
62     /* Construct the set of [1, 2, 3] */
63     set = IL_cons(1, IL_cons(2, IL_cons(3, IL_empty)));
64
65     /* Generate the power set of [1, 2, 3] */
66     pset = power_set(set);
67
68     /* Output the power set */
69     ILL_print(pset);
70   }
71
...  ...
```

<프로그램 3-37-8> main 함수 : C

<프로그램 3-37-8>은 **main** 함수다. <프로그램 3-37-8>의 [L63]에서 **IL_cons(1, IL_cons(2, IL_cons(3, IL_empty)))**는 **Intlist**를 생성하는 것을 보여준다. 이는 <프로그램 3-37-7>과 같이 ML에서 **int list**를 생성하는 원리와 동일하게 구현되었다.

<프로그램 3-37-8>의 [L66]은 **power_set** 함수를 호출하는 것을 보여준다. 앞에서 생성한 list인 **set**을 **power_set** 함수에 적용하고 그 결과를 **pset**에 저장한다. 그리고 <프로그램 3-37-8>의 [L69]에서 출력하면, <프로그램 3-37-10>과 같이 ML의 **power_set**을 수행한 결과와 동일한 결과가 도출되는 것을 확인할 수 있다.

ML : powers_set([1, 2, 3]) 결과

```
power_set([1,2,3]);
val it = [[],[3],[2],[2,3],[1],[1,3],[1,2],[1,2,3]]:int list list
```

<프로그램 3-37-9> powers_set([1, 2, 3]) 결과 : ML

```
[[ ], [ 3 ], [ 2 ], [ 2 3 ], [ 1 ], [ 1 3 ], [ 1 2 ], [ 1 2 3 ]]

--------------------------------
Process exited after 0.04689 seconds with return value 0
계속하려면 아무 키나 누르십시오 . . .
```

<프로그램 3-37-10> powers_set([1, 2, 3]) 결과 : C

## 3.3.4 연습 문제

1. 다음 ML code는 <프로그램 3-20> **square** 예제다. <프로그램 3-20>은 함수유형이 int -> int인 함수다. 아래 code를 참고하여 함수유형이 real -> real인 square 함수로 수정하시오.

ML : square

```
fun square(x:int) = x*x;
val square = fn : int -> int
```

2. 다음 C code는 <프로그램 2-6>의 GCD 함수다. 아래 C code를 참고하여 ML code로 GCD 함수를 작성하시오.

C: GCD

```
int gcd(int a, int b) /* Function GCD Definition */
{
   if (b == 0)
      return a;
   else
      return gcd(b, a % b); /* GCD Tail recursion */
}
```

3. list 항목의 합을 구하는 sumList 함수를 정의 하시오.
   3-1) 함수유형은 다음과 같다: val sum = fn : int list -> int
   3-2) sumList 함수를 호출한 결과는 다음과 같다:

ML : sumList

```
sumList([]);
val it = 0 : int
sumList([1, 2, 3]);
val it = 6 : int
```

4. 다음 ML code는 <프로그램 3-22>의 member 함수다. 아래 ML code를 참고하여 C code로 member 함수를 작성하고 비교해 보시오.

ML : member

```
fun member(x, nil)   = false
  | member(x, y::ys) =
     if x=y then true
     else member(x, ys);
```

5. 다음 ML code는 <프로그램 3-27>의 factorial 함수다. 아래 ML code를 참고하여 C code로 factorial 함수를 작성하시오.

ML : factorial

```
fun fact 0 = 1
  | fact n = n*fact(n-1);
val fact = fn : int -> int
```

6. 다음 ML code는 <프로그램 3-29>의 preappend, <프로그램 3-31>의 power_set 함수다.

ML : preappend

```
fun preappend(x,nil) = nil
  | preappend(x,L::Ls) = (x::L)::preappend(x,Ls);
```

ML : power_set

```
fun power_set([]) = [[]]
  | power_set(x::xs) =
    let
      val ps = power_set(xs);
    in
      ps @ preappend(x,ps)
    end;
```

다음 list를 power_set 함수에 적용한 결과를 출력하시오:

6-1) `[ 1]`

6-2) `[ 1,2]`

6-3) `[ 1,2,3]`

6-4) `[ 1,2,3,4]`

6-5) `[ 1,2,3,4,5]`

6-6) `[ 1,2,3,4,5,6]`

6-7) `[ 1,2,3,4,5,6,7]`

이후 다음 자료를 도출하시오:

6-8) 각 list들에 대한 power_set의 실행시간을 측정하시오.
6-9) 이를 기반으로 실행시간에 대한 도표를 그리시오.
6-10) 도표의 특징과 그 특징이 발생한 이유를 설명하시오.

7. <프로그램 3-37-10>에서 보여준 C의 powers_set([1, 2, 3]) 결과가 적합하게 산출되었음을 walkthrough[250)]를 통해서 입증하시오.

## 3.4 Input/Output

이 장에서는 ML에서 입력과 출력하는 방법에 대해 알아본다. 입출력은 기본적으로 keyboard와 같은 표준 입력(standard input)과 monitor와 같은 출력장치(standard output)에 기반을 두지만, 파일로부터 입력과 출력할 수 있는 방법도 제공한다. 그러면 간단하게, 출력하는 방법에 대해 알아보자.

### 3.4.1 Basic IO Structure

ML의 기본 Input/Output 구조를 정리하면, <그림 3-19>와 같다. 이를 영역 별로 설명하면 다음과 같다:

250) walkthrough란 SW적인 관점에서는 동료나 관리자가 SW의 요구사항을 만족하는지 검사하는 과정을 의미하지만 프로그램적인 관점에서는, 코드의 정확성을 입증하는 하나의 과정으로, 특정한 값을 입력했을 때 그 결과가 어떻게 산출되는지를 직접 수작업을 통해서 전개하는 방법을 의미하기도 한다.

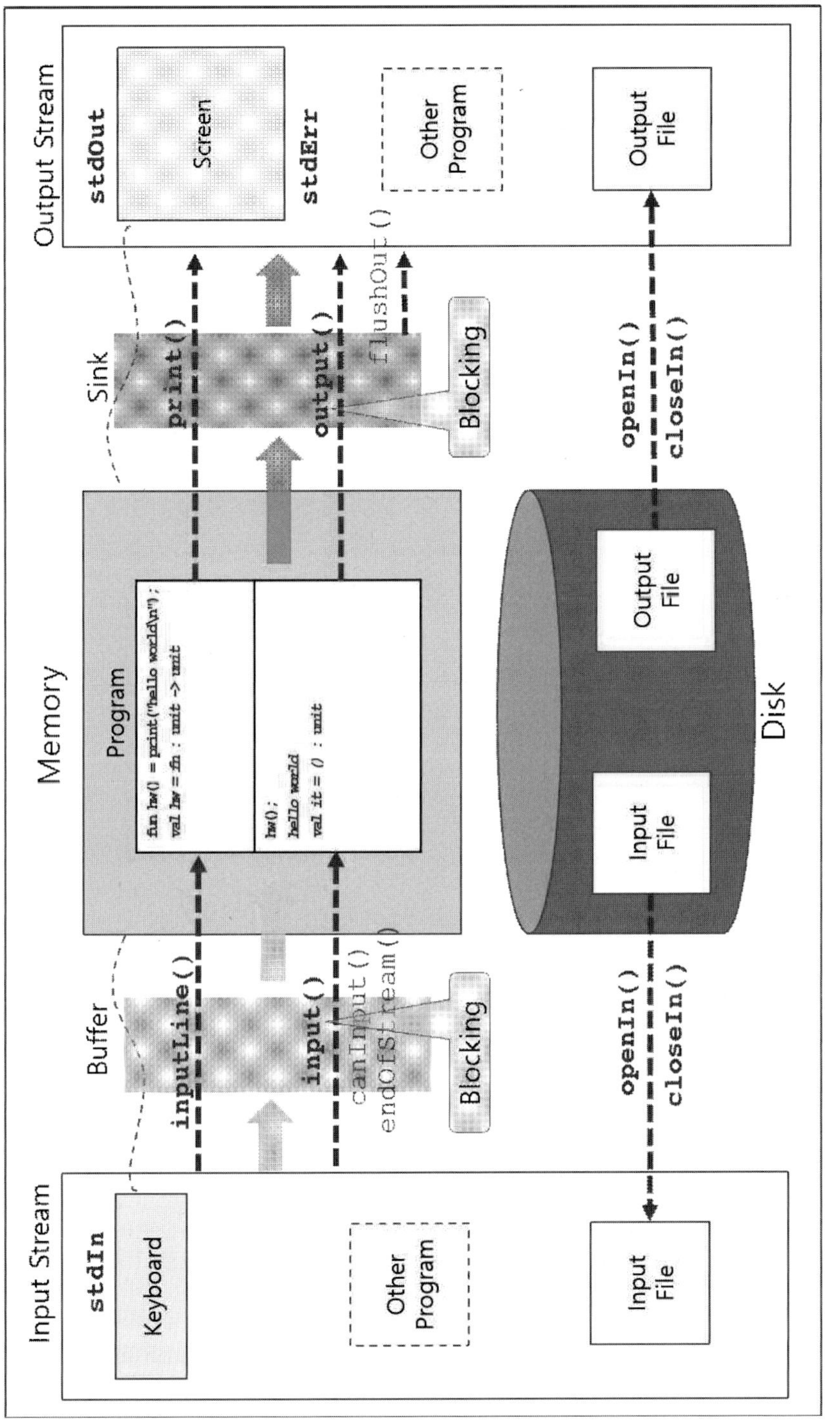


<그림 3-19> Input/Output Structure and Functions

1) Input stream: ML에서 프로그램에 입력되는 input은 기본적으로 input stream으로 규정되어 있으며, input stream은 instream type에 속해 있다.[251] ML의 input stream은 다음과 같은 입력원(input source)[252]으로부터, 순서대로, 제한없이, 받아들이는 문자열을 의미한다. 입력원에서 문자가 입력되면, 이 stream의 맨 뒤에 문자가 연결되고, 이렇게 연결된 문자들이 프로그램에 입력된다.[253]
2) Output stream: ML에서 프로그램에 출력되는 output은 기본적으로 output stream으로 규정되었으며, output stream은 outstream type에 속해 있다. ML의 output stream은 다음과 같은 출력원(output source)[254]으로부터, 순서대로, 제한없이, 출력하는 문자열을 의미한다. 출력원에서 문자가 출력되면, 이 stream의 맨 뒤에 문자가 연결되고, 이렇게 연결된 문자들이 프로그램에 입력된다.[255]
3) 기본 장치: ML에서는 다음과 같은 3가지 device를 기본으로 설정한다:
   (1) stdIn: standard input device, e.g., user's keyboard.
   (2) stdOut: standard output device, e.g., user's screen.
   (3) stdErr: standard erro report device, predefined, e.g., user's screen.

이를 기반으로 ML의 기본 input과 output 관련 함수를 정리하면 다음과 같다[256]:

1) Input:
   (1) `inputLine: instream -> string`
      - `stdIn`으로부터 한 줄의 문자열을 읽어들이는 함수.
      - Blocking[257] 입력 모드.
      - 기본 입력 함수.
   (2) `openIn: string -> instream`
      - Input stream을 파일로 설정하는 함수.

251) ML이 strong type 언어임을 상기하자. 모든 값은 type에 속해 있다.

252) 입력원에는 disk에 있는 file, 사용자 screen, 그리고 다른 프로그램이 있다.

253) 운영체제 관점에서는 입력 buffer로 간주해도 무방하다.

254) 입력원도 disk에 있는 file, 사용자 screen, 그리고 다른 프로그램이 된다.

255) 운영체제 관점에서는 출력 sink로 간주해도 무방하다.

256) 이렇게 언어에서 미리 제공하는 함수를 일반적으로 predefined 또는 built-in function이라고 한다.

257) Blocking의 의미는 입력 요청 시 입력될 문자가 buffer에 준비가 되지 않았을 경우, 최소한의 문자가 buffer에 입력될 때까지 대기하는 조건을 의미한다. 통신 프로토콜 관점에서는 동기화 통신 개념으로 이해해도 좋다.

(3) `closeIn: string -> instream`
- 파일로 설정된 Input Stream을 해지하는 함수.

(4) `input: instream -> string`
- Input stream으로부터 문자열을 읽어들이는 함수.
- Blocking 입력 모드.
- 기본 입력 함수.

(5) `canInput: instream * int -> int`
- Input stream `s`로부터 `n`개의 문자를 읽을 수 있는지 점검하는 함수.
- 반환값:
  - 0: Blocking 상태를 의미.
  - 0≤k≤n: 입력 가능한 문자의 수를 반환.

(6) `endofStream: instream -> bool`
- 마지막 입력임을 확인하는 함수.

2) Output:

(1) `print: string -> unit`
- `stdIn`에 ML 기본 자료유형을 출력하는 함수.
- 출력 자료의 유형이 명시적이어야 함.
- 아래 두 함수의 교합:
  - `output`: Out stream에 문자열을 출력하는 힘수.
  - `flushOut`: Sink에 있는 모든 문자를 출력하고 비우는 함수.
- 기본 출력 함수.

(2) `ouput: outstream * string -> unit`
- Output stream에 문자열을 출력하는 함수.
- Blocking 입력 모드.
- 기본 출력 함수.

(3) `flushOut: outstream -> unit`
- Sink에 남아 있는 문자열들을 모두 출력하는 함수.
- Blocking: Sink에 출력으로 전송해야 할 나머지 문자들은 모두 지연.

(4) `openOut: string -> outstream`
- Output stream을 파일로 설정하는 함수.

(5) `closeOut: string -> outstream`[258)]
- 파일로 설정된 Output Stream을 해지하는 함수.

다음은 대표적인 입력과 출력 함수를 예를 통해 알아보자.

258) 폐쇄된 output stream에 출력하는 것은 TextIO.IO Exception을 발생시킨다.

### 3.4.2 기본 출력 함수

ML은 문자열 string을 기본 출력 장치에 출력할 수 있는 기본 **print** 함수를 제공한다. 간단한 예를 들어 보자.

다음은 "**hello world**" 문자열을 표준 출력 장치에 출력하는 함수의 예다.

```
1  fun hw() = print("hello world \n");
2  val hw = fn : unit -> unit
```

<프로그램 3-38> **hw** Example

이 예제에 대한 설명은 다음과 같다:

1) [L1] function **hw** 선언.
   - **print** 함수 호출.
     - **print** 함수의 입력: 문자열 - "**hello world \n**".
     - **print** 함수의 출력: 없음.
   - 입력: 없음.
   - 출력: **print** 함수의 출력 유형과 동일.

2) [L2] Environment에 정의된 function **hw**의 signature.
   - **val hw = fn** : **hw** 함수의
   - **unit -> unit** : 유형이 정의됨.
     - 입력: 없음, 즉 **unit** 임.
     - 출력: 없음, 즉 **unit** 임.

**hw** 함수는 **print** 함수를 이용해 "**hello world \n**" 문자열을 **stdout** device, 즉 사용자의 screen에 출력했다.

여기에서 중요한 쟁점은 **print** 함수유형과 **hw** 함수유형을 명확히 이해하는 것이다. 이 두 함수유형을 명확히 구분하여 이해하지 못할 경우, **hw** 함수유형, 특히 치역에 대해 의문을 가질 수 있다. 다음은 두 함수유형을 정리한 것이다:

1) **print** 함수: **string -> unit**
   - **string** : 정의역 - "**hello world \n**".

- **unit** : 치역 - 반환값 없음 .
  - **sdtout** device, 즉 screen에 문자열을 출력하는 것이다.
  - 이 함수가 어떤 값을 **fw** 함수에 반환하는 것은 아니다.

2) **hw** 함수: **unit -> unit**
- **unit** : 정의역 - 없음.
- **unit** : 치역 - 없음 .
  - **print** 함수의 반환값을 그대로 반환한다.
  - 즉 **print** 함수와 동일하게 반환하는 값이 없다.

그럼 이 함수를 실행시켜 보자. <그림 3-20>은 **hw** 함수가 실행되는 과정을 보여준다.

```
1  hw();
2  hello world
3  val it = () : unit
```

<프로그램 3 39> **hw** Example

<그림 3-20>은 SML Interpreter가 위 <프로그램 3-39>의 **hw** 함수를 어떻게 실행하는지를 보여준다. 이를 설명하면 다음과 같다:

1) [그림의 ①] [L1] **hw** 함수 호출.
- **unit** : 정의역 - 입력 없음.

2) [그림의 ②] **print** 함수 호출.
- **string** : 정의역 - string "**hello world \n**".
  - **stdOut** screen output: "**hello world \n**".
- **()** : 치역 - 반환값 없음 [그림의 ③].

3) [그림의 ④] **hw** 함수 종료.
- **()** : 치역 - 반환값 없음.
  - **print** 함수가 반환하는 값을 그대로 반환.
  - 즉 없음.

4) [L2] **hw** 함수 종료Interperter/Compiler에 의해서 실행 후 반환된 결과.
- **val it = (): unit** : 값은 **()**이고, 유형은 **unit**[259] .

259) 설명한 바와 같이, ML에서 모든 value는 유형을 가지고 있어야 한다. 동일한 관점에서 아무 것도 없는 것을 **()**이라 표현했고, 이의 유형을 **unit**이라고 정의했다. 즉 **unit**은 유일하게 하나의 값을 가지는데, 그 값이 바로 **()**이다. 또 다른 관점으로는 아무 것도 없는 것을 nothing이라고 한다면, nothing을 표현하기 위한 값을 **()**로, 그리

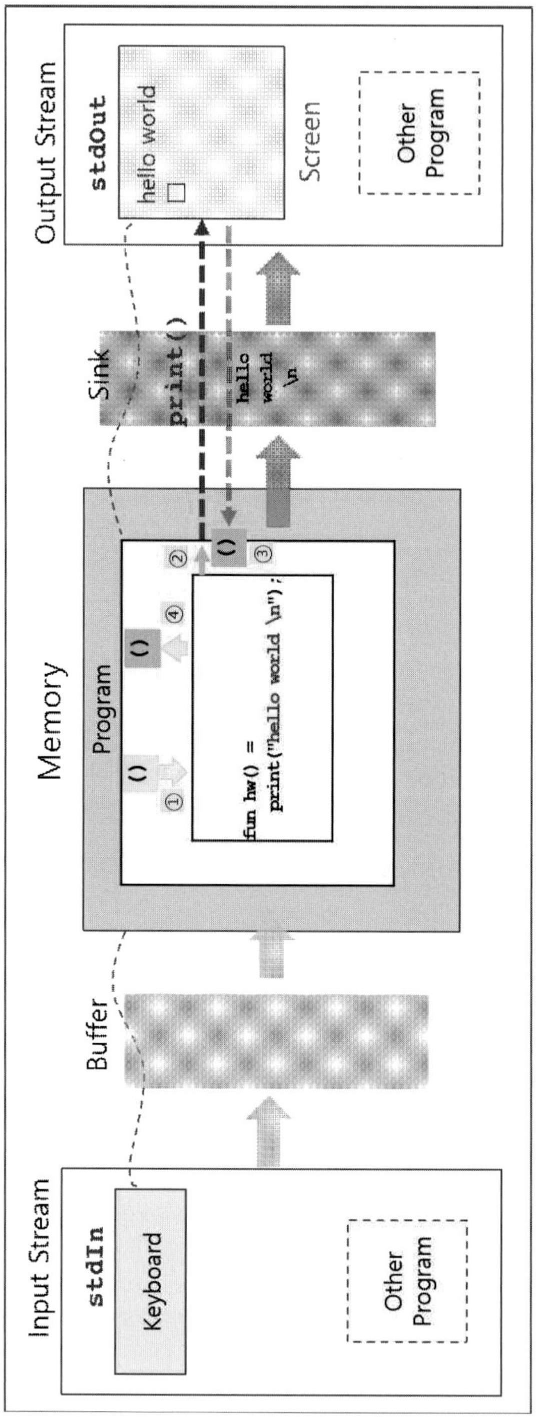


<그림 3-20> hw 실행 상황

고 그 유형을 Unit으로 이해해도 좋다.

앞서 설명한 바와 같이, **print** 함수의 매개변수 유형은 string이어야 한다. 만약 string 유형이 아닌 다른 데이터 유형(type)의 값, 즉 char, real, int, bool과 같은 데이터 유형을 출력하려면, 다음과 같은 유형으로 변환 과정을 거쳐야 한다:

1) **str(c:char)** : char 유형을 string 유형으로 변환하는 함수. <프로그램 3-39-1>의 [L1] ~ [L2] 참고.
2) **Int.toString(i:int)** : int 유형을 string 유형으로 변환하는 함수. <프로그램 3-39-1>의 [L3] ~ [L4] 참고.
3) **Real.toString(r:real)** : real 유형을 string 유형으로 변환하는 함수. <프로그램 3-39-1>의 [L5] ~ [L6] 참고.
4) **Bool.toString(b:bool)** : bool 유형을 string 유형으로 변환하는 함수. <프로그램 3-39-1>의 [L7] ~ [L8] 참고.

```
1 str(#"a");
2 val it = "a" : string
3 Int.toString(1234);
4 val it = "1234" : string
5 Real.toString(3.141592);
6 val it = "3.141592" : string
7 Bool.toString(true);
8 val it = "true" : string
```

<프로그램 3-39-1> 유형변환 관련 함수 Example

```
print(str(#"a"));
aval it = () : unit
print(Int.toString(1234));
1234val it = () : unit
print(Real.toString(3.141592));
3.141592val it = () : unit
print(Bool.toString(true));
trueval it = () : unit
```

<프로그램 3-39-2> <프로그램 3-39-1>을 **print** 함수에 적용

<프로그램 3-39-1>을 살펴보면 모든 데이터 유형이 string으로 변환된 것을 확인할 수 있다. 이를 print 함수에 적용하면 <프로그램 3-39-2>와 같이 출력된다.

<프로그램 3-39-2>를 살펴보면 :

1) [L1] : print 함수 내의 str 함수에 의해 문자 #"a"의 유형이 string으로 변환되어 print 함수의 입력으로 들어간다.
2) [L2] : 문자열 a가 출력되고, val it = () : unit, 즉 없음을 반환하는 것을 확인할 수 있다.
3) [L3] : print 함수 내의 Int.toString 함수에 의해 정수형 데이터인 1234의 유형이 string으로 변환되어 print 함수의 입력으로 들어간다.
4) [L4] : 문자열 1234가 출력되고, val it = () : unit, 즉 없음을 반환하는 것을 확인할 수 있다.
5) [L5] : print 함수 내의 Real.toString 함수에 의해 실수형 데이터 3.141592의 유형이 string으로 변환되어 print 함수의 입력으로 들어간다.
6) [L6] : 문자열 3.141592가 출력되고, val it = () : unit, 즉 없음을 반환하는 것을 확인할 수 있다.
7) [L7] : print 함수 내의 Bool.toString 함수에 의해 부울형 데이터 true의 유형이 string으로 변환되어 print 함수의 입력으로 들어간다.
8) [L8] : 문자열 true가 출력되고, val it = () : unit, 즉 없음을 반환하는 것을 확인할 수 있다.

### (1) Statement List 구문록

프로그램을 작성할 때, 여러 구문(statement)을 하나로 묶어서 작성하는 것이 일반적이다. 함수의 expression에 대해서도 이런 방법이 유효하다. 그 방법은 다음과 같다:

```
(<1st expression>; … ; <last expression>);
```

()로 묶은 expression들은 C의 { … }, Pascal의 **begin** … **end**와 같이 간주할 수 있다. 하지만 ML언어의 특성상, 다음과 같은 함수에 대한 쟁점이 있다:

1) Side-effect: 아래 2)의 쟁점과 중합되어 있기는 하나, side-effect가 발생되는 expression만을 사용할 경우에 가능하다.
2) 함수 사상관계: 함수의 정의역과 치역 간의 함수관계를 어떤 expression으로 결정하는가에 관한 문제다. 규칙은 맨 마지막에 실행되는 구문의 반환값을 구문 list의 최종 반환값으로 결정된다.

간단한 예를 보자. 다음은 여러 개의 **print** 함수 호출로 구성된 expression list다.

```
1  fun foo(i:int) =
2  (
3        print("The value ");
4        print(Int.toString(i));
5        print(" was given \n")
6  );
7  val foo = fn : int  -> unit
```

<프로그램 3-40> **foo** Example

이 **foo(i)** 함수의 expression은 3개의 **print** 함수들로 구성되어 있음을 확인할 수 있다. 즉 3개의 **print** 함수들이 **()**로 묶여 있고, 각 **print** 함수들이 **;**으로 나뉘어 있음을 확인할 수 있다. 이 함수의 기능을 설명하면 다음과 같다:

1) [L1] 함수 head: 이름 **foo**과 매개변수 **i: int**[260]
2) [L2] expression list : Begin.
3) [L3] expression(1) : **print** 함수 호출: string 입력, 반환값 없음. **;**(semi colon)으로 구분.
4) [L4] expression(2) : **print** 함수 호출: **Int.toString** 함수를 사용하여 int 유형인 **i**를 string으로 변환 후 **print** 매개변수로 적용, 반환값 없음. ;(semi colon)으로 구분.
5) [L5] expression(3) : **print** 함수 호출: string 입력, 반환값 없음. 마지막 expression의 경우 ;(semi colon) 생략.
6) [L6] expression list : End, 닫는 괄호 후 **;**(semi colon)으로 구분.
7) [L7] 함수유형: **int -> unit**[261]

```
foo(123);
The value 123 was given
val it =(): unit
```

<프로그램 3-41> **foo** Example

<프로그램 3-41>처럼, **foo** 함수의 실행 결과는 다음과 같다:

260) 매개변수가 하나일 경우는 괄호를 생략해도 된다.

261) **print** 함수로부터 반환값이 없기 때문이다.

1) [L1] **foo(123)** 함수 실행.
2) [L2] **foo(123)** 함수의 각 **print**에 입력된 **string** 값이 **stdout** screen에 연속으로 출력된다.
3) [L3] **foo(123)** 함수 실행의 결과값 **()**, 즉 없음을 반환한다.

### 3.4.3 파일 입력 함수

<그림 3-20>에서 보여준 바와 같이, ML은 file로부터 문자를 읽어들일 수 있는 기본 **input** 함수를 제공한다. 이를 사용하기 위해서는 **openIn** 함수를 사용하여, 먼저 file을 input stream으로 open해야 한다.[262] 이렇게 **openIn** 함수에 의해서 input stream이 설정되고 나면, **input** 함수를 통해 문자열을 file로부터 읽어들일 수 있다.

간단한 예를 만들어 보자. <프로그램 3-42>는 **openIn** 함수를 사용해 파일로 input stream을 설정한 다음, 이 input stream으로부터 **input**을 사용해 문자열을 읽어들이는 예제다.

```
1  val file = openIn("foo");
2  val file = - : instream
3  val s = input(file, 3);
4  val s = "abc" : string
```

<프로그램 3-42> **openIn** Example

이 예제에 대한 설명은 다음과 같다:

1) [L1] **foo** file에 대한 **instream** 유형의 **file** input stream **open**.
2) [L2] **instream** 유형의 **file** input stream이 선언됨.[263]

262) C언어에서, **fopen** 함수를 사용하는 것과 같다. C에서는 Unix의 file 관련 함수를 사용하는데, Unix 시스템은 C 프로그램을 실행하는 과정에서 각 실행되는 사용자 프로그램, 즉 process마다, 16개 또는 32개의 file descriptor를 제공한다. 이 descriptor들은 일반적으로 file에 대한 가장 기본적인 정보, 즉 name, directory, address, owner, mode 등과 같은 file을 운영하기 위한 정보를 관리한다. 만약 C 프로그램에서 file을 **fopen**하려고 할 때 오류가 발생되면, descriptor를 이미 다 사용해서 남아있는 descriptor가 없는 경우가 일반적이다. 이때는, 사용하지 않는 descriptor를 프로그램 내에서 **fclose**를 사용하여 제거하는 것이 중요하다. 즉 오류를 예방하기 위해서는 프로그램에 file descriptor를 관리할 수 있는 기능이 있어야 한다는 뜻이다.

263) 여기에서 file 값이 출력되지 않고, -로 대신한 이유는 instream 유형이 C의 file descriptor처럼 구조체로 구성된 record의 값을 가지고 있기 때문이다. 이를 모두 출력

3) [L3] **file**에서 **input** 함수로 3개의 문자를 입력하여 **s**에 배정한다.

4) [L4] **input** 함수로 **s**에 배정한 값은 "**abc**"이며, 유형은 **string**이다.[264]

## Example E.3-8) read_int Example

또 다른 예를 만들어 보자. 다음 예도 file input stream을 열고, 이 파일에 저장된 수의 값을 계산하는 프로그램이다. 숫자를 읽을 때는, 숫자를 한 character씩 읽어야 하며, 읽는 과정에서, 한 문자를 읽을 때마다, 현재까지 읽은 문자들을 숫자로 전환한 값을 유지해야 한다. 그리고 한 줄을 다 읽어들이면, 즉 읽어들인 문자가 '**\n**'이면, 최종 숫자의 값을 출력한다.

```
1   fun read_int(f, i) =
2     let
3       val c = input(f, 1);
4     in
5       if c = "\n" then i
6       else read_int (f, 10*i+ord(c)-ord("0"))
7     end;
8   val read_int = fn : instream * int -> int
9   fun readInt(infile) = read_int (infile,0);
10  val readInt = fn : instream -> int
11  readInt(openIn("test"));
12  val it = 1234 : int
```

<프로그램 3-43> **read_int** Example

이 <프로그램 3-43>을 간단하게 설명하면 다음과 같다:

1) [L1] **read_int** function 선언.
   - 입력: input stream **f**, 매개변수 **i** (자연수, 0 포함)
   - 출력: 자연수 (0 포함)

1-1) [L3] 지역변수 **c**: input stream에서 **input** 함수로 문자 1개 입력 후 할당.

1-2) [L5] 조건식: 문자 **c**가 "**\n**" (new_line character)이면, **i** 반환.

1-3) [L6] 조건식: 아니면 재귀함수 **read_int** 호출.

---

하는 것이 복잡하기도 하겠지만, 출력하는 그 자체가 프로그램의 안전에 위험한 결과를 초래할 수도 있다. 또 다른 관점에서는 ML의 Environment 내부에서 관리하는 특정한 token이라고 간주해도 무방하다.

264) File **foo**의 저장된 문자열의 첫 3자가 "**abc**"라고 가정하자.

- 매개변수 `f`: 변동 없음.
- 매개변수 `i`: `10*i+ord(c)-ord("0")`
    - 매개변수 i를 $10^1$ 높이고, 입력 문자를 수로 바꾸어, i에 $10^1$으로 더한다.

2) [L8] `read_int` 함수: ***instream * int -> int***로 실행환경에 등록.
3) [L9] `readInt` function 선언.
    - 입력: input stream `infile`
    - expression: `read_int` 함수 호출.
        - 매개변수 `f`에 `infile`
        - 매개변수 `i`에 `0`
4) [L10] `readInt` 함수: ***instream -> int***로 실행환경에 등록.
5) [L11] `readInt` 함수 호출.
    - 매개변수 `f`에 `openIn("test")` input stream.
        - 파일 "test"를 input stream으로 설정[265].
6) [L12] `readInt` 함수의 반환값: 1234

여기에서, `readInt` 함수와 `read_int` 함수의 입출력 환경은 <그림 3-21>과 같이 구축되어 있다.

265) Test file에 있는 문자열을 "`1234\n`"라고 가정하자.

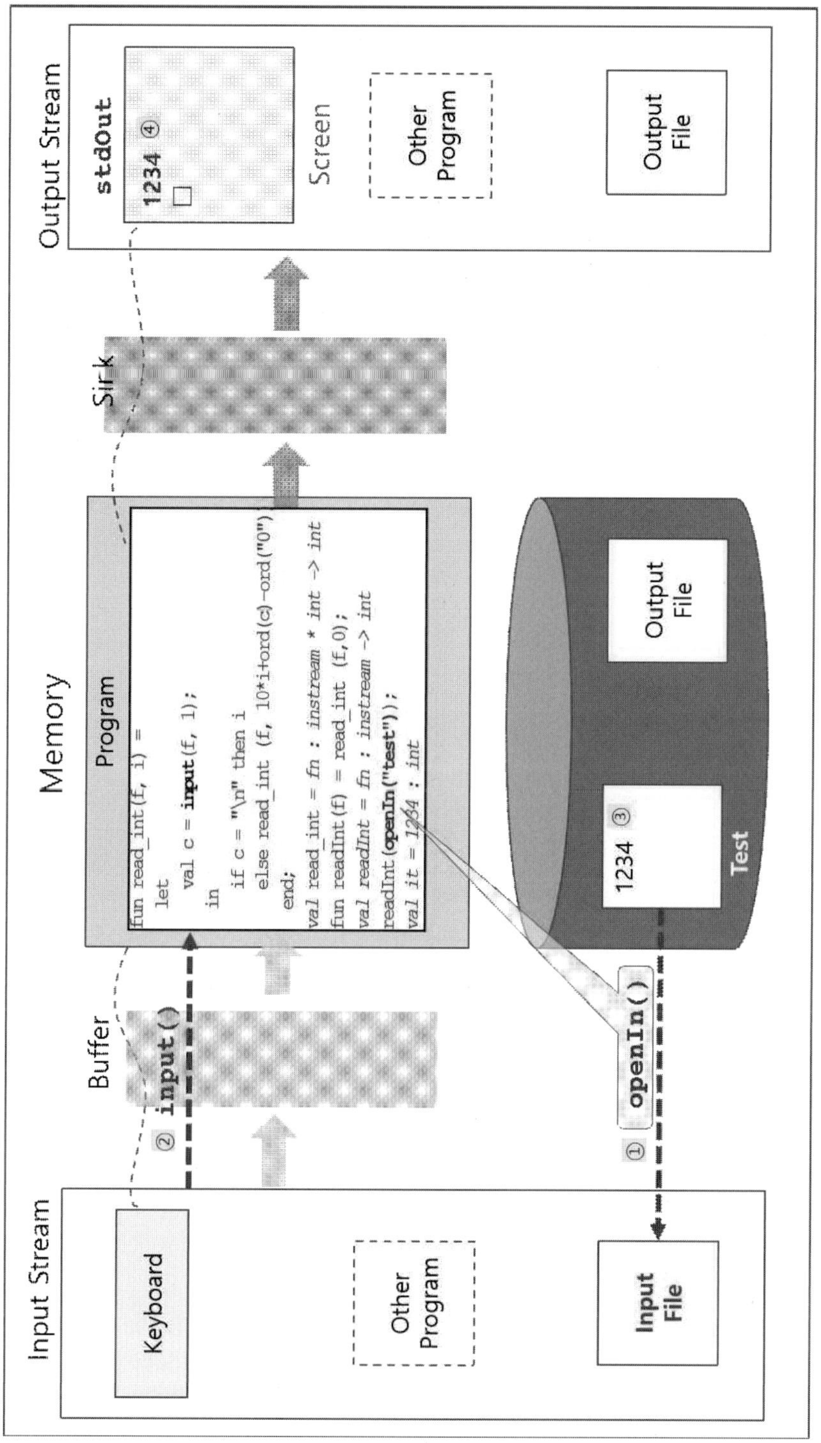


<그림 3-21> **readInt** Example Overview

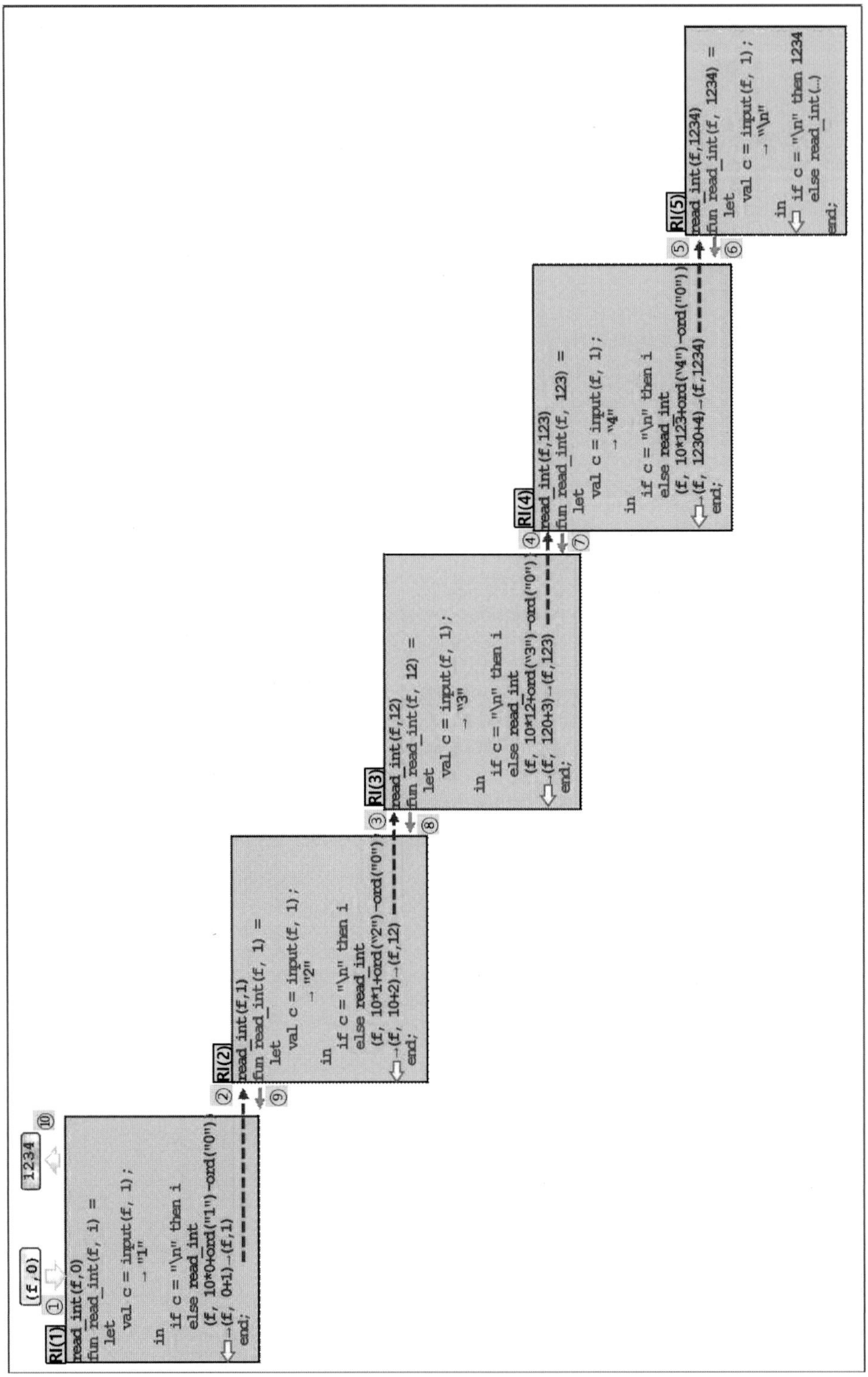

<그림 3-22> Execution for `read_int(openIn("test"),0)`

### Example E.3-9) readInt Example

그리고 여기에서, `readInt(openIn("test"))`의 실행결과, 1234, 즉 $1*10^3 + 2*10^2 + 3*10^1 + 4*10^0$ 가 어떻게 반환되었는지 확인해 보자.

<그림 3-22>는 SML Interpreter가 위 <프로그램 3-43>의 `readInt(openIn("test"))`, 즉 `read_int (infile,0)`을 어떻게 실행하는지를 보여준다. 여기에서, "`test`" file에 있는 문자열이 "`1234`"라고 가정하자. 이를 설명하면 다음과 같다:

1) [그림의 ①] `read_int (infile,0)` 함수 호출.
2) [그림의 RI(1)] `read_int (f,0)` 실행.
   - `f`로부터 한 문자, 즉 `1`을 입력받아 `c`로 할당.
   - [그림의 ②] if-식의 조건에서 `c`가 "`\n`"이 아니므로 재귀함수 호출.
     - `read_int (f,1)`함수 호출.
     - `10*i+ord(c)-ord("0")` = $0*10^1 + 1 = 1$
3) [그림의 RI(2)] `read_int (f,1)` 실행.
   - `f`로부터 한 문자, 즉 `2`를 입력받아 `c`로 할당.
   - [그림의 ③] if-식의 조건에서 `c`가 "`\n`"이 아니므로 재귀함수 호출.
     - `read_int (f,12)`함수 호출.
     - `10*i+ord(c)-ord("0")` = $1*10^1 + 2 = 12$
4) [그림의 RI(3)] `read_int (f,12)` 실행.
   - `f`로부터 한 문자, 즉 `3`을 입력받아 `c`로 할당.
   - [그림의 ④] if-식의 조건에서 `c`가 "`\n`"이 아니므로 재귀함수 호출.
     - `read_int (f,123)`함수 호출.
     - `10*i+ord(c)-ord("0")` = $12*10^1 + 3 = 123$
5) [그림의 RI(4)] `read_int (f,123)` 실행.
   - `f`로부터 한 문자, 즉 `4`를 입력받아 `c`로 할당.
   - [그림의 ⑤] if-식의 조건에서 `c`가 "`\n`"이 아니므로 재귀함수 호출.
     - `read_int (f,1234)`함수 호출.
     - `10*i+ord(c)-ord("0")` = $123*10^1 + 4 = 1234$
   - 6) [그림의 RI(5)] `read_int (f,1234)` 실행 및 종료.
   - `f`로부터 한 문자, 즉 "`\n`"을 입력받아 `c`로 할당.
   - [그림의 ⑥] if-식의 조건에서 `c`가 "`\n`"이므로 `1234`를 RI(4) 반환 후 종료.

7) [그림의 RI(4)] **read_int (f,123)** 실행 및 종료.
   - [그림의 ⑦] RI(5)로부터 **1234**를 반환값으로 받고, 다시 RI(3) 반환 후 종료.

8) [그림의 RI(3)] **read_int (f,12)** 실행 및 종료.
   - [그림의 ⑧] RI(4)로부터 **1234**를 반환값으로 받고, 다시 RI(2) 반환 후 종료.

9) [그림의 RI(2)] **read_int (f,1)** 실행 및 종료.
   - [그림의 ⑨] RI(3)으로부터 **1234**를 반환값으로 받고, 다시 RI(1) 반환 후 종료.

10) [그림의 RI(1)] **read_int (f,0)** 실행 및 종료.
   - [그림의 ⑩] RI(2)로부터 **1234**를 반환값으로 받고, 다시 **readInt(infile)** 반환 후 종료.

**read_int (f,0)** 함수유형을 확인해 보면, 입력된 **(f,0)**의 유형이 **instream * int**이고, 출력된 **1234**의 유형이 **int**이므로, **read_int** 함수유형이 **instream * int -> int**임을 확인할 수 있다.

### 3.4.4 연습 문제

1. 다음 ML code는 int list의 항목을 출력하는 프로그램이다.

ML : printList

```
fun printList(nil) = ()
 |   printList(x::xs) =
     (
         print(Int.toString(x));
         print("\n");
         printList(xs)
     );
val printList = fn : int list -> unit
```

1-1) 다음 list [ 1, 2, 3] 을 **printList** 함수에 적용한 결과를 출력하고, 출력되는 과정을 서술하시오.

1-2) 다음 list [ 1.1, 2.2, 3.3] 을 **printList** 함수에 적용하려고 한다. 위의 code를 참고하여, real list를 1)과 같이 출력할 수 있도록 수정하시오.

## 3.5 More Functions

ML에서 중요한 추가적인 함수들은 다음과 같다:

1) Match & Pattern.
2) Using match:
   (1) Function.
   (2) Anonymous function.
   (3) Case expression.
   (4) If-then-else.

### 3.5.1 Match & Pattern

ML에서 **match**는 다음과 같이 정의된다:

```
<match-expression> := <rule 1> | … | <rule i>
```

여기에서 각 <rule i>는 다음과 같이 정의된다:

```
<rule i> := <pattern i> => <expression i>
```

여기에서 중요한 점은 모든 <pattern i>는 동일한 유형이어야 하며, 또한 모든 <expression i>들도 동일한 유형이어야 한다. 그렇지 않을 경우, <pattern>에 대한 <expression>의 관계를 일반화하기 어렵기 때문이다.[266)]

Match의 간단한 예를 들어보자. 다음은 list의 원소들이 몇인지를 따지는 예다.[267)]

266) ML언어에서는 모든 것에 이름을 부여한다. value, variable, function, structure 등. 하지만 이름이 없는 것도 경우에 따라 필요하다. 예를 들면, 일반적인 사상관계를 가질 수 있는 generic한 관계유형을 정의하고, 이에 관계가 성립될 수 있는 대상들을 명시한 후에, 이들 간의 관계에 의미를 부여할 수 있다. 그러한 방법 중 하나가 match다. 그리고 이러한 match는 이러한 사용법에 의해서, 함수나 case 등과 같은 경우에 활용될 수 있다.

267) Match 자체는 expression이 아니다. 다른 expression의 일부로 사용된다.

```
        nil    => "zero"
      | [x]    => "one"
      | [x,y]=> "two"
      | _      => "many"
```

이 match에는 4개의 rule이 있고 각 rule은 다음과 같은 pattern과 상응하는 expression이 있다:

1) Match, Rule1:
   - Pattern 1: 입력 list가 empty, 즉 [ ] 일 때.
   - Expression 1: string "**zero**" 반환.
2) Match, Rule2:
   - Pattern 2: 입력 list의 원소가 하나일 때, 즉 [ **x**] 일 때.
   - Expression 2: string "**one**" 반환.
3) Match, Rule3:
   - Pattern 3: 입력 list의 원소가 두 개일 때, 즉 [ **x, y**] 일 때.
   - Expression 3: string "**two**" 반환.
4) Match, Rule4:
   - Pattern 4: 입력 list의 원소가 두 개 이상일 때, 즉 _일 때.
   - Expression 4: string "**many**" 반환.

Match는 pattern과 expression과의 대응관계를 보여준다. 즉 이 대응관계의 type으로 보면, type(pattern)->type(expression)과 같다. 이를 정리하면, <그림 3-23>과 같다.

<그림 3-23>은 **match**의 모든 rule에서 성립되어야 하는 pattern과 expression 간의 관계를 도식적으로 보여준다. 여기에서 중요한 점은 모든 pattern이 pattern의 domain을 다 cover했는지에 대한 검사가 요구된다는 점이다.[268] 만약 pattern에서 명시하지 않은 domain의 값이 있다면, Environment에 등록 시 interpreter/compiler에 의해서, 다음과 같은 경고문(warning message)이 반환된다.[269]

268) ML의 match에서 거론하고 있는 pattern은 일반적인 함수의 정의역이 아니다. 여기에서는 pattern의 매개변수의 구조에 대한 형식을 의미한다. 즉 매개변수가 list라면, list 원소의 도메인을 의미하는 것이 아니라, list의 형식, 예를 들면, empty, 즉 [ ] 인지, 원소가 하나, 즉 a::[ ] 인지, 아니면 하나 이상, 즉 a::b::[ ] 인지 등을 따지는, list의 형식에 대한 domain을 의미한다. 때문에, 함수적 관점에서 성립되어야 하는 단사, 전사, 또는 전단사적 관계를 의미하지는 않는다. 이를 구조-정의역(structure domain)이라고 해도 좋겠다.

```
    Warning: match not exhaustive
```

그럼, 이러한 match는 어떤 용도로 사용할 수 있을까? 그 대표적인 사례들을 알아보자.

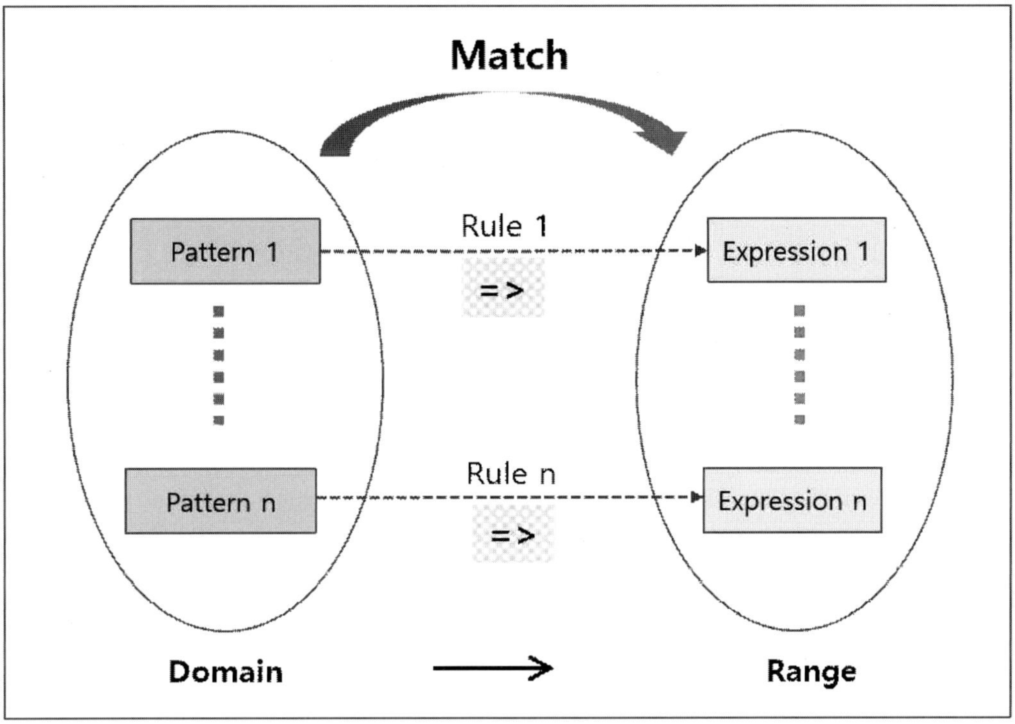


<그림 3-23> match의 관계도

### 3.5.1.1 연습 문제

1. 다음 ML code는 reverse 함수다.

ML : reverse

```
val rec reverse = fn
   []      =>  []
|  x::xs  =>  reverse (xs) @ [x];
val reverse = fn : 'a list -> 'a list
```

269) 이는 제3.3장의 마지막 절에서 거론한 바 있다.

1-1) 위의 code에서 Match에 해당하는 부분을 찾으시오.
1-2) <rule 1>의 <pattern 1>과 <expression 1>은 무엇인지 작성하시오.
1-3) <rule 2>의 <pattern 2>와 <expression 2>는 무엇인지 작성하시오.

### 3.5.2 Anonymous 함수 정의

ML에서 모든 함수들은 기본적으로 이름이 주어진다. 하지만 이름이 없는, 익명, 즉 anonymous 함수도 match를 사용하여 선언할 수 있다.[270] anonymous 함수의 선언은 다음과 같은 문법을 따른다. 여기에서 fn은 익명의 함수를 지칭하는 keyword다:

```
(fn M)
```

그리고 이 함수를 호출하기 위해서는 이름이 없기 때문에 이 함수 자체를 사용하여 매개변수 E expresison을 적용해 다음과 같이 호출한다:

```
(fn M)(E)
```

예를 들어보자. 이전에 나왔던 **square** 함수를 적용해 보자.

```
(fn (x:int) => x*x)(3);
val it = 9 : int
```

<프로그램 3-44> 익명 함수 Example

여기에서 중요한 점은 익명의 함수 **fn**의 정의인 M, 즉 match다. 위 예제에서는 하나의 rule밖에 없음을 확인할 수 있다.

그러면 이런 익명의 함수를 일반 함수로 정의할 수 있을까? 가능하다. 일반함수를 익명의 함수로 정의하면 된다. 다음처럼, 동일한 예제에 이를 적용해 보자.

270) Anonymous function은 Scheme의 λ-function과 같은 기능을 하는 함수다. 즉 high-order function의 기능을 가능하게 한다. 이 상관관계는 Scheme언어에서 ML과 비교하여 자세히 다룬다.

```
1  val square = fn (x:int) => x*x;
2  val square = int -> int
3  square(3);
4  val it = 9 : int
```

<프로그램 3-45> 익명 함수 Example

이 코드를 간단하게 설명하면 다음과 같다:

1) [L1] **square** function을 anonymous 함수로 선언.
2) [L2] **square** function을 ***int -> int***로 실행환경에 등록.
3) [L3] **square** function을 3으로 실행환경에서 실행.
4) [L4] 실행환경에서 결과값 9 반환.

그러면 recursion 함수를 이러한 익명 함수로 적용할 때도 동일한 방법으로 적용하면 되는 것일까? 동일하지만 recursion이 전제될 때에는 그 조건을 명시하는 **rec** keyword를 사용하면 된다. 이에 대한 문법은 다음과 같다.

```
val rec f = (fn <match>)
```

이에 대한 간단한 예를 들어보자. 다음은 이전의 **reverse** 함수를 익명함수로 정의한 예제다.

```
1  val rec reverse = fn
2     []     =>  []
3  |  x::xs =>  reverse (xs) @ [x];
4  val reverse = fn : 'a list -> 'a list
5  reverse [1,2,3];
6  val it = [3,2,1] : int list
```

<프로그램 3-46> **reverse** Example

이 코드를 간단하게 설명하면 다음과 같다:

1) [L1] **reverse** function을 anonymous 함수로 선언.

1-1) [L2] Match, Rule1:

- Pattern 1: 입력 list가 empty, 즉 **[ ]** 일 때.
- Expression 1: Empty list, 즉 **[ ]** 반환.

1-2) [L3] Match, Rule2:

- Pattern 2: 입력 list가 **x::xs** 일 때.
- Expression 2: tail, 즉 **xs**를 **reverse** 한 후, 끝에 head, 즉 **x**를 연결한다.

2) [L4] **reverse** function을 **'a list -> 'a list**로 실행환경에 등록.

3) [L5] **reverse** function을 [1,2,3] 으로 실행환경에서 실행.

4) [L6] 실행환경에서 결과값 [3,2,1] 반환.

### 3.5.2.1 연습 문제

1. 다음 ML code는 factorial 함수다.

ML : factorial

```
fun fact 0 = 1
  | fact n = n*fact(n-1);
val fact = fn : int -> int
```

1-1) factorial 함수를 anonymous 함수(fn)를 사용하여 표현하시오.

2. 다음 ML code는 **printList** 함수다.

ML : printList

```
fun printList(nil) = ()
 |  printList(x::xs) =
    (
        print(Int.toString(x));
        print("\n");
        printList(xs)
    );
val printList = fn : int list -> unit
```

2-1) **printList** 함수의 <pattern>과 <expression>을 찾으시오.

a) 몇 가지의 규칙<rule>이 있는지 작성하시오.

b) 각 <rule>의 <pattern>과 <expression>은 무엇인지 서술하시오.

2-2) 위의 2-1)의 정보를 기반으로 **printList** 함수를 anonymous 함수(fn)와 match를 사용하여 표현하시오.

### 3.5.3 Case Expression

**Match** expression을 활용하는 또 다른 예는 **case** expression이다. **Case**의 문법은 다음과 같다:

```
case <expression> of <match>
```

**Case**의 expression과 **match**의 pattern을 순서대로 비교해서 부합하는 pattern이 있으면, 그 pattern의 expression을 반환한다.

간단한 예를 만들어 보자. 다음은 list 원소의 수를 계산하는 함수다. 다음은 임의의 유형원소를 가진 list를 입력받아 그 원소의 수를 string으로 출력하는 함수다.

```
1  fun how_many(v) =
2        case v of
3          nil   => "zero"
4        | [x]   => "one"
5        | [x,y]=> "two"
6        | _     => "many"
7  val how_many = fn: 'a list -> string
8  how_many [1,2,3];
9  val it = "many" : string
```

<프로그램 3-47> **how_many** Example

이 코드를 간단하게 설명하면 다음과 같다:

1) [L1] **how_many** function 선언.

1-1) [L2] **case** expression: 매개변수 **v**에 대하여.

1-1-1) [L3] Match, Rule1:

- Pattern 1: 입력 list가 empty, 즉 [ ] 일 때.
- Expression 1: string "**zero**" 반환.

1-1-2) [L4] Match, Rule2:

- Pattern 2: 입력 list의 원소가 하나일 때, 즉 [ **x**] 일 때.
- Expression 2: string "**one**" 반환.

1-1-3) [L5] Match, Rule3:

- Pattern 3: 입력 list의 원소가 두 개일 때, 즉 **[ x, y]** 일 때.
- Expression 3: string **"two"** 반환.

1-1-4) [L6] Match, Rule4:

- Pattern 4: 입력 list의 원소가 두 개 이상일 때, 즉 _일 때.
- Expression 4: string **"many"** 반환.

2) [L7] **how_many** function을 **'a list -> string**로 실행환경에 등록.

3) [L8] **how_many** function을 **[ 1, 2, 3]** 으로 실행환경에서 실행.

4) [L9] 실행환경에서 결과값 **"many"** 반환.

이 **how_many** 함수를 일반 함수와 anonymous 함수로 표현하면, 각각 <프로그램 3-48>과 <프로그램 3-49>와 같다.

```
fun how_many nil    = "zero"
 |  how_many [x]    = "two"
 |  how_many [x, y] = "three"
 |  how_many _      = "many" ;
val how_many = fn: 'a list -> string
```
```
how_many [1,2];
val it = "two" : string
```

<프로그램 3-48> **how_many** Example

```
val f= fn
         nil   => "zero" |
         [x]   => "one" |
         [x,y] => "two" |
         _     => "many"
val how_many = fn: 'a list -> string
```
```
f([1]);
val it = "one" : string
```

<프로그램 3-49> **how_many** Example

### 3.5.3.1 연습 문제

1. 다음 if-then-else expression를 case expression으로 표현하시오.

```
if E1 then E2 else E3
```

2. 다음 ML code는 factorial 함수다.

ML : factorial

```
fun fact 0 = 1
  | fact n = n*fact(n-1);
val fact = fn : int -> int
```

2-1) factorial 함수를 case expression을 사용하여 표현하시오.

### 3.5.4 Exception & Handler

ML에서 함수나 연산 수식(expression)은 원칙적으로 선언된 치역의 값을 반환해야 한다. 하지만 입력, 즉 정의역에 정당한 값이 입력되지 않았거나, 정의된 pattern이 아닐 경우, 치역 이외의 값이 exception 유형의 값을 반환해서 오류가 발생됨을 알릴 수 있다.

우선 간단한 예를 들어보자. 다음은 부당한 연산의 예다:

```
1  5 div 0;
2  uncaughted excpetion Div

3  hd(nil : int list);
4  uncaughted excpetion Empty

5  tail(nil : int list);
6  uncaughted excpetion Empty

7  chr(500);
8  uncaughted excpetion Chr
```

<프로그램 3-50> Exception Examples

이 코드를 간단하게 설명하면 다음과 같다:

1) [L1] 정수 5를 0으로 나누는(**div**) 것은 불가능하다.
2) [L2] 따라서 ML에서 정의한 **Div** Exception이 발생되었다.
3) [L3] Empty list에서 head를 구할 수 없다.
4) [L4] 따라서 ML에서 정의한 **Empty** Exception이 발생되었다.
5) [L5] Empty list에서 tail을 구할 수 없다.

6) [L6] 따라서 ML에서 정의한 **Empty** Exception이 발생되었다.
7) [L7] ASCII 코드 값으로 10진수 500에 해당하는 문자는 없다.
8) [L8] 따라서 ML에서 정의한 **Chr** Exception이 발생되었다.

위 예제에서 보여준 바와 같이, 일반적으로, ML에서는 predefined 연산이나 함수에는 미리 규정된 exception이 정의된다.[271]

만약 이외의 exception을 사용하고자 하는 경우는 ML에서 사용자가 임의의 exception를 정의하고 사용할 수 있다. 간단한 예를 들어보자.

다음은 제 3장의 맨 마지막 절에 나왔던 **min_max** 함수 예제다. 이 예제를 다시 정리하면, 다음 <프로그램 3-51>과 같다.

```
fun min_max([x:int]) = (x,x)
  | min_max(x::xs) =
     let
        val (min, max) = min_max(xs);
     in
        if x<min then (x,max)
        else if x>max then (min,x)
        else (min,max)
     end;
std in:2.1-7.3 Warning: match nonexhaustive
        (x : int  :: nil ) ...
        x :: xs  ...
val min_max = fn : int list -> int * int
```

<프로그램 3-51> **min_max** Example

이 예제에서는 empty list에 대해서 **min**, **max** 값을 적용한다는 의미가 성립되지 않는다. 따라서 empty list가 입력될 경우, empty list라는 exception을 발생시키고 이에 대한 적절한 대응을 하고자 한다. 즉 위 예제에서 보여주는 "***Warning: match nonexhaustive***"에 대한 대응을 하고자 한다.

이를 위해서는, 먼저 특정한 exception을 정의해야 한다. 위의 경우, 다음과 같이 실행환

271) ML에서는 실수의 연산에서 exception 발생을 방지하기 위해서 다음과 같은 두 개의 상수를 정의하였다: **inf** (infinity), **nan** ("not a number"). 예를 들면, **3.0/0.0**은 **inf**을, **~3.0/0.0**은 **~inf**을, 그리고 **0.0/0.0**은 **nan**을 반환한다.

경에서 EmptyList exception을 선언할 수 있다.

```
1  exception EmptyList;
2  exception EmptyList
```

<프로그램 3-52> Exception Examples

이 코드를 간단하게 설명하면 다음과 같다:

1) [L1] **EmptyList** exception을 실행환경에서 선언.
2) [L2] **EmptyList** exception이 실행환경에 등록[272].

```
1   fun min_max([x:int]) = (x,x)
2     | min_max(nil) = raise EmptyList
3     | min_max(x::xs) =
4       let
5         val (min, max) = min_max(xs);
6       in
7         if x<min then (x,max)
8         else if x>max then (min,x)
9         else (min,max)
10      end;
11  val min_max = fn : int list -> int * int
```

<프로그램 3-53> `min_max` Example w/ Exception

**EmptyList** exception을 선언하고 나면, 다음과 같이, 입력 list가 empty인 경우에, 다음 <프로그램 3-53> [L2]에서처럼, **raise**를 이용하여, 그 exception을 발생시킬 수 있다.

이렇게 exception을 정의하고, 해당 함수의 경우에 그 exception을 raise하는 expression을 삽입한 다음, 그 함수를 실행시키면, 다음과 같은 exception이 반환된다.

```
min_max(nil);
uncaught exception EmptyList
```

<프로그램 3-54> **min_max** Example: execution

그리고 이와 같이 exception **EmptyList**가 발생되었는데, **caught**되지 않았다는 메시지가 다음에 발생된다. 즉 이 exception **EmptyList**가 발생되기는 했는데, 이를 **catch**해서 처리(**handle**)하지 못했다는 의미다. 그럼 어떻게 이를 처리할 수 있을까?

---

272) Exception의 type은 **exn**이다.

ML은 이러한 exception을 처리할 수 있는 **handle**을 제공한다.[273] 이 메커니즘이 어떻게 작동되는지는 <그림 3-24>에 정리되어 있다.

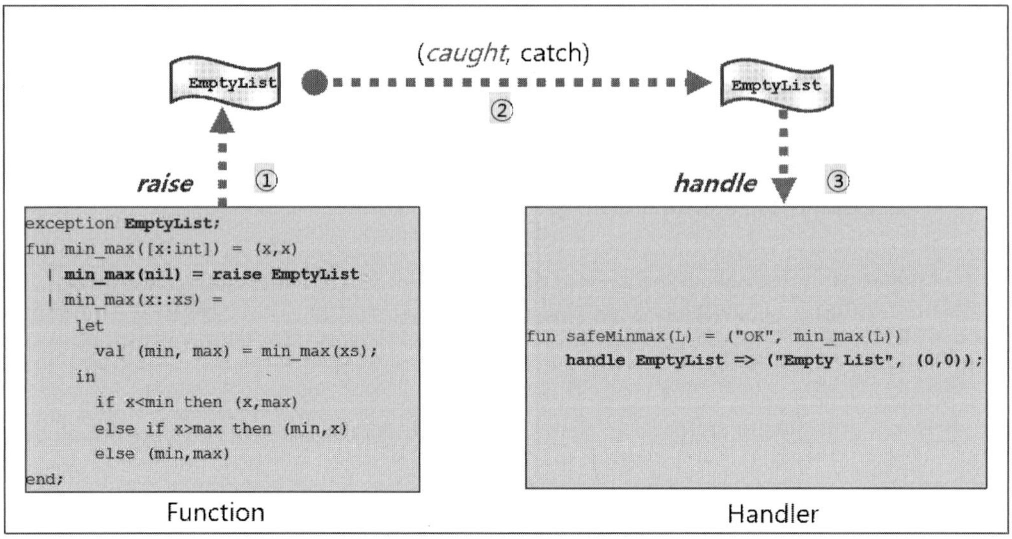


<그림 3-24> **min_max** Example: execution

우선 이러한 기능을 제공하는 **handle** 문법을 알아보자. 문법은 이전에 정의한 match에 기반을 둔다:

```
< expression > handle < match >
```

이 뜻은 다음과 같다: <expression>을 수행하는 과정에서 exception이 발생되면, <match>에서 선언된 rule에 따라, 처리, 즉 handle을 한다. 여기에서 <match>는 정의한 바대로 rule로 이루어져 있고, 각 rule은 <pattern> **=>** <expression>으로 정의된다. 즉 pattern에 맞는 exception이 발생되면[274], 그 pattern에서 규정한 expression에 따라 처리를 하라는 의미다.

그러면, 다음처럼, 위 **min_max** 예제의 **EmptyList** exception을 처리할 수 있는 handler 함수를 만들어 보자.

273) **handle**을 사용하는 함수를 handler라고 한다.

274) 여기의 pattern은 당연히 exception이 되어야 한다.

```
1  fun safe_min_max(L) = ("OK", min_max(L))
2     handle EmptyList => ("Empty List", (0,0));
3  val safe_min_max = fn : int list -> string * (int * int)
```

<프로그램 3-55> **safe_min_max** Example

이 코드를 간단하게 설명하면 다음과 같다:

1) [L1] **safe_min_max** 함수 선언:
   - 정의역: List **L**
   - 치역 : **("OK", min_max(L))** : **string * (int * int)**
2) [L2] **min_max(L)**부터의 **EmptyList** exception에 대한 Handler.
   - 치역: **("EmptyList", (0,0))** : **string * (int * int)**
3) [L3] **safe_min_max** 함수를 ***int list -> string * (int * int)*** 유형으로 실행환경에 등록.

**safe_min_max** 예제에서는, 위 **min_max**를 실행하는 과정에 EmptyList exception이 발생되면, 다음 tuple을 출력한다: **("Empty List", (0,0))**. 이는 string **"Empty List"**와 **min**, **max** 값을 모두 **0**으로 설정한, 즉 **(0,0)**을 쌍으로 묶은 tuple이다. 즉 **safe_min_max** 함수는 정상적인 경우거나 exception의 경우거나 모두 ***int list -> string * (int * int)*** 유형을 반환하는 함수다. 즉 정상적인 함수로 정의되었다.

그러면 **safe_min_max** 함수가 정상적으로 작동되는지 확인해 보자. <프로그램 3-56>은 **safe_min_max** 함수를 실행환경, 즉 Environment에서 실행한 결과다.

```
1  safe_min_max([0,0,0]);
2  val it = ("OK", (0, 0)) : string * (int * int)
3  safe_min_max([]);
4  val it = ("Empty List", (0, 0)) : string * (int * int)
```

<프로그램 3-56> **safe_min_max** Example: Execution

이 실행 결과를 간단하게 설명하면 다음과 같다:

1) [L1] **safe_min_max([ 0,0,0] )** 실행.
2) [L2] **safe_min_max([ 0,0,0] )** 실행 결과.
   - 매개변수 **[ 0,0,0]** 는 **empty**, **[ ]** 가 아니기 때문에, **min_max**의 정상적인 min, max 값, 즉 **(0,0)**을 string **"OK"**와 같이 반환함.

- 반환값 유형: *string * (int * int)*

3) [L3] **safe_min_max([ ])** 실행.
4) [L4] **safe_min_max([ )** 실행 결과.
   - 매개변수 [ ]는 **empty**, [ ]이기 때문에, **handle**의 <match> 중 **EmptyList** pattern에 부합하는 expression, 즉 *("Empty List", (0, 0))*을 반환함.
   - 반환값 유형: *string * (int * int)*

### 3.5.4.1 연습 문제

1. 다음 ML code는 factorial 함수다.

ML : fact

```
fun fact 0 = 1
  | fact n = n*fact(n-1);
val fact = fn : int -> int
```

ML : fact(~5) 호출

```
fact(~5);
```

**fact** 함수에 위와 같이 ~5, 즉 음수가 들어갈 경우 이 프로그램은 정상적으로 작동되지 않는다.

1-1) exception, raise, handle을 사용하여 아래와 같은 결과를 도출할 수 있도록 fact 함수를 수정하시오.

ML : factN(~5) 호출

```
factN(~5);
Warning: negative argument;
val it = 0 : int
```

a) exception **Negative**를 정의하시오.

b) **raise**를 사용하여, **Negative** exception을 발생시키도록 **fact** 함수의 code를 수정하시오.

c) **Negative** exception을 처리할 수 있는 handler 함수 **factN**을 정의하시오.

### 3.5.5 Curried Function

함수는 기본적으로 tuple 형식으로 하나의 매개변수를 수용한다[275]. 그런데 만약 함수의 매개변수에 괄호가 없이 정의된다면, 어떻게 될까? 함수의 문법에 어긋나는 것일까? 그렇지 않는다면, 이런 형식의 함수는 원래의 함수와 의미가 동일할까?

ML은 함수를 선언할 때, 매개변수를 tuple로 묶지 않는, 또한 매개변수를 comma(,)로 분리하지 않는 Curried form[276]이라는 형식으로, 매개변수를 선언할 수 있도록 허용한다. 이러한 형식은 함수의 기본적인 성질을 근본적으로 재평가하는 기회가 된다.[277]

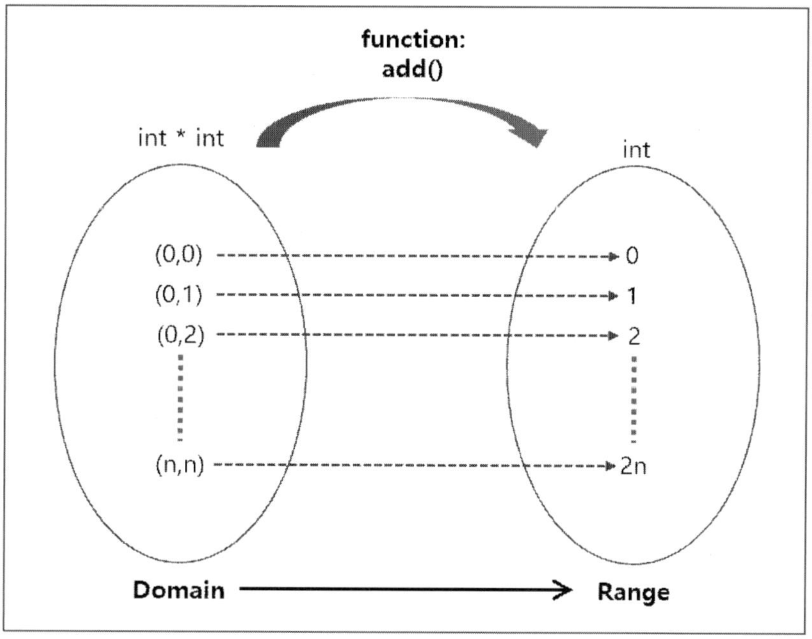


<그림 3-25> add 함수 사상도

275) 매개변수가 하나일 경우는 괄호로 묶지 않고 함수를 선언하지만, 원칙적으로 매개변수가 하나일 경우도 괄호로 묶어서 선언하고 호출해야 한다.

276) 이름은 Haskell Curry의 이름에서 유래했다. Haskell Brooks Curry(1900년 9월 1일 ~ 1982년 9월 12일)는 미국의 수학자며 논리학자다. Curry는 Combinatory Logic (결합논리)으로 유명하다. 이 결합논리 이론은 Moses Schoenfinkel의 연구에 기반을 두지만, Curry는 이 이론을 실제 구현한 인물이다. Curry는 Curry Paradox와 Curry-Howard Correspondence로 유명하다. 특히 Haskell, Brook, Curry라는 3개의 프로그래밍언어가 그의 이름에서 유래했고, 그가 창안한, 함수를 변형하는 기술로서의 Currying 개념은 프로그램언어 이론과 실기에 혁신적인 조건을 구축함과 동시에 프로그램언어이론의 발전에 근본적인 획을 그었다.

277) 특히 λ-function과 비교하는 것은 매우 중요하다. 이 비교는 다음 장의 주제인 Scheme언어에서 자세히 거론하도록 한다.

우선 간단한 예제를 살펴보자. 다음 코드는 두 정수를 더하는 함수들이다.

```
fun add(x,y) = x+y:int;
val add = fn : int * int -> int
```

<프로그램 3-57> add Example

add는 함수유형, 즉 *int * int -> int*에서 알 수 있듯이, 두 개의 정수를 쌍으로 입력받아서 그 합을 반환하는 함수다. <그림 3-25>는 이 함수의 사상관계를 보여준다.

```
fun addc x y = x+y:int;
val addc = fn : int -> int -> int
```

<프로그램 3-58> addc Example

하지만 <프로그램 3-58>의 addc 함수유형인 *int -> int -> int*에서 알 수 있듯이, addc는 하나의 정수를 입력한 후에 다음 정수를 순서대로 입력하면, 그 합을 반환하는 함수다. <그림 3-26>은 이 함수의 사상관계를 보여준다.

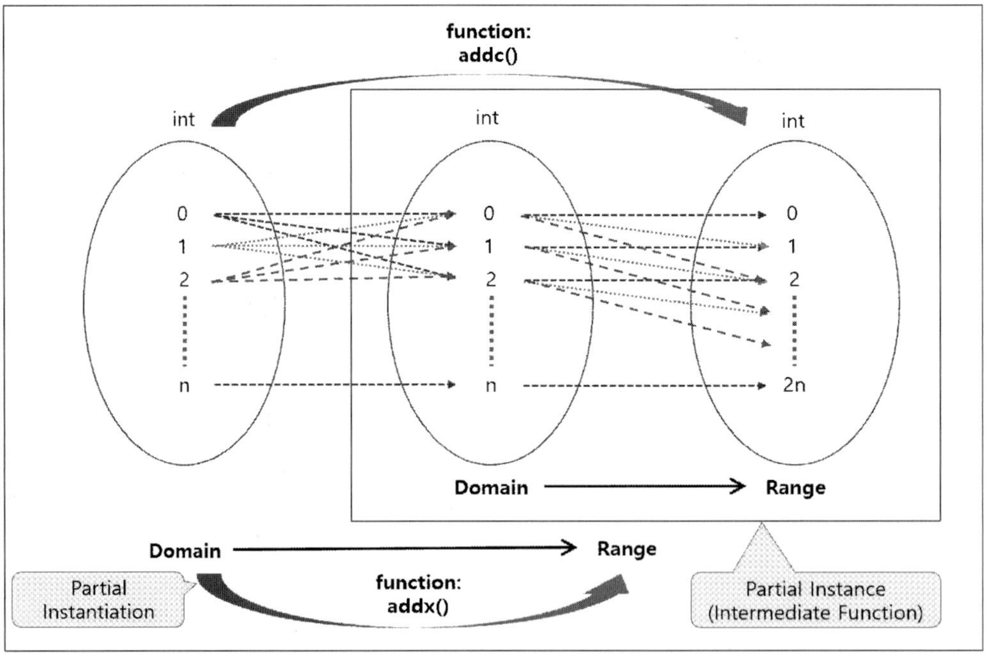


<그림 3-26> addc 함수 사상도

또 다른 관점에서, **addc** 함수유형은 ***int -> (int -> int)***[278]로 해석이 가능하므로, 하나의 정수를 입력하면; 이후에 또 다른 정수를 입력하면, 이전에 입력한 정수에 이를 더해서 그 결과인 합을 반환하는 함수를 반환한다고 해석할 수 있다. 이렇게 매개변수인 두 개의 정수 중에, 하나의 정수를 입력했을 때, 반환되는 함수를 중간(또는 매개)함수(intermediate function)라 하고, 실행시 이렇게 생성되는 함수를 partial instance(부분 생성 함수), 그리고 이런 생성을 partial instantiation(부분함수 생성)이라고 한다.[279]

일반적으로 partial instantiation은 다음과 같이 전개된다. 아래처럼, n개의 매개변수가 있는 함수가 있다고 가정하자:

$$f(x_{1,}x_{2,}\dots,x_n)$$

그리고 순서대로, 1부터 k까지, $1 < k < n$, 각 매개변수 $x_{1,}x_{2,}\dots,x_k$에 각각 $a_{1,}a_{2,}\dots,a_k$로 binding을 했다고 가정하자. 그러면 다음과 같은 함수가 생성된다:

$$f_{x_1 = a_1,\, x_2 = a_2,\, \dots,\, x_k = a_k}(x_{k+1}, x_{k+2}, \dots, x_n)$$

이렇게 만들어진 함수를 intermediate function이라 하고, 이를 $x_1 = a_1, x_2 - a_2, \dots, x_k - a_k$ 배정에 의한 $f(x_{1,}x_{2,}\dots,x_n)$의 partial instance리고 정의한다.

그러면 위 예제에서 어떻게 부분함수가 생성되는지 알아보자. 다음은 **addc** 함수의 첫 번째 매개변수에 1을 대입하여 부분함수를 생성한 **add1** 함수를 정의한 예제다.

```
val add1 = addc 1;
val add1 = fn : int -> int
```

<프로그램 3-59> **add1** Example

설명한 바와 같이, **addc**의 함수유형 **int -> (int -> int)**에서 **int**가 대입되었으므로 반환되는 반환유형은 **(int -> int)**, 즉 함수유형이 된다. 이는 **add1** 유형이 함수유형 **int -> int**라는 근거가 된다.

278) ML에서 -> 사상관계자(mapping relational operator)는 오른쪽으로 결합(right association)이 이루어진다.

279) <그림 3-26>에서 **addx** 함수가 이에 해당된다.

그러면 이 함수 **add1**이 어떻게 실행되는지 알아보자. 다음은 **add1**에 **addc**의 두 번째 매개변수에 2를 대입한 결과다.

```
add1(2);
val it = 3 : int
```

<프로그램 3-60> **add1** Example

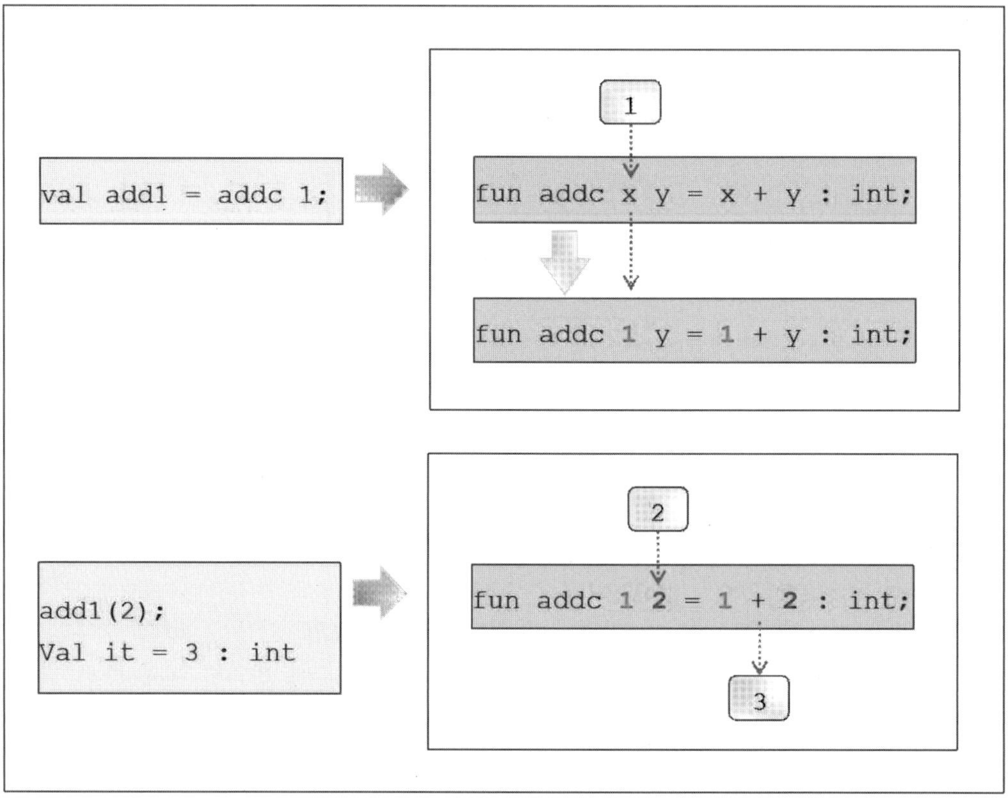


<그림 3-27> Partial Instantiation: **add1**

<그림 3-27>에서 보여주는 바와 같이, **add1**은  **addc**에서 첫째매개변수 **x**에 **1**이 대입된 부분함수다. 이 **add1**에 2를 대입하면, 이는 **addc**에서 첫째매개변수 **x**에 **1**을 대입한 partial function에 대하여, 둘째매개변수 **y**에 **2**를 대입해 최종 덧셈 연산을 한 결과를 반환한다. <그림 3-28>은 이 함수의 사상관계를 보여준다.

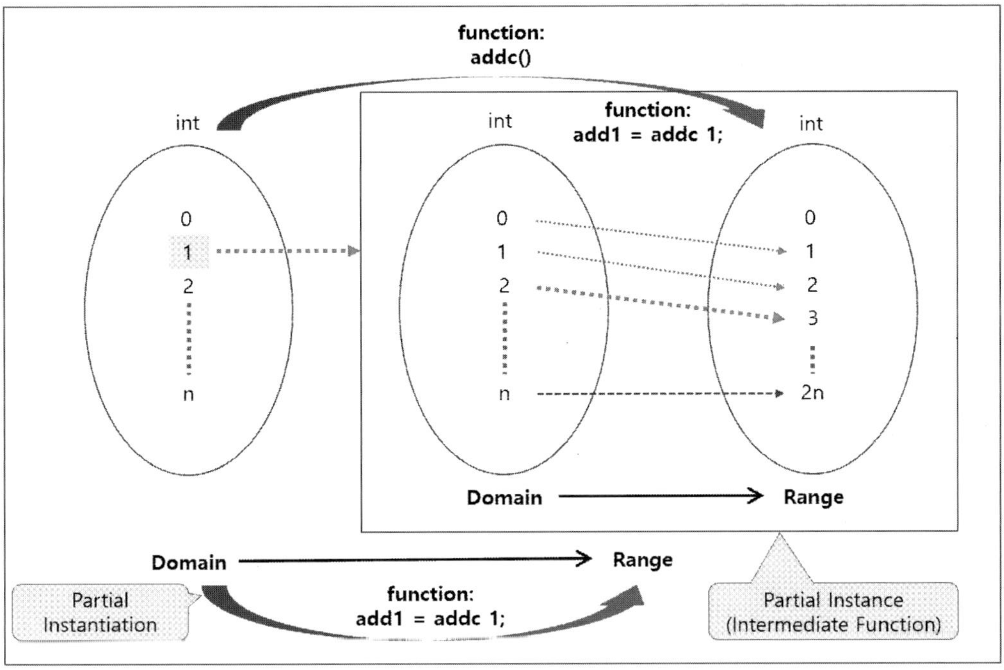


<그림 3-28> add1 함수 사상도

### 3.5.5.1 연습 문제

1. 다음 ML code는 **exp** 함수다. exp 함수는 첫 번째 매개변수를 **x**, 두 번째 매개변수를 **y** 라고 할 때, $x^y$를 계산하는 함수다.

ML : exp

```
fun exp(x, 0) = 1
 |   exp(x, y) = x * exp(x, y-1);
val exp = fn : int * int -> int
```

   1-1) 위의 exp 함수를 Curried form으로 정의하시오.

   1-2) 1-1)에서 Curried form으로 정의한 **exp** 함수유형을 작성하시오.

   1-3) 1-2)에서 작성한 함수유형은 기존 **exp** 함수유형과 무슨 차이점이 있는지 서술하시오.

2. 다음 ML code는 **applyList** 함수다. **applyList** 함수는 첫 번째 매개변수를 함수 **f**, 두 번째 매개변수를 list **x::xs**라고 할 때, 두 번째 매개변수의 각 항목이 함수 **f**에 적용된 후, 결과를 다시 list로 묶어 반환한다.

ML : applyList

```
fun applyList(f, []) = []
 | applyList(f, x::xs) = f(x)::applyList(f, xs);
val applyList = fn : ('a -> 'b) * 'a list -> 'b list
```

첫 번째 매개변수인 함수 **f**를 **add3**이라고 할 때, **applyList(add3, [1, 2, 3]);**의 결과는 아래와 같이 출력된다.

ML : applyList 호출

```
fun add3(n) = n+3;
val add3 = fn : int -> int
applyList(add3, [1, 2, 3]);
val it = [4,5,6] : int list
```

2-1) 위의 **applyList** 함수를 Curried form으로 정의하시오.

2-2) 2-1)에서 Curried form으로 정의한 **applyList** 함수유형을 작성하시오.

2-3) 2-2)에서 작성한 함수유형은 기존 **applyList** 함수유형과 무슨 차이점이 있는지 서술하시오.

### 3.5.6 Polymorphism

ML은 strong type 언어다. 모든 상수와 변수는 명확한 변수의 유형으로 정의되어야 한다. 또한 함수의 매개변수도 명확한 유형으로 정의되어야 한다.

그런데, 항상 모든 변수나 매개변수가 하나의 유형으로 고정되지는 않는다. 기본적인 산술 연산이 overloading되는 것처럼[280], 함수도 하나 이상의 유형을 가진 매개변수의 정의역으로 선언할 수 있다. 이렇게 하나 이상의 매개변수 유형을 받아들이는 함수의 능력을 polymorphism[281]이라고 한다.

간단한 예를 보자. 다음 함수는 입력한 매개변수를 받은 그대로 반환하는 **identity** 함수다.

---

280) 예를 들면, +, < 등이 있다. 정수, 또는 실수에 대한 연산이 모두 가능하다. 즉 overload가 되었다.

281) Poly는 many라는 뜻이고, morph는 형(形), 틀이라는 뜻이다. 여러 개의 유형을 의미한다. 즉 polymorphism은 다형성(多形性)이라고 번역해도 좋다.

```
fun id(x) = x;
val id = fn: 'a -> 'a
```

<프로그램 3-61> **id** Example

이 함수유형을 보면, *'a -> 'a*다. 즉 어떤 유형의 매개변수가 입력되어도 입력된 것을 그대로 출력하는 함수다. 어떻게 실행되는지 간단한 예를 들어보자.

```
1  id(1);
2  val it = 1 : int
3  id(1.1);
4  val it = 1.1 : real
5  id("id");
6  val it = "id" : string
7  id(square);
8  val it = fn : int -> int
```

<프로그램 3-62> **id** Example

이 예제를 설명하면 다음과 같다:

1) [L1~2] 매개변수 `1`의 유형: **int**
2) [L3~4] 매개변수 `1.1`의 유형: **real**
3) [L5~6] 매개변수 **"id"**의 유형: **string**
4) [L7~8] 매개변수 **square** 함수의 유형: **int -> int**[282]

이렇게 하나 이상의 유형을 매개변수로 받아들이는 함수를 polymorphic 함수라고 한다. 그리고 이 함수에 입력되는 매개변수의 유형은 **'a**로 정의된다. 일반적으로 **'a**는 함수가 어떤 유형의 변수를 받아들일 수 있다[283]는 의미지만, 항상 그렇지는 않다. 함수의 expression에 의해서 특정한 유형으로만 제한된다[284]. 간단한 예를 들어보자.

```
id(id);
Error: nongeneralizable type variable
```

<프로그램 3-63> **id** Example

282) 함수에 함수를 매개변수로 입력하고, 함수를 반환값으로 출력하는 함수를 high order 함수라고 한다. 다음 절에서 자세히 다룬다.

283) 이러한 유형을 generalizable이라고 정의한다.

284) 이러한 유형을 nongeneralizable이라고 정의한다.

여기 `id`[285] (`id`[286])에서 오류가 발생된 이유는 다음과 같다:

- 변수로서의 `id` 함수유형은 `'a`다. 즉 어떤 type도 가능하다.
- 함수로서의 `id` 함수유형은 `'a`가, type의 type, 즉 `'a` 유형의 type을 `'a` 유형의 변수로 가진다. 즉 원래의 함수유형과 일치하지 않는다.

그러면 이러한 오류를 어떻게 예방할 수 있을까? 그 방법은 첫 번째 변수 `id` 함수유형을 제한함으로써, 두 번째 함수 `id` 함수유형을 만족하는 방법이다. 즉 첫 번째와 두 번째 함수의 `id`들을 모두 만족할 수 없다는 의미다. 간단한 예를 보자.

```
id(id: int -> int);
val it = fn : int -> int
```

<프로그램 3-64> **id** Example

여기에서는 첫 번째 변수 `id` 함수유형을 `int -> int`로 제한함으로써, 두 번째 함수 `id` 함수유형, 즉 `'a -> 'a`를 만족하였다.

Polymorphic 함수 중에서 이렇게 매개변수 유형이 `'a`지만, 이 중에서도 제한된 유형에 대해서만 함수유형의 의미가 성립되는 polymorphic을 nongeneralizable 함수라 한다.

이러한 nongeneralizable 함수 중에 매개변수의 유형이 등치성(=)[287]이 성립되는 유형은, `'a`와 구분하여 `''a`로 정의한다. 간단한 예를 들어보자.

```
fun eq(x,y) = x=y;
val eq = fn: ''a -> ''a -> bool
```

<프로그램 3-65> **eq** Example

이 함수유형을 보면, *''a -> ''a*다. 즉 어떤 유형의 매개변수가 입력될 수 있지만, 단 변수 유형에 등치성이 정의되어, 매개변수에 대한 비교연산(=)이 가능해야 한다. 어떻게 실행되는지 간단한 예를 들어보자.

285) 함수 `id`로 구분한다.

286) 변수 `id`로 구분한다.

287) Equality property

```
1 eq(1,1);
2 val it = true : bool
3 eq(1.1, 1.2);
4 val it = false : bool
5 eq("id", "identify");
6 val it = false : bool
7 eq([1], [1,2]);
8 Error: non-equality type variable
```

<프로그램 3-66> **eq** Example

이 예제를 설명하면 다음과 같다:

1) [L1~2] 매개변수 **1**과 **2**의 유형 비교: **int** - 가능.
2) [L3~4] 매개변수 **1.1**과 **1.2**의 유형 비교: **real** - 가능.
3) [L5~6] 매개변수 **"id"**와 **"identify"**의 유형 비교: **string** - 가능.
4) [L7~8] 매개변수 **[1]**과 **[1,2]**의 유형 비교: **list** - 불가.

마지막 예제에서는 오류가 발생된다. 그 이유는 list에 대해 등치 (=) 관계, 또는 성질이 정의되어 있지 않기 때문이다.

만약 이 문제를 해결하고자 한다면, 다음과 같이 list의 등치성을 점검하기 위한 = 연산자를 정의하면 된다.[288]

```
fun =([],[]) = true
  | =(x::xy,y::ys) =
      if x=y then =(xy,ys)
      else false;
val = = fn : ''a list * ''a list -> bool
```

<프로그램 3-67> **=** Example

이와 같이 tuple이나 list와 같은 구조체에 대한 동치관계는 다음과 같은 귀납적인 관계가 성립되어야 한다:

- Base Case: 원소들의 type이 등치유형이어야 한다.
- Inductive Case: 등치유형의 tuple이나 list가 등치유형이어야 한다.

288) 이 함수를 동일한 형식으로 사용하기 위해서는 **infix**를 적용해야 한다.

## Example E.3-10) Insertion Example

Polymorphic 함수의 간단한 예를 살펴보자. 다음은 증가순으로 list의 원소를 insertion sorting을 하는 예제와 이 예제에서 sort의 유형을 결정하는 insertion 함수다. 먼저 insertion 함수에 대해 알아보자.

다음은 **insertion** 함수다. 이 함수는 새로운 하나의 원소를, 그 원소의 유형으로 구성되어 있으며, 이미 sort되어 있는 list에, 증가순에 적합한 위치에 삽입하는 함수다.

```
1  fun insertion gt (x,nil) = [x]
2   | insertion gt (x, y::ys) =
3       if gt(x,y) then
4         y::insertion gt (x,ys)
5       else x::y::ys;
6  val insertion = fn :('a * 'a -> bool) -> 'a * 'a list -> 'a list
```

<프로그램 3-68> **insertion** Example

이 코드를 간단하게 설명하면 다음과 같다. 여기에서의 전제조건은 매개변수 list가 증가순으로 sort되어 있는 list라는 것이다:

1) [L1] function 선언 (1) : Pattern 1 - Base Case.
- 매개변수: Curried Form.
  - **gt : 'a * 'a** : 비교 함수.
  - **(x,[ ]) : 'a * 'a list** : 원소 **x**, Empty list인 경우.
- 반환값 : 원소 **x** 인 list 반환

2) [L2] function 선언 (2) : Pattern 2 - Inductive Case.
- 매개변수: Curried Form.
  - **gt : 'a * 'a** : 비교 함수.
  - **(x,y::ys) : 'a*list** : 원소 **x**, list **head::tail**인 경우.

2-1) [L3] if-expression: **x**와 **y**를 **gt**로 비교.

2-1-1) [L4] if-expression(then): **x**가 **y**보다 크면,
- tail **ys**에 대해 재귀함수 **insertion gt (x,ys)**를 호출한다.
- 그리고 반환받은 그 결과값을 새로운 tail로
- 그리고 head **y**를 새 head로 한 list를 반환한다.

2-1-2) [L5] if-expression(else): **x**가 **y**보다 크지 않으면,

- `x::y::ys` 순으로 반환한다.

3) [L6] Environment에 등록된 함수의 signature:
   - `val insertion = fn :` : `insertion` 함수의
   - `('a * 'a -> bool) -> 'a * 'a list -> 'a list` : 유형이 등록됨.

이 함수의 사상관계는 <그림 3-29>와 같다.

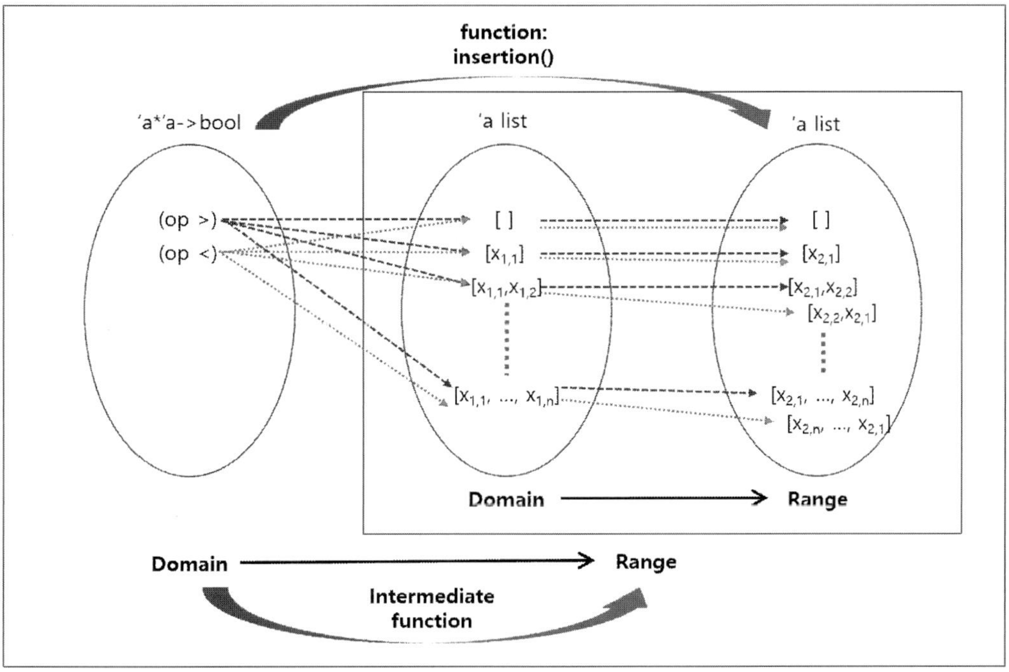


<그림 3-29> `insertion` 함수 사상도

ML에서 어떻게 함수에 대한 type checking이 이루어지는지 알아보자. `Insertion` 함수 유형, 즉 signature가 `('a * 'a -> bool) -> 'a * 'a list -> 'a list`로 interpreter나 compiler에 의해서 판명된 근거는 <그림 3-30>과 같다. 이를 정리하면 다음과 같다:

1) Input type:
   - 매개변수 (1) : `gt` : `'a * 'b -> bool`
   - 매개변수 (2) : `(x, y::ys)` : `'c * 'd list`
   - 반환값: `x::y::ys` : `'e list`
2) Type Check 1: [그림의 ①] `gt`에 비교함수에 의해 `'a`와 `'b`는 같아야 함. 또

한 입력유형도 같아야 함.

- 입력 (1) : `gt` : `'a * 'a -> bool`
- 입력 (2) : `(x, y::ys)` : `'a * 'a list`

3) Type Check 2: [그림의 ②] 위 1)에 의해 반환값 `x::y::ys`는 `'a`여야 함.

- 반환값: `x::y::ys` : `'a list`

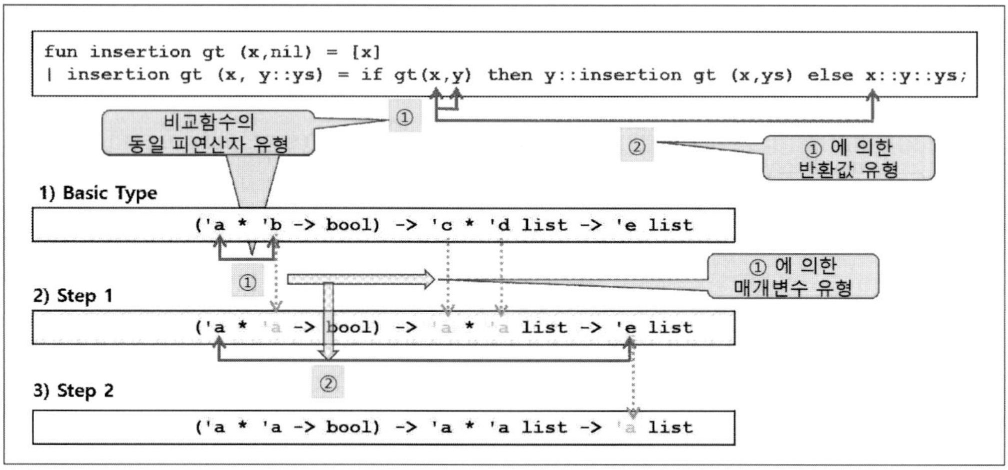


<그림 3-30> `Insertion` 함수의 type checking

이런 과정을 거쳐, 최종적으로 이 함수유형이 다음과 같이 결정된다:

```
val insertion = fn : ('a * 'a -> bool) -> 'a * 'a list -> 'a list
```

그러면 다음 함수에 대한 호출결과가 어떻게 산출되는지 알아보자.

```
insertion (op >) (3, [1,2,4,5];
val it = [1,2,3,4,5] : int
```

<프로그램 3-69> `insertion` Example: Execution

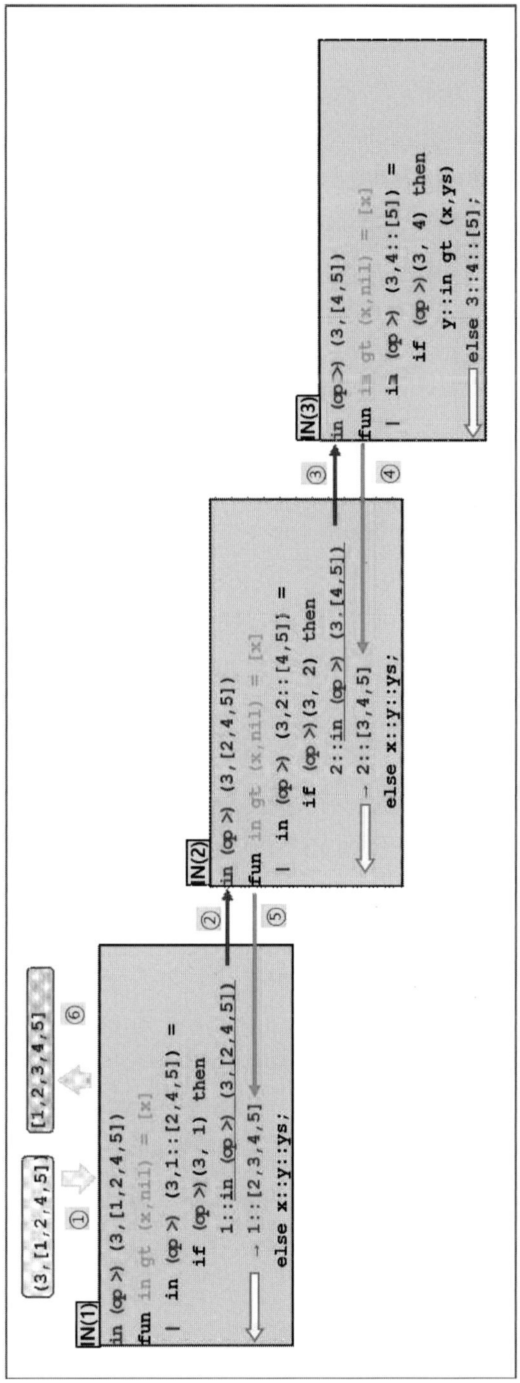


<그림 3-31> `insertion` 함수: Execution

<그림 3-31>은 ML에서 <프로그램 3-69>의 `insertion (op >)`[289] `(3,[ 1,2,4,5] )` 함수가 어떻게 실행되는지를 보여준다.[290] 이를 설명하면 다음과 같다:

1) [그림의 ①] `insertion (op >) (3,[ 1,2,4,5] )` 함수를 호출한다.
2) [그림의 IN(1)] `insertion (op >) (3,[ 1,2,4,5] )`를 실행한다.
   - 두 번째 매개변수가 `[ ]`이 아니기 때문에 Pattern 2가 실행된다.
   - [그림의 ②] Pattern 2의 expression에서 **x**가 **y**보다 크기 때문에 tail **ys**, 즉 `[ 2,4,5]`에 대한 재귀함수 `insertion (op >) (3,[ 2,4,5] )`를 호출한다.
   - `insertion (op >) (3,[ 2,4,5] )`로부터 반환값을 받은 이후 연산을 계속한다.
3) [그림의 IN(2)] `insertion (op >) (3,[ 2,4,5] )`를 실행한다.
   - 두 번째 매개변수가 `[ ]`이 아니기 때문에 Pattern 2가 실행된다.
   - [그림의 ③] Pattern 2의 expression에서 **x**가 **y**보다 크기 때문에 tail **ys**, 즉 `[ 4,5]`에 대한 재귀함수 `insertion (op >) (3,[ 4,5] )`를 호출한다.
   - `insertion (op >) (3,[ 4,5] )`로부터 반환값을 받은 이후 연산을 계속한다.
4) [그림의 IN(3)] `insertion (op >) (3,[ 4,5] )`를 실행한다.
   - 두 번째 매개변수가 `[ ]`이 아니기 때문에 Pattern 2가 실행된다.
   - [그림의 ④] Pattern 2의 expression에서 **x**가 **y**보다 작기 때문에 **x::y::ys**, 즉 `3::4::[ 5]`를 IN(2)에게 반환하고 종료한다.
5) [그림의 IN(2)] `insertion (op >) (3,[ 2,4,5] )`의 결과값을 반환하고 종료한다.
   - 첫 번째 매개변수 **y**의 2를 head로,
   - IN(3), 즉 [그림의 ④] `insertion (op >) (3,[ 4,5] )`의 반환값, `[ 3,4,5]`를 tail로 하는 list인 `[ 2,3,4,5]`를 IN(1), 즉 `insertion (op >) (3,[ 1,2,4,5] )`에 반환하고 종료한다.
6) [그림의 IN(1)] `insertion (op >) (3,[ 1,2,4,5] )`의 결과값을 반환 종료한다.

289) `(op >)`에서 op은 operation의 infix notation을 prefix notation으로 전환하는 함수다. 즉 **op** 함수를 통해서, **x>y**라는 식을 infix notation을 `(op >) (x,y)`와 같이 prefix로 전환할 수 있다. 역으로, 일반함수도, **infix** 함수를 통해서, 함수 호출 시, 매개변수를 prefix 형식으로 전환할 수 있다.

290) <그림 3-31>에서는 **insertion**의 이름을 **in**으로 줄여서 사용했다.

- 첫 번째 매개변수 y의 1을 head로,
- IN(2), 즉 [그림의 ⑤] insertion (op >) (3,[2,4,5])의 반환값, [2,3,4,5]를 tail로 하는 list, 즉 [1,2,3,4,5]를 Environment에 반환하고 종료한다.

**insertion (op >) (3,[1,2,4,5])** 함수유형을 확인해 보면, 입력된 (3,[1,2,4,5]) 유형이 **int * int list**고, 출력된 [1,2,3,4,5] 유형이 **int list**이므로, 즉 **insertion** 함수유형 **('a * 'a -> bool) -> 'a * 'a list -> 'a list**에 type parameter인 **'a**에 **int** 유형이 대입된 형식에 적합한 **insertion** 함수유형임을 확인할 수 있다.

## Example E.3-11) Insertion Sort Example

다음은 **insertion_sort** 함수다. 이 함수는 sort되지 않은 list를 **gt**가 지정한 순으로 list의 원소를 sort하는 함수다.

```
1  fun insertion_sort gt nil = nil
2   |  insertion_sort gt (x::xs) =
3        insertion gt (x, (insertion_sort gt xs));
4  val insertion_sort = fn :('a * 'a -> bool) -> 'a list -> 'a list
```

<프로그램 3-70> **insertion_sort** Example

이 코드를 간단하게 설명하면 다음과 같다:

1) [L1] function 선언 (1): Pattern 1 - Base Case.
   - 매개변수: Curried Form.
     - **gt : 'a * 'a** : 비교 함수.
     - **[] : 'a list** : Sort해야 할 list.
   - 반환값 : Empty list 반환.
2) [L2] function 선언 (2): Pattern 2 - Inductive Case.
   - 매개변수: Curried Form.
     - **gt : 'a * 'a** : 비교 함수.
     - **x::xs : 'a list** : Sort해야 할 list.
   - 반환값 : Sort가 된 list 반환.

- `insertion gt (x, (insertion_sort gt xs)): 'a*list`
- tail **xs**에 대해 **gt**로 sort한 결과에,
- **x**를 **insertion**한 결과를 반환함.

3) [L3] Environment에 등록된 함수의 signature
- `val insertion_sort = fn` : `insertion_sort` 함수의
- `('a * 'a -> bool) -> 'a list -> 'a list` : 유형이 등록됨.

이 함수의 사상관계는 <그림 3-32>와 같다.

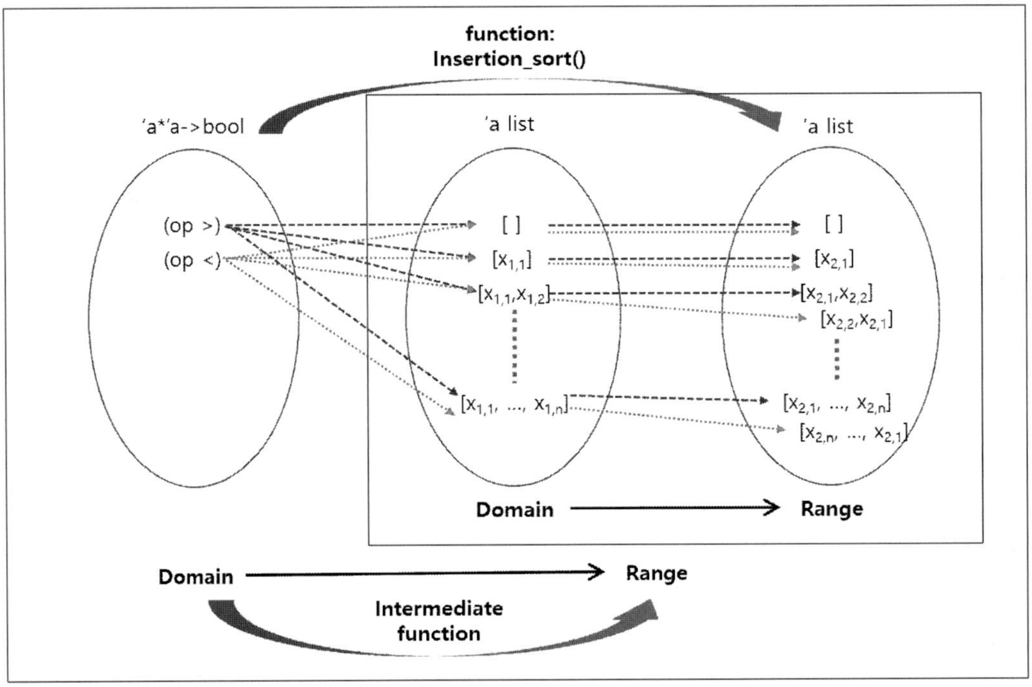


<그림 3-32> `insertion_sort` 함수의 사상도

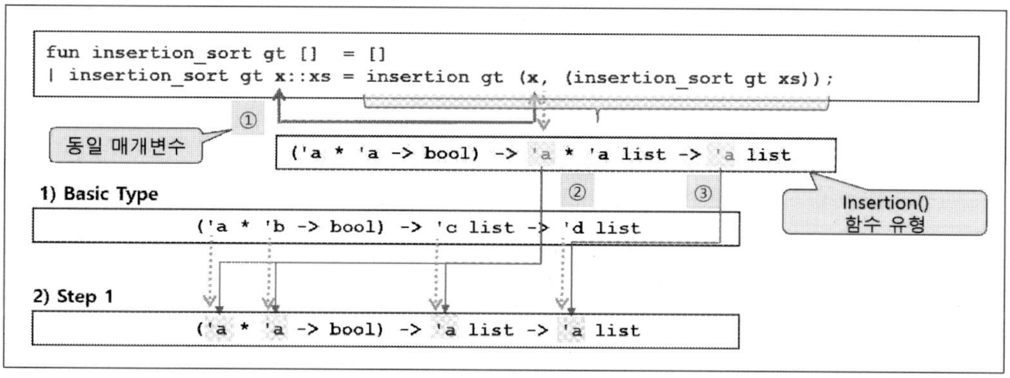


<그림 3-33> `Insertion_sort` 함수의 type checking

ML에서 함수에 대한 type checking이 어떻게 이루어지는지 알아보자. `Insertion` 함수 유형, 즉 signature가 `('a * 'a -> bool) -> 'a list -> 'a list`로 interpreter나 compiler에 의해서 판명된 근거는 <그림 3-33>과 같다. 이를 정리하면 다음과 같다:

1) Input type:
   - 매개변수 (1) : `gt` : `'a * 'b -> bool`
   - 매개변수 (2) : `x::xs` : `'c list`
   - 반환값: `insertion gt (x, (insertion_sort gt xs))` : `'d list`
2) Type Check 1: [그림의 ①] 두 번째 매개변수의 head **x**와 insertion 함수의 두 번째 매개변수의 첫 번째 요소인 **x**는 같아서, 동일한 유형이어야 함. 그리고 insertion 함수유형에 의해, x는 `'a` 유형임.
3) Type Check 2: [그림의 ②] 위 1)에 의해, `'b`와 `'c`는 `'a`임.
4) Type Check 3: [그림의 ③] 위 1)에 의해, `'d`도 `'a`임.

이런 과정을 거쳐, 최종적으로 이 함수유형이 다음과 같이 결정된다:

```
val insertion_sort = fn : ('a * 'a -> bool) -> 'a list -> 'a list
```

그러면 다음 함수에 대한 호출결과가 어떻게 산출되는지 알아보자.

```
insertion_sort (op >) [3,1,4,2];
val it = [1,2,3,4] : int list
```

<프로그램 3-71> `insertion_sort` Example: Execution

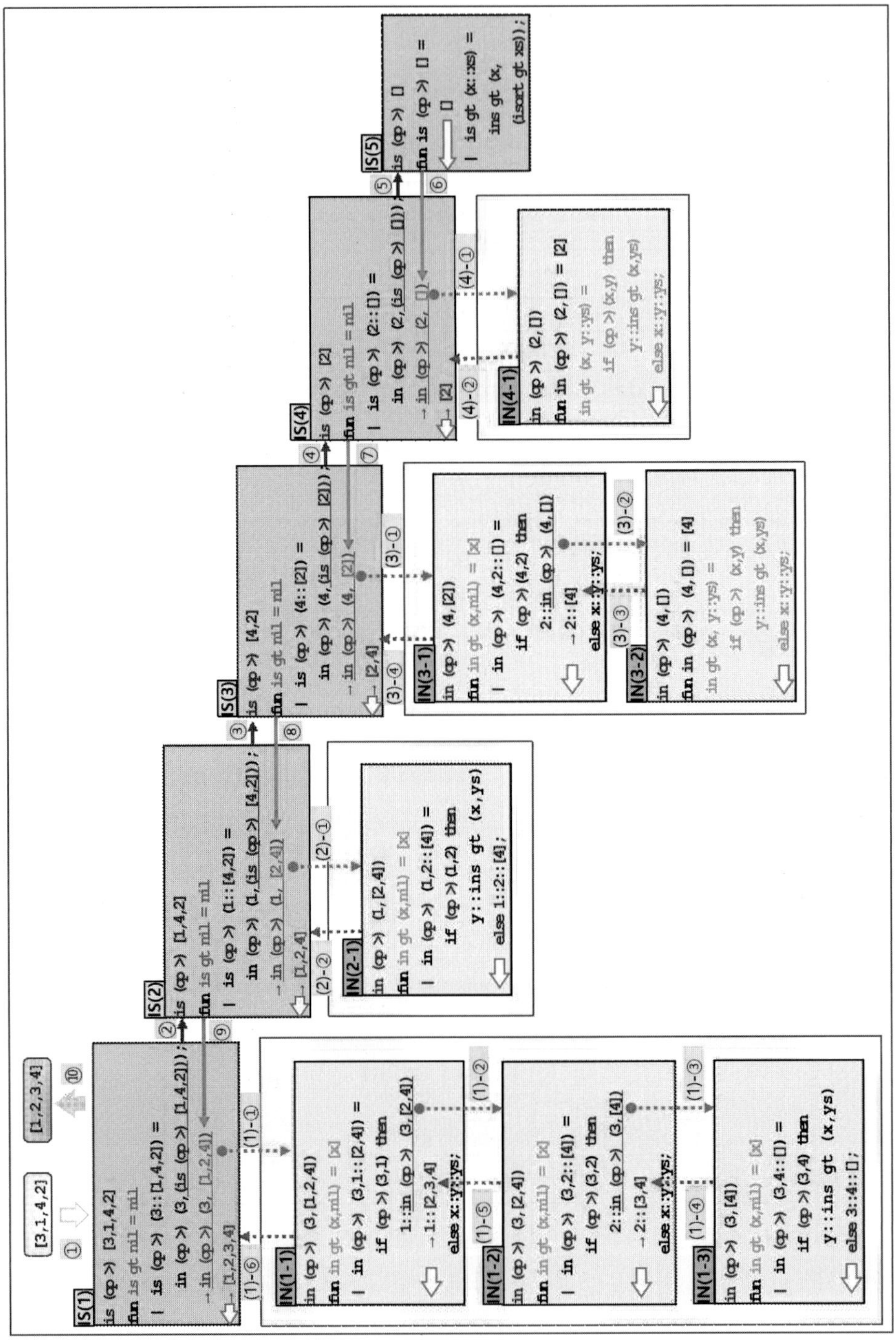

<그림 3-34> insertion_sort([ 3,1,4,2] ) : Execution

<그림 3-34>는 ML에서 <프로그램 3-71>의 `insertion_sort(op >)([3,1,4,2])` 함수가 어떻게 실행되는지를 보여준다.[291] 이를 설명하면 다음과 같다:

1) [그림의 ①] `insertion_sort(op >)([3,1,4,2])` 함수를 호출한다.
2) [그림의 IS(1)] `insertion_sort(op >)([3,1,4,2])`를 실행한다.
   - 두 번째 매개변수가 `[]`이 아니기 때문에 Pattern 2가 실행된다.
   - [그림의 ②] Pattern 2의 expression에서 두 번째 매개변수의 tail `xs`, 즉 `[1,4,2]`에 대한 재귀함수 `insertion_sort(op >)([1,4,2])`를 호출한다.
   - `insertion_sort(op >)([1,4,2])`로부터 반환값을 받은 이후 연산을 계속한다.
3) [그림의 IS(2)] `insertion_sort(op >)([1,4,2])`를 실행한다.
   - 두 번째 매개변수가 `[]`이 아니기 때문에 Pattern 2가 실행된다.
   - [그림의 ③] Pattern 2의 expression에서 두 번째 매개변수의 tail `xs`, 즉 `[4,2]`에 대한 재귀함수 `insertion_sort(op >)([4,2])`를 호출한다.
   - `insertion_sort(op >)([4,2])`로부터 반환값을 받은 이후 연산을 계속한다.
4) [그림의 IS(3)] `insertion_sort(op >)([4,2])`를 실행한다.
   - 두 번째 매개변수가 `[]`이 아니기 때문에 Pattern 2가 실행된다.
   - [그림의 ④] Pattern 2의 expression에서 두 번째 매개변수의 tail `xs`, 즉 `[2]`에 대한 재귀함수 `insertion_sort(op >)([2])`를 호출한다.
   - `insertion_sort(op >)([2])`로부터 반환값을 받은 이후 연산을 계속한다.
5) [그림의 IS(4)] `insertion_sort(op >)([2])`를 실행한다.
   - 두 번째 매개변수가 `[]`이 아니기 때문에 Pattern 2가 실행된다.
   - [그림의 ⑤] Pattern 2의 expression에서 두 번째 매개변수의 tail `xs`, 즉 `[]`에 대한 재귀함수 `insertion_sort(op >)([])`을 호출한다.
   - `insertion_sort(op >)([])`로부터 반환값을 받은 이후 연산을 계속한다.
6) [그림의 IS(5)] `insertion_sort(op >)([])`을 실행한다.
   - 두 번째 매개변수가 `[]`이기 때문에 Pattern 1이 실행된다.
   - [그림의 ⑥] Pattern 1의 expression으로 empty list, 즉 `[]`을 IS(4), 즉 `insertion_sort(op >)([2])`에 반환한다.
7) [그림의 IS(4)] `insertion_sort(op >)([2])`의 결과값을 반환하고 종료한다.

7-1) `insertion_sort(op >)([])`로부터 `[]`을 받는다.

7-2) [그림의 (4)-①] `insertion (op >) (2, [])` 호출: `[]`에 매개변수 list의 head `2` 삽입.

7-2-1) [그림의 IN(4-1)] `insertion (op >) (2, [])` 실행

291) 여기에서, `insertion_sort`를 `is`로, `insertion`을 `in`으로 표기하였다.

- 두 번째 매개변수가 [ ] 이므로 Pattern 1이 실행된다.
- [그림의 (4)-②] Pattern 1의 expression, 즉 [ 2] 가 IS(4), 즉 insertion_sort (op >) ([ 2] ) 에게 반환하고 종료한다.

7-3) [그림의 ⑦] IN(4-1), 즉 insertion (op >) (2, [ ] ) 에서 받은 [ 2] 를 IS(3), 즉 insertion_sort (op >) ([ 4, 2] ) 에게 반환하고 종료한다.

8) [그림의 IS(3)] insertion_sort (op >) ([ 4, 2] ) 의 결과값을 반환하고 종료한다.

8-1) insertion_sort (op >) ([ 2] ) 로부터 [ 2] 를 받는다.

8-2) [그림의 (3)-①] insertion (op >) (4, [ 2] ) 호출: [ 2] 에 매개변수 list의 head 4 삽입.

8-2-1) [그림의 IN(3-1)] insertion (op >) (4, [ 2] ) 실행:

- 두 번째 매개변수가 [ ] 이 아니므로 Pattern 2가 실행된다.
- [그림의 (3)-②] Pattern 2의 expression에서 x가 y보다 크기 때문에 tail ys, 즉 [ ] 에 대한 재귀함수 insertion (op >) (4,[ ] ) 을 호출한다.
- insertion (op >) (4,[ ] ) 로부터 반환값을 받은 이후 연산을 계속한다.

8-2-2) [그림의 IN(3-2)] insertion (op >) (4, [ ] ) 실행:

- 두 번째 매개변수가 [ ] 이므로 Pattern 1이 실행된다.
- [그림의 (3)-③] Pattern 1의 expression, [ 4] 를 IN(3-1), 즉 insertion (op >) (4, [ 2] ) 에게 반환하고 종료한다.

8-2-3) [그림의 IN(3-1)] insertion (op >) (4, [ 2] ) 의 결과값을 반환하고 종료한다.

- IN(3-2), 즉 insertion (op >) (4, [ ] ) 로부터 [ 4] 를 받는다.
- [그림의 (3)-④] 이에 2를 head로 하여 list, 즉 [ 2, 4] 를 IS(3), 즉 insertion_sort (op >) ([ 4, 2] ) 에게 반환하고 종료한다.

8-3) [그림의 ⑧] IN(3-1), 즉 insertion (op >) (4, [ 2] ) 에서 받은 [ 2, 4] 를 IS(2), 즉 insertion_sort (op >) ([ 1, 4, 2] ) 에게 반환하고 종료한다.

9) [그림의 IS(2)] insertion_sort (op >) ([ 1, 4, 2] ) 의 결과값을 반환하고 종료한다.

9-1) insertion_sort (op >) ([ 4, 2] ) 로부터 [ 2, 4] 를 받는다.

9-2) [그림의 (2)-①] insertion (op >) (1, [ 2, 4] ) 호출: [ 2, 4] 에 매개변수 list의 head 1 삽입.

- 9-2-1) [그림의 IN(2-1)] insertion (op >) (1, [ 2, 4] ) 실행:
- 두 번째 매개변수가 [ ] 이 아니므로 Pattern 2가 실행된다.
- [그림의 (2)-②] Pattern 2에서 x가 y보다 작기 때문에, 이의 expression 1::2::[ 4] , 즉 [ 1, 2, 4] 를 IS(2), 즉 insertion_sort (op >) ([ 1, 4, 2] ) 에게 반환하고 종료한다.

9-3) [그림의 ⑨] IN(2-1), 즉 insertion (op >) (1, [ 2, 4] ) 에서 받은 [ 1, 2, 4]

를 IS(1), 즉 insertion_sort (op >) ([ 3,1,4,2] )에게 반환하고 종료한다.

10) [그림의 IS(1)] insertion_sort (op >) ([ 3,1,4,2] )의 결과값을 반환.종료한다.

10-1) insertion_sort (op >) ([ 1,4,2] )로부터 [ 1,2,4] 를 받는다.

10-2) [그림의 (1)-①] insertion (op >) (3, [ 1,2,4] ) 호출: [ 1,2,4] 에 매개변수 list의 head 1 삽입.

10-2-1) [그림의 IN(1-1)] insertion (op >) (3, [ 1,2,4] ) 실행:

- 두 번째 매개변수가 [ ] 이 아니므로 Pattern 2가 실행된다.
- [그림의 (1)-②] Pattern 2에서 x가 y보다 크기 때문에, tail ys, 즉 [ 2,4] 에 대한 재귀함수 insertion (op >) (3,[ 2,4] )를 호출한다.
- insertion (op >) (3,[ 2,4] )로부터 반환값을 받은 이후 연산을 계속한다.

10-2-2) [그림의 IN(1-2)] insertion (op >) (3, [ 2,4] ) 실행:

- 두 번째 매개변수가 [ ] 이 아니므로 Pattern 2가 실행된다.
- [그림의 (1)-③] Pattern 2에서 x가 y보다 크기 때문에, tail ys, 즉 [ 4] 에 대한 재귀함수 insertion (op >) (3,[ 4] )를 호출한다.
- insertion (op >) (3,[ 4] )로부터 반환값을 받은 이후 연산을 계속한다.

10-2-3) [그림의 IN(1-3)] insertion (op >) (3, [ 4] ) 실행:

- 두 번째 매개변수가 [ ] 이 아니므로 Pattern 2가 실행된다.
- [그림의 (1)-④] Pattern 2에서 x가 y보다 작기 때문에, 이의 expression 3::4::[ ], 즉 [ 3,4] 를 IN(1-2), 즉, insertion (op >) (3, [ 2,4] )에게 반환하고 종료한다.

10-2-4) [그림의 IN(1-2)] insertion (op >) (3, [ 2,4] ) 반환:

- [그림의 (1)-③]에서 [그림의 (1)-④]로부터 반환 받은 [ 3,4] 와 y의 값인 2를 ::(cons) 연산한다. 즉, 2::[ 3,4] 의 결과 값인 [ 2,3,4] 를 IN(1-1), 즉, insertion (op >) (3, [ 1,2,4] )에게 반환하고 종료한다.

10-2-5) [그림의 IN(1-1)] insertion (op >) (3, [ 1,2,4] ) 반환:

- [그림의 (1)-②]에서 [그림의 (1)-③]로부터 반환 받은 [ 2,3,4] 와 y의 값인 1을 ::(cons) 연산한다. 즉, 1::[ 2,3,4] 의 결과 값인 [ 1,2,3,4] 를 IS(1), 즉, insertion_sort (op >) ([ 3,1,4,2] )에게 반환하고 종료한다.

10-3) [그림의 ⑩] IN(1-1), 즉 insertion (op >) (3, [ 1,2,4] )에서 받은 [ 1,2,3,4] 를 Environment에 반환하고 종료한다.

insertion_sort (op >) [ 3,1,4,2] ) 함수유형을 확인해 보면, 입력된 [ 3,1,4,2] ) 유형이 int List고, 출력된 [ 1,2,3,4] 유형이 int list이므로, 즉 insertion_sort 함수유형 ('a * 'a -> bool) -> 'a list -> 'a list에 type parameter인 'a에 int 유형이 대입된 형식에 적합한 insertion_sort 함수유형임을 확인할 수 있다.

### 3.5.6.1 연습 문제

ML code

```
fun f(nil) = nil
 |  f([x]) = [x]
 |  f(x::y::zs) = [x, y];
val f = fn : 'a list -> 'a list

fun g(x, y) = (f(x), f(y));
val g = fn : 'a list * 'b list -> 'a list * 'b list

fun h(x, y) =
   let val v = f(nil)
   in
      (x::v, y::v)
   end;
val h = fn : 'a * 'a -> 'a list * 'a list
```

1. 다음과 같은 동작을 하는 함수 **f**, **g**, **h**가 주어질 때, 다음 함수의 호출결과와 이유를 작성하시오. (오류가 발생하는 경우, 오류의 원인을 서술하시오.)

   1-1) `g([ 1,2,3] , [ "a"] );`

   1-2) `h(1, 2);`

   1-3) `g([ 1,2,3] , nil);`

   1-4) `h(nil, nil);`

## 3.5.7 Partial Instantiation

다음은 **insertion_sort** 함수에 대한 Partial Instantiation에 대해 알아보자. 다음 예제는 위 **insertion_sort** 예제에서 사용되었던 비교함수 **gt**를 integer에 한정한 함수 **igt**를 정의하고, 이 함수를 **insertion_sort**의 첫 번째 매개변수인 **gt**에 대입해 partial instantiation인 **iisort**를 생성한다. 즉 **int list**를 입력하면 **int list**를 반환하는 함수를 생성시킨 것이다.

```
fun igt(x:int,y) = x > y;
val igt = fn : int * int -> bool
val iisort = insertion_sort igt;
val iisort = fn : int list -> int list
```

<프로그램 3-72> **iisort** Example

<프로그램 3-72>를 간단하게 설명하면 다음과 같다:

1) [L1] **igt** 함수 선언: 정수 비교 함수.
2) [L2] **igt** 함수 등록: **int * int -> bool** 유형
3) [L3] **iisort** 함수 선언: Intermediate function 생성.
   - **insertion_sort**의 첫 번째 매개변수인 **gt**에 **igt** 대입.
   - Partial instantiation.
4) [L4] **iisort** 함수 선언: **int list -> int list**

즉 **insertion_sort igt**의 결과, **int list**를 입력하면 **int list**를 반환하는 함수, 즉 **iisort** 함수가 반환되었다.

### Example E.3-12) iisort Example

그럼, 여기에서, ML의 type checking에 의해서, 최종적으로, **iisort**의 함수유형이 어떻게 **int list -> int list**로 판명되었는지 알아보자.

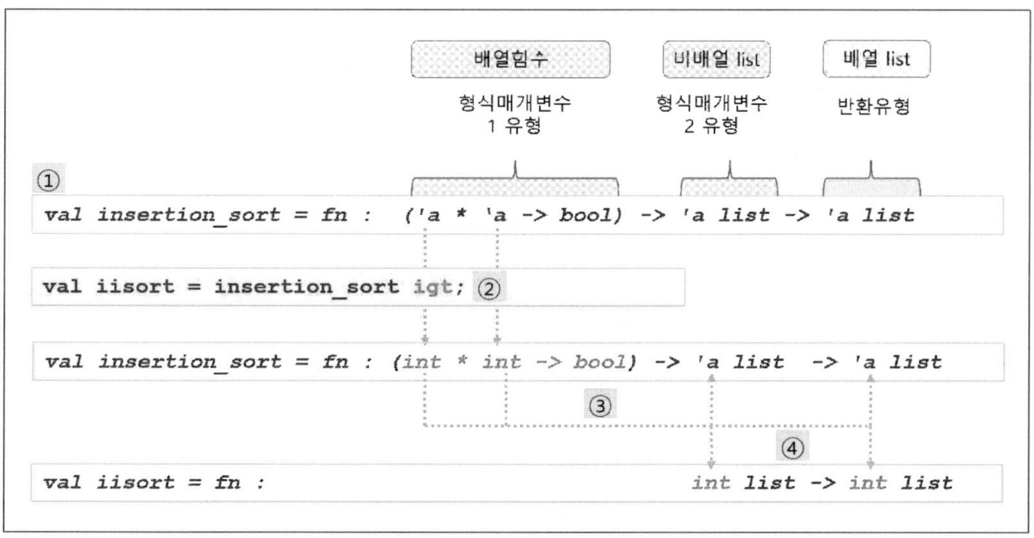


<그림 3-35> **iisort** type checking

<그림 3-35>에서 진행된 **iisort** 함수에 대한 type 판명은 다음과 같은 절차를 통해 진행되었다:

1) [그림의 ①] `insertion_sort` 함수유형이 정의되었다.
2) [그림의 ②] `insertion_sort`의 첫 번째 매개변수인 `gt`의 유형인 `'a * 'a -> bool`인데, type parameter `'a`에 `int`로 대입한 유형, 즉 `int * int -> bool`을 가진 `igt`로 이 매개변수를 대입한 결과,
3) [그림의 ③] `insertion_sort`의 두 번째 매개변수 유형도 `'a list`에서 `int list`로 바뀌고, 반환유형도 동일하게 `'a list`에서 `int list`로 바뀐다.
4) [그림의 ④] 결과 `iisort` 함수유형이 `int list -> int list`가 된다.

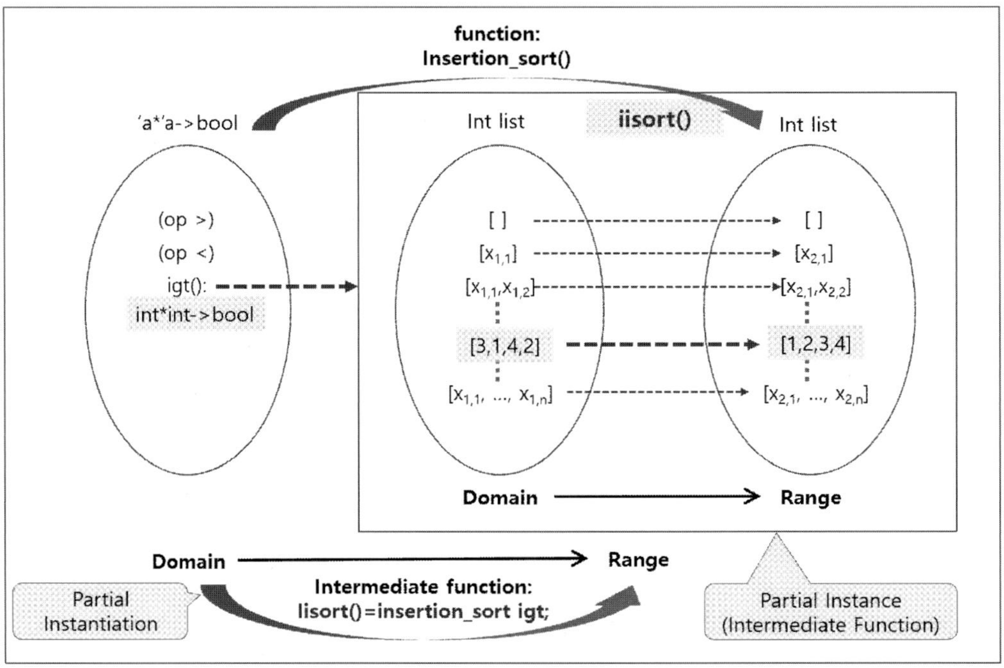


<그림 3-36> `iisort` 함수의 사상도

이렇게 partial instantiation으로 생성된 `iisort` 함수가 어떻게 실행되는지 알아보자. 다음은 이 함수에 `[3,1,4,2]` list를 실질매개변수로 대입하여 얻은 결과, 즉 `[1,2,3,4]` 이다. 이 결과가 어떻게 반환되었는지 알아보자(<그림 3-36> 참조).

```
iisort([3,1,4,2]);
val it = [1,2,3,4] : int list
```

<프로그램 3-73> `iisort` Example

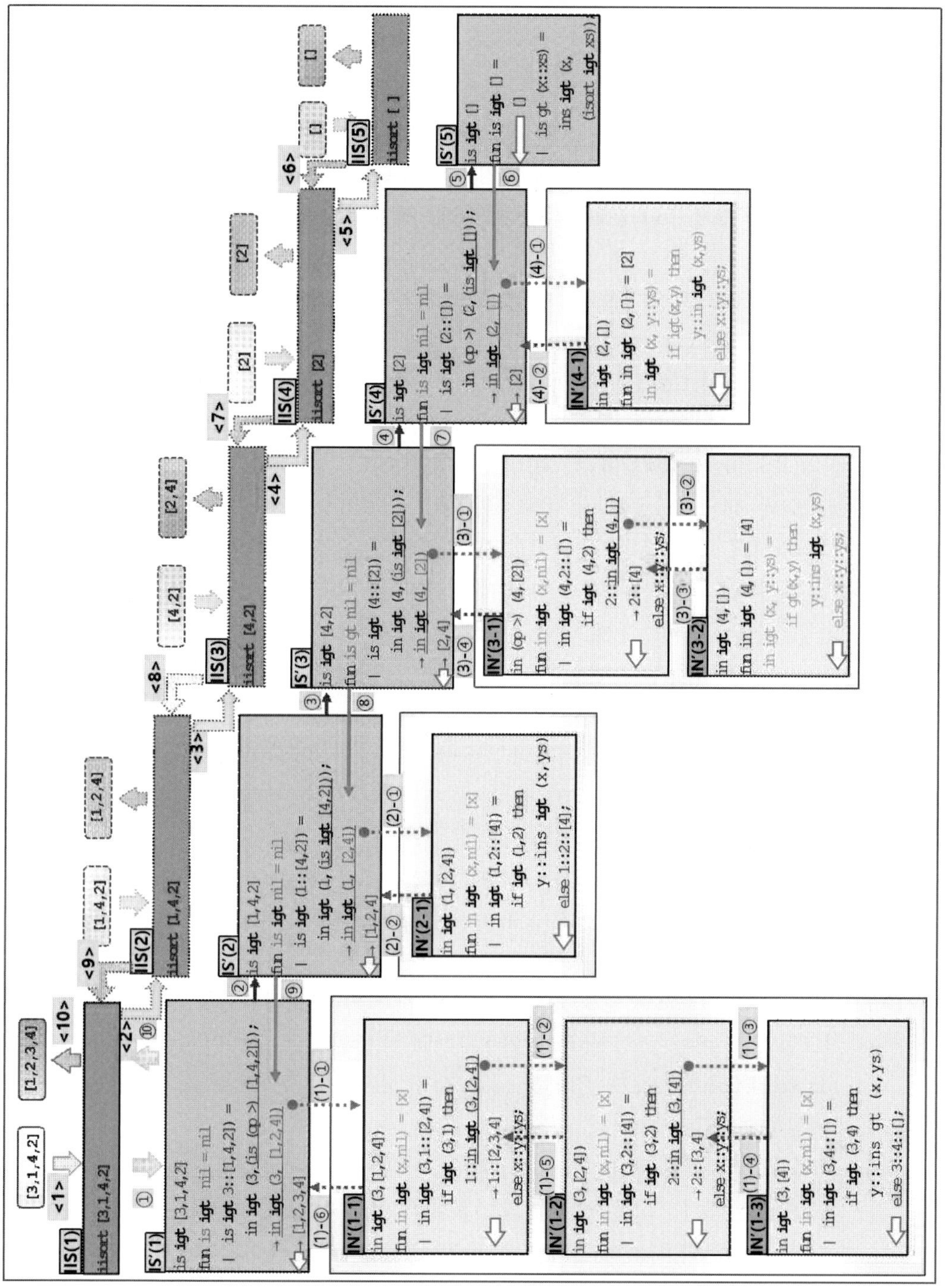

<그림 3-37> `iisort([ 3, 1, 4, 2] )` Example: Execution

<그림 3-37>은 <프로그램 3-73>의 `iisort([3,1,4,2])` 함수가 이론적인 관점에서 어떻게 실행되는지를 보여준다. 이를 정리하면, 다음과 같다:

1) [그림의 <1>] `iisort([3,1,4,2])`를 호출한다.
2) [그림의 IIS(1)] `iisort(3::[1,4,2])`를 실행한다.
   - [그림의 <2>] tail `[1,4,2]`에 대해 재귀함수 `iisort([1,4,2])`를 호출한다.
   - `iisort([1,4,2])`로부터 반환값을 받은 후에 연산을 계속한다.
3) [그림의 IIS(2)] `iisort(1::[4,2])`를 실행한다.
   - [그림의 <3>] tail `[4,2]`에 대해 재귀함수 `iisort([4,2])`를 호출한다.
   - `iisort([4,2])`로부터 반환값을 받은 후에 연산을 계속한다.
4) [그림의 IIS(3)] `iisort(4::[2])`를 실행한다.
   - [그림의 <4>] tail `[2]`에 대해 재귀함수 `iisort([2])`를 호출한다.
   - `iisort([2])`로부터 반환값을 받은 후에 연산을 계속한다.
5) [그림의 IIS(4)] `iisort(2::[])`을 실행한다.
   - [그림의 <5>] tail `[]`에 대해 재귀함수 `iisort([])`을 호출한다.
   - `iisort([])`로부터 반환값을 받은 후에 연산을 계속한다.
6) [그림의 IIS(5)] `iisort([])`을 실행하고 종료한다.
   - [그림의 <6>] `[]`에 대해 `[]`을 IIS(4), 즉 `iisort([2])`에게 반환하고 종료한다.
7) [그림의 IIS(4)] `iisort([2])`의 결과값을 반환하고 종료한다.
   - [그림의 <7>] `iisort([])`로부터 반환값으로 받은 `[]`에 2를 `insertion`하고, 그 결과값, `[2]` 를 IIS(3), 즉 `iisort([4,2])`에게 반환하고 종료한다.
8) [그림의 IIS(3)] `iisort([4,2])`의 결과값을 반환하고 종료한다.
   - [그림의 <8>] `iisort([2])`로부터 반환값으로 받은 `[2]`에 4를 `insertion`하고, 그 결과값, `[2,4]`를 IIS(2), 즉 `iisort([1,4,2])`에게 반환하고 종료한다.
9) [그림의 IIS(2)] `iisort([1,4,2])`의 결과값을 반환하고 종료한다.
   - [그림의 <9>] `iisort([4,2])`로부터 반환값으로 받은 `[2,4]`에 1을 `insertion`하고, 그 결과값, `[1,2,4]`를 IIS(1), 즉 `iisort([3,1,4,2])`에게 반환하고 종료한다.
10) [그림의 IIS(1)] `iisort([3,1,4,2])`의 결과값을 반환하고 종료한다.
   - [그림의 <10>] `iisort([1,4,2])`로부터 반환값으로 받은 `[1,2,4]`에 3을 `insertion`하고, 그 결과값, `[1,2,3,4]`를 Environment에 반환하고 종

료한다.

하지만 실제, `iisort([ 3,1,4,2] )` 함수의 실행은 이렇게 이론적으로 전개되지 않는다. 이 함수가 실제 실행되는 과정을, 간단하게 정리하면, 다음과 같다:

1) [그림의 <1>] `iisort([ 3,1,4,2] )`를 호출한다.
2) [그림의 IIS(1)] `iisort(3::[ 1,4,2] )`를 실행한다.
3) [그림의 ①] `insertion_sort` ***igt*** `[ 3,1,4,2]` 함수를 호출한다.
4) [그림의 IS'(1)] `insertion_sort` ***igt*** `[ 3,1,4,2]` 를 실행한다.
   - [그림의 ②] `[ 1,4,2]` 에 대한 재귀함수 `insertion_sort` ***igt*** `([ 1,4,2] )`를 호출한다.
5) [그림의 IS'(2)] `insertion_sort` ***igt*** `([ 1,4,2] )`를 실행한다.
   - [그림의 ③] `[ 4,2]` 에 대한 재귀함수 `insertion_sort` ***igt*** `([ 4,2] )`를 호출한다.
6) [그림의 IS'(3)] `insertion_sort` ***igt*** `([ 4,2] )`를 실행한다.
   - [그림의 ④] `[ 2]` 에 대한 재귀함수 `insertion_sort([ 2] )`를 호출한다.
7) [그림의 IS'(4)] `insertion_sort` ***igt*** `([ 2] )`를 실행한다.
   - [그림의 ⑤] `[ ]` 에 대한 재귀함수 `insertion_sort([ ] )`을 호출한다.
8) [그림의 IS'(5)] `insertion_sort` ***igt*** `([ ] )`을 실행한다.
   - [그림의 ⑥] `[ ]` 을 IS'(4)에 반환하고 종료한다.
9) [그림의 IS'(4)] `insertion_sort` ***igt*** `([ 2] )`의 결과값을 반환하고 종료한다.

9-1) IS'(5)로 부터 `[ ]` 를 받는다.

9-2) [그림의 (4)-①] `insertion` ***igt*** `(2, [ ] )` 호출: `[ ]` 에 매개변수 list의 head `2` 삽입.

9-2-1) [그림의 IN'(4-1)] `insertion` ***igt*** `(2, [ ] )` 실행:
   - [그림의 (4)-②] `[ 2]` 가 IS'(4)에게 반환하고 종료한다.

9-3) [그림의 ⑦] IN'(4-1), 즉 `insertion` ***igt*** `(2, [ ] )`에서 받은 `[ 2]` 를 IS'(3)에게 반환하고 종료한다.

10) [그림의 IS'(3)] `insertion_sort` ***igt*** `([ 4,2] )`의 결과값을 반환하고 종료한다.

10-1) IS'(4)로부터 `[ 2]` 를 받는다.

10-2) [그림의 (3)-①] `insertion` ***igt*** `(4, [ 2] )` 호출: `[ 2]` 에 매개변수 list의 head `4` 삽입.

10-2-1) [그림의 IN'(3-1)] `insertion` ***igt*** `(2, [ 4] )` 실행:

- [그림의 (3)-②] [ ] 에 대한 재귀함수 insertion *igt* (4,[ ] )을 호출한다.

10-2-2) [그림의 IN'(3-2)] insertion *igt* (4, [ ] ) 실행:

- [그림의 (3)-③] [ 4] 를 IN'(3-1)에게 반환하고 종료한다.
- 8-2-3) [그림의 IN'(3-1)] insertion *igt* (2, [ 4] )의 결과값을 반환하고 종료한다:
- IN'(3-2), 즉 insertion *igt* (2, [ 4] )로부터 [ 4] 를 받는다.
- [그림의 (3)-④] 이에 2를 head로 하여 list, 즉 [ 2, 4] 를 IS'(3)에게 반환하고 종료한다.

10-3) [그림의 ⑧] IN'(3-1)에서 받은 [ 2, 4] 를 IS'(2)에게 반환하고 종료한다.

11) [그림의 IS'(2)] insertion_sort *igt* ([ 1, 4, 2] )의 결과값을 반환하고 종료한다.

11-1) insertion_sort *igt* ([ 4, 2] )로부터 [ 2, 4] 를 받는다.

11-2) [그림의 (2)-①] insertion *igt* (1, [ 2, 4] ) 호출: [ 2, 4] 에 매개변수 list의 head 1 삽입.

11-2-1) [그림의 IN'(2-1)] insertion *igt* (1, [ 2, 4] ) 실행:

- [그림의 (2)-②] [ 1, 2, 4] 를 IS'(2)에게 반환하고 종료한다.

11-3) [그림의 ⑨] IN'(2-1), 즉 insertion *igt* (1, [ 2, 4] )에서 받은 [ 1, 2, 4] 를 IS'(1)에게 반환하고 종료한다.

12) [그림의 IS'(1)] insertion_sort *igt* ([ 3, 1, 4, 2] )의 결과값을 반환하고 종료한다.

12-1) insertion_sort *igt* ([ 1, 4, 2] )로부터 [ 1, 2, 4] 를 받는다.

12-2) [그림의 (1)-①] insertion *igt* (3, [ 1, 2, 4] ) 호출: [ 1, 2, 4] 에 매개변수 list의 head 1 삽입.

12-2-1) [그림의 IN'(1-1)] insertion *igt* (3, [ 1, 2, 4] ) 실행:

- [그림의 (1)-②] [ 2, 4] 에 대한 재귀함수 insertion *igt* (3,[ 2, 4] )를 호출한다.

12-2-2) [그림의 IN'(1-2)] insertion *igt* (3, [ 2, 4] ) 실행:

- [그림의 (1)-③] [ 4] 에 대한 재귀함수 insertion *igt* (3,[ 4] )를 호출한다.

12-2-3) [그림의 IN'(1-3)] insertion *igt* (3, [ 4] ) 실행:

- [그림의 (1)-④] [ 3, 4] -> [그림의 (1)-⑤] [ 2, 3, 4] -> [그림의 (1)-⑥] [ 1, 2, 3, 4] 를 순서대로 반환하여 최종적으로 IS'(1)에게 반환하고 종료한다.

12-3) [그림의 ⑩] IN'(1-1), 즉 insertion *igt* (3, [ 1, 2, 4] )에서 받은

[ 1,2,3,4] 를 **iisort**([ 3,1,4,2] )에 반환하고 종료한다.

이론적으로는 **iisort**([ 3,1,4,2] ) 관점에서 전개되는 것처럼 보이지만, 실제는 **insertion_sort igt** [ 3,1,4,2] 관점에서 전개되는 것을 확인할 수 있다.

프로그램언어의 중요성 중 하나는 추상화다. 처음 **insertion_sort**를 정의하는 과정에서 **gt** 함수가 원 **insertion_sort** 함수의 **recursion**에 혼란을 초래할 수도 있다. 이 때문에 **iisort**를 정의한다면, **gt** 함수의 기능을 은닉시키고 **sort**의 재귀성만을 부각시킬 수 있다.

또 다른 하나의 관점은 이런 **partial instantiation**을 통해서, **sort**의 조건을 사전에 규정할 수 있다는 점이다. 즉 1) **insertion** 방식과 2) **int**로 한정한다면, 추상적인 관점에서, 더 용이하게 **sort** 함수를 활용할 수 있기 때문이다.

결과적으로 산출된 **iisort** [ 3,1,4,2] ) 힘수유형을 확인해 보면, 입력된 [ 3,1,4,2] 의 유형이 **int List**고, 출력된 [ 1,2,3,4] 의 유형이 **int list**이므로, 즉 **iisort** 함수유형인 **int list -> int list**임을 확인할 수 있다.

### 3.5.7.1 연습 문제

1. 다음 ML code는 **exp** 함수다. **exp** 함수는 첫 번째 매개변수를 **x**, 두 번째 매개변수를 **y** 라고 할 때, $x^y$를 계산하는 함수다.

ML : exp

```
fun exp x, 0 = 1
 |   exp x, y = x * exp x, (y-1);
val exp = fn : int -> int -> int
```

1-1) 위와 같이 **exp** 함수가 주어질 때, 다음 함수 g의 함수유형을 작성하시오.

```
val g = exp 3;
```

1-2) 다음 code의 결과와 데이터 유형은 무엇이며, 결과의 이유를 서술하시오.

```
g 4;
```

### 3.5.8 High Order Function

ML에서, 함수유형은 어떤 제약조건도 없다. 함수의 사상성292)에 있어, 어떤 유형도, 함수의 정의역과 치역이 될 수 있기 때문이다. 이를 다시 정리하면, 다음과 같다:

- $T_1$과 $T_2$가 어떤 유형이라고 한다면, 함수의 관점에서, $T_1$을 정의역으로 하고, $T_2$를 치역으로 하는, $T_1 \rightarrow T_2$는 합법적인 함수유형이 된다.
- 함수에서 매개변수가 하나 이상의 함수로 정의된 함수를 high-order 함수라고 한다.293)

간단한 예를 들어보자. 다음 함수는 list의 각 원소에 함수 **F**를 적용하는 **map**이라는 함수다.

#### Example E.3-13) map Example

```
1  fun map F nil = nil
2   | map F (x::xs) = F(x)::map F xs;
3  val map = fn : ('a->'b)->'a list->'b list
```

<프로그램 3-74> **map** Example

이 코드를 간단하게 설명하면 다음과 같다:

1) [L1] function **map** 선언 (1) : Pattern 1 - Base Case.
   - 매개변수: Curried Form.
     - **F : 'a -> 'b** : 원소 변형 함수.
     - **[] : 'a list** : 원소 list.
   - 반환값 : Empty list, [] 반환.
2) [L2] function 선언 (2) : Pattern 2 - Inductive Case.
   - 매개변수: Curried Form.

292) Mapping property

293) Order의 정의는 다음과 같다:
(1) Base case: 함수의 매개변수나 반환값이 함수가 아닌 경우는 1차(1st-order)라고 한다.
(2) Inductive case: 함수의 매개변수나 반환값이 n 함수일 경우, 본 함수를 (n+1)-차 ((n+1)-th order) 함수라고 한다.

- ◦ **F**       **: 'a -> 'b**       : 원소 변형 함수.
- ◦ **x::xs : 'a list**       : 원소 list.
- 반환값 : Sort된 list 반환 - **'b list**
  - **F(x)**의 결과값을 **head**로,
  - tail **xs**에 대해 재귀함수 호출 후 반환값을 tail로 한 새로운 list 반환.

3) [L3] Environment에 등록된 함수의 signature:

- **val map = fn :**       : **map** 함수의
- **('a -> 'b) -> 'a list -> 'b list**       : 유형이 등록됨.

**map** 함수의 사상관계를 보면 <그림 3-38>과 같다.

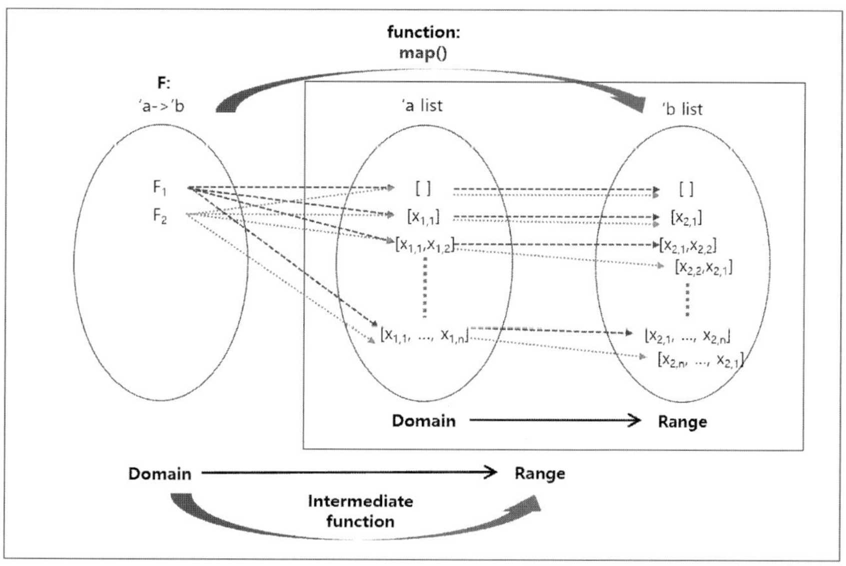


<그림 3-38> **map** 함수의 사상도

간단한 예를 적용해 보자. 다음은 **++** 함수를 정의하여, 이름 list **[ 1,2,3]** 에 적용한 **map** 함수의 예다.

```
fun ++ x = x+1;
val ++ = fn : int->int
map ++ [1,2,3];
val it = [2,3,4] : int list
```

<프로그램 3-75> **map** Example

이 코드에 대해 간단하게 설명하면 다음과 같다:

1) [L1] 함수 ++ 선언:
   - 정의역: `int x`[294]
   - 치역: `int x+1`
2) [L2] 함수 ++ 등록: *`fn : int->int`*
3) [L3] 함수 호출: `map ++ [ 1,2,3] ;`
4) [L4] 함수 반환값: `[ 2,3,4]`

<그림 3-39>는 `map ++ [ 1,2,3]` 의 사상관계를 보여준다.

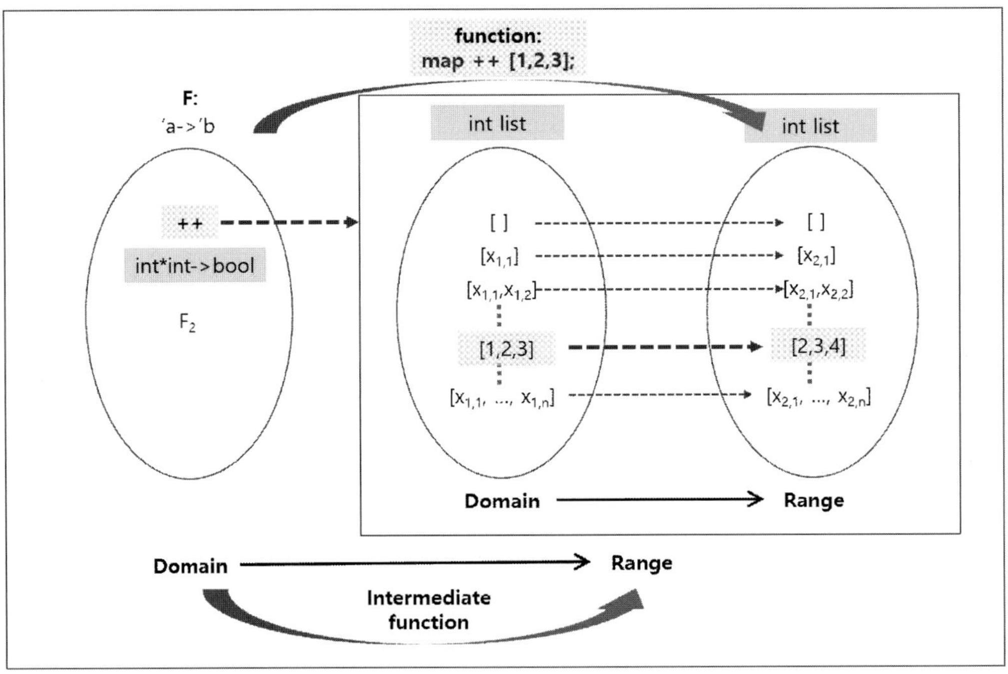


<그림 3-39> `map ++ [ 1,2,3]` 함수의 사상도

294) `x`가 `int`인 것은 `x+1` 연산에서 `1`이 `int`이기 때문이다.

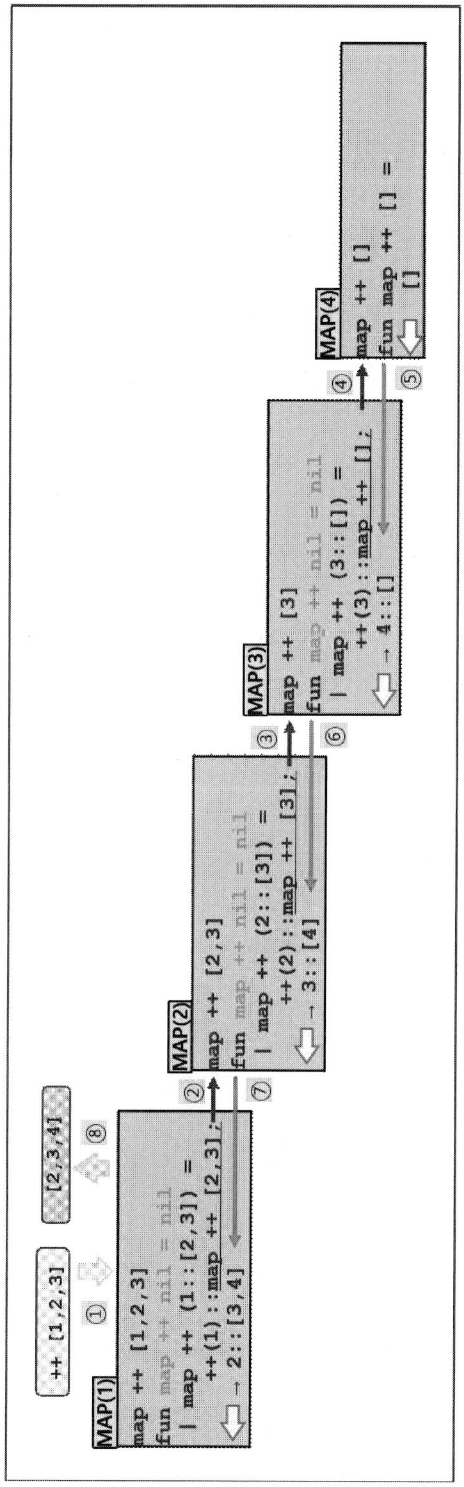


<그림 3-40> map ++ [ 1, 2, 3] : Execution

<그림 3-40>은 ML에서 <프로그램 3-75>의 `map ++ [ 1,2,3]` 함수가 어떻게 실행되는지를 보여준다. 이를 설명하면 다음과 같다:

1) [그림의 ①] `map ++ [ 1,2,3]` 함수를 호출한다.
2) [그림의 MAP(1)] `map ++ [ 1,2,3]` 을 실행한다.
   - 두 번째 매개변수가 `[ ]` 이 아니기 때문에 Pattern 2가 실행된다.
   - [그림의 ②] Pattern 2의 expression에서 두 번째 매개변수의 tail **xs**, 즉 `[ 2,3]` 에 대한 재귀함수 `map ++ [ 2,3]` 을 호출한다.
   - MAP(1), 즉 `map ++ [ 2,3]` 으로부터 반환값을 받은 이후 연산을 계속한다.
3) [그림의 MAP(2)] `map ++ [ 2,3]` 을 실행한다.
   - 두 번째 매개변수가 `[ ]` 이 아니기 때문에 Pattern 2가 실행된다.
   - [그림의 ③] Pattern 2의 expression에서 두 번째 매개변수의 tail **xs**, 즉 `[ 3]` 에 대한 재귀함수 `map ++ [ 3]` 을 호출한다.
   - MAP(3), 즉 `map ++ [ 3]` 으로부터 반환값을 받은 이후 연산을 계속한다.
4) [그림의 MAP(3)] `map ++ [ 3]` 을 실행한다.
   - 두 번째 매개변수가 `[ ]` 이 아니기 때문에 Pattern 2가 실행된다.
   - [그림의 ④] Pattern 2의 expression에서 두 번째 매개변수의 tail **xs**, 즉 `[ ]` 에 대한 재귀함수 `map ++ [ ]` 을 호출한다.
   - MAP(4), 즉 `map ++ [ ]` 로부터 반환값을 받은 이후 연산을 계속한다.
5) [그림의 MAP(4)] `map ++ [ ]` 을 실행한 후에 종료한다.
   - 두 번째 매개변수가 `[ ]` 이기 때문에 Pattern 1이 실행된다.
   - [그림의 ⑤] MAP(3), 즉 `[ ]` 을 MAP(3)에게 반환하고 종료한다.
6) [그림의 MAP(3)] MAP(2), 즉 `map ++ [ 3]` 의 결과값을 반환하고 종료한다.
   - `map ++ [ ]` 로부터 `[ ]` 을 받는다.
   - [그림의 ⑥] 여기에 `++(3)`의 결과값, 즉 4를 head로 한 list `[ 4]` 를 MAP(2)에게 반환하고 종료한다.
7) [그림의 MAP(2)] MAP(1), 즉 `map ++ [ 2,3]` 의 결과값을 반환하고 종료한다.
   - `map ++ [ 3]` 으로부터 `[ 4]` 를 받는다.
   - [그림의 ⑦] 여기에 `++(2)`의 결과값, 즉 3을 head로 한 list `[ 3,4]` 를 MAP(1)에게 반환하고 종료한다.
8) [그림의 MAP(1)] MAP(1), 즉 `map ++ [ 1,2,3]` 의 결과값을 반환하고 종료한다.
   - `map ++ [ 2,3]` 으로부터 `[ 3,4]` 를 받는다.
   - [그림의 ⑧] 여기에 `++(1)`의 결과값, 즉 2를 head로 한 list `[ 2,3,4]` 를 반환하고 종료한다.

또 다른 예를 들어보자.

```
1  map (fn x => x+1) [1,2,3];
2  val it = [2,3,4] : int list
```

<프로그램 3-76> `map` Example

이 코드에 대해 간단하게 설명하면 다음과 같다:

1) [L1] 함수 호출: `map (fn x => x+1) [ 1, 2, 3] ;`
   - Anonymous 함수: `(fn x => x+1)`
2) [L2] 함수 반환값: `[ 2, 3, 4]`

<그림 3-41>은 이 `map (fn x => x+1) [ 1, 2, 3]` 의 사상관계를 보여준다.

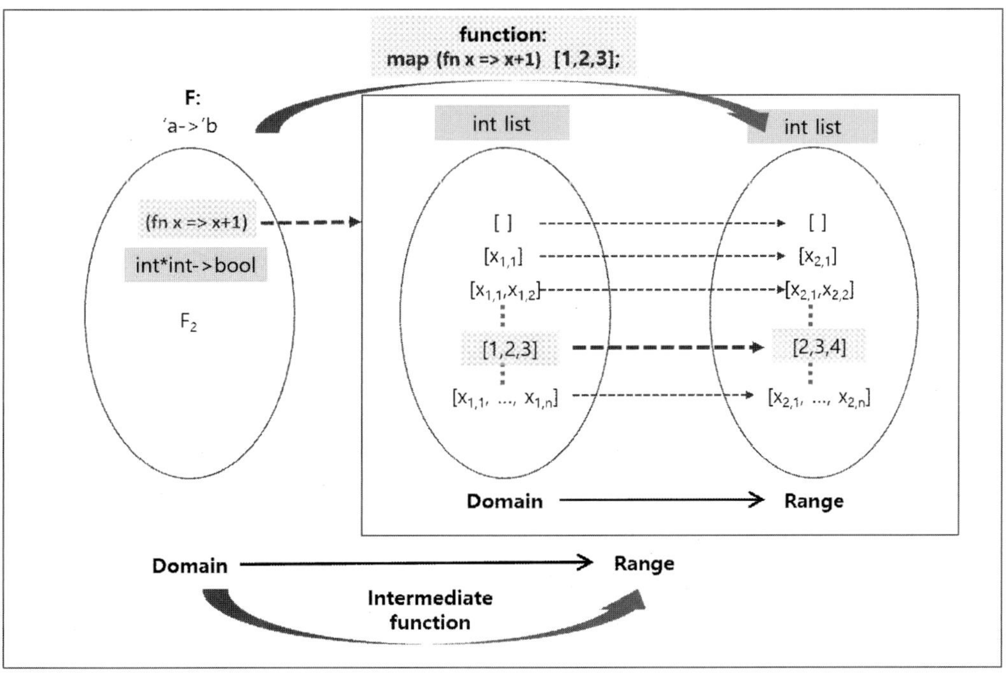


<그림 3-41> `map (fn x => x+1) [ 1, 2, 3]` 함수의 사상도

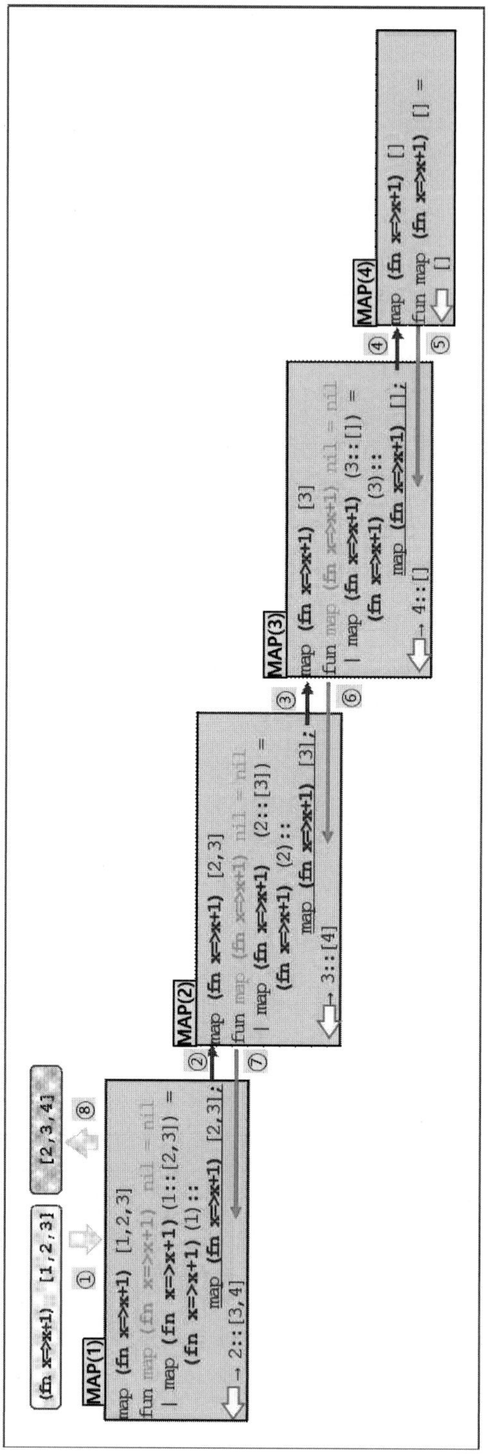


<그림 3-42> `map (fn x => x+1) [ 1,2,3]` : Execution

<그림 3-42>에서 보여주는 바와 같이, `map (fn x => x+1) [1,2,3]`은 위 예제, `map ++ [1,2,3]`과 유사하게 실행된다.

## Example E.3-14) listSq Example

그러면 이번에는 **map** 함수를 기반으로 한 partial instantiation 예를 보자.

```
val listSq = map(fn x => x*x:int);
val listSq = fn : int list -> int list
```

<프로그램 3-77> **map** Example

이 코드에 나오는 **val listSq** 함수는 **map** 함수에 anonymous 함수인 **(fn x => x*x:int)**로 partial instantiation시킨 intermediate 함수, 즉 partial instance다. 이 함수에 대한 사상관계는 <그림 3-43>과 같다.

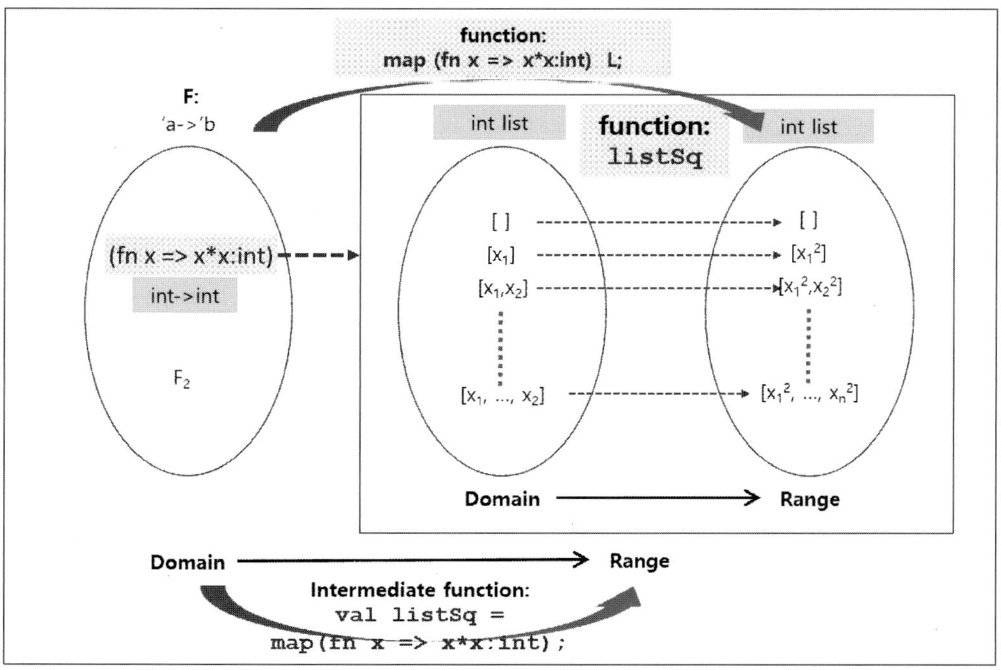


<그림 3-43> **listSq** 함수 partial instance: 사상도

<프로그램 3-77>을 간단하게 설명하면 다음과 같다:

1) [L1] **listSq** 함수 선언: Intermediate function 생성.
   - **map**의 첫 번째 매개변수인 **F**에 anonymous 함수인 **(fn x => x*x:int)** 를 대입하여, partial instance 생성.
2) [L2] **listSq** 함수 등록: **int list -> int list**

Anonymous 함수인 **(fn x => x*x:int)**에 F의 함수유형 **'a -> 'b** 에서 **'a**와 **'b** 가 각각 **int**로 대입됨으로써 **listSq**의 유형이 **int list -> int list**로 판명되었다. 즉 **listSq**는 **int list**를 입력하면 **int list**를 반환하는 함수, 즉 **iisort** 함수가 된다.

다음은 이 중간 함수 (intermediate function) **listSq**가 어떻게 작동되는지 알아보자. 아래는, **listSq** 함수에 **int list [1,2,3]** 을 입력하여 **int list [1,4,9]** 를 반환받은 예다.

```
listSq([1,2,3]);
val it = [1,4,9] : int list
```

<프로그램 3-78> **listSq** Example

<그림 3-44>는 함수가 <프로그램 3-78>의 **listSq([1,2,3])**이 이론적인 관점에서 어떻게 실행되는지를 보여준다. 이를 정리하면, 다음과 같다:

1) [그림의 <1>] **listSq([1,2,3])**을 호출한다.
2) [그림의 LS(1)] **listSq(1::[2,3])**을 실행한다.
   - [그림의 <2>] tail **[2,3]** 에 대해 재귀함수 **listSq([2,3])**을 호출한다.
   - **listSq([2,3])**으로부터 반환값을 받은 후에 연산을 계속한다.
3) [그림의 LS(2)] **listSq(2::[3])**을 실행한다.
   - [그림의 <3>] tail **[3]** 에 대해 재귀함수 **listSq([3])**을 호출한다.
   - **listSq([3])**으로부터 반환값을 받은 후에 연산을 계속한다.
4) [그림의 LS(3)] **listSq(3::[])**을 실행한다.
   - [그림의 <4>] tail **[]** 에 대해 재귀함수 **listSq([])**을 호출한다.
   - **listSq([])**로부터 반환값을 받은 후에 연산을 계속한다.

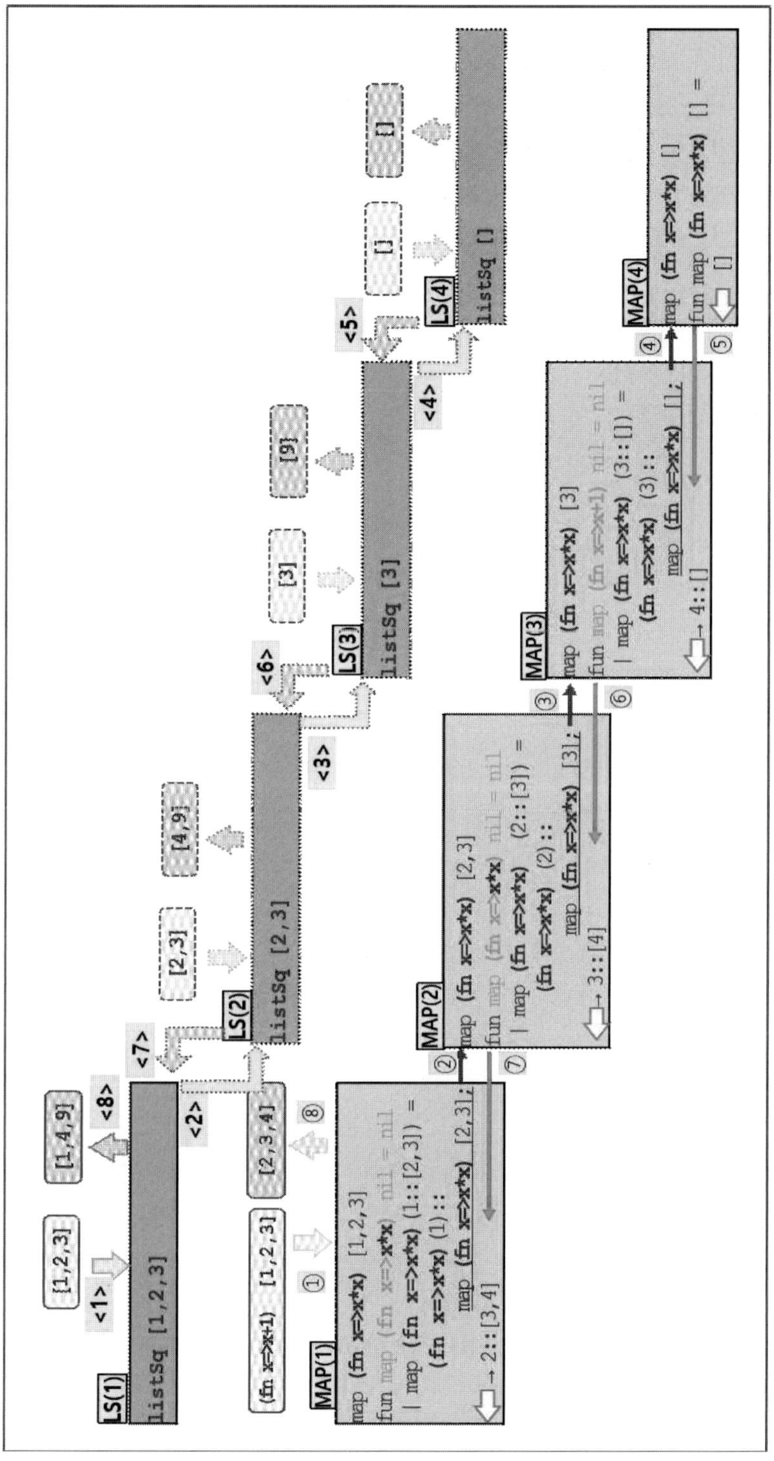


<그림 3-44> `listSq([ 1,2,3] )` 실행

5) [그림의 LS(4)] `listSq([ ])`을 실행하고 종료한다.
   - [그림의 <5>] `[ ]`을 LS(3), 즉 `listSq([ 3])`에게 반환하고 종료한다.
6) [그림의 LS(3)] `listSq([ 3])`의 결과값을 반환하고 종료한다.
   - [그림의 <6>] `listSq([ ])`로부터 반환값으로 받은 `[ ]`에 3을 자승한 값, 즉 9를 head로 연결한 list, 즉 `[ 3]`을 LS(2), 즉 `listSq([ 2,3])`에게 반환하고 종료한다.
7) [그림의 LS(2)] `listSq([ 2,3])`의 결과값을 반환하고 종료한다.
   - [그림의 <7>] `listSq([ 3])`으로부터 반환값으로 받은 `[ 9]`에 2를 자승한 값, 즉 4를 head로 연결한 list, 즉 `[ 4,9]`를 LSS(1), 즉 `listSq([ 1,2,3])`에게 반환하고 종료한다.
8) [그림의 LS(1)] `listSq([ 1,2,3])`의 결과값을 반환하고 종료한다.
   - [그림의 <8>] `listSq([ 2,3])`으로부터 반환값으로 받은 `[ 4,9]`에 1을 자승한 값, 즉 1을 head로 연결한 list, 즉 `[ 1,4,9]`를 반환하고 종료한다.

하지만 실제, `listSq([ 1,2,3])` 함수의 실행은 이렇게 이론적으로 전개되지 않는다. 이 함수가 실제 실행되는 과정을, 간단하게 정리하면, 다음과 같다:

1) [그림의 <1>] `listSq([ 1,2,3])`을 호출한다.
2) [그림의 ①] `map (fn x=>x* x) [ 1,2,3]` 함수를 호출한다.
3) [그림의 MAP'(1)] `map (fn x=>x* x) 1::[ 2,3]`을 실행한다.
   - 두 번째 매개변수가 `[ ]`이 아니기 때문에 Pattern 2가 실행된다.
   - [그림의 ②] Pattern 2의 expression에서 두 번째 매개변수의 tail `xs`, 즉 `[ 2,3]`에 대한 재귀함수 `map (fn x=>x* x) [ 2,3]`을 호출한다.
   - `map (fn x=>x* x) [ 2,3]`으로부터 반환값을 받은 이후 연산을 계속한다.
4) [그림의 MAP'(2)] `map (fn x=>x* x) 2::[ 3]`을 실행한다.
   - 두 번째 매개변수가 `[ ]`이 아니기 때문에 Pattern 2가 실행된다.
   - [그림의 ③] Pattern 2의 expression에서 두 번째 매개변수의 tail `xs`, 즉 `[ 3]`에 대한 재귀함수 `map (fn x=>x* x) [ 3]`을 호출한다.
   - `map (fn x=>x* x) [ 3]`으로부터 반환값을 받은 이후 연산을 계속한다.
5) [그림의 MAP'(3)] `map (fn x=>x* x) 3::[ ]`을 실행한다.
   - 두 번째 매개변수가 `[ ]`이 아니기 때문에 Pattern 2가 실행된다.
   - [그림의 ④] Pattern 2의 expression에서 두 번째 매개변수의 tail `xs`, 즉 `[ ]`에 대한 재귀함수 `map (fn x=>x* x) [ ]`을 호출한다.
   - `map (fn x=>x* x) [ ]`로부터 반환값을 받은 이후 연산을 계속한다.
6) [그림의 MAP'(4)] `map (fn x=>x* x) [ ]`을 실행한 후에 종료한다.

- 두 번째 매개변수가 [ ] 이기 때문에 Pattern 1이 실행된다.
- [그림의 ⑤] [ ] 을 MAP'(3)에게 반환하고 종료한다.

7) [그림의 MAP'(3)] MAP'(2)에게, 즉 **map (fn x=>x* x) [ 3]** 의 결과값을 반환하고 종료한다.
   - MAP'(4), 즉 **map (fn x=>x* x) [ ]** 로부터 [ ] 을 받는다.
   - [그림의 ⑥] 여기에 **(fn x=>x* x) (3)** 의 결과값, 즉 **9**를 head로 한 list [ 9] 를 MAP'(2)에게 반환하고 종료한다.
8) [그림의 MAP'(2)] MAP'(1)에게, **map (fn x=>x* x) [ 2, 3]** 의 결과값을 반환하고 종료한다.
   - MAP'(3), 즉 **map (fn x=>x* x) [ 3]** 으로부터 [ 9] 를 받는다.
   - [그림의 ⑦] 여기에 **(fn x=>x* x) (2)** 의 결과값, 즉 **4**를 head로 한 list [ 4, 9] 를 MAP'(1)에게 반환하고 종료한다.
9) [그림의 MAP'(1)] **map (fn x=>x* x) [ 1, 2, 3]** 의 결과값을 반환하고 종료한다.
   - MAP'(2), 즉 **map (fn x=>x* x) [ 2, 3]** 으로부터 [ 4, 9] 를 받는다.
   - [그림의 ⑧] 여기에 **(fn x=>x* x) (1)** 의 결과값, 즉 **1**을 head로 한 list [ 1, 4, 9] 를 반환하고 종료한다.
10) [그림의 <8>] [ 1, 4, 9] 를 반환하고, **listSq([ 1, 2, 3] )**을 종료한다.

**iisort([ 3, 1, 4, 2] )** 예제처럼, 이론적으로는 **listSq([ 1, 2, 3] )** 관점에서 전개되는 것처럼 보이지만, 실제는 **map (fn x=>x* x) [ 1, 2, 3]** 관점에서 전개되는 것을 확인할 수 있다.

설명한 바와 같이, 프로그램언어의 추상화 관점에서, 처음 **map**의 적용·변형 함수 **F**가 원 **map** 함수의 **recursion**에 혼란을 초래할 수도 있다. 이 때문에 **listSq**를 정의한다면, **F** 함수의 기능을 은닉시키고 **listSq**의 재귀성만을 부각시킬 수 있다.

또 다른 하나의 관점은 이런 partial instantiation을 통해서, **map**의 조건을 사전에 규정할 수 있다는 점이다. 즉 1) 변형함수 **F**와 2) **int**로 한정을 짓는다면, 추상적인 관점에서, 더 용이하게 **map** 함수를 활용할 수 있기 때문이다.

결과적으로 산출된 **listSq([ 1, 2, 3] )** 함수유형을 확인해 보면, 입력된 [ 1, 2, 3] 유형이 **int List**고, 출력된 [ 1, 4, 9] 유형이 **int list**이므로, 즉 **listSq** 함수유형이 **int list -> int list**임을 확인할 수 있다.

## Example E.3-15) Reduce Example

또 다른 예를 알아보자. 다음 예는 list에 있는 원소를 하나의 연산으로 통합하는 **reduce** 함수다.

```
1  fun reduce (F,g) nil = g
2  |  reduce (F,g) (x::xs) =
3       F(x,(reduce (F,g) xs));
4  val reduce = fn : ('a * 'b->'b) * 'b->'a list->'b
```

<프로그램 3-79> **reduce** Example

이 코드를 간단하게 설명하면 다음과 같다:

1) [L1] function **reduce** 선언 (1) : Pattern 1 - Base Case.
   - 매개변수: Curried Form.
     - **(F,g) : ('a*'b->'b)*'b** : reduce 적용 함수, 기본 값(**Ground.**
     - **[] : 'a list** : reduce list.
   - 반환값 : ground value, **g** 반환
2) [L2] function **reduce** 선언 (2) : Pattern 2 - Inductive Case.
     - **(F,g) : ('a*'b->'b)*'b** : reduce 적용 함수, 기본 값**.**
     - **x::xs : 'a list** : reduce list.
   - 반환값 : ground value, **g** 반환**F(x)**의 결과값을 **head**로**,**
     - tail **xs**에 대해 재귀함수 호출 후 반환값 **b**를 받은 후,
     - F(x,b)의 결과를 반환함.
3) [L3] Environment에 등록된 함수의 signature
   - **val reduce = fn :** : reduce 함수의
   - **('a * 'b->'b) * 'b->'a list->'b** : 유형이 등록됨.

**reduce** 함수의 사상관계를 보면 <그림 3-45>와 같다.

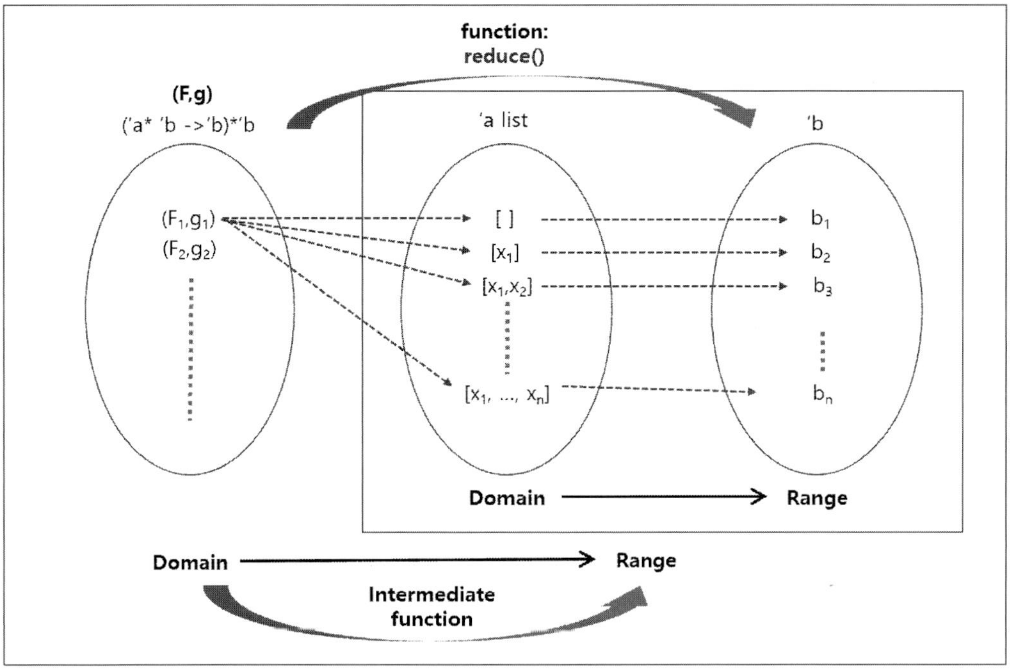


<그림 3-45> **reduce** 함수: 사상도

그러면 곱셈(*)으로 [1,2,3] 을 reduce한 결과가 어떻게 6이 되는지 알아보자.

```
reduce (op *, 1) [1,2,3];
val it = 6 :int
```

<프로그램 3-80> **reduce (op *, 1) [1,2,3]**

<그림 3-46>은 위 <프로그램 3-80>이 실행되는 과정을 도식적으로 보여주는 그림이다.

1) [그림의 ①] **reduce (op *, 1) [1,2,3]** 함수를 호출한다.
2) [그림의 RED(1)] **reduce (op *, 1) 1::[2,3]** 을 실행한다.
   - 두 번째 매개변수가 [ ] 이 아니기 때문에 Pattern 2가 실행된다.
   - [그림의 ②] Pattern 2의 expression에서 두 번째 매개변수의 tail **xs**, 즉 [2,3] 에 대한 재귀함수 **reduce (op *, 1) [2,3]** 을 호출한다.
   - RED(2), 즉 **reduce (op *, 1) [2,3]** 으로부터 반환값을 받은 이후 연산을 계속한다.

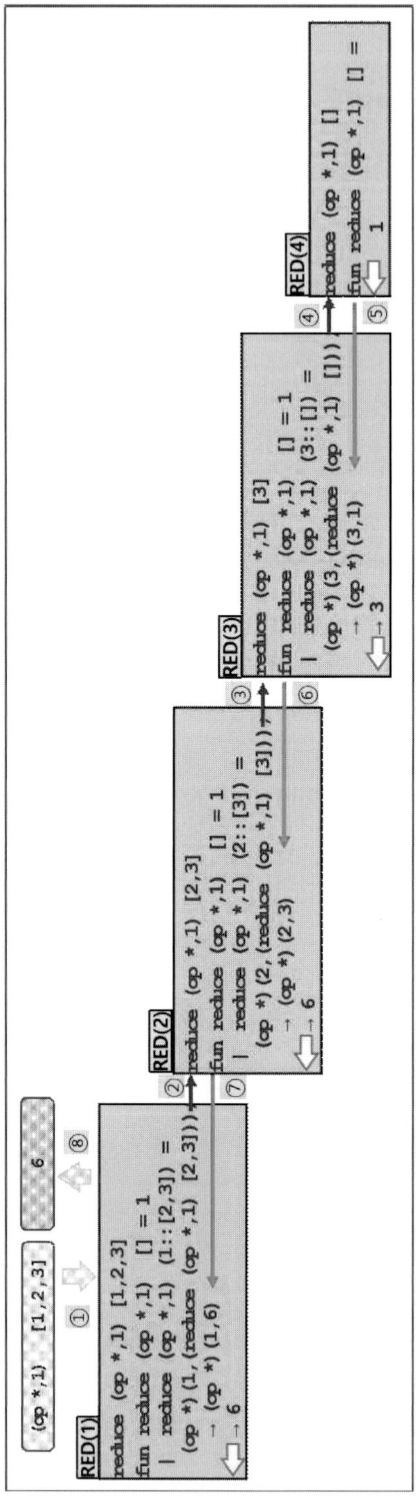


<그림 3-46> `reduce (op *, 1) [ 1,2,3]` : Execution

3) [그림의 RED(2)] `reduce (op *, 1) 2::[ 3]` 을 실행한다.
   - 두 번째 매개변수가 `[ ]` 이 아니기 때문에 Pattern 2가 실행된다.
   - [그림의 ③] Pattern 2의 expression에서 두 번째 매개변수의 tail `xs`, 즉 `[ 3]` 에 대한 재귀함수 `reduce (op *, 1) [ 3]` 을 호출한다.
   - RED(3), 즉 `reduce (op *, 1) [ 3]` 으로부터 반환값을 받은 이후 연산을 계속한다.
4) [그림의 RED(3)] `reduce (op *, 1) 3::[ ]` 을 실행한다.
   - 두 번째 매개변수가 `[ ]` 이 아니기 때문에 Pattern 2가 실행된다.
   - [그림의 ④] Pattern 2의 expression에서 두 번째 매개변수의 tail `xs`, 즉 `[ ]` 에 대한 재귀함수 `reduce (op *, 1) [ ]` 을 호출한다.
   - RED(4), 즉 `reduce (op *, 1) [ ]` 로부터 반환값을 받은 이후 연산을 계속한다.
5) [그림의 RED(4)] `reduce (op *, 1) [ ]` 을 실행한 후에 종료한다.
   - 두 번째 매개변수가 `[ ]` 이기 때문에 Pattern 1이 실행된다.
   - [그림의 ⑤] `1`을 RED(3)에게 빈환하고 종료힌다.
6) [그림의 RED(3)] RED(2)에게, `reduce (op *, 1) [ 3]` 의 결과값을 반환하고 종료한다.
   - RED(4), 즉 `reduce (op *, 1)`로부터 `1`을 받는다.
   - [그림의 ⑥] 여기에 `3`으로 `(op *)(3,1)` 한 결괴, 즉 `3`을 RED(2)에게 빈환하고 종료한다.
7) [그림의 RED(2)] RED(1)에게, `reduce (op *, 1) [ 2,3]` 의 결과값을 반환하고 종료한다.
   - RED(3), 즉 `reduce (op *, 1) [ 3]` 으로부터 `3`을 받는다.
   - [그림의 ⑦] 여기에 `2`로 `(op *)(2,3)` 한 결과, 즉 `6`을 RED(1)에게 반환하고 종료한다.
8) [그림의 RED(1)] `reduce (op *, 1) [ 1,2,3]` 의 결과값을 반환하고 종료한다.
   - RED(2), 즉 `reduce (op *, 1) [ 2,3]` 으로부터 `6`을 받는다.
   - [그림의 ⑧] 여기에 `1`로 `(op *)(1,6)` 한 결과, 즉 `6`을 반환하고 종료한다.

결과적으로 산출된 `reduce (op *, 1) [ 1,2,3]` 함수유형을 확인해 보면, 입력된 `(op *, 1)`의 유형이 `('a*'b->'b)*'b`, `[ 1,2,3]` 의 유형이 `int List`고, 출력된 `6`의 유형이 `int`이므로, 즉 `reduce (op *, 1) [ 1,2,3]` 함수유형인 *`(int * int->int) * int->int list->int`*임을 확인할 수 있다. 이러한 사상관계를 <그림 3-47>을 통해서 확인할 수 있다.

결과적으로, `reduce (op *, 1) [1,2,3]` 을 정리하면 다음과 같다:

```
(op *)(1, (op *)(2, (op *)(3,1)))
```

그리고 이 연산의 의미는 다음과 같다:

```
1*(2*(3*1))
```

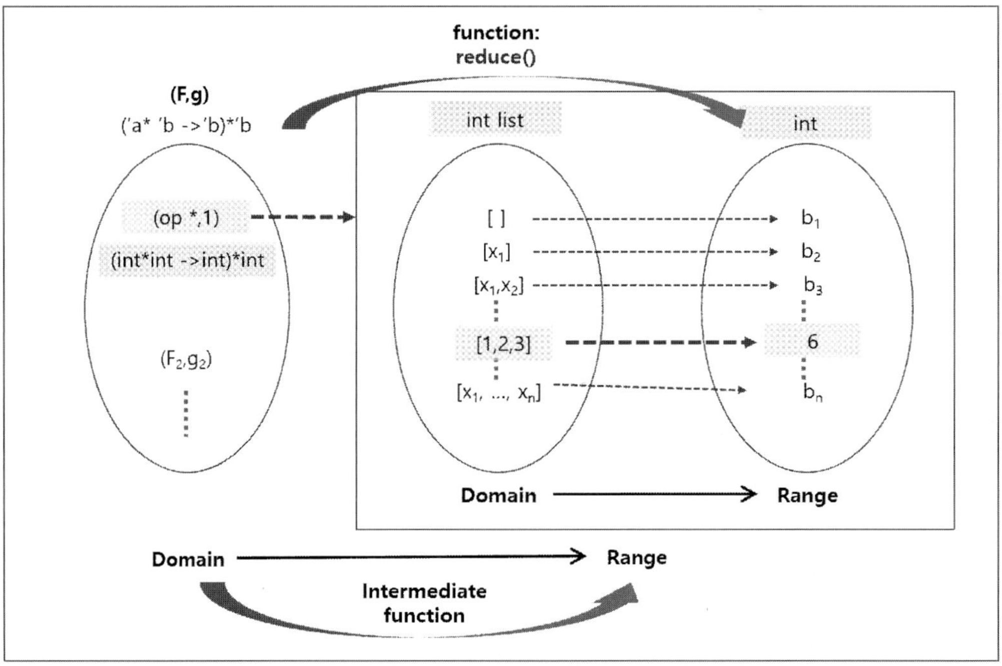


<그림 3-47> `reduce (op *, 1) [1,2,3]` : 사상도

## Example E.3-16) Length Example

이번에는 `reduce` 함수를 기반으로 한 partial instantiation 예를 보자.

```
val length =
  reduce (fn(x,y) => y+1, 0);
val length = fn : 'b list -> int
```

<프로그램 3-81> `length` Example

이 코드에 나오는 `val length` 함수는 list의 길이, 즉 list에 몇 개의 원소가 있는지를 계산하는 함수다. 이 함수는 `reduce` 함수에 anonymous 함수인 `(fn (x,y) => y+1)`로 partial instantiation시킨 intermediate 함수, 즉 partial instance다. 이 함수에 대한 사상관계는 <그림 3-48>과 같다.

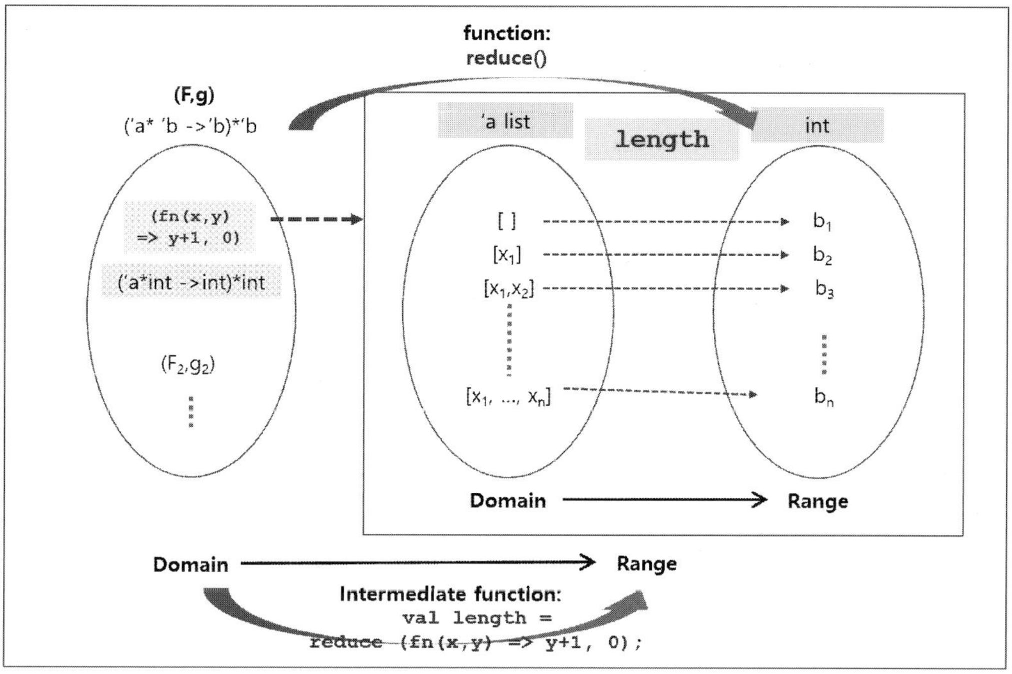


<그림 3-48> `length` 함수 partial instance: 사상도

<프로그램 3-81>을 간단하게 설명하면 다음과 같다:

1) [L1] `length` 함수 선언: Intermediate function 생성.
   - `length`의 첫 번째 매개변수인 `(F,g)`에 anonymous 함수인 `(fn(x,y) => y+1, 0)`에 대입하여, partial instance 생성.
2) [L3] `length` 함수 등록: `'b list -> int`

Anonymous 함수인 `(fn(x,y) => y+1)`에 F의 함수유형 `'a*'b->'b` 에서 `'a`가 `int`로 대입됨으로써 `length` 유형이 `'b list -> int`로 판명되었다. 즉 `listSq`는 `'b list`를 입력하면 `int`를 반환하는 함수, 즉 `length` 함수가 된다.

다음은 이 중간 함수 (intermediate function) `length`가 어떻게 작동되는지 알아 보

자. 다음은 **listSq** 함수에 **int list [ 1,2,3]** 을 입력하여 **int 3**을 반환받은 예다.

```
length([1,2,3]);
val it = 3 : int
```

<프로그램 3-82> **length** Example

<그림 3-49>는 <프로그램 3-82>의 **length([ 1,2,3] )** 함수가 이론적인 관점에서 어떻게 실행되는지를 보여준다. 이를 정리하면, 다음과 같다:

1) [그림의 <1>] **length([ 1,2,3] )**을 호출한다.
2) [그림의 LEN(1)] **length(1::[ 2,3] )**을 실행한다.
   - [그림의 <2>] tail **[ 2,3]** 에 대해 재귀함수 **length([ 2,3] )**을 호출한다.
   - **length([ 2,3] )**으로부터 반환값을 받은 후에 연산을 계속한다.
3) [그림의 LEN(2)] **length(2::[ 3] )**을 실행한다.
   - [그림의 <3>] tail **[ 3]** 에 대해 재귀함수 **length([ 3] )**을 호출한다.
   - **length([ 3] )**으로부터 반환값을 받은 후에 연산을 계속한다.
4) [그림의 LEN(3)] **length(3::[ ] )**을 실행한다.
   - [그림의 <4>] tail **[ ]** 에 대해 재귀함수 **length([ ] )**을 호출한다.
   - **length([ ] )**로부터 반환값을 받은 후에 연산을 계속한다.
5) [그림의 LEN(4)] **length([ ] )**을 실행하고 종료한다.
   - [그림의 <5>] **0**을 LEN(3), 즉 **length([ 3] )**에게 반환하고 종료한다.
6) [그림의 LEN(3)] **length([ 3] )**의 결과값을 반환하고 종료한다.
   - [그림의 <6>] **length([ ] )**로부터 반환값으로 받은 **0**에 **1**을 더해서, 즉 **1**을 LEN(2), 즉 **length([ 2,3] )**에게 반환하고 종료한다.
7) [그림의 LEN(2)] **length([ 2,3] )**의 결과값을 반환하고 종료한다.
   - [그림의 <7>] **length([ 3] )**으로부터 반환값으로 받은 **1**에 **1**을 더해서, 즉 **2**를 LEN(1), 즉 **length([ 1,2,3] )**에게 반환하고 종료한다.
8) [그림의 LEN(1)] **length([ 1,2,3] )**의 결과값을 반환하고 종료한다.
   - [그림의 <8>] **length([ 2,3] )**으로부터 반환값으로 받은 **2**에 **1**을 더해서, 즉 **3**을 반환하고 종료한다.

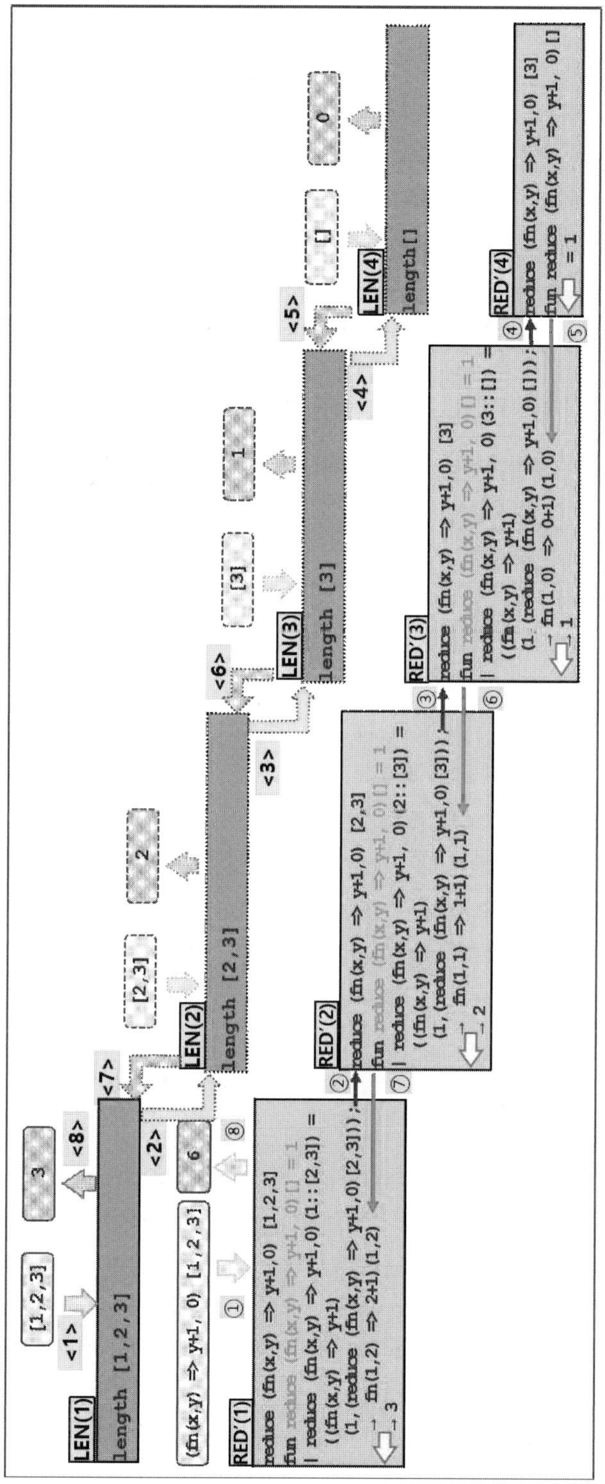


<그림 3-49> `length([ 1,2,3] )` 실행

하지만 실제, `length([1,2,3])` 함수의 실행은 이렇게 이론적으로 전개되지 않는다. 이 함수가 실제 실행되는 과정을, 간단하게 정리하면, 다음과 같다:

1) [그림의 <1>] `length([1,2,3])`을 호출한다.
2) [그림의 ①] `reduce (fn(x,y) => y+1, 0) [1,2,3]` 함수를 호출한다.
3) [그림의 RED'(1)] `reduce (fn(x,y) => y+1, 0) 1::[2,3]`을 실행한다.
   - 두 번째 매개변수가 `[ ]`이 아니기 때문에 Pattern 2가 실행된다.
   - [그림의 ②] Pattern 2의 expression에서 두 번째 매개변수의 tail **xs**, 즉 `[2,3]`에 대한 재귀함수 `reduce (fn(x,y) => y+1, 0) [2,3]`을 호출한다.
   - RED'(2), 즉 `reduce (fn(x,y) => y+1, 0) [2,3]`으로부터 반환값을 받은 이후 연산을 계속한다.
4) [그림의 RED'(2)] `reduce (fn(x,y) => y+1, 0) 2::[3]`을 실행한다.
   - 두 번째 매개변수가 `[ ]`이 아니기 때문에 Pattern 2가 실행된다.
   - [그림의 ③] Pattern 2의 expression에서 두 번째 매개변수의 tail **xs**, 즉 `[3]`에 대한 재귀함수 `reduce (fn(x,y) => y+1, 0) [3]`을 호출한다.
   - RED'(3), 즉 `reduce (fn(x,y) => y+1, 0) [3]`으로부터 반환값을 받은 이후 연산을 계속한다.
5) [그림의 RED'(3)] `reduce (fn(x,y) => y+1, 0) 3::[ ]`을 실행한다.
   - 두 번째 매개변수가 `[ ]`이 아니기 때문에 Pattern 2가 실행된다.
   - [그림의 ④] Pattern 2의 expression에서 두 번째 매개변수의 tail **xs**, 즉 `[ ]`에 대한 재귀함수 `reduce (fn(x,y) => y+1, 0) [ ]`을 호출한다.
   - RED'(4), 즉 `reduce (fn(x,y) => y+1, 0) [ ]`로부터 반환값을 받은 이후 연산을 계속한다.
6) [그림의 RED'(4)] `reduce (fn(x,y) => y+1, 0) [ ]`을 실행한 후에 종료한다.
   - 두 번째 매개변수가 `[ ]`이기 때문에 Pattern 1이 실행된다.
   - [그림의 ⑤] 0을 RED'(3)에게 반환하고 종료한다.
7) [그림의 RED'(3)] RED'(2)에게, `(fn(x,y) => y+1, 0) [3]`의 결과값을 반환하고 종료한다.
   - RED'(4), 즉 `reduce (fn(x,y) => y+1, 0)`으로부터 0을 받는다.
   - [그림의 ⑥] 여기에 1을 더해서, 합 1을 RED'(2)에게 반환하고 종료한다.
8) [그림의 RED'(2)] RED(1)에게, `reduce (fn(x,y) => y+1, 0) [2,3]`의 결과값을 반환하고 종료한다.
   - RED'(3), 즉 `reduce (fn(x,y) => y+1, 0) [3]`으로부터 1을 받는다.

- [그림의 ⑦] 여기에 1을 더해서, 합 2를 RED'(1)에게 반환하고 종료한다.

9) [그림의 RED'(1)] `reduce (fn(x,y) => y+1, 0) [1,2,3]`의 결과값을 반환하고 종료한다.
   - RED'(2), 즉 `reduce (fn(x,y) => y+1, 0) [2,3]`으로부터 2를 받는다.
   - [그림의 ⑧] 여기에 1을 더해서, 합 3을 반환하고 종료한다.

결과적으로 산출된 `reduce (fn(x,y) => y+1, 0) [1,2,3]` 함수유형을 확인해 보면, 입력된 `(fn(x,y) => y+1, 0)` 유형이 `('a*int->int)*int`이고, `[1,2,3]` 유형이 `int List`고, 출력된 6 유형이 `int`이므로, 즉 `reduce (fn(x,y) => y+1, 0) [1,2,3]` 함수유형이 *(int * int->int) * int->int list->int*임을 확인할 수 있다. 이러한 사상관계를 <그림 3-50>을 통해서 확인할 수 있다.

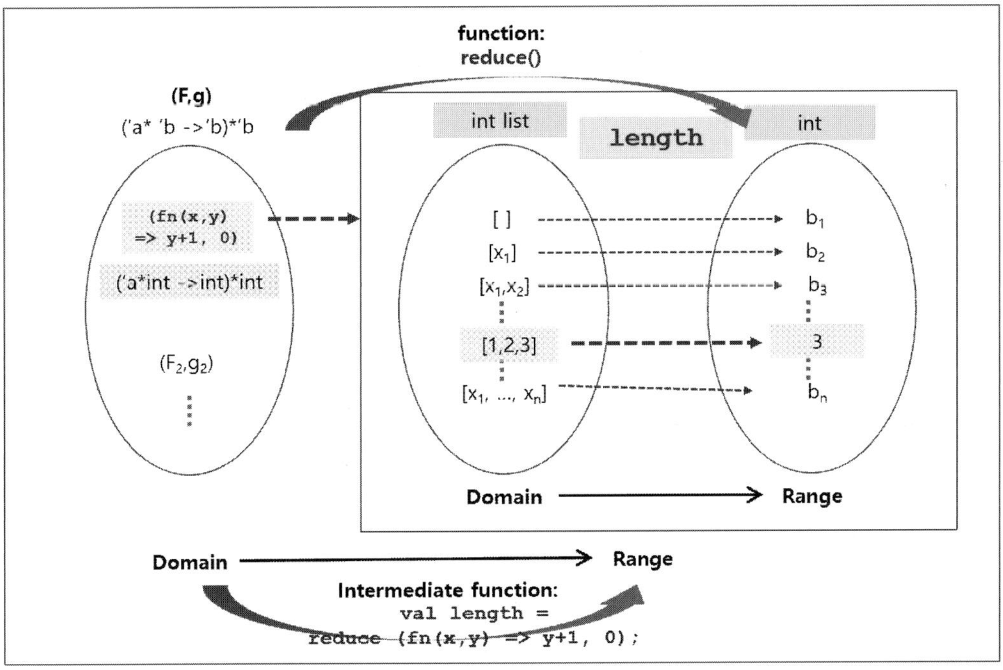


<그림 3-50> `length([1,2,3])` 사상도

### 3.5.8.1 연습 문제

1. 다음 ML code는 `map` 함수다.

ML : map

```
fun map F nil = nil
 | map F (x::xs) = F(x)::map F xs;
val map = fn : ('a->'b)->'a list->'b list
```

map 함수를 사용하여 아래와 같은 문제를 해결하시오.

1-1) 다음 **r1**과 같은 real list가 주어졌을 때, 아래 code와 같이 음수인 항목은 0.0으로 대체하고, 양수인 항목은 그대로 두는 익명 함수 **fn(x)**를 정의하시오.

```
val r1 = [~1.0, 2.0, ~3.0, 4.0, ~5.0];
val r1 = [~1.0,2.0,~3.0,4.0,~5.0] : real list

map [ (fn(x)=>                    ) ] r1;
val it = [0.0,2.0,0.0,4.0,0.0] : real list
```

1-2) 다음 **r2**와 같은 char list가 주어질 때, 아래 code와 같이 소문자인 항목을 대문자인 항목으로 바꿔주는 익명 함수 **fn(x)**를 정의하시오.

```
val r2 = [#"a",#"b",#"C",#"d",#"E"];
val r2 = [#"a",#"b",#"C",#"d",#"E"] : char list

map [ (fn(x)=>                    ) ] r2;
val it = [#"A",#"B",#"C",#"D",#"E"] : char list
```

### 3.5.9 function composition operator

ML에서는 함수조합(composition)을 다음과 같이 정의할 수 있다.

```
fun comp (F,G,x) = G(F(x));
val comp = fn : ('a->'b)*('b->'c)*'a->'c
```

<프로그램 3-83> comp Example

이 함수를 간단하게 설명하면 다음과 같다:

1) [L1] **comp** 함수 선언: high-order 함수.
   - 매개변수:
     - 변수 1: 함수 F - x를 입력받아 F(x)를 출력.
     - 변수 2: 함수 G - F(x)를 입력받아 G(F(x))를 출력.
     - 변수 3: 변수 x.
   - 반환값: G(F(x))
2) [L2] **comp** 함수 등록: **('a->'b)*('b->'c)*'a->'c**
   - 매개변수:
     - 변수 1: 함수 F - **('a->'b)**
     - 변수 2: 함수 G - **('b->'c)**
     - 변수 3: 변수 x - **'a**
   - 반환값: G(F(x)): **'c**

이 함수의 사상관계는 <그림 3-51>과 같다.

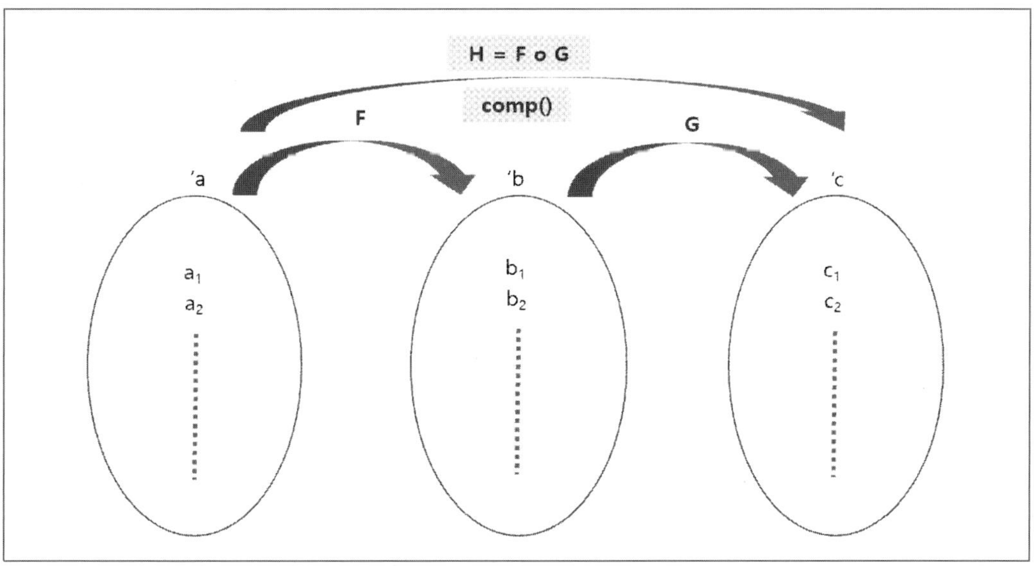


<그림 3-51> **comp** 함수: 사상도

간단한 예를 들어보자. 다음은 **++** 함수와 **sq** 함수에 대한 정의다. 이전에 나온 예기 때문에 코드에 대한 설명은 생략한다.

```
fun ++ x = x+1;
val ++ = fn : int->int
fun sq x = x*x;
val sq = fn : 'a->'a
```

<프로그램 3-84> ++ 함수와 sq 함수 Example

그러면 이 함수를 comp로 다음과 같이 조합을 시켜 보자. 이 예제는 당연히, 다음과 같은 연산을 수행한다:

$$(x+1)^2$$

그리고 x가 1이기 때문에, 다음처럼, 결과값은 4가 된다.

```
comp(++,sq,1);
val it = 4: int
```

<프로그램 3-85> comp Example

ML에서는 이러한 조합을 만들어주는 함수 연산자, o[295]가 있다. 위 예제를 적용해 보면, 다음과 같이 정의할 수 있다.

```
val H = G o F;
val H = fn : 'a->'c
```

<프로그램 3-86> H Example

이 예제에서 함수 H가, o에 의한, 함수 G와 H의 composition으로 선언됨을 확인할 수 있다. 그리고 이 함수의 정의에 의해, 연산 시 다음과 같은 결과가 산출됨을 확인할 수 있다.

```
H(1);
val it = 4: int
```

<프로그램 3-87> H Example: Execution

295) Function composition operator로 lower-case 'o'를 사용한다.

그리고 이에 대한 사상관계는 <그림 3-52>와 같음을 확인할 수 있다.

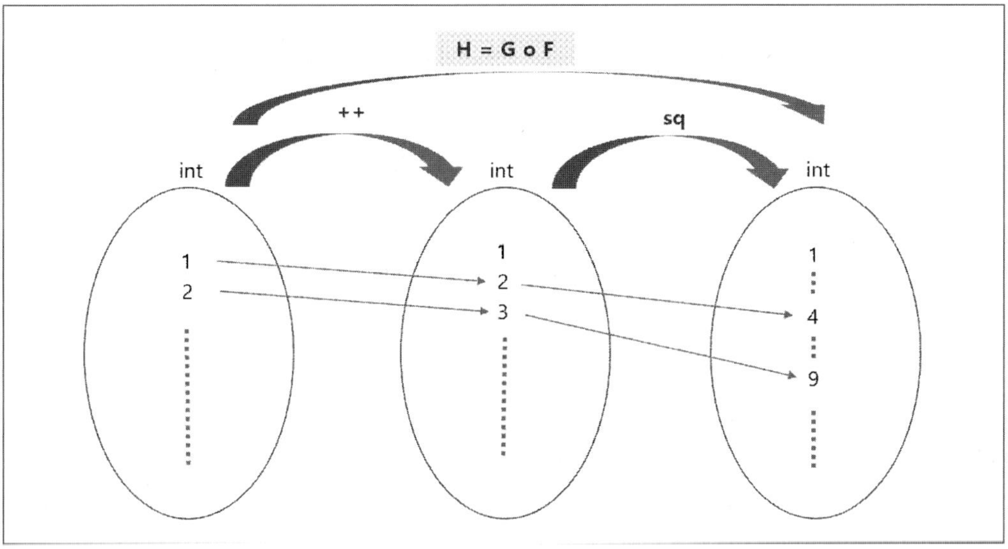


<그림 3-52> Composite function **H**: 사상도

### 3.5.9.1 연습 문제

1. 다음 ML code는 comp 함수다.

ML : comp
```
fun comp (F,G,x) = G(F(x));
val comp = fn : ('a->'b)*('b->'c)*'a->'c
```

1-1) comp 함수를 **let**-expression을 사용하여 curried form으로 정의하시오.

1-2) 다음 **++**와 **sq** 함수를 사용하여, 아래와 같은 결과를 도출하는 코드를 작성하시오.

ML : ++
```
fun ++ x = x+1;
val ++ = fn : int->int
```

```
ML : sq
fun sq x = x*x;
val sq = fn : 'a->'a
```

```
val H = [                              ] ;
val H = fn: int->int

H 1;
val it = 4: int
```

## 3.5.10 ML Functions in C

다음은 지금까지 거론한 ML의 high-order 함수와 관련된 개념을 C언어로 어떻게 구현할 수 있는지 알아보자. 예상하겠지만, C는 ML과 같은 high-order 함수를 위한 기본적인 mechanism을 지원하지 않기 때문에, C언어의 기본적인 함수 pointer 유형을 사용하여 이를 구현하였다.

```c
#include <stdio.h>

typedef int (*function) (int);

function g (int a)
{
   int f (int b)
   {
      return a+b;
   }

   return f;
}

int f1(function f)
{
   return f(1);
}

int main ()
{
   printf ("(g(2))(1)=%d \n",f1(g(2)));
}
```

<프로그램 3-88> Curried Function in C

### 3.5.10.1 C(1) : Curried Function

ML의 Curried 함수는 다음과 같은 C 함수의 pointer 유형을 통해서 구현 가능함을 보일 수는 있지만, ML의 high-order 개념처럼 추상성(abtractness)을 보장하지 않는다.

<프로그램 3-88> 예제에 대한 설명은 다음과 같다:

1) [L1] Library 포함: `<stdio.h>`

2) [L3] Function Typedef 선언: `function`
   - 입력: `int`
   - 출력: `int`

3) [L5] Function 선언: `g`
   - 입력: `int a`
   - 출력: `function (int -> int)`

3-1) [L6] Block: Begin

3-1-1) [L7] Function 선언: `f`
   - 입력: `int b`
   - 출력: `function (int -> int)`

3-1-1-1) [L8] Block: Begin.

3-1-1-1-1) [L9] 반환문: `return a+b;`

3-1-1-2) [L10] Block: End.

3-1-2) [L12] 반환문: `return f;`
   - `int` 유형을 입력 받으면 `int` 유형을 반환하는 함수.
     - 입력: `int b`
     - 출력: `int (b + a)`

3-2) [L13] Block: End.

4) [L15] Function 선언: `f1`
   - 입력: `f (function 유형: int -> int)`
   - 출력: `int`

4-1) [L16] Block: Begin.

4-1-1) [L17] 반환문: `f(1)`
   - 위 3)의 함수 `g`에 입력된 매개변수 `a`에 1을 더해 출력 .

4-2) [L18] Block: End.

5) [L20] Function 선언: `main`

5-1) [L21] Block: Begin.

5-1-1) [L22] 반환문: `f(1)`
   - 출력문: 특히 `f1(g(2))`

- 위 3)의 함수 g의 매개변수 a에 정수 2를 대입한 후, 그 반환값을 f1의 매개변수 f로 대입.
- 위 4)의 함수 f의 매개변수 b에 정수 1을 대입한 후, 위 a에 대입된 정수 2를 더해, 그 결과,
- 3을 반환함.

5-2) [L23] Block: End

### 3.5.10.2 C(2) : Partial Instantiation

이 절에서는 C언어로 Partial Instantiation을 어떻게 표현하는지 살펴본다. <프로그램 3-89>는 C언어로 Partial Instantiation을 표현한 것이다.

```
 1  #include <stdio.h>
 2  
 3  typedef int (*two_var_func) (int, int);
 4  typedef int (*one_var_func) (int);
 5  
 6  int add_int (int a, int b)
 7  {
 8     return a+b;
 9  }
10  
11  one_var_func partial (two_var_func f, int a)
12  {
13     int g (int b)
14     {
15        return f (a, b);
16     }
17  
18     return g;
19  }
20  
21  int main (void)
22  {
23     int a = 1;
24     int b = 2;
25  
26     printf ("%d \n", add_int (a, b));
27     printf ("%d \n", partial (add_int, a) (b));
28  
29     return 0;
30  }
```

<프로그램 3-89> partial Instantiation in C

이를 간단하게 설명하면, 다음과 같다:

1) [L3~4] Function pointer를 사용하여 두 가지 유형의 함수를 정의한다.

1-1) [L3] 첫 번째 함수유형인 **two_var_func**은 두 개의 int형 매개변수값인 **(int, int)** 쌍을 받아, 하나의 int형 return 값을 반환하는 유형이다.

1-2) [L4] 두 번째 함수유형인, **one_var_func**은 하나의 int형 매개변수값인 **(int)**를 받아, 하나의 int형 return 값을 반환하는 유형이다.

2) [L6~9] **add_int** 함수는 일반적인 방법으로 정의된 함수로 두 개의 int형 매개변수를 받아 매개변수의 합을 구하고, 이를 반환하는 함수다.

3) [L11~19] **partial** 함수는 앞서 소개한 함수유형 중 **one_var_func**에 해당하는 함수로, 매개변수로 i) **two_var_func** 유형인 **f** 함수의 ii) 주소(pointer) 값과 int형 매개변수 **a**를 가진다. **partial** 함수가 호출되면, **partial** 함수 내에 작성된 **g** 함수의 주소(pointer) 값을 반환한다. 여기에서 **partial** 함수 내에 있는 **g** 함수는 i) 하나의 int형 매개변수 **b**를 가지며, 반환값으로 **partial** 함수의 첫 번째 매개변수인 **f** 함수의 주소값에 해당하는 함수에 i) partial의 매개변수 **a**에 ii) 본 **g** 함수의 매개변수 **b**를 받아, 그 결과 **f(a,b)**를 반환한다.

4) [L21~30] 다음과 같이 **main** 함수를 정의한다.

   i) 지역변수 **a**, **b**를 선언하고 초기값을 각각 1, 2로 배정한다.

   ii) **add_int (a, b)**를 실행하여, 그 결과를 출력한다.

   iii) **partial (add_int, a) (b)**를 실행하여, 그 결과를 출력한다. 실행 단계는 다음과 같다:

      a) **partial (add_int, a)**의 실행 결과, **a**에 1이 대입되고, **g**가 반환된다.

      b) **g(b)**의 실행 결과, **b**에 2가 대입되고, **add_int(a,b)**의 결과, **add_int(1,2)** 즉 3이 반환된다.

<프로그램 3-89-1>은 이 실행결과를 보여준다.

```
3
3

--------------------------------
Process exited after 0.0285 seconds with return value 0
계속하려면 아무 키나 누르십시오 . . .
```

<프로그램 3-89-1> Partial Instantiation in C : 결과

### 3.5.10.3 C(3) : High-order Function

<프로그램 3-90>은 <프로그램 3-70> **insertion_sort**를 C언어로 작성한 것이다. 이번 절에서 <프로그램 3-90>을 기반으로 High-order Function을 C언어로 어떻

게 표현했는지 확인해 보도록 한다.

```
#include <stdio.h>
#include <stdlib.h>

typedef enum {False, True} bool;

/* Definition of Int List */
typedef struct IntList   IL;
typedef struct IntList* PIL;

struct IntList
{
   int h;
   PIL t;
};

PIL IL_empty = NULL;
bool IL_is_empty(PIL);            /* [] */
int IL_head(PIL);                 /* IL head */
PIL IL_tail(PIL);                 /* IL tail */
PIL IL_cons(int, PIL);            /* ::  IL construct */
void IL_print(PIL);               /* IL print */

bool int_great_than (int x, int y)
{
   if (x > y) return True;
   else return False;
}

PIL ins (bool (*gt)(int, int), int x, PIL l)
{
   int y;
   if (IL_is_empty(l)) /* [] */
      return IL_cons(x,l);
   else
   {
      if ((*gt)(x, y = IL_head(l)))
         return IL_cons(y, ins(gt, x, IL_tail(l)));
      else
         return IL_cons(x, l);
   }
}

PIL isort (bool (*gt)(int, int), PIL l)
{
   if (IL_is_empty(l))
      return NULL;
   else
      ins(gt, IL_head(l), isort(gt, IL_tail(l)));
}

int main (void)
{
   PIL ins_l;
   PIL isort_l;

   ins_l = ins(&int_great_than, 3,
IL_cons(1,IL_cons(2,IL_cons(4,IL_cons(5,IL_empty)))));
```

<프로그램 3-90> `insertion_sort` in C (1)

```
  IL_print(ins_l);
  printf ("\n");

  isort_l = isort
(&int_great_than,IL_cons(3,IL_cons(1,IL_cons(4,IL_cons(5,IL_cons
(9,IL_cons(2,IL_cons(6, IL_empty))))))));

  IL_print(isort_l);

  return 0;
}

bool IL_is_empty(PIL l)
{
  if (!l)
    return True;
  else
    return False;
}

int IL_head(PIL pil)
{
  return pil->h;
}

PIL IL_tail(PIL pil)
{
  return pil->t;
}

PIL IL_cons(int head, PIL pil)
{
  PIL IL_tmp = (PIL)malloc(sizeof(IL));

  if (pil == IL_empty)
  {
    IL_tmp->h = head;
    IL_tmp->t = NULL;
  }
  else
  {
    IL_tmp->h = head;
    IL_tmp->t = pil;
  }
  return (IL_tmp);
}

void IL_print(PIL p)
{
  printf("[ ");
  if (p == NULL) printf("");
  else
  {
    while (p->t != NULL)
    {
      printf("%d ", (p->h));
      p = p->t;
    }
    printf("%d ", p->h);
  }
  printf("]");
}
```

<프로그램 3-90> **insertion_sort** in C (2)

<프로그램 3-90-2>는 **insertion** 함수를 C언어로 구현한 것이다. ML에서 **insertion** 함수를 살펴보면, input 매개변수는 **gt**와 **(x, list)**로, Curried Form이며, return 값은 list를 반환하는 함수다. 여기에서 주목해야 할 점은 input 매개변수에 함수가 포함되는 것이다. 따라서 **insertion** 함수 input 데이터 유형은 **('a * 'a -> bool)**과 **'a * 'a list**가 되며 return 값의 유형은 **'a list**임을 <프로그램 3-90-1>의 [L6]에서 확인할 수 있다. **Insertion** 함수는 매개변수가 하나 이상의 함수로 정의되므로 High-order Function이다.

<프로그램 3-90-1>의 **insertion** 함수를 C언어로 표현하면 **PIL ins(bool (*gt)(int, int), int x, PIL l)**과 같이 표현할 수 있다. input 매개변수의 유형을 살펴보면 **(*gt)(int, int)**와 같이 function pointer를 사용하여 매개변수에 함수를 적용하였으며, **(*gt)** 함수의 반환유형은 **bool**이다. 나머지 매개변수인 **x, l**의 유형은 ML의 **'a** type을 **int** 유형으로 제한하여 **int**와 **IntList(PIL)**이며, return 값의 유형은 **IntList(PIL)**이다.

**Insertion** 함수의 동작은 <프로그램 3-90-2>의 [L30] ~ [L41]에서 확인할 수 있다. <프로그램 3-90-2>의 [L36]을 살펴보면, input 매개변수인 **gt** 비교 함수가 호출되어, 두 개의 피연산자인 **x**, **y**를 비교하여, **true** 또는 **false**를 반환한다.

나머지 동작을 살펴보면, <프로그램 3-90-1>의 [L1]은 <프로그램 3-90-2>의 [L21~33]에 해당하며, <프로그램 3-90-1>의 [L2~5]는 <프로그램 3-90-2>의 [L34~40]에 해당한다.

insertion function in ML

```
1  fun insertion gt (x,nil) = [x]
2   | insertion gt (x, y::ys) =
3       if gt(x,y) then
4          y::insertion gt (x,ys)
5       else x::y::ys;
6  val insertion = fn: ('a * 'a -> bool) -> 'a * 'a list -> 'a list
```

<프로그램 3-90-1> **insertion** function in ML

```
...

PIL ins (bool (*gt)(int, int), int x, PIL l)
{
   int y;
   if (IL_is_empty(l)) /* [] */
      return IL_cons(x,l);
   else
   {
      if ((*gt)(x, y = IL_head(l)))
         return IL_cons(y, ins(gt, x, IL_tail(l)));
      else
         return IL_cons(x, l);
   }
}

...
```

<프로그램 3-90-2> **insertion** function in C

<프로그램 3-90-3>과 <프로그램 3-90-4>는 ML과 C언어로 구현한 **insertion** 함수를 호출하는 프로그램이다. <프로그램 3-90-5>를 살펴보면, <프로그램 3-90-3>과 동일한 결과가 도출되는 것을 확인할 수 있다.

<프로그램 3-90-4>의 [L56]을 살펴보면, **ins()**함수의 첫 번째 매개변수가 **&int_great_than**임을 확인할 수 있다. **&int_great_than**은 함수 주소값으로 **int_great_than** 함수의 동작은 <프로그램 3-90-6>에서 확인할 수 있다.

```
insertion (op >) (3, [1,2,4,5]);
val it = [1,2,3,4,5] : int
```

<프로그램 3-90-3> **insertion** 함수 호출 : ML

```
...  ...
50
51   int main (void)
52   {
53      PIL ins_l;
54      PIL isort_l;
55
56      ins_l = ins(&int_great_than, 3,
57   IL_cons(1,IL_cons(2,IL_cons(4,IL_cons(5,IL_empty)))));
58
59      IL_print(ins_l);
60      printf ("\n");
61
...  ...
67
68      return 0;
```

```
}

...
```

<프로그램 3-90-4> **insertion** 함수 호출 : C

```
[ 1 2 3 4 5 ]
...
--------------------------------
Process exited after 0.02961 seconds with return value 0
계속하려면 아무 키나 누르십시오 . . .
```

<프로그램 3-90-5> **ins(&int_great_than, 3, [1,2,4,5])** 결과 : C

```
...

bool int_great_than (int x, int y)
{
   if (x > y) return True;
   else return False;
}

...
```

<프로그램 3-90-6> **int_great_than** function in C

<프로그램 3-90-8>은 **insertion_sort** 함수를 C언어로 구현한 것이다. ML에서 **insertion_sort** 함수를 살펴보면, input 매개변수는 **gt**와 list로, 앞서 설명한 **insertion** 함수와 동일하게 Curried Form임을 알 수 있다. **Insertion_sort** 함수의 return 값은 list를 반환하며, 매개변수에 하나 이상의 함수로 정의되었으므로 **insertion_sort** 함수 또한 High-order Function이다.

<프로그램 3-90-7>의 **insertion_sort** 함수를 C언어로 표현하면 **PIL isort (bool (*gt)(int, int), PIL l)**과 같이 표현할 수 있으며, **insertion** 함수처럼 **gt** 함수가 매개변수로 포함되어 있다. **insertion_sort** 함수의 상세 동작은 <프로그램 3-90-8>의 [L45~50]에서 확인할 수 있다. <프로그램 3-90-7>의 [L1]은 <프로그램 3-90-8>의 [L46~47]에 해당하며, <프로그램 3-90-7>의 [L2~3]은 <프로그램 3-90-8>의 [L48~49]에 해당한다.

<프로그램 3-90-9>와 <프로그램 3-90-10>은 ML과 C언어로 구현한 insertion 함수를 호출하는 프로그램이다. <프로그램 3-90-11>을 살펴보면, <프로그램 3-90-9>와 동일한 결과가 도출되는 것을 확인할 수 있다.

```
fun insertion_sort gt nil = nil
 | insertion_sort gt (x::xs) =
      insertion gt (x, (insertion_sort gt xs));
val insertion_sort = fn:('a * 'a -> bool)->'a list -> 'a list
```

<프로그램 3-90-7> **insertion_sort** function in ML

```
...

PIL isort (bool (*gt)(int, int), PIL l)
{
   if (IL_is_empty(l))
      return NULL;
   else
      ins(gt, IL_head(l), isort(gt, IL_tail(l)));
}

...
```

<프로그램 3-90-8> **insertion_sort** function in C

```
insertion_sort (op >) [3,1,4,5,9,2,6];
val it = [1,2,3,4,5,6,9] : int list
```

<프로그램 3-90-9> **insertion_sort** 함수 호출 : ML

```
...

int main (void)
{
   PIL ins_l;
...

   isort_l = isort
(&int_great_than,IL_cons(3,IL_cons(1,IL_cons(4,IL_cons(5,IL_c
ons(9,IL_cons(2,IL_cons(6, IL_empty))))))));

   IL_print(isort_l);

   return 0;
}

...
```

<프로그램 3-90-10> **isort(&int_great_than, [ 3,1,4,5,9,2,6] )** 결과 : C

```
...
[ 1 2 3 4 5 6 9 ]
--------------------------------
Process exited after 0.02961 seconds with return value 0
계속하려면 아무 키나 누르십시오 . . .
```

<프로그램 3-90-11> **ins(&int_great_than, 3, [ 1,2,4,5] )** 결과 : C

### 3.5.10.4 C(4) : Curried Function & Partial Instantiation

<프로그램 3-91>은 <프로그램 3-72>의 ML **iisort** 함수를 C언어로 구현한 코드다.

```
#include <stdio.h>

typedef Bool  (*Function_Two_Int_IN_One_Bool_OUT)      (int, int);
typedef PIL   (*Function_One_Fun_One_IL_IN_One_IL_OUT)
                          (Function_Two_Int_IN_One_Bool_OUT, PIL);
typedef PIL   (*Function_One_IL_IN_One_IL_OUT)         (PIL);

Function_One_IL_IN_One_IL_OUT iisort;

Function_One_IL_IN_One_IL_OUT partial (
  Function_One_Fun_One_IL_IN_One_IL_OUT f,
  Function_Two_Int_IN_One_Bool_OUT      g)
{
   Function_One_IL_IN_One_IL_OUT h (PIL l)
   {
      return f (g, l);
   }

   return h;
}

int main (void)
{
   PIL l1;
   PIL l2;

   l1 = IL_cons (3,
         IL_cons (1,
         IL_cons (4,
         IL_cons (5,
         IL_cons (9,
         IL_cons (2,
         IL_cons (6,NULL)))))));

   IL_print(l1);

   iisort = partial(&isort,&int_great_than);
```

```
38
39     l2 = iisort(l1);
40
41     IL_print(l2);
42 }
```

<프로그램 3-91> Curried Function, Partial Instantiation in C

이 코드를 간단하게 설명하면 다음과 같다:

1) [L1] Library 포함: `<stdio.h>`

2) [L3] Function Typedef 선언: **Function_Two_Int_IN_One_Bool_OUT**
   - 입력: **int, int**
   - 출력: **Bool**

3) [L4] Function Typedef 선언: **Function_One_Fun_One_IL_IN_One_IL_OUT**
   - 입력: **Function_Two_Int_IN_One_Bool_OUT**(위 2의 유형), **PIL**
   - 출력: **PIL**

4) [L6] Function Typedef 선언: **Function_One_IL_IN_One_IL_OUT**
   - 입력: **PIL**
   - 출력: **PIL**

5) [L8] Function 프로토타입 선언: **iisort**
   - 함수유형: **Function_One_IL_IN_One_IL_OUT**

6) [L10] Function 선언: **partial**
   - 입력:
   - 함수: **f** (**Function_One_Fun_One_IL_IN_One_IL_OUT** 유형).
   - 함수: **g** (**Function_Two_Int_IN_One_Bool_OUT** 유형).
   - 출력: **function** (**int -> int**)

6-1) [L13] Block: Begin.

6-1-1) [L14] Function 선언: **h**
   - 입력: **PIL l**
   - 출력: **Function_One_IL_IN_One_IL_OUT** (위 4의 유형).

6-1-1-1) [L15] Block: Begin.

6-1-1-1-1) [L16] 반환문: **return f (g, l);**

6-1-1-2) [L17] Block: End.

6-1-2) [L19] 반환문: **return h;**
   - **PIL l** 유형을 입력 받으면 **Function_One_IL_IN_One_IL_OUT** 유형을

반환하는 함수.

- 입력: `PIL l`
- 출력: `f (g, l)`
  - `f`: 매개변수 (`Function_One_Fun_One_IL_IN_One_IL_OUT` 유형).
  - `g`: 매개변수 (`Function_Two_Int_IN_One_Bool_OUT` 유형)

6-2) [L20] Block: End.

7) [L22] Function 선언: `main`

7-1) [L23] Block: Begin.

7-1-1) [L24] 지역변수선언: `l1` (`PIL` 유형).

7-1-2) [L25] 지역변수선언: `l2` (`PIL` 유형)

7-1-3) [L27] 배정문: `l1` (= `3::1::4::5::9::2::6::[ ]`).

7-1-4) [L35] 출력문: `IL_print(l1)` (= `[ 3,1,4,5,9,2,6]`).

7-1-5) [L37] 배정문: `iisort = partial(&isort,&int_great_than);`

- 반환값: `partial`의 `h` 함수, 즉 `isort(int_great_than,?)`
- `?`, 즉 int list가 입력되면 이를 sort를 적용해서 그 결과를 출력하는 함수.
- 유형: `Function_One_Fun_One_IL_IN_One_IL_OUT`

7-1-6) [L39] 배정문: `l2 = iisort(l1)` (위 7-1-5의 반환함수)

- Int list인 `l1`을 sort함.

7-1-7) [L41] 출력문: `IL_print(l1)` (= `[ 1,2,3,4,5,6,9]`).

7-2) [L42] Block: End.

<프로그램 3-91-1>은 이 실행결과를 보여준다. 원하는 결과가 산출되었음을 확인할 수 있다.

```
[ 3 1 4 5 9 2 6 ]
[ 1 2 3 4 5 6 9 ]
--------------------------------
Process exited after 0.03628 seconds with return value 0
계속하려면 아무 키나 누르십시오 . . .
```

<프로그램 3-91-1> Curried Function, Partial Instantiation in C : 결과

### 3.5.10.5 C(5) : Curried Function & Partial Instantiation

다음 <프로그램 3-92>는 <프로그램 3-75>의 ML **map** 함수를 C언어로 구현한 코드다.

```
1  PIL map(int (*f)(int), PIL l)
2  {
3     if (IL_is_empty(l))    /* [] */
4     {
5        return IL_empty;
6     }
7     else
8     {
9        IL_cons(f(IL_head(l)),map(f, IL_tail(l)));
10    }
11 }
12
13 int add_one (int x)
14 {
15    return ++x;
16 }
17
18 main()
19 {
20    PIL l1;
21    PIL l2;
22
23    l1 = IL_cons(1,
24         IL_cons(2,
25         IL_cons(3,
26         IL_cons(4, NULL)))))));
27
28    IL_print(l1);
29
30    l2 = map(add_one, l1);
31
32    IL_print(l2);
33 }
```

<프로그램 3-92> map function: Curried Function, Partial Instantiation in C

이 코드를 간단하게 설명하면 다음과 같다:

1) [L1] 함수 선언: **map**

- 입력:
  - **f** : 함수 (**int -> int**)
  - **l** : int list
- 출력: int list

1-1) [L2] Block: Begin.

1-1-1) [L3] If-then 문: **l**이 empty면.

1-1-1-1) [L5] 반환문: [ ] 반환.

1-1-2) [L7] If-else 문: l이 empty가 아니면.

1-1-2-1) [L9] 반환문:

- l의 head에 함수 f를 적용, 즉 f(IL_head(l))하여,
- l의 tail에 다시 함수 f로 map 재귀함수를 호출한 결과, 즉 map(f, IL_tail(l))의 head로 연결하여,
- 반환한다.

1-2) [L11] Block: End.

2) [L13] 함수 선언: add_one

- 입력: int
- 출력: int

2-1) [L14] Block: Begin.

2-1-1) [L15] 반환문: return ++x

2-2) [L16] Block: End.

3) [L18] 함수 선언: main

- 입력: int
- 출력: int

3-1) [L19] Block: Begin.

3-1-1) [L20] 지역변수선언: l1 (PIL 유형).

3-1-2) [L21] 지역변수선언: l2 (PIL 유형).

3-1-3) [L23] 배정문: l1 (= 1::2::3::4::[ ]).

3-1-4) [L28] 출력문: IL_print(l1) (= [ 1,2,3,4] )

3-1-5) [L30] 배정문: l2 = map(add_one, l1);

- map 함수가 l1의 모든 int 원소들에 add_one 함수를 적용한 결과, 즉 [ 2,3,4,5] 를 l2에 배정함.

3-1-4) [L32] 출력문: IL_print(l2) (= [ 2,3,4,5] )

3-2) [L33] Block: End.

<프로그램 3-92-1>은 이 실행결과를 보여준다. 원하는 결과가 산출되었음을 확인할 수 있다.

```
[ 1 2 3 4 ]
[ 2 3 4 5 ]
--------------------------------
Process exited after 0.03656 seconds with return value 0
계속하려면 아무 키나 누르십시오 . . .
```

<프로그램 3-92-1> **map** function: Curried Function, Partial Instantiation in C : 결과

### 3.5.10.6 C(6) : High-order Function

<프로그램 3-93>은 <프로그램 3-75>의 ML **map** 함수를 **add_one** 함수로 partial instantiation을 C언어로 구현한 코드다. 이는 <프로그램 3-77>의 코드에서 **square** 함수 대신에 **add_one** 함수를 사용한 결과와 같다.

```
#include <stdio.h>

typedef int  (*Function_One_Int_IN_One_Int_OUT)       (int);
typedef PIL  (*Function_One_Fun_One_IL_IN_One_IL_OUT)
                   (Function_One_Int_IN_One_Int_OUT, PIL);
typedef PIL  (*Function_One_IL_IN_One_IL_OUT)         (PIL);

Function_One_IL_IN_One_IL_OUT add_one_map;

Function_One_IL_IN_One_IL_OUT partial (
   Function_One_Fun_One_IL_IN_One_Il_OUT f,
   Function_Two_Int_IN_One_Bool_OUT      g)
{
   Function_One_IL_IN_One_IL_OUT h (PIL l)
   {
      return f (g, l);
   }

   return h;
}

int main (void)
{
   PIL l1;
   PIL l2;

   l1 = IL_cons (1,
         IL_cons (2,
         IL_cons (3,
         IL_cons (4,NULL))));

   IL_print(l1);

   add_one_map = partial(&map,&add_one);

   l2 = add_one_map (l1);
```

```
37
38     IL_print(l2);
39 }
```

<프로그램 3-93> map function : High-Order Function in C

이 코드를 간단하게 설명하면 다음과 같다:

1) [L1] Library 포함: `<stdio.h>`
2) [L3] Function Typedef 선언: <프로그램 3-93>과 동일
    - `Function_Two_Int_IN_One_Bool_OUT`
    - `Function_One_Fun_One_IL_IN_One_IL_OUT`
    - `Function_One_IL_IN_One_IL_OUT`
3) [L8] Function 프로토타입 선언: `add_one_map`
    - 함수유형: <프로그램 3-93>과 동일.
    - `Function_One_IL_IN_One_IL_OUT`
4) [L10] Function 선언: `partial` (<프로그램 3-93>과 동일).
5) [L22] Function 선언: `main`

5-1) [L23] Block: Begin.

5-1-1) [L24] 지역변수선언: `l1` (`PIL` 유형).

5-1-2) [L25] 지역변수선언: `l2` (`PIL` 유형).

5-1-3) [L27] 배정문: `l1` (= `1::2::3::4::[]`).

5-1-4) [L32] 출력문: `IL_print(l1)` (= `[1,2,3,4]`).

5-1-5) [L34] 배정문: `add_one_map = partial(&map,&add_one);`
- 반환값: `partial`의 `h` 함수, 즉 `map(add_one,?)`
- `?`, 즉 int list가 입력되면 이를 `add_one`을 적용해서 그 결과를 출력하는 함수.
- 유형: `Function_One_Fun_One_IL_IN_One_IL_OUT`

5-1-6) [L36] 배정문: `add_one_map (l1)` (위 5-1-5의 반환함수).
- Int list인 `l1`의 모든 원소에 1을 더함.

5-1-7) [L38] 출력문: `IL_print(l1)` (= `[2,3,4,5]`).

5-2) [L39] Block: End.

<프로그램 3-93-1>은 이 실행결과를 보여준다. 원하는 결과가 산출되었음을 확인할 수 있다.

```
[ 1 2 3 4 ]
[ 2 3 4 5 ]
--------------------------------
Process exited after 0.03656 seconds with return value 0
계속하려면 아무 키나 누르십시오 . . .
```

<프로그램 3-93-1> **map** function : High-Order Function in C : 결과

### 3.5.10.7 연습 문제

1. 본 절에서 보여준 다음 프로그램의 실행 결과가 적합하게 산출되었음을 walkthrough를 통해서 입증하시오.

   1) <프로그램 3-89-1>
   2) <프로그램 3-90-5>
   3) <프로그램 3-90-10>
   4) <프로그램 3-90-11>
   5) <프로그램 3-91-1>
   6) <프로그램 3-92-1>
   7) <프로그램 3-93-1>

## 3.6 사용자 정의 유형 (User Defined Type)

Pascal과 C언어에 비해, ML은 더 강력한 type system을 가진다. 특히 ML이 type을 parameter로 규정할 수 있는 generic type을 정의할 수 있기 때문이다.

ML의 type system은 기본 유형과 이를 기반으로 한 tuple과 list로 이루어졌다. 이를 정리하면 다음과 같다.

1) BASIS:
   (i) 기본 유형에는 **int**, **real**, **bool**, **string**, **char**, **unit**, **exn**, **instrem**, **outstream** type이 있다.
   (ii) 'a와 ''a와 같은 type variable을 constant type에 대체하여 사용할 수 있다.
2) INDUCTION: 다음과 같은 두 가지 구문(construct)을 제공한다:
   (i) Tuple Construct: 만약 $T_1$, $T_2$, …, $T_n$이 type이라면, ($T_1$ * $T_2$ * …, * $T_n$) tuple이 새로운 type이 된다.

(ii) Function type: **T1 -> T2** 함수유형이다.

(ii) Type Constructor:

- List constructor: 만약 T가 type이면, T list도 새로운 type.
- Member constructor: Some, none x $\in$ T.

ML에서 사용되는 기본적인 또는 복합적인 값은 이러한 type들에 의해 유형이 결정된다. 그리고 ML의 strong type 성격을 만족할 수 있다.

## 3.6.1 기존 유형을 새 유형으로 선언

ML은 기존의 자료유형(data type)을 줄여서 이름을 부여할 수 있는 방법을 제공한다. 그 방법은 다음과 같다:

```
type <identifier> = <type expression>
```

예를 들어보자,

```
type ILL = int list list;
type ILL = int list list
```

<프로그램 3-94> **type ILL** Example

이 예제는 **int list list**라는 기존의 유형을 **ILL**이라는 유형으로 줄여서 이름을 부여한 것이다. 이렇게 이름을 부여하고 나면, 모든 **int list list**를 **ILL**로 대체해 사용할 수 있다.[296] 간단한 예를 들어 보자.

```
fun ilhead(x::xs : ILL) = x;
val ilhead = fn : ILL -> int list
```

<프로그램 3-95> 함수 **ilhead** Example

함수 **ilhead**는 **ILL** 유형, 즉 **int list list** 유형의 list를 입력받아, 이 list의 head, 즉 **int list**를 반환하는 함수다. 간단한 예에 대해 실행해 보자.

296) 이렇게 단어의 맨 앞 자를 기반으로 이름을 짓는 방식을 acronym이라고 한다. 우리말로는 표두어라고 한다.

```
ilhead([[],[1],[1,2],[1,2,3]]);
val it = [] : int list
```

<프로그램 3-96> 함수 **ilhead** Example 실행

[ [ ] ,[ 1] ,[ 1,2] ,[ 1,2,3] ] 에 대하여, [ ] 이 반환되었음을 확인할 수 있다. 그리고 그 유형이 **ILL**과 **int list**임도 확인할 수 있다.

만약 또 다른 유형을 다음과 같이 선언했다면, 다음과 같은 함수유형으로 선언되었을 것이다.

```
type IL = int list;
type IL = int list
fun ilhead(x::xs : ILL) = x;
val ilhead = fn : ILL -> IL
```

<프로그램 3-97> **type IL** & **ilhead** Example

즉 **int list list** 유형을 **ILL** 유형으로, 또 **int list** 유형을 **IL** 유형으로 이름지었기 때문에, **ilhead** 함수유형은 ***ILL -> IL***이 된다. 즉 **int list list -> int list**라는 의미다. 동일한 예에 대해 실행해 보자.

```
ilhead([[],[1],[1,2],[1,2,3]]);
val it = [] : IL
```

<프로그램 3-98> 함수 **ilhead** Example 실행

역시, [ [ ] ,[ 1] ,[ 1,2] ,[ 1,2,3] ] 에 대하여, [ ] 이 반환되었음을 확인할 수 있다. 그리고 그 유형이 **ILL**과 **IL**임을 확인할 수 있다.

### 3.6.1.1 연습 문제

1. 다음과 같은 새로운 유형을 선언하시오.

   1-1) CL 유형 : **char list**
   1-2) SL 유형 : **string list**
   1-3) RL 유형 : **real list**

1-4) CLL 유형 : **char list list**

1-5) SLL 유형 : **string list list**

1-6) RLL 유형 : **real list list**

2. 1에서 선언한 새로운 유형을 기반으로 다음 빈 칸에 알맞은 유형을 작성하시오.

2-1) **val r1 = [ #"a", #"b", #"C", #"d", #"E"] :** ______ **;**

2-2) **val r2 = [[ #"a", #"b"], [ #"C", #"d"], [ #"E"]] :** ______ **;**

2-3) **val r3 = [["hello","world"],["ML","C"], ["test"]] :** ______ **;**

2-4) **val r4 = [[ 1.1, 1.2], [ 2.1, 2.2, 2.3]] :** ______ **;**

2-5) **val r5 = [ "hello", "world", "ML", "C", "test"] :** ______ **;**

2-6) **val r6 = [ 1.1, 1.2, 2.1, 2.2, 2.3] :** ______ **;**

### 3.6.2 매개변수화 유형(Parameterized Type) 선언

ML에서는 자료유형(data type)을 매개변수화 할 수 있다.[297] 그 방법은 다음과 같다:

```
type (<list of type parameters>) <identifier> = <type expression>
```

간단한 예를 들어 보자.

```
type ('etype) ELL = 'etype list list;
type 'a ELL = 'a list list
```

<프로그램 3-99> **('etype) ELL** Example

**'a ELL**에서 **'a ELL**이 type parameter이기 때문에 **'a** 대신 어떤 유형도 ELL의 type이 된다. 즉 **int list list**, **real list list**, **string list list**, **bool list list** 등을 **int ELL**, **real ELL**, **string ELL**, **bool ELL** 등으로 선언할 수 있다. 이전과 동일한 예를 들어 보자.

297) 이러한 유형을 generic type이라고도 한다. 그리고 이러한 양식을 template이라고 한다.

```
fun ilhead(x::xs : int ILL) = x;
val ilhead = fn : int ELL -> int list
ilhead([[],[1],[1,2],[1,2,3]]);
val it = [] : int list
```

<프로그램 3-100> **ilhead** Example

### 3.6.2.1 연습 문제

1. 다음과 같이 mapping이라는 유형이 선언되었을 때, 빈 칸에 들어갈 알맞은 유형을 작성하시오.

```
type ('d,'r) mapping = ('d * 'r) list;
type ('a,'b) mapping = ('a * 'b) list
```

1-1) `val r1 = [ ("in",6),("out",1),("get",2),("put",7)] :` ______ ;

1-2) `val r2 = [ (1,2),(3,4),(5,6),(7,8)] :` ______ ;

1-3) `val r3 = [ (1.1,2.2),(3.3, 4.4),(5.5,6.6),(7.7,8.8)] :` ______ ;

1-4) `val r4 = [ (1.1,"a"),(3.3,"b"),(5.5,"c"),(7.7,"d")] :` ______ ;

1-5) `val r5 = [ (#"a","apple"),(#"b","bus"),(#"c","car")] :` ______ ;

## 3.6.3 Data Types

ML은 새로운 data type을 정의할 수 있는 아주 강력한 메커니즘(mechanism)을 가진다.

일반적으로 data type은, <그림 3-53>이 보여주는 바와 같이, 다음과 같은 요소로 구성된다:

1) Type 이름: int, real처럼 이름 지을 수 있는 유형의 이름.

2) Type의 값: {1, 2, 3, ...}과 {1.1, 2.2, 3.3, ...}과 같이 그 유형에 속한 값.

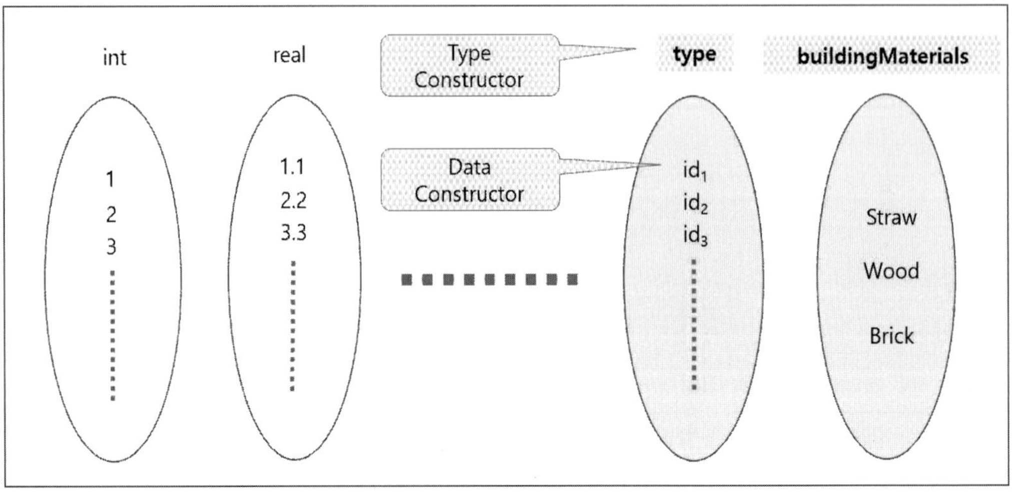


<그림 3-53> Data type structure

이와 같이 ML에서 새로운 data type을 정의하기 위해서는 이와 같은 구조를 만족해야 한다. 즉

1) Type constructor:
   - 새로운 data type의 이름.
   - Data constructor를 집합으로 가지는 list의 이름.
2) Data constructors:
   - 새로운 data type의 data를 상징하는 이름.
   - 새로운 data type에 속한 값을 구축하기 위한 연산자.

ML은 새로운 자료유형(data type)을 정의할 수 있는 방법을 제공한다. 그 방법은 다음과 같다:

```
datatype (<list of type parameters>) <identifier> =
         <1st constructor expression>  |
         <2nd constructor expression>  |
         ...
         <last constructor expression>
```

간단한 예를 들어보자. 새로운 data type인 **building Materials**를 정의하고자 한다. 이 type에는 **Straw**, **Wood**, 그리고 **Brick**이라는 세 개의 data가 있다. 이 유형은 ML에서 다음과 같이 선언된다.

```
1  datatype buildingMaterials =
2     Straw | Wood | Brick;
3  datatype buildingMaterials
4     con Straw
5     con Wood
6     con Brick
```

<프로그램 3-101> **buildingMaterials** Example

이 코드를 간단하게 설명하면 다음과 같다:[298]

1) [L1] Type constructor: 새로운 **buildingMaterials** data type 선언.
2) [L2] Data constructors: **buildingMaterials**의 data 선언.
   - {**Straw**, **Wood**, **Brick**}
3) [L3] Type constructor: 새로운 **buildingMaterials** data type 등록.
4) [L4] Data constructors: **buildingMaterials**의 data 등록.
   - **Straw**
   - **Wood**
   - **Brick**

이 data type을 정의역으로 하는 간단한 함수를 정의해 보자.

```
fun isBrick(x)=(x=Brick);
val isBrick = fn : buildingMaterials -> bool
```

<프로그램 3-102> **isBrick** Example

기존의 함수처럼, **isBrick** 함수도 **buildingMaterials**의 유형을 가진 매개변수 **x**를 입력받아, 그것의 값이 **Brick**인지 확인한다. 그리고 이 함수유형이 **buildingMaterials -> bool**인 것을 확인할 수 있다.

298) Capitalization: 일반적으로 ML에서 다음 이름의 첫문자를 대문자로 표기한다: Data constructor, Exception, Structure, Functor. 이외의 이름에는 대문자를 사용하지 않는다: 변수, 함수, type constructor. 하지만 signature는 모든 글자를 대문자로 표기한다.

또 다른 예를 보자. 다음은 **int**와 **real**을 하나의 새로운 data type으로 정의한 **rori** 유형의 선언문이다.[299]

```
1 datatype rori =
2    Int of int |
3    Real of real;
4 datatype rori
5    con Int : int -> rori
6    con Real : real -> rori
```

<프로그램 3-103> **rori** Example

이 코드를 간단하게 설명하면 다음과 같다:

1) [L1] Type constructor: 새로운 **rori** data type 선언.
2) [L2] Data constructors: **rori**의 data 선언.
   - **Int** data: **Int** of **int**
   - **Real** data: **Real** of **real**
3) [L3] Type constructor: 새로운 **rori** data type 등록.
4) [L4] Data constructors: **rori**의 data 등록.
   - **Int** data: **int -> rori**
   - **Real** data: **real -> rori**

<그림 3-54>에서 보여주는 바와 같이, 이 정의에 의해서 **rori**의 유형인 data들은 `Int(1)`, 또는 `Real(1.1)` 등과 같이 표현된다. 그런 면에서, **rori** 정의 시, 각 data constructor가 **Int**는 **int -> rori**, **Real**은 **real -> rori**와 같은 함수 형식으로 정의됨을 이해할 수 있다.[300]

299) 이 data type은 C언어의 Union과 같은 의미를 내포한다. 하지만 근본적으로 차이가 있음을 <그림 3-53>을 통해 확인할 수 있다.

300) ML에서는 새로운 data type을 association list로 간주한다. 그리고 이 data type에 속한 data constructor는 data 값을 결정짓는 사상관계, 즉 쌍으로 표현한다. 즉 한 유형의 값을 매개변수로 받아서 새로운 유형의 값을 생성하는 관계의 쌍으로 표현한다. 예를 들면, `rori = [ …, (1, Int(1)), (2, Int(2)), …, (1.1, Real(1.1)), (2.2, Int(2.2)), …]` 와 같이 간주한다.

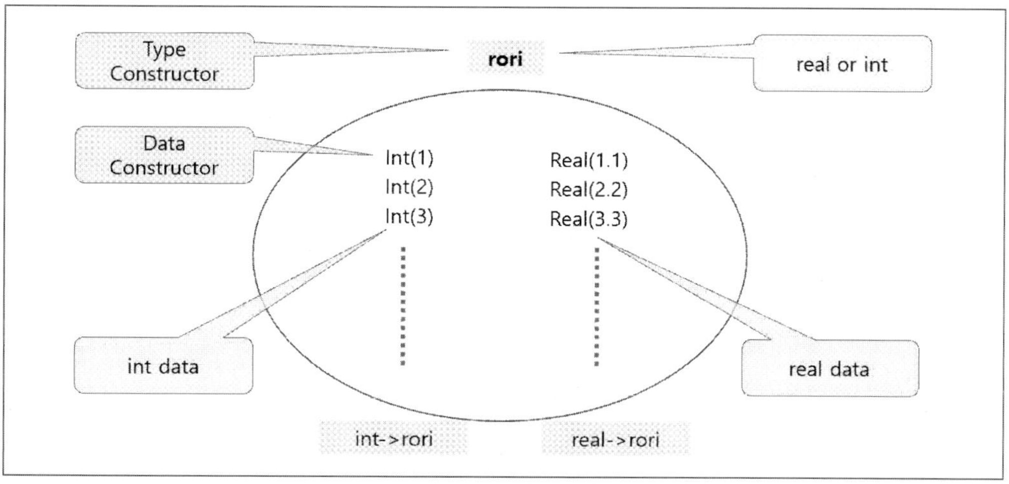


<그림 3-54> **rori** data type

이를 기반으로 한 간단한 함수를 만들어 보자. 다음은 **rori** 유형을 입력받아서, 실수 값을 반환하는 함수다.

```
1  fun getReal(Int(i)) = real(i)
2  | getReal(Real(r)) = r;
3  val getReal = fn : rori -> real
```

<프로그램 3-104> **getReal** Example

이 함수를 간단하게 설명하면 다음과 같다:

1) [L1] 함수 **getReal** 선언 (1) : Pattern 1.
   - 정의역: **Int** data인 경우 - **rori** type.
   - 치역: **real(i)** 반환 - **real** type.
2) [L2] 함수 **getReal** 선언 (2) : Pattern 2.
   - 정의역: **Real** data인 경우 - **rori** type.
   - 치역: **r** 반환 - **real** type
3) [L3] 함수 **getReal** 등록: **rori -> real**

### 3.6.3.1 연습 문제

1. Club, Heart, Diamond, Spade라고 하는 값을 갖는 card라는 이름의 새로운 data

type을 선언하시오.

2. Apple, Pear, Grape라고 하는 값을 갖는 fruit라는 이름의 새로운 data type을 선언하시오.

3. 다음과 같은 data type이 주어졌을 때, 다음 함수 sumElList의 결과값을 작성하고, 이유를 설명하시오.

```
datatype ('a, 'b) element =
    P of 'a * 'b |
    S of 'a;
datatype ('a, 'b) element =  P of 'a * 'b | S of 'a;
```

ML: sumElList

```
fun     sumElList(nil) = 0
 |      sumElList(S(x)::L) = sumElList(L)
 |      sumElList(P(x,y)::L) = y + sumElList(L);
val sumElList = fn : ('a, int) element list -> int
```

ML: sumElList 호출

```
sumElList([P("in", 6], S("function"], P("as", 2]);

```

## 3.6.4 Recursively Defined Data Types

ML도 Pascal이나 C처럼 재귀적인 자료구조를 정의할 수 있는 기능을 제공한다.

이전의 새로운 data type은 이 type의 data constructor들이 기존의 값을 기반으로 새로운 data 값을 정의할 수 있게 하였다. 이러한 방법으로는 재귀적인 자료구조를 구축할 수 없다. 재귀적인 자료를 구축하기 위해서는, 새로운 data type의 data constructor 유형이 새로운 data type 유형으로 구축되어야 한다. 우선 몇 가지의 대표적인 예를 살펴보자.

### 3.6.4.1 Set Expression Type

우리가 알고 있는 집합은 기본적으로 집합 S와 관련된 연산(∪, ∩ 등)으로 이루어져 있다. 그러면 $S_1 = S_2 \cup (S_3 \cap S_4)$ 등과 같은 집합식(set expression)을 어떻게 재귀적

으로 data type을 이용해 표현할 수 있는지 알아보자.[301]

이를 위해서, 집합식에 대한 간단한 재귀적 정의를 정리해 보자:

1) 새로운 집합식의 정의: **Set**
2) 새로운 Data의 정의:
   (1) 집합: Operand.
      - 집합의 원소는 한 유형의 어떤 원소도 가능하다: **'a** 의 유형.
      - 집합의 원소들은 list로 표현할 수 있다: **list**
      - **Op**: 새로운 집합.
   (2) 집합연산자는 **Union**과 **Inter**(Intersection)가 있다.
      - **Union**: binary 연산, 피연산자는 두 개.
      - **Inter**: binary 연산, 피연산자는 두 개.
   (3) 피연산자는 Set의 유형이다: 즉 **Op**, **Union**, **Inter** 모두 가능하다.

이를 기반으로 ML의 **Set** data type을 정의해 보자. 다음은 Set을 정의한 ML 코드다.

```
datatype 'elt Set =
  Union of 'clt Sct * 'clt Set |
  Inter of 'elt Set * 'elt Set |
  Op of 'elt list;
datatype 'a Set
  con Inter : 'a Set * 'a Set -> 'a Set
  con Op : 'a list -> 'a Set
  con Union : 'a Set * 'a Set -> 'a Set
```

<프로그램 3-105> **'elt Set** Example

이 코드를 간단하게 설명하면 다음과 같다:

301) 프로그래밍언어들 중, data structure에 기반으로 한 expression을 연산의 일부로 간주하지 않고, 이와 같이 expression으로 표현할 수 있는 언어는 일부다. 특히 ML에서의 expression type을 통해서, 관련 연산식(operational expression)을 그 자체의 expression type으로 표현할 수 있는 방식은 매우 독창적인 방법이라고 평가할 수 있다. 만약 이러한 수식, 즉 expression을 C나 Pascal과 같은 언어로 표현한다면, 이에 해당하는 유형을 struct로 정의하고, expression을 형성하는 관련 relation들을, 이를 기반으로 한 pointer 유형으로 정의해서 관리해야 하는 문제점이 발생된다. 즉 ML처럼 expression 자체가 data가 되는 것이 아니라, data에 해당하는 모든 관계를 pointer로 정의하고 이를 expression tree처럼 동적으로 관리해야 하는 점이다. 즉 data type을 통해서 규정된 data의 pattern에 의해서 함수가 정의되지 않고, 모든 관계를 동적인 point로 정의하고, 연결하고, 차단하는 과정을 거쳐야 한다. 그만큼 프로그래머가 오류를 발생시킬 경우와 가능성이 많아진다는 의미다.

1) [L1] Type constructor: 새로운 `'elt Set` data type 선언.
   - 집합의 원소: `'a` 유형.
2) [L2] Data constructors: `'elt Set`의 data 선언.
   - `Union` data: 두 개의 동일 유형의 피연산자 (`of 'elt Set * 'elt Set`).
   - `Inter` data: 두 개의 동일 유형의 피연산자 (`of 'elt Set * 'elt Set`).
   - `Op` data: List로 된 `'a` 의 유형 집합(`of 'elt list`).
3) [L3] Type constructor: 새로운 `'a Set` data type 등록.
4) [L4] Data constructor: `'a Set`의 data 등록.
   - `Union` data: `'a Set * 'a Set -> 'a Set`
   - `Inter` data: `'a Set * 'a Set -> 'a Set`
   - `Op` data: `'a list -> 'a Set`

간단한 집합식의 예를 들어보자.

```
{1,2,3}∪({2,3,4}∩{4,5,6})
```

이를 Set의 expression으로 표현하면 다음 코드와 같다.

```
val set1 = Union(Op([1,2,3]),
                 Inter(Op([2,3,4]),
                       Op([4,5,6])));
val set1 = Union (Op [1,2,3],Inter (Op #,Op #[302])) : int Set
```

<프로그램 3-106> **set1** Example

### Example E.3-17) Member Example

다음은 이를 활용하는 간단한 함수를 정의해 보자.

302) ML에서 재귀 자료들은 일반적으로 매우 방대하고 복잡할 수 있다. 때문에 이러한 자료를 출력할 때, 적정한 선에서 자료를 출력 화면에서 조정할 필요가 있다. 이럴 경우 사용하는 방식이 '#'을 삽입하는 방법이다. #은 일반적으로 그 자리에 복잡한 expression이 생략되었다는 뜻이다.

```
1  fun member(x,Op(nil)) = false
2   | member(x,Op(y::ys)) =
3       if x=y then true
4          else member(x,Op(ys))
5   | member(x,Union(s,t)) =
6       member(x,s) orelse member(x,t)
7   | member(x,Inter(s,t)) =
8       member(x,s) andalso member(x,t);
9  val member= fn : "a* "a Set -> bool
```

<프로그램 3-107> **member** Example

이 코드를 간단하게 설명하면 다음과 같다:

1) [L1] 함수 **member** 선언 (1) : Pattern 1-1.
   - 정의역: **(x,Op([ ])** - **Op** data가 **[ ]** 인 경우 .
   - 치역: **false** 반환 - **x**가 **Op**에 없음.
2) [L2] 함수 **member** 선언 (2) : Pattern 1-2.
   - 정의역: **(x,Op(y::ys)** - **Op** data가 **y::ys**인 경우.
   - 치역:
     - [L3] (**x=y**)면, **true** 반환 - **x**가 **O**의 member임.
     - [L4] (**x=y**)가 아니면 **ys**에 대해, **member(x,Op(ys))** 재귀함수 호출.
3) [L5] 함수 **member** 선언 (3) : Pattern 2.
   - 정의역: **Union(s,t)** - 두 개의 피연산자 **s**와 **t**인 경우 .
   - [L6] 치역: **orelse** 조건 - **s**와 **t** 중에 **x**가 있어야 함.
     - **s**에 대해, **member(x,s)** 재귀함수 호출.
     - **t**에 대해, **member(x,t)** 재귀함수 호출.
4) [L7] 함수 **member** 선언 (4) : Pattern 3.
   - 정의역: **Inter(s,t)** - 두 개의 피연산자 **s**와 **t**인 경우.
   - [L8] 치역: **andalso** 조건 - **s**와 **t** 모두에 **x**가 있어야 함.
     - **s**에 대해, **member(x,s)** 재귀함수 호출.
     - **t**에 대해, **member(x,t)** 재귀함수 호출.
5) [L9] 함수 **getReal** 등록: **"a* "a Set -> bool**[303)]

그러면 이 함수를 활용하여 집합 Set1에 정수 4가 있는지 확인해 보자.

303) **x**와 List의 원소가 **'a** 유형이고, [L3]에서 동일한지(=) 비교하기 때문에, **''a** 유형을 가진다.

```
member(4,set1);
val it = true : bool
```

<프로그램 3-108> **member** Example

**member(4,set1)** 함수의 호출 결과 true라는 결과가 반환되었다. 이 결과가 어떻게 산출되었는지 확인해 보자.

<그림 3-55>[304]는 ML에서 <프로그램 3-108>의 **member(4,set1)** 함수가 어떻게 실행되는지를 보여준다. 이를 설명하면 다음과 같다:

1) [그림의 ①] **member(4,set1)** 함수를 호출한다.
   - **set1 = U(O([1,2,3]),I(O([2,3,4]),O([4,5,6])))**[305]
2) [그림의 M(1)] **member(4,U(O #, I #**[306]**))**을 실행한다.
   - 두 번째 매개변수가 **Set** 유형의 **U** data기 때문에 Pattern 2 실행.
   - Pattern 2의 expression 실행:
     - [그림의 ②] **member(4,O([1,2,3]))** 호출 : M(2).
     - [그림의 ④] **member(4,I(O([2,3,4]),O([4,5,6])))** 호출 : M(3).
3) [그림의 M(2)] **member(4,O(1::[2,3])** 실행:
   - 두 번째 매개변수가 **Set** 유형의 **O** data고, **[]**이 아니기 때문에 Pattern 1-2 실행.
   - Pattern 1-2의 expression 실행:
     - [그림의 ②-1] **(x=y)**가 아니기에, **member(4,O([2,3]))** 호출 : M(2-1).

304) 그림에서 **member** 함수를 **m**으로 표기했다.

305) **Union**, **Inter**, **Op**을 각각 **U**, **I**, **O**로 줄여서 표기했다.

306) 복잡한 **U**의 data를 줄여서 표기했다.

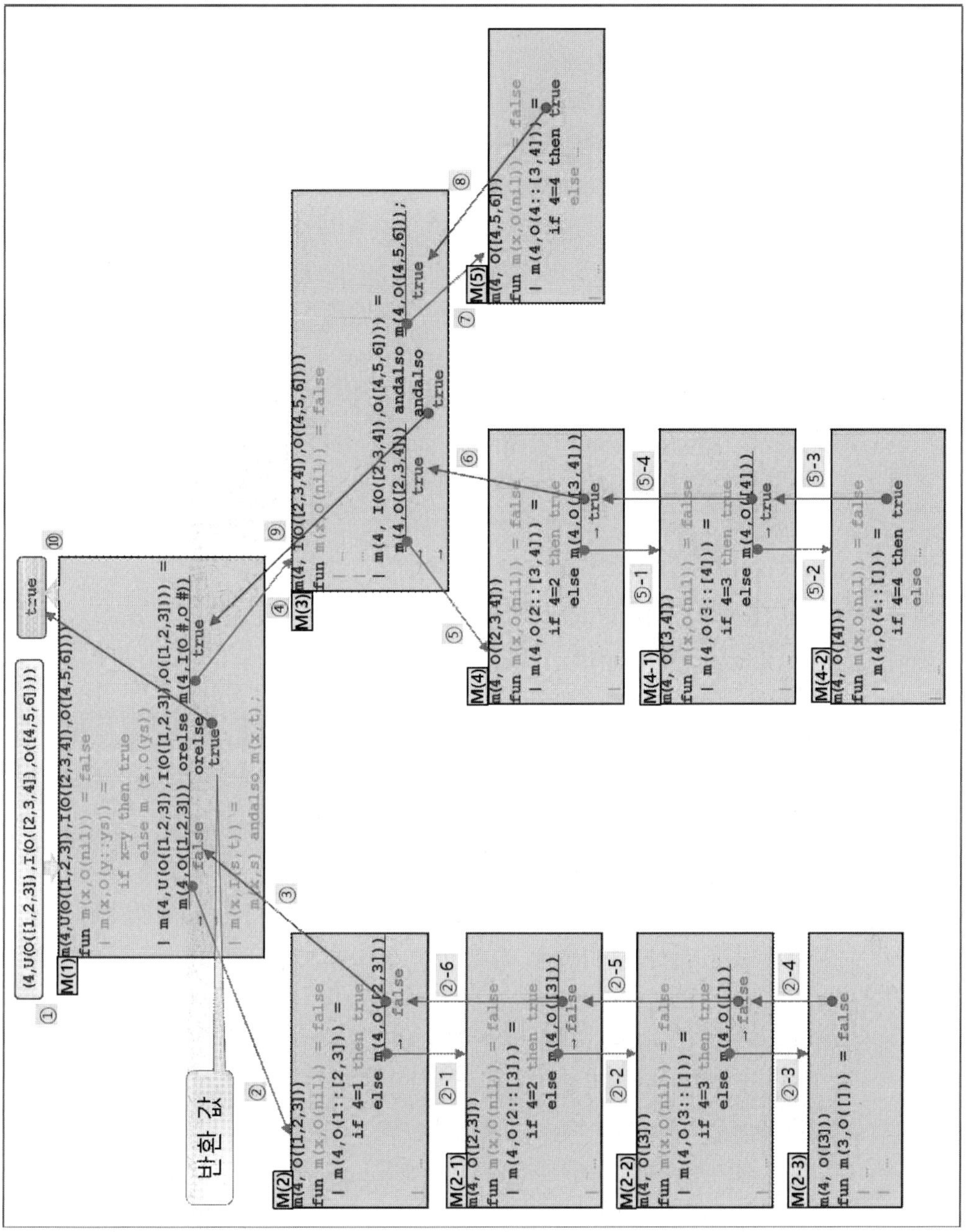


<그림 3-55> member(4,set1) 실행 결과

3-1) [그림의 M(2-1)] `member(4,O(2::[ 3])` 실행:

- 두 번째 매개변수가 `Set` 유형의 `O` data고, `[]`이 아님: Pattern 1-2.
- Pattern 1-2의 expression 실행:
  - [그림의 ②-2] (x=y)가 아니므로, `member(4,O([ 3]))` 호출: M(2-2)

3-2) [그림의 M(2-2)] `member(4,O(3::[])` 실행:

- 두 번째 매개변수가 `Set` 유형의 `O` data고, `[]`이 아님: Pattern 1-2.
- Pattern 1-2의 expression 실행:
  - [그림의 ②-3] (x=y)가 아니므로, `member(4,O([]))` 호출:: M(2-3).

3-3) [그림의 M(2-3)] `member(4,O([])` 실행:

- 두 번째 매개변수가 `Set` 유형의 `O` data고, `[]`: Pattern 1-1.
- Pattern 1-1의 expression 실행:
  - [그림의 ②-4] `false` 반환 후 종료.

3-4) [그림의 M(2-2)] `member(4,O([ 3])` 종료:

- M(2-3), 즉 `member(4,O([])`로부터 `false` 값 받은 후,
- [그림의 ②-5] M(2-1), 즉 `member(4,O([ 2,3])`에게 반환 후 종료 .

3-5) [그림의 M(2-1)] `member(4,O([ 2,3])` 종료:

- M(2-3), 즉 `member(4,O([ 3])`으로부터 `false` 값 받은 후,
- [그림의 ②-6] M(2), 즉 `member(4,O([ 1,2,3])`에게 반환 후 종료,

3-6) [그림의 M(2)] `member(4,O([ 1,2,3])` 종료:

- M(2-3), 즉 `member(4,O([ 2,3])`으로부터 `false` 값 받은 후,
- [그림의 ③] M(1), 즉 `member(4,U(O #, I #))`에게 반환 후 종료,

4) [그림의 M(3)] `member(4,I(O([ 2,3,4]),O([ 4,5,6])))`을 실행한다.

- 두 번째 매개변수가 `Set` 유형의 `I` data기 때문에 Pattern 3 실행.
- Pattern 3의 expression 실행:
  - [그림의 ⑤] `member(4,O([ 2,3,4]))` 호출 : M(4).
  - [그림의 ⑦] `member(4,O([ 4,5,6]))` 호출 : M(5).

5) [그림의 M(4)] `member(4,O(2::[ 3,4])` 실행:

- 두 번째 매개변수가 `Set` 유형의 `O` data고, `[]`이 아니기 때문에 Pattern 1-2 실행.
- Pattern 1-2의 expression 실행:
  - [그림의 ⑤-1] (x=y)가 아니므로, `member(4,O([ 2,3]))` 호출: M(4-1).

5-1) [그림의 M(4-1)] `member(4,O(3::[ 4])` 실행:

- 두 번째 매개변수가 `Set` 유형의 `O` data고, `[]`이 아니기 때문에 Pattern 1-2 실행.

- Pattern 1-2의 expression 실행:
  - (x=y)가 아니므로, [그림의 ⑤-2] member(4,O([ 4])) 호출: M(4-2)
  .

5-2) [그림의 M(4-2)] member(4,O(4::[ ]) 실행:

- 두 번째 매개변수가 Set 유형의 O data고, [ ]이 아니기 때문에 Pattern 1-2 실행.
- Pattern 1-2의 expression 실행:
  - [그림의 ⑤-3] (x=y)이므로, true를 M(4-1), 즉 member(4,O([ 3,4])에게 반환 후 종료.

5-3) [그림의 M(4-1)] member(4,O([ 3,4]) 종료:

- M(4-2), 즉 member(4,O([ 4])로부터 true 값 받은 후,
- [그림의 ⑤-4] M(4), 즉 member(4,O([ 2,3,4])에게 반환 후 종료.

5-4) [그림의 M(4)] member(4,O([ 2,3,4]) 종료

- M(4-1), 즉 member(4,O([ 3,4])로부터 true 값 받은 후,
- [그림의 ⑥] M(3), 즉 member(4,U(O #, I #))에게 반환 후 종료

6) [그림의 M(5)] member(4,O(4::[ 5,6]) 실행:

- 두 번째 매개변수가 Set 유형의 O data고, [ ]이 아니기 때문에 Pattern 1-2 실행.
- Pattern 1-2의 expression 실행:
  - [그림의 ⑧] (x=y)이므로, true를 M(3), 즉 member(4,U(O #, I #))에게 반환 후 종료 .

7) [그림의 M(3)] member(4,I(O([ 2,3,4]),O([ 4,5,6]))) 종료:

- M(4), 즉 member(4,O([ 2,3,4])로부터 true 값을 받고,
- M(5), 즉 member(4,O([ 4,5,6])으로부터 true 값을 받아,
- andalso 연산을 한 후, 그 결과 true를 M(4), 즉 member(4,U(O #, I #))에게 반환 후 종료.

8) [그림의 M(1)] member(4,U(O #, I #[307]))) 종료:

- M(2), 즉 member(4,O([ 1,2,3])으로부터 false 값을 받고,
- M(3), 즉 member(4,U(O #, I #)])으로부터 true 값을 받아,
- orelse 연산을 한 후, 그 결과 true를 반환 후 종료.

307) 복잡한 U의 data를 줄여서 표기했다.

### 3.6.4.2 Comparison with C: List

다음은 ML의 List를 C언어로 구현한 예다. C언어는 ML처럼 list를 기본 유형으로 제공하지 않기 때문에, 이에 대한 정의와 연산을 사용하기 전에 정의해야 한다.

```
#include <stdio.h>
#include <stdlib.h>

typedef enum {False, True} bool;

/* Definition of Int List */
typedef struct IntList   IL;
typedef struct IntList* PIL;

struct IntList
{
   int h;
   PIL t;
};

PIL IL_empty = NULL;
bool IL_is_empty(PIL);           /* [] */
int IL_head(PIL);                /* IL head */
PIL IL_tail(PIL);                /* IL tail */
PIL IL_cons(int, PIL);           /* ::  IL construct */
void IL_print(PIL);              /* IL print */

int main(void)
{
   PIL l1;

   l1 = IL_cons(1,
        IL_cons(2,
        IL_cons(3,
        IL_cons(4, IL_empty))));

   IL_print(l1);

   return 0;
}

bool IL_is_empty(PIL l)
{
   if (!l)
      return True;
   else
      return False;
}

int IL_head(PIL pil)
{
   return pil->h;
}

PIL IL_tail(PIL pil)
{
```

```
52    return pil->t;
53 }
54
55 PIL IL_cons(int head, PIL pil)
56 {
57    PIL IL_tmp = (PIL)malloc(sizeof(IL));
58
59    if (pil == IL_empty)
60    {
61       IL_tmp->h = head;
62       IL_tmp->t = NULL;
63    }
64    else
65    {
66       IL_tmp->h = head;
67       IL_tmp->t = pil;
68    }
69    return (IL_tmp);
70 }
71
72 void IL_print(PIL p)
73 {
74    printf("[ ");
75    if (p == NULL) printf("");
76    else
77    {
78       while (p->t != NULL)
79       {
80          printf("%d ", (p->h));
81          p = p->t;
82       }
83       printf("%d ", p->h);
84    }
85    printf("]");
86 }
```

<프로그램 3-110> List in C

이 프로그램을 간단하게 설명하면 다음과 같다:

1) [L1~2] Library 지정:
   - **<stdio.h>**
   - **<stdlib.h>**
2) [L4] Enum Type 선언: **bool = { False, True}**
3) [L7~8] Type 재명명:
   - **IL: struct IntList**
   - **PIL: struct IntList ***
4) [L10~14] **IntList** Type 선언: (List 유형).
   - **h: int**
   - **t: PIL**
5) [L16] 전역변수 선언: (**PIL** 유형) **IL_empty = NULL;**

6) [L17~21] Function Prototype 선언: 유형 (List 연산자).

- `IL_is_empty: PIL -> bool`
- `IL_head: PIL -> int`
- `IL_tail: PIL -> PIL`
- `IL_cons: (int, PIL) -> PIL`
- `IL_print: PIL -> void`

7) [L23~35] Function 선언: `main`

- 변수선언: `PIL l1;`
- 배정문: `l1 ( = 1::2::3::4::[ ] )`
- 출력문: `IL_print(l1) ([ 1,2,3,4] )`
- 반환문:

8) [L37~43] Function 정의: `IL_is_empty (PIL -> bool)`.

9) [L45~48] Function 정의: `IL_head (PIL -> int)`.

10) [L50~53] Function 정의: `IL_tail (PIL -> PIL)`.

11) [L55~70] Function 정의: `IL_cons ((int, PIL) -> PIL)`.

12) [L72~86] Function 정의: `IL_print (PIL -> void)`.

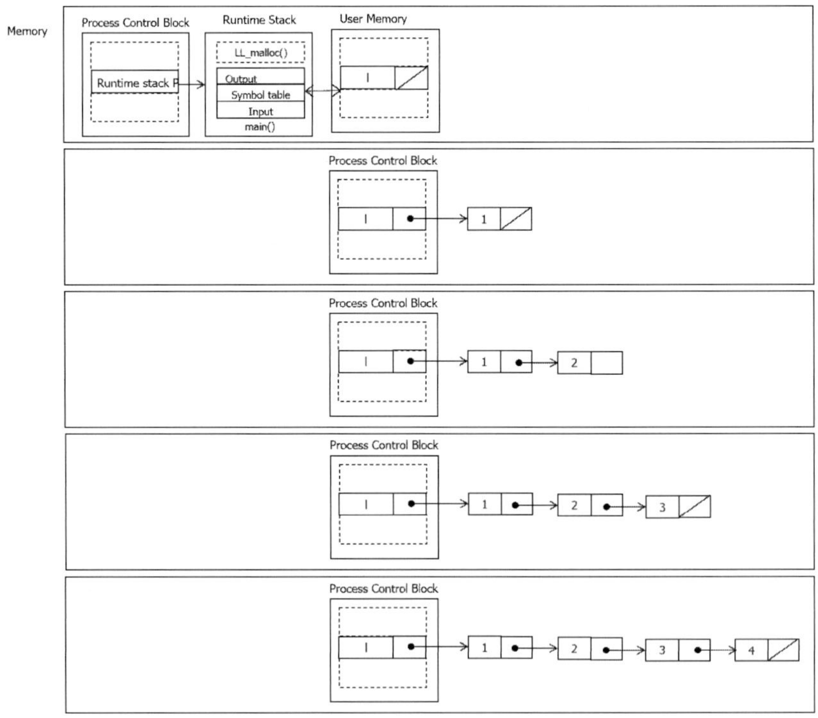


<그림 3-56> Linked List in C

<프로그램 3-110-1>은 <프로그램 3-110>의 실행결과를 보여준다. 원하는 결과가 산출되었음을 확인할 수 있다. 이를 도식적으로 구성해 보면, <그림 3-56>과 같다.

```
[ 1 2 3 4 ]
--------------------------------
Process exited after 0.02783 seconds with return value 0
계속하려면 아무 키나 누르십시오 . . .
```

<프로그램 3-110-1> List in C : 결과

다음은 List에 대한 member[308] 함수를 간단하게 정의해 보자. <프로그램 3-110>에 다음과 같은 함수를 정의했고, **main** 함수에서 이를 활용했다.

```
bool member(int x, PIL l)
{
   int y;

   if (IL_is_empty(l))
      return False;
   else
      if (x == (y = IL_head(l)))
         return True;
      else
         return member(x, IL_tail(l));
}

void MEM_print(bool ok)
{
   if (ok)
      printf("true\n");
   else
      printf("false\n");
}

int main(void)
{
   PIL l1;
   bool tf;

   l1 = IL_cons(1,
         IL_cons(2,
         IL_cons(3,
         IL_cons(4, IL_empty))));

   IL_print(l1);
   printf("\n");

   tf = member(3, l1);
   MEM_print(tf);

   return 0;
}
```

<프로그램 3-111> member in C

308) 이전의 ML에서 보았듯이, List가 특정 원소가 있는지를 따지는 연산이다.

이 프로그램을 간단하게 설명하면 다음과 같다:

1) [L1~12] Function 선언: `member`
   - 입력변수 `l`에 원소 `x`가 있는지를 재귀적으로 검색한다.
   - 있을 경우, true를; 없을 경우 false를 반환한다.
2) [L14~20] Function 선언: `MEM_print`
   - 입력이 true면 "`true`"를; false면 "`false`"를 출력한다.
3) [L22~39] Function 선언: `main`
   - 변수선언: `PIL l1;`
   - 변수선언: `bool tf;`
   - 배정문: `l1 ( = 1::2::3::4::[] )`
   - 출력문: `IL_print(l1)` (`[ 1,2,3,4]` )
   - 출력문: `"\n"`
   - 배정문: `tf = member(3, l1)` (`l1`에 3이 있는 확인).
   - 출력문: 그 결과를 출력.
   - 반환문.

<프로그램 3-111-1>은 <프로그램 3-111>의 실행결과를 보여준다. 원하는 결과가 산출되었음을 확인할 수 있다.

```
[ 1 2 3 4 ]
true

--------------------------------
Process exited after 0.03216 seconds with return value 0
계속하려면 아무 키나 누르십시오 . . .
```

<프로그램 3-111> member in C : 결과

### 3.6.4.2.1 연습 문제

1. 본 절에서 보여준 다음 프로그램의 실행 결과가 적합하게 산출되었음을 walkthrough를 통해서 입증하시오.

   1) <프로그램 3-110-1>
   2) <프로그램 3-111-5>

### 3.6.4.3 Binary Tree

다음은 binary tree에 대해 알아보자. Binary tree는 가장 대표적인 재귀자료구조 중 하나다. 이를 ML로 정의하면 다음과 같다:

```
1  Datatype 'label Btree =
2     Empty |
3     Node of 'label
4              * 'label Btree
5              * 'label Btree;
6  datatype 'a BTree
7     con Empty : 'a Btree
8     con Node : 'a * 'a Btree * 'a Btree -> 'a Btree
```

<프로그램 3-112> **'label Btree** Example

이 코드를 간단하게 설명하면 다음과 같다:

1) [L1] Type constructor: 새로운 **'label Btree** data type 선언.
   - 트리(tree node)의 label: **'a** 유형.
2) [L2] Data constructors: **'label Btree**의 data 선언.
   - **Empty** data: Empty node (관련 값 없음).
   - **Node** data: Node label과 두 개의 자식 Tree (**of 'label * 'label Btree * 'label Btree**).
3) [L3] Type constructor: 새로운 **'a Btree** data type 등록.
4) [L4] Data constructor: **'a Btree**의 data 등록.
   - **Empty** data: **'a Btree**
   - **Inter** data: **'a * 'a Btree * 'a Btree -> 'a Set**

간단한 tree의 예를 들어보자.

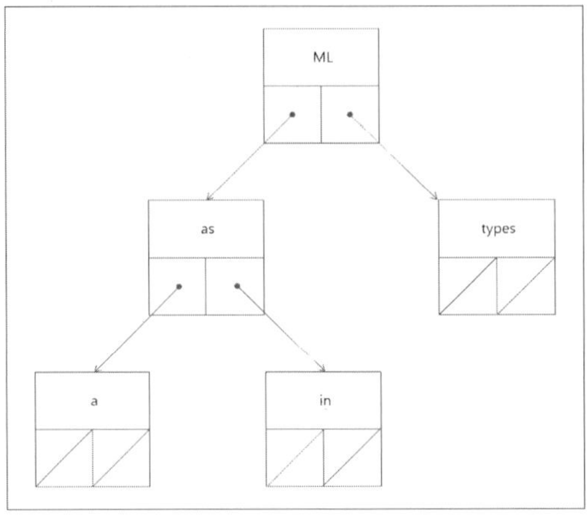


<그림 3-57> BTree Example

이 tree를 **Btree**로 정의하면 다음과 같다:

```
val t1 = Node ( "ML",
                Node ( "as",
                       Node ("a", Empty, Empty),
                       Node ("in", Empty, Empty)),
                Node ("types", Empty, Empty));
val t1 =  Node ( "ML", Node #, Node #) : Btree
```

<프로그램 3-113> **t1** Example

```
fun lower(nil) = nil
 |  lower(c::cs) = (Char.toLower c)::lower(cs);
val lower = fn : char list -> char list
fun strLT(x,y) = implode309) (lower(explode310) x))
                 < implode(lower(explode y));
val strLT = fn : string * string -> bool
fun lookup lt Empty                    x = false
 |  lookup lt (Node(y, left, right)) x =
      if      lt(x,y) then lookup lt left  x
      else if lt(y,x) then lookup lt right y
      else    true;
val lookup = fn : ('a*'a->bool)->'a btree->'a->bool
```

<프로그램 3-114> **lookup** Example

309) **Char list**로 **String**을 전환하는 함수. 예를 들면, [ #"a", #"b", #"c"] 가 있으면, "abc"로 전환한다.

## Example E.3-18) Lower Example

다음은 이를 활용하는 간단한 함수를 정의해 보자.

<프로그램 3-114> 코드를 간단하게 설명하면 다음과 같다:

1) [L1] 함수 `lower` 선언 (1) : Pattern 1.
   - 정의역: `[]`
   - 치역: `[]` 반환.
2) [L2] 함수 `member` 선언 (2) : Pattern 2.
   - 정의역: `c::cs`
   - 치역:
     - head `c`를 `Char.toLower` 함수를 이용해 소문자로 전환.
     - tail `cs`에 대해 재귀함수 호출 후 반환값을 받아서.
     - 모두 list로 반환함.
3) [L3] 함수 `lower` 등록: `char list -> char list`
4) [L4~5] 함수 `strLT` 선언:
   - 정의역: `string x, y`
   - 치역: `x, y`를 소문자로 전환 후, 비교 결과를 빈환.
5) [L6] 함수 `strLT` 등록: `string * string -> bool`
6) [L7] 함수 `lookup` 선언 (1): Pattern 1 - Base Case (Tree가 Empty).
   - `Btree`에 특정한 단어가 있는지 검사하는 함수.
   - 정의역: Tree가 empty인 경우.
     - `lt : Btree`의 정렬 함수 - `less-than`
     - `Empty: Btree`가 empty.
     - `x: String` - 찾고자 하는 단어.
   - 치역: `false` 반환 - 찾는 단어가 없음.
7) [L8] 함수 `lookup` 선언 (2): Pattern 2 - Inductive Case (Tree가 Node.
   - `Btree`에 특정한 단어가 있는지 검사하는 함수.
   - 정의역: Tree가 empty가 아닌 경우.
     - `lt : Btree`의 정렬 함수 - `less-than`
     - `(Node(y, left, right)): Btree`가 `Node`
     - `x: String` - 찾고자 하는 단어.

---

310) 반대로, `String`을 `char list`로 전환하는 함수. 예를 들면, "abc"가 있으면, [ #"a", #"b", #"c"] 로 전환한다.

- 치역: `Node`의 `label`, 즉 `y` 단어와 찾는 단어 `x`를 `lt`로 비교.
  - [L9] 작은 경우 : `Node`의 `left`에서 단어 찾기로, `lookup lt left x` 호출.
  - [L10] 큰 경우 : `Node`의 `right`에서 단어 찾기로, `lookup lt left x` 호출.
  - [L11] 같을 경우: 찾는 단어가 바로 `y`임 - `true` 반환.

8) [L12] 함수 `lookup` 등록: `('a* 'a->bool)->'a btree->'a->bool`

그러면 이 함수를 활용하여 `Btree t1`에 string "`function`"이 있는지 확인해 보자.

```
lookup strLT t1 "function";
val it = false : bool
```

<프로그램 3-115> `lookup` Example

`member(4,set1)` 함수의 호출 결과 true라는 결과가 반환되었다. 이 결과가 어떻게 산출되었는지 확인해 보자.

<그림 3-58>[311]은 ML에서 <코드 프로그램 3-115>의 `Lookup strLT t1 "function"` 함수가 어떻게 실행되는지를 보여준다. 이를 설명하면 다음과 같다:

1) [그림의 ①] `Lookup strLT t1 "function"` 함수 호출: LU(1).
   - `t1 = N( "ML", N("as", N("a",E,E), N("in",E,E)), N("types", E, E)) )`[312]
   - 2) [그림의 LU(1)] `lu strLT N("ML", N #, N #`[313]`) "fun"` 실행.
   - 두 번째 매개변수가 `BTree` 유형의 `N` data기 때문에 Pattern 2 실행.
   - Pattern 2의 expression 실행:
     - [그림의 ②] `strLT(x,y)`가 참; `lu strLT N("as", N #, N #) "fun"` 호출 : LU(2)

---

311) 그림에서 `Lookup` 함수를 `lu`으로 표기했다.

312) `Node`, `Empty`를 각각 `N`, `E`로 줄여서 표기했다. 또한 "`function`"도 "`fun`"으로 줄여서 표기했다.

313) 복잡한 `N`의 data를 줄여서 표기했다.

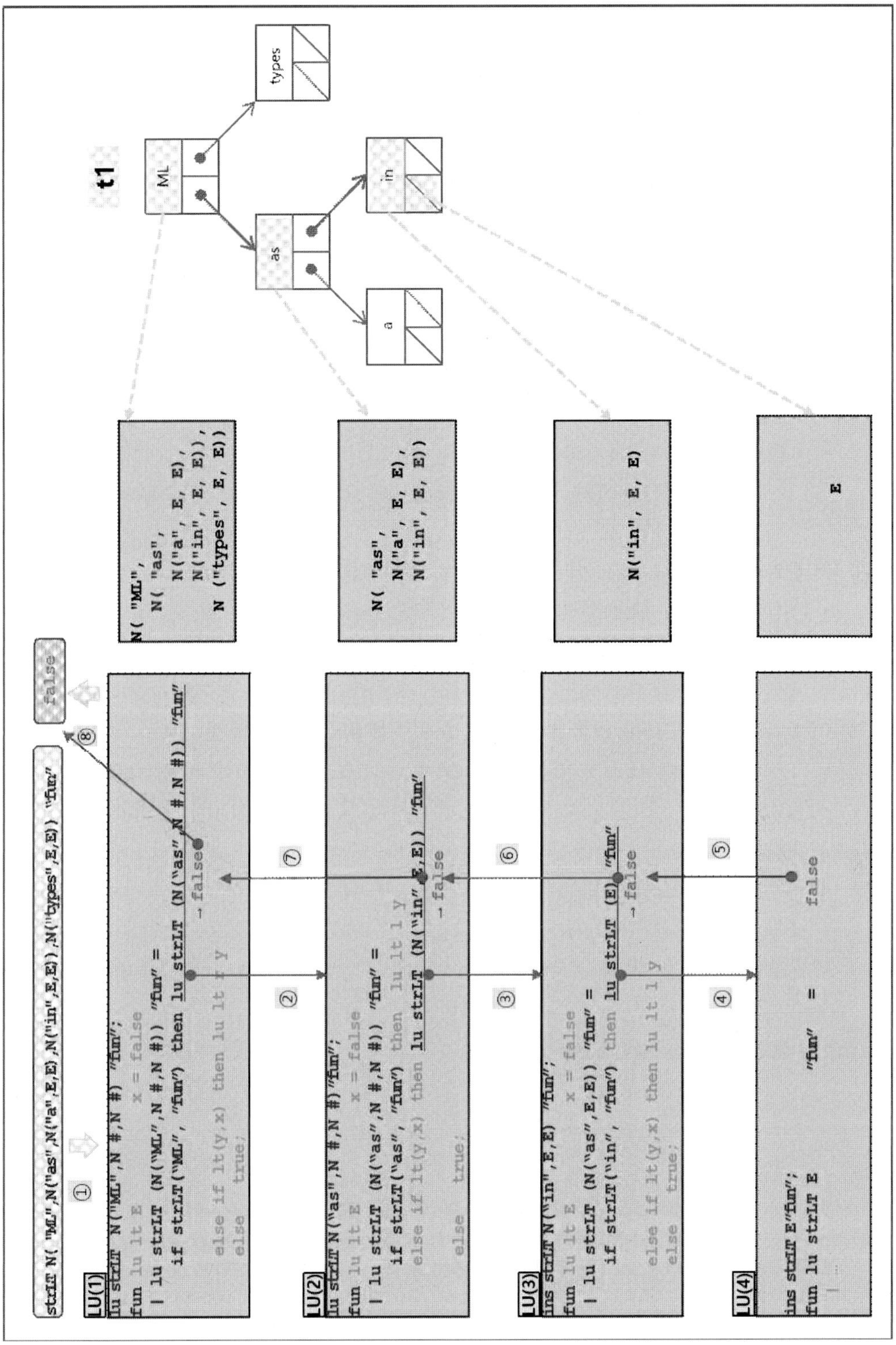


<그림 3-58> `Lookup strLT t1 "function"` : Execution

3) [그림의 LU(2)] `lu strLT N("as", N #, N #) "fun"` 실행:
   - 두 번째 매개변수가 `BTree` 유형의 `N` data기 때문에 Pattern 2 실행.
   - Pattern 2의 expression 실행.
     - [그림의 ③] `strLT(y,x)`가 참; `lu strLT N("in", E, E) "fun"` 호출 : LU(3).
4) [그림의 LU(3)] `lu strLT N("in", E, E) "fun"` 실행:
   - 두 번째 매개변수가 `BTree` 유형의 `N` data기 때문에 Pattern 2 실행.
   - Pattern 2의 expression 실행:
     - [그림의 ④] `strLT(x,y)`가 참; `lu strLT E "fun"` 호출 : LU(4)
5) [그림의 LU(4)] `lu strLT E "fun"` 실행 후 종료:
   - 두 번째 매개변수가 `BTree` 유형의 `E` data기 때문에 Pattern 1 실행.
   - Pattern 1의 expression 실행:
     - [그림의 ⑤] LU(3), 즉 `lu strLT N("in", E, E) "fun"`에게 `false` 반환 후 종료
6) [그림의 LU(3)] `lu strLT N("in", E, E) "fun"` 종료:
   - LU(4), 즉 `lu strLT E "fun"`에게 `false` 값을 받은 후,
   - [그림의 ⑥] LU(2), 즉 `lu strLT N("as", N #, N #) "fun"`에게 이를 반환 후 종료.
7) [그림의 LU(2)] `lu strLT N("as", N #, N #) "fun"` 종료:
   - LU(3), 즉 `lu strLT N("in", E, E)) "fun"`에게 `false`를 받은 후,
   - [그림의 ⑦] LU(1), 즉 `lu strLT N("ML", N #, N #) "fun"`에게 이를 반환 후 종료.
8) [그림의 LU(1)] `lu strLT N("ML", N #, N #) "fun"` 종료:
   - LU(3), 즉 `lu strLT N("as", E, E) "fun"`에게 `false`를 받은 후,
   - [그림의 ⑧] 반환 후 종료.

## Example E.3-19) Insert Example

```
fun insert lt Empty                    x = Node(x,Empty,Empty)
 |  insert lt (T as Node(y,left,right)) x =
      if       lt(x,y)    then Node(y,(insert lt left x),right)
      else if lt(y,x)    then Node(y, left,(insert lt right x))
      else              T;
val insert = fn : ('a*'a -> bool) -> 'a btree -> 'a -> 'a btree
```

<프로그램 3-116> `insert` 코드

이 코드를 간단하게 설명하면 다음과 같다:

1) [L1] 함수 **insert** 선언 (1): Pattern 1 - Base Case (Tree가 Empty).
   - **Btree**에 특정한 단어가 있는지 검사하고, 없으면 적합한 위치에 삽입하는 함수
   - 정의역: Tree가 Empty인 경우.
     - **lt : Btree**의 정렬 함수 - **less-than**
     - **Empty: Btree**가 Empty.
     - **x: String** - 찾고자 하는 단어.
   - 치역: **N(x,E,E)** - 찾는 단어가 없음: 새로운 단어 Node 생성 후 반환.
2) [L2] 함수 **insert** 선언 (2): Pattern 2 - Inductive Case (Tree가 Node).
   - **Btree**에 특정한 단어가 있는지 검사하는 함수.
   - 정의역: Tree가 Empty가 아닌 경우.
     - **lt : Btree**의 정렬 함수 - **less-than**
     - **(Node(y, left, right)): Btree**가 **Node**
     - **x: String** - 찾고자 하는 단어.
   - 치역: **Node**의 **label**, 즉 **y** 단어와 찾는 단어 **x**를 **lt**로 비교.
     - [L3] 작은 경우 : **Node**의 **left**에서 단어 찾기로, **insert lt left x** 호출
     - [L4] 큰 경우 : **Node**의 **right**에서 단어 찾기로, **insert lt left x** 호출
     - [L5] 같을 경우: 찾는 단어 **y** 있음 - 새 **Node** 필요 없이 그대로 반환.
3) [L6] 함수 **insert** 등록: **('a*'a->bool)->'a btree->'a->'a btree**

그러면 이 함수를 활용하여 **Btree t1**에 string "**function**"을 **insert**해 보자.

```
insert strLT t "function";
val it = Node( "ML",
                Node("as",
                        Node("a",E,E),
                        N("in",
                           Node("function",E,E),
                           E),
               Node("types", E, E)) : BTree
```

<프로그램 3-117> **insert** 코드

그리고 이 결과가 어떻게 산출되었는지 확인해 보자.

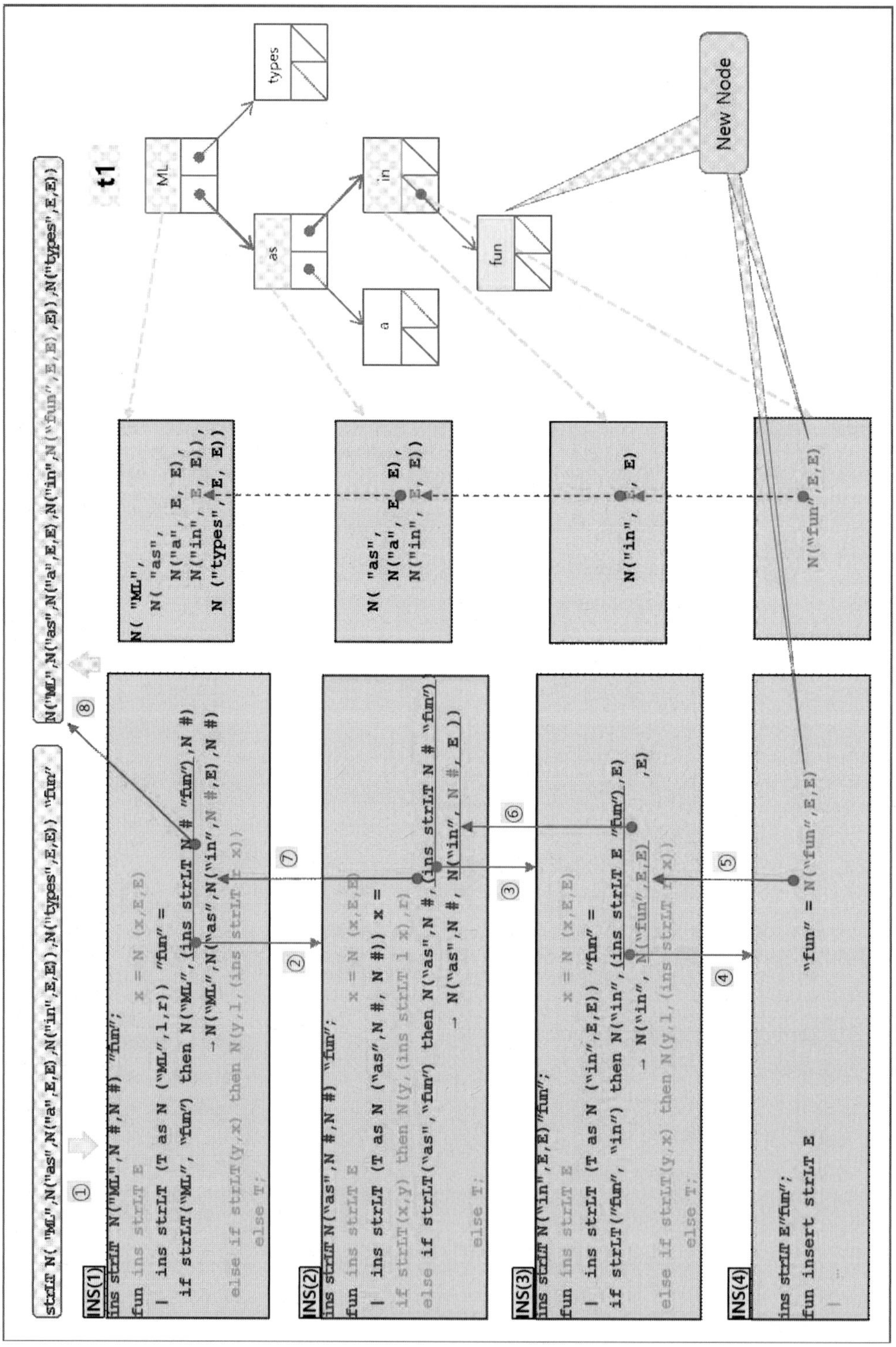


<그림 3-59> insert strLT t1 "function" : Execution

<그림 3-59>314)는 ML에서 <프로그램 3-117>의 `insert strLT t1 "function"` 함수가 어떻게 실행되는지를 보여준다. 이를 설명하면 다음과 같다:

1) [그림의 ①] `insert strLT t1 "function"` 함수 호출: INS(1).
   - `t1 = N( "ML", N("as", N("a",E,E), N("in",E,E)), N("types", E, E)) )`
2) [그림의 INS(1)] `ins strLT N("ML", N #, N #) "fun"` 실행:
   - 두 번째 매개변수가 `BTree` 유형의 `N` data기 때문에 Pattern 2 실행.
   - Pattern 2의 expression 실행:
     - [그림의 ②] `strLT(x,y)`가 참; `ins strLT N("as", N #, N #) "fun"` 호출 : INS(2)
3) [그림의 INS(2)] `ins strLT N("as", N #, N #) "fun"` 실행:
   - 두 번째 매개변수가 `BTree` 유형의 `N` data기 때문에 Pattern 2 실행.
   - Pattern 2의 expression 실행:
     - [그림의 ③] `strLT(y,x)`가 참; `ins strLT N("in", E, E) "fun"` 호출 : INS(3).
4) [그림의 INS(3)] `ins strLT N("in", E, E) "fun"` 실행:
   - 두 번째 매개변수가 `BTree` 유형의 `N` data기 때문에 Pattern 2 실행.
   - Pattern 2의 expression 실행:
     - [그림의 ④] `strLT(x,y)`가 참; `ins strLT E "fun"` 호출 : INS(4).
5) [그림의 INS(4)] `ins strLT E "fun"` 실행 후 종료
   - 두 번째 매개변수가 `BTree` 유형의 `E` data기 때문에 Pattern 1 실행.
   - Pattern 1의 expression 실행:
     - [그림의 ⑤] INS(3), 즉 `ins strLT N("in", E, E) "fun"`에게 `N("fun",E,E)` 반환 후 종료.
6) [그림의 INS(3)] `ins strLT N("in", E, E)) "fun"` 종료:
   - INS(4), 즉 `ins strLT E "fun"`에게 `N("fun",E,E)` 받은 후,
   - [그림의 ⑥] INS(2), 즉 `ins strLT N("as", N #, N #) "fun"`에게 `N("in", N("fun",E,E), E)`를 반환 후 종료.
7) [그림의 LU(2)] `ins strLT N("as", N #, N #) "fun"` 종료:
   - INS(3), 즉 `ins strLT N("in", E, E)) "fun"`에게 `N("in", N("fun",E,E), E)` 받은 후,
   - [그림의 ⑦] INS(1), 즉 `ins strLT N("ML", N #, N #) "fun"`에게

314) 그림에서 `insert` 함수를 `ins`로 표기했다.

N("as", N #, N("in", N("fun",E,E), E))를 반환 후 종료.

8) [그림의 INS(1)] ins strLT N("ML", N #, N #) "fun" 종료:

- INS(3), 즉 ins strLT N("as", E, E) "fun"에게 N("as", N #, N("in", N("fun",E,E), E)) 받은 후,
- [그림의 ⑧] N("ML", N("in", N("fun",E,E), E)), N #) 반환 후 종료.

```
#include <stdio.h>
#include <stdlib.h>
#include <string.h>

typedef enum {False, True} bool;
typedef struct String_Binary_Tree SBT;
typedef struct String_Binary_Tree* PSBT;

SBTP SBT_malloc();
char * word_malloc(char *)
void print_blank(int i);
void PSBT_print(PSBT t);

struct String_Binary_Tree{
        char *word;
        PSBT left;
        PSBT right;
};

void main()
{
   SBTP t=NULL;

   t=SBT_malloc();
   t->word=word_malloc("ML");

   t->left=SBT_malloc();
   t->left->word=word_malloc("as");

   t->left->left=SBT_malloc();
   t->left->left->word=word_malloc("a");

   t->left->right=SBT_malloc();
   t->left->right->word=word_malloc("in");

   t->right=SBT_malloc();
   t->right->word=word_malloc("type");
}
```

<프로그램 3-118> Binary Tree in C (1)

### 3.6.4.4 Comparison with C: Binary Tree

다음은 이전 절 3.6.4.3의 Binary Tree 예제를 C언어로 작성한 C 프로그램이다.

### (1) Binary tree: string

<프로그램 3-112>의 `'label Btree` 예제를 C언어로 구현한 프로그램이다.

이 프로그램을 간단하게 설명하면 다음과 같다:

1) [L1~3] Library 지정:
   - `<stdio.h>`
   - `<stdlib.h>`
   - `<string.h>`
2) [L5] Enum Type 선언: `bool = { False, True}`
3) [L6~7] Type 재명명:
   - `SBT  : struct String_Binary_Tree` (일반 유형).
   - `PSBT : struct String_Binary_Tree *` (Pointer 유형).
4) [L9~12] 함수 프로토타입 선언:
   - `SBT_malloc` (`()` -> `PSBT` 유형) : `SBT` 반환.
   - `word_malloc` (`char *` -> `char *` 유형) : `SBT`의 `left` 반환.
   - `print_blank` (`int` -> `()` 유형) : Blank space 출력.
   - `PSBT_print` (`PSBT` -> `()` 유형) : `SBT` 출력.
5) [L14~18] Struct Type 선언: `String_Binary_Tree`
   - Field: `word` (`char *` 유형).
   - Field: `left` (`PSBT` 유형) - 재귀유형.
   - Field: `right` (`PSBT` 유형) - 재귀유형.
5) [L20~38] Function 선언: `main`
   - 지역변수선언: `t` (`PIL` 유형) - 초기값 `NULL`
   - 배정문: `t=SBT_malloc()`
     - 메모리에서 `t` 노드 영역 할당.
   - 배정문: `t->word=word_malloc("ML")`
     - `t` 노드의 `word`를 `"ML"`로 할당.
   - 배정문: `t->left=SBT_malloc()`
     - `t` 노드의 `left`를 노드 영역으로 할당.
   - 배정문: `t->left->word=word_malloc("as")`
     - `t` 노드의 `left`의 `word`를 `"as"`로 할당.
   - 배정문: `t->left->left=SBT_malloc()`

    - t 노드의 left 노드의 left를 노드 영역으로 할당.
- 배정문: `t->left->left->word=word_malloc("a")`
    - t 노드의 left 노드의 left의 word를 "a"로 할당.
- 배정문: `t->left->right=SBT_malloc();`
    - t 노드의 left 노드의 right를 노드 영역으로 할당.
- 배정문: `t->left->right->word=word_malloc("in")`
    - t 노드의 left 노드의 right의 word를 "in"으로 할당.
- 배정문:`t->right=SBT_malloc()`
    - t 노드의 right를 노드 영역으로 할당.
- 배정문: `t->right->word=word_malloc("type")`
    - t 노드의 right의 word를 "type"으로 할당.

<프로그램 3-118-1>은 <프로그램 3-118>의 **main** 함수가 실행한 결과를 보여준다. 원하는 결과가 산출되었음을 확인할 수 있다.

```
(ML,
    (as,
        (a, NULL, NULL)
        (in, NULL, NULL)
    (type, NULL, NULL)
)
--------------------------------
Process exited after 0.0325 seconds with return value 0
계속하려면 아무 키나 누르십시오 . . .
```

<프로그램 3-118-1> Binary Tree in C : 결과

참고로 위 <프로그램 3-118>에서 프로토타입으로 선언한 함수 **SBT_malloc**과 **word_malloc**은 <프로그램 3-119>과 같이 정의하였다.

```
SBTP SBT_malloc()
{
  LLP t = NULL;

  if ((t=(SBTP)malloc(sizeof(SBT))=NULL)
  {
    printf("Not enough memory for SBT. \n");
    exit();
```

```
    }
    t->word=NULL;
    t->left=t->right=NULL;
    return t;
}
char * word_malloc(char w[])
{
    char * word = NULL;

    if ((word=(char *)malloc(sizeof(w))=NULL)
    {
        printf("Not enough memory for word. \n");
        exit();
    }
    strcpy(word,W);
    return word;
}
void print_blank(int i)
{
    int j;
    printf("\n");
    for (j=0;j<i;j++) printf("\t");
}

void PSBT_print(PSBT t)
{
    static int i = 0;
    i++;
    printf("(%s, ",t->word);

    if (t->left != NULL)
    {
        print_blank(i);
        PSBT_print(t->left);
    }
    else printf("NULL, ");

    if (t->right != NULL)
    {
        print_blank(i);
        PSBT_print(t->right);
    }
    else printf("NULL");
    i--;
    if (t->right == NULL && t->left == NULL) printf(")");
    else
    {
        print_blank(i);
        printf(")");
    }
}
```

<프로그램 3-119> Binary Tree in C (2)

그리고 **main** 함수에 의해서 생성된 Binary Tree는 <그림 3-60>과 같다.

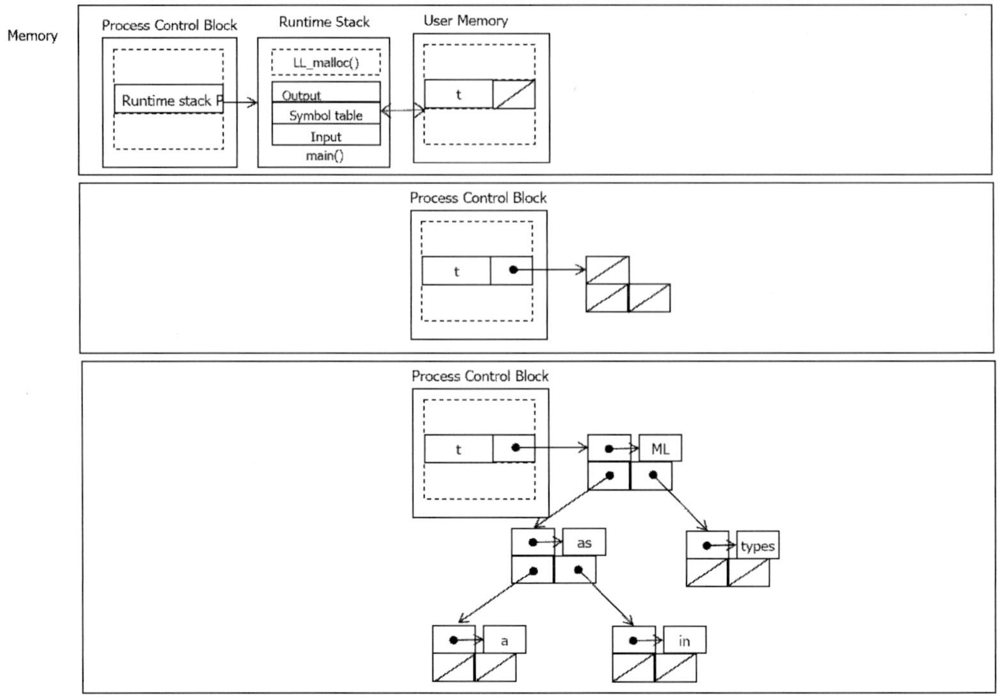


<그림 3-60> Binary Tree in C

```
bool member(char * x, SBTP t)
{
   if (!t)
      return false;
   else
      if (strcmp(x,t->word))
         return true;
      else
         return (member(x, t->left) ||
                   member(x, t->right);
}

int main(void)
{
   if (member("as",t))
      printf("true\n");
   else
      printf("false\n");

   if (member("test",t))
      printf("true\n");
   else
      printf("false\n");
}
```

<프로그램 3-120> Member in C

### (2) Binary tree: member

다음은 Binary Tree에 특정 원소가 있는지 확인하는 member 함수를 정의해 보자. Tree가 재귀적 정의에 기반을 두고 있기 때문에, 다음과 같이 귀납적 정의를 기반으로 member 재귀함수를 정의할 수 있다.

<프로그램 3-120>을 간단하게 설명하면 다음과 같다:

1) [L1~11] 함수 선언: `member`
   - 유형:.
     - 입력: Binary Tree `t`에 `x`가 있는지 검사하는 함수
       - · `x` : `char *`
       - · `t` : `SBTP`
     - 출력: `bool` 유형.
   - 본문:
     - Binary Tree t가 empty인지 점검.
       - ·empty면, false를 반환.
       - ·아니면 x와 t의 word와 같은지 확인:
         - 같으면, true 반환.
         - 아니면 t의 left와 right에 대해, 재귀함수 member를 호출.
         - 그리고 그 결과를 || 로 반환함.

2) [L13~24] 함수 선언: `main`
   - Binary Tree `t`에 "`as`"가 있는지 점검:
     - 있으면, "`true`" 출력.
     - 없으면, "`false`" 출력.
   - Binary Tree `t`에 "`test`"가 있는지 점검:
     - 있으면, "`true`" 출력.
     - 없으면, "`false`" 출력.

<프로그램 3-120-1>은 <프로그램 3-120>의 `main` 함수가 실행한 결과를 보여준다. 원하는 결과가 산출되었음을 확인할 수 있다.

```
(ML,
    (as,
        (a, NULL, NULL)
        (in, NULL, NULL)
    (type, NULL, NULL)
)
true
false
--------------------------------
Process exited after 0.07751 seconds with return value 0
계속하려면 아무 키나 누르십시오 . . .
```

<프로그램 3-120-1> Binary Tree in C : 결과

```
typedef struct StrBinaryTree    SBT;   /* */
typedef struct StrBinaryTree * PSBP;   /* */

struct SBT {
   char *label;
   PSBT  left;
   PSBT  right;
}

PIBT SBT_empty = NULL;

char *get_label(PSBT);
PSBT  get_left (PSBT);
PSBT  get_right(PSBT);

char * make_label(char *label)
{
   char * l=NULL;

   if ((i=(char *)malloc(sizeof(label)))=NULL)
      ERROR_msg("No memory for label", "make_label()");
   strcpy(l, label);
   return l;
}

void ERROR_msg(char *error, char *at)
{
   printf("%s at %s. \n", error, at);
   exit();
}
```

<프로그램 3-121> Binary Tree in C

### (3) make_label, make_node

이전의 Binary Tree에 대한 C의 정의 및 프로그램은 추상화를 적용하지 않고 struct 유형을 직접 바로 접근하여 활용했다. 이번 예에서는 이와 다르게 추상화를 적용하여 Binary Tree를 정의하고, Tree 노드 및 label을 생성하고, Tree의 원소에 접근하는 방법을 정의해 보자.

<프로그램 3-121>의 프로그램을 간단하게 설명하면 다음과 같다:

1) [L1~2] Type 재명명:
   - `SBT  : struct String_Binary_Tree`   (일반 유형).
   - `PSBT : struct String_Binary_Tree *` (Pointer 유형).
2) [L4~8] Struct Type 선언: `SBT`
   - Field: `label`  (`char *` 유형).
   - Field: `left`  (`PSBT` 유형) - 재귀유형.
   - Field: `right` (`PSBT` 유형) - 재귀유형.
3) [L10] 전역변수 선언: `SBT_empty` (`PSBT` 유형) - 초기값 `NULL`
4) [L12~14] 함수 프로토타입 선언: (함수정의는 생략).
   - `get_label` (`PSBT -> char *` 유형) : `SBT`의 `label` 반환.
   - `get_left`  (`PSBT -> PSBT` 유형)   : `SBT`의 `left` 반환.
   - `get_right` (`PSBT -> PSBT` 유형)   : `SBT`의 `right` 반환 .
5) [L16~24] 함수 선언: `make_label`
   - String에 대한 pointer를 입력받아,
   - 이 값이 NULL이 아니면 이 string만한 크기의 메모리 영역을 할당받아,
   - 여기에 string 값을 복사하고, 복사된 메모리의 위치를 반환.
6) [L26~30] 함수 신인: `ERROR_msg`
   - 두 개의 String `error`와 `at`을 입력받아서,
   - `at`에서 `error`가 발생됨을 출력.

```
PSBT make_node(char * label, PSBT left, PSBT right)
{
  PSBT  n = NULL;
  char *l = NULL;

  if (!label)
    ERROR_msg("Improper node: No label", "make_node()");
  else
  {
    l = make_label(label);
    if ((n=(PSBT)malloc(sizeof(SBT)))=NULL)
      ERROR_msg("No memory for node", "make_node()");
    n->label=l;
    n->left  = left;
    n->right = right;
    return n;
  }
}
```

<프로그램 3-122> `make_node` in C

<프로그램 3-122>를 간단하게 설명하면 다음과 같다:

1) [L1~18] 함수 선언: **make_node**
   - **label(char *** 유형), **left(PSBT** 유형), **right(PSBT** 유형)를 입력받아,
   - **label**이 NULL이 아닐 경우, Binary Tree, 즉 node를 생성하여,
   - 입력된 매개변수를 각각, node의 **label**, **left**, **right**를 할당하고,
   - 그 node의 주소값을 반환.

## (4) lookup

<프로그램 3-114>와 <프로그램 3-115>에서 보여준 **lookup** 예제도 다음과 같이 C로 정의할 수 있다. 여기에서 중요한 점은 **lookup** 함수의 매개변수로 입력되는 **lt**의 함수유형을 **Fun_2_Int_IN_Bool_OUT**, 즉 **(int, int)->Bool**로 정의한 것이다. 또 다른 중요한 점은 Binary Tree의 재귀정의에 의해서 **lookup** 함수도 재귀적으로 정의되었고, 그 결과 <프로그램 3-114>와 <프로그램 3-115>에서 보여준 **lookup**의 논리와 동일하게 정의될 수 있었다.

```
typedef Bool (*Fun_2_Int_IN_Bool_OUT) (int, int);

PSBT lookup (Fun_2_Int_IN_Bool_OUT lt, PSBT t, char * x)
{
  if (SBT_is_empty(t))
  {
    return false;
  }
  else
  {
    if     (lt(x,get_label(t))) lookup(lt, get_left (t), x);
    elseif (lt(get_label(t),x)) lookup(lt, get_right(t), x);
    else                        return true;
  }
}
```

<프로그램 3-123> Lookup in C

## (5) insert

<프로그램 3-116>과 <프로그램 3-117>의 ML **insert** 예제도 다음과 같이 C로 정의할 수 있다. 이전 **lookup** 함수 예제처럼, 여기에서 중요한 점은 **insert** 함수의 매개변수로 입력되는 **lt**의 함수유형을 **Fun_2_Int_IN_Bool_OUT**, 즉 **(int, int)->Bool**로 정의한 것이다. 그리고 또 다른 중요한 점은 Binary Tree의 재귀정의에 의해서 <프로그램 3-124>의 **insert** 함수도 재귀적으로 정의되었고, 그 결과

<프로그램 3-116>과 <프로그램 3-117>에서 보여준 **insert**의 논리와 동일하게 정의될 수 있었다.

```
PSBT insert (Fun_2_Int_IN_Bool_OUT lt, PSBT  t, char * x)
{
   char *y = NULL;

   if (SBT_is_empty(t))
   {
      return make_node(x, SBT_empty, SBT_empty);
   }
   else
   {
      if (lt(x,y=get_label(t)))
          return make_node(y,
                              insert(lt, get_left (t), x),
                              get_right(t));
      elseif (lt(y,x))
          return make_node(y,
                              get_left(t),
                              insert(lt, get_right(t), x));
      else
          return t;
   }
}
```

<프로그램 3-124> Insert in C

```
void main()
{
   PSBT node = SBT_empty ;  /* NULL */

   node = make_node("ML",
                 make_node("as",
                       make_node("a",  SBT_empty, SBT_empty);
                       make_node("in", SBT_empty, SBT_empty);
                       ),
                  make_node("types", SBT_empty, SBT_empty)
          );

   printf("Result for look up: as=");
   printf("%d\n",lookup (str_less_than, node, "as"));
   printf("Result for look up: ty=");
   printf("%d\n",lookup (str_less_than, node, "ty"));

   printf("Result for insert: test, integer, double, apple\n");
   node = insert(str_less_than,node,"test");
   node = insert(str_less_than,node,"integer");
   node = insert(str_less_than,node,"double");
   node = insert(str_less_than,node,"apple");
   PSBT_print(node);
}
```

<프로그램 3-125> Main in C

### (6) main

<프로그램 3-125>와 같이 Bibary Tree에 대한 자료구조와 관련 함수를 정의하면, <그림 3-57>에서 보여준 BTree 예제를 다음과 같이 생성할 수 있다. 앞에서 설명한 내용이 반복되기 때문에 자세한 설명은 생략한다.

<프로그램 3-125-1>은 <프로그램 3-125>의 `main` 함수가 실행한 결과를 보여준다. 원하는 결과가 산출되었음을 확인할 수 있다.

```
Result for look up: as=1
Result for look up: ty=0
(ML,
    (as,
        (a, NULL,
            (apple, NULL, NULL)
        )
        (in,
            (double, NULL, NULL)
            (integer, NULL, NULL)
        )
    )
    (types,
        (test, NULL, NULL)NULL
    )
)

--------------------------------
Process exited after 0.03216 seconds with return value 0
계속하려면 아무 키나 누르십시오 . . .
```

<프로그램 3-125-1> main in C: 결과

### 3.6.4.4.1 연습 문제

1. 본 절에서 보여준 다음 프로그램의 실행 결과가 적합하게 산출되었음을 walkthrough를 통해서 입증하시오.

    1) <프로그램 3-118-1>
    2) <프로그램 3-120-1>
    3) <프로그램 3-125-1>

## 3.7 More Data Structure

Pascal에서는 기본적으로 side-effect[315]를 허용하지 않는다. 이 의미는 선언된 변수값을 새로 수정할 수 없다는 것이다. 하지만 새로운 값으로 수정하는 대신, 동일한 이름의 새로운 변수가 선언되는 것은 허용한다.

이 장에서는 이러한 side-effect의 제약조건이 적용되지 않는 두 가지의 구조적인 방법에 대해 알아본다:

1) Array: 기본적으로 C에서의 1차원 배열과 같은 자료구조지만, 모듈처럼 이 구조에만 적용되는 함수가 정의된다.[316] Array의 값을 바꾸고자 한다면, 그 함수만을 사용해야 한다.
2) Reference: C에서의 pointer와 같은 자료구조다. Pointer 자체의 값은 바꿀 수 없으나, pointer가 지시하는 값은 변경할 수 있다.

그러면 record 자료유형부터 시작해 보자.

### 3.7.1 Record Type

Record는 record를 구성하는 field의 이름(name)과 자료유형(type)의 쌍들을 curly brace로 묶은 자료구조다[317].

---

315) 일반적으로, 수학적 관점에서, 함수는 정의역과 치역 간의 사상관계를 의미한다. 그 연장선상에서, 프로그래밍언어에서의 함수는 정의역 값을 입력하면, 그 값에 사상관계를 가진 치역 값을 출력하는 기능의 동적인 수행체로 간주할 수 있다. 그런데, 프로그래머의 의도에 따라, 함수를 실행하는 과정 중 전역변수값을 변경하거나, 또는 전역변수값을 변경시키는 다른 함수를 호출하여 사용할 수가 있다. 결과, 함수가 실행될 때마다, 함수의 입력과 출력 간의 사상관계만을 반영하지 않는 전역적인 상태의 변화가 발생되고 만다. 이런 변화를 side-effect라고 한다. 만약 프로그래머가 의도적으로 그런 side-effect를 계획했다면, 그리고 그 의도대로 프로그램이 작동되고, 그 작동의 결과, 문제가 발생되지 않는다면, 그 자체가 오류를 발생시키지는 않는다. 하지만 프로그래머의 의도대로 전역상태의 변경이 되지 않거나, 또는 변경 결과가 다른 오류나 오류의 근거가 된다면 심각한 문제가 발생될 수가 있다. 특히 이러한 함수의 실행 결과에 따른 side-effect가 기록 또는 보고되지 않은 상황에서의 오류나 문제는 시스템에 심각한 폐해를 발생시킬 수가 있다. 이러한 문제 때문에 함수언어나 논리언어에서는 근본적으로, 이러한 문제를 언어적인 관점에서 차단하기 위해서, 함수의 side-effect를 허용하지 않기도 한다.

316) 이러한 module을 ML에서는 structure라고 한다. 다음 절에서 자세히 설명하도록 한다.

```
{<field_name1>:<type1>, <field_name2>:<type2>, ..., <field_name n>:<type n>
```

다른 유형과 마찬가지로, record의 유형을 선언하고, 이에 해당하는 변수를 선언할 수 있다. 예를 들면 다음과 같다:

```
type stockRec = {cash_out: int, stock_in: int, cash_in: int };
type stockRec = {cash_out: int, stock_in: int, cash_in: int}
```

<프로그램 3-126> Record **stockRec** Example

<프로그램 3-126>은 **stockRec**이라는 **type**을 선언한 코드다. **stockRec**이 record 유형인지를 어떻게 알 수 있는가는, 이를 선언한 문법에 의해서 결정된다. 우선 **type** keyword 다음 이름 **stockRec**이 나오고, '=' 다음에, field 요소가 **{}** 로 묶여 있고, 이 안에 있는 요소는 field의 <label> **:** <type> 의 쌍들이 '**,**'로 구분되어 있는 형식을 취하기 때문이다. **stockRec**이라는 **type**에서는 다음과 같이 3개의 field가 선언되었다:

1) **cash_out : int**
2) **stock_in : int**
3) **cach_in : in**

다음은 이러한 유형을 가진 변수를 알아보자. 변수의 선언은 변수의 이름과 record 유형에 해당하는 field의 이름과 값을 <name> **:** <type> 의 쌍들로, 그리고 '**,**'로 구분하여 정의하면 된다.

ML언어에서 동일한 field들의 이름을 가진 유형의 record로 자동 등록된다. 간단한 예를 들어보자.

```
val myRec = {cash_out=500, stock_in=15, cash_in=10 };
it myRec = {cash_out=500, stock_in=15, cash_in=10 } : stockRec
```

<프로그램 3-127> Record **myRec** Example

317) 기본적으로 C의 struct 구조체와 같다.

<프로그램 3-127>에서는 **stockRec type**을 가진 **myRec**이 선언되었다. **myRec**이 **stockRec** record 유형인지를 어떻게 알 수 있는가는, 이를 선언한 문법에 의해서 결정된다. 우선 **val** keyword 다음 이름 **myRec**이 나오고, '=' 다음에, field 요소가 {} 로 묶여 있고, 이 안에 있는 요소는 field의 <name> = <type> 의 쌍들이 ','로 구분되어 있는 형식을 취하기 때문이다. 이를 기반으로, ML언어가 자동으로 동일한 field 들의 이름을 가진 유형의 record에 등록시킨다.

### (1) Record Operator

Record의 특정한 field 값을 추출하기 위한 연산은 다음과 같다:

```
# <field_name> ( <record_name> )
```

예를 들어 보자. **myRec**의 field 값을 추출하려면 다음과 같은 연산을 사용하면 된다.

```
#stock_in(myRec);
val it = 15 : int
```

<프로그램 3-128> Record Example

이는 이전의 자료유형 tuple에서 특정한 위치의 원소를 추출하는 방법과 유사하다.

```
# <위치> ( <tuple_name> )
```

즉 record는 tuple의 각 위치에 있는 원소들에 이름을 부여한 유형이라고 간주할 수 있다.

### (2) Deduction on Type

ML에서는 record의 field 값만을 보고 record 유형을 정확히 판단할 수 없다. 즉 정확히 사용하기 위해서는 record 유형을 명확히 밝혀야 한다. 간단한 예를 보자. 다음 **decide** 함수는 record **r**에 있는 **cash-out**이 **cash-in**과 **stock-in**의 합을 초과하는지를 평가하는 함수다. 여기에서 주식의 가치를 평가하기 위해, 주식의 가치를 **v**로 산정했다.

```
1  fun decide(r,v) =
2        #cash_out(r) > v*#stock_in(r) + #cash_in(r);
3  Error: unresolved ex record inletpattern
4  type: {cash_in:'Y, cash_out:'Y, stock_in: 'Y,'...Z
5  more errors. . .
```

<프로그램 3-129> Record: **decide** Example

<프로그램 3-129>의 L3에서 **Error**가 발생된 이유는, **decide** 함수의 매개변수에서 **r**이 어떤 유형인지 정의되지 않은 상황에서, **r**의 field 값을 추출하고자 했기 때문이다. 다음과 같이 매개변수 **r**의 유형을 정의하면, 이 문제는 해결된다.

```
1  fun decide(r:stockRec,v) =
2        #cash_out(r) > v*#stock_in(r) + #cash_in(r);
3  val decide = fn : stockRec * int -> bool
```

<프로그램 3-130> Record: **decide** Example

<프로그램 3-130>의 L1에서 함수의 매개변수 **r**의 유형을 보면, **stockRec**으로 정의된다. 즉 L2의 **r**의 filed들, 즉 **cash_out**, **stock_in**, **cash_in**은 모두 합법적인 **r**의 filed가 된다.

### (3) Ellipsis

ML에는 record type과 관련된 함수의 pattern을 정의할 때, 편의적인 순서로 나열해도 전혀 문제가 되지 않는다. 또한 불필요한 field에 대해서는 ellipsis나 wildcard symbol, 즉 … 를 사용하여 이 field들을 생략할 수 있다. 간단한 예를 들어보자.

```
fun noCash( { cash_in=0, ... } :stockRec) = true
 |  noCash( ) = false;
val it = fn : StockRec -> bool
```

<프로그램 3-131> Record: **noCash** Example

<프로그램 3-131>의 예제는 record type에서 필요한 field의 이름만을 어떻게 사용하는지를 보여준다. 이 예제에서 **noCash** 함수는 **stockRec** record에 **cash_in**의 값이 0인지를 판명하는 함수다. 당연히, 이 함수는 이 record 유형의 다른 field들을 인

용하거나 참조할 이유가 전혀 없다. 따라서 이 함수에서는 필요한 함수의 field 이름, 즉 **cash_in**만을 매개변수에서 정의했고, 나머지에 대해서는 ellipsis, 즉 … 를 사용하여 생략했다.

### 3.7.1.1 연습 문제

1. 다음과 같은 field_name과 type을 갖는 Record type인 **dino**를 선언하시오.

| field_name | type |
|---|---|
| name | string |
| weight | real |
| height | real |

1-1) Type **dino**를 사용하여 **TREX**라는 이름을 갖는 record를 생성하시오. **TREX**의 field인 **name**은 Tyranno, **weight**는 7.0, **height**는 20.0의 값을 갖는다.

1-2) 1-1)에서 생성한 record **TREX**에서 **weight**를 확인할 수 있는 code를 작성하시오.

2. 다음과 같은 field_name과 type을 갖는 Record type인 **student**를 선언하시오.

| field_name | type |
|---|---|
| name | string |
| ID | int |
| courses | string list |

2-1) Type **student**를 사용하여 **Alice**라는 이름을 갖는 record를 생성하시오. Alice의 field인 **name**은 Alice O, **ID**는 3305, **Courses**는 "PL501", "CS002"의 값을 갖는다.

2-2) Type **student**를 사용하여 Bob이라는 이름을 갖는 record를 생성하시오. Bob의 field인 **name**은 Bob K, **ID**는 1107, **Courses**는 nil의 값을 갖는다.

### 3.7.2 Array

ML은 structure라는 풍부한 module화 메커니즘을 가진다.[318] Array를 사용하기 위해서는 **Array**라는 structure를 사용해야 한다. 사용하는 방법은 다음과 같다.

```
open Array;
```
[319]

**Array**는 ML이 제공하는 기본 structure다. 이를 사용하기 위해서는 **Array**를 **open**해야 한다. 그리고 **Array**를 **open**하게 되면, **Array**에서 사용가능한 모든 함수들의 이름과 유형, 즉 방법을 나열해 준다.

```
open Array;
opening Array
  type 'a array = 'a ?.array
  type 'a vector = 'a ?.vector
  val maxLen : int
  val array : int * 'a -> 'a array
  val fromList : 'a list -> 'a array
  val tabulate : int * (int -> 'a) -> 'a array
  val length : 'a array -> int
  val sub : 'a array * int -> 'a
  val update : 'a array * int * 'a -> unit
  val vector : 'a array -> 'a vector
  val copy : {di:int, dst:'a array, src:'a array} -> unit
  val copyVec : {di:int, dst:'a array, src:'a vector} -> unit
  val appi : (int * 'a -> unit) -> 'a array -> unit
  val app : ('a -> unit) -> 'a array -> unit
  val modifyi : (int * 'a -> 'a) -> 'a array -> unit
  val modify : ('a -> 'a) -> 'a array -> unit
  val foldli : (int * 'a * 'b -> 'b) -> 'b -> 'a array -> 'b
  val foldri : (int * 'a * 'b -> 'b) -> 'b -> 'a array -> 'b
  val foldl : ('a * 'b -> 'b) -> 'b -> 'a array -> 'b
  val foldr : ('a * 'b -> 'b) -> 'b -> 'a array -> 'b
  ...
```

318) Structure는 객체지향언어의 class와 비교할 수 있다. 자세한 내용은 다음 절에서 설명할 것이다.

319) **Array**는 대문자로 시작한다. 그 이유는 ML에서의 naming convention은 모든 structure가 대문자로 시작하도록 규정했기 때문이다.

그리고 이 함수들 중에 대표적인 함수를 보면 다음과 같다:

1) array 생성 함수: **array**
2) array의 특정한 cell 값 추출 함수: **sub**
3) array의 특정한 cell 값 갱신 함수: **update**

### (1) array 생성 함수: array

이 함수를 사용하는 방법은 다음과 같다:

```
val A = array(n,v);
```

이에 대한 설명은 다음과 같다:

1) **A**: Array의 이름.
2) **array**: Array에서 제공하는 함수의 이름.
3) **n**: Array의 크기, 총 n개의 cell - (0..(n-1) : 0부터 (n-1)까지).
4) **v**: 모든 Array cell들의 초기 값.

Array **A**를 선언하는 이 시점에서 array의 유형이 결정되어야 한다. 즉 **v** 값의 유형이 결정되어야 한다. 예를 들면, **nil**은 적합한 초기 값이 될 수 없다. 왜냐하면, **nil**의 유형을 알 수 없기 때문이다. 반면 **nil: int list**는 적합하다. 왜냐하면, **nil**의 유형을 알 수 있기 때문이다.

### (2) array의 특정한 cell 값 추출 함수: sub

이 함수를 사용하는 방법은 다음과 같다:

```
val ai = sub(A,i);
```

이 함수는 array **A**의 **i**-번째 cell의 값을 추출하는 함수다. **i**는 **A**의 크기 **n**에 대해 $0 \leq i < n$이여야 한다.

### (3) array의 특정한 cell 값 갱신 함수: update

이 함수를 사용하는 방법은 다음과 같다:

```
update (A,i,v);
```

이 함수는 array **A**의 **i**-번째 cell의 값을 **v**로 배정하는 함수다. **i**는 **A**의 크기 **n**에 대해 0≤i<n이어야 한다. C언어에 보면, **A[ i] =v**와 같다.

간단한 예를 보자. 다음은 100개의 cell을 가진 array를 선언하는 코드다.

```
1  open Array;
2  (List of all functions, etc., in Array)
3  val MAX = 100;
4  val MAX = 100 : int
5  val A1 = array(MAX+1,0);
6  val A1 = [| 0,0,0,0,0,0,0,0,0,0,0,0,...|][320] : int array
```

<프로그램 3-132> **array** Example

이 코드를 간단하게 설명하면 다음과 같다:

1) [L1] **Array** structure를 **open**함.
2) [L2] **Array**가 제공하는 모든 함수 등을 나열함.
3) [L3] 정수형 변수 **MAX**를 100으로 선언함.
4) [L4] 변수 **MAX**가 정수값 100으로 등록됨.
5) [L5] **array** 함수를 사용해, (100+1)개의 cell을 가진, 초기 값이 0인 정수형 array **A**를 선언함.
6) [L6] Array **A** 등록: (100+1) 크기의 초기 값이 0인 정수형 array.

여기에서 array **A**를 정의한 배경은 다음과 같다:

1) Array **A**를, 다음 예제를 다루기 위한 목적으로 정의하였다.
2) 이 예제에서는 최대 **MAX**까지의 요소를 취급할 수 있도록 했다.

320) list [ … ] 와 array [ / … /] 는 표기 상 차이가 있다.

3) **A[0]** 은 의도적으로 사용하지 않으려고, **A**의 크기를 **MAX+1**로 설정했다.
4) **A**의 초기값을 0으로 설정했고, **A**는 **int** 유형으로 등록되었다.
5) **A**는 ADT[321] 관점에서 heap[322]의 역할을 할 것이다.

우선 이를 기반으로 한, 간단한 함수를 정의해 보자. 다음은 array **A**에서 cell **i**와 **j**의 값을 바꾸기 위한 **swap** 함수다.

```
1  fun swap(i,j,A) =
2     let
3        val Ai = sub(A,i);
4        val Aj = sub(A,j);
5     in
6        (update(A,i,Aj); update(A,j,Ai))
7     end;
8  val swap = fn : int * int * int array -> unit
```

<프로그램 3-134> **swap** Example

이 코드를 간단하게 설명하면 다음과 같다:

1) [L1] **swap** 함수 pattern 선언: 매개변수 index **i**, **j**, array **A**
2) [L3] 지역변수 **Ai**: **A[i]** 값을 배정.
3) [L4] 지역변수 **Aj**: **A[j]** 값을 배정.
4) [L6] swap 실행: **A[i]** 를 **Aj**로, **A[j]** 를 **Ai**로 수정.
5) [L8] **swap** 함수 등록: **int * int * int array -> unit**[323]

다음은 이 함수를 기반으로 한 **bubbleUp** 함수를 정의해 보자. 다음은 heap sort에서 하나의 원소가 heap에 추가될 때 필수적인 bubble을 진행하기 위한 함수다. 이를 이해하기 위해서는 array와 heap의 개념을 먼저 이해할 필요가 있다.

321) ADT: Abstract Data Type. Stack, Queue와 같은 수준의 ADT는 아니지만, 앞으로 전개될 sort algorithm을 효율적으로 처리하기 위한 data structure로 간주할 수 있다.

322) 본문에서 ADT로서의 heap에 대한 조건은 다음과 같다: (1) Balanced binary tree를 유지한다. Balance는 Left-First다. (2) Parent node의 값은 항상 child node의 값보다 크다.

323) 이 함수의 반환값이 **unit** 유형인 것은, 이 함수가 반환하는 값이 없기 때문이다.

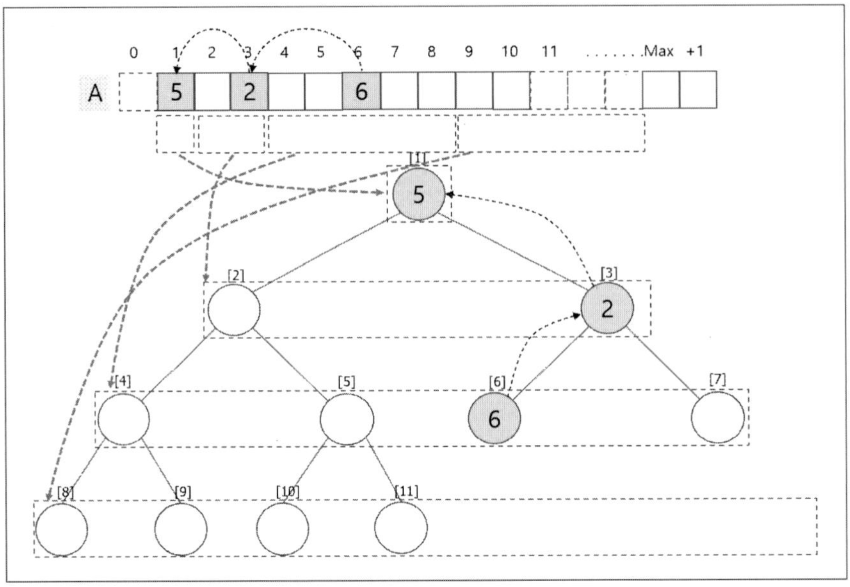


<그림 3-61> Array의 Heap 구조

<그림 3-61>은 다음과 같은 두 가지의 heap 개념을 보여준다:

1) Binary tree 구조: 그림에서는 array **A**를 binary tree 구조로 표현하였다. 즉 array **A**의 각 index가 binary tree의 위치에 해당됨을 확인할 수 있다.
2) Bubble-up 개념: Bubble sort에서 bubble-up은 binary tree에서 해당 노드의 값이 부모의 값보다 높을 경우, 반복적으로, 또는 재귀적으로 부모의 노드 위치로 이동하는 과정을 의미한다.[324] 즉 Cell 6의 값 6이 부모인 Cell 3의 2와 비교해서 크면, 위치를 바꾸고, 다시 Cell 3에서 값 6과 여기에서의 부모인 Cell 1의 5와 비교해서 6이 크면, 위치를 바꾸게 된다. 즉 6이 Cell 6에서, 3을 거쳐서, 1까지 bubble-up되었다.

그러면 이러한 작업을 하는 **bubbleUp** 함수를 보자.

### Example E.3-20) bubbleUp Example

324) 이 경우는 binary tree에서의 bubble-up을 정의하지만 이러한 bubble은 1차원 array에서도 가능하다. 또한 order 방법도, 위의 경우는 descending order지만, 역으로 ascending order도 가능하다.

```
1   fun bubbleUp(i,A) =
2      if i<=1 then ()
3      else
4         let
5            val i2 = i div 2;
6         in
7            if (sub(A,i):int) > sub(A,i2)
8            then (swap(i,i2,A); bubbleUp(i2,A))
9            else ()
10        end;
11  val bubbleUp = fn : int * int array -> unit
```

<프로그램 3-135> **bubbleUp** Example

이 코드를 간단하게 설명하면 다음과 같다:

1) [L1] **bubbleUp** 함수 pattern 선언: 매개변수 index **i**, array **A**
2) [L2] (**i<=1**)이면: Binary tree의 root, 즉 array **A**의 Cell 1이므로 **()**[325]을 반환하고 종료.
3) [L3] (**i<=1**)이 아니면: Root가 아니므로,
4) [L5] **val i2 = i div 2**: 부모 노드의 Cell을 찾아서,
5) [L7] 자식의 노드/Cell 값과 부모의 노드/Cell 값을 비교해서,
6) [L8] 크면,
   - 자식의 노드/Cell 값을 부모의 노드/Cell 값과 swap하고,
   - 부모의 노드/Cell에서 다시 재귀함수를 호출한다.
7) [L9] 그렇지 않으면, **()**을 반환하고 종료한다.
8) [L11] **bubbleUp** 함수 등록: **int * int array -> unit**[326]

다음은 이 함수를 기반으로 한 **heapify** 함수를 알아보자. 다음은 list에 있는 정수들을 array **A**에서 heap을 구축하는 **heapify** 함수다.

### Example E.3-21) heapify Example

325) **()**은 아무 것도 아니라는 nothing을 의미한다. Unit 유형의 단 하나의 값이다.

326) 이 함수의 반환값이 **()**이기 때문에 **unit** 유형이다.

```
1  fun heapify(nil,  A,n) = A
2   | heapify(x::xs,A,n) = (
3        update(A,n,x);
4        bubbleUp(n,A);
5        heapify(xs,A,n+1)
6  );
7  val heapify = fn : int list * int array * int -> int array
```

<프로그램 3-136> **heapify** Example

이 코드를 간단하게 설명하면 다음과 같다:

1) [L1] **heapify** 함수 pattern 1 선언: Base Case.
   - 매개변수: list가 [ ] 이면,
   - 반환값: array **A** 반환.

2) [L2] **heapify** 함수 pattern 2 선언: Inductive Case.
   - 매개변수: list가 **x::xs**면, array **A**와 index **n**에 대하여.

2-1) [L3] array **A**의 Cell **n**의 값을 head **x**로 갱신하고,

2-2) [L4] array **A**의 Cell **n**부터 **bubbleUp**을 실행하고,

2-3) [L5] tail **xs**에 index **(n+1)**로 재귀함수 **heapify**를 실행한다.

3) [L7] **heapify** 함수 등록: **int list * int array * int -> int array**

다음은 **heapify**가 어떻게 실행되는지 알아보자. 다음 코드는 1부터 10까지의 list를 **heapify**를 한 결과다. 이 결과가 어떻게 산출되었는지 알아보자.

```
heapify([1,2,3,4,5,6,7,8,9,10], A1, 1);
val it = [/ 0,10,9,6,7,8,2,5,1,4,3,0,... /] : int array
```

<프로그램 3-137> **heapify** Example

**heapify([ 1,2,3,4,5,6,7,8,9,10] , A1, 1)** 함수가 실행되는 과정을, 간단하게 정리하면, 다음과 같다:

1) **heapify([ 1,2,3,4,5,6,7,8,9,10] , A1, 1)** 함수를 호출한다.

2) **heapify(1::[ 2,3,4,5,6,7,8,9,10] , A1, 1)** 함수가 실행된다.
   - 두 번째 매개변수가 [ ] 이 아니기 때문에 Pattern 2가 실행된다.

2-1) array **A**의 Cell **1**의 값을 head **1**로 갱신하고,

2-2) array **A**의 Cell **1**부터 **bubbleUp**을 실행하고: <그림 3-62> 참조.

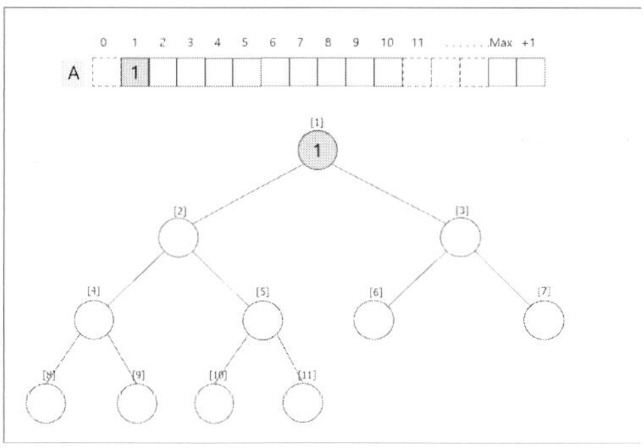

<그림 3-62> Heapify (1)

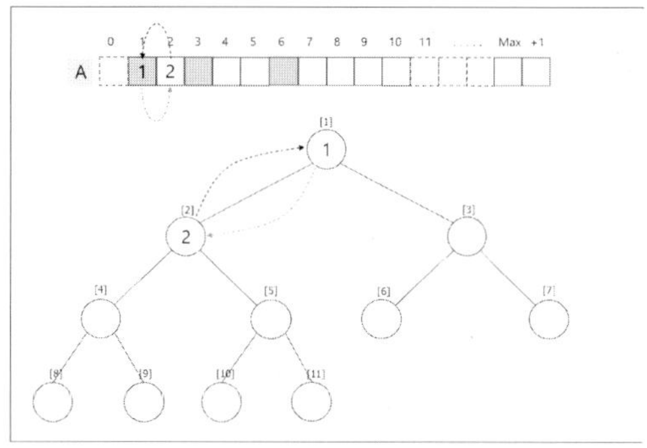

<그림 3-63> Heapify (2)

2-3) tail **xs**에 index **(1+1)**로 재귀함수 **heapify([ 2,3,4,5,6,7,8,9,10] , A1, 2)**를 호출한다.

3) **heapify(2::[ 3,4,5,6,7,8,9,10] , A1, 2)** 함수가 실행된다.

- 두 번째 매개변수가 **[ ]** 이 아니기 때문에 Pattern 2가 실행된다.

3-1) array **A**의 Cell **2**의 값을 head **2**로 갱신하고,

3-2) array **A**의 Cell **2**부터 **bubbleUp**을 실행하고: <그림 3-63> 참조.

3-3) tail **xs**에 index **(2+1)**로 재귀함수 **heapify([ 3,4,5,6,7,8,9,10] , A1, 3)**을 호출한다.

4) **heapify(3::[ 4,5,6,7,8,9,10] , A1, 3)** 함수가 실행된다.

두 번째 매개변수가 **[ ]** 이 아니기 때문에 Pattern 2가 실행된다.

4-1) array **A**의 Cell **3**의 값을 head **3**으로 갱신하고,

4-2) array **A**의 Cell **3**부터 **bubbleUp**을 실행하고: <그림 3-64> 참조.

4-3) tail **xs**에 index **(3+1)**로 재귀함수 **heapify([ 4,5,6,7,8,9,10] , A1, 4)**를 호출한다.

5) **heapify(4::[ 5,6,7,8,9,10] , A1, 4)** 함수가 실행된다.

두 번째 매개변수가 **[ ]** 이 아니기 때문에 Pattern 2가 실행된다.

5-1) array **A**의 Cell **4**의 값을 head **4**로 갱신하고,

5-2) array **A**의 Cell **4**부터 **bubbleUp**을 실행하고: <그림 3-65> 참조.

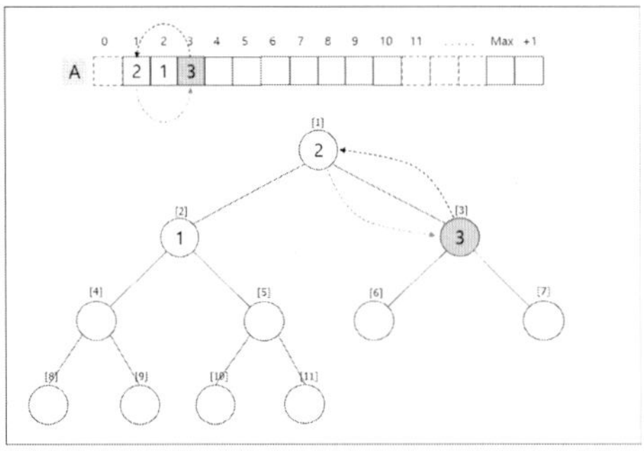

<그림 3-64> Heapify (3)

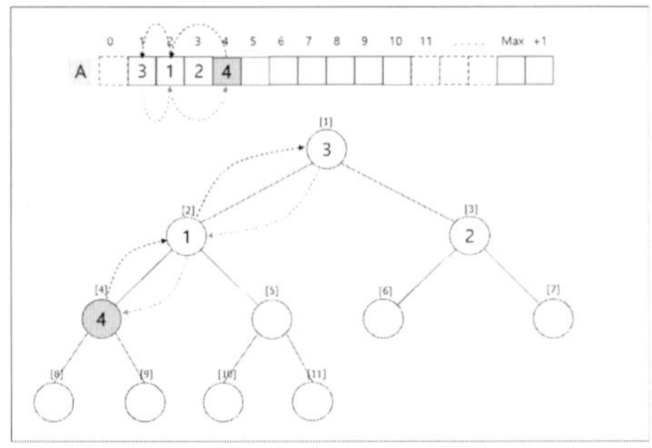

<그림 3-65> Heapify (4)

5-3) tail **xs**에 index **(4+1)**로 재귀함수 **heapify([ 5,6,7,8,9,10] , A1, 5)**를 호출한다.

6) **heapify(5::[ 6,7,8,9,10] , A1, 5)** 함수가 실행된다.

- 두 번째 매개변수가 **[ ]** 이 아니기 때문에 Pattern 2가 실행된다.

6-1) array **A**의 Cell **5**의 값을 head **5**로 갱신하고,

6-2) array **A**의 Cell **5**부터 **bubbleUp**을 실행하고: <그림 3-66> 참조.

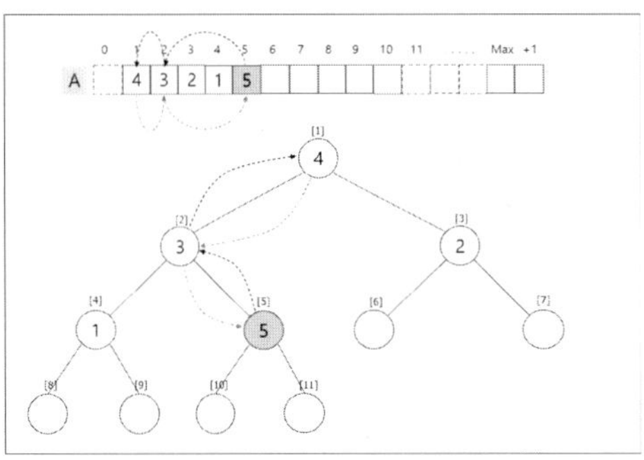

<그림 3-66> Heapify (5)

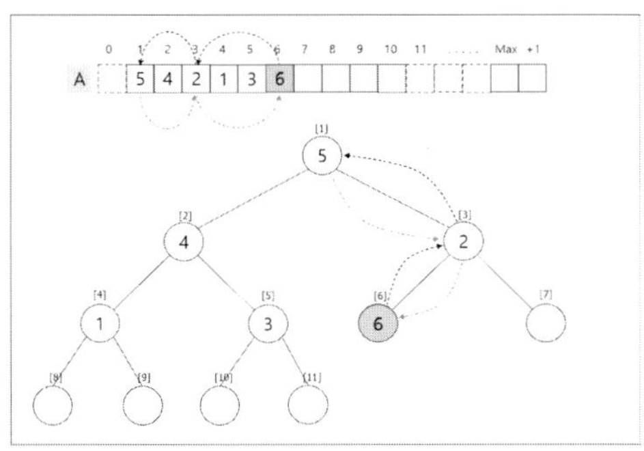

<그림 3-67> Heapify (6)

6-3) tail **xs**에 index **(5+1)**로 재귀함수 **heapify([ 6,7,8,9,10] , A1, 6)**을 호출한다.

7) **heapify(6::[ 7,8,9,10] , A1, 6)** 함수가 실행된다.

- 두 번째 매개변수가 **[ ]** 이 아니기 때문에 Pattern 2가 실행된다.

7-1) array **A**의 Cell **6**의 값을 head **6**으로 갱신하고,

7-2) array **A**의 Cell **6**부터 **bubbleUp**을 실행하고: <그림 3-67> 참조.

7-3) tail **xs**에 index **(6+1)**로 재귀함수 **heapify([ 7,8,9,10] , A1, 7)**을 호출한다.

8) **heapify(7::[ 8,9,10] , A1, 7)** 함수가 실행된다.

두 번째 매개변수가 [ ] 이 아니기 때문에 Pattern 2가 실행된다.

8-1) array **A**의 Cell **7**의 값을 head **7**로 갱신하고,

8-2) array **A**의 Cell **7**부터 **bubbleUp**을 실행하고: <그림 3-68> 참조.

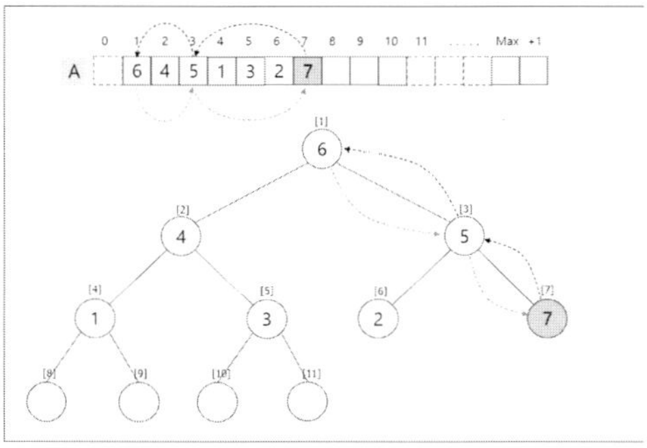

<그림 3-68> Heapify (7)

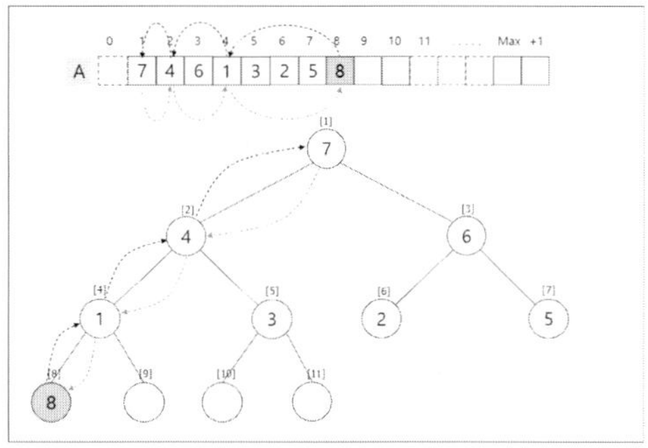

<그림 3-69> Heapify (8)

8-3) tail **xs**에 index **(7+1)**로 재귀함수 **heapify([ 8,9,10] , A1, 8)**을 호출한다.

9) **heapify(8::[ 9,10] , A1, 8)** 함수가 실행된다.

- 두 번째 매개변수가 [ ] 이 아니기 때문에 Pattern 2가 실행된다.

9-1) array **A**의 Cell **8**의 값을 head **8**로 갱신하고,

9-2) array **A**의 Cell **8**부터 **bubbleUp**을 실행하고: <그림 3-69> 참조.

9-3) tail **xs**에 index **(8+1)**로 재귀함수 **heapify([ 9,10] , A1, 9)**를 호출한다.

10) **heapify(9::[ 10] , A1, 9)** 함수가 실행된다.

두 번째 매개변수가 [ ] 이 아니기 때문에 Pattern 2가 실행된다.

10-1) array **A**의 Cell **9**의 값을 head **9**로 갱신하고,

10-2) array **A**의 Cell **9**부터 **bubbleUp**을 실행하고: <그림 3-70> 참조.

10-3) tail **xs**에 index **(9+1)**로 재귀함수 **heapify([ 10] , A1, 10)**을 호출한다.

11) **heapify(10::[ ] , A1, 10)** 함수가 실행된다.

- 두 번째 매개변수가 [ ] 이 아니기 때문에 Pattern 2가 실행된다.

11-1) array **A**의 Cell **10**의 값을 head **10**으로 갱신하고,

11-2) array **A**의 Cell **10**부터 **bubbleUp**을 실행하고: <그림 3-71> 참조.

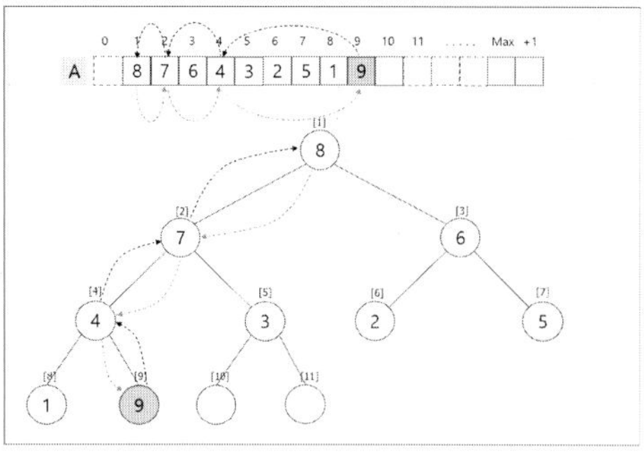

<그림 3-70> Heapify (9)

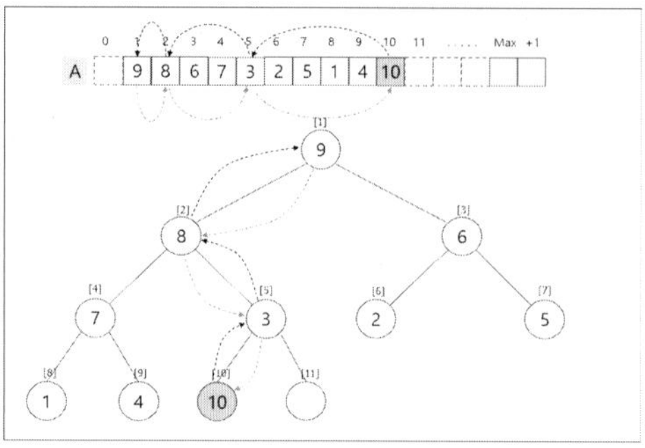

<그림 3-71> Heapify (10)

11-3) tail **xs**에 index **(9+1)**로 재귀함수 **heapify([ ], A1, 11)**을 호출한다.

- 12) **heapify(10::[ ], A1, 11)** 함수가 실행 후 종료된다.
- 두 번째 매개변수가 **[ ]** 이기 때문에 Pattern 1이 실행된다.
- array **A**, 즉 **[ / 0, 10, 9, 6, 7, 8, 2, 5, 1, 4, 3, 0, … /]** 327)을 **heapify([ 10], A1, 10)**에게 반환하고 종료한다: <그림 3-72> 참조.

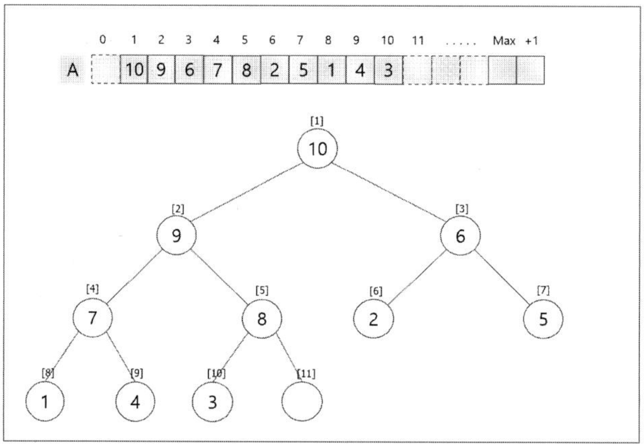

<그림 3-72> Heapify : Final

13) **heapify([ 10], A1, 10)** 함수가 종료된다.

- array **A**, 즉 **[ / 0, 10, 9, 6, 7, 8, 2, 5, 1, 4, 3, 0, … /]**을 **heapify([ 9,10], A1, 9)**에게 반환하고 종료한다.

14) **heapify([ 9,10], A1, 9)** 함수가 종료된다.

- array **A**, 즉 **[ / 0, 10, 9, 6, 7, 8, 2, 5, 1, 4, 3, 0, … /]**을

327) 여기에서 **A[ 0]**은 원래 의도대로 사용하지 않았고, 초기값을 유지한다. 또한 **A[ 11]**과 이후의 값은 …(ellipsis)로 생략했다.

**heapify**([ 8,9,10] , A1, 9)에게 반환하고 종료한다.

15) **heapify**([ 8,9,10] , A1, 8) 함수가 종료된다.

   - array A, 즉 [ / 0, 10, 9, 6, 7, 8, 2, 5, 1, 4, 3, 0, … /] 을 **heapify**([ 7,8,9,10] , A1, 9)에게 반환하고 종료한다.

16) **heapify**([ 7,8,9,10] , A1, 7) 함수가 종료된다.

   - array A, 즉 [ / 0, 10, 9, 6, 7, 8, 2, 5, 1, 4, 3, 0, … /] 을 **heapify**([ 6,7,8,9,10] , A1, 6)에게 반환하고 종료한다.

17) **heapify**([ 7,8,9,10] , A1, 7) 함수가 종료된다.

   - array A, 즉 [ / 0, 10, 9, 6, 7, 8, 2, 5, 1, 4, 3, 0, … /] 을 **heapify**([ 6,7,8,9,10] , A1, 6)에게 반환하고 종료한다.

18) **heapify**([ 6,7,8,9,10] , A1, 6) 함수가 종료된다.

   - array A, 즉 [ / 0, 10, 9, 6, 7, 8, 2, 5, 1, 4, 3, 0, … /] 을 **heapify**([ 5,6,7,8,9,10] , A1, 5)에게 반환하고 종료한다.

19) **heapify**([ 5,6,7,8,9,10] , A1, 5) 함수가 종료된다.

   - array A, 즉 [ / 0, 10, 9, 6, 7, 8, 2, 5, 1, 4, 3, 0, … /] 을 **heapify**([ 4,5,6,7,8,9,10] , A1, 4)에게 반환하고 종료한다.

20) **heapify**([ 4,6,7,8,9,10] , A1, 4) 함수가 종료된다.

   - array A, 즉 [ / 0, 10, 9, 6, 7, 8, 2, 5, 1, 4, 3, 0, … /] 을 **heapify**([ 3,5,6,7,8,9,10] , A1, 3)에게 반환하고 종료한다.

21) **heapify**([ 3,4,6,7,8,9,10] , A1, 3) 함수가 종료된다.

   - array A, 즉 [ / 0, 10, 9, 6, 7, 8, 2, 5, 1, 4, 3, 0, … /] 을 **heapify**([ 2,3,5,6,7,8,9,10] , A1, 2)에게 반환하고 종료한다.

22) **heapify**([ 2,3,4,6,7,8,9,10] , A1, 2) 함수가 종료된다.

   - array A, 즉 [ / 0, 10, 9, 6, 7, 8, 2, 5, 1, 4, 3, 0, … /] 을 **heapify**([ 1,2,3,5,6,7,8,9,10] , A1, 1)에게 반환하고 종료한다.

23) **heapify**([ 1,2,3,4,6,7,8,9,10] , A1, 2) 함수가 종료된다.

   - array A, 즉 [ / 0, 10, 9, 6, 7, 8, 2, 5, 1, 4, 3, 0, … /] 을 반환하고 종료한다.

**heapify**([ 1,2,3,4,6,7,8,9,10] , A1, 2) 함수가 실행된 결과로 생성된 array A가 heap의 두 가지 조건[328]을 만족함을 <그림 3-72>를 통해서 확인할 수 있다. 그리고 이 조건에 의해, heap의 root에는 항상 가장 큰 값이 자리 잡게 된다.

328) 이 두 가지 조건은, 이전에 설명한 바와 같이, (1) Left-first balanced binary tree 조건과 (2) parent node의 값은 항상 child node의 값보다 크다는 조건이다.

### (4) Bubble Sort: Bubble Down

**bubbleDown** 함수는 다음 과정을 통해 작동된다. 먼저 **heap_sort** 과정에서 heap의 root에 있는 값을 추출한 다음, 이 자리에 heap의 맨 마지막 원소, 즉 array의 맨 마지막 cell의 원소를 배치한다. 그리고 heap의 두 번째 조건, 즉 parent node가 항상 child node보다 높은 값을 가진다는 조건을 만족하기 위해서, child node의 값이 parent node보다 높을 경우, 이 두 값을 교환한다. 즉 **bubbleUp**의 반대 방향으로 **bubbleDown**을 수행한다.

## Example E.3-22) bubbleDown Example

```
1  fun bubbleDown(i,A,n) =
2     if i>n then ()
3     else
4        let
5           val i2 = i * 2;
6        in
7           if (sub(A,i):int) > sub(A,i2)        then ()
8           else if (sub(A,i):int) > sub(A,i2+1) then ()
9              else if (sub(A,i2):int) > sub(A,i2+1)
10                then (swap(i,i2,  A); bubbleDown(i2,   A,n))
11                   else (swap(i,i2+1,A); bubbleDown(i2+1,A,n))
12       end;
13 val bubbleUp = fn : int * int array -> unit
```

<프로그램 3-138> **bubbleDown** Example

이 코드를 간단하게 설명하면 다음과 같다:

1) [L1] **bubbleDown** 함수 pattern 선언: 매개변수 Begin-index **i**, array **A**, End-index **i**,
2) [L2] (**i>n**)이면: Binary tree의 마지막 node, 즉 array **A**의 Cell **n**이므로 **()**을 반환하고 종료.
3) [L3] (**i>n**)이 아니면: 마지막 node가 아니므로,
4) [L5] **val i2 = i div 2**: 자식 노드의 Cell index를 찾아서,
5) [L7] 부모의 노드/Cell 값을 left 자식의 노드/Cell 값과 비교해서, 크면, **()**을 반환하고 종료.
6) [L8] 부모의 노드/Cell 값을 right 자식의 노드/Cell 값과 비교해서, 크면, **()**을

반환하고 종료,

7) [L9] Left 자식의 노드/Cell 값을 right 자식의 노드/Cell 값과 비교해서, 크면:
    - [L10] 부모의 노드/Cell 값을 left 자식의 노드/Cell 값과 swap하고,
    - [L10] 다시, left 자식 노드/Cell에서 다시 재귀함수를 호출한다.
8) [L11] 그렇지 않을 경우:
    - [L11] 부모의 노드/Cell 값을 right 자식의 노드/Cell 값과 swap하고,
    - [L11] 다시, right 자식 노드/Cell에서 다시 재귀함수를 호출한다.
9) [L13] **`bubbleDown`** 함수 등록: **`int * int array -> unit`**

다음은 이 함수를 기반으로 한 **`heap_sort`**를 알아보자. 다음은 array **`A`**에서 root에 있는 원소를 하나씩 추출하고, 추출할 때마다 **`bubbleDown`** 함수를 수행하는 **`heap_sort`** 함수다. 이 코드가 어떻게 작성되는지 알아보자.

## Example E.3-23) heap_sort Example

```
1   fun heap_sort(A,0) = []
2    | heapify(A,n) =
3      let
4        val a1 = sub(A,1);
5        val an = sub(A,n);
6        val ip = n div 2;
7      in
8        update(A,1,an);
9        update(A,n,0);
10       bubbleDown(ip,A,n);
11       a1::heap_sort(A,n-1)
12     end;
13  val heap_sort = fn : int array * int -> int list
```

<프로그램 3-139> **`heap_sort`** Example

이 코드를 간단하게 설명하면 다음과 같다:

1) [L1] **`heap_sort`** 함수 pattern 1 선언: Base Case
    - 매개변수: index가 `0`이면,
    - 반환값: sort할 대상이 없으므로 `[]` 반환.
2) [L2] **`heap_sort`** 함수 pattern 2 선언: Inductive Case.
    - 매개변수: index가 `0`이면, array **`A`**와 index **`n`**에 대하여.

2-1) [L4] 지역변수 `a1`: array의 root 값, 즉 `A[ 1]` 로 설정.
2-2) [L5] 지역변수 `an`: array의 마지막 node 값, 즉 `A[ n]` 으로 설정.
2-3) [L6] 지역변수 `ip`: array의 마지막 node의 부모 index 값, 즉 `bubbleDown` 종료 index로 설정.
2-4) [L8] array `A[ 1]` 의 값을 `A[ n]` 으로 갱신.
2-5) [L9] array `A[ n]` 의 값을 `0`으로 초기화.
2-6) [L10] Root에서부터 index `ip`까지 `bubbleDown` 실행.
2-7) [L11] 다음 array `A` index `(n-1)`로 재귀함수 `heap_sort`를 호출 후, 그 반환값을 tail로, 그리고 `a1`에 저장한 이전 `A[ 1]` 값을 head로 한 list 반환 후 종료.
3) [L13] `heap_sort` 함수 등록: `int array * int -> int list`

다음은 `heap_sort`가 어떻게 실행되는지 알아보자. 다음 코드는 1부터 10까지의 list를 `heapify`를 한 arrry에 대해 `heap_sort`를 실행한 결과 sort가 된 list가 산출된 결과다. 이 결과가 어떻게 산출되었는지 알아보자.

```
heap_sort(heapify([1,2,3,4,5,6,7,8,9,10], A1, 1),10);
val it = [10,9,8,7,6,5,4,3,2,1] : int list
```

<프로그램 3-140> `heap_sort` Example

`heap_sort(heapify([ 1,2,3,4,5,6,7,8,9,10] , A1, 1),10)` 함수가 실행되는 과정을, 간단하게 정리하면, 다음과 같다:

1) `heap_sort(heapify([ 1,2,3,4,5,6,7,8,9,10] , A1, 1),10)` 함수를 호출한다.
2) `heapify([ 1,2,3,4,5,6,7,8,9,10] , A1, 1)` 함수의 실행 결과, array `[ / 0, 10,9,6,7,8,2,5,1,4,3, 0, … /]` 가 생성되고,
    - `heap_sort([ / 0, 10,9,6,7,8,2,5,1,4,3, 0, … /] ,10)`이 호출된다.
3) `heap_sort([ / 0, 10,9,6,7,8,2,5,1,4,3, 0, … /] ,10)` 함수 실행:
    - 두 번째 매개변수가 `0`이 아니기 때문에 Pattern 2가 실행된다.
    - 지역변수 `a1`: array의 root 값, 즉 `A[ 1]` , `10`으로 설정
    - 지역변수 `an`: array의 마지막 node 값, 즉 `A[ n]` , `3`으로 설정.
    - 지역변수 `ip`: `5`로 설정.

3-1) array **A[ 1]** : **3**으로 갱신.

3-2) array **A[ 10]** : **0**으로 초기화.

3-2) array **A**의 Cell **1**부터, **5**까지 **bubbleDown** 실행: <그림 3-73> 참조.

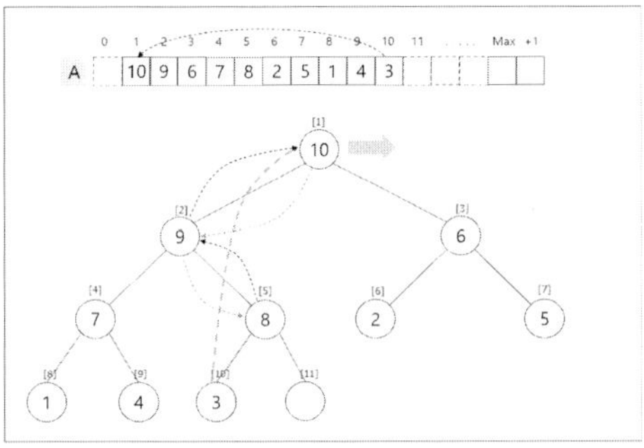

<그림 3-73> Heap Sort (1)

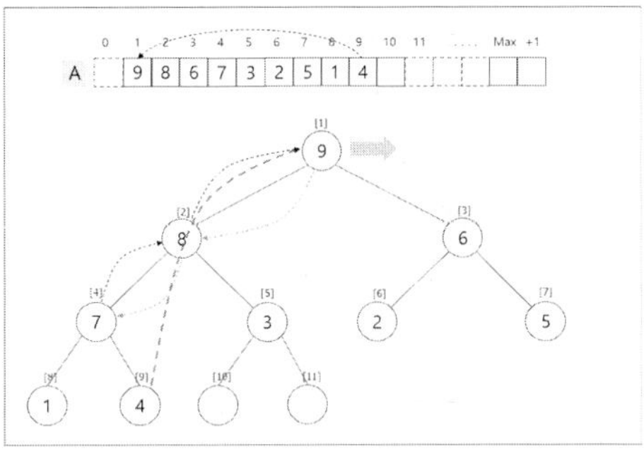

<그림 3-74> Heap Sort (2)

3-3) array **A**의 Cell **1**부터, **5**까지 **bubbleDown** 실행 결과:

- `[ / 0, 9,8,6,7,3,2,5,1,4, 0,0, … /]` 생성 array 갱신.

3-4) Index `(10-1)`로 재귀함수 **heap_sort**`([ / 0, 9,8,6,7,3,2,5,1,4, 0,0, … /],9)`를 호출한다.

4) **heap_sort**`([ / 0, 9,8,6,7,3,2,5,1,4, 0,0, … /],9)` 함수 실행:

- 두 번째 매개변수가 0이 아니기 때문에 Pattern 2가 실행된다.
- 지역변수 **a1**: array의 root 값, 즉 **A[ 1]**, **9**로 설정.
- 지역변수 **an**: array의 마지막 node 값, 즉 **A[ 9]**, **4**로 설정.
- 지역변수 **ip**: **4**로 설정.

4-1) array **A[ 1]** : **4**로 갱신,.

4-2) array **A[ 10]** : **0**으로 초기화.

4-3) array **A**의 Cell **1**부터, **4**까지 **bubbleDown** 실행: <그림 3-74> 참조.

4-4) array **A**의 Cell **1**부터, **4**까지 **bubbleDown** 실행 결과:

- `[ / 0, 8,7,6,4,3,2,5,1, 0,0,0, … /]` 생성 array 갱신.

4-5) Index `(9-1)`로 재귀함수 **heap_sort**`([ / 0, 8,7,6,4,3,2,5,1, 0,0,0, … /],8)`을 호출한다.

5) **heap_sort**`([ / 0, 8,7,6,4,3,2,5,1, 0,0,0, … /],8)` 함수 실행:

- 두 번째 매개변수가 0이 아니기 때문에 Pattern 2가 실행된다.
- 지역변수 **a1**: array의 root 값, 즉 **A[ 1]**, **8**로 설정.
- 지역변수 **an**: array의 마지막 node 값, 즉 **A[ 8]**, **1**로 설정.

- 지역변수 ip: 4로 설정.

5-1) array A[ 1] : 1로 갱신.

5-2) array A[ 10] : 0으로 초기화.

5-3) array A의 Cell 1부터, 4까지 bubbleDown 실행: <그림 3-75> 참조.

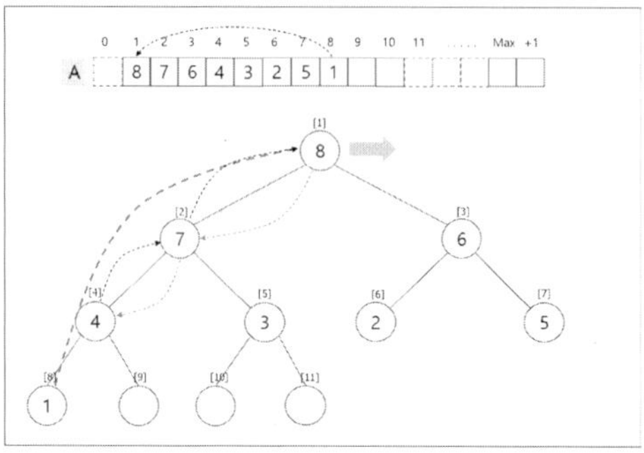

<그림 3-75> Heap Sort (3)

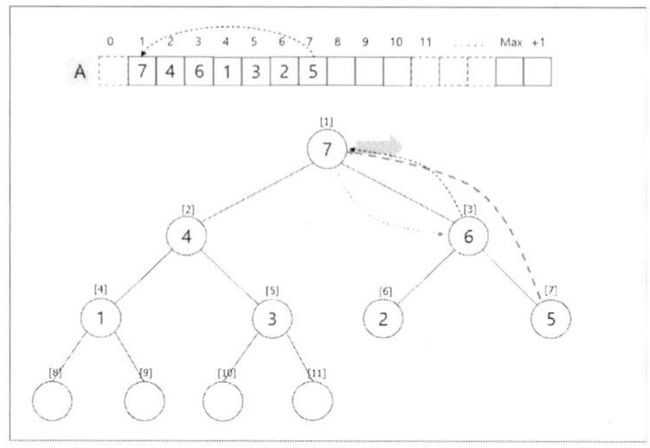

<그림 3-76> Heap Sort (4)

5-4) array A의 Cell 1부터, 4까지 bubbleDown 실행 결과:

- [ / 0, 7,4,6,1,3,2,5, 0,0,0,0, … /] 생성 array 갱신.

5-5) Index (8-1)로 재귀함수 heap_sort([ / 0, 7,4,6,1,3,2,5, 0,0,0,0, … /] ,7)을 호출한다.

6) heap_sort([ / 0, 7,4,6,1,3,2,5, 0,0,0,0, … /] ,7) 함수 실행:

- 두 번째 매개변수가 0이 아니기 때문에 Pattern 2가 실행된다.
- 지역변수 a1: array의 root 값, 즉 A[ 1] , 7로 설정.
- 지역변수 an: array의 마지막 node 값, 즉 A[ 7] , 5로 설정.
- 지역변수 ip: 3으로 설정.

6-1) array A[ 1] : 7로 갱신.

6-2) array A[ 10] : 0으로 초기화.

6-3) array A의 Cell 1부터, 3까지 bubbleDown 실행: <그림 3-76> 참조.

6-4) array A의 Cell 1부터, 3까지 bubbleDown 실행 결과:

- [ / 0, 6,4,5,1,3,2, 0,0,0,0,0, … /] 생성 array 갱신.

6-5) Index (7-1)로 재귀함수 heap_sort([ / 0, 6,4,5,1,3,2, 0,0,0,0,0, … /] ,6)을 호출한다.

7) heap_sort([ / 0, 6,4,5,1,3,2, 0,0,0,0,0, … /] ,6) 함수 실행:

- 두 번째 매개변수가 0이 아니기 때문에 Pattern 2가 실행된다.
- 지역변수 a1: array의 root 값, 즉 A[ 1] , 6으로 설정.

- 지역변수 **an**: array의 마지막 node 값, 즉 **A[ 6]** , 2로 설정.
- 지역변수 **ip**: 3으로 설정.

7-1) array **A[ 1]** : 6으로 갱신.

7-2) array **A[ 10]** : 0으로 초기화.

7-3) array **A**의 Cell **1**부터, **3**까지 **bubbleDown** 실행: <그림 3-77> 참조.

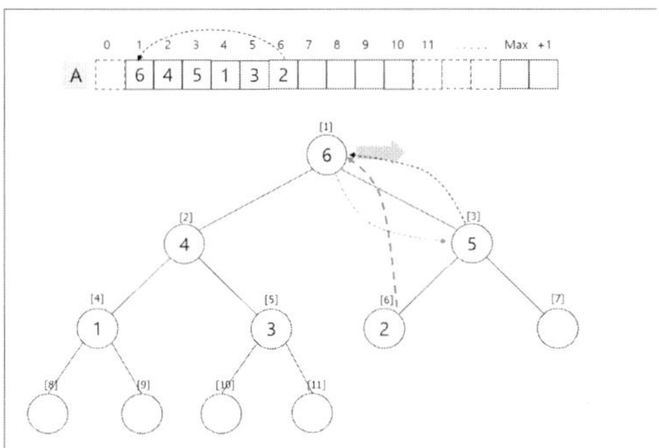


<그림 3-77> Heap Sort (5)

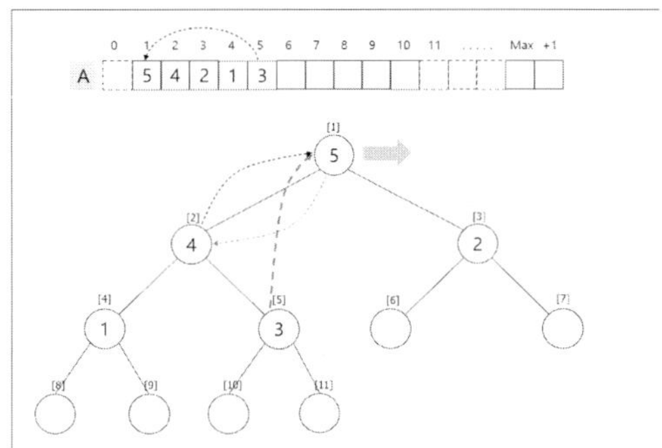


<그림 3-78> Heap Sort (6)

7-4) array **A**의 Cell **1**부터, **3**까지 **bubbleDown** 실행 결과:

- `[ / 0, 5,4,2,1,3, 0,0,0,0,0,0, … /]` 생성 array 갱신.

7-5) Index `(6-1)`로 재귀함수 `heap_sort([ / 0, 5,4,2,1,3, 0,0,0,0,0,0, … /],5)`를 호출한다.

8) `heap_sort([ / 0, 5,4,2,1,3, 0,0,0,0,0,0, … /],5)` 함수 실행:

- 두 번째 매개변수가 **0**이 아니기 때문에 Pattern 2가 실행된다.
- 지역변수 **a1**: array의 root 값, 즉 **A[ 1]** , 5로 설정.
- 지역변수 **an**: array의 마지막 node 값, 즉 **A[ 5]** , 3으로 설정.
- 지역변수 **ip**: 2로 설정

8-1) array **A[ 1]** : 3으로 갱신.

8-2) array **A[ 5]** : 0으로 초기화.

8-3) array **A**의 Cell **1**부터, **2**까지 **bubbleDown** 실행: <그림 3-78> 참조.

8-4) array **A**의 Cell **1**부터, **2**까지 **bubbleDown** 실행 결과:

- `[ / 0, 4,3,2,1, 0,0,0,0,0,0,0, … /]` 생성 array 갱신.

8-5) Index `(5-1)`로 재귀함수 `heap_sort([ / 0, 4,3,2,1, 0,0,0,0,0,0,0, … /],4)`를 호출한다.

9) `heap_sort([ / 0, 4,3,2,1, 0,0,0,0,0,0,0, … /],4)` 함수 실행:

- 두 번째 매개변수가 **0**이 아니기 때문에 Pattern 2가 실행된다.

- 지역변수 **a1**: array의 root 값, 즉 **A[ 1]** , **4**로 설정.
- 지역변수 **an**: array의 마지막 node 값, 즉 **A[ 4]** , **1**로 .
- 지역변수 **ip**: **2**로 설정.

9-1) array **A[ 1]** : **1**로 갱신.

9-2) array **A[ 4]** : **0**으로 초기화.

9-3) array **A**의 Cell **1**부터, **2**까지 **bubbleDown** 실행: <그림 3-79> 참조.

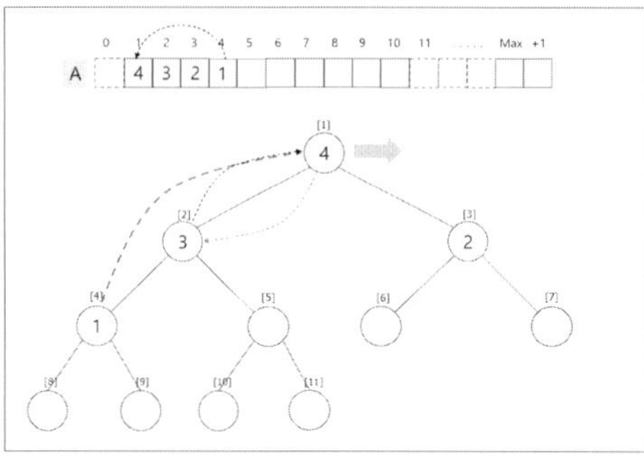

<그림 3-79> Heap Sort (7)

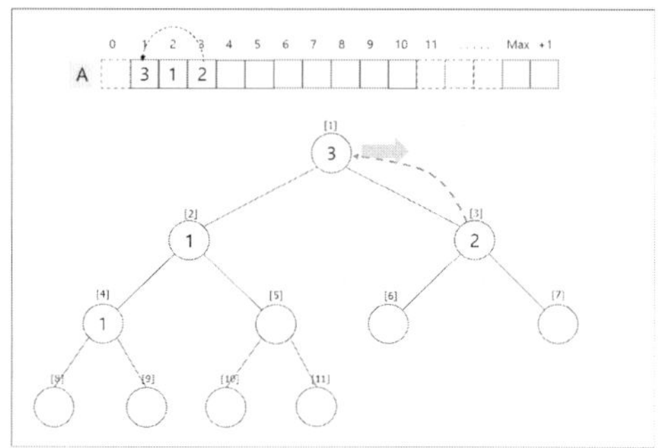

<그림 3-80> Heap Sort (8)

9-4) array **A**의 Cell **1**부터, **2**까지 **bubbleDown** 실행 결과:

- `[ / 0, 3,1,2, 0,0,0,0,0,0,0,0, … /]` 생성 array 갱신.

9-5) Index `(4-1)`로 재귀함수 **heap_sort**`([ / 0, 3,1,2, 0,0,0,0,0,0,0,0, … /] ,3)`을 호출한다.

10) **heap_sort**`([ / 0, 3,1,2, 0,0,0,0,0,0,0,0, … /] ,3)` 함수 실행:

- 두 번째 매개변수가 0이 아니기 때문에 Pattern 2가 실행된다.
- 지역변수 **a1**: array의 root 값, 즉 **A[ 1]** , **3**으로 설정.
- 지역변수 **an**: array의 마지막 node 값, 즉 **A[ 3]** , **2**로 설정.
- 지역변수 **ip**: **1**로 설정.

10-1) array **A[ 1]** : **2**로 갱신.

10-2) array **A[ 3]** : **0**으로 초기화,.

10-3) array **A**의 Cell **1**부터, **1**까지 **bubbleDown** 실행: <그림 3-80> 참조.

10-4) array **A**의 Cell **1**부터, **1**까지 **bubbleDown** 실행 결과:

- `[ / 0, 2,1, 0,0,0,0,0,0,0,0,0, … /]` 생성 array 갱신.

10-5) Index `(3-1)`로 재귀함수 **heap_sort**`( [ / 0, 2,1, 0,0,0,0,0,0,0,0,0, … /], 2)`를 호출한다.

11) **heap_sort**`( [ / 0, 2,1, 0,0,0,0,0,0,0,0,0, … /], 2)` 함수 실행:

- 두 번째 매개변수가 0이 아니기 때문에 Pattern 2가 실행된다.
- 지역변수 **a1**: array의 root 값, 즉 **A[ 1]**, 2로 설정.
- 지역변수 **an**: array의 마지막 node 값, 즉 **A[ 2]**, 1로 설정.
- 지역변수 **ip**: 1로 설정.

11-1) array **A[ 1]** : 2로 갱신.

11-2) array **A[ 2]** : 0으로 초기화.

11-3) array **A**의 Cell 1부터, 1까지 **bubbleDown** 실행: <그림 3-81> 참조.

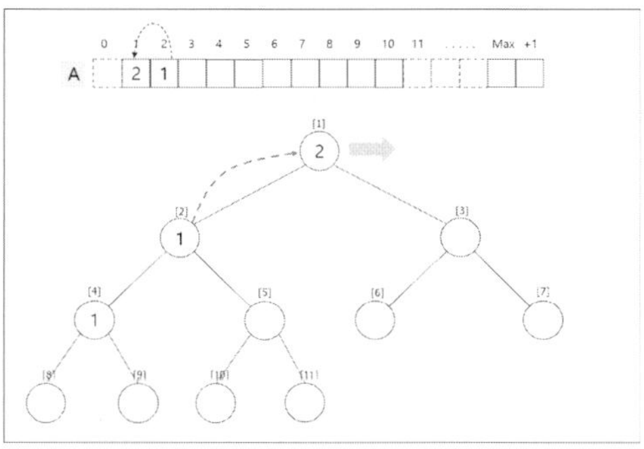

<그림 3-81> Heap Sort (9)

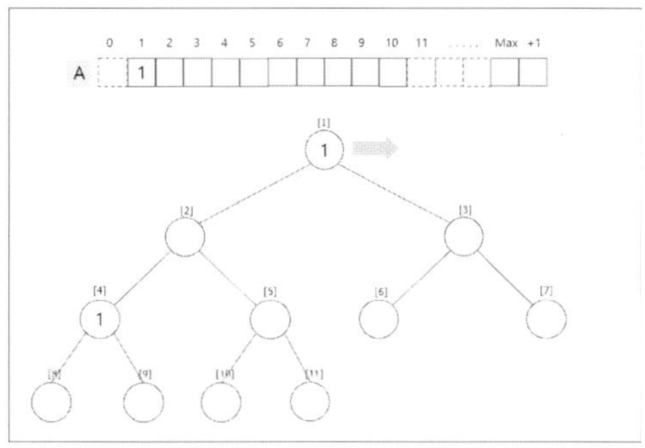

<그림 3-82> Heap Sort (10)

11-4) array **A**의 Cell 1부터, 1까지 **bubbleDown** 실행 결과:

- `[ / 0, 1, 0,0,0,0,0,0,0,0,0,0, … /]` array 갱신.

11-5) Index `(2-1)`로 재귀함수 **heap_sort**`( [ / 0, 1, 0,0,0,0,0,0,0,0,0,0, … /], 1)`을 호출한다.

12) **heap_sort**`( [ / 0, 1, 0,0,0,0,0,0,0,0,0,0, … /], 1)` 함수 실행.

- 두 번째 매개변수가 0이 아니기 때문에 Pattern 2가 실행된다.
- 지역변수 **a1**: array의 root 값, 즉 **A[ 1]**, 1로 설정
- 지역변수 **an**: array의 마지막 node 값, 즉 **A[ 1]**, 1로 설정.
- 지역변수 **ip**: 1로 설정.

12-1) array **A[ 1]** : 1로 갱신.

12-2) array **A[ 0]** : 0으로 초기화.

12-3) array **A**의 Cell 1부터, 1까지 **bubbleDown** 실행: <그림 3-82> 참조.

12-4) array **A**의 Cell 1부터, 1까지 **bubbleDown** 실행 결과:

- `[ / 0, 0,0,0,0,0,0,0,0,0,0,0, … /]` array 갱신.

12-5) Index `(1-1)`로 재귀함수 **heap_sort**`( [ / 0, 0,0,0,0,0,0,0,0,0,0,0, … /], 0)`을 호출한다.

13) `heap_sort ( [ / 0, 0,0,0,0,0,0,0,0,0,0,0, … /] , 0)` 함수 실행:
- 두 번째 매개변수가 0이므로 Pattern 1이 실행되어, [ ] 을 반환한다.

12-6) `heap_sort ( [ / 0, 1, 0,0,0,0,0,0,0,0,0,0, … /] , 1)` 함수 종료
- `heap_sort ( [ / 0, 0,0,0,0,0,0,0,0,0,0,0, … /] , 0)`의 반환값 [ ] 에, 1을 head로 연결하여,
- `1::[ ]` 반환.

11-6) `heap_sort ( [ / 0, 2,1, 0,0,0,0,0,0,0,0,0, … /] , 2)` 함수 종료.
- `heap_sort ( [ / 0, 1, 0,0,0,0,0,0,0,0,0,0, … /] , 1)`의 반환값 [ 1] 에, 2를 head로 연결하여,
- `2::[ 1]` 반환.

10-6) `heap_sort ([ / 0, 3,1,2, 0,0,0,0,0,0,0,0, … /] ,3)` 함수 종료.
- `heap_sort ( [ / 0, 2,1, 0,0,0,0,0,0,0,0,0, … /] , 2)`의 반환값 [ 2,1] 에, 3을 head로 연결하여,
- `3::[ 2,1]` 반환.

9-6) `heap_sort ([ / 0, 4,3,2,1, 0,0,0,0,0,0,0, … /] ,4)` 함수 종료.
- `heap_sort ([ / 0, 3,1,2, 0,0,0,0,0,0,0,0, … /] ,3)`의 반환값 [ 3,2,1] 에, 4를 head로 연결하여,
- `4::[ 3,2,1]` 반환.

8-6) `heap_sort ([ / 0, 5,4,2,1,3, 0,0,0,0,0,0, … /] ,5)` 함수 종료.
- `heap_sort ([ / 0, 4,3,2,1, 0,0,0,0,0,0,0, … /] ,4)`의 반환값 [ 4,3,2,1] 에, 5를 head로 연결하여,
- `5::[ 4,3,2,1]` 반환.

7-6) `heap_sort ([ / 0, 6,4,5,1,3,2, 0,0,0,0,0, … /] ,6)` 함수 종료.
- `heap_sort ([ / 0, 5,4,2,1,3, 0,0,0,0,0,0, … /] ,5)`의 반환값 [ 5,4,3,2,1] 에, 6을 head로 연결하여,
- `6::[ 5,4,3,2,1]` 반환.

6-6) `heap_sort ([ / 0, 7,4,6,1,3,2,5, 0,0,0,0, … /] ,7)` 함수 종료.
- `heap_sort ([ / 0, 6,4,5,1,3,2, 0,0,0,0,0, … /] ,6)`의 반환값 [ 6,5,4,3,2,1] 에, 7을 head로 연결하여,
- `7::[ 6,5,4,3,2,1]` 반환.

5-6) `heap_sort ([ / 0, 8,7,6,4,3,2,5,1, 0,0,0, … /] ,8)` 함수 종료.
- `heap_sort ([ / 0, 7,4,6,1,3,2,5, 0,0,0,0, … /] ,7)`의 반환값 [ 7,6,5,4,3,2,1] 에, 8을 head로 연결하여,
- `8::[ 7,6,5,4,3,2,1]` 반환.

4-6) `heap_sort([ / 0, 9,8,6,7,3,2,5,1,4, 0,0, … /],9)` 함수 종료.

- `heap_sort([ / 0, 8,7,6,4,3,2,5,1, 0,0,0, … /],8)`의 반환값 `[8,7,6,5,4,3,2,1]`에, 9를 head로 연결하여,
- `9::[8,7,6,5,4,3,2,1]` 반환.

3-6) `heap_sort([ / 0, 10,9,6,7,8,2,5,1,4,3, 0, … /],10)` 함수 종료.

- `heap_sort([ / 0, 9,8,6,7,3,2,5,1,4, 0,0, … /],9)`의 반환값 `[9,8,7,6,5,4,3,2,1]`에, 10을 head로 연결하여,
- `10::[9,8,7,6,5,4,3,2,1]` 반환.

결과, list `[1,2,3,4,5,6,7,8,9,10]`으로부터 heap을 구축하고, 이 heap으로부터 sort가 된 list `[10,9,8,7,6,5,4,3,2,1]`이 산출되었다.

### 3.7.2.1 연습 문제

1. Array를 사용하여 다음 문제를 해결하시오.

   1-1) 20개의 항목을 갖는 Array `A`를 생성하시오. 초기 값은 `nil`이며, data type은 `int list`다.
   1-2) 1-1)에서 생성한 Array `A`에서 19번째 cell의 값을 추출하는 code를 작성하시오.
   1-3) 1-1)에서 생성한 Array `A`에서 10번째 cell의 값을 `[1,2,3]`으로 변경하는 code를 작성하시오.

## 3.7.3 References

ML에서 함수의 실행 결과 side-effect를 허용하는 또 다른 방법은 reference 방법이다. 이 절의 도입 부분에서 설명한 바와 같이, reference는, C의 pointer와 같이, 정해진 유형의 값에 대해 pointer처럼 참조하는 방법이다. 여기에서 정해진 유형이라는 것은, 함수나 앞으로 다루게 될 structure 등의 동적인 유형을 제외한 나머지 정적인 유형을 의미한다.

ML에서 reference를 통해 변수값을 갱신할 수 있게 하는 방법은 다음과 같다:

1) 한번 정해진, reference 변수값은 변하지 않는다. 왜냐하면, C의 pointer처럼 주

소값을 참조하기 때문이다.

2) 하지만 그 변수가 참조하는 주소값의 내용, 즉 reference 되고 있는 값은 갱신할 수 있다.[329]

ML은 원칙적으로 변수값을 변경할 수 없지만, 이러한 reference 방법을 통해서, ML도 변수값을 변경할 수 있는 최소한의 방법을 제공한다. 따라서 필요에 따라 변수값을 꼭 변경해야 할 경우, 제한된 조건 하에서 변경할 수 있다.

그러면 간단한 예를 보자.

```
1  val s = ref "foo";
2  val s = ref "foo" : string ref
```

<프로그램 3-141> **reference** Example

이 코드를 간단하게 설명하면 다음과 같다:

1) [L1]: 변수 **s**를 string "**foo**"에 대한 reference로 선언했다.
2) [L2]: 변수 **s**가 "**foo**"에 대한 **string ref**로 등록되었다.

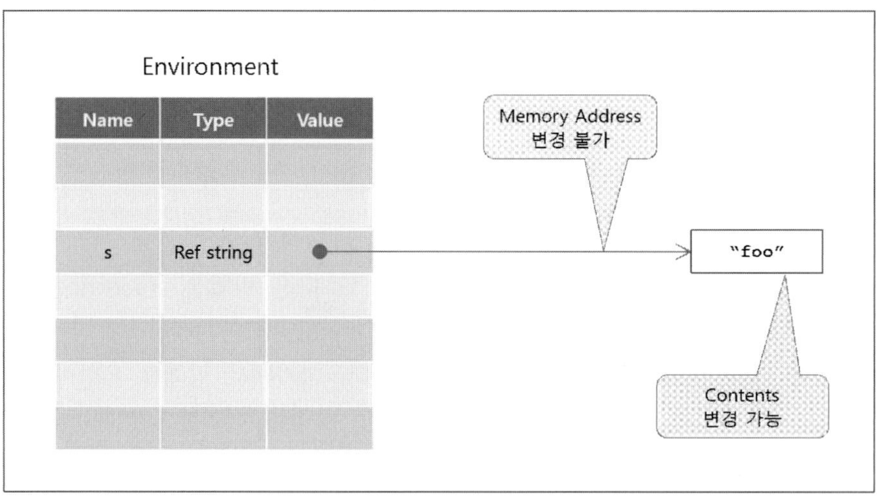


<그림 3-83> Reference 개념도

329) 일반적으로 위 1)의 조건은 변수에 대한 ML의 가장 강력한 조건, 즉 변수값을 변경할 수 없다는 조건을 만족한다. 하지만 2)의 조건에 의해서, 1)의 조건은 외형적으로는 만족되지만, 내용적으로는 조건을 위반하는 결과를 낳는다.

즉 이 코드에서 변수 **s**는 string "**foo**"에 대한 reference로 선언되었다. 이에 대한 개념을 ML의 Environment나 Symbol Table 관점에서 정리해 보면 <그림 3-83>과 같다. 이 그림은 앞에서 정리한 개념과 동일하다:

1) String에 대한 reference type인 **s**는 C에서의 string에 대한 pointer와 같다. 이 주소값은, ML에서의 변수에 대한 조건처럼, 변경될 수 없다.
2) 하지만 reference를 하고 있는 대상, 즉 그 string의 값은 변경된다.

간단한 예를 보자.

```
1  s := "bar";
2  val it = () : unit
3  s;
4  val s = ref "bar" : string ref
```

<프로그램 3-142> **referencc** Example

이 코드를 간단하게 설명하면 다음과 같다:

1) [L1]: **s**가 reference하고 있는 기존의 값을 "**foo**"에서 "**bar**"로 변경하였다: <그림 3-84> 참조.
2) [L2]: [L1]에서 **s**의 reference가 변경된 것의 결과값은 없다.
3) [L3]: **s**가 reference 하고 있는 값을 호출한다.
4) [L4]: 호출된 값은 **s**며, "**bar**"에 대한 **string ref**다.

ML에서는 reference하고 있는 값을 직접 반환하기 위한 독립적인 방법을 따로 제공한다.

```
!s;
val it = "bar" : string
```

<프로그램 3-143> **reference** Example

이 코드처럼, reference 변수에 "**!**" 연산자를 사용하면, reference되고 있는 대상을 반환받을 수 있다. 즉 위 예제에서는 현재 **s**가 reference하고 있는 string 값, 즉 "**bar**"가 반환된다.

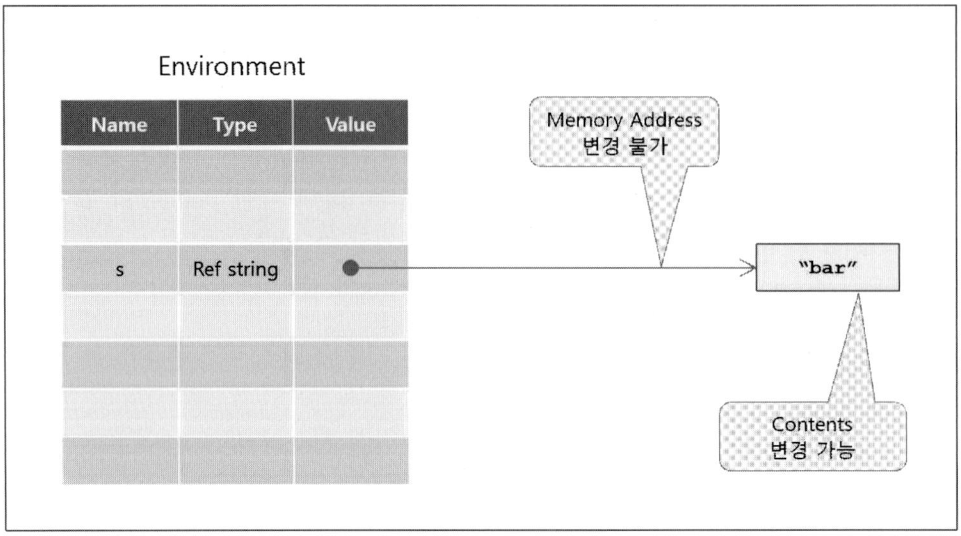


<그림 3-84> Reference 개념도: 변경 가능 조건

## (1) while-do loop

ML에서, reference 변수를 활용하는 대표적인 예는, C의 while-문 같은, **while-do** expression이다. 간단한 예를 보자.

```
1   val i = ref 0;
2   val i = ref 0 : int ref
3   val A = array(10,0);
4   val A = [|0,0,0,0,0,0,0,0,0,0|] : int array
5   while !i < 10 do (
6      update(A, !i, (!i)*(!i));
7      i :=!i + 1
8   );
9   val it = () : unit
10  A;
11  val it = [|0,1,4,9,16,25,36,49,64,81|] : int array
```

<프로그램 3-144> **while** Example

이 코드를 간단하게 설명하면 다음과 같다:

1) [L1]: 변수 **i**를 **int 0**에 대한 reference로 선언.
2) [L2]: 변수 **i**가 **0**에 대한 **int ref**로 등록.

3) [L3]: 크기가 **10**이고, 초기 값이 **0**인, array **A** 선언.

4) [L4]: **A**가 크기가 **10**이고, 초기 값이 **0**인, array로 등록.

5) [L5]: **while-do** expression - 변수 **i**의 **ref** 값이 10보다 작으면 다음을 반복.

5-1) [L6]: **A[ i]** 의 값을 (**!i**)$^2$ 값으로 갱신.

5-2) [L7]: 변수 **i**의 **ref** 값을 하나 증가.

6) [L9]: **while-do** expression 실행 결과: 반환값 없음.

7) [L10]: array **A** 값 확인.

8) [L11]: array **A**의 Cell 값이 모두, 그 Cell의 index 자승 값으로 갱신됨.

이 예제의 **while-do** expression 조건에 해당하는 변수를, <프로그램 3-144>의 예제처럼 사용할 수 있다고 판단할 수도 있다. 하지만 ML에서는 **while** 다음에 오는 **do** expression 내에서는 변수를 선언할 수 없도록 제약을 두었다. 그 이유는 **do** 다음에 변수를 선언하게 되면, 이 선언을 통해서 **while**의 조건이 될 수 있는 변수값에 side-effect와 같은 영향을 줄 수 있기 때문이다.[330]

```
1  val A = array(10,0);
2  val i= 0;
3  while i < 10 do (
4     update(A, i, i*i);
5     val i = i + 1
6  );
7  Error: syntax error found at VAL
```

<프로그램 3-145> **while** Example

이 코드를 간단하게 설명하면 다음과 같다:

1) [L1]: 크기가 **10**이고, 초기 값이 **0**인, array **A** 선.

2) [L2]: 변수 **i**를 **int 0**으로 선언.

3) [L3]: **while-do** expression - 변수 **i**값이 10보다 작으면 다음을 반복.

3-1) [L4]: **A[ i]** 의 값을 (**i**)$^2$ 값을 갱신.

3-2) [L5]: 변수 **i**의 값을 **i+1** 하나로 재선언.

4) [L7]: 문법 오류 발생: **do** 내에 val에 의한 변수 선언 - 불가.

330) 반면 **let-in** expression에서는 **let**과 **in** 사이에 지역변수의 선언이 가능하고, 이 선언이 **in** 다음의 expression에, 설령 그 expression이 **while-do**라 하더라도, 영향을 미치지 않는다.

이와 같이 ML이 expression을 실행하는 과정에서 무분별한 변수의 선언을 허용하지 않는 대표적인 이유는, 이러한 선언을 허용할 경우, ML이 프로그램을 컴파일하는 동안에 일관된 type checking을 수행할 수 없기 때문이다. 그리고 그 결과는 ML의 의미적 오류(semantic error)를, 컴파일 과정에서, type checking에 의해서 발견할 수 있었던 ML의 대표적인 장점이 상실된다. 그래서 expression에 의해서, ML이 실행되는 과정에 어떤 변수가 선언되어 사용되는 것을 근본적으로 차단한다.

### 3.7.3.1 연습 문제

1. References를 사용하여 다음 문제를 해결하시오.

   1-1) 변수 `i`에 10을 reference로 선언하시오.
   1-2) 변수 `i`가 reference하는 기존의 값을 20으로 변경하시오.
   1-3) 변수 `i`가 reference하는 값을 반환하는 code를 작성하시오.

2. 다음에 제시된 ML code를 기반으로 다음 문제를 해결하시오.

```
val i = 1;
while i < 10 do i = i+1;
```

   2-1) 위의 코드를 실행하면, 문제가 발생한다. 무슨 문제가 발생하는지 서술하시오.
   2-2) Reference를 사용하여 2-1)에서 발생한 문제를 해결하는 방법을 서술하시오.

## 3.8 Structure: ML Module System

현대의 프로그램언어는 과거의 프로그래밍언어와 다르게, 모듈화(modularization)[331]

331) Modularization: 모듈화에 대한 역사와 동기를 정리하면 다음과 같다:
(1) 1세대: 1950~60년대, 프로그래밍언어에서 module system이 요구된 것은 단순히 코드의 재사용을 위한, subsystem 개념이었다.
(2) 2세대: 1960년대의 대규모 프로그램을 위한 구조적 프로그래밍 기법과 유사하게, 1960~70년대에 modularity(모듈성)라는 목적을 가진, 일명, modular programming이 개발되었다. 당시, 이와 관련된 개념은 information hiding (정보 은닉)과 separation of concern (의도 분리)였다. 이 시기의 대표적인 언어는 Algol 68-R, Algol68C, Modular, Modular-2, Modular-3 등이 있다.

가 요구된다. 일반적으로, 모듈화는, System이나 SW 및 Program의 복잡도를 줄이기 위한 목적으로, 이론적인 분할 방법을 통해, 이들을 체계적으로 관리하기 위한 방법론이다. 프로그래밍언어의 관점에서 요구되는 필수적인 모듈화(modularization) 기능을 정리하면 다음과 같다:332)

1) 분할화(Decomposition): 프로그램을 기본 단위로 나눈다.
2) 개념화(Conceptualization): 단위별로 의미적으로 개념화 또는 추상화한다.
3) 포장화(Encapsulation): 관련 데이터와 코드를 객체로 묶고, 중요한 데이터와 코드를 포장한다.
4) 은닉화(Information hiding): 중요한 정보를 은닉한다.
5) 접근화(Interface): 필요한 정보의 접근방법을 제공한다.
6) 유형화(Type-oriented): 단위를 유형화한다.
7) 객체화(Instantiation): 유형의 객체 생성 및 소멸 방법을 제공한다.

ML은 이러한 기능을 제공하는 대표적인 언어로 평가받는다. 특히 ML은 이러한 기능을 제공하는 structure라는 ML Module System을 제공할 뿐만 아니라, 이러한 module 간의 사상관계를 정의하는 functor 시스템까지 제공한다.

그러면 ML의 module system에 대해 알아보자.

### 3.8.1 ML Module System

ML의 module system은 다음과 같이 3가지 요소로 구축된다:

(3) 3세대: 1970년대 후반에서 80년대 중반 사이에, Modular 프로그래밍이 대중화되어 범용 언어를 기반으로 확산되었다. 특히 UCSD Pascal, Turbo Pascal, Pascal ISO 10206의 unit 개념을 시작으로, Ada의 Task와 Package까지 확산되었다. 이로써 Standard ML의 structure를 통해서 가장 완전하게 정의된 module system 중 하나가 완성되었다. 특히 Module 간의 사상성을 정의한 functor까지 완성되었다.

(4) 4세대: 1980년대와 90년대를 거쳐 객체지향언어(object-oriented programming)가 개발되었다. 최초의 객체지향언어라 할 수 있는 Smalltalk을 시작으로, C++, 그리고 Java에 이르기까지, Class의 개념이 일반화되고, 객체지향언어가 대중화되었다. 특히 Java의 Package 개념은 modular의 재사용성을 일반화시켰다. 최근에 대중화되고 있는 Python도 이런 structure/class 개념과 package 개념에 기반을 둔다.

332) 이 요구사항은 Smalltalk 객체지향언어에서 좀 더 체계적으로 다룬다.

1) Structure: Module의 구조다. C++의 Class처럼, 다음과 같은 ML의 다양한 유형을 포함할 수 있다:

   - Basic types: ML이 규정한 유형.
   - data types: 사용자가 정의한 유형.
   - Functions: 사용자가 정의한 함수.
   - Exceptions: 사용자가 정의한 exception.
   - Structures: 사용자가 정의한 structure[333].
   - Other elements: ...

   ML은 C의 library나 Java의 기본 package처럼, 기본적인 기능을 structure로 제공한다. 또한 사용자도 structure를 정의해서 사용할 수 있다.
2) Signature: structure 유형을 정의하는 방법이다. Structure 요소 유형들의 집합으로 정의된다.
3) Functor: Structure와 같은 하나 이상의 매개변수를 입력받아, 이들을 활용하는 structure를 반환하는 structure 연산자다. Structure 수준의 함수로 간주할 수 있다.

이 3가지 요소에 대해 하나씩 알아보자.

```
structure Stack = struct
        exception EmptyStack;
        fun create(x) = ref [x];
        fun push(x,s) = s := x::(!s);
        fun top(ref nil) = raise EmptyStack
        |  top(ref(x::xs)) = x;
        fun pop(ref nil) = raise EmptyStack
        |  pop(s) = s := tl(!s);
end;
structure Stack :
  sig
    exception EmptyStack
    val create : '1a -> '1a list ref
    val pop : 'a list ref -> unit
    val push : 'a * 'a list ref -> unit
    val top : 'a list ref -> 'a
  end
```

<프로그램 3-146> `Stack` Example

333) Structure 내에 다른 structure를 정의하거나, 활용할 수 있다.

### 3.8.2 Structure

Structure는 ML에서 data structure와 이를 활용하는 function들을 하나로 묶은 포장화 구조다. 이를 정의하기 위한 문법은 다음과 같다:

```
structure <identifier> = struct <elements of the structure> end
```

간단한 예를 보자. 다음은 <프로그램 3-146>의 stack[334]에 대한 structure 정의다:

이를 간단하게 설명하면 다음과 같다:

1) [L1] structure **Stack** 선언:

1-1) [L2] 원소 1: **EmptyStack** exception.

1-2) [L3] 원소 2: **create** 함수 - stack을 생성 후 반환함.

- 입력: **x** - **'a** 유형.
- 출력: **[ x]** 에 대한 **ref** 유형 반환.

1-3) [L4] 원소 3: **push** 함수 - stack에 x를 top에 삽입함.

- 입력:
  - **x** : **'a** 유형.
  - **s** : **'a** list에 대한 **ref** 유형.
- 출력: 없음.
- expression: **s ref**에 **x**를 head로 연결함.

1-4) [L5] 원소 4: **top** 함수 - stack의 top을 반환함.

1-4-1) [L5] pattern 1: Base Case.

- 입력: **ref [ ]** 이면.
- expression: **EmptyStack** exception 생성.

1-4-2) [L6] pattern 2: Inductive Case.

- 입력: **ref x::xs**면.
- expression: **x** 반환.

1-5) [L7] 원소 5: **pop** 함수 - stack의 top을 반환하고, 제거함.

1-5-1) [L7] pattern 1: Base Case.

334) Stack은 Queue와 함께 대표적인 ADT(abstract data type)다. 최소한의 필요한 operation은 Pop, Push, Top이다.

- 입력: **ref [ ]** 이면.
- expression: **EmptyStack** exception 생성.

1-5-2) [L8] pattern 1: Inductive Case.

- 입력: **ref x::xs**면.
- expression: **s ref**에 **x**를 제거함.

2) [L10] structure **Stack** 등록:

2-1) [L11] **Stack** structure의 signature.

2-1-1) [L12] **EmptyStack : exception**

2-1-2) [L13] **create : '1a -> '1a list ref**[335]

2-1-3) [L14] **pop : 'a list ref -> unit**

2-1-4) [L15] **push : 'a * 'a list ref -> unit**

2-1-5) [L16] **top : 'a list ref -> 'a**

설명한 바와 같이, stack은 임의 유형의 data를 저장하기 위한 ADT다. 여기에서는 기본적으로 다음과 같은 operation을 정의했음을 확인할 수 있다:

1) Stack 생성 연산: **create**
   - Stack **s**를 임의 유형의 자료에 대한 ref 유형의 선언[336].
2) push 연산: **push**
   - Stack **s**에 원소 **x**를 삽입함: **ref** 유형으로 삽입.
3) pop 연산:
   - Stack **s**에 원소 **x**를 제거함: **ref** 유형으로 제거.
4) top 연산:
   - Stack **s**의 top 원소 **x**를 반환: **ref** 유형으로 반환.
5) EmptyStack exception:
   - Stack **s**가 empty인 상황에서 **top**이나 **pop**을 할 경우.

이러한 ML의 structure에 대한 유형은, 기존의 data와 exception 및 함수에 대한 유형의 집합, 즉 signature로 표현된다. Signature에서는, 각 변수값이 무엇인지, 또는 함수의 정의가 무엇인지에 대해서는 기술하지 않는다.

다음은 이렇게 정의한 stack을 어떻게 활용하는지 알아보자.

---

335) **'1a**는 **'a**에 대한 **ref** type을 의미한다.

336) Side-effect를 허용하지 않는 ML의 특성에 의한 선택이다.

```
1  Open Stack;
2  …
3  val myStack = create(0);
4  val myStack = - : int list ref
5  push(1,myStack);
6  val it = () : unit
7  push(2,myStack);
8  val it = () : unit
9  top(myStack);
10 val it = 2 : int
11 pop(myStack);
12 val it = () : unit
13 top(myStack);
14 val it = 1 : int
```

<프로그램 3-147> `Stack` Example

위 코드가 어떻게 실행되는지 알아보자. 이를 정리하면, 다음과 같다:

1) [L1] `Stack` structure `open`

1-1) [L2] `Stack`에 선언된 원소들이 열거되고, 이를 사용할 수 있다.

2) [L3] `Stack`의 `create`로 0을 원소로 하는 `myStack` 생성.

3) [L4] `myStack` 등록: `create`의 반환유형인 0에 대한 *`int list ref`*로 등록.

- 반환값: `myStack = ref [ 0]`

4) [L5] `myStack`에 원소 1 push: `Stack`의 `push`로 1을 삽입.

5) [L6] `myStack`: `Stack`의 `push`로 `1::[ 0]` 에 대한 `ref`로 갱신.

- `myStack = ref [ 1,0]`
- 반환값 없음.

6) [L7] `myStack`에 원소 2 push: `Stack`의 `push`로 2를 삽입.

7) [L8] `myStack`: `Stack`의 `push`로 `2::[ 1,0]` 에 대한 `ref`로 갱신.

- `myStack = ref [ 2,1,0]`
- 반환값 없음.

8) [L9] `myStack`에서 top: `Stack`의 `top`으로 2를 반환.

9) [L10] `push`의 반환값: 2

- `myStack = ref [ 2,1,0]`
- `myStack` 변동 사항 없음.

10) [L11] `myStack`에 원소 2 pop: `Stack`의 `pop`으로 2를 제거.

11) [L12] `myStack`: `Stack`의 `pop`으로 `[ 1,0]` 에 대한 `ref`로 갱신.

- `myStack = ref [ 1,0]`
- 반환값 없음.

12) [L13] `myStack`에서 top: `Stack`의 `top`으로 `1`을 반환.
13) [L14] `push`의 반환값: `1`
    - `myStack = ref [ 1,0]`
    - `myStack` 변동 사항 없음.

### 3.8.2.1 연습 문제

1. 다음 조건을 만족하는 structure를 사용하여 Queue를 설계하시오.

1-1) queue의 data type은 `'a List`다.
1-2) queue의 operation은 다음과 같다:
  a) `val create`
    - `nil`을 반환한다.
  b) `fun enqueue(x, Q)`
    - `x`가 주어질 때, queue의 끝에 `x`를 추가한다.
    - 추가한 결과를 반환한다.
  c) `fun dequeue(list)`
    - `nil`일 경우, `exception EmptyQueue`를 호출한다.
    - `nil`이 아닐 경우, list의 첫 번째 항목과 나머지 항목을 pair로 반환한다.
  d) `fun isEmpty`
    - `nil`일 경우, `true`를 반환한다.
    - `nil`이 아닐 경우, `false`를 반환한다.

## 3.8.3 Signature

앞에서 간단하게 설명한 바와 같이, signature는 structure 유형으로, structure를 구성하는 data와 exception 및 함수들에 대한 유형을 집합체로 표현한다. 당연히, Signature에서는, 각 변수값이 무엇인지, 또는 함수의 정의가 무엇인지에 대해서는 기술하지 않는다.

또한 ML에서, data에 대한 새로운 data type을 선언했던 것처럼, structure에 대해서도 새로운 signature를 선언할 수 있다. 이에 대한 문법은 다음과 같다:

```
sig <specifications> end
```

간단한 예를 들어보자. 다음은 이전 **Stack**의 signature에서 **top**을 제외하고, Stack의 유형을 정수로 제한한 signature다.[337)]

```
1  signature NOTOP = sig
2          exception EmptyStack;
3          val create: int -> int list ref;
4          val pop: int list ref -> unit;
5          val push: int * int list ref -> unit;
6  end;
```

<프로그램 3-148> **Stack** Example

이를 간단하게 설명하면 다음과 같다:

1) [L1] 새로운 structure signature **NOTOP** 선언:
2-1) [L2] **NOTOP sig**의 원소 유형:
2-1-1) [L3] **EmptyStack** : **exception**
2-1-2) [L4] **create** : **int -> int list ref**
2-1-3) [L5] **pop** : **int list ref -> unit**
2-1-4) [L6] **push** : **int * int list ref -> unit**

설명한 바와 같이, 이 **NOTOP** signature에는 이전의 Stack signature와 비교해서 다음과 같은 두 가지의 차이점을 확인할 수 있다:

1) **top**이라는 member가 없다.
2) **'a**는 **int**로 결정되었다.

다음은, 이렇게 정의한 함수를 어떻게 활용할 수 있는지 알아보자. 우선 간단한 예를 들어보자.

337) 일반적으로 ADT는 다음과 같은 몇 가지의 조건을 만족해야 한다: (1) 내부 구조가 어떻게 구성되었는지, 조직되었는지 노출되면 안되고, (2) ADT에 저장된 자료가 공개되면 안된다. 이런 관점에서 이전에 선언된 Stack은 전형적인 ADT라고 인정할 수 없다. 왜냐하면, top operation을 통해서 Stack의 맨 위에 있는 값을 확인할 수 있기 때문이다.

```
1  structure IntStack: NOTOP = Stack;
2  structure IntStack: NOTOP;
```

<프로그램 3-149> `Stack`

이를 간단하게 설명하면 다음과 같다:

1) [L1] 새로운 structure **`IntStack`** 선언: signature **`NOTOP`** 유형.
   - 기존의 structure **`Stack`**을 기준으로 overwrite를 함.
2) [L2] **`IntStack`** structure를 **`NOTOP`** 유형으로 등록.

<그림 3-85>에서 보여주는 바와 같이, 이렇게 기존의 **`Stack`**에 새로운 signature **`NOTOP`**으로 overwrite한다는 것은 ML에서 매우 중요한 의미를 가진다. 그 의미는 **`NOTOP`**을 통해서 Stack의 중요한 정보를 은닉할 수 있다는 의미다. 이를 ML에서의 정보 은닉, 즉 information hiding이라고 한다.

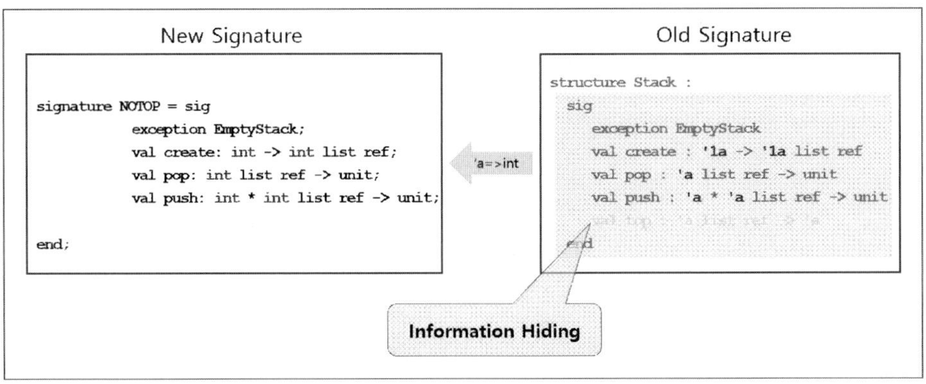


<그림 3-85> Signature: Information Hiding

## 3.8.4 Information Hiding

Information hiding은 한 package나 module에서 특정한 정보, 즉 변수나 함수와 같은 요소에 대한 정의를 조정함으로써 그 package나 module에 대해 외부에서 이러한 정보를 접근할 수 없도록 하는 방법이다.

이러한 방법이 요구되는 이유는, 현대화된 SW를 설계하는 과정에서, module이나 package 또는 class에 대해, SW의 안전성과 보안성을 보장하기 위하여, 특정한 자료와 그 구조를 외부에 노출시키지 않고, 오직 내부에서만 관리할 수 있도록 제한하고, 이러한 자료가 필요할 때는, 그 자료를 필요한 한도 내에서만 제한된 방법으로 접근할 수 있는 체계를 제공해야 하기 때문이다.

이러한 information hiding에는 다양한 장점이 있지만, 그 중 대표적인 장점을 정리하면 다음과 같다:

1) 오류 차단: SW 설계자가 예상하지 못했던, 또는 비정상적인 방법으로 data structure를 조작하는 것을 차단함으로써 bug 발생 가능성을 최소화할 수 있다.
2) 개입 차단: 개발자는, 사용자가 접근할 수 없는 개발자만의 고유한 함수를 정의하여 사용할 수 있다.
3) 접근 분리: 개발자가 structure에 필요한 모든 변수 및 함수를 정의한 다음, 사용자가 필요한 것들만 분리하여 제공할 수 있다.

### 3.8.4.1 방법 1: Signature에 의한 Information Hiding

위에서 간단하게 설명했지만, signature를 통해서 information hiding하는 방법에 대해 알아보자.

ML에서는 기존(old)의 signature와 유사한, 또는 이를 기반으로 한 새로운(new) signature를 정의할 수 있다. 단, new signature는 old signature보다 제한된 조건을 가진 다른 유형의 signature여야 한다. 이러한 정의가 가능한 이유는 ML은 기존 signature에 대하여, 특정 원소, 즉 변수나 함수를 비가시적(invisible)으로 제외할 수 있는 방법을 제공하기 때문이다.

이전의 예를 다시 보자.

```
structure IntStack: NOTOP = Stack;
```

설명한 바와 같이, **IntStack**은, 기존(old)의 structure **Stack**을 **NOTOP** 유형(signature)으로 overwrite을 한 새로운(new) structure다. **IntStack**이 **Stack**과 다른 점은, **top** 함수가 없으며, stack의 원소 유형이 **int**라는 것과 **'a**의 parameter 유형이 모두 **int**로 대입된다는 것이다. 이러한 차이점은 **IntStack**의 signature인 **NOTOP**에 의해서 결정된다. 이를 도식적으로 정리하면, <그림 3-86>과 같다.

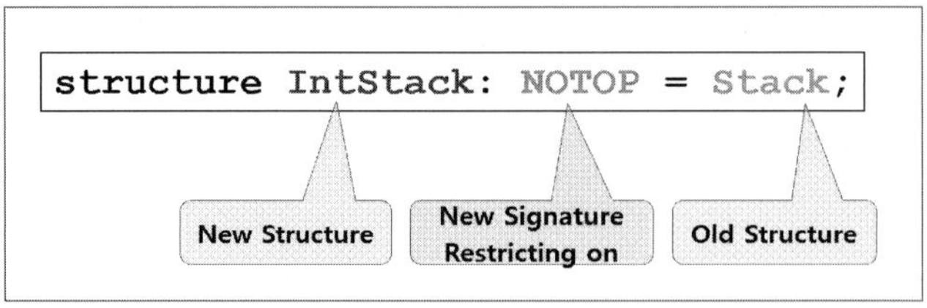


<그림 3-86> Signature에 의한 information hiding

### 3.8.4.2 방법 2: Local-in 에 의한 Information Hiding

다음은 local-in 구문(construct)을 통해서 information hiding하는 방법에 대해 알아보자. Local-in 구문의 문법은 다음과 같다:

```
local <internal definitions> in <external definitions> end
```

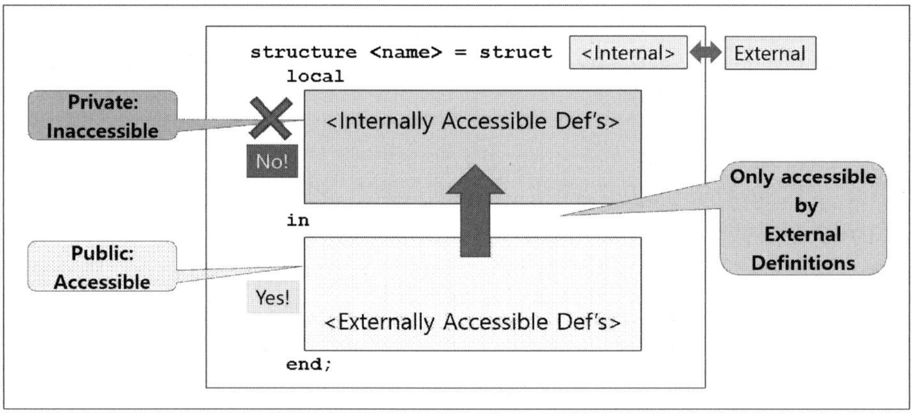


<그림 3-87> Local-in Construct

이 구문은, <그림 3-87>에서 보여주는 바와 같다:

1) <Internal Definitions> : Private Definitions.
   - 내부에서만 접근이 가능한 정의들.
   - 외부에서는 접근할 수 없음.
   - 오직 <External Definitions>에서만 접근 가능.
2) <External Definitions> : Public Definitions[338].

338) `Local-in` 구문(construct)은 `let-in` 수식(expression)과 차이가 있다. `Local`의 `in` 다음에는 구문(definition 등)이 나오는 반면, `let`의 `in` 다음에는 수식

- 외부에서만 접근이 가능한 정의들.
- <External Definitions>에서만 <Internal Definitions>접근 가능.

간단한 예를 알아보자. 다음은 random number를 발생시키는 structure다.

```
open Array;
structure Random = struct
  local
     val register = array(10,0);
     fun feedback1(nil) = ()
      |  feedback1(x::xs) = (
            update(register,x,1-sub(register,x));
            feedback1(xs));
     fun feedback() = feedback1([0,2,4,7]);
     fun shift1(0) = update(register,0,0)
      |  shift1(i) = (
            update(register,i,sub(register,i-1));
            shift1(i-1));
     fun shift() = shift1(9);
     fun init1(0) = (
            update(register,9,1);
            update(register,0,0))
      |  init1(i) = (
            update(register,i,0);
            init1(i-1))
  in
    fun init() = init1(9);
    fun getBit() =
      let
         val bit = sub(register,9);
      in (
             shift();
             if bit=1 then feedback()
                      else ();
             bit)
      end;
   end
end;
```

<프로그램 3-150> **Random** Example

(expression)이 나온다. Expression은 바로 실행할 수 있다. 반면 **local in** 다음의 definition은 이 structure를 open한 프로그램에 의해서 호출되고, 이 호출에 의해서 실행된다.

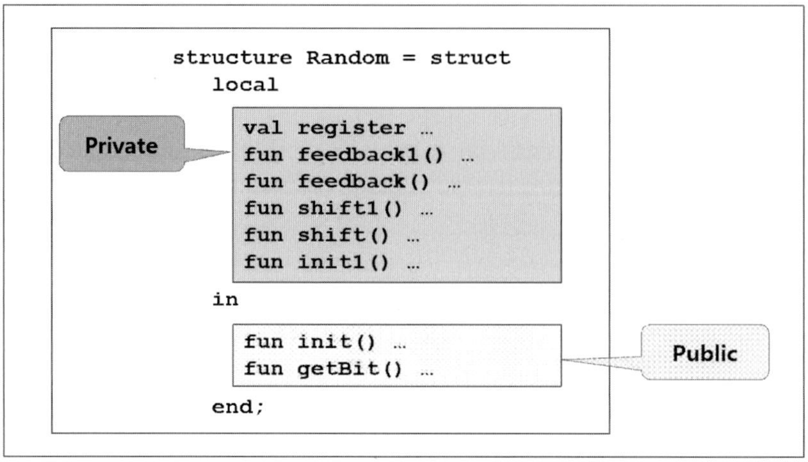


<그림 3-88> Structure `Random` Example

이 코드에서 정의한 `Random` structure는 <그림 3-88>에서 보여주는 구조를 가진다. 이를 개괄적으로 정리하면 다음과 같다:

A) Public Definitions: 외부 호출 가능 함수.
   1) `init` 함수: random bit를 발생하기 위한 초기화 함수.
      - 내부함수 `init1(9)` 호출.
         - 외부에서는 `init1`이 어떻게 작동되는지, 매개변수 `9`가 어떤 영향을 미치는지 알 수 없음.
   2) `getBit` 함수: random bit 1개를 반환하는 함수.
      - 내부 변수 `register`의 마지막 cell 값을 얻어 지역변수 `bit`로 설정.
         - 외부에서는 `register`가 어떤 data structure인지, 어떤 규모인지, 왜 `9`로 `sub`을 하는지 정확히 확인할 수 없음.
      - 내부함수 `shift` 호출.
         - 외부에서는 이 시점에 `shift`를 왜 호출했는지, 그리고 그 영향이 무엇인지 알 수 없음.
      - 지역변수 `bit`가 `1`이면, `feedback` 호출 .
         - 외부에서는 `bit`가 `1`이면, `feedback`을 왜 호출하고, 그 영향이 무엇인지 알 수 없음.
      - `bit` 값 반환

B) Private Definitions: 외부 호출 불가 함수.
   1) `register` 지역변수: `10`개의 cell을 가진, 초기 값이 0인 `array`.
   2) `init1` 함수: `register`의 모든 값을 9부터 0까지 역순으로 0으로 초기화

하고 난 다음, 9를 다시 1로 초기화 하는 재귀함수.

3) **shift** 함수: **shift1(9)** 호출.
4) **shift1** 함수: **register**의 모든 값을 9부터 1까지 역순으로 8부터 0까지의 값으로 대체하는 재귀함수. 즉 **register** 값을 right-shift하는 함수. 이후 **register**의 cell 0의 값을 0으로 초기화 하는 함수.
5) **feedback** 함수: **feedback1([0,2,4,7])** 호출.
6) **feedback1** 함수: list **[0,2,4,7]** 의 원소들에 해당하는 **register**의 cell 들의 값을 0이면 1로, 1이면 0으로 뒤바꾸는(shuffling) 재귀함수.

즉 **Random** structure는 **local-in** 구문을 통해서 structure의 private 요소를 은닉하고, 사용자가 사용 가능한 요소들만 public으로 공개했다. 사용자 입장에서는 어떤 data structure와 algorithm에 의해서 random bit가 발생되는지 전혀 알 수 없다. 즉 **Random** structure를 사용하는 사용자에게 제공되는 정보는 <프로그램 3-151>에서 보여주는 **Random** structure의 public 요소에 대한 signature뿐이다.

```
structure Random :
  sig
    val init : unit -> unit
    val getBit : unit -> int
  end
```

<프로그램 3-151> **Random** Example

그러면 이 Radom structure를 활용한 간단한 예를 알아보자. 다음은 1000개의 random bit를 생성하는 함수다.

```
open Random;
fun random1(0) = print("\n")
|   random1(i) = (
                  if i mod 72 = 0 then print("\n") else ();
                  print(Int.toString(getBit()));
                  random1(i-1));
fun random(i) = (
                  init();
                  random1(i));
random(1000);
```

<프로그램 3-152> **Random** Example

이 코드를 간단하게 설명하면 다음과 같다:

1) [L1] **open** structure 개방(open): 공개 함수 사용 가능 - **init**, **getBit**

2-1) [L2] **random1** 함수 (1) 선언: Pattern 1 - Base Cas.
  - 입력: 매개변수가 0이면,
  - 출력: 없음.
  - 표준출력기(Standard Output Device)에 "\n" 출력.

2-2) [L3] **random1** 함수 (2) 선언: Pattern 2 - Inductive Case.
  - 입력: 매개변수 **i**가 0이 아니면.
  - 출력: 없음.
  - Expression
    - [L4] 매개변수 **i**가 72의 배수면, 표준출력기에 "\n" 출력.
    - [L5] **getBit** 공개 함수로 random bit 획득 후, 표준출력기에 출력.
    - [L6] **i-1**에 대해 **random1** 재귀함수 호출.

3) [L7] **random** 함수 선언:
  - 입력: 매개변수 **i**
  - 출력: 없음.
  - Expression:
    - [L8] 공개함수 **init** 호출.
    - [L9] **random1(i)** 호출.

4) [L10] **random(1000)** 함수 호출.

**random(1000)**을 실행한 결과, 총 1000개의 random bit가 생성되며, 표준출력기에 1 줄에 72씩, 13개의 줄로 출력되고, 맨 마지막 줄은 64개의 bit로 출력된다.

### 3.8.4.3 방법 3: Abstract Type 에 의한 Information Hiding

다음은 abstract type에 의해서 information hiding하는 방법이다. 이 방법에서는 특정한 값에 대한 data type을 abstract type으로 선언함으로써, 접근할 수 있는 값 자체의 의미가 어떤 의미가 있는지를 근본적으로 파악할 수 없는 방법이다.

그러면 왜 이러한 방식의 information hiding의 방법이 요구되었는지 이해해 보자. 다음은 이전의 **Stack** structure의 create 함수를 이용하여 **myStack**을 선언한 예제다.

```
1  val myStack = create(0);
2  val myStack = - : int list ref
3  myStack := x::(!myStack);
4  val myStack = - : int list ref
```

<프로그램 3-153> `myStack` Example

이를 간단하게 설명하면 다음과 같다:

1) [L1] **myStack** 생성: **Stack** structure의 **create** 함수 활용.
   - **myStack**의 bottom 값은 0.
2) [L2] **myStack** 등록: **int list ref** 유형.
   - **myStack**의 값은 구체적으로 무엇인지 공개하지 않았으나,
   - **myStack**의 유형이 **int list ref**라는 것은 공개됨.
3) [L3] **myStack** 갱신:
   - **push** 연산을 사용하지 않고, 인위적으로 **myStack**에 **x**를 top에 연결됨. 즉 **push**함.
   - 이러한 무(無)연산 push가 가능한 이유는, **create**로 생성된 myStack의 유형이 **int list ref** 유형임이 공개되었기 때문.
4) [L4] **myStack** 갱신 등록: **int list ref** 유형.
   - **myStack**의 값은 구체적으로 무엇인지 공개하지 않았으나,
   - **myStack**의 갱신 이후, 유형이 **int list ref**라는 것은 공개됨.
   - 즉 문제없이, 이 연산이 성공적으로 수행되었음을 확인함.

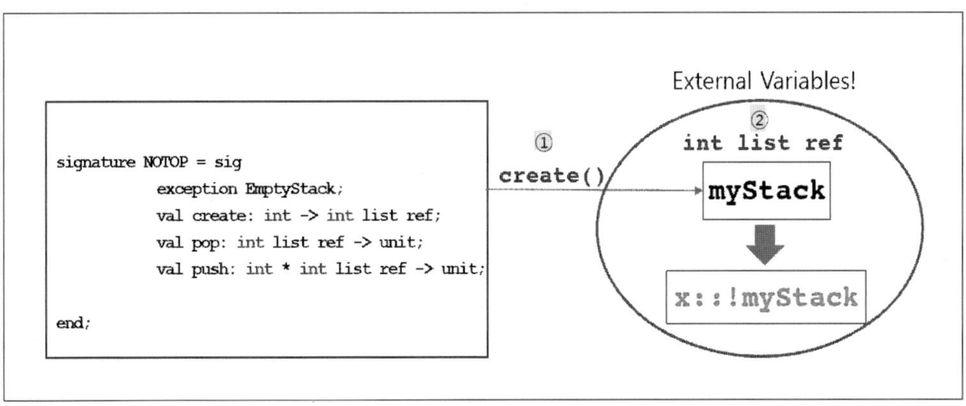


<그림 3-89> Information Hiding Violation Conditions

즉 **myStack**의 경우, <그림 3-89>에서 보여주는 바와 같이, 다음과 같은 두 가지 이유 때문에 information hiding이 이루어지지 못했다:

1) 외부 변수: **create** 함수의 결과로 생성된 변수, 즉 **myStack**이 structure 외부에 선언되었다.
2) 유형 공개: 이렇게 **create**에 의해서 외부에 생성된 변수의 유형이 공개되었다.

즉 외부에서 Stack이 제공하는 create를 사용해서 외부에 변수를 선언할 수 있고, 또 이 변수의 유형을 알 수 있기 때문에, 이 변수값을 알 수 있을 뿐만 아니라, 심지어 변경할 수 있다. Information hiding 목적을 위배하게 된 것이다.[339)]

즉 Stack에서의 information hiding을 근본적으로 보장하기 위해서는, **Stack**의 **create** 함수 반환값이 외부에서는 접근할 수 없는 새로운 유형의 abstract type이어야 하고, 이러한 abstract type을 ML에서는 **datatype**으로 정의하였다.

이전의 information hiding 방법들과 비교해서, **datatype**에 의한 information hiding 방법은 더 원천적으로 information hiding을 수행할 수 있는 방법이라고 평가할 수 있다. 그 이유는, 이전의 두 방법, 즉 **signature**에 의한 방법과 **local-in** 구문에 의한 방법 모두, structure 내에 정의된 data에 대한 유형을 파악할 수 있기 때문이다. 만약 이러한 유형 자체를 접근할 수 없게 하거나, 주어진 값이 어떤 유형인지를 알 수 없다면, 주어진 어떤 값 자체를 해석할 수 없기 때문이다.[340)]

그러면 이러한 abstract type에 의해서 information hiding하는 방법에 대해서 알아보자. 기본적인 abstract type에 대한 문법은 다음과 같다:

```
abstype <datatype definition>
  with
     <declarations using the constructors>
  end
```

339) 이런 관점에서 **local-in** construct는 외부에 변수를 선언할 수 없기 때문에, 위의 2가지 조건 중에 1), 즉 외부 변수 선언을 만족할 수 없는 조건에 의해, 그 값 자체에 접근할 수 없다. 즉 information hiding을 보장한다.

340) 어떤 값의 의미는 그 유형에 의해서 해석된다. 만약 값 자체가 주어지지 않는다면 그 값 자체를 해석할 수도 없다. 또한 값이 주어지지 않은 상황에서 그 값의 유형은 의미도 없다. 이런 의도로 information hiding을 구축하는 체계가 abstract data type 방법이다.

이전에 **datatype**에서 확인했던 바와 같이, 새로운 **datatype**을 선언하기 위해서는, type constructor와 이에 상응하는 data constructor를 정의했다. 그리고 이렇게 선언한 **datatype**은 **type**과 **data** constructor를 모두 공개적으로 사용할 수 있었다.
하지만 **abstype**에서 type constructor는 공개되지만, data constructor 자체가 비공개이기 때문에, structure 내의 함수에 의해서 반환되는 data들이 무엇인지 파악할 수 없다. 즉 함수가 반환하는 값이 어떤 의미인지를 조금이라도 파악할 수 없게 근본적으로 차단하였다.

간단한 예를 들어 보자. 다음은 이전의 **Stack** 예제에서 create에 의해서 생성되는, **Stack**에 저장이 되는 값을 **Stk**라는 data constructor로 전환한 **abstype** 예제다.

```
1   abstype '1a stack =
2      Stk of '1a list ref
3     with
4      exception EmptyStack;
5      fun create(x:'1a) = Stk(ref [x]);
6      fun push(x,Stk(s)) = s := x:: !s;
7      fun top(Stk(ref nil)) = raise EmptyStack
8       |  top(Stk(ref(x::xs))) = x;
9      fun pop(Stk(ref nil)) = raise EmptyStack
10      |  pop(Stk(s)) = s := tl(!s);
11  end;
```

<프로그램 3-154> **abstype** Example

이 코드를 간단하게 설명하면 다음과 같다:

1) [L1] parameter형식 **'1a**의[341] **abstype**인 **stack** 선언 : type constructor.
- **stack** 유형만 외부에 알려짐.

1-1) [L2] stack의 data 선언: **Stk of '1a list ref** - 이 정의에서만 유효.
- **Stk** data는 **stack** 유형 내부에 알려짐.
- **stack** 외부에서는 알 수 없음.

341) **'1a**와 **'a**의 의미는 다르다. **'a**는 일반 type parameter를 의미하지만 **'1a**는 주어진 이 type에 대한 list의 형식이기 때문에, 일반 type parameter일 수 없다. 그래서 이 유형은 이 유형의 subtype이 **int * int**, **int -> int** 등과 같이, 구체적 유형이어야 함을 의미한다.

1-2) [L3] with: 내부 data **Stk**가 적용되는 내부 대상.

1-2-1) [L4] exception **EmptyStack**

1-2-2) [L5] **create** 함수:

- 입력: **ref** 대상 유형인, 첫 **x**가 입력되면,
- 출력: 첫 원소 list에 대한 **ref**를 **Stk** data로 변화하여 **stack**으로 반환.

1-2-3) [L6] **push** 함수:

- 입력: stack **s**와 top에 추가하고자 하는 **x**
- 출력: **s**의 맨 앞에 **x**를 추가.

1-2-3) [L7] **top** 함수: pattern 1.

- 입력: stack **s**가 **[ ]** 을 ref 하면,
- 출력: **Emptystack** 예외 제기.

1-2-3-1) [L8] **top** 함수: pattern 2.

- 입력: stack **s**가 **x::xs**를 ref하면,
- 출력: **x** 반환.

1-2-4) [L9] **pop** 함수: pattern 1.

- 입력: stack **s**가 **[ ]** 을 ref 하면,
- 출력: **Emptystack** 예외 제기.

1-2-4-1) [L10] **pop** 함수: pattern 2.

- 입력: stack **s**가 **x::xs**를 ref하면,
- 출력: **s**에서 **x** 제거 및 반환.

사용자 입장에서는 abstype인 **stack**을 통해서, **create** 함수에 의해서 생성된 반환값이 무엇인지는 알 수 없지만, 이전의 **Stack**처럼 동일하게, 이에 대한 **push**, **pop** 및 **top** 함수를 그 함수들의 목적에 맞게 사용할 수 있다.

하지만 만약 그 stack의 값을 직접 접근하려고 하면, 문법적 오류가 발생된다. 그 이유는 그 값이 stack 외부에는 알려져 있지 않기 때문이다. 간단한 예를 들어 보자.

```
fun grab(Stk(x)) = tl(!x)
Error: non-constructor applied to argument in pattern: Stk
```

<프로그램 3-155> **grab Stack** Example

함수 **grab**의 매개변수 **Stk(x)**에서 **Stk**는 abstype인 **stack** 외부에서는 알려지지 않은 **stack**의 data constructor다. 따라서 이러한 **stack**의 외부에서 사용할 수 없는

data constructor **Stk**를 사용하여, 매개변수 **x**의 값을 **stack**의 **Stk**로 전환하는 것은 허용되지 않는다.

abstype 구문을 이용하는 방법이 가장 강력한 information hiding 방법이라고 평가할 수 있다.

### 3.8.5 Functor

Functor는 ML의 고유한 구문(construct)이며, ML의 고유한 structure 단계의 사상성(mapping capability)을 제공해 주는 mechanism이다.

지금까지, ML에서 정의한 함수에는 제약조건이 없다. 하지만 함수의 사상관계를 아직은 structure에 적용할 수 없다. 그 이유는 structure를 signature의 유형을 갖는 value로 단순히 정의할 수 없기 때문이다. 하지만 수학적 함수의 관점에서 어떤 값들의 집합과 또 다른 값들의 집합과의 관계라는 관점에서, structure에도 함수를 적용할 수 있을 것이다.

ML에서는 이러한 structure와 structure와의 관계를 functor라는 개념으로 정의한다. 즉 <그림 3-90>에서 보여주는 바와 같이, 정의역인 하나의 signature A에서 치역인 또 하나의 signature B와의 사상관계로 이해할 수 있다. 즉 functor에 하나의 signature A에 맞는 structure S1을 입력하면, 그 결과, 또 다른 signature B에 맞는 structure S2가 출력되는 함수라고 볼 수 있다.

그러면 이러한 functor를 적용할 수 있는 경우를 만들어 보자. 이전의 **random** structure의 예제는 **register**의 크기 10으로, 그리고 **feedback** 함수가 이 **register**의 cell 중, [ 0,2,4,7] cell에 고정되어, 가변적인 상황에 활용하기 어려웠다. 이러한 경우, 고정적인 **register**와 **feedback** 함수를 가변적인 **register**와 **feedback** 함수로 변경할 수 있는 방법이 요구된다. 이 경우, **functor**를 사용한다면, 쉽게 이러한 문제를 해결할 수 있다. 이 functor의 문법은 다음과 같이 정의된다:

```
functor <identifier> ( <structure name>: <signature> )
= <structure definition>
```

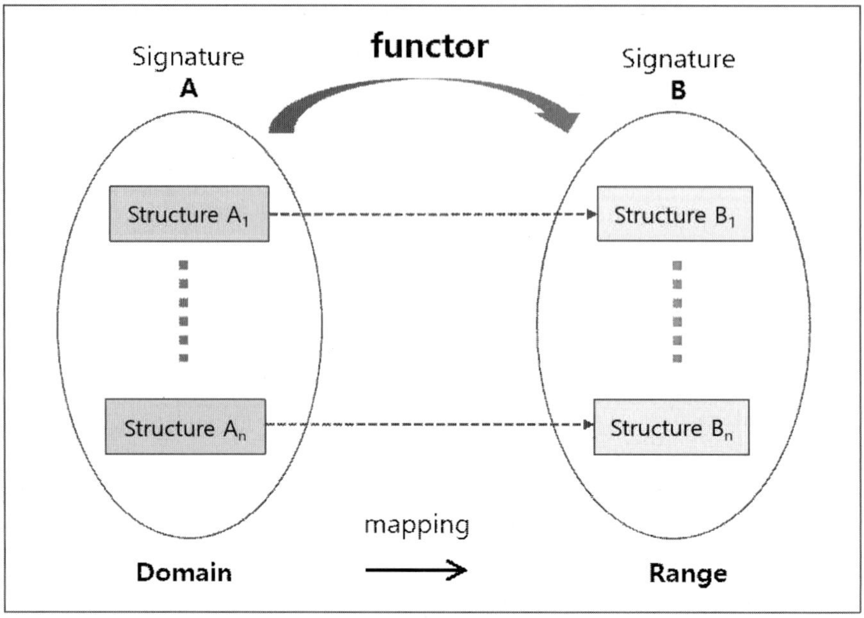


<그림 3-90> Functor 개념도

그러면, 이 functor를 사용하여 이 문제를 해결하는 방법을 알아보자. <프로그램 3-156>은 이전의 `random` structure를 이러한 목적의 functor, 즉 `MakeRandom` functor로 전환한 예제다. 이전의 `random` structure는 크기 10의 `register`와 `[0,2,4,7]` 의 `feedback` 함수를 정의한 반면, 다음 `MakeRandom` functor는 `n` size의 `register`와 `feed` list를 하나의 통합된 structure로 functor의 매개변수로 입력을 시켜서, 이 functor의 관련 함수들이 가변적인 `n` 값과 가변적 구조인 `feed` list를 활용하게 하였다.

이 코드를 간단하게 설명하면 다음과 같다:

1) [L1] MakeRandom functor 선언.
   - 매개변수 `Data`: `RANDOM_DATA` signature.
     - `val n    : int`
     - `val feed : int list`
2) [L2] `MakeRandom` functor signature: open to public.
   - `Data`: `open`
   - val `init`
   - val `getBit`

```
1  functor MakeRandom(Data: RANDOM_DATA):
2          sig
3            open Data;
4            val init: unit -> unit;
5            val getBit: unit -> int;
6          end
7      = struct
8          open Data;
9          val register = array(n,0);
10         fun feedback1(nil) = ()
11         |  feedback1(x::xs) = (
12              update(register,x,1-sub(register,x));
13              feedback1(xs));
14         fun feedback() = feedback1(feed);
15         fun shift1(0) = update(register,0,0)
16         |  shift1(i) = (
17              update(register,i,sub(register,i-1));
18              shift1(i-1));
19         fun shift() = shift1(n-1);
20         fun init1(0) = (
21              update(register,n-1,1);
22              update(register,0,0))
23         |  init1(i) = (
24              update(register,i,0);
25              init1(i-1))
26         fun init() = init1(n-1);
27         fun getBit() =
28              let val bit = sub(register,n-1);
29              in (
30                shift();
31                if bit=1 then feedback() else ();
32                bit)
33              end;
34     end;
```

<프로그램 3-156> **MakeRandom** Example

3) [L7] Structure member들.

3-1) [L8] **Open Data**

3-2) [L9] **register** 지역변수: private.

- **Data**의 **n**개의 cell을 가진, 초기 값이 0인 **array**.

3-3) [L10] **feedback1** : private.

- **Data**의 **feed** list의 원소들에 해당하는 **register**의 cell들의 값을 0이면

1로, 1이면 0으로 뒤바꾸는(shuffling) 재귀함수.

3-4) [L14] `feedback` : private.

- `feedback1(feed)` 호출: `Data`의 `feed`가 매개변수임.

3-5) [L15] `shift1` : private.

- `register`의 모든 값을 n부터 1까지 역순으로 `n-1`부터 0까지의 값으로 대체하는 재귀함수. 즉 `register` 값을 오른쪽으로 shift 하는 함수. 이후 `register`의 cell 0의 값을 0으로 초기화 하는 함수.

3-6) [L19] `shift` : private.

- `shift1(n)` 호출: `Data`의 `n`이 매개변수임.

3-7) [L20] `init1` : private.

- `register`의 모든 값을 `n`부터 0까지 역순으로 하여 0으로 초기화하고 난 다음, `n`를 다시 1로 초기화하는 재귀함수.

3-8) [L26] `init` : public by signature.

- random bit를 발생하기 위한 초기화 함수.
- 내부함수 `init1(n)` 호출: `Data`의 `n`이 매개변수임.
  - 외부에서는 `init1`이 어떻게 작동되는지, 매개변수 `n`이 어떤 영향을 미치는지 알 수 없음.

3-9) [L27] `getBit` : public by signature.

- random bit 1개를 반환하는 함수.
- 내부 변수 `register`의 마지막 cell 값을 얻어 지역변수 `bit`로 설정.
  - 외부에서는 `register`가 어떤 data structure인지, 어떤 규모인지, 왜 `n`으로 `sub`을 하는지 정확히 확인할 수 없음.
- 내부함수 `shift` 호출.
  - 외부에서는 이 시점에 `shift`를 왜 호출했는지, 그리고 그 영향이 무엇인지 알 수 없음.
- 지역변수 `bit`가 `1`이면, `feedback` 호출.
  - 외부에서는 `bit`가 `1`이면, `feedback`을 왜 호출하고, 그리고 그 영향이 무엇인지 알 수 없음.
- `bit` 값 반환.

다음은 `MakeRandom` functor의 매개변수인 `RANDOM_DATA` 유형인 `Data`에 대해 알아보자. 다음 <프로그램 3-157>은 `RANDOM_DATA` signature와 이 signature 유형을 가진 `MyData` structure다.

```
1  signature RANDOM_DATA = sig
2    val n    : int;
3    val feed : int list;
4  end;
5  structure MyData: RANDOM_DATA = struct
6    val n    = 20;
7    val feed = [0,2,4,6,7,14,17,19];
8  end;
```

<프로그램 3-157> **RANDOM_DATA** Example

이 코드를 간단하게 설명하면 다음과 같다:

1) [L1] **RANDOM_DATA** signature 선언:
   - [L2] 원소 1: **val n : int**
   - [L3] 원소 2: **val feed : int list**

2) [L5] **MyData** structure 선언: **RANDOM_DATA** signature 유형.
   - [L2] 원소 1: **val n = 20**
   - [L3] 원소 2: **val feed = [ 0,2,4,6,7,14,17,19]**

다음은 **MakeRandom** functor를 이용하여 **Random** structure를 생성하는 방법을 알아보자. 다음은 **MakeRandom** functor에 **MyData** 매개변수를 입력하여 **Random** structure를 생성하는 코드다.

```
1  structure Random = MakeRandom(  MyData  );
```

<프로그램 3-158> **structure Random** Example

이 코드를 간단하게 설명하면 다음과 같다:

1) [L1] **Random** structure 선언: **MakeRandom** functor 호출에 의한.
   - 입력: **MyData** structure : **RANDOM_DATA** signature 유형.
   - 출력: **Random** structure : **MakeRandom** signature 유형.

**Random** structure가 **MakeRandom** functor 호출에 의해서 생성되는 관계를 도식화하면 <그림 3-91>과 같다.

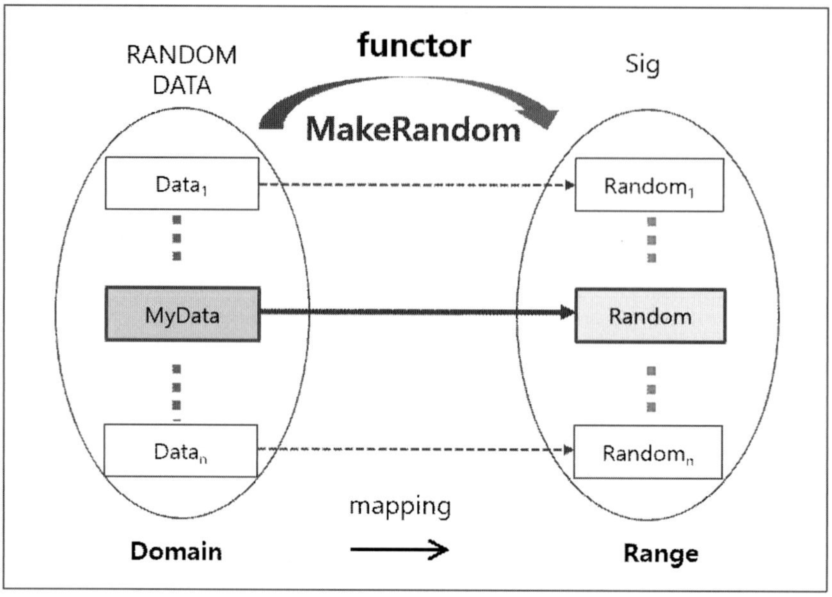


<그림 3-91> MakeRandom 개념도

## 3.9 결어

본 장에서는 본 교재의 가장 핵심적인 언어인 ML을 다루었다. ML의 대표적인 특징을 정리하면 다음과 같다.

### (1) 함수언어

ML의 대표적인 특징은 언어가 다루는 대상에 대해 다양한 정의역과 치역 사이의 사상성(mapping property)을 가진다는 점이다. data type에 대한 사상성뿐만 아니라, 함수 유형 사이의 사상성을 포함하여, structure들 사이의 사상성도 표현할 수 있는 구문과 mechanism을 가진다.

### (2) Strong Type

다음 특징은, ML이 strong type 언어라는 점이다. ML에서 선언하여 사용되는 모든 것들, value, function, structure, exception 등, 모든 entity는 type이 있어야 한다. 그리고 유형에 규정된 연산은 꼭 그 유형에 부합하는 값을 가져야 한다.[342] 그렇지 않을

342) 이러한 점검을 type checking이라고 한다.

경우, 오류가 발생된다. 그리고 오류가 발생되지 않게 하기 위해서는 연산의 유형에 맞는 값으로 type conversion을 시켜야 한다.

### (3) high Order

함수의 매개변수와 반환값에는 제약 조건이 없다. 즉 정의역과 치역이 함수일 수도 있다. 이렇게 정의역과 치역이 함수인 함수를 high-order 함수라 한다.

### (4) Curried Form과 Partial Instantiation

ML의 특징 중 하나는 함수를 Curried 형식으로 표현할 수 있는 능력이다. 이렇게 함으로써 함수의 partial instantiation이 가능해지고, high-order의 기능이 풍부해졌다.

### (5) No side-effect

ML의 또 하나의 특징은 ML에서는 side effect를 허용하지 않는다는 것이다. 즉 절차중심언어에서 발생되는 side-effect에 의해서 발생되는 프로그램의 무결성과 안전성 문제를 근본적으로 해결할 수 있다.[343] 그리고 side-effect가 필요한 경우는, 아주 제약된 구조적인 조건, 즉 array structure와 reference 유형에 대해서만 허용하고, 이 구조 내에서 변경에 대한 통제를 할 수 있도록 했다.

### (6) Structure

ML은 Class와 Package와 같은 structure라는 module 시스템을 제공한다. 그리고 이러한 structure 유형을 signature라 한다. Structure는 information hiding 기능을 제공할 뿐 아니라, abstype을 제공하여, 근본적인 structure의 data에 대한 접근을 차단할 수 있다. 나아가, structure에 대한 함수의 개념이 functor에 적용되기도 한다.

### (7) Functor

ML은 structure들 사이의 사상관계를 정의하는 mechanism, 즉 functor를 가진다.

343) 절차중심언어에서 side-effect 문제를 해결하기 위한 하나의 방법은 전역변수를 전혀 사용하지 않는 것이다. 그리고 함수를 정의할 때도, 주소값이나, pointer에 의해서 매개변수값을 변경하지 않고, 입력과 출력에 의해서만 값이 변경될 수 있도록 하면, 함수언어처럼, 이러한 문제를 근본적으로 해결할 수 있다.

Functor는 특정한 유형(signature)의 structure를 매개변수로 입력하여, 다른 유형(signature)의 structure를 반환하는 structure 단위의 함수라고 간주할 수 있다. 그리고 functor의 반환 structure의 signature를 통해서 공개 빛 비공개 structure의 요소를 정의할 수 있다.

### (8) Object-Oriented Paradigm

Structure를 통해서, object-oriented paradigm의 개념을 구축하였다. Encapsulation, information hiding, interface, inheritance, instantiation과 같은 개념들이 structure를 통해서 구현된다. 또한 data에 대한 integrity를 보장할 수 있다.[344)]

### (9) Polymorphism

또 다른 ML언어의 특징은 polymorphism이다. 즉 하나의 함수가 여러 유형의 매개변수를 수용할 수 있도록 했다.

### (10) Abstract Type

다음 특징은 abstract type이다. `Datatype`과 다르게, type constructor는 외부에 공개되지만, 이 type의 data는 외부에 공개되지 않는다. 만약 abstract type의 내부에 이 type의 data를 선언해서 사용한다면, 외부에서는 그 data 자체를 접근할 수 없기 때문에 가장 안전한 information hiding 방법이 된다.

### (11) Recursion

ML은 함수언어의 특징을 가지고 있으며, list라는 재귀자료구조에 의한 recursion이 자연스럽게 재귀함수와 결합된다. 이러한 구조에 의해서, recursion이 base case와 inductive case에 부합하는 구조를 가지게 되고, recursion이 귀납적인 관계로 전개됨을 확인할 수 있다.

### (12) Pattern

344) 일반적으로 data에 대한 integrity를 보장하기 위해서는 몇 가지 조건을 보장해야 한다. 첫 번째는 data를 외부에서 접근할 수 없도록 통제해야 한다. 둘째는 이에 대한 side-effect가 발생되지 않도록 통제하는 것이다.

ML에서의 pattern은 함수 이름과 매개변수 형식에 의해서 결정된다. 일반적으로 절차 중심언어에서는 매개변수의 특징을 판별하기 위해서 함수 내에서 다양한 논리를 전개시킨다. 하지만 ML은 매개변수 자체로 그 매개변수의 특징을 명세할 수 있기 때문에 함수 본문 내에서의 논리를 전개할 필요가 없다.

### (13) Rule-Based

ML은 위의 pattern과 더불어 recursion을 통해서 prolog에서 보여주는 rule 기반의 프로그램이 가능하다. Pattern과 함수언어의 특징을 prolog와 같은 rule을 규정하고, 이를 기반으로 한 논리를 전개할 수 있다.

### (14) Datatype과 Generic Types

ML은 새로운 type과 그의 data들을 `datatype`을 통해서 선언할 수 있다. 나아가, type parameter를 가진 datatype도 선언할 수 있다.

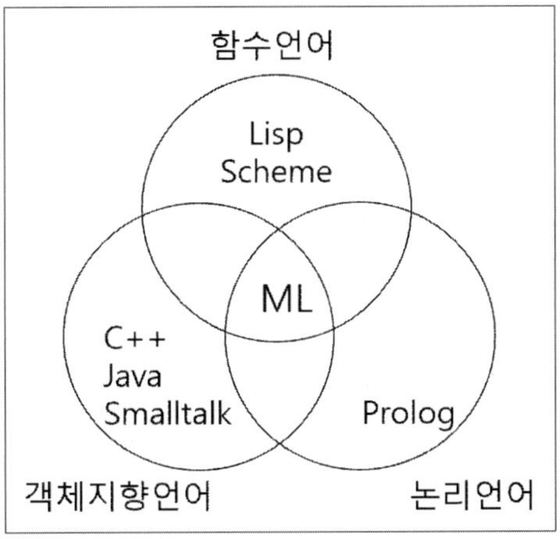


<그림 3-92> ML Meta-Domain

이러한 ML언어의 특징은 ML언어를 Meta-Language, 또는 Multi-Paradigm Programming Language[345] 수준의 언어로 평가하게 만든다.

345) 이 교재의 이름을 다중패러다임 프로그래밍언어론(Theory of Multi-Paradigm Programming Language)으로 정한 이유도 여기에 있다.

그리고 이러한 meta-언어의 특징은, <그림 3-92>에서 보여주는 바와 같이, 다음과 같은 3가지 유형의 언어에 대한 특징을 동시에 반영하고 있음을 볼 수 있다:

1) 함수언어적 특징.
2) 논리언어적 특징.
3) 객체지향언어적 특징.

다음 장에서는 이러한 ML언어의 meta-언어적 특징을 기반으로 다음과 같은 언어를 학습하고자 한다:

1) Scheme: 제4.1장에서 ML의 함수언어적 특징을 기반으로 Scheme언어를 학습한다.
2) Prolog: 제4.2장에서 ML의 논리언어적 특징을 기반으로 Prolog언어를 학습한다.
3) Smalltalk: 제4.3장에서 ML의 객체지향언어적 특징을 기반으로 Smalltalk언어를 학습한다.

# 제 4장

# Programming Language Paradigms

제 3장에서 설명한 바와 같이, ML은 일반적으로 함수언어(functional language)로 분류되기는 하지만, 비(非)순수 함수언어 또는 일반 목적언어로 분류하는 경향도 있다. 특히, ML의 meta-언어적인 속성에 의해, ML을 함수언어, 논리 언어, 객체지향언어의 복합적인 특징을 가진 다중-패러다임의 언어로 분류할 수 있다.

대표적인 ML의 이러한 특성들을 정리해 보면, 다음과 같다:

- Functional language: 일반 수학적 함수, 즉 사상관계에 입각한 정의역과 치역 간의 관계로 함수를 정의한다. 또한 functor도 같은 관점에서 함수성을 반영한다.
- Strong type: Strong type 언어다. 동일한 유형이 아닌 자료에 대한 연산은 허용하지 않는다. 필요시, type conversion을 해야 한다.
- Side-effect freedom: side-effect는 함수의 관점에서 정의역과 치역 사이의 사상관계 이외의 결과, 즉 함수적 부작용을 의미한다. 특별한 경우를 제외하고는, 근본적으로 연산이나 함수에서 함수적 관계만을 허용한다.
- High-order function: 함수는 정의역과 치역 사이의 사상관계다. 각 영역에는 이론적으로 제한이 없다. 즉 함수의 정의역으로서 매개변수가 함수로, 치역으로서 반환값이 함수를 정의된다. 나아가, 치역으로서의 반환값이 부분함수, 즉 partial instance로도 반환이 가능하다. 즉 high-order 함수를 허용한다.
- Polymorphism: ML은 다중성을 허용한다. 하나의 함수가 하나 이상의 사상관계를 가질 수 있도록 허용한다.
- Abstract data types: ML은 추상자료유형(ADT: Abstract Data Structure)을

제공한다. 대표적인 예가 list다. 이 외에도 structure 정의를 통해서 이러한 유형을 구조적으로 정의하고 활용할 수 있다.

- Recursion: ML은 기본적으로 비순수이긴 하지만 함수언어의 특징을 가지고 있어서 recursion에 대한 정의함수적으로 자유롭게 정의할 수 있다.
- Rule-based programming: ML은 Prolog와 같은 rule 기반 프로그램을 가능하다. 즉 axiom과 induction rule을 함수의 signature 형식에 따라 정의할 수 있는 방법을 제시한다.
- Pattern: ML에서 함수를 선언하는 방식은 입력 유형과 종류에 따라 독립적으로 정의할 수 있는 형식이다. 이를 일반적으로 pattern으로 간주해도 무방하다.
- Generic data/function/module: ML은 generic 유형을 선언하고 이를 기반으로 특정한 유형을 생성시킬 수 있는 언어적인 특성이 있다.
- Structure & Object-oriented paradigm: ML의 structure는 객체지향언어의 class로 이해할 수 있다. 특히 object-oriented paradigm 관점에서의 모듈화(modularization) 및 구조화(structuralization), 추상화(abstraction), 객체화(instantiation), 은닉화(encapsulation), 다형화(polymorphism), 유전화(generic hierarchy, class)와 상속화(inheritance) 등을 반영한다.

이러한 특성을 기반으로, 이 장에서 다루고자 하는 3가지 유형의 언어의 meta-언어적 유사성을 비교해 보면, <그림 4-1>과 같이 정리할 수 있다.

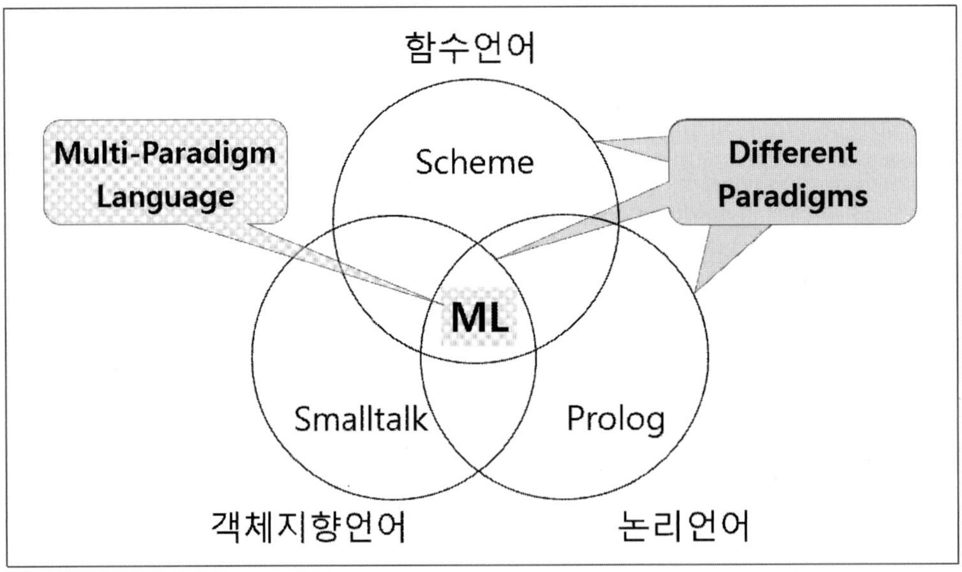


<그림 4-1> ML의 Meta-Language Property

| | ML 특성 | Scheme | Prolog | Smalltalk |
|---|---|---|---|---|
| 1 | Function | ○ | ○ | ○ |
| 2 | Strong type | | | ○ |
| 3 | High-Order | ○ | ○ | |
| 4 | Partial Instantiation | ○ | | |
| 5 | No Side-Effect | ○ | ○ | |
| 6 | Structure | | | ○ |
| 7 | Functor | | | ○ |
| 8 | Object-Oriented | | | ○ |
| 9 | Polymorphism | | | ○ |
| 10 | Abstract Type | | | ○ |
| 11 | Pattern | | ○ | |
| 12 | Rule-Based | | ○ | |
| 13 | data type | | | ○ |
| 14 | Generic Type | | | ○ |

<표 4-1> 메타-속성 비교

그리고 그 특성들을 항목별로 비교해 보면, <표 4-1>과 같다.

그러면, 각 패러다임을 대표하는 언어가 ML언어의 어떤 메타-언어적인 속성을 가지고 있는지, ML과 비교하며 알아보자.

## 4.1 Scheme

Scheme을 소개하기 전에 Lisp를 먼저 소개하자. 왜냐하면, Scheme은 Lisp에서 파생된 언어이기 때문이다.

### 4.1.1 Lisp

Lisp[346]는 1958년대에 공표된 고급(high-level) 프로그래밍언어다.[347] Lisp는 재귀등

346) Lisp는 LISt Processor에서 유래했다. Lisp는 아마도 프로그래밍언어의 역사에 있어서, 가장 단순한 구문와 기능을 가진 언어로 평가할 수 있다. Lisp로 표현할 수 있는 것은, list 형식으로 묶은 data와 이를 처리하기 위한 괄호로 묶인 prefix notation의 연산과 함수가 전부다. 하지만, recursion, λ-calculus, high-order function 등과 같은 고급 함수언어의 특징을 구축한 매우 혁신적인 언어로 평가받는다.

347) Lisp는 1958년 공표가 되었다. 최초의 high-level programming language로 알려진 Fortran이 1957년에 공표가 되었으니, Fortran보다는 1년 뒤에 공표가 된 Lisp는, 세계에서 두 번째로 공표가 된 상위언어가 되겠다. 그리고 Lisp는 공식적으로 1960년 John McCarthy의 논문 "Recursive Functions of Symbolic Expressions and Their

식의 형식으로 추론을 위한 정형기법으로 고안되었다.

Lisp는 원래 Alonzo Church[348)]의 Lambda Calculus[349)]로부터 유도된 수학적 표기법을 컴퓨터프로그램으로 전환하기 위한 실용적인 방법으로 고안되었다. 이후 급속하게 인공지능(AI: Artificial Intelligence)을 위한, 대표적인 프로그래밍언어로 성장하였다. Lisp는, 초기 프로그래밍언어 중 하나로서, tree data structure, automatic memory management, dynamic typing, conditionals, high-order functions, recursion, self-hosting compiler 및 read-eval-print loop 등의 개념을 정립하였다.

Lisp의 대표적인 data structure는 linked list며, 구문은 기본적으로 괄호로 묶인 prefix notation[350)]을 사용하기 때문에, lisp 원시코드 또한 이 linked list로 표현할 수 있다.[351)] 이는 lisp 프로그램 자체가 lisp 프로그램에 입력될 수 있는 장점이 있다.[352)]

Lisp에는 Racket[353)], Common Lisp, Scheme, Clojure[354)] 등의 여러 방언이 존재한다.

---

Computation by Machine"[McCarthy60]에 소개되었고, 최초의 Lisp Interpreter는, McCarthy가 1960년 MIT AIG의 동료 연구진과 학생들의 도움으로 개발했다.

348) Alonzo Church(1903년 6월 14일~1995년 8월 11일): 수학 논리에 막대한 기여를 한 미국의 수학자며 논리학자다. 특히, 컴퓨터과학 이론의 기초에 막대한 기여를 했다. 그는 lambda calculus, Church-Turing Thesis 및 Church-Rosser Theorem으로 잘 알려져 있고, Entscheidungsproblem(1928년도의 David Hilbert와 Wilhelm Ackerman의 Decision Problem)의 미해결성(unsolvability), Freg-Church ontology 및 Church-Rosser Theorem을 증명하였다.

349) Lambda calculus(또는 λ-calculus)는 1930년대 수학의 기초(Foundation of Mathematics) 연구의 일환으로 Alonzo Church에 의해서 소개된 수학 논리(Mathematical Logic)의 정형체계(Formal System)다. λ-calculus는 변수에 대한 binding(대연(對連))과 대입(substitution)을 사용하여, 함수의 추상화(abstraction)와 적용(application)에 기반을 둔 연산법(computation)을 표현하기 위한 체계다. λ-calculus는 어떤 유형의 Turing Machine을 모의 실험할 수 있는 연산범용모델이다.

350) 이러한 형식을 s-expression이라고 한다.

351) 즉 Lisp의 source code는 lisp 프로그램의 입력 자료가 된다. 즉 Lisp언어 자체에 embedded된 새로운 문법이나 특정 도메인 언어를 생성할 수 있는 macro system을 구축할 수 있다.

352) 일반적으로 다른 언어의 프로그램, 즉 원시코드를 입력으로 하는 프로그램을 작성하기 위해서는 프로그램을 문법적 체계 하에 parsing을 하고, 이렇게 parsing한 결과물은 memory에 그 구조로 표현할 수 있는 data structure가 필요하다.

353) 1995년, 교육 목적으로 개발된, Lisp의 Scheme 방언에 기반을 둔 범용, 다중-패러다임 프로그래밍언어다.

354) Java 환경에서 개발된 Lisp언어의 방언이다. Lisp의 함수언어적 성질을 병렬성 영역에 적용한 경우다.

355)

Lisp는 Prolog와 함께 AI 분야를 대표하는 프로그래밍언어로 평가받는다.

다음으로 본 절에서는 Scheme을 간단히 설명하고, ML의 Meta-Language 관점에서 Scheme의 특징을 ML의 예와 비교하며 설명한다.[356)]

## 4.1.2 Scheme Overview

Scheme은 1970년대 MIT AI Lab에서 Guy L Steele과 Gerald Jay Sussman에 의해서 개발된 Lisp의 방언(dialect)이다[AbelSuss96].

Scheme은 기본적으로 함수언어이며, Lisp의 대표적인 특징을 상속받는다. Scheme의 문법은 s-expression[357)]에 기반을 두었으며, 그렇기 때문에, 프로그램은 다중 list로 구성된다. List는 Scheme의 기본 data structure다. 즉 프로그램과 data가 같은 구조를 가진다.[358)] Scheme은 Lisp의 list 연산자들을 사용하고, 제한된 동적 type checking[359)]을 적용하며, first-class procedure[360)]를 지원한다.
Scheme의 대표적인 특징을 정리하면 다음과 같다:

355) Lisp의 진화 과정을 보면, Lisp가 일반 언어학적 진화의 특성을 매우 잘 반영한 언어라고 생각한다. 초기 AI의 기술적 한계에 따라 Lisp의 대중화가 저조한 상태에서, 다른 paradigm의 언어가 급속하게 개발되고 발전하는 동안, 이와는 달리 Lisp는 매우 고립된 환경에서 독자적으로 진화과정을 거쳤다. 아마도 다윈의 "종의 기원"에서 거론한 적자생존(The Survival of the Fittest)의 이론을 증명하기 위한 갈라파고스 제도의 환경처럼, 초기 Lisp를 사용하던 소수의 고립된 AI 집단의 연구 및 개발 환경은 Lisp 언어의 본질적인 특성들을 그대로 상속받으면서, 그 언어의 본질적인 특성이 다른 유형의 언어들과의 교배가 본질적인 수준에서 일어나지 않은 형태로, 자체적인 진화를 거듭했다는 생각이 들기도 한다. Prolog 또한 이와 크게 다르지 않을 것이다.

356) Scheme의 기본 자료는 [AbelSuss96], [KAMIN90], [McCARTHY62]에 기반을 두고 있다. 그리고 본 장에서 제시된 예제 프로그램들 중의 일부는 부분적으로 이 저작에서 발췌한 것이 포함되어 있다.

357) Prefix notation을 괄호로 묶은 식이다.

358) 이러한 개념을 homoiconicity라고 한다. 프로그램과 data가 같은 구조를 가지고 있기 때문에 프로그램이 data로 사용된다. 따라서 프로그램이 data로 실행되면서, 실행되고 있는 프로그램 자체를 동적으로 수정해서 그 수정된 결과를 다시 실행에 반영할 수 있는 기능을 가질 수 있다.

359) 프로그램이 실행과정에 type을 점검하는 것을 dynamic type checking이라고 한다.

360) First-class procedure는, high-order function처럼, procedure를 매개변수로, 결과값으로 반환하는 procedure를 의미한다.

1) Minimalism: Lisp에 비해서 최소한의 constructor를 제공한다. 23개의 s-expression 기반 구문 중, 14개는 기존 구문으로부터 파생된 구문이거나, library에서 제공하는 구문이다. 그리고 변수에 대한 binding은 기본적으로 λ-expression으로 정의된다.
   - Fundamental forms: **`define`**, **`lambda`**, **`quote`**, **`if`**, **`define-syntax`**, **`let-syntax`**, **`letrec-syntax`**, **`syntax-rules`**, **`set!`**
   - Derived forms: **`do`**, **`let`**, **`let*`**, **`letrec`**, **`cond`**, **`case`**, **`and`**, **`or`**, **`begin`**, **`named let`**, **`delay`**, **`unquote`**, **`unquote-splicing`**, **`quasiquote`**
2) Lexical Scope: Dynamic Scoping 대신 Lexical Scope을 적용했다.
3) Lambda Calculus: Lambda Calculus를 통해서, 프로그래밍 할 수 있다.
4) Block Structure.
5) Proper tail recursion.
6) First-Class Continuation.
7) Shared namespace for procedures and variables.

Scheme은 AI와 Expert System 분야에서 사용되고 있는 대표적인 언어 중 하나다.

### 4.1.3 Syntax[361)]

간단한 Scheme의 문법은 다음과 같다.

```
input         ->     expr
expr          ->     value
              |      variable
              |      (if expr expr expr)
              |      (while expr expr)
              |      (set variable expr)
              |      (begin expr+)
              |      (expr+)
value-op      ->     + | - | * | /
              |      = | < | >
              |      car | cdr | cons
```

361) 이 장에 기술하고 있는 Scheme의 문법은 H. Abelson, G. J. Sussman, J. Sussman의 저서인 "Structure and Interpretation of Computer Programs"(The MIT Press, 1996)[AbelSuss96]을 따른다.

```
12                      |       number? | symbol? | list? | null?
13                      |       primop? | closure? | print
14 value                ->      integer | quoted-const
15                      |       (lambda arglist expr) | value-op
```

이를 간단하게 설명하면 다음과 같다:

1) [L1] **input** : **expr**으로 구성된다.
2) [L2] **expr**은 다음 **stmt**로 구성된다:
2-1) [L2] **value**
2-2) [L3] 또는 **variable**
2-3) [L4] 또는 **if-stmt** : **(if expr expr expr)**
2-4) [L5] 또는 **while-stmt** : **(while expr expr)**
2-5) [L6] 또는 **set-stmt** : **(set variable expr)**
2-6) [L7] 또는 **begin-stmt** : **(begin expr+)**
2-7) [L8] 또는 **expr-stmt** : **(expr+)**
3) [L9] **value-op**은 다음 연산자로 구성된다:
3-1) [L9] 산술연산 : **+ | - | * | /**
3-2) [L10] 또는 비교연산 : **| = | < | >**
3-3) [L11] 또는 list 연산 : **| car | cdr | cons**
3-4) [L12] 또는 predicate 연산: **| number? | symbol? | list? | null?**
3-5) [L13] 또는 predicate 연산: **| primop? | closure?**
3-6) [L13] 또는 print 연산 : **| print**
4) [L14] **value**는 다음 value로 구성된다:
4-1) [L14] 정수 및 상수 : **integer | quoted-const**
4-2) [L15] 또는 λ-expression : **(lambda arglist expr)**
4-3) [L15] 또는 연산자 : **value-op**

### 4.1.4 Expression

ML과 마찬가지로, Scheme을 실행시키기 위해서는, interpreter를 작동시켜야 한다.

본 교재는 MIT AI Lab의 Steele과 Sussman의 Scheme에 기반을 둔다[AbelSuss96]. SML처럼, Scheme은 기본적으로 interpreter 방식에 기반을 두고 있다. 즉 프로그램을 한 파일 단위로 입력해서 object code를 얻고, 이를 관련 object code들과 link한 후에

execution code를 생성하여, 프로그램 전체를 일관적으로 실행하는 compiler 방식이 아닌, 프로그램의 코드 한 구문씩 개별적으로 입력해서 그 결과를 바로 확인하는 interactive한 방법으로 프로그램을 실행하는 interpreter 방식에 기반을 둔다. 하지만, 프로그램을 파일로 작성하고 이를 compile하는 compiler 방식도 가능하다. 본 교재에서는 먼저 interpreter 방식으로 ML의 기본 기능을 설명하도록 한다.

```
> scheme
MIT/GNU Scheme running under GNU/Linux
Type `^C' (control-C) followed by `H' to obtain information
about interrupts.

Copyright (C) 2011 Massachusetts Institute of Technology
This is free software; see the source for copying conditions.
There is NO warranty; not even for MERCHANTABILITY or FITNESS
FOR A PARTICULAR PURPOSE.

Image saved on Tuesday February 7, 2016 at 10:35:34 AM
  Release 9.1.1 || Microcode 15.3 || Runtime 15.7 || SF 4.41
  LIAR/x86-64 4.118 || Edwin 3.116

]=>
```

<프로그램 4-1> Interpreter 방식

Scheme 인터프리터(interpreter)를 실행시키면 <프로그램 4-1>과 같은 안내문이 나오며, 인터프리터가 작동된다.[362] 그리고 이 인터프리터에 Scheme 수식(expression)이나 문장(statement)을 입력하면, 인터프리터는 그 수식과 문장을 실행(evaluation)한 다음 최종 결과를 화면에 출력시킨다. <프로그램 4-1>은 이 상황에 해당하는 화면을 보여준다.[363]

362) Unix system에서 실행되었다.

363) 앞으로는, 프로그램에서는 굵게 쓴 글자체(bold normal face)는 인터프리터에 입력한 내용으로, 기울여 쓴 글자체(italic face)는 인터프리터가 화면에 출력한 내용으로 구분한다.

```
1 (UNIX command level)
2 > scheme
3 ]=>486
4 486
5 ^d
6 > (Return to UNIX command level)
```

<프로그램 4-1-1> Interpreter 방식

앞으로 자세히 설명이 되겠지만, 우선 <프로그램 4-1-1>에서 보여주고 있는 화면의 내용을 간단하게 설명하면 다음과 같다:

1) [L1] Unix Shell Command Line.
2) [L2] **scheme** 명령어 입력.
3) [L3] Interpreter 작동 prompt .
4) [L3] **486** 정수 입력[364].
5) [L4] *486* interpreter 출력[365].
6) [L5] ^d 입력: Unix Control Code - 종료.
7) [L7] Unix Shell Command Line 복구.

### (1) Simple expression: number

Interpreter는 기본적으로 expression을 읽고, 이를 평가하고 그 결과를 반환한다.[366] <프로그램 4-2>처럼 숫자(number)를 입력하면, 그 숫자를 반환한다.

```
1 ]=>486
2 486
```

<프로그램 4-2> number

이 코드를 간단하게 설명하면 다음과 같다:

1) [L1] 정수 486 입력.
2) [L2] Interpreter 486 반환.

---

364) 입력문은 bold face로 표기한다.

365) 출력문은 italic face로 표기한다.

366) 이를 read-eval-print 모델이라고 한다.

### (2) Complex expression: number

대표적인 복합수식의 예로는 연산식을 들 수 있다. 연산식은 polish notation[367]에 기반을 둔 list의 식으로 표현이 가능하다. 간단한 예를 들어보자.

```
1  ]=> (+ 21 35 12 7)
2  75
3  ]=> (* 25 4 12)
4  1200
```

<프로그램 4-3> simple operation

이 코드를 간단하게 설명하면 다음과 같다:

1) [L1] Prefix addition notation 입력 : `(+ 21 35 12 7)`[368]
   - 의미: (21 + 35 + 12 + 7)
2) [L2] Interpreter가 연산의 결과값 반환 : `75`
   - 의미: (21 + 35 + 12 + 7) = 75
3) [L3] Prefix multiplication notation 입력 : `(* 25 4 12)`[369]
   - 의미: (25 * 4 * 12)
4) [L4] Interpreter가 연산의 결과값 반환 : `1200`
   - 의미: (25 * 4 * 12) = 1200

```
]=> (+ (* 3 5) (- 10 6))
19
```

<프로그램 4-4> complex operation

이 코드를 간단하게 설명하면 다음과 같다:

---

367) Prefix notation의 수식을 의미한다. 전통적인 수학에서는 infix notation이 수식을 기술하는 데 적합한 수식으로 수용되었다. 하지만, computer의 computation을 표현하기 위한 언어에서는 prefix notation이 Lisp나 Prolog와 같은 언어 자체의 문법뿐만 아니라, parsing 및 execution model에서도 infix notation보다 효율적임이 입증되었다.

368) 모든 수식을 괄호로 묶는다. 그리고 Infix notation과 비교해서 피연산자의 수에 제약이 없다.

369) Infix notation과 비교해서 피연산자의 수에 제약이 없다.

1) [L1] Prefix arithmetic notation 입력 : `(+ (* 3 5) (- 10 6))`
   - 의미: ((3 * 5) + (10 - 6))
2) [L2] Interpreter가 연산의 결과값 반환 : `19`
   - 의미: ((3 * 5) + (10 - 6)) = (15 + 4) = 19

```
1   ]=> (+ 137 349)
2   486
3   ]=> (- 1000 334)
4   666
5   ]=> (* 5 99)
6   495
7   ]=> (/ 10 5)
8   2
9   ]=> (/ 10 6)
10  1.66667
11  ]=> (+ 2.7 10)
12  12.7
```

<프로그램 4-5> operations

이 코드를 간단하게 설명하면 다음과 같다:

1) [L1] Arithmetic addition : `(+ 137 349)`
   - 의미: (137 + 349)
2) [L2] 연산 결과 : 480
   - 의미: (137 + 349) = 480
3) [L3] Arithmetic subtraction : `(- 1000 334)`
   - 의미: (1000 - 334)
4) [L4] 연산 결과 : `666`
   - 의미: (1000 - 334) = 666
5) [L5] Arithmetic multiplication : `(* 5 99)`
   - 의미: (5 * 99)
6) [L6] 연산 결과 : `495`
   - 의미: (5 * 99) = 495
7) [L7] Arithmetic division : `(/ 10 5)`
   - 의미: (10 / 5)
8) [L8] 연산 결과 : `2`
   - 의미: (10 / 5) = 2

9) [L9] Arithmetic division : `(/ 10 6)`
   - 의미: (10 / 6)

10) [L10] 연산 결과 : `1.66667`
    - 의미: (10 / 5) = 1.66667

11) [L11] Arithmetic division : `(+ 2.7 10)`
    - 의미: (2.7 + 10)

12) [L12] 연산 결과 : `12.7`
    - 의미: (2.7 + 10) = 12.7

예제에서 확인할 수 있는 것처럼, 산술 연산자는 정수와 실수에 대한 구분이 없다. 즉 각각의 연산자에 대한 피연산자 유형의 구분이 없으면, 그 결과 또한 유형의 구분이 없다. 예를 들면, 위 7)과 8)의 경우, 동일한 division 연산의 결과가 정수와 실수로 산출됨을 확인할 수 있다. 즉 값에 대한 유형을 구분하지 않음을 확인할 수 있다.

이렇게 prefix notation을 괄호로 묶는 표기법은 비교적 편리해 보일지 모르지만, 긴 연산식일 경우 각 연산의 범위를 이해하는 것이 의외로 쉽지가 않다. 예를 들어보자.

```
]=> (+ (* 3 (* 2 4) (+ 3 5))) (+ (- 10 7) 6))
57
```

<프로그램 4-6> complex operations

이 경우, 이 식을 다음과 같이 적절한 새 줄과 들여쓰기로 줄을 맞춘다면, 좀 더 쉽게 이해할 수 있을 것이다.[370][371]

370) 사실, 이러한 이해는 인간에게만 적용되는 것이고, 기계 자체는 이것을 어떤 형태로 표현한다 하더라도 전혀 문제가 되지 않는다. 기계에게 문제가 되는 것은 이러한 문장이 문법에 적합하는지에 대한 문제일 뿐이다.

371) 이를 일부에서는 Beautification이라고 정의하기도 한다. 즉 문장의 의미를 잘 이해할 수 있도록 문장의 구조와 배치를 의미화 한다는 뜻이다.

```
]=> (+ (* 3
          (+ (* 2 4)
             (+ 3 5)))
        (+ (- 10 7)
           6))
57
```

<프로그램 4-7> Beautification

즉 Prefix로 기술한 피연산자들이 동일한 indentation으로 표현해서 각 연산(operator)의 범위(scope)와 피연산자(operand)들의 소속을 포함관계를 통해서 인식할 수 있다. 이를 수식 도표(Expression Parsing Tree)로 표현하면 <그림 4-2>와 같다.[372)]

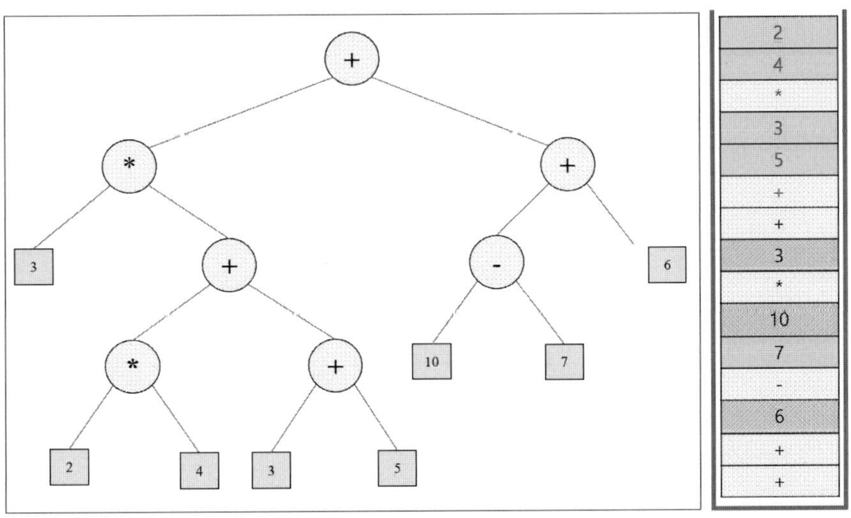


<그림 4-2> Polish Notation Tree & Stack

### 4.1.4.1 연습 문제

1. 다음 infix notation으로 표현된 산술 표현식(arithmetic expression)을 prefix notation으로 표현된 scheme 표현식(scheme expression)으로 변환하고 결과를 도출하시오.

1.1 2 × (4 + 5)

372) <그림 4-2>의 오른쪽에 있는 stack은 Prefix Notation에 기반한 Polish Notation을 위한 stack이다. 의미론적 관점에서 이 수식을 실행할 때, 실행되는 순서를 결정한다.

1.2 1.2 × (2 - 1 / 3) + -8.7
1.3 (2 ÷ 3 + 4 ÷ 9) ÷ (5 ÷ 11 - 4 ÷ 3)
1.4 1 + 1 ÷ (2 + 1 ÷ (1 + 1 ÷ 2))
1.5 1 × -2 × 3 × -4 × 5 × -6 × 7

2. 위에서 도출한 scheme 표현식(scheme expression)을 기반으로 Polish Notation Tree를 구성하시오.

1.1 2 × (4 + 5)
1.2 1.2 × (2 - 1 / 3) + -8.7
1.3 (2 ÷ 3 + 4 ÷ 9) ÷ (5 ÷ 11 - 4 ÷ 3)
1.4 1 + 1 ÷ (2 + 1 ÷ (1 + 1 ÷ 2))
1.5 1 × -2 × 3 × -4 × 5 × -6 × 7

### 4.1.5 Name and Environment

일반론에서 설명한 바와 같이 Scheme도 연산의 대상인 data, 즉 object에 이름(name)을 지어 부른다.[373] 그리고 이러한 object와 name의 쌍으로 이루어진 association table을 environment라 하고[374], 이를 실행 시 메모리에서 관리한다. 간단한 예를 보자.

```
]=> (define size 2)
size
]=> size
2
]=> (* 5 size)
10
```

<프로그램 4-8> name

이 코드를 간단하게 설명하면 다음과 같다:

373) Scheme에서는 algorithm의 대상이 data라기보다는 object라고 보는 것이 타당하다. 왜냐하면, strong type 언어인 ML의 list나, 또는 weak type 언어인 C의 array처럼, 같은 유형의 값만을 대상으로 간주하지 않고, 유형을 가리지 않는, 어떤 것들의 집합으로서의 list를 algorithm의 대상으로 간주하기 때문이다. 그리고 어떤 것은, 상수, 변수, list 또는 함수 등이 된다.

374) 이 Environment는 ML과 이름은 같으나, ML의 것과는 다르다. 왜냐하면, ML처럼 side-effect를 허용하지는 않기 때문이다. 즉 선언한 변수값을 변경할 수 있기 때문이다.

1) [L1] define을 사용한 size 변수 정의 : (define size 2)[375]
2) [L2] Environment에 size 변수 등록 확인 : *size*[376]
3) [L3] Environment의 size 변수값 확인 : size
4) [L4] Environment의 size 변수값 반환 : *2*
5) [L5] Multiplication expression : (* 5 size)
6) [L6] 위 곱셈 연산의 evaluation 결과값 : *10*

이 예제에서는 값에 이름(name)을 부여하고, 이 이름을 연산의 피연산자로 사용했음을 확인할 수 있다. 또 다른 예를 보자.

```
1  ]=> (define pi 3.14159)
2  ]=> (define radius 10)
3  ]=> (* pi (* radius radius))
4  314.159
5  ]=> (define circumference (* 2 pi radius))
6  ]=> circumference
7  62.8318
```

<프로그램 4-9> Name

이 코드를 간단하게 설명하면 다음과 같다:

1) [L1] pi 변수 정의 : (define pi 3.14159)
   - pi=3.14159
2) [L2] r(adius) 변수 정의 : (define r 10)
   - r=3.14159
3) [L3] $\pi r^2$ 연산 수행 : (* pi (* r r))
   - $\pi r^2$=(* 3.14159 (* 10 10))
4) [L4] $\pi r^2$ 연산 수행 결과 : *314.159*
   - $\pi r^2$=(* 3.14159 100)=314.159
5) [L5] c(ircumference)식 이름 정의-$2\pi r$ : (define c (* 2 pi r))
   - c=$2\pi r$
6) [L6] c 식 실행 : cir
   - $2\pi r$=(* 2 3.14159 10)

375) Scheme의 수식은 항상 괄호로 시작해서 괄호로 마감한다.

376) Interpreter에서 반환한 값이나 이름은 italic체로 표기한다.

7) [L7] c 식 실행 결과 : *62.8318*

- 2πr=62.8318

이 예제에서는 값(value)뿐 아니라 연산식에도 이름(name)을 부여하여 사용했음을 확인할 수 있다. 즉 이름은, 값, 연산식 등을 이름지어 부르고, 활용하는 추상화 방법 중 하나다. 다음은 좀 더 복잡한 연산 및 식에 대한 추상화 방법에 대해 알아보자.

#### 4.1.5.1 연습 문제

1. 밑변이 3, 높이가 5인 삼각형이 있다고 할 때, 각 object에 이름을 부여하여 삼각형의 넓이를 구하는 수식을 작성하시오.

2. 반지름이 5, 높이가 10인 원기둥이 있다고 할 때, 각 object에 이름을 부여하여 원기둥의 부피를 구하는 수식을 작성하시오.

3. 2번 문제를 확장하여, 원기둥의 넓이를 구하는 수식을 작성하시오.

### 4.1.6 Compound Procedure

Procedure는 복잡한 연산식을 추상화하는 방법이다. 다른 언어의 함수처럼, 매개변수를 정의하고, 본문의 수식을 실행한 결과를 반환한다. 간단한 예를 알아보자. 다음은 square를 연산하는 procedure다.

```
1  (define (sq x) (* x x))
```

<프로그램 4-10> Procedure

이 코드를 간단하게 설명하면 다음과 같다:

1) [L1] procedure sq (square) 정의 .

1-1) [L1] 매개변수 : x

- x의 유형을 정의하지 않는다.[377]

1-2) [L1] 반환값 : (* x x)

377) **x**의 유형을 정의하지는 않지만, 당연히, 곱셈이 가능한 유형이어야 한다.

- (* x x)의 유형도 정의하지 않는다.[378)]

여기에서 Scheme의 문법은, <그림 4-3>에서 보여주는 바와 같이, 재귀적으로 괄호로 묶인 list 형식이다.[379)]

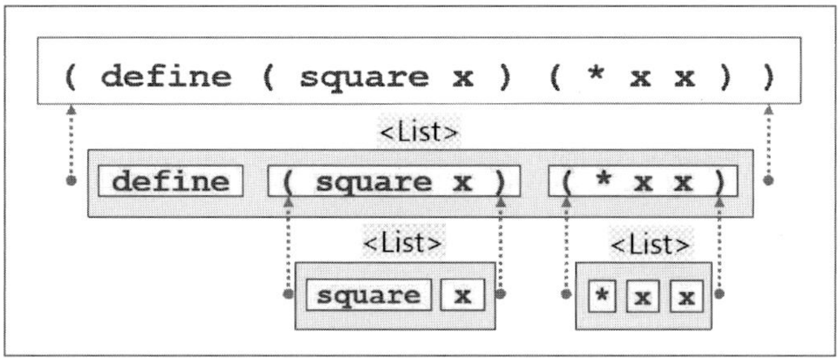


<그림 4-3> List Format: Scheme Syntax

Scheme에서의 procedure 무법은 다음과 같다:

```
(define ( <name> <formal parameters>) <body>)
```

여기에서, 이름의 의미는 다음과 같다:

1) *<name>* : Procedure 이름.
2) *<formal parameters>* : Procedure의 형식매개변수들.
3) *<body>* : Procedure의 본문.

그러면, 이렇게 선언된 procedure가 어떻게 호출되어 실행되는지 알아보자. 다음은 선언한 square procedure에 대한 호출문이다.

378) Lisp나 Scheme에서 일반 언어에서의 정의역과 치역의 사상관계를 추상화한 함수를 procedure라고 정의한 이유는, 아마도 이와 같이 정의역과 치역의 유형에 기반한 함수의 정의와 다르게, 어떤 object를 입력하면, 어떤 object를 반환하는 동적인 entity로서의, 비유형적 또는 유형-독립적인 특성때문이다.

379) 앞으로 자세히 다루겠지만, Scheme의 data도 이와 같은 list 형식을 취한다. 즉 Scheme의 procedure나 data도 모두 이런 형식이기 때문에, procedure 자체가 procedure의 data가 된다.

```
1 ]=> (sq 21)
2 441
3 ]=> (sq (+ 2 5))
4 49
5 ]=> (sq (sq 3))
6 81
```

<프로그램 4-11> Procedure

이 코드를 간단하게 설명하면 다음과 같다:

1) [L1] Procedure 호출 : `(sq 21)`
2) [L2] `(* 21 21)` 반환 : *441*
3) [L3] Procedure 호출 : `(sq (+ 2 5))`
4) [L4] 결과값 반환 : *49*
    - Case 1: `(* (+ 2 5) (+ 2 5))`의 결과값[380].
    - Case 2: `(* 7 7)`의 결과값[381].
5) [L5] Procedure 호출 : `(sq (sq 3))`
6) [L6] 결과값 반환 : *81*
    - Case 1: `(* (sq 3) (sq 3))`
      →`(* (* 3 3) (* 3 3))`
      →`(* 9 9)`의 결과값[382].
    - Case 2: `(sq 9)`
      → `(* 9 9)`의 결과값[383].

또 다른 예를 보자. 이 예는 $x^2+y^2$ 값을 구하는 procedure다.

380) 이러한 대입법(substitution)을 lazy model, 또는 normal order model이라고 한다. 실질매개변수값을 바로 연산하지 않고, 대입 후 지속적으로 확장을 한 후에, 더 이상 확장하지 못할 때, 비로소 매개변수에 대한 연산을 수행하는 방식이다. 이러한 방식은 확장 후, 동일한 매개변수에 대한 중복 연산을 피할 수 없다.

381) 이러한 대입법(substitution)을 eager model, 또는 applicative order model이라고 한다. 실질매개변수값을 대입 시 바로 연산하는 방식이다. 이 방식은 매개변수에 대한 연산을 한번 수행하면, 다시 반복할 필요가 없다.

382) Normal order

383) Applicative order

```
1  ]=>(define (sos x y)
2        (+ (sq x) (sq y)))
3  ]=>(sos 3 4)
4  25
5  ]=>(define (f a)
6        (sos (+ a 1) (* a 2)))
7  ]=>(f 5)
8  136
```

<프로그램 4-12> Procedure

이 코드를 간단하게 설명하면 다음과 같다:

1) [L1] procedure `sos` (`sum-of-squares`) 정의.
1-1) [L1] 매개변수 : `x, y`
1-2) [L2] 반환값 ($x^2+y^2$) : `(+ (sq x) (sq y))`
2) [L3] Procedure 호출 : `(sos 3 4)`
3) [L4] `(+ (sq 3) (sq 4))` 반환 : *25*

- `(+ (* 3 3) (* 4 4))`
  →`(+ 9 16)`의 결과값

4) [L5] procedure `f` 정의.
4-1) [L5] 매개변수 : `a`
4-2) [L6] 반환값 ($(a+1)^2+(x*1)^2$) : `(f (+ a 1) (* a 2))`
5) [L7] Procedure 호출 : `(f 5)`
6) [L4] `(+ (sq (+ 5 1)) (sq (* 5 2)))` 반환 : *136*

- Normal order: `(+ (* (+ 5 1) (+ 5 1)) (* (* 5 2) (* 5 2)))`
  →`(+ (* 6 6 ) (* 10 10 ))`
  →`(+ 36 100 )`의 결과값.
- Applicative order: `(+ (sq 6) (sq 100))`
  →`(+ (* 6 6) (* 100 100))`
  →`(+ 36 100 )`의 결과값.

### 4.1.6.1 연습 문제

1. 다음과 같은 procedure가 주어질 때 실행 결과를 작성하시오.

1-1) `(define (ho-hum x y) (+ x (* 2 y)))`

```
(ho-hum 8 12)
```

1-2)
```
(define (yawn x) (+ 3 (* x 2)))
(yawn (/ 8 2))
```

2. 다음 procedure를 정의하시오.

2-1) 매개변수에 1을 더하는 procedure plus1을 정의하시오.
예시) `(plus1 10) ==> 11`

2-2) 매개변수에 1을 빼는 procedure sub1을 정의하시오.
예시) `(sub1 11) ==> 10`

2-3) 세 수의 평균을 구하는 procedure ave3을 정의하시오.
예시) `(ave3 10 10 10) ==> 10`

2-4) 각도 단위를 degree에서 radian으로 변환하는 procedure를 작성하시오.
예시) 180 degree는 π radian이며, π의 정의는 다음과 같다.

```
(define pi (* 4 (atan 1.0)))
```

### 4.1.7 Substitution Model

대입(substitution) 모델은 정의된 procedure를 실행하기 위한 모델을 의미한다. 즉 procedure의 형식매개변수에 실질매개변수를 어떻게 대입할 것인가를 결정하는 방식이다.

기본적으로, 복합 procedure를 적용하기 위한 단계는 다음과 같다:

1) 형식매개변수에 실질매개변수를 대입한다.
2) 대입된 실질매개변수로 procedure의 본문을 실행한다.
3) 실행된 결과값을 반환한다.

위에서 정의한 `square` procedure에 3을 대입하여 실행하는 과정을 보면, <그림 4-4>와 같다. 그림에서, 위의 1), 2), 3)은 ①, ②, ③과 같다.

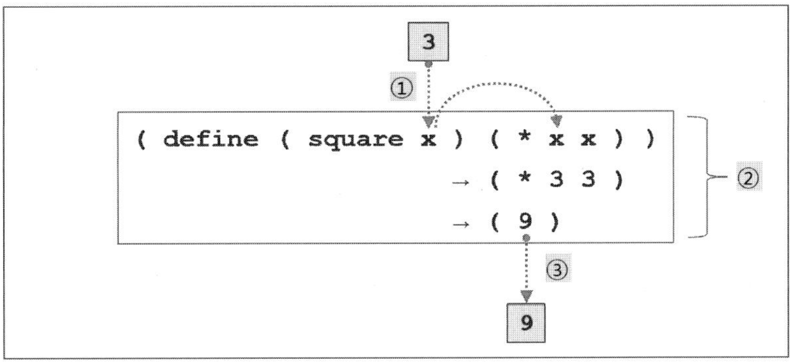


<그림 4-4> `square` Procedure: Substitution

이 대입방법에서 중요한 쟁점 중 하나는 실질매개변수가 고정적인 상수 값을 가지고 있지 않을 경우, 어느 시점에 연산을 해야 하는가의 문제가 있다. 이전의 예를 들어보자.

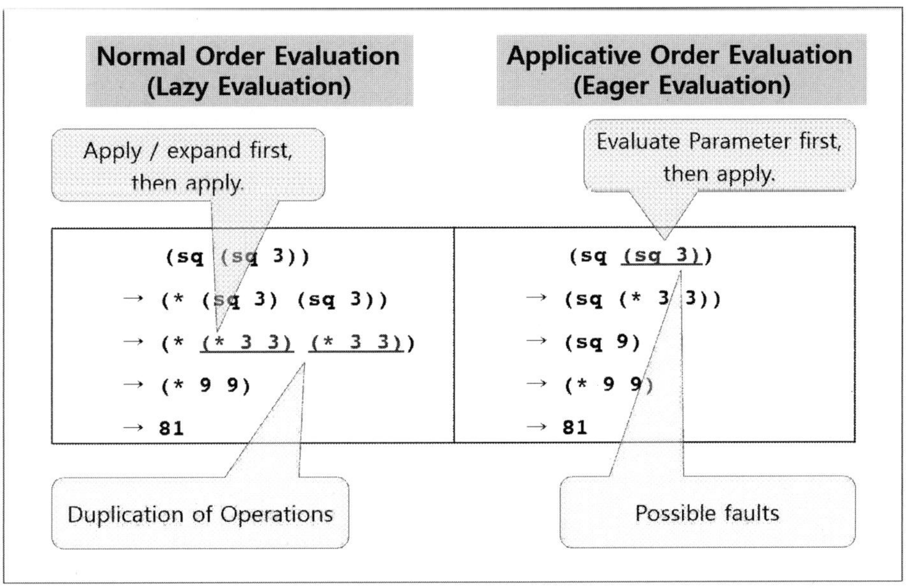


<그림 4-5> Evaluation Models

<그림 4-5>는 이전의 예제 `(sq (sq 3))`에서 거론되었던 두 가지 evaluation 방법을 보여준다. 그림에서 보여주는 바와 같이, 두 모델 사이의 쟁점은 첫 번째 `sq`의 매개변수인 `(sq 3)`을 언제 evaluation하는가의 문제다. 이를 정리하면, 다음과 같다:

1) Normal Order Model[384]: 위 예제에서 보면, 첫 번째 `sq`의 매개변수인 `(sq 3)`

을 바로 evaluation 하지 않고, 첫 번째 sq의 본문에 그대로 대입한다. 그 다음, 이 본문 내에서, 다시, (sq 3)을 (sq 3)의 본문, 즉 (sq 3)으로 대입한 후, 최종적으로 더 이상 대입할 대상이 없으므로 연산을 시작한다. 즉 sq의 매개변수인 (sq 3)에 대한 evaluation이 이 시점에서 수행된다. 즉 최종 확장 후(fully expanded first), 평가(then evaluate by reduction)가 이루어진다.

2) Applicative Order Model[385]: 위 예제에서 보면, 실질매개변수가 형식매개변수에 대입되는 시점에 바로 evaluation이 이루어진다. 즉 첫 번째 sq의 형식매개변수에 실질매개변수인 (sq 3)이 대입되는 시점에서, (sq 3)에 대한 evaluation, 즉 (sq 3)의 본문인 (* 3 3)의 evaluation이 이루어지고, 그 결과인 9가 첫 번째 sq의 형식매개변수에 실질매개변수값으로 대입되어서 이 sq의 본문인 (* 3 3)이 evaluation되고 그 결과가 반환된다. 즉 최종 평가 후(fully-evaluate first), 확장(then expend to apply)이 이루어진다.

또 다른 예를 적용해 보자.

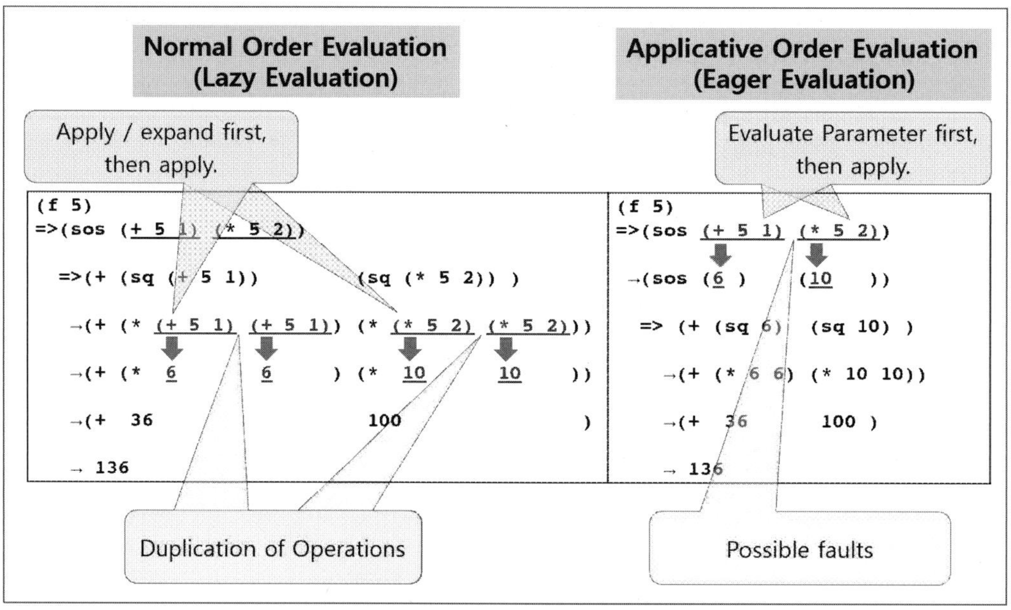


<그림 4-6> Evaluation Models

384) 일명, Lazy Model이라고도 한다. 왜냐하면, 본문에서 형식매개변수가 모두 실질매개변수로 대입될 때까지 실질매개변수에 대한 evaluation을 수행하지 않기 때문에 이러한 이름이 부여되었다. 저자는 이를 만동(慢動) 모델이라고 하겠다.

385) 일명, Eager Model이라고도 한다. 왜냐하면, 호출 시, 형식매개변수에 실질매개변수로 대입될 때에 바로 실질매개변수에 대한 evaluation을 수행하기 때문에 이러한 이름이 부여되었다. 저자는 이를 급동(急動) 모델이라고 하겠다.

<그림 4-6>은 이전의 예제 (f 5)에서 거론되었던 두 가지 evaluation 방법을 보여준다. 그림에서 보여주는 바와 같이, 두 모델 사이의 쟁점은 procedure f의 매개변수인 5로 대입이 이루어진 f의 본문 (sos (+ 5 1) (* 5 2))에서, sos의 매개변수인 (+ 5 1)과 (* 5 2)가 언제 evaluation하는가의 문제다. 이를 정리하면, 다음과 같다:

1) Normal Evaluation Model: 위 예제에서 보면, 첫 번째 sos의 매개변수인 (+ 5 1)과 (* 5 2)를 바로 evaluation 하지 않고, 첫 번째 sos의 본문에 그대로 대입한다. 그 다음, (+ 5 1)과 (* 5 2)가 각각 (sq (+ 5 1))과 (sq (* 5 2))에 대입되지만, 이들 또한 바로 evaluation을 하지 않는다. 이후, 각각의 (sq (+ 5 1))과 (sq (* 5 2))가 각각의 본문인 (* (+ 5 1) (+ 5 1))과 (* (* 5 2) (* 5 2))로 확장이 이루어진 다음, 최종적으로 더 이상 확장할 대상이 없을 때 비로소 (+ 5 1)과 (* 5 2)에 대한 evaluation이 이루어진다. 즉 최종 확장 후, 평가가 이루어짐을 확인할 수 있다.
2) Applicative Model: 반면 applicative order model에서는, 첫 번째 sos의 매개변수인 (+ 5 1)과 (* 5 2)에 대입되는 시점에서 바로 evaluation이 이루어진다. 그리고 그 결과인 6과 10이 바로 (sq 6)과 (sq 10)에 대입이 이루어지고, 이들의 본문에 해당되는 (* 6 6)과 (* 100 100)이 실행된다. 즉 최종 평가 후, 확장이 이루어짐을 확인할 수 있다.

위 두 가지 예에서는 두 가지 모델 모두 동일한 결과값을 산출했음을 확인할 수 있다. 하지만, 두 가지 모델이 항상 같은 결과만을 보장하는 것은 아니다. 간단한 예를 보자 [AbelSuss96].

```
1  (define (p) (p))
2  (define (test x y)
3    (if (= x 0)
4        0
5        y))
```

<프로그램 4-13> Test Procedure

이 코드를 간단하게 설명하면 다음과 같다:

1) [L1] procedure p 선언:
   - 입력: 없음.
   - 출력: 재귀함수 p의 반환값.

2) [L2] procedure `test` 선언:
- 입력: `x, y`
- 출력: `if`-expression[386].
  - `x`가 `0`이면 : 0 반환.
  - `0`이 아니면 : `y` 반환.

이렇게 정의된 test procedure를 다음과 같이 실행시켰을 때 어떤 결과가 나오는지, 두 가지 모델을 기반으로 해석해 보자.

```
(test 0 (p))
```

<프로그램 4-14> test 실행

다음은 두 가지 모델로 test procedure를 실행한 결과다:

A) Normal order evaluation: Normal execution

1) [L1] `test` procedure 호출,
2) [TEST][L1] `test` procedure 실행:
- 매개변수 대입: Normal order.
  - `x : 0`
  - `y : p`

2-1) [TEST][L2] `if`-구문의 조건식 평가 : `(= 0 0)`
2-2) [TEST][L4] `x`가 `0`이기 때문에 : `0` 반환.

B) Applicative order evaluation: Abnormal execution - crash!

1) [L1] `test` procedure 호출.
2) [TEST][L1] `test` procedure 실행.
- 매개변수 대입: Applicative order.
  - `x : 0` (`0`이기 때문에 `0`에 대한 evaluation 불필요).
  - `y : p` (`p`가 procedure이기 때문에 `p`에 대한 evaluation 필요)
    . [L1] `p` procedure 호출.

386) `if`-expression은 ML의 `if`-expression 또는 C의 `if`-구문과 같은 의미다. 바로 다음 절에서 소개한다.

. [p][L1] p procedure 실행: p→p
. [p][L1] p procedure 본문: p procedure 호출.
. [p][L1] p procedure 본문: p procedure 실행: p→p→p
. [p][L1] ... : p→p→p→...[387] (무한 재귀함수 호출).

위 **test** 예제에서는 두 가지 모델이 서로 다른 결과를 산출했음을 확인했다. 즉 실질매개변수를 평가(evaluation)하는 시점이 그 결과를 결정했다.

이러한 문제점이 있음에도 불구하고, Scheme interpreter에서는, applicative order model을 적용한다. 그 이유는 당연히, 효율성(efficiency) 때문이다. 이를 정리하면 다음과 같다:

1) 중복 연산 제거: 앞의 두 예제에서 보았듯이, normal order model에서는 확장 후에 중복된 연산이 요구됨을 확인했다.
2) 실행 모델 복잡성 최소화: 동일한 예제에서 보았듯이, procedure의 본문이 지속적으로 확장됨을 확인할 수 있었다. 작은 규모의 예에서도 이런 문제가 발생되는데, 규모가 큰 프로그램의 경우, 실행 시, 실행모델이나 메모리를 관리하는 데 심각한 문제를 야기시킬 수 있다.

결국 프로그래밍언어적 관점에서의 쟁점은 두 모델이 동일한 결과를 보장할 수 있게 하는 것이라고 볼 수 있다.

#### 4.1.7.1 연습 문제

1. <프로그램 4-13>을 normal order evaluation와 applicative order evaluation 관점으로 실행되는 과정을 walkthrough를 통해 보이시오.

### 4.1.8 Conditional Expression & Predicates

Scheme의 `cond`-수식(exprerssion)은 ML의 Case-수식이나 C의 switch-구문과 같이 각 case에 해당하는 분석을 수행하는 특수한 형식의 수식이다. 간단한 예를 보자. 다음은 절대값을 구하는 procedure `abs`다.

387) 무한 재귀함수 호출에 빠지게 된다. 그리고 운영체제(OS: Operating Systems)의 안전정책에 의해 이러한 호출은 강제로 종료될 것이다.

```
1  (define (abs x)
2    (cond ((> x 0) x)
3          ((= x 0) 0)
4          ((< x 0) (- x))))
```

<프로그램 4-15> **abs** Procedure

이 코드를 간단하게 설명하면 다음과 같다:

1) [L1] procedure `abs` 선언
   - 입력: `x`

1-1) [L2] `cond`-구문에 의한 절대값(absolute value) 출력
   - Case 1 : `(> x 0)` 이면, `x`
   - Case 2 : `(= x 0)` 이면, `0`
   - Case 3 : `(< x 0)` 이면, `(-x)`[388)]

`cond`-수식(exprerssion)의 문법은 다음과 같다:

```
    (cond (<p1> <e1>)
          (<p2> <e2)
          ...
          ...
          ...
          (<pn>  <en>))
```

여기에서 각 $\mathbf{p}_i$는 predicate를 의미한다. 즉 참과 거짓으로 판명되는 논리식이다. 그리고 $\mathbf{p}_i$가 참일 경우, 이에 상응하는 $\mathbf{e}_i$가 실행된다.

### 4.1.8.1 연습 문제

1. 다음 수식의 실행 결과를 도출하고, 실행 과정을 walkthrough를 통해 보이시오.

388) 이 연산은 unary이다. C의 `-x`, ML의 `~x`와 같다.

```
(define a 3)
(define b (+ a 1))
(cond ((= a 4) 6)
      ((= b 4) (+ 6 7 a)))
(* (cond ((> a b) a)
         ((< a b) b))
   (+ a 1))
```

2. 다음과 같이 점수를 매개변수로 사용하여 학점을 출력하는 procedure를 cond expression을 사용하여 구현하시오.

   A : if score ≥ 80
   B : if 60 ≤ score ≤ 79
   C : if 40 ≤ score ≤ 59
   D : if score < 40

3. 다음과 같은 조건일 때, 수영장의 요금을 반환하는 procedure를 cond expression을 사용하여 구현하시오. (논리 조합 연산자가 필요할 경우, 본 교재 4.1.10을 참조)

   free :if age ≤ 3 or age ≥ 65
   0.5 : if 4 ≤ age ≤ 6.
   1.0 : if 7 ≤ age ≤ 12.
   1.5 : if 13 ≤ age ≤ 15.
   1.8 : if 16 ≤ age ≤ 18.
   2.0 : others.

### 4.1.9 If Expression

`If`-expression은 `cond`-expression에서 참과 거짓이라는 두 경우만을 정의하는 `cond`-수식의 특수한 경우다. 이전의 `abs` procedure 예를 보자.

```
1  (define (abs x)
2    (if (< x 0)
3        (-x)
4        x))
```

<프로그램 4-16> **abs** Procedure

이 코드를 간단하게 설명하면 다음과 같다:

1) [L1] procedure `abs` 선언:
   - 입력: `x`

1-1) [L2] `if`-수식에 의한 절대값(absolute value) 출력: `(< x 0)` 조건식:
   - 참이면, `-x`
   - 거짓이면, `0`

`if`-수식(expression)의 문법은 다음과 같다:

```
(if <predicate> <consequent> <alternative>)
```

여기에서 **predicate**는 참과 거짓으로 판명되는 논리식이다. 그리고 참일 경우, **consequent** 수식이 실행되며; 거짓인 경우, **alternative**가 된다.

참고로, 위 예제를 ML로 전환하면 다음과 같다:

| [L#] | ML |
|---|---|
| 1 | `fun abs x =` |
| 2 | `  if (x<0) -x else x;` |

<프로그램 4-16-1> ML: abs Function

### 4.1.9.1 연습 문제

1. 다음과 같은 기능을 하는 procedure가 어떻게 작동하는지 예를 들어 설명하시오.

```
(define (sum-gp a0 r n)
  (* a0
     (if (= r 1)
         n
         (/ (- 1 (expt r n)) (- 1 r)))))
```

2. 다음과 같은 기능을 하는 procedure를 if expression을 사용하여 구현하시오.

1-1) 실수(real number)를 매개변수로 사용하여 절대값을 반환하는 procedure.
1-2) 실수(real number)를 매개변수로 사용하여 역수를 반환하는 procedure.
(매개변수가 0일 경우, #f를 반환.)
1-3) 정수(integer)를 문자(char)로 변환하는 procedure.
(ASCII 문자 활용)

### 4.1.10 Logical Composition Operations (논리조합연산자)

Scheme에는 predicate를 조합하는 연산자로 다음과 같이 3가지가 있다:

1) AND (Conjunction) operator: 모든 predicate가 참이어야 한다.
   - 문법:

```
(and <p1> ... <pn>)
```

   - 각 $p_i$ 모두가 참이어야 함.
   - 예제:

```
(and (> x 5) (< x 10))
```

   - 각 (> x 5)와 (< x 10)이 모두 참이어야 함.

2) OR (Disjunction) operator: predicate 중 최소한 1개가 참이어야 한다.
   - 문법:

```
(or <p1> ... <pn>)
```

   - 각 $p_i$ 중 최소 하나의 $p_i$가 참이어야 함.
   - 예제:

```
(define (>= x y)
  (or (> x y) (= x y)))
```

   - procedure >= 선언: 매개변수 x, y

◦ 각 (> x y)와 (= x y) 중 최소한 하나는 참이어야 함.

3) NOT (Negation) operator: predicate의 부정식이 참이어야 한다.

- 문법:

```
(not <p>)
```

◦ p가 참이면, 거짓; 반대로, p가 거짓이면, 참임.

- 예제:

```
(define (>= x y)
  (not (< x y)))
```

◦ procedure >= 선언: 매개변수 x, y

◦ (< x y)의 부정과 같은 뜻임: (< x y)가 참이면, 거짓, (< x y)가 거짓이면, 참임.

### 4.1.10.1 연습 문제

1. 다음과 같은 기능을 하는 procedure를 논리 조합 연산자를 사용하여 구현하시오.

1-1) 세 개의 실수(real number)를 매개변수로 사용할 때,
세 개의 실수가 모두 양수면 모든 수의 곱을 반환하는 procedure.

1-2) 세 개의 실수(real number)를 매개변수로 사용할 때,
세 개의 실수가 적어도 하나가 음수면 모든 수의 곱을 반환하는 procedure.

## 4.1.11 Procedures and Processes

일반적으로 procedure가 정적인 존재(static entity)면, procedure의 실행 process는 동적인 존재(dynamic entity)로 규정한다.

Scheme에서 procedure 실행 시, procedure가 process 관점에서 동적으로 어떤 행위를 보이는지 분석하는 것도 중요하다. 특히, 재귀적인 procedure의 실행이 실질적으로 재귀성을 보이는지, 아니면, 단순한 반복적인 행위(iterative behavior)를 재귀적으로 표현한 것인지 구분하는 것은 Scheme 프로그램의 행위 분석에 매우 중요한 초석을 마련할 수 있다.

### (1) Recursive process: Linear Recursion & Iteration

다음 factorial 예를 보자. 다음은 자연수 n에 대한 factorial 값 n!을 구하는 procedure **fact**다. 여기에서는 곱셈 연산에 대해 recursion을 적용한다.

```
1  (define (fact n)
2    (if (= n 0)
3        1
4        (* n (fact (- n 1)))))
```

<프로그램 4-17> `fact` Procedure

이 코드를 간단하게 설명하면 다음과 같다:

1) [L1] procedure `fact` 선언: 매개변수 `n` - 자연수.

1 1) [L2] `if`-수식: `(= n 0)` 조긴식.

- Base Case: 참이면, `0` 출력.
- Inductive Case: 거짓이면, `(* n (fact (- n 1)))`, 즉 (n-1)! 출력.
    - `(- n 1)`에 대한 재귀함수: `(fact (- n 1))`

### Example E.4-1) Factorial Example: Recursive

다음은 이 코드가 어떻게 실행되는지 알아보자.

```
(fact 6)
```

<프로그램 4-18> `(fact 6)` procedure execution - recursive process

<그림 4-7>은 Scheme에서 <프로그램 4-18>의 **`(fact 6)`** procedure가 어떻게 실행되는지를 보여준다. 이를 설명하면 다음과 같다:

1) [그림의 ①] **`(fact 6)`** procedure 호출.
2) [그림의 F(1)] **`(fact 6)`** procedure 실행.
    - **`if`**-식의 조건에서 매개변수가 0이 아니기 때문에 inductive case 실행.
    - [그림의 ②] **`n`**이 **`6`**이므로 **`(- 6 1)`**인 **`5`**에 대한 **`(fact 5)`** 호출.
    - **`(fact 5)`**로부터 반환값을 받은 이후 연산 계속.

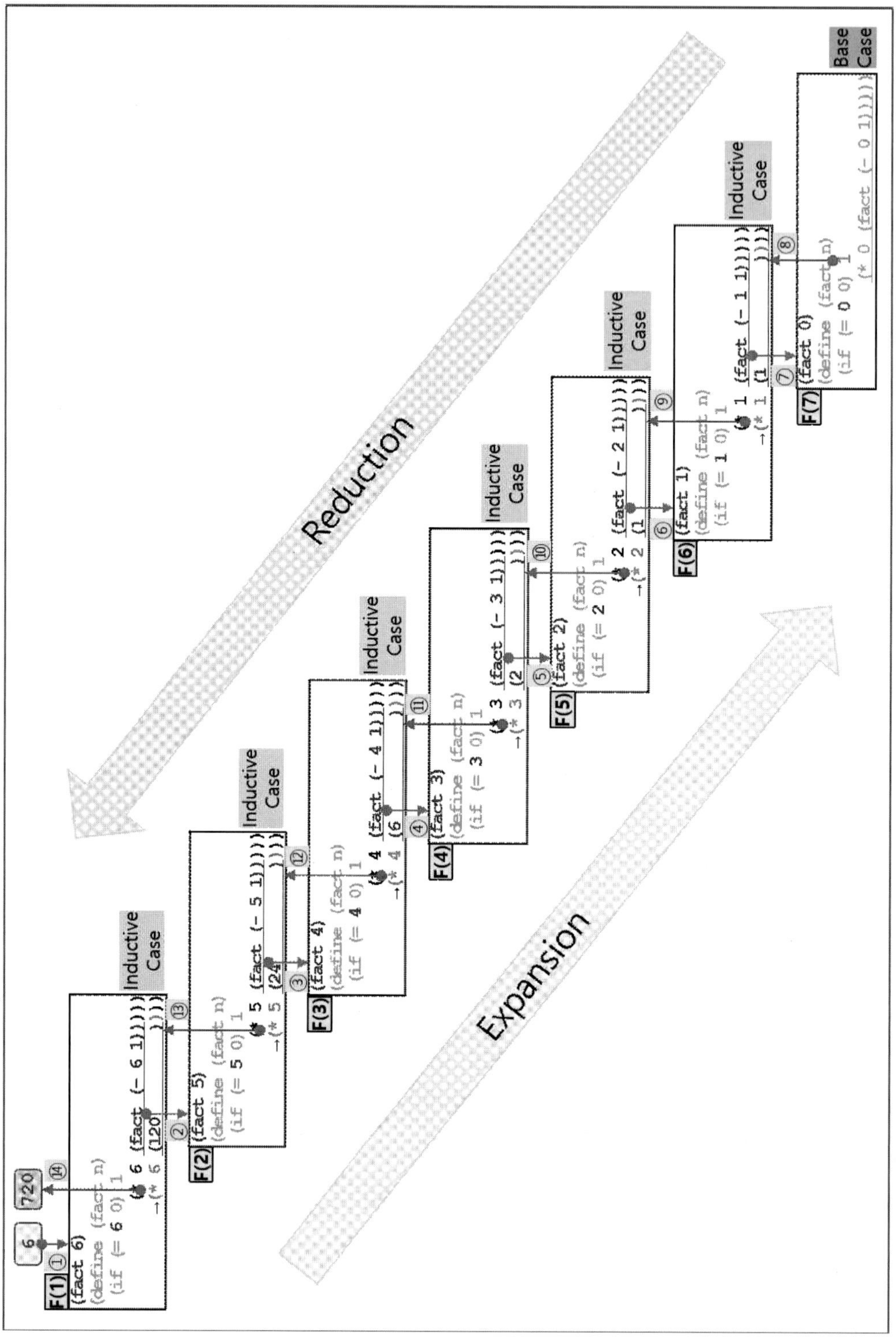


<그림 4-7> Recursive Process: Factorial Example

3) [그림의 F(2)] `(fact 5)` procedure 실행.
   - `if`-식의 조건에서 매개변수가 `0`이 아니기 때문에 inductive case 실행.
   - [그림의 ③] `n`이 `5`이므로 `(- 5 1)`인 `4`에 대한 `(fact 4)` 호출.
   - `(fact 4)`로부터 반환값을 받은 이후 연산 계속.
4) [그림의 F(3)] `(fact 4)` procedure 실행.
   - `if`-식의 조건에서 매개변수가 `0`이 아니기 때문에 inductive case 실행.
   - [그림의 ④] `n`이 `4`이므로 `(- 4 1)`인 `3`에 대한 `(fact 3)` 호출.
   - `(fact 3)`으로부터 반환값을 받은 이후 연산 계속.
5) [그림의 F(4)] `(fact 3)` procedure 실행.
   - `if`-식의 조건에서 매개변수가 `0`이 아니기 때문에 inductive case 실행.
   - [그림의 ⑤] `n`이 `3`이므로 `(- 3 1)`인 `2`에 대한 `(fact 2)` 호출.
   - `(fact 2)`로부터 반환값을 받은 이후 연산 계속.
6) [그림의 F(5)] `(fact 2)` procedure 실행.
   - `if`-식의 조건에서 매개변수가 `0`이 아니기 때문에 inductive case 실행.
   - [그림의 ⑥] `n`이 `2`이므로 `(- 2 1)`인 `1`에 대한 `(fact 1)` 호출.
   - `(fact 1)`로부터 반환값을 받은 이후 연산 계속.
7) [그림의 F(6)] `(fact 1)` procedure 실행.
   - `if`-식의 조건에서 매개변수가 `0`이 아니기 때문에 inductive case 실행.
   - [그림의 ⑦] `n`이 `1`이므로 `(- 1 1)`인 `0`에 대한 `(fact 0)` 호출.
   - `(fact 0)`으로부터 반환값을 받은 이후 연산 계속.
8) [그림의 F(7)] `(fact 1)` procedure 실행 후 종료.
   - `if`-식의 조건에서 매개변수가 `0`이기 때문에 base case 실행.
   - [그림의 ⑧] `(fact 1)`, 즉 F(6)에게 `1` 반환 후 종료
9) [그림의 F(6)] `(fact 1)` procedure 결과값 반환 후 종료.
   - [그림의 ⑧] `(fact 0)`, 즉 F(7)로부터 `1` 수락.
   - [그림의 ⑨] `(fact 2)`, 즉 F(5)에게 `(* 1 1)`, 즉 `1` 반환 후 종료.
10) [그림의 F(5)] `(fact 2)` procedure 결과값 반환 후 종료.
    - [그림의 ⑨] `(fact 1)`, 즉 F(6)으로부터 `1` 수락.
    - [그림의 ⑩] `(fact 3)`, 즉 F(4)에게 `(* 2 1)`, 즉 `2` 반환 후 종료.
11) [그림의 F(4)] `(fact 3)` procedure 결과값 반환 후 종료.
    - [그림의 ⑩] `(fact 2)`, 즉 F(5)로부터 `2` 수락.
    - [그림의 ⑪] `(fact 4)`, 즉 F(3)에게 `(* 3 2)`, 즉 `6` 반환 후 종료.
12) [그림의 F(3)] `(fact 4)` procedure 결과값 반환 후 종료.
    - [그림의 ⑪] `(fact 3)`, 즉 F(4)로부터 `6` 수락.
    - [그림의 ⑫] `(fact 5)`, 즉 F(2)에게 `(* 4 6)`, 즉 `24` 반환 후 종료.

13) [그림의 F(2)] `(fact 5)` procedure 결과값 반환 후 종료.
   - [그림의 ⑫] `(fact 4)`, 즉 F(3)으로부터 `24` 수락.
   - [그림의 ⑬] `(fact 6)`, 즉 F(1)에게 `(* 5 24)`, 즉 `120` 반환 후 종료.

14) [그림의 F(1)] `(fact 5)` procedure 결과값 반환 후 종료.
   - [그림의 ⑬] `(fact 5)`, 즉 F(1)로부터 `120` 수락.
   - [그림의 ⑭] Environment에 `(* 6 120)`, 즉 `720` 반환 후 종료.

<그림 4-7>에서 **fact** procedure에 대한 recursion은 위 1)부터 7)까지 inductive case로 전개되고, 마지막 8)에서 base case로 종료된다. 이 과정을 expansion 단계라고 한다. 이후, recursion이 전개된 역순으로 **fact** procedure가 종료되는데, 이를 reduction 또는 recovery 단계라고 한다. 이 과정에서 수행된, factorial을 위한 곱셈에 대한 연산을 정리해 보면, <그림 4-8>과 같다.

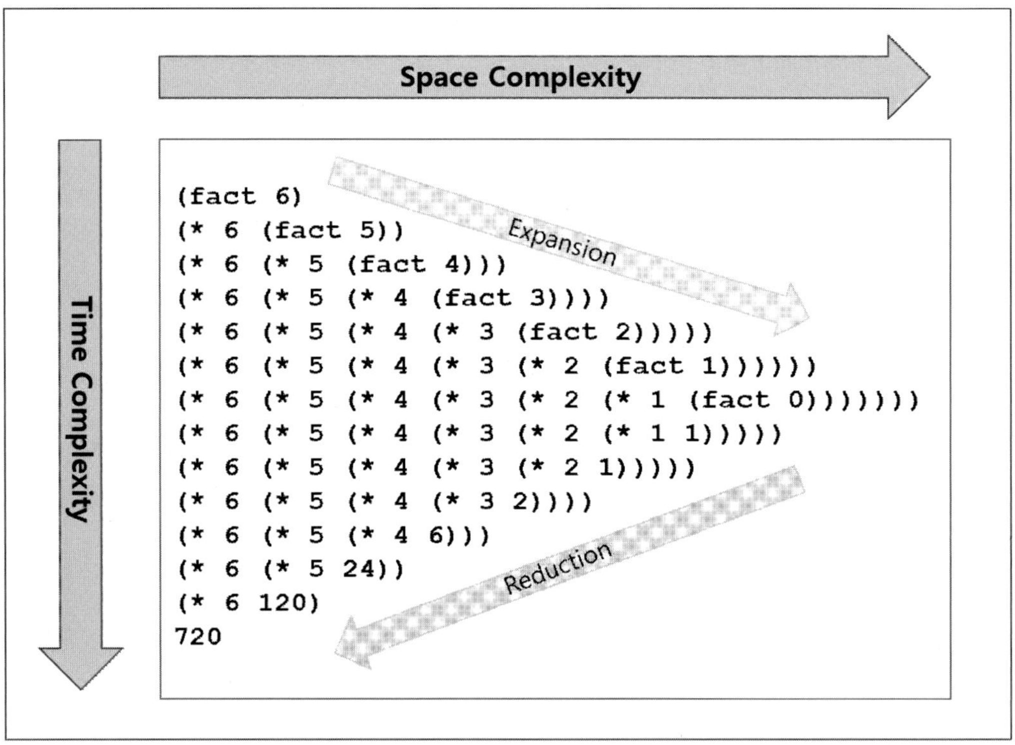


<그림 4-8> Recursion Process: `(fact 6)` - Complexity

그림에서 보여주는, **fact** procedure의 실행 시 요구되는 시공간의 복잡도는 다음과 같다:

1) Time Complexity: O(n).
   - Recursion의 수와 각 recursion마다 필요한 곱셈의 수가 입력 **n**에 정비례한다.
2) Space Complexity: O(n).
   - Recursion의 수와 각 recursion마다 필요한, 누적된 곱셈 연산과 피연산자의 수가 요구하는 공간의 크기는 입력 **n**에 정비례한다.

참고로 <프로그램 4-19>는 Scheme의 **fact** procedure를 ML의 function으로 전환한 것이다.

| Scheme | ML |
|---|---|
| `(define (fact n)` | `fun fact n =` |
| `  (if (= n 0)` | `   if (n=0)` |
| `      1` | `       1` |
| `      (* n (fact (- n 1)))))` | `       else n*fact (n-1);` |

<프로그램 4-19> **fact** Function in ML

### (2) Iterative process: Linear Recursion & Iterative computation

또 다른 factorial 예를 보자. 이전의 예와 동일하게, 자연수 n에 대한 factorial 값 n!을 구하는 procedure **fact**지만, 여기에서는 곱셈 연산에 대해 recursion을 적용하지 않고, 연산의 결과를 반복적으로 매개변수로 전달한다.

### Example E.4-2) Factorial Example: Iterative

```
(define (fact n)
  (fact-iter 1 1 n))
(define (fact-iter product counter max-count)
  (if (> counter max-count)
       product
      (fact-iter (* counter product)
                 (+ counter 1)
                 max-count)))
```

<프로그램 4-20> **fact** Procedure

이 코드를 간단하게 설명하면 다음과 같다:

1) [L1] procedure **fact** 선언: 매개변수 **n** - 자연수.

1-1) [L2] procedure **(fact-iter 1 1 n)** 호출.

2) [L3] procedure **fact-iter** 선언:

- 매개변수:
  - **product** : **n!** - **n**에 대한.
  - **counter** : **n!**에 연산하기 위한 반복수.
  - **max-count** : **n!**에 연산하기 위한 한계수.

2-1) [L4] **if**-수식: **(> counter max-count)** 조건식.

- Base Case: 반복수가 한계수를 넘으면, 현재까지의 **n!** 값, 즉 **product** 반환.
- Inductive Case: 낮으면, **fact-iter** 재귀함수 호출.
- 실질변수:
  - **product** → **(* counter product)**: **n!**에 **(n+1)**에 추가 곱.
  - **counter** → **(+ counter 1)**: **(n+1)** 반복 증가.
  - **max-count** : **n!**에 연산하기 위한 한계수 - 변동 없음.

이 procedure의 특징은, 이전 예제처럼 recursion을 통해서 연산이 reduction 단계에서 역으로 수행되지 않고, 현재의 n!의 값을 바로 다음 재귀함수의 매개변수로 전달한다는 것이다.

그러면, 다음은 이 코드가 어떻게 실행되는지 알아보자.

```
(fact 6)
```

<프로그램 4-21> **(fact 6)** procedure execution - iterative process

<그림 4-9>는 Scheme에서 <프로그램 4-21>의 **(fact 6)** procedure가 어떻게 실행되는지를 보여준다.[389] 이를 설명하면 다음과 같다:

1) [그림의 ⓪] **(fact 6)** procedure 호출.

- **(fact-iter 1 1 6)** 호출.

389) <그림 4-9>의 공간 제약에 의해, 각 **fact-iter**, **product**, **counter**, **max-count**를 각각 **fact-i**, **p**, **c**, **m**으로 이름을 줄였다.

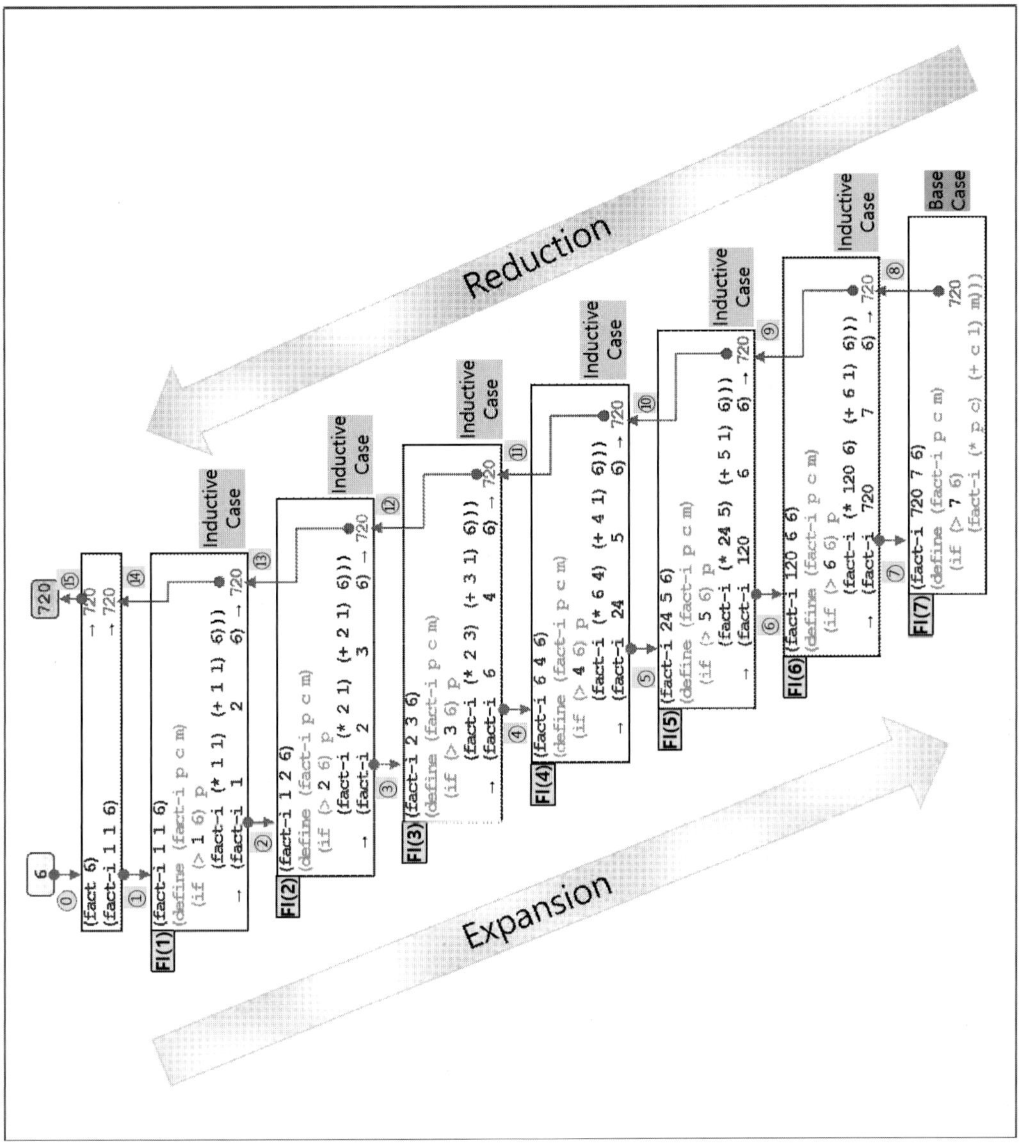


<그림 4-9> Iterative Process: Factorial Example

2) [그림의 FI(1)] `(fact-iter 1 1 6)` procedure 실행: 0!
   - `if`-식의 `(> 1 6)` 조건이 거짓이므로 inductive case 실행.
   - [그림의 ②] `(fact-iter 1 2 6)` 재귀 procedure 호출: 매개변수 갱신.
     - `product` : `(* 1 1)` → `1`로 갱신.
     - `counter` : `(+ 1 1)` → `2`로 갱신.
     - `max-count` : `6` - 변동 없음.
3) [그림의 FI(2)] `(fact-iter 1 2 6)` procedure 실행: 1!
   - `if`-식의 `(> 2 6)` 조건이 거짓이므로 inductive case 실행.
   - [그림의 ③] `(fact-iter 2 3 6)` 재귀 procedure 호출.
     - `product` : `(* 1 2)` → `2`로 갱신.
     - `counter` : `(+ 2 1)` → `3`으로 갱신.
     - `max-count` : `6` - 변동 없음.
4) [그림의 FI(3)] `(fact-iter 2 3 6)` procedure 실행: 2!
   - `if`-식의 `(> 3 6)` 조건이 거짓이므로 inductive case 실행.
   - [그림의 ④] `(fact-iter 6 4 6)` 재귀 procedure 호출.
     - `product` : `(* 2 3)` → `6`으로 갱신.
     - `counter` : `(+ 3 1)` → `4`로 갱신.
     - `max-count` : `6` - 변동 없음.
5) [그림의 FI(4)] `(fact-iter 6 4 6)` procedure 실행: 3!
   - `if`-식의 `(> 4 6)` 조건이 거짓이므로 inductive case 실행.
   - [그림의 ⑤] `(fact-iter 24 5 6)` 재귀 procedure 호출.
     - `product` : `(* 6 4)` → `24`로 갱신.
     - `counter` : `(+ 4 1)` → `5`로 갱신.
     - `max-count` : `6` - 변동 없음.
6) [그림의 FI(5)] `(fact-iter 24 5 6)` procedure 실행: 4!
   - `if`-식의 `(> 5 6)` 조건이 거짓이므로 inductive case 실행.
   - [그림의 ⑥] `(fact-iter 120 6 6)` 재귀 procedure 호출.
     - `product` : `(* 24 5)` → `120`으로 갱신.
     - `counter` : `(+ 5 1)` → `6`으로 갱신.
     - `max-count` : `6` - 변동 없음.
7) [그림의 FI(6)] `(fact-iter 120 6 6)` procedure 실행: 5!
   - `if`-식의 `(> 6 6)` 조건이 거짓이므로 inductive case 실행.
   - [그림의 ⑦] `(fact-iter 720 7 6)` 재귀 procedure 호출.
     - `product` : `(* 120 6)` → `720`으로 갱신.
     - `counter` : `(+ 6 1)` → `7`로 갱신.

    ◦ `max-count : 6` - 변동 없음.

8) [그림의 FI(7)] `(fact-iter 720 7 6)` procedure 실행 후 종료: 6!
   - `if`-식의 `(> 7 6)` 조건이 참이므로 base case 실행.
   - [그림의 ⑧] `720`을 `(fact-iter 120 6 6)`, 즉 FI(6)에게 반환 후 종료.

9) [그림의 FI(6)] `(fact-iter 120 6 6)` procedure 최종 값 반환 후 종료.
   - [그림의 ⑧] `(fact-iter 720 7 6)`, 즉 FI(7)로부터 `720` 수락.
   - [그림의 ⑨] `(fact-iter 24 5 6)`, 즉 FI(5)에게 `720` 반환 후 종료.

10) [그림의 FI(5)] `(fact-iter 24 5 6)` procedure 최종 값 반환 후 종료.
   - [그림의 ⑨] `(fact-iter 120 6 6)`, 즉 FI(6)으로부터 `720` 수락.
   - [그림의 ⑩] `(fact-iter 6 4 6)`, 즉 FI(4)에게 `720` 반환 후 종료.

11) [그림의 FI(4)] `(fact-iter 6 4 6)` procedure 최종 값 반환 후 종료.
   - [그림의 ⑩] `(fact-iter 24 5 6)`, 즉 FI(5)로부터 `720` 수락.
   - [그림의 ⑪] `(fact-iter 2 3 6)`, 즉 FI(3)에게 `720` 반환 후 종료.

12) [그림의 FI(3)] `(fact-iter 2 3 6)` procedure 최종 값 반환 후 종료.
   - [그림의 ⑪] `(fact-iteı 6 4 6)`, 즉 FI(4)로부터 `720` 수락.
   - [그림의 ⑫] `(fact-iter 1 2 6)`, 즉 FI(2)에게 `720` 반환 후 종료.

13) [그림의 FI(2)] `(fact-iter 1 2 6)` procedure 최종 값 반환 후 종료.
   - [그림의 ⑫] `(fact-iter 2 3 6)`, 즉 FI(3)으로부터 `720` 수락.
   - [그림의 ⑬] `(fact iter 1 1 6)`, 즉 FI(1)에게 `720` 빈흰 후 종료.

14) [그림의 FI(1)] `(fact-iter 1 1 6)` procedure 최종 값 반환 후 종료.
   - [그림의 ⑬] `(fact-iter 1 2 6)`, 즉 FI(2)로부터 `720` 수락.
   - [그림의 ⑭] `(fact 6)`에게 `720` 반환 후 종료.

15) [그림의 ⓪] `(fact 6)` procedure 호출.
   - [그림의 ⑭] `(fact-iter 1 1 6)`, 즉 FI(1)로부터 `720` 수락.
   - [그림의 ⑮] Environment에 `720` 반환 후 종료.

이전 예제와 마찬가지로, <그림 4-9>에서 `fact` procedure에 대한 recursion은 위 1)부터 7)까지 inductive case로 전개되고, 마지막 8)에서 base case로 종료된다. 이 과정을 expansion 단계라고 한다. 이후, recursion이 전개된 역순으로 `fact` procedure가 종료되는데, 이를 reduction 또는 recovery 단계라고 한다.

이전 예제와 비교하여, 이전 recursive process의 과정에서 수행된, factorial을 위한 곱셈에 대한 연산과 비교해서 정리한 내용을 보면, <그림 4-10>과 같다.

그림에서 보여주는, `fact` procedure의 실행 시 요구되는 시공간의 복잡도는 다음과 같다:

1) Time Complexity: O(n).
    - Recursion의 수가 입력 `n`에 정비례한다.
2) Space Complexity: O(1).
    - 각 recursion마다 필요한, 실질매개변수값을 갱신하는 과정에서 필요한 곱셈 연산과 피연산자의 수는 상수에 정비례한다.

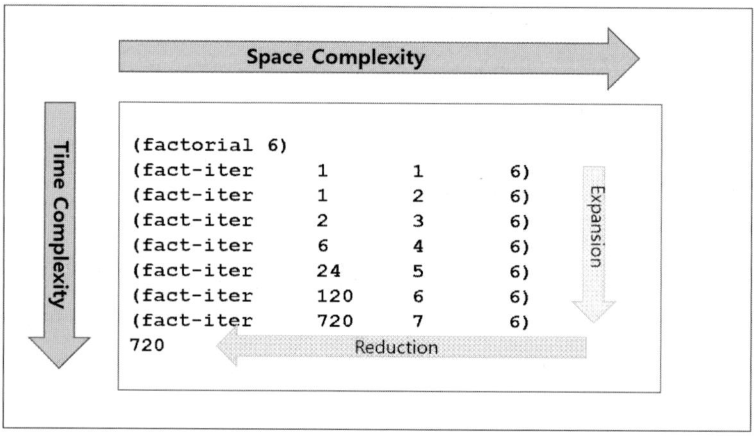


<그림 4-10> Recursion Process: `(fact 6)` - Complexity

## 4.1.12 Tree Recursion

위에서 보여준 recursion은 1차원적인 recursion이다. 이를 일반적으로 linear recursion이라고도 하고, recursive procedure의 본문에서 recursion이 발생된 위치에 따라, tail recursion이라고도 한다.

이번에는 recursion이 procedure의 본문에서 이중으로 발생되는 경우를 알아보자. 이를 일반적으로 tree recursion이라고 한다.[390] 우선 간단한 예를 보자. 다음은 Fibonacci 수를 연산하는 procedure다.

우선 Fibonacci Number에 대한 수학적 정의를 알아보자.

390) 여기에서는 binary tree를 기본으로 하지만, n-ary tree에 대한 recursion도 가능하다.

$$Fib(n) = \begin{cases} 0 & (\text{if } n = 0) \\ 1 & (\text{if } n = 0) \\ Fib(n+1) + Fib(n+2) & (otherwise) \end{cases}$$

### Example E.4-3) Fibonacci Example: Recursive

이 Fibonacci Number를 연산하는 procedure는 다음과 같이 정의되었다.

```
1  (define (fib n)
     (cond ((= n 0) 0)
           ((= n 1) 1)
           (else (+ (fib (- n 1))
                    (fib (- n 2))))))
```

<프로그램 4-22> **(fib n)** Procedure

이 코드를 간단하게 설명하면 다음과 같다:

1) [L1] procedure **fib** 선언: 매개변수 **n** - 자연수.

1-1) [L2] **cond**-수식:

- [Base Case 1] **(= n 0)** 경우: **0** 반환.
- [Base Case 2] **(= n 1)** 경우: **1** 반환.
- 나머지 경우: 다음 두 재귀 procedure의 결과를 합하여 반환.
  - [Inductive Case 1] **(fib (- n 1))** : **(n-1)**에 대한 재귀 호출 .
  - [Inductive Case 2] **(fib (- n 2))** : **(n-2)**에 대한 재귀 호출.

그러면, 다음은 이 코드가 어떻게 실행되는지 알아보자.

```
1  (fib 4)
```

<프로그램 4-23> **(fib 4)** Procedure Execution

<그림 4-11>은 Scheme에서 <프로그램 4-23>의 **(fib 4)** procedure가 어떻게 실행되는지를 보여준다.[391] 이를 설명하면 다음과 같다:

391) <그림 4-11>에서 보여주고 있는 핵심적인 내용 중 하나는 recursion도 순차적으로 진행된다는 것이다. Tail recursion과 같은 1차원적인 recursion은 한 방향으로만 전개되는 반면, binary tree recursion과 같은 2차원적인 recursion은 1차원적

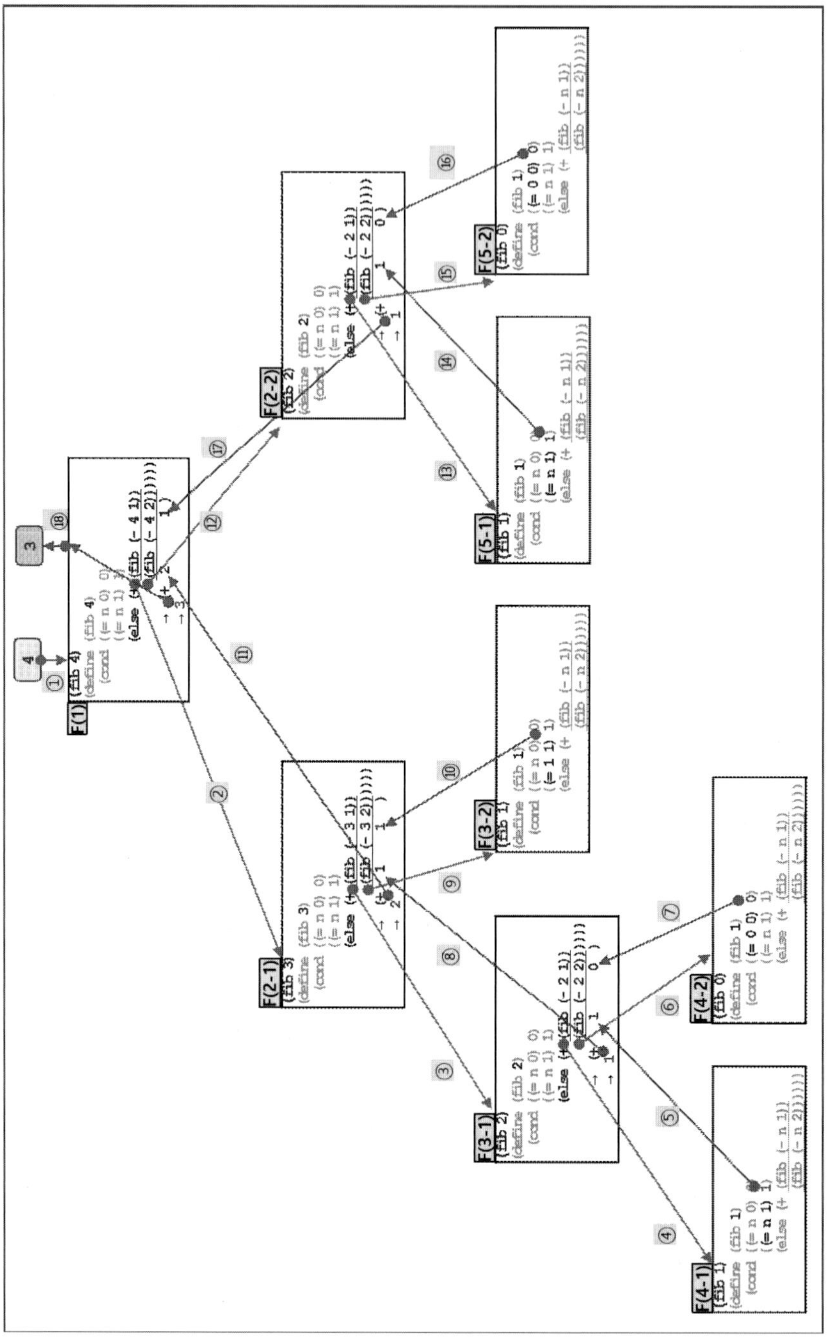

<그림 4-11> Recursive Process: **(fib 4)** procedure

recursion의 각 point마다 또 다른 차원의 recursion이 전개된다. 그리고 이러한 recursion의 성질은 procedure (또는 function) 내의 recursive한 정의가 어떤 위치에서, 어떤 조건에서 정의되는가에 달려있다.

1) [그림의 ①] `(fib 4)` procedure 호출.
2) [그림의 F(1)] `(fib 4)` procedure 실행.
   - `cond`-식의 조건에서 매개변수가 `0` 또는 `1`이 아니기 때문에 inductive case 1과 2 실행.
   - [그림의 ②] [Inductive Case 1] `n`이 `4`이므로 `(- 4 1)`인 `3`에 대한 `(fib 3)`, 즉 F(2-1) 호출.
   - `(fib 3)`의 반환값을 받은 후, `(- 4 2)`인 `2`에 대한 Inductive Case 2 `(fib 2)` 호출 예정.
3) [그림의 F(2-1)] `(fib 3)` procedure 실행.
   - `cond`-식의 조건에서 매개변수가 `0` 또는 `1`이 아니기 때문에 inductive case 1과 2 실행.
   - [그림의 ③] [Inductive Case 1] `n`이 `3`이므로 `(- 3 1)`인 `2`에 대한 `(fib 2)`, 즉 F(3-1) 호출.
   - `(fib 2)`의 반환값을 받은 후, `(- 3 2)`인 `1`에 대한 Inductive Case 2 `(fib 1)` 호출 예정.
4) [그림의 F(3-1)] `(fib 2)` procedure 실행.
   - `cond`-식의 조건에서 매개변수가 `0` 또는 `1`이 아니기 때문에 inductive case 1과 2 실행.
   - [그림의 ④] [Inductive Case 1] `n`이 `2`이므로 `(- 2 1)`인 `1`에 대한 `(fib 1)`, 즉 F(4-1) 호출.
   - `(fib 1)`의 반환값을 받은 후, `(- 2 2)`인 `0`에 대한 Inductive Case 2 `(fib 0)` 호출 예정.
5) [그림의 F(4-1)] `(fib 1)` procedure 실행 후 종료.
   - `cond`-식의 조건에서 매개변수가 `1`이기 때문에 Base Case 2 실행.
   - [그림의 ⑤] [Base Case 2] F(3-1), 즉 `(fib 2)`에게 `1` 반환 후 종료.

4-1) [그림의 F(3-1)] `(fib 2)` procedure 실행.
   - F(4-1), 즉 `(fib 1)`로부터 `1`을 받은 후,
   - [그림의 ⑥] [Inductive Case 2] `(- 2 2)`인 `0`에 대한 `(fib 0)`, 즉 F(4-2) 호출.

6) [그림의 F(4-2)] `(fib 0)` procedure 실행 후 종료.
   - `cond`-식의 조건에서 매개변수가 `0`이기 때문에 Base Case 1 실행.
   - [그림의 ⑦] [Base Case 1] F(3-1), 즉 `(fib 2)`에게 `0` 반환 후 종료.

4-2) [그림의 F(3-1)] `(fib 2)` procedure 결과값 반환 후 종료.
   - [그림의 ⑧] F(4-2), 즉 `(fib 0)`으로부터 `0`을 받은 후, 이전에, F(4-1), 즉 `(fib 1)`로부터 받은 `1`을 더해, 그 결과 `1`을 F(2-1), 즉 `(fib 3)`에게

반환 후 종료.

3-1) [그림의 F(2-1)] `(fib 3)` procedure 실행.

- F(3-1), 즉 `(fib 2)`로부터 1을 받은 후,
- [그림의 ⑨] [Inductive Case 2] `(- 3 2)`인 1에 대한 `(fib 1)`, 즉 F(3-2) 호출.

7) [그림의 F(3-2)] `(fib 1)` procedure 실행 후 종료.

- `cond`-식의 조건에서 매개변수가 0이기 때문에 Base Case 1 실행.
- [그림의 ⑩] [Base Case 1] F(2-1), 즉 `(fib 2)`에게 0 반환 후 종료.

3-2) [그림의 F(2-1)] `(fib 3)` procedure 실행.

- [그림의 ⑪] F(3-2), 즉 `(fib 0)`으로부터 0을 받은 후, 이전에, F(3-1), 즉 `(fib 2)`로부터 받은 1을 더해, 그 결과 1을 F(1), 즉 `(fib 4)`에게 반환 후 종료.

2-1) [그림의 F(1)] `(fib 4)` procedure 실행.

- F(2-1), 즉 `(fib 3)`으로부터 2를 받은 후,
- [그림의 ⑫] [Inductive Case 2] `(- 4 2)`인 2에 대한 `(fib 2)`, 즉 F(2-2) 호출.

8) [그림의 F(2-2)] `(fib 2)` procedure 실행 후 종료.

- 0 또는 1이 아니기 때문에 inductive case 1과 2 실행.
- [그림의 ⑬] [Inductive Case 1] `n`이 2이므로 `(- 2 1)`인 1에 대한 `(fib 1)`, 즉 F(5-1) 호출.
- `(fib 1)`의 반환값을 받은 후, `(- 2 2)`인 0에 대한 Inductive Case 2 `(fib 0)` 호출 예정.

9) [그림의 F(5-1)] `(fib 1)` procedure 실행 후 종료.

- `cond`-식의 조건에서 매개변수가 1이기 때문에 Base Case 2 실행.
- [그림의 ⑭] [Base Case 2] F(2-2), 즉 `(fib 2)`에게 1 반환 후 종료.

8-1) [그림의 F(2-2)] `(fib 2)` procedure 실행 후 종료.

- F(5-1), 즉 `(fib 1)`로부터 1을 받은 후,
- [그림의 ⑮] [Inductive Case 2] `(- 2 2)`인 0에 대한 `(fib 0)`, 즉 F(5-2) 호출.

10) [그림의 F(5-2)] `(fib 0)` procedure 실행 후 종료.

- `cond`-식의 조건에서 매개변수가 0이기 때문에 Base Case 1 실행.
- [그림의 ⑯] [Basc Case 2] F(2-2), 즉 `(fib 2)`에게 0 반환 후 종료.

8-2) [그림의 F(2-2)] `(fib 2)` procedure 실행 후 종료.

- [그림의 ⑰] F(5-2), 즉 `(fib 0)`으로부터 0을 받은 후, 이전에, F(5-1), 즉 `(fib 1)`로부터 받은 1을 더해, 그 결과 1을 F(1), 즉 `(fib 4)`에게 반

환 후 종료.

2-2) [그림의 F(1)] **(fib 4)** procedure 실행.

- [그림의 ⑱] F(2-2), 즉 **(fib 2)** 로부터 **1**을 받은 후, 이전에, F(2-1), 즉 **(fib 3)** 으로부터 받은 **2**를 더해, 그 결과 **3**을 Environment에게 반환 후 종료.

**fact** procedure의 실행 시 요구되는 시공간의 복잡도는 다음과 같다:

1) Time Complexity: O(n • log(n)).
   - Recursion의 수와 각 recursion마다 필요한 덧셈의 수가 입력 **n**에 n • log(n)으로 비례한다.
2) Space Complexity: O(n • log(n)).
   - Recursion의 수와 각 recursion마다 필요한, 누적된 곱셈 연산과 피연산자의 수가 요구하는 공간의 크기는 입력 **n**에 n • log(n)으로 비례한다.

## Example E.4-4) Fibonacci Example: Iterative

이전의 Factorial 예제처럼, recursive process가 아닌 iterative process 방식으로 Fibonacci Number를 연산하는 procedure를 작성해 보자.

```
1  (define (fib n)
2    (fib-iter 1 0 n))
3  (define (fib-iter a b count)
4    (if (= count 0)
5        b
6        (fib-iter (+ a b) a (- count 1))))
```

<프로그램 4-24> **(fib n)** Procedure: Iteration

이 코드를 간단하게 설명하면 다음과 같다:

1) [L1] procedure **fib** 선언: 매개변수 **n** - 자연수.

1-1) [L2] procedure **(fib-iter 1 0 n)** 호출.

2) [L3] procedure **fib-iter** 선언:
   - 매개변수

◦ a : n을 기준으로 count값이 0일 때의 Fib(n-2) 값.
◦ b : n을 기준으로 count값이 0일 때의 Fib(n-1) 값.
◦ count : n부터 0까지의 Fib(n) 값을 연산하기 위한 계수.

2-1) [L4] if-수식: (= count 0) 조건식 .

- Base Case: 계수 count가 0이면, 매개변수 b의 값은 count가 1일 때의 Fib(n-1)과 Fib(n-2)를 합한 값이므로 b 반환.
- Inductive Case: count가 0보다 크면, fact-iter 재귀함수 호출.
- 실질변수
  - a → (+ a b) : Fib(n+1)에서 (Fib(n)+Fib(n-1)) 값으로 갱신.
  - b → a : Fib(n+1)에서 (Fib(n-1)+Fib(n-2)) 값으로 갱신.
  - count → (- count 1) : 계수 갱신.

이 procedure의 특징은, 이전 예제처럼 recursion을 통해서 연산이 reduction 단계에서 역으로 수행되지 않고, 현재의 Fibonacci Number n의 값을 바로 다음 재귀함수의 매개변수로 전달한다는 것이다.

그러면, 다음은 이 코드가 어떻게 실행되는지 알아보자.

```
(fib 4)
```

<프로그램 4-25> (fib 4) Procedure Execution

<그림 4-12>는 Scheme에서 <프로그램 4-25>의 (fib 4) procedure가 어떻게 실행되는지를 보여준다.[392] 이를 설명하면 다음과 같다:

1) [그림의 ⓪] (fib 4) procedure 호출.
   - [그림의 ①](fib-iter 1 0 4) 호출.

2) [그림의 FI(1)] (fib-iter 1 0 4) procedure 실행: Fib(0).
   - if-식의 (= 4 0) 조건이 거짓이므로 inductive case 실행.
   - [그림의 ②] (fib-iter 1 1 3.) 재귀 procedure 호출: 매개변수 갱신.
     - a : (+ 1 0) → 1로 갱신.
     - b : 1로 갱신.
     - count : (- 4 1) → 3으로 갱신.

392) <그림 4-12>의 공간 제약에 의해, 각 fib-iter, count를 각각 fib-i, p로 이름을 줄였다.

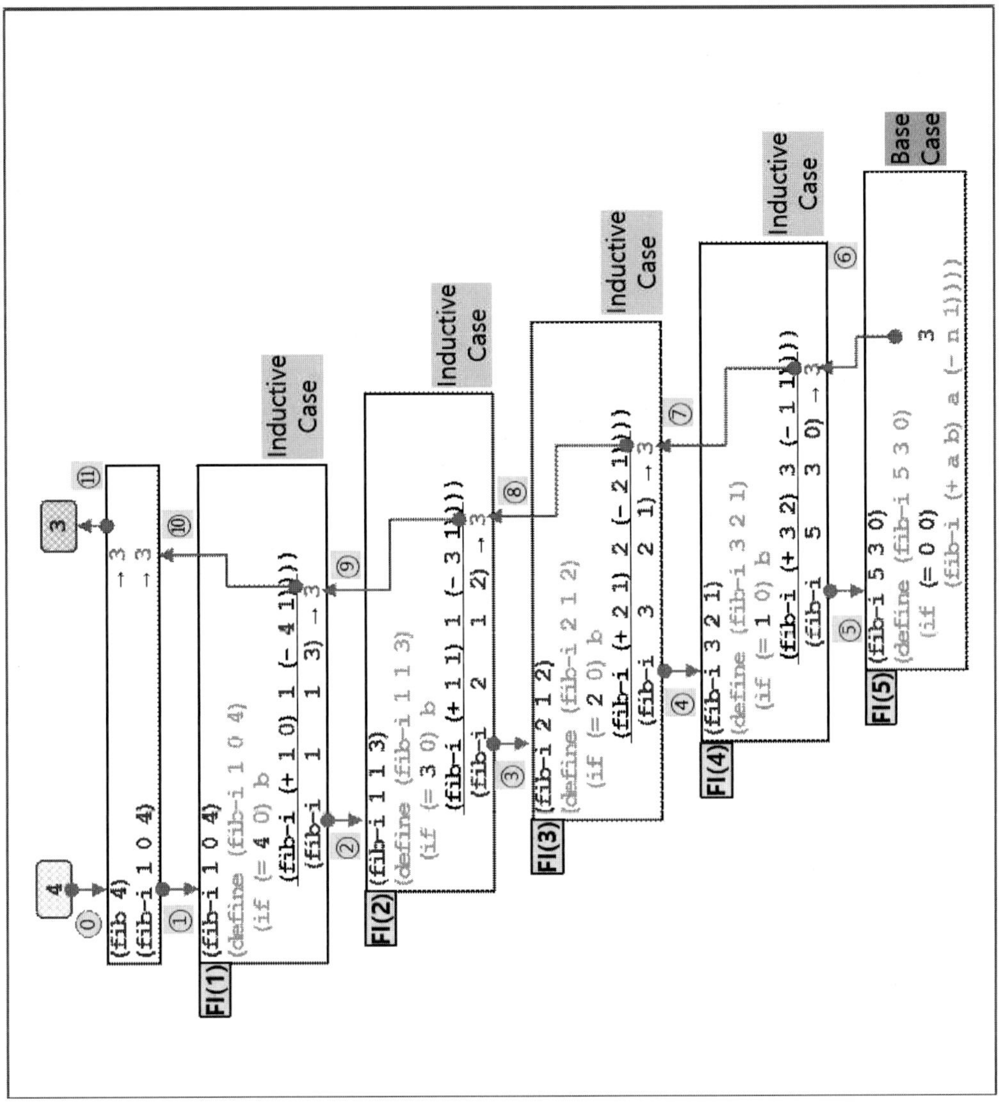


<그림 4-12> Iterative Process: **(Fib 4)** Example

3) [그림의 FI(2)] `(fib-iter 1 1 3)` procedure 실행: Fib(1).

- `if`-식의 `(= 3 0)` 조건이 거짓이므로 inductive case 실행.
- [그림의 ③] `(fib-iter 2 1 2)` 재귀 procedure 호출: 매개변수 갱신.
    - `a` : `(+ 1 1)` → 2로 갱신.
    - `b` : 1로 갱신.
    - `count` : `(- 3 1)` → 2로 갱신.

4) [그림의 FI(3)] `(fib-iter 2 1 2)` procedure 실행: Fib(2).

- `if`-식의 `(= 2 0)` 조건이 거짓이므로 inductive case 실행.
- [그림의 ④] `(fib-iter 3 2 1)` 재귀 procedure 호출: 매개변수 갱신.
    - `a` : `(+ 2 1)` → 3으로 갱신.
    - `b` : 2로 갱신.
    - `count` : `(- 2 1)` → 1로 갱신.

5) [그림의 FI(4)] `(fib-iter 3 2 1)` procedure 실행: Fib(3).

- `if`-식의 `(= 1 0)` 조건이 거짓이므로 inductive case 실행.
- [그림의 ⑤] `(fib-iter 5 3 0)` 재귀 procedure 호출: 매개변수 갱신.
    - `a` : `(+ 3 2)` → 5로 갱신.
    - `b` : 3으로 갱신.
    - `count` : `(- 1 1)` → 0으로 갱신.

6) [그림의 FI(5)] `(fib-iter 5 3 0)` procedure 실행 후 종료: Fib(4).

- `if`-식의 `(= 0 0)` 조건이 참이므로 base case 실행.
- [그림의 ⑥] 매개변수 `b`의 값인 3을 FI(4), 즉 `(fib-iter 3 2 1)`에게 반환 후 종료.

5-1) [그림의 FI(4)] `(fib-iter 3 2 1)` procedure 결과값 반환 후 종료.

- [그림의 ⑦] FI(5), 즉 `(fib-iter 5 3 0)`에게서 받은 반환값 3을 FI(3), 즉 `(fib-iter 2 1 2)`에게 다시 반환 후 종료.

4-1) [그림의 FI(3)] `(fib-iter 2 1 2)` procedure 결과값 반환 후 종료.

- [그림의 ⑧] FI(4), 즉 `(fib-iter 3 2 1)`에게서 받은 반환값 3을 FI(2), 즉 `(fib-iter 1 1 3)`에게 다시 반환 후 종료.

3-1) [그림의 FI(2)] `(fib-iter 1 1 3)` procedure 결과값 반환 후 종료.

- [그림의 ⑨] FI(3), 즉 `(fib-iter 2 1 2)`에게서 받은 반환값 3을 FI(1), 즉 `(fib-iter 1 0 4)`에게 다시 반환 후 종료.

2-1) [그림의 FI(1)] `(fib-iter 1 0 4)` procedure 결과값 반환 후 종료.

- [그림의 ⑩] FI(2), 즉 `(fib-iter 1 1 3)`에게서 받은 반환값 3을 FI(0), 즉 `(fib 4)`에게 다시 반환 후 종료.

1-1) [그림의 ⑩] `(fib 4)` procedure 결과값 반환 후 종료.
- [그림의 ⑪] FI(1), 즉 `(fib-iter 1 0 4)`에게서 받은 반환값 3을 Environment에게 다시 반환 후 종료.

이전 예제와 마찬가지로, <그림 4-12>에서 `fact` procedure에 대한 recursion은 위 1)부터 5)까지 inductive case로 전개되고, 마지막 6)에서 base case로 종료된다. 이 과정을 expansion 단계라고 한다. 이후, recursion이 전개된 역순으로 `fact` procedure가 종료되는데, 이를 reduction 또는 recovery 단계라고 한다.

그림에서 보여주는, `fact` procedure의 실행 시 요구되는 시공간의 복잡도는 다음과 같다:[393]

1) Time Complexity: O(n).
   - Recursion의 수가 입력 `n`에 정비례한다.
2) Space Complexity: O(1).
   - 각 recursion마다 필요한, 실질매개변수값을 갱신하는 과정에서 필요한 곱셈 연산과 피연산자의 수는 상수에 정비례한다.

참고로, 다음은 `fib` procedure를 ML의 함수로 전환한 프로그램이다. Scheme의 procedure와 ML의 함수 사이에는 문법적인, 그리고 논리적인 공통점이 있음을 확인할 수 있다.

fib : ML

```
fun fib n =
  case n of
    (n=0) => 0 |
    (n=1) => 1 |
     _ => fib(n-1)+fib(n-2);
```

<프로그램 4-26> `fib` Procedure

393) 복잡도 관점에서 보면, recursion 방식보다 iteration 방식이 더 효율적임을 볼 수 있다. 특히, 복잡도가 기하급수적으로 증가(exponential growth)하는 경우에는 iteration 방식이 더 요구된다. 하지만, 귀납적 방법에 기반한 recursion의 논리적인 정의가 iteration 방식의 논리로 전개되는 과정은 결코 쉬운 일은 아닐 것이다. 또한 역으로, recursion 방식은 논리적인 구조가 체계적이지만, 그 논리적 편의성을 위해, hardware나 system이 부담해야 하는 overload 역시 적지 않음을 확인할 수 있다. 이전 장에서 ML의 Permutation 함수에 입력되는 list의 크기가 Permutation 함수의 실행시간에 미치는 영향이 그 대표적인 예다.

```
fib : Scheme
(define (fib n)
  (cond ((= n 0) 0)
        ((= n 1) 1)
        (else (+ (fib (- n 1))
                 (fib (- n 2))))))
```

<프로그램 4-26> **fib** Procedure

## 4.1.13 High-order Procedure

이전 ML에서 설명했듯이, high-order procedure는 procedure의 매개변수와 반환값이 또 다른 procedure일 수 있는 procedure를 의미한다. 이의 성질을 간단하게 정리하면 다음과 같다:

1) Procedure를 조작하는 procedure.
2) 강력한 추상화 도구.
3) 프로그래밍언어 표현력의 방대한 확장.

### (1) Procedure as arguments

다음 3개는 특정한 구간의 값을 합산하는 procedure다. 이들의 공통점을 찾아서 어떻게 일반화할 수 있는지 알아보자.

```
(define (sum-integers a b)
  (if (> a b)
      0
      (+ a (sum-integers (+ a 1) b))))
```

<프로그램 4-27> **sum-integers** Procedure

<프로그램 4-27>의 procedure는 a부터 b 사이의 정수를 합산하는 procedure다. 예를 들면,

```
(sum-integers 1 5)
```

```
(+ 1
   (+ 2
      (+ 3
         (+ 4
            (+ 5 0)))))
```

여기에서의 특징을 보면,

1) 각 정수의 값을 그대로,
2) 하나씩 증가시키면서,

합산했음을 알 수 있다.

```
(define (sum-cubes a b)
  (if (> a b)
      0
      (+ (cube a) (sum-cubes (+ a 1) b))))
```

<프로그램 4-28> **sum-cubes** Procedure

<프로그램 4-28>의 procedure는 a부터 b 사이 정수의 cube, 즉 3승을 합산하는 procedure다. 예를 들면,

```
(sum-cubes 1 5)
```

```
(+ (* 1 1 1)
   (+ (* 2 2 2)
      (+ (* 3 3 3)
         (+ (* 4 4 4)
            (+ (* 5 5 5) 0)))))
```

여기에서의 특징을 보면,

1) 각 정수 값의 3승에 대하여,
2) 하나씩 증가시키면서,

합산했음을 알 수 있다.

```
(define (pi-sum a b)
  (if (> a b)
      0
      (+ (/ 1.0 (* a (+ a 2))) (pi-sum (+ a 4) b))))
```

<프로그램 4-29> **pi-sum** Procedure

유사하게, <프로그램 4-29>의 procedure는 a부터 b 사이의 pi-sum을 구하는 procedure다. 예를 들면,

```
(sum-integers 1 5)
```

```
(+ (/ 1.0 (* 1 (+ 1 2)))
    (+ (/ 1.0 (* 5 (+ 5 2))) 0)
```

여기에서의 특징을 보면,

1) 각 정수 값 a의 $\frac{1}{a^*(a+2)}$에 대하여,

2) 4씩 증가시키면서,

합산했음을 알 수 있다.

위 3개의 procedure를 일반화해보면 다음과 같이 정리할 수 있다:

```
(define (<name> a b)
  (if (> a b)
      0
      (+ (<term> a)
         (<name> (<next> a) b))))
```

<프로그램 4-30> Generic **sum** Procedure

그리고 위에서 각 procedure별로 구분한 특징을 여기에서는 다음과 같이 정의했다:

1) Term: 각 정수값에 부여되는 반영값.
2) Next: 다음 정수를 정하는 기준.

참고로, 위 procedure를 ML로 전환하면, 다음과 같다.

sum-integers : ML

```
fun sum_int(a,b) =
  if (a>b) 0
  else      a + sum_int((a+1),b);
```

sum-integers : Scheme

```
(define (sum-integers a b)
  (if (> a b) 0
              (+ a (sum-integers (+ a 1) b))))
```

<프로그램 4-31> **sum-integers** Procedure in ML

sum-cubes : ML

```
fun sum_cubes(a,b) =
  if (a>b) 0
  else      a*a*a + sum_int((a+1),b);
```

sum-cubes : Scheme

```
(define (sum-cubes a b)
  (if (> a b) 0
              (+ (cube a) (sum-cubes (+ a 1) b))))
```

<프로그램 4-32> **sum-cubes** Procedure in ML

pi_sum : ML

```
fun pi_sum(a,b) =
  if (a>b) 0
  else      1.0/(a*(a+2)) + sum_int((a+4),b);
```

pi_sum : Scheme

```
(define (pi-sum a b)
  (if (> a b) 0
              (+ (/ 1.0 (* a (+ a 2))) (pi-sum (+ a 4) b))))
```

<프로그램 4-33> **pi_sum** Procedure in ML

이를 기반으로 일반화된, 즉 generic 유형의 procedure를 정의하면 다음과 같다:

```
1 (define (sum term a next b)
2   (if (> a b)
3       0
4      (+ (term a)
5         (sum term (next a) next b))))
```

<프로그램 4-34> Generic `sum` Procedure

이 코드를 간단하게 설명하면 다음과 같다:

1) [L1] procedure `sum` 선언:
- 매개변수:
  - `term` : 변수 `a`에 대한 가공식 (transformation procedure).
  - `a` : 가공이 적용되는 변수 `a`.
  - `next` : 다음 가공 대상인 수를 구하는 공식 (next-number procedure)
  - `b` : 합산의 경계수.

1-1) [L2] `if`-expression : 합산의 경계를 벗어났는지 점검.
- [Base Case] `(> a b)` : `a`가 `b`를 초과하면, `0` 반환.
- [Inductive Case] `(<= a b)` : `a`가 `b`를 초과하지 않으면,
  - `(term a)` : `a`에 term을 적용해서, 그 결과를,
  - `(sum term (next a) next b)` : 다음 수에 대한 합산의 결과값을 반환 후 종료.

참고로, 이를 ML 함수로 전환하면 다음과 같다:

```
fun sum (term, a, next, b)=
  if (> a b)
      0
      term(a) + sum (term,  next(a), next, b));
```

<프로그램 4-35> `sum` Procedure in ML

그러면, 위에서 거론한 3개의 procedure를 어떻게 이 generic procedure로 정의할 수 있는지 알아보자.

### Example E.4-5) sum-integers Example: Iterative

첫 번째는, 다음과 같은, 이전에 정의한 **sum-integers** procedure다.

```
1  (define (inc n) (+ n 1))
2  (define (identity n) n)
3  (define (sum-integers a b)
4    (sum identity a inc b))
```

<프로그램 4-36> **sum-integers** Procedure

이 코드를 간단하게 설명하면 다음과 같다:

1) [L1] procedure **inc** 선언: 매개변수 **n**에 **1**을 더한다.
2) [L2] procedure **identity** 선언: 매개변수 **n** 자신의 값을 그대로 반환한다.
3) [L3] procedure **sum-integers** 선언:
   - 매개변수:
     - **a** : 합산이 시작되는 시작 수.
     - **b** : 합산이 끝나는 마지막 수.
   - procedure **sum** 호출:
     - **identity** : 정수 합산에서 각 정수에 대한 **a**에 대한 가공식 (transformation procedure).
     - **a** : 가공이 적용되는 변수 **a**.
     - **inc** : 다음 가공 대상인 수를 구하는 공식 (next-number procedure).
     - **b** : 합산의 경계수.

그러면, 다음 procedure를 호출하면, 어떤 결과가 어떻게 산출되는지 알아보자.

```
(sum-integers 1 5)
15
```

<프로그램 4-37> **(sum-integers 1 5)** Procedure: Execution

<그림 4-13>은 Scheme에서 <프로그램 4-37>의 **(sum-integers 1 5)** procedure가 어떻게 실행되는지를 보여준다.[394] 이를 설명하면 다음과 같다:

394) <그림 4-13>의 공간 제약에 의해, 각 **sum-integers**, **identity**를 각각

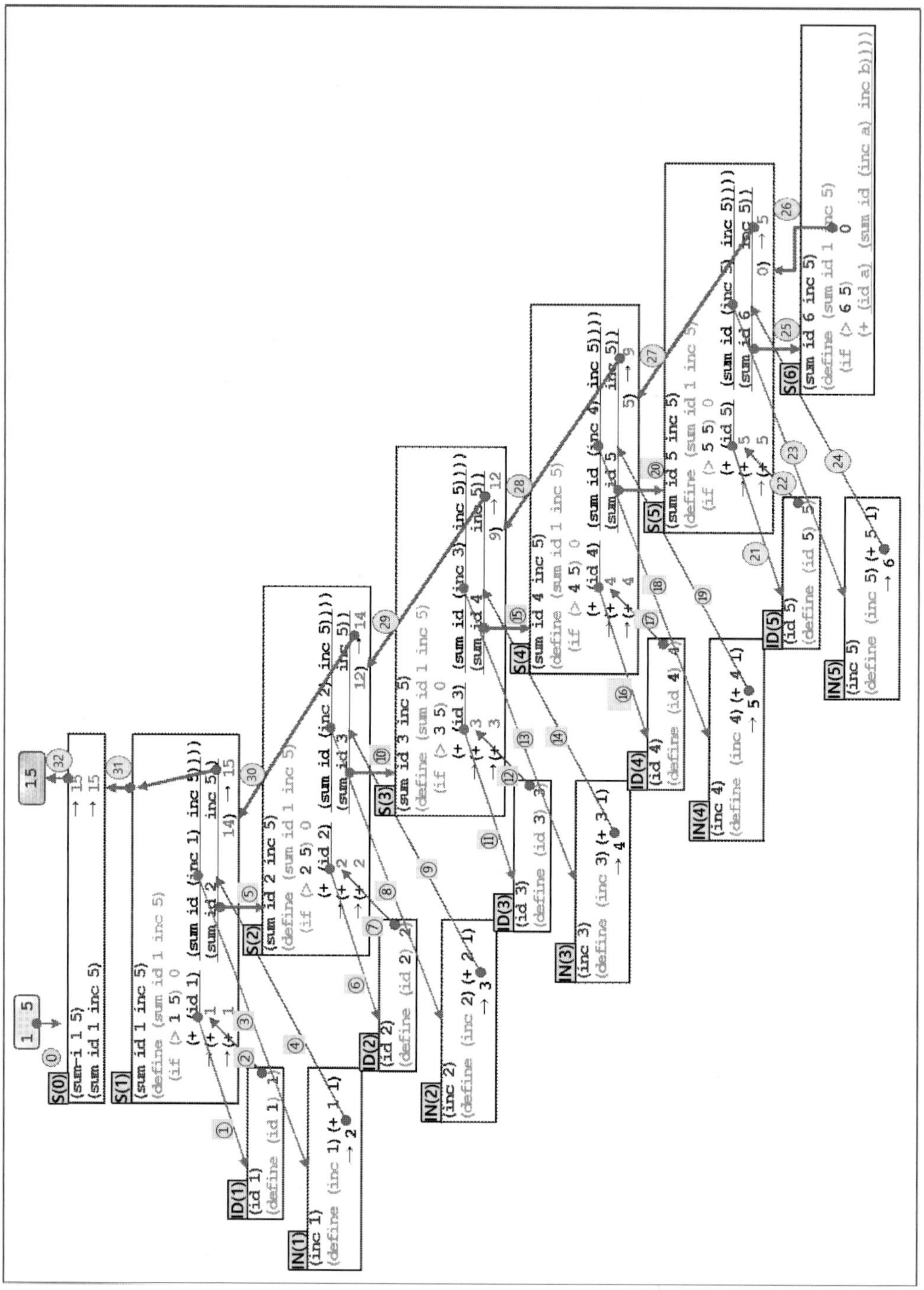

<그림 4-13> `(sum-integers 1 5)` procedure: Execution

---

`sum-i`, `id`로 이름을 줄였다.

1) [그림의 S(0)] `(sum-integers 1 5)` procedure 호출.

- [그림의 ⓪] `(sum identity 1 inc 5)` 호출.

2) [그림의 S(1)] `(sum identity 1 inc 5)` procedure 실행.

- `if`-식의 `(> 1 5)` 조건이 거짓이므로 inductive case 실행.
- [그림의 ①] `(identity 1)` procedure, 즉 ID(1) 호출.

3) [그림의 ID(1)] `(identity 1)` procedure 실행 및 종료.

- [그림의 ②]: S(1), 즉 `(sum identity 1 inc 5)`에게 1 반환 후 종료.

2-1) [그림의 S(1)] `(sum identity 1 inc 5)` procedure 실행.

- [그림의 ②]: ID(1), 즉 `(identity 1)`에게 1 수락 후 대기.
- [그림의 ③] `(inc 1)` procedure, 즉 IN(1) 호출.

4) [그림의 IN(1)] `(inc 1)` procedure 실행 및 종료

- [그림의 ④]: S(1), 즉 `(sum identity 1 inc 5)`에게 `(+ 1 1)` 반환 후 종료.

2-2) [그림의 S(1)] `(sum identity 1 inc 5)` procedure 실행.

- [그림의 ④]: IN(1), 즉 `(inc 1)`로부터 2 수락 후,
- [그림의 ⑤] S(2), 즉 `(sum identity 2 inc 5)` procedure 호출.

5) [그림의 S(2)] `(sum identity 2 inc 5)` procedure 실행.

- `if`-식의 `(> 2 5)` 조건이 거짓이므로 inductive case 실행.
- [그림의 ⑥] `(identity 2)` procedure, 즉 ID(2) 호출.

6) [그림의 ID(2)] `(identity 2)` procedure 실행 및 종료.

- [그림의 ⑦]: S(2), 즉 `(sum identity 2 inc 5)`에게 2 반환 후 종료.

5-1) [그림의 S(2)] `(sum identity 2 inc 5)` procedure 실행.

- [그림의 ⑦]: ID(2), 즉 `(identity 2)`에게 2 수락 후 대기.
- [그림의 ⑧] `(inc 2)` procedure, 즉 IN(2) 호출.

7) [그림의 IN(2)] `(inc 2)` procedure 실행 및 종료.

- [그림의 ⑨]: S(2), 즉 `(sum identity 2 inc 5)`에게 `(+ 2 1)`, 즉 3 반환 후 종료.

5-2) [그림의 S(2)] `(sum identity 2 inc 5)` procedure 실행.

- [그림의 ⑨]: IN(2), 즉 `(inc 2)`로부터 3 수락 후,
- [그림의 ⑩] S(3), 즉 `(sum identity 3 inc 5)` procedure 호출.

8) [그림의 S(3)] `(sum identity 3 inc 5)` procedure 실행.

- `if`-식의 `(> 3 5)` 조건이 거짓이므로 inductive case 실행.
- [그림의 ⑪] `(identity 3)` procedure, 즉 ID(3) 호출

9) [그림의 ID(3)] `(identity 3)` procedure 실행 및 종료.

- [그림의 ⑫]: S(3), 즉 `(sum identity 3 inc 5)`에게 3 반환 후 종료.

8-1) [그림의 S(3)] `(sum identity 3 inc 5)` procedure 실행.

- [그림의 ⑫]: ID(3), 즉 `(identity 3)`에게 3 수락 후 대기.
- [그림의 ⑬] `(inc 3)` procedure, 즉 IN(3) 호출.

10) [그림의 IN(3)] `(inc 3)` procedure 실행 및 종료.

- [그림의 ⑭]: S(3), 즉 `(sum identity 3 inc 5)`에게 `(+ 3 1)`, 즉 4 반환 후 종료.

8-2) [그림의 S(3)] `(sum identity 3 inc 5)` procedure 실행.

- [그림의 ⑭]: IN(3), 즉 `(inc 3)`으로부터 4 수락 후,
- [그림의 ⑮] S(4), 즉 `(sum identity 4 inc 5)` procedure 호출.

<u>**11) [그림의 S(4)]**</u> `(sum identity 4 inc 5)` procedure 실행.

- `if`-식의 `(> 4 5)` 조건이 거짓이므로 inductive case 실행.
- [그림의 ⑯] `(identity 4)` procedure, 즉 ID(4) 호출.

12) [그림의 ID(4)] `(identity 4)` procedure 실행 및 종료.

- [그림의 ⑰]: S(4), 즉 `(sum identity 4 inc 5)`에게 4 반환 후 종료.

11-1) [그림의 S(4)] `(sum identity 4 inc 5)` procedure 실행.

- [그림의 ⑰]: ID(4), 즉 `(identity 4)`에게 4 수락 후 대기.
- [그림의 ⑱] `(inc 4)` procedure, 즉 IN(4) 호출.

13) [그림의 IN(4)] `(inc 4)` procedure 실행 및 종료.

- [그림의 ⑲]: S(4), 즉 `(sum identity 4 inc 5)`에게 `(+ 4 1)`, 즉 5 반환 후 종료.

11-2) [그림의 S(4)] `(sum identity 4 inc 5)` procedure 실행.

- [그림의 ⑲]: IN(4), 즉 `(inc 4)`로부터 5 수락 후,
- [그림의 ⑳] S(5), 즉 `(sum identity 5 inc 5)` procedure 호출.

<u>**14) [그림의 S(5)]**</u> `(sum identity 5 inc 5)` procedure 실행.

- `if`-식의 `(> 5 5)` 조건이 거짓이므로 inductive case 실행.
- [그림의 21] `(identity 5)` procedure, 즉 ID(5) 호출.

15) [그림의 ID(5)] `(identity 5)` procedure 실행 및 종료.

- [그림의 22]: S(5), 즉 `(sum identity 5 inc 5)`에게 5 반환 후 종료.

14-1) [그림의 S(5)] `(sum identity 5 inc 5)` procedure 실행.

- [그림의 22]: ID(5), 즉 `(identity 5)`에게 5 수락 후 대기.
- [그림의 23] `(inc 5)` procedure, 즉 IN(5) 호출.

16) [그림의 IN(5)] `(inc 5)` procedure 실행 및 종료.

- [그림의 24]: S(5), 즉 `(sum identity 5 inc 5)`에게 `(+ 5 1)`, 즉 6 반환 후 종료.

14-2) [그림의 S(5)] `(sum identity 5 inc 5)` procedure 실행.

- [그림의 24]: IN(5), 즉 `(inc 5)`로부터 `6` 수락 후,
- [그림의 25] S(6), 즉 `(sum identity 6 inc 5)` procedure 호출.

**<u>17) [그림의 S(6)]</u>** `(sum identity 6 inc 5)` procedure 실행 후 종료.

- `if`-식의 `(> 6 5)` 조건이 참이므로 base case 실행.
- [그림의 26] S(5), 즉 `(sum identity 5 inc 5)` procedure에게 `0` 반환 후 종료.

14-3) [그림의 S(5)] `(sum identity 5 inc 5)` procedure 결과값 반환 후 종료.

- [그림의 26]: S(6), 즉 `(sum identity 6 inc 5)`로부터 `0` 수락 후,
- [그림의 27] ID(5)로부터 받았던 `5`를 더해서, 즉 `(+ 5 0)`의 결과 `5`를 S(4), 즉 `(sum identity 4 inc 5)`에게 반환 후 종료.

11-3) [그림의 S(4)] `(sum identity 4 inc 5)` procedure 결과값 반환 후 종료.

- [그림의 27]: S(5), 즉 `(sum identity 5 inc 5)`로부터 `5` 수락 후,
- [그림의 28] ID(4)로부터 받았던 `4`를 더해서, 즉 `(+ 4 5)`의 결과 `9`를 S(3), 즉 `(sum identity 3 inc 5)`에게 반환 후 종료.

8-3) [그림의 S(3)] `(sum identity 3 inc 5)` procedure 결과값 반환 후 종료.

- [그림의 28]: S(4), 즉 `(sum identity 4 inc 5)`로부터 `9` 수락 후,
- [그림의 29] ID(3)으로부터 받았던 `3`을 더해서, 즉 `(+ 9 3)`의 결과 `12`를 S(2), 즉 `(sum identity 2 inc 5)`에게 반환 후 종료.

5-3) [그림의 S(2)] `(sum identity 2 inc 5)` procedure 결과값 반환 후 종료.

- [그림의 29]: S(3), 즉 `(sum identity 3 inc 5)`로부터 `12` 수락 후,
- [그림의 30] ID(2)로부터 받았던 `2`를 더해서, 즉 `(+ 12 2)`의 결과 `14`를 S(1), 즉 `(sum identity 1 inc 5)`에게 반환 후 종료.

2-3) [그림의 S(1)] `(sum identity 1 inc 5)` procedure 결과값 반환 후 종료.

- [그림의 30]: S(2), 즉 `(sum identity 2 inc 5)`로부터 `14` 수락 후,
- [그림의 31] ID(1)로부터 받았던 `1`을 더해서, 즉 `(+ 14 1)`의 결과 `15`를 S(0), 즉 `(sum-integers 1 5)`에게 반환 후 종료.

1-1) [그림의 ⓪] `(sum-integers 1 5)` 결과 반환 후 종료.

- [그림의 32] S(1), 즉 `(sum identity 1 inc 5)`로부터 `15` 수락 후, Environment에 반환 후 종료.

참고로, 이를 ML로 전환하면 다음과 같다:

```
fun identity n = n;
fun inc n = n+1;
fun sum_integers (a, b) =
    sum(identity, a, inc, b);
```

<프로그램 4-38> **sum-integers** Procedure in ML

## Example E.4-6) sum-cubes Example: Iterative

두 번째는, 다음과 같은, 이전에 정의한 **sum-cubes** procedure다.

```
1  (define (cube n) (* n n n))
2  (define (sum-cubes a b)
3    (sum cube a inc b))
```

<프로그램 4-39> **sum-cubes** Procedure

이 코드를 간단하게 설명하면 다음과 같다:

1) [L1] procedure **cube** 선언: 매개변수 **n**의 3승($n^3$) 값을 그대로 반환한다.
2) [L2] procedure **sum-cubes** 선언:
   - 매개변수:
     - **a** : 합산이 시작되는 시작 수.
     - **b** : 합산이 끝나는 마지막 수.
   - procedure **sum** 호출:
     - **cube** : 정수 합산에서 각 정수에 대한 **a**에 대한 가공식 (transformation procedure).
     - **a** : 가공이 적용되는 변수 **a**.
     - **inc** : 다음 가공 대상인 수를 구하는 공식 (next-number procedure).
     - **b** : 합산의 경계수.

그러면, 다음 procedure를 호출하면, 어떤 결과가 어떻게 산출되는지 알아보자.

```
(sum-cubes 1 5)
225
```

<프로그램 4-40> **(sum-cubes 1 5)** Procedure: Execution

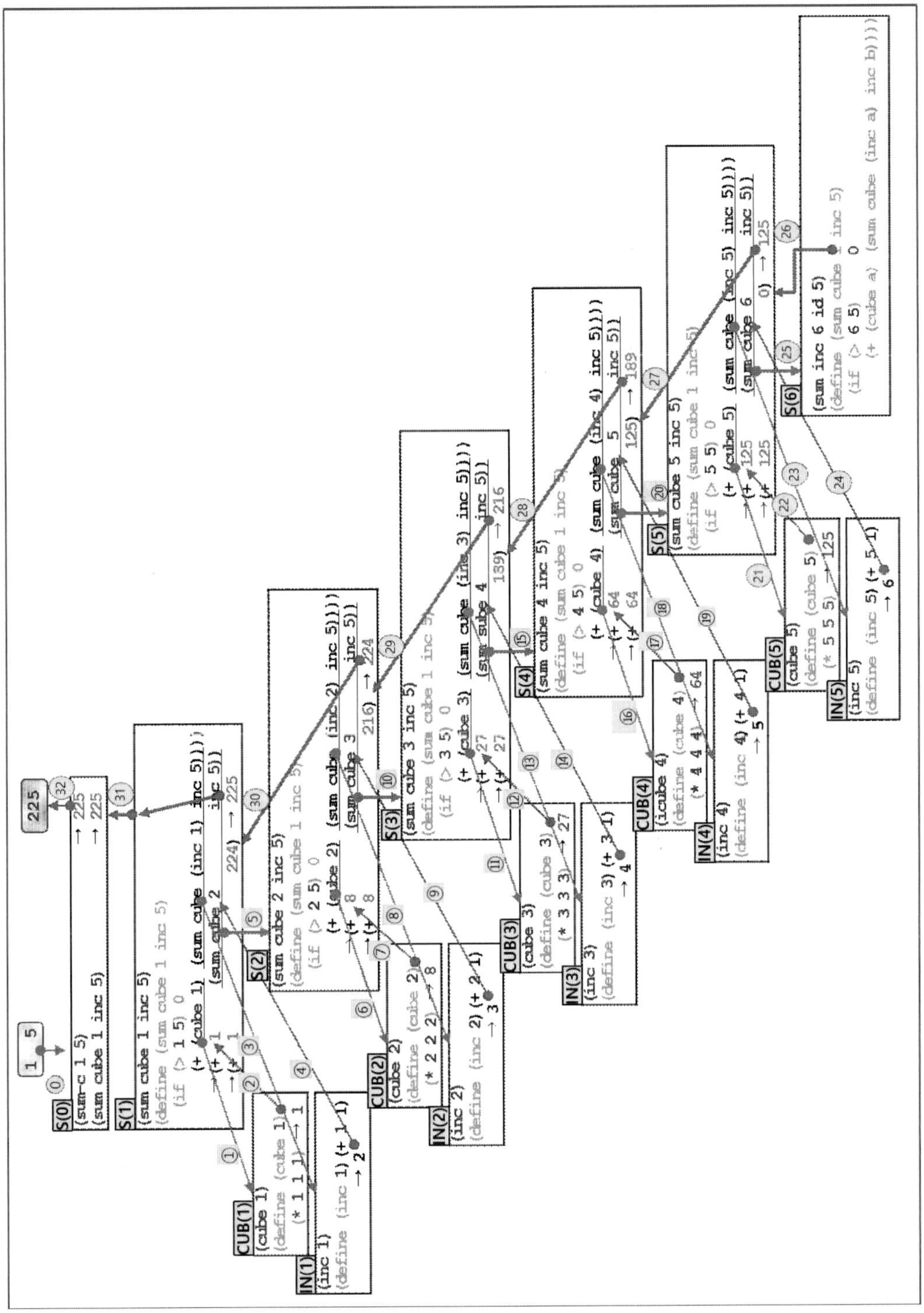

<그림 4-14> `(sum-cubes 1 5)` procedure: Execution

<그림 4-14>는 Scheme에서 <프로그램 4-40>의 `(sum-cubes 1 5)` procedure가 어떻게 실행되는지를 보여준다.[395] 이를 설명하면 다음과 같다:

1) [그림의 S(0)] `(sum-cubes 1 5)` procedure 호출.
   - [그림의 ⓪] `(sum cube 1 inc 5)` 호출.

<u>2) [그림의 S(1)]</u> `(sum cube 1 inc 5)` procedure 실행.
   - `if`-식의 `(> 1 5)` 조건이 거짓이므로 inductive case 실행.
   - [그림의 ①] `(cube 1)` procedure, 즉 CUBE(1) 호출.

3) [그림의 CUBE(1)] `(cube 1)` procedure 실행 및 종료
   - [그림의 ②]: S(1), 즉 `(sum cube 1 inc 5)`에게 `(* 1 1 1)`, 즉 `1` 반환 후 종료.

2-1) [그림의 S(1)] `(sum cube 1 inc 5)` procedure 실행.
   - [그림의 ②]: CUBE(1), 즉 `(cube 1)`에게 `1` 수락 후 대기.
   - [그림의 ③] `(inc 1)` procedure, 즉 IN(1) 호출.

4) [그림의 IN(1)] `(inc 1)` procedure 실행 및 종료.
   - [그림의 ④]: S(1), 즉 `(sum cube 1 inc 5)`에게 `(+ 1 1)` 반환 후 종료.

2-2) [그림의 S(1)] `(sum cube 1 inc 5)` procedure 실행.
   - [그림의 ④]: IN(1), 즉 `(inc 1)`로부터 `2` 수락 후,
   - [그림의 ⑤] S(2), 즉 `(sum cube 2 inc 5)` procedure 호출.

<u>5) [그림의 S(2)]</u> `(sum cube 2 inc 5)` procedure 실행.
   - `if`-식의 `(> 2 5)` 조건이 거짓이므로 inductive case 실행.
   - [그림의 ⑥] `(cube 2)` procedure, 즉 CUBE(2) 호출.

6) [그림의 CUBE(2)] `(cube 2)` procedure 실행 및 종료.
   - [그림의 ⑦]: S(2), 즉 `(sum cube 2 inc 5)`에게 `(* 2 2 2)`, 즉 `8` 반환 후 종료.

5-1) [그림의 S(2)] `(sum cube 2 inc 5)` procedure 실행.
   - [그림의 ⑦]: CUBE(2), 즉 `(cube 2)`에게 `8` 수락 후 대기.
   - [그림의 ⑧] `(inc 2)` procedure, 즉 IN(2) 호출.

7) [그림의 IN(2)] `(inc 2)` procedure 실행 및 종료.
   - [그림의 ⑨]: S(2), 즉 `(sum cube 2 inc 5)`에게 `(+ 2 1)`, 즉 `3` 반환 후 종료.

5-2) [그림의 S(2)] `(sum cube 2 inc 5)` procedure 실행.
   - [그림의 ⑨]: IN(2), 즉 `(inc 2)`로부터 `3` 수락 후,

395) <그림 4-14>의 공간 제약에 의해, 각 `sum-integers`, `cube`를 각각 `sum`, `CUB`로 이름을 줄였다.

- [그림의 ⑩] S(3), 즉 `(sum cube 3 inc 5)` procedure 호출.

**8) [그림의 S(3)]** `(sum cube 3 inc 5)` procedure 실행.

- `if`-식의 `(> 3 5)` 조건이 거짓이므로 inductive case 실행.
- [그림의 ⑪] `(cube 3)` procedure, 즉 CUBE(3) 호출.

9) [그림의 CUBE(3)] `(cube 3)` procedure 실행 및 종료.

- [그림의 ⑫]: S(3), 즉 `(sum cube 3 inc 5)`에게 `(* 3 3 3)`, 즉 27 반환 후 종료.

8-1) [그림의 S(3)] `(sum cube 3 inc 5)` procedure 실행.

- [그림의 ⑫]: CUBE(3), 즉 `(cube 3)`에게 27 수락 후 대기.
- [그림의 ⑬] `(inc 3)` procedure, 즉 IN(3) 호출.

10) [그림의 IN(3)] `(inc 3)` procedure 실행 및 종료.

- [그림의 ⑭]: S(3), 즉 `(sum cube 3 inc 5)`에게 `(+ 3 1)`, 즉 4 반환 후 종료.

8-2) [그림의 S(3)] `(sum cube 3 inc 5)` procedure 실행.

- [그림의 ⑭]: IN(3), 즉 `(inc 3)`으로부터 4 수락 후,
- [그림의 ⑮] S(4), 즉 `(sum cube 4 inc 5)` procedure 호출.

**11) [그림의 S(4)]** `(sum cube 4 inc 5)` procedure 실행.

- `if`-식의 `(> 4 5)` 조건이 거짓이므로 inductive case 실행.
- [그림의 ⑯] `(cube 4)` procedure, 즉 CUBE(4) 호출.

12) [그림의 CUBE(4)] `(cube 4)` procedure 실행 및 종료.

- [그림의 ⑰]: S(4), 즉 `(sum cube 4 inc 5)`에게 `(* 4 4 4)`, 즉 64 반환 후 종료.

11-1) [그림의 S(4)] `(sum cube 4 inc 5)` procedure 실행.

- [그림의 ⑰]: CUBE(4), 즉 `(cube 4)`에게 64 수락 후 대기.
- [그림의 ⑱] `(inc 4)` procedure, 즉 IN(4) 호출.

13) [그림의 IN(4)] `(inc 4)` procedure 실행 및 종료.

- [그림의 ⑲]: S(4), 즉 `(sum cube 4 inc 5)`에게 `(+ 4 1)`, 즉 5 반환 후 종료.

11-2) [그림의 S(4)] `(sum cube 4 inc 5)` procedure 실행.

- [그림의 ⑲]: IN(4), 즉 `(inc 4)`로부터 5 수락 후,
- [그림의 ⑳] S(5), 즉 `(sum cube 5 inc 5)` procedure 호출.

**14) [그림의 S(5)]** `(sum cube 5 inc 5)` procedure 실행.

- `if`-식의 `(> 5 5)` 조건이 거짓이므로 inductive case 실행.
- [그림의 21] `(cube 5)` procedure, 즉 CUBE(5) 호출.

15) [그림의 CUBE(5)] `(cube 5)` procedure 실행 및 종료.

- [그림의 22]: S(5), 즉 `(sum cube 5 inc 5)`에게 `(* 5 5 5)`, 즉 `125` 반환 후 종료.

14-1) [그림의 S(5)] `(sum cube 5 inc 5)` procedure 실행.

- [그림의 22]: CUBE(5), 즉 `(cube 5)`에게 `125` 수락 후 대기.
- [그림의 23] `(inc 5)` procedure, 즉 IN(5) 호출.

16) [그림의 IN(5)] `(inc 5)` procedure 실행 및 종료.

- [그림의 24]: S(5), 즉 `(sum cube 5 inc 5)`에게 `(+ 5 1)`, 즉 `6` 반환 후 종료.

14-2) [그림의 S(5)] `(sum cube 5 inc 5)` procedure 실행.

- [그림의 24]: IN(5), 즉 `(inc 5)`로부터 `6` 수락 후,
- [그림의 25] S(6), 즉 `(sum cube 6 inc 5)` procedure 호출.

<u>17) [그림의 S(6)]</u> `(sum cube 6 inc 5)` procedure 실행 후 종료.

- `if`-식의 `(> 6 5)` 조건이 참이므로 base case 실행.
- [그림의 26] S(5), 즉 `(sum cube 5 inc 5)` procedure에게 `0` 반환 후 종료.

14-3) [그림의 S(5)] `(sum cube 5 inc 5)` procedure 결과값 반환 후 종료.

- [그림의 26]: S(6), 즉 `(sum cube 6 inc 5)`로부터 `0` 수락 후,
- [그림의 27] CUBE(5)로부터 받았던 `125`를 더해서, 즉 `(+ 125 0)`의 결과 `125`를 S(4), 즉 `(sum cube 4 inc 5)`에게 반환 후 종료.

11-3) [그림의 S(4)] `(sum cube 4 inc 5)` procedure 결과값 반환 후 종료.

- [그림의 27]: S(5), 즉 `(sum cube 5 inc 5)`로부터 `125` 수락 후,
- [그림의 28] CUBE(4)로부터 받았던 `64`를 더해서, 즉 `(+ 125 64)`의 결과 `189`를 S(3), 즉 `(sum cube 3 inc 5)`에게 반환 후 종료.

8-3) [그림의 S(3)] `(sum cube 3 inc 5)` procedure 결과값 반환 후 종료.

- [그림의 28]: S(4), 즉 `(sum cube 4 inc 5)`로부터 `189` 수락 후,
- [그림의 29] CUBE(3)으로부터 받았던 `27`을 더해서, 즉 `(+ 189 27)`의 결과 `216`을 S(2), 즉 `(sum cube 2 inc 5)`에게 반환 후 종료.

5-3) [그림의 S(2)] `(sum cube 2 inc 5)` procedure 결과값 반환 후 종료.

- [그림의 29]: S(3), 즉 `(sum cube 3 inc 5)`로부터 `216` 수락 후,
- [그림의 30] CUBE(2)로부터 받았던 `8`을 더해서, 즉 `(+ 216 8)`의 결과 `224`를 S(1), 즉 `(sum cube 1 inc 5)`에게 반환 후 종료.

2-3) [그림의 S(1)] `(sum cube 1 inc 5)` procedure 결과값 반환 후 종료.

- [그림의 30]: S(2), 즉 `(sum cube 2 inc 5)`로부터 `224` 수락 후,
- [그림의 31] CUBE(1)로부터 받았던 `1`을 더해서, 즉 `(+ 224 1)`의 결과 `225`를 S(0), 즉 `(sum-cubes 1 5)`에게 반환 후 종료.

1-1) [그림의 ⓪] **(sum-cubes 1 5)** 결과 반환 후 종료.

- [그림의 32] S(1), 즉 **(sum cube 1 inc 5)**로부터 **225** 수락 후, Environment에 반환 후 종료.

참고로, 이를 ML로 전환하면 다음과 같다:

```
fun cube n = (* n n n);
fun sum_cubes (a, b) =
   sum(cube, a, inc, b);
```

<프로그램 4-41> **sum-cubes** Procedure in ML

세 번째는, 다음과 같은, 이전에 정의한 **pi-sum** procedure다.

```
1 (define (pi-sum a b)
2   (define (pi-term x)
3     (/ 1.0 (* x (+ x 2))))
4   (define (pi-next x)
5     (+ x 4))
6   (sum pi-term a pi-next b))
```

<프로그램 4-42> **pi-sum** Procedure

이 코드를 간단하게 설명하면 다음과 같다:

1) [L1] procedure **pi-sum** 선언:

- 매개변수:
  - **a** : 합산이 시작되는 시작 수.
  - **b** : 합산이 끝나는 마지막 수.

1-1) [L2] Local procedure **pi-term** 선언: 매개변수 **x**.

1-1-1) [L3] Pi Term 반환: **(/ 1.0 (* x (+ x 2)))**

1-2) [L4] Local procedure **pi-next** 선언: 매개변수 **x**.

1-2-1) [L5] Pi Term 반환: **(+ x 4)**

1-3) [L6] procedure **sum** 호출:

- 매개변수:
  - **pi-term** : 정수 합산에서 각 정수에 대한 **a**에 대한 가공식 (transformation procedure).

- **a** : 가공이 적용되는 변수 a.
- **pi-next** : 다음 가공 대상인 수를 구하는 공식 (next-number procedure)
- **b** : 합산의 경계수.

참고로, 이를 ML로 전환하면 다음과 같다:

```
fun pi_term n = (/ 1.0 (* x (+ x 2));
fun pi_next n = (+ n 4);
fun pi_sum (a, b) =
    sum(pi_term, a, pi_next, b);
```

<프로그램 4-43> **pi_term** Procedure in ML

예제를 통해서 보여주었던 것처럼, procedure의 매개변수로 또 다른 procedure가 대입될 수 있음을 확인하였다. 다음은 매개변수와 더불어 procedure의 반환값도 procedure가 될 수 있음을 확인해 보자.

### 4.1.13.1 연습 문제

1. 다음과 같은 기능을 하는 map procedure를 활용하여, 문제와 같은 기능을 하는 High-order Procedure를 구현하시오.

```
; Adding each item of '(1 2 3) and '(4 5 6).
(map + '(1 2 3) '(4 5 6))
]=> (5 7 9)

; Squaring each item of '(1 2 3)
(map (lambda (x) (* x x)) '(1 2 3))
]=> (1 4 9)
```

1-1) 하나의 list가 매개변수로 주어질 때, 각 list 항목에 2를 곱하는 procedure.

1-2) 두 개의 list가 매개변수로 주어질 때, 같은 위치의 list 항목끼리 빼기 연산을 수행하는 procedure.

2. 다음과 같은 기능을 하는 Filtering procedure를 활용하여, 문제와 같은 기능을 하는

High-order Procedure를 구현하시오.

```
(keep-matching-items '(1 2 -3 -4 5) positive?)
]=> (1 2 5)
```

2-1) 하나의 list가 매개변수로 주어질 때, 각 list 항목 중 짝수를 반환하는 procedure.

2-2) 하나의 list가 매개변수로 주어질 때, 각 list 항목 중 $10 \le x \le 100$인 수를 반환하는 procedure

### 4.1.14 Lambda Procedure

다음은 Scheme의 Lambda procedure에 대해 알아보자. Lambda procedure는 Lambda Calculus[396]에 기반을 둔다.

Lambda procedure는 ML의 anonymous 함수와 기본적인 개념은 동일하다. 하지만, procedure 정의에서 설명한 바와 같이, Lambda procedure에는 anonymous function과 같은 strong-type checking을 요구하지 않는다.

Lambda procedure는 Scheme에서 procedure를 생성하기 위한 특수한 형식이다. 이를 통해서, 단순하고 소규모의 procedure를 임시적으로 필요한 시점에 이름 없이[397] 바로 대입할 수 있다. 우선, Lambda procedure의 문법을 알아보자.

---

396) Lambda calculus(또는 λ-calculus)의 기본 문법과 유도연산은 다음과 같다:
(I) 기본 문법은 다음과 같다:
(1) x : Variable - 매개변수나 상수를 표현하는 문자나 문자열
(2) (λx.M) : Abstraction - 함수 정의. 변수 x.
(3) (M N) : Application - 함수의 적용 (호출), M N은 λ-수식
(II) 그리고 유도연산(Reduction Operation)은 다음과 같다:
(1) (λx.M[x])→(λy.M[y]) : α-conversion - M의 한계변수 renaming. 이름 충돌 방지.
(2) ((λx.M) E)→(M[x:=E]) : β-conversion - M의 한계변수 E로의 대입
이 모델은 본문에서 거론되는 Scheme의 lambda procedure를 통해서 실현되었다. 이름이 없는 procedure로서, 위 (I)의 (1), (2), (3)은 lambda procedure의 정의에서 실현되었고, (II)의 (1), (2)는 lambda procedure의 실행에서 실현되었다. 구체적인 내용들은 본 절에서 자세히 소개한다.

397) ML의 anonymous function처럼, 이름 없이 정의할 수 있으므로, binding이 필요없고, 이름없이, procedure 그 자체로 사용할 수 있다.

```
(lambda (<formal_parameters>) <body>)
```

Lambda procedure는 이름이 없는 procedure다. 선언 시, procedure의 이름 없이, 바로 매개변수를 선언하고, 그 매개변수에 대한 반환값을 산출하는 수식(expression)이 따른다. 간단한 예를 들어보자.

다음은 이전의 **identity** procedure처럼 매개변수를 입력 받으면, 그 값을 그대로 반환하는 lambda procedure다.

```
1  ]=> ((lambda(x) x) 1)
2  1
```

<프로그램 4-44> **lambda** Procedure

이 코드를 간단하게 설명하면 다음과 같다:

1) [L1] Lambda procedure 선언: procedure 이름 없음.
   - 매개변수 : **x**
   - 반환값 : **x**
2) [L1] 실질매개변수: **1**
3) [L2] 실행 결과: 입력한 x값 **1**을 그대로 반환.

또 다른 예를 보자. 다음은 이전의 **cube** procedure처럼, 입력된 값의 3승을 반환하는 procedure다.

```
1  ]=> ((lambda(x)(* x x x))3)
2  27
```

<프로그램 4-45> **lambda** Procedure

이 코드를 간단하게 설명하면 다음과 같다:

1) [L1] Lambda procedure 선언: procedure 이름 없음.
   - 매개변수 : **x**
   - 반환값 : **(* x x x)**
2) [L1] 실질매개변수: **3**

3) [L2] 실행 결과: 입력한 x값 3의 반환값 `(* 3 3 3)`, 즉 27 반환 .

또 다른 예를 보자. 다음은 3개의 매개변수, x, y, z의 값을 입력받아서, $x+y+z^2$를 반환하는 procedure다.

```
1  ]=> ((lambda(x y z)(+ x y (square x)))1 2 3)
2  12
```

<프로그램 4-46> **lambda** Procedure

1) [L1] Lambda procedure 선언: procedure 이름 없음.
   - 매개변수 : **x, y, z**
   - 반환값 : **(+ x y (square x))**
2) [L1] 실질매개변수: **1, 2, 3**
3) [L2] 실행 결과: 입력한 **x, y, z** 값의 반환값 **(+ 1 2 (square 3))**, 즉 12 반환.

이를 ML의 anonymous function으로 전환하면 다음과 같다:

```
ML
]=> ((fn(x)=>x)1)
1
]=> ((fn(x)=>(+ x x x))3)
27
]=> ((fn(x, y, z)=>(+ x y (square x)))(1, 2, 3))
12
```

<프로그램 4-47> **lambda** Functions in ML

그러면, lambda procedure를 이전의 **sum** procedure에 적용해 보자. 이전에 정의한 **sum-integers** procedure에서는, <프로그램 4-48>에서 보여주는 바와 같이, **inc** procedure([L1])와 **identify** procedure([L2])를 독립적으로 정의한 다음, **sum-integers** procedure의 expression인 [L4]에서 **sum** procedure를 호출할 때 **<term>**과 **<next>**의 매개변수에 **inc**와 **identity** 이름을 실질매개변수로 대입하였다.

```
(define (inc n) (+ n 1))
(define (identity n) n)
(define (sum-integers a b)
  (sum identity a inc b))
```

<프로그램 4-48> **sum-integers** Procedure

하지만, Lambda procedure를 사용하게 되면, 이렇게 **inc**와 **identity** procedure를 선언할 필요 없이, 그 procedure 자체를 Lambda procedure 형식으로 다음처럼 대입할 수 있다.

### Example E.4-7) sum-integers Example: Iterative

```
(define (sum-integers a b)
  (sum (lambda(x) x) a (lambda(x) (+ x 1)) b))
```

<프로그램 4-49> **sum-integers** Procedure w/ Lambda Procedures

이렇게 Lambda procedure 형식으로 대입하게 되면, **identity**와 **inc**라는 이름의 추상성은 상실하게 되지만, 이를 대체하는 procedure가 이러한 추상성을 충분히 이해할 수 있을 정도로 간단하고 단순하다면, 굳이 이들을 procedure로 선언하고, binding을 거쳐서 **sum** procedure 매개변수를 실질매개변수로 대입할 필요까지는 없다.

그러면, 다음 procedure를 호출하면, 어떤 결과가 어떻게 산출되는지 알아보자. 특히, Lambda procedure가 어떻게 작동되는지 확인해 보자.

```
(sum-integers 1 5)
15
```

<프로그램 4-50> **(sum-integers 1 5)** Procedure: Execution

<그림 4-15>는 Scheme에서 <프로그램 4-50>의 **(sum-integers 1 5)** procedure가 어떻게 실행되는지를 보여준다.[398] 이를 설명하면 다음과 같다:

398) <그림 4-15>의 공간 제약에 의해, 각 **sum-integers**, **lambda**를 각각 **sum-i**, λ로 이름을 줄였다. 그리고 이전의 **sum-integers** 그림의 ID와 IN을 각각 λID와 λIN으로 표기하였다. 그 이유는 무명(無名)의 procedure를 시각적으로 구분할 수 없어서, 이전의 이름 λ를 시각화하여 구분하였다.

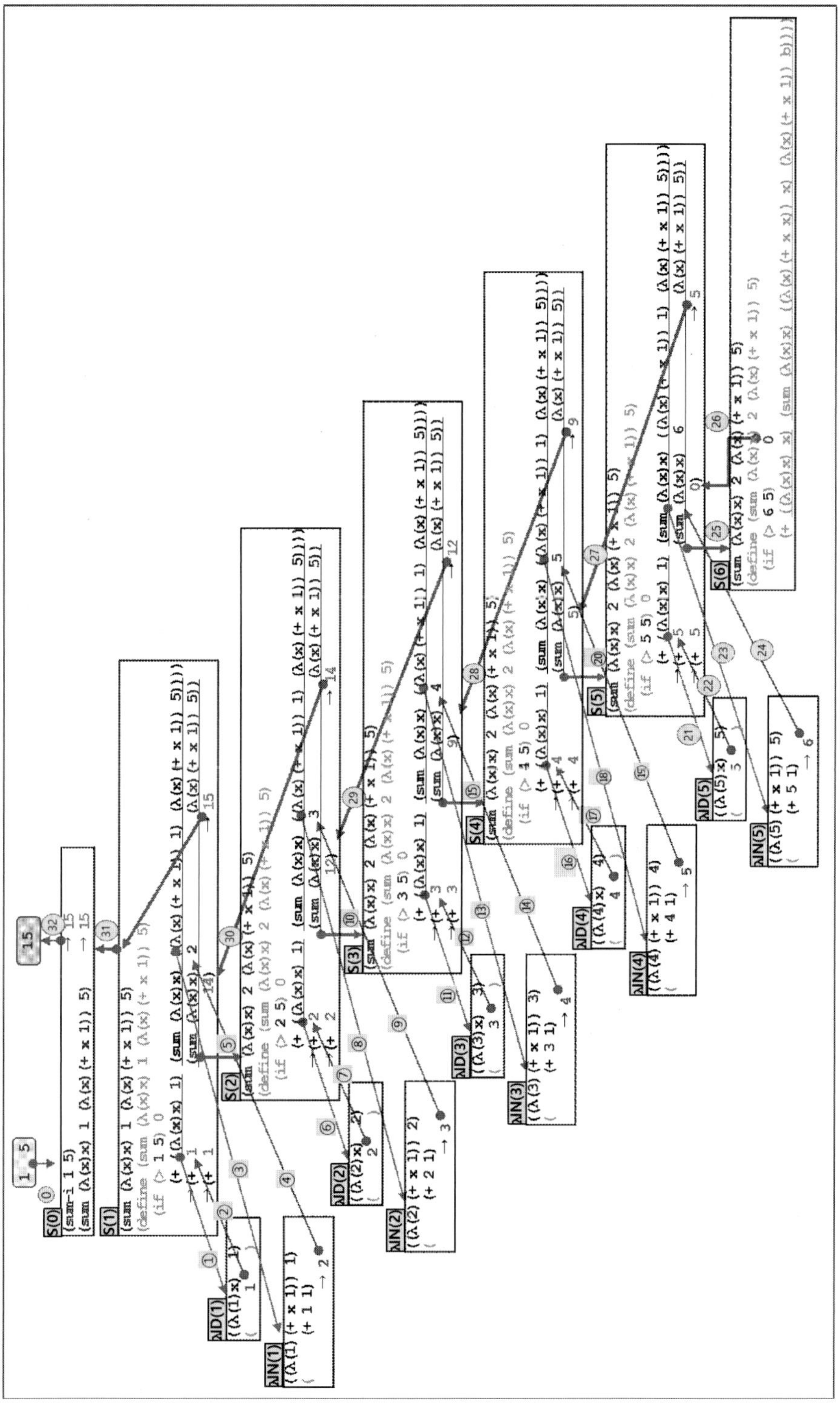

<그림 4-15> **(sum-integers 1 5)** procedure: Execution - Lambda Procedure

1) [그림의 S(0)] `(sum-integers 1 5)` procedure 호출.

- [그림의 ⓪] `(sum (lambda(x)x) 1 (lambda(x)(+ x 1)) 5)` 호출.

<u>2) [그림의 S(1)]</u> `(sum (lambda(x)x) 1 (lambda(x)(+ x 1)) 5)` procedure 실행.

- `if`-식의 `(> 1 5)` 조건이 거짓이므로 inductive case 실행.
- [그림의 ①] `((lambda(x)x) 1)` procedure, 즉 λID(1) 호출.

3) [그림의 λID(1)] `((lambda(x)x) 1)` procedure 실행 및 종료.

- [그림의 ②]: S(1), 즉 `(sum (lambda(x)x) 1 (lambda(x)(+ x 1)) 5)`에게 `1` 반환 후 종료.

2-1) [그림의 S(1)] `(sum (lambda(x)x) 1 (lambda(x)(+ x 1)) 5)` procedure 실행.

- [그림의 ②]: λID(1), 즉 `((lambda(x)x) 1)`에게 `1` 수락 후 대기.
- [그림의 ③] `((lambda(x)(+ x 1)) 1)` procedure, 즉 λIN(1) 호출.

4) [그림의 λIN(1)] `((lambda(x)(+ x 1)) 1)` procedure 실행 및 종료.

- [그림의 ④]: S(1), 즉 `(sum (lambda(x)x) 1 (lambda(x)(+ x 1)) 5)`에게 `(+ 1 1)` 반환 후 종료.

2-2) [그림의 S(1)] `(sum (lambda(x)x) 1 (lambda(x)(+ x 1)) 5)` procedure 실행.

- [그림의 ④]: λIN(1), 즉 `((lambda(x)(+ x 1)) 1)`로부터 `2` 수락 후,
- [그림의 ⑤] S(2), 즉 `(sum (lambda(x)x) 2 (lambda(x)(+ x 1)) 5)` procedure 호출.

<u>5) [그림의 S(2)]</u> `(sum (lambda(x)x) 2 (lambda(x)(+ x 1)) 5)` procedure 실행.

- `if`-식의 `(> 2 5)` 조건이 거짓이므로 inductive case 실행.
- [그림의 ⑥] `((lambda(x)x) 2)` procedure, 즉 λID(2) 호출.

6) [그림의 λID(2)] `((lambda(x)x) 2)` procedure 실행 및 종료.

- [그림의 ⑦]: S(2), 즉 `(sum (lambda(x)x) 2 (lambda(x)(+ x 1)) 5)`에게 `2` 반환 후 종료.

5-1) [그림의 S(2)] `(sum (lambda(x)x) 2 (lambda(x)(+ x 1)) 5)` procedure 실행.

- [그림의 ⑦]: λID(2), 즉 `((lambda(x)x) 2)`에게 `2` 수락 후 대기.
- [그림의 ⑧] `((lambda(x)(+ x 1)) 2)` procedure, 즉 λIN(2) 호출.

7) [그림의 λIN(2)] `((lambda(x)(+ x 1)) 2)` procedure 실행 및 종료.

- [그림의 ⑨]: S(2), 즉 `(sum (lambda(x)x) 2 (lambda(x)(+ x 1)) 5)`

에게 `(+ 2 1)`, 즉 3 반환 후 종료.

5-2) [그림의 S(2)] `(sum (lambda(x)x) 2 (lambda(x)(+ x 1)) 5)` procedure 실행.

- [그림의 ⑨]: λIN(2), 즉 `((lambda(x)(+ x 1)) 2)`로부터 3 수락 후,
- [그림의 ⑩] S(3), 즉 `(sum (lambda(x)x) 3 (lambda(x)(+ x 1)) 5)` procedure 호출.

<u>8) [그림의 S(3)]</u> `(sum (lambda(x)x) 3 (lambda(x)(+ x 1)) 5)` procedure 실행.

- `if`-식의 `(> 3 5)` 조건이 거짓이므로 inductive case 실행.
- [그림의 ⑪] `((lambda(x)x) 3)` procedure, 즉 λID(3) 호출.

9) [그림의 λID(3)] `((lambda(x)x) 3)` procedure 실행 및 종료.

- [그림의 ⑫]: S(3), 즉 `(sum (lambda(x)x) 3 (lambda(x)(+ x 1)) 5)`에게 3 반환 후 종료.

8-1) [그림의 S(3)] `(sum (lambda(x)x) 3 (lambda(x)(+ x 1)) 5)` procedure 실행.

- [그림의 ⑫]: λID(3), 즉 `((lambda(x)x) 3)`에게 3 수락 후 대기.
- [그림의 ⑬] `((lambda(x)(+ x 1)) 3)` procedure, 즉 λIN(3) 호출.

10) [그림의 λIN(3)] `((lambda(x)(+ x 1)) 3)` procedure 실행 및 종료.

- [그림의 ⑭]: S(3), 즉 `(sum (lambda(x)x) 3 (lambda(x)(+ x 1)) 5)`에게 `(+ 3 1)`, 즉 4 반환 후 종료.

8-2) [그림의 S(3)] `(sum (lambda(x)x) 3 (lambda(x)(+ x 1)) 5)` procedure 실행.

- [그림의 ⑭]: λIN(3), 즉 `((lambda(x)(+ x 1)) 3)`으로부터 4 수락 후,
- [그림의 ⑮] S(4), 즉 `(sum (lambda(x)x) 4 (lambda(x)(+ x 1)) 5)` procedure 호출.

<u>11) [그림의 S(4)]</u> `(sum (lambda(x)x) 4 (lambda(x)(+ x 1)) 5)` procedure 실행.

- `if`-식의 `(> 4 5)` 조건이 거짓이므로 inductive case 실행.
- [그림의 ⑯] `((lambda(x)x) 4)` procedure, 즉 λID(4) 호출.

12) [그림의 λID(4)] `((lambda(x)x) 4)` procedure 실행 및 종료.

- [그림의 ⑰]: S(4), 즉 `(sum (lambda(x)x) 4 (lambda(x)(+ x 1)) 5)`에게 4 반환 후 종료.

11-1) [그림의 S(4)] `(sum (lambda(x)x) 4 (lambda(x)(+ x 1)) 5)` procedure 실행.

- [그림의 ⑰]: λID(4), 즉 `((lambda(x)x) 4)`에게 4 수락 후 대기.

- [그림의 ⑱] `((lambda(x)(+ x 1)) 4)` procedure, 즉 λIN(4) 호출.

13) [그림의 λIN(4)] `((lambda(x)(+ x 1)) 4)` procedure 실행 및 종료.

- [그림의 ⑲]: S(4), 즉 `(sum (lambda(x)x) 4 (lambda(x)(+ x 1)) 5)`에게 `(+ 4 1)`, 즉 5 반환 후 종료.

11-2) [그림의 S(4)] `(sum (lambda(x)x) 4 (lambda(x)(+ x 1)) 5)` procedure 실행.

- [그림의 ⑲]: λIN(4), 즉 `((lambda(x)(+ x 1)) 4)`로부터 5 수락 후,
- [그림의 ⑳] S(5), 즉 `(sum (lambda(x)x) 5 (lambda(x)(+ x 1)) 5)` procedure 호출.

<u>**14) [그림의 S(5)]**</u> `(sum (lambda(x)x) 5 (lambda(x)(+ x 1)) 5)` procedure 실행.

- `if`-식의 `(> 5 5)` 조건이 거짓이므로 inductive case 실행.
- [그림의 21] `((lambda(x)x) 5)` procedure, 즉 λID(5) 호출.

15) [그림의 λID(5)] `((lambda(x)x) 5)` procedure 실행 및 종료.

- [그림의 22]: S(5), 즉 `(sum (lambda(x)x) 5 (lambda(x)(+ x 1)) 5)`에게 5 반환 후 종료.

14-1) [그림의 S(5)] `(sum (lambda(x)x) 5 (lambda(x)(+ x 1)) 5)` procedure 실행.

- [그림의 22]: λID(5), 즉 `((lambda(x)x) 5)`에게 5 수락 후 대기.
- [그림의 23] `((lambda(x)(+ x 1)) 5)` procedure, 즉 λIN(5) 호출.

16) [그림의 λIN(5)] `((lambda(x)(+ x 1)) 5)` procedure 실행 및 종료.

- [그림의 24]: S(5), 즉 `(sum (lambda(x)x) 5 (lambda(x)(+ x 1)) 5)`에게 `(+ 5 1)`, 즉 6 반환 후 종료.

14-2) [그림의 S(5)] `(sum (lambda(x)x) 5 (lambda(x)(+ x 1)) 5)` procedure 실행.

- [그림의 24]: λIN(5), 즉 `((lambda(x)(+ x 1)) 5)`로부터 6 수락 후,
- [그림의 25] S(6), 즉 `(sum (lambda(x)x) 6 (lambda(x)(+ x 1)) 5)` procedure 호출.

<u>**17) [그림의 S(6)]**</u> `(sum (lambda(x)x) 6 (lambda(x)(+ x 1)) 5)` procedure 실행 후 종료.

- `if`-식의 `(> 6 5)` 조건이 참이므로 base case 실행.
- [그림의 26] S(5), 즉 `(sum (lambda(x)x) 5 (lambda(x)(+ x 1)) 5)` procedure에게 0 반환 후 종료.

14-3) [그림의 S(5)] `(sum (lambda(x)x) 5 (lambda(x)(+ x 1)) 5)` procedure 결과값 반환 후 종료.

- [그림의 26]: S(6), 즉 `(sum (lambda(x)x) 6 (lambda(x)(+ x 1)) 5)`로부터 `0` 수락 후,
- [그림의 27] λID(5)로부터 받았던 `5`를 더해서, 즉 `(+ 5 0)`의 결과 `5`를 S(4), 즉 `(sum (lambda(x)x) 4 (lambda(x)(+ x 1)) 5)`에게 반환 후 종료.

11-3) [그림의 S(4)] `(sum (lambda(x)x) 4 (lambda(x)(+ x 1)) 5)` procedure 결과값 반환 후 종료.

- [그림의 27]: S(5), 즉 `(sum (lambda(x)x) 5 (lambda(x)(+ x 1)) 5)`로부터 `5` 수락 후,
- [그림의 28] λID(4)로부터 받았던 `4`를 더해서, 즉 `(+ 4 5)`의 결과 `9`를 S(3), 즉 `(sum (lambda(x)x) 3 (lambda(x)(+ x 1)) 5)`에게 반환 후 종료.

8-3) [그림의 S(3)] `(sum (lambda(x)x) 3 (lambda(x)(+ x 1)) 5)` procedure 결과값 반환 후 종료.

- [그림의 28]: S(4), 즉 `(sum (lambda(x)x) 4 (lambda(x)(+ x 1)) 5)`로부터 `9` 수락 후,
- [그림의 29] λID(3)으로부터 받았던 `3`을 더해서, 즉 `(+ 9 3)`의 결과 `12`를 S(2), 즉 `(sum (lambda(x)x) 2 (lambda(x)(+ x 1)) 5)`에게 반환 후 종료.

5-3) [그림의 S(2)] `(sum (lambda(x)x) 2 (lambda(x)(+ x 1)) 5)` procedure 결과값 반환 후 종료.

- [그림의 29]: S(3), 즉 `(sum (lambda(x)x) 3 (lambda(x)(+ x 1)) 5)`로부터 `12` 수락 후,
- [그림의 30] λID(2)로부터 받았던 `2`를 더해서, 즉 `(+ 12 2)`의 결과 `14`를 S(1), 즉 `(sum (lambda(x)x) 1 (lambda(x)(+ x 1)) 5)`에게 반환 후 종료.

2-3) [그림의 S(1)] `(sum (lambda(x)x) 1 (lambda(x)(+ x 1)) 5)` procedure 결과값 반환 후 종료.

- [그림의 30]: S(2), 즉 `(sum (lambda(x)x) 2 (lambda(x)(+ x 1)) 5)`로부터 `14` 수락 후,
- [그림의 31] λID(1)로부터 받았던 `1`을 더해서, 즉 `(+ 14 1)`의 결과 `15`를 S(0), 즉 `(sum-integers 1 5)`에게 반환 후 종료.

1-1) [그림의 ⓪] `(sum-integers 1 5)` 결과 반환 후 종료.

- [그림의 32] S(1), 즉 `(sum (lambda(x)x) 1 (lambda(x)(+ x 1)) 5)`

로부터 **15** 수락 후, Environment에 반환 후 종료.

참고로, 이를 ML로 전환하면 다음과 같다:

```
fun sum_integers (a, b) =
    sum((fn(x)=>x), a, (fn(x)=>(x+1)), b);
```

<프로그램 4-51> **sum-integers** Function in ML: Anonymous Function

다음은 lambda procedure에 이름을 부여하는 방법을 알아보자.

```
]=> (define identity (lambda(x)x))
]=> (identity 1)
1
```

<프로그램 4-52> **identity** Procedure: Lambda

다른 예를 보자. 다음은 이전의 **cube** procedure처럼, 입력된 값의 3승을 반환하는 procedure다.

```
]=> (define cube (lambda(x)(* x x x))
]=> (cube 3)
27
```

<프로그램 4-53> **cube** Procedure: Lambda

또 다른 예를 보자. 다음은 3개의 매개변수, **x**, **y**, **z**의 값을 입력받아서, **x+y+z**$^2$를 반환하는 procedure다.

```
]=> (define f (lambda(x y z)(+ x y (square x)))
]=> (f 1 2 3)
12
```

<프로그램 4-54> **f** Procedure: Lambda

이를 ML의 anonymous function으로 전환하면 다음과 같다:

```
fun identity = (fn(x)=>x);
(idenfity x);
1
fun cube = (fn(x)=>(+ x x x));
(cube 3);
27
fun f = (fn(x, y, z)=>(+ x y (square x)));
(f (1, 2, 3));
12
```

<프로그램 4-55> Anonymous Functions in ML

### 4.1.14.1 연습 문제

1. 다음 Lambda Procedure의 값을 도출하고, 이 값이 어떻게 도출되었는지 서술하시오. (Let Construct의 자세한 내용은 4.1.16 참조)

1-1)

```
(let ([f (lambda (x) x)])
  (f 'a))
```

1-2)

```
(let ([f (lambda x x)])
  (f 'a))
```

1-3)

```
(let ([f (lambda (x . y) x)])
  (f 'a))
```

1-4)

```
(let ([f (lambda (x . y) y)])
  (f 'a))
```

### 4.1.15 Church Numerals

다음은 Lambda procedure를 기반으로 정의한 Church Numeral에 대해 수학적 정의를 해보자.[399] Church Numeral(Church의 수)은, λ-Calculus를 활용하여 모델링할 수 있는 대표적인 수학적 구조(Mathematical Structure) 중 하나다. 이에 대한 수학적 정의는 다음과 같다.

#### (1) Numberals

먼저, Church Numeral의 수학적 정의는 다음과 같다:

$$f^{n}(x) = f(f^{n-1}(x)) = \ldots = f(\ldots(f^{1}(x))) = f(\ldots(f(f^{0}(x)))) = f(\ldots(f(x)))$$

이를 Lambda Calculus로 표현하면, 다음과 같다:

| | |
|---|---|
| 0 := λf.λx.x | $f^{0}(x) = x$ |
| 1 := λf.λx.f x | $f^{1}(x) = f(x)$ |
| 2 := λf.λx.f (f x) | $f^{2}(x) = f(f(x))$ |
| 3 := λf.λx.f (f (f x)) | $f^{3}(x) = f(f(f(x)))$ |
| ... | ... |

이를 Scheme으로 표현하면, 다음과 같다:

```
(define zero (lambda (f) (lambda (x) x)))
(define one  (lambda (f) (lambda (x) (f x))))
(define two  (lambda (f) (lambda (x) (f (f x)))))
...
```

위 코드를 간단하게 설명하면 다음과 같다:

399) Lambda-Calculus(λ-Calculus)는 다양한 수학적 구조를 모델링할 수 있다. 예를 들면, boolean, arithmetic, data structure, recursion 등의 수학적 구조를 λ-Calculus의 정의(definition)와 적용(application; reduction)으로 표현하고 활용할 수 있다. 그 대표적인 예가 Church Numeral(Church의 수)이다.

1) [L1] **zero** 선언: Lambda procedure .
   - 매개변수 : **f, x**
   - 반환값 : **x**
2) [L2] **one** 선언: Lambda procedure .
   - 매개변수 : **f, x**
   - 반환값 : **(f x)**
3) [L3] **two** 선언: Lambda procedure .
   - 매개변수 : **f, x**
   - 반환값 : **(f (f x))**

간단한 예를 들어보자.

```
]=> (define (sq x) (* x x))
]=> (two sq 3)
81
```

<프로그램 4-56> **sq** Procedure

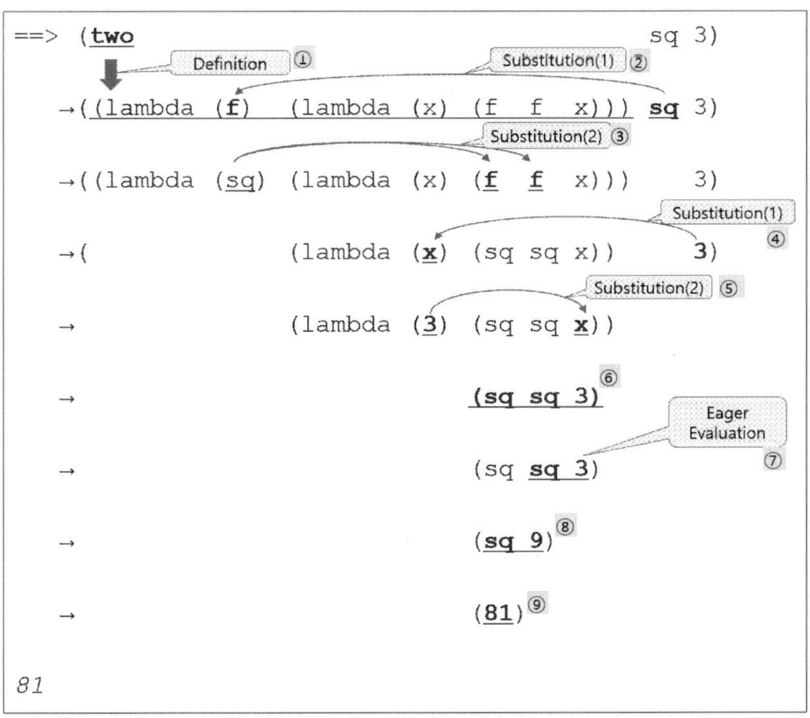


<그림 4-16> **(two sq 3)** 실행 과정

### Example E.4-8) (one sq 3) Example: Iterative

`(one sq 3)`의 실행 결과, `81`이 산출된 과정을 보면 <그림 4-16>과 같다:

이 실행과정을 간단하게 설명하면 다음과 같다:

1) `(two sq 3)` 실행.
2) [그림의 ①] **`two`**의 정의 대체.
3) [그림의 ②] Lambda의 매개변수 **`f`**에 procedure **`sq`**가 대입.
4) [그림의 ③] 대입된 **`sq`**로 Lambda 본문의 **`f`**를 대입.
5) [그림의 ④] Lambda의 매개변수 **`x`**에 3이 대입.
5) [그림의 ⑤] 대입된 **`3`**으로 Lambda 본문의 **`x`**를 대입.
6) [그림의 ⑥] (sq sq 3), 즉 $sq^2(3) = sq(sq(3))$ 도출
7) [그림의 ⑦] $sq(3) = 9$ 수행.
8) [그림의 ⑧] $sq(9) = 81$ 수행.
9) [그림의 ⑨] 최종, 81 도출.

### (2) Operations

다음은 간단한 연산자를 정의해 보자. 첫 번째, 주어진 **n**의 다음 수, 즉 (**n+1**)을 연산하는 연산자, **SUCC**를 정의해 보자.

| `SUCC := λn.λf.λx.f (n f x)` | $SUCC(f^n(x)) = f^{n+1}(x)$ |
|---|---|

이를 Scheme으로 표현하면, 다음과 같다:

```
1 (define succ (lambda (n) (lambda (f) (lambda (x) (f (n f x))))))
2 (define (succ n) (lambda (f) (lambda (x) (f (n f x)))))
```

<프로그램 4-57> **`succ`** Procedure

위 코드를 간단하게 설명하면 다음과 같다:

1) [L1] **`succ`** 선언: Lambda procedure .

- 매개변수 : n, f, x
    - n : Church numeral.
- 반환값 : Church numeral n의 다음 numeral (n+1), 즉 (f (n f x))

## Example E.4-9) (succ zero) Example: Iterative

간단한 예를 들어보자.

```
]=> (succ zero)
(lambda (f) (lambda (x) (f x)))
```

<프로그램 4-58> succ Procedure

(succ zero)의 실행 결과, one, 즉 (lambda (f) (lambda (x) (f x)))가 산출된 과정을 보면 <그림 4-17>과 같다:[400)]

이 실행과정을 간단하게 설명하면 다음과 같다:

1) (succ zero) 실행.
2) [그림의 ①] succ의 정의 대체: λn.λf.λx.f (n f x)
3) [그림의 ②] zero의 정의 대체: λf.λx.x
4) [그림의 ③] zero의 변수들 재명명(renaming): λf'.λx'.x'
5) [그림의 ④] Lambda의 매개변수 n에 Church numeral zero가 대입.
6) [그림의 ⑤] 대입된 zero로 Lambda 본문의 n을 대입.
7) [그림의 ⑥] zero의 Lambda의 매개변수 f'와 x'에 f와 x 대입.
8) [그림의 ⑦] 대입된 x로 zero 본문의 x'를 대입 후 반환.
9) [그림의 ⑧] 최종 x 산출.
10) [그림의 ⑨] 최종 λf.λx.f x, 즉 one 산출 .

즉 zero의 다음 수가 one임을 확인하였다.

400) <그림 4-17>에서 전통적인 방법으로 lambda와 ()를 각각 λ와 .으로 표기했다.

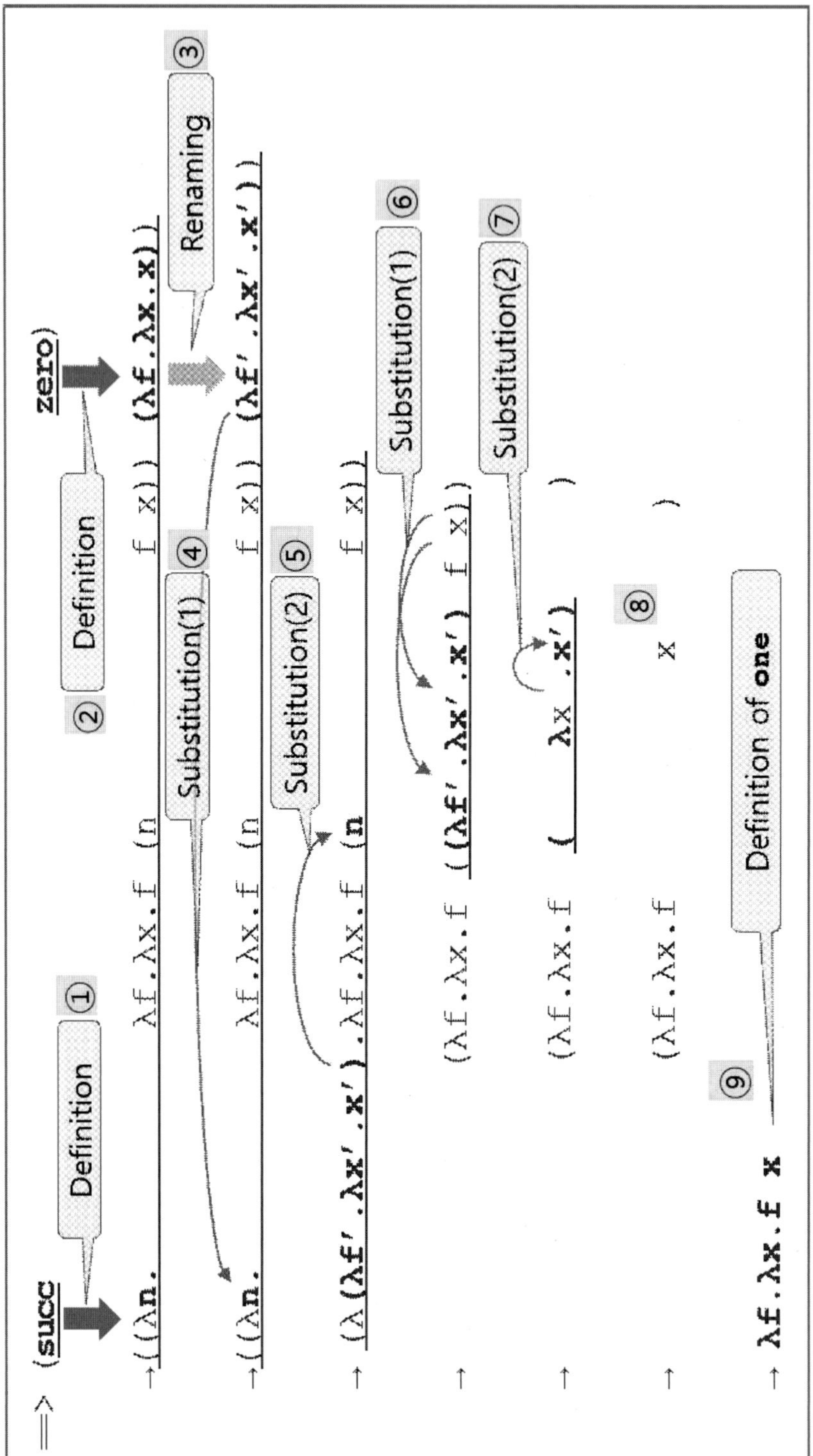


<그림 4-17> (succ zero) 실행 과정

다음은 덧셈 연산자를 정의해 보자. 주어진 **m**과 **n**, 즉 (m+n)을 연산하는 연산자, PLUS를 정의해 보자.

| `PLUS := λm.λn.λf.λx.m f (n f x)` | $PLUS(f^{m}(x), f^{n}(x)) = f^{m+n}(x)$ |
|---|---|

이를 Scheme으로 표현하면, 다음과 같다:[401)]

```
1  (define plus (lambda (m) (lambda (n)
2          (lambda (f) (lambda (x) (m f (n f x)))))))
3  (define (plus m n)
4          (lambda (f) (lambda (x) (m f (n f x)))))
```

<프로그램 4-59> **plus** Procedure

위 코드를 간단하게 설명하면 다음과 같다:

1) [L1] **plus** 선언: Lambda procedure .
  - 매개변수 : **m**, **n**, **f**, **x**
    - **m** : Church numeral.
    - **n** : Church numeral.
  - 반환값 : Church numeral **m**과 **n**의 합 (m+n), 즉 **(m f (n f x)))**

## Example E.4-10) (plus one two) Example: Iterative

간단한 예를 들어보자.

```
]=> (plus one two)
(lambda (f) (lambda (x) (f (f (f x))))))
```

<프로그램 4-60> **plus** Procedure

**(plus one two)**의 실행 결과, **three**, 즉 **(lambda (f) (lambda (x) (f (f (f x)))))**가 산출된 과정을 보면 <그림 4-18>과 같다:

401) 이외 다른 정의도 가능하다. 예를 들면, PLUS를 다음과 같이 정의할 수 있다: **(define (+ m n)(λ(f).λ(x).((m f)( (n f) x)))))**

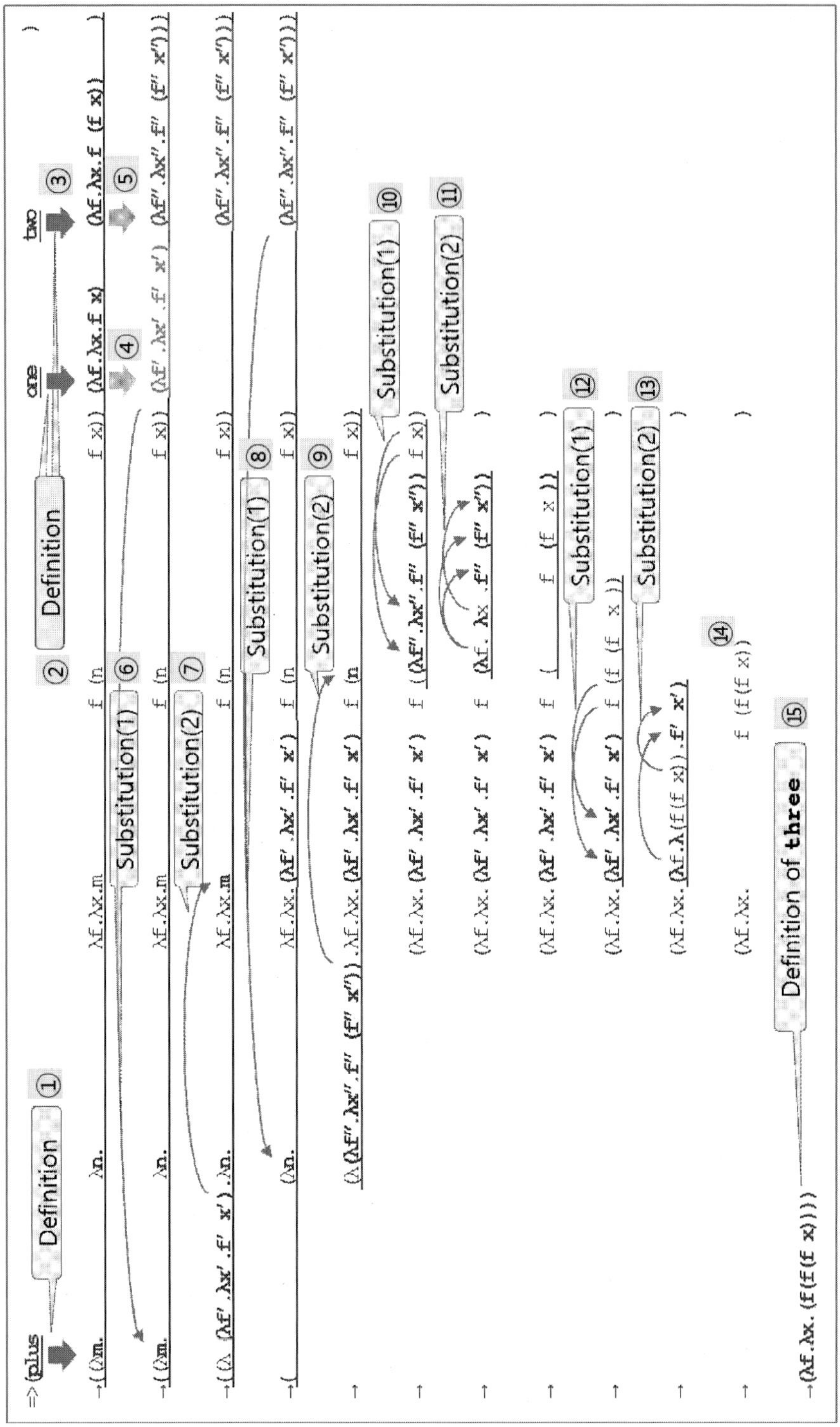


<그림 4-18> `(plus one two)` 실행 과정

이 실행과정을 간단하게 설명하면 다음과 같다:

1) `(plus one two)` 실행.
2) [그림의 ①] `plus`의 정의 대체: `λm.λn.λf.λx.m f (n f x)`
3) [그림의 ②] `one`의 정의 대체: `λf.λx.f x`
4) [그림의 ③] `two`의 정의 대체: `λf.λx.f (f x)`
5) [그림의 ④] `one`의 변수들 renaming: `λf'.λx'.f' x'`
6) [그림의 ⑤] `two`의 변수들 renaming: `λf".λx".f" (f" x")`
7) [그림의 ⑥] Lambda의 매개변수 `m`에 Church numeral `one`이 대입.
8) [그림의 ⑦] 대입된 `one`으로 Lambda 본문의 `m`을 대입.
9) [그림의 ⑧] Lambda의 매개변수 `n`에 Church numeral `two`가 대입.
10) [그림의 ⑨] 대입된 `two`로 Lambda 본문의 `n`을 대입.
11) [그림의 ⑩] `two` Lambda의 매개변수 `f"`와 `x"`에 `f`와 `x` 대입.
12) [그림의 ⑪] 대입된 `f`와 `x`로 `two` Lambda 본문의 `f"`와 `x"`에 대입.
13) [그림의 ⑫] `one` Lambda의 매개변수 `f'`와 `x'`에 `f`와 `(f (f x))` 대입.
14) [그림의 ⑬] 대입된 `f`와 `(f (f x))`로 `one` Lambda 본문의 `f'`와 `x'`에 대입.
15) [그림의 ⑭] 대입 결과 `(f(f(f x)))` 산출.
16) [그림의 ⑮] 최종 `λf.λx.f(f(f x))`, 즉 `three` 산출.

즉 `(plus one two)`의 결과가 `three`임을 확인하였다.

다음은 곱셈 연산자를 정의해 보자. 주어진 `m`과 `n`, 즉 `(m * n)`을 연산하는 연산자, MULT를 정의해 보자.

| MULT := λm.λn.λf.m (n f) | $MLT(f^{m}(x), f^{n}(x)) = f^{m \times n}(x)$ |
|---|---|

이를 Scheme으로 표현하면, 다음과 같다:[402]

```
(define mult (lambda (m) (lambda (n)
        (lambda (f) (m (n f))))))
(define (mult m n)
        (lambda (f) (m (n f))))
```

<프로그램 4-61> `mult` Procedure

402) 이외의 다른 정의도 가능하다. 예를 들면, PLUS를 다음과 같이 정의할 수 있다:
(1) `(define (* m n)(λ(f).λ(x).((n (m f)) x)))`
(2) `(define (* m n)(λ(f).λ(x).(m (plus n) 0)))`

위 코드를 간단하게 설명하면 다음과 같다:

1) [L1] `mult` 선언: Lambda procedure .
   - 매개변수 : `m, n, f, x`
     - `m` : Church numeral.
     - `n` : Church numeral.
   - 반환값 : Church numeral `m`과 `n`의 곱 (m*n), 즉 `((m (n f)) x)`

## Example E.4-11) (mult two three) Example: Iterative

간단한 예를 들어보자.

```
]=> (mult two three)
(lambda (f) (lambda (x) (f (f (f (f (f (f x))))))))
```

<프로그램 4-62> `mult` Procedure

`(mult two three)`의 실행 결과, `six`, 즉 `(lambda (f) (lambda (x) (f (f (f (f (f (f x))))))))`가 산출된 과정을 보면 <그림 4-19>와 같다:

이 실행과정을 간단하게 설명하면 다음과 같다:

1) `(mult two three)` 실행.
2) [그림의 ①] `mult`의 정의 대체: `λm.λn.λf.m (n f)`
3) [그림의 ②] `two`의 정의 대체: `λf.λx.f (f x)`
4) [그림의 ③] `three`의 정의 대체: `λf.λx.f (f (f x))`
5) [그림의 ④] `two`의 변수들 renaming: `λf'.λx'.f'(f' x')`
6) [그림의 ⑤] `three`의 변수들 renaming: `λf".λx".f"(f"(f" x"))`
7) [그림의 ⑥] Lambda의 매개변수 `m`에 Church numeral `two`가 대입.
8) [그림의 ⑦] 대입된 `two`로 Lambda 본문의 `m`을 대입.
9) [그림의 ⑧] Lambda의 매개변수 `n`에 Church numeral `three`가 대입.
10) [그림의 ⑨] 대입된 `three`로 Lambda 본문의 `n`을 대입.
11) [그림의 ⑩] `three` Lambda의 매개변수 `f"`에 `f` 대입.
12) [그림의 ⑪] 대입된 `f`로 `three` Lambda 본문의 `f"`에 대입.

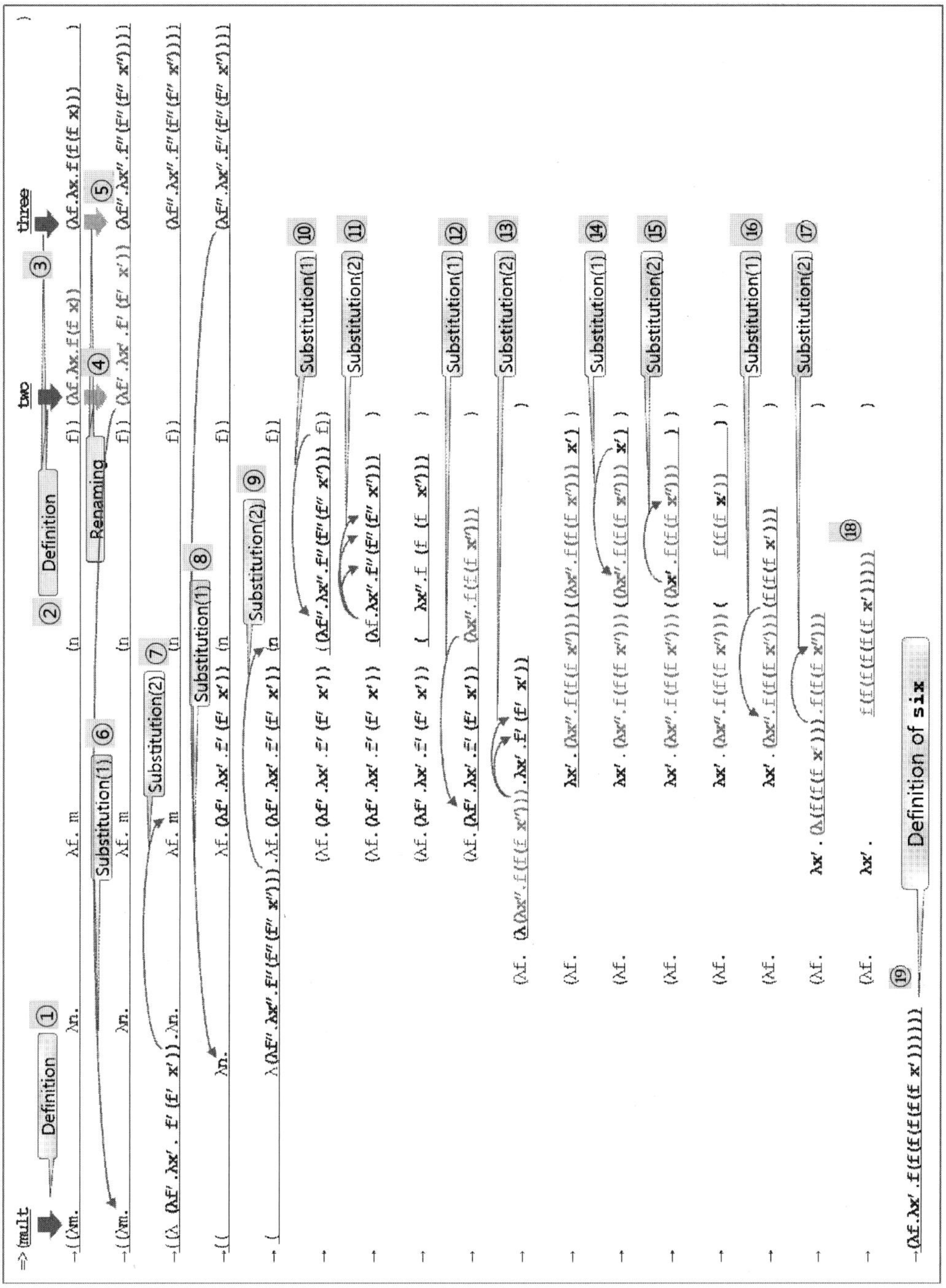


<그림 4-19> (mult two three) 실행 과정

13) [그림의 ⑫] two Lambda의 매개변수 f'에 (λx".f(f(f x"))) 대입.

14) [그림의 ⑬] 대입된 (λx".f(f(f x")))로 two Lambda 본문의 f'에 대입.

15) [그림의 ⑭] 대입된 (λx".f(f(f x")))의 매개변수 x"에 x' 대입.

16) [그림의 ⑮] 대입된 x'로 (λx".f(f(f x"))) 본문의 x"에 대입.

17) [그림의 ⑯] 대입된 three의 매개변수 x"에 16)에서 산출된 (f(f(f x))) 대입.

18) [그림의 ⑰] 대입 결과 (f(f(f(f(f(f x)))))) 산출.

19) [그림의 ⑱] 최종 λf.λx.(f(f(f(f(f(f x)))))), 즉 six 산출.

즉 (mult two three)의 결과가 six임을 확인하였다.

#### 4.1.15.1 연습 문제

1. 본 절에서 보여준 프로그램을 기반으로 다음 프로그램을 실행하면 어떤 결과가 나오는지 밝히고, 실행 결과가 적합하게 산출되었음을 walkthrough를 통해서 입증하시오.

    1-1) ((plus two three) sq 3)

    1-2) ((mult three four) sq 3)

2. 본 절에서 보여준 프로그램을 기반으로 다음 연산을 정의하고, 어떻게 실행되는지 전개하시오. <그림 4-20>은 예시를 보여준다.

    2-1) PRED : 주어진 numeral 이전의 수를 반환하는 연산.
    예시) (PRED two) = one

    2-2) SUB : 주어진 두 숫자 m과 n에서, (m-n)을 구하는 연산(m >= n).
    예시) (SUB two one) = one

    2-3) POW : 주어진 두 숫자 m과 n에서, mn을 구하는 연산.
    예시) (POW two two) = four

3. 3장에서 학습한 ML을 사용하여 Church Numeral을 정의하시오. <프로그램 4-62>는 예시를 보여준다.

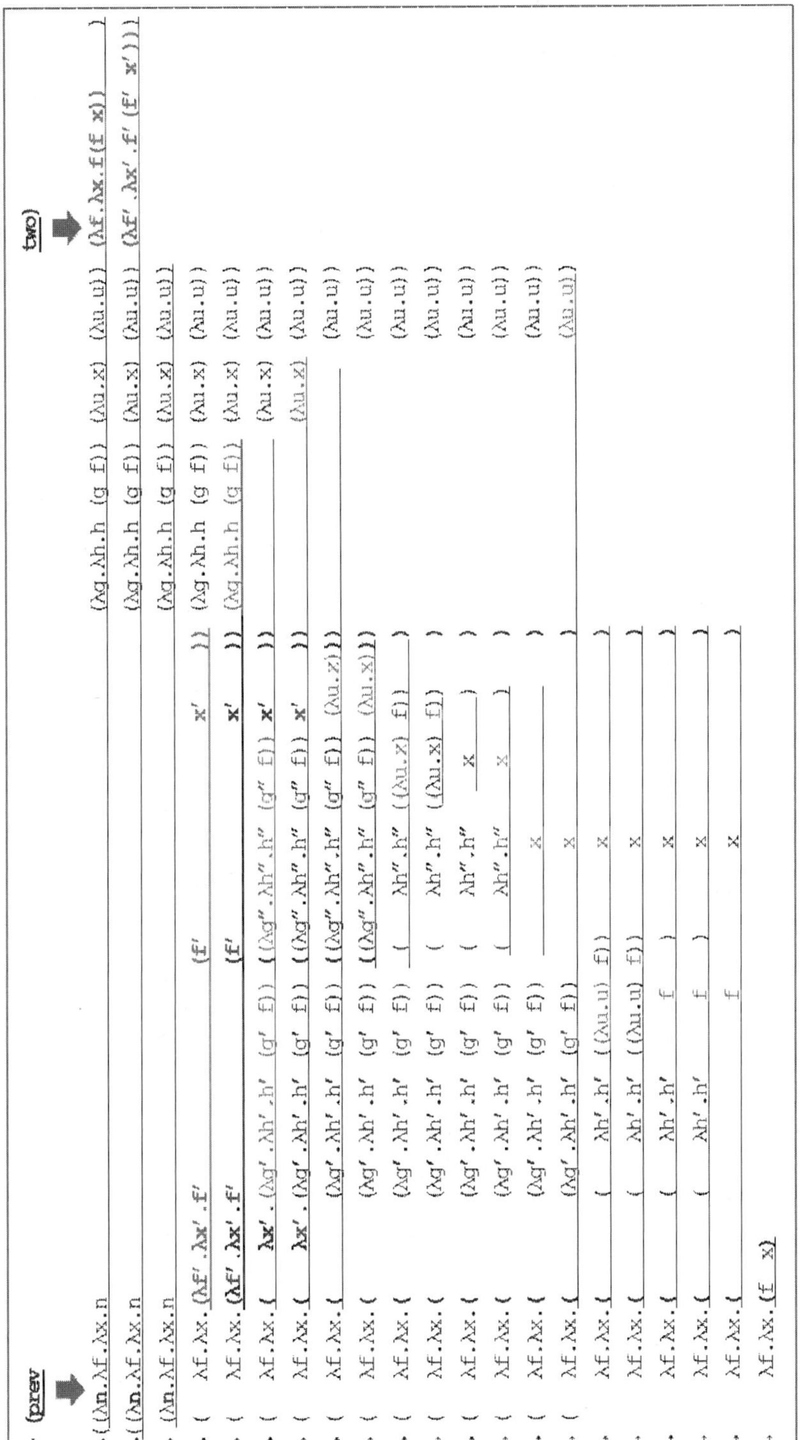

<그림 4-20> **(PREV two)**

```
fun zero = fn f => fn x => x;
fun 1+ n = fn f => fn x => f (n(f) x));

fun one = fn f => fn x => f(x);
fun two = fn f => fn x => f(f(x));
fun plus (m,n) = fn f => fn x = (m(f)(n(f)(x)));
```

3-1) SUB : 주어진 두 숫자 m과 n에서, (m-n)을 구하는 연산(m >= n).
3-2) MULT : 주어진 두 숫자 m과 n에서, (m * n)을 구하는 연산.
3-3) POW : 주어진 두 숫자 m과 n에서, mn을 구하는 연산.
3-4) PRED : 주어진 numeral 이전의 수를 반환하는 연산.

### 4.1.16 Let Construct

다음은 let-구문에 대해 알아보자. Let-구문은 ML의 let-in 수식과 유사하다. 간단한 예를 들어보자.

다음 식에서,

$$f(x,y) = x(1+xy)^2 + y(1-y) + (1+xy)(1-y)$$

a와 b를 다음과 같이 정의하면, 이 식은 다음과 같이 조정할 수 있다.

$$a = 1 + xy$$
$$b = 1 - y$$

이 식은 다음과 같이 조정할 수 있다.

$$f(x,y) = xa^2 + yb + ab$$

이 함수를 Scheme의 procedure로 정의하고자 한다면, a와 b를 다음과 같은 지역변수로 정의하고, 이 식을 procedure의 본문으로 다음처럼 정의할 수 있다.

```
1  (define (f x y)
2    (define a (+ 1 (* x y)))
3    (define b (- 1 y))
4    (+ (* x (square a))
5       (* y b)
6       (* a b)))
```

<프로그램 4-63> `f` Procedure (1)

위 코드를 간단하게 설명하면 다음과 같다:

1) [L1] procedure **f** 선언: Lambda procedure .
  - 매개변수 : **f**, **x**, **y**
    - **f** : procedure.
    - **x** : number.
    - **y** : number.

1-1) [L2] 지역변수 **a** 선언: **(+ 1 (* x y))**

1-2) [L3] 지역변수 **b** 선언: **(- 1 y)**

1-3) [L4~6] 반환값 : **(+ (* x (square a)) (* y b) (* a b))**

또 다른 방법은 다음 코드와 같이, helper를 통해서, **a**와 **b**를 helper의 실질매개변수 전달 시, 다음처럼 정의할 수 있다.

```
1  (define (f x y)
2    (define (f-helper a b)
3      (+ (* x (square a))
4         (* y b)
5         (* a b)))
6    (f-helper (+ 1  (* x y))
7              (- 1 y)))
```

<프로그램 4-64> `f` Procedure (2)

위 코드를 간단하게 설명하면 다음과 같다:

1) [L1] procedure **f** 선언: Lambda procedure .
  - 매개변수 : **x**, **y**
    - **x** : number.

  - y : number.

1-1) [L2] 지역 procedure **f-helper** 선언:

- 매개변수 : **a, b**
  - **a** : number.
  - **b** : number.

1-1-1) [L3~5] 반환값 : **(+ (* x (square a)) (* y b) (* a b))**

1-2) [L6~7] **f-helper** 호출:

- 실질매개변수 : **a, b**
  - **a** : **(+ 1 (* x y)**
  - **b** : **(- 1 y)**

즉 f-helper의 매개변수 **a**와 **b**에 실질매개변수 **(* x y)**와 **(- 1 y)**를 전달함으로써 위 공식의 **a**와 **b**를 만족할 수 있다. 이 helper 방법은 궁극적으로, 다음 코드에서 보여주는 바와 같이, lambda procedure의 기능과 동일하다.

```
1  (define (f x y)
2    ((lambda (a b)
3       (+ (* (square a))
4          (* y b)
5          (* a b)))
6     (+ 1 (* x y))
7     (- 1 y)))
```

<프로그램 4-65> **f** Procedure (3)

이 코드를 간단하게 설명하면 다음과 같다:

1) [L1] procedure **f** 선언: Lambda procedur.

- 매개변수 : **x, y**
  - **x** : number.
  - **y** : number.

1-1) [L2] 지역 lambda procedure 정의와 동시에 호출: 이름 없음.

- 매개변수 :
  - **a** : number.
  - **b** : number.

1-2) [L3~5] 반환값 : **(+ (* x (square a)) (* y b) (* a b))**

1-3) [L6~7] 지역 lambda procedure 호출에 대한 실질매개변수 : **a**, **b**

◦ **a** : **(+ 1 (* x y)**

◦ **b** : **(- 1 y)a, b**

이와 같이 지역변수를 직접 정의하지 않고, 또는 helper를 사용하지 않고, 또는 lambda 방식을 사용하지 않고 지역변수를 정의할 수 있는 방법은 없을까? Scheme에서는 ML의 let-in 수식과 유사한 let-구문을 제공한다.

Let-구문의 문법은 다음과 같다:

| | |
|---|---|
| (let ((<var1> <exp1>)<br>(<var2> <exp2>)<br>.<br>.<br>.<br>(<varn> <expn>))<br><body>) | ((lambda (<var1> ...<varn>)<br><body>)<br><exp1><br>.<br>.<br>.<br><expn>) |

이 식은 lambda의 방식에 비해, 각 **<var$_i$>**와 **<exp$_i$>**의 대응관계가, binding에 더 가까운 의미를 직접 표현하고 있는 쌍의 문법을 가지고 있음을 확인할 수 있다. 이를 기반으로 한 이 예를 let-구문으로 표현하면 다음 코드와 같다.

```
1  (define (f x y)
2    (let ((a (+ 1 (* x y)))
3          (b (- 1 y)))
4      (+ (* x (square a))
5         (* y b)
6         (* a b))))
```

<프로그램 4-66> **f** Procedure (4)

이 코드를 간단하게 설명하면 다음과 같다:

1) [L1] procedure **f** 선언: Lambda procedure.

- 매개변수 : **x**, **y**
  - ◦ **x** : number.
  - ◦ **y** : number.

1-1) [L2] let-구문 정의.

- `a : (+ 1 (* x y))`
- `b : (- 1 y))`

1-2) [L3~5] 반환값 : `(+ (* x (square a)) (* y b) (* a b))`

참고로, 이를 ML로 전환하면 다음과 같다.

```
fun f(x y) =
  let
     val a = 1 + (x*y);
     val b = 1 - y;
  in
     x*square(a) + y*b + a*b;
  end;
```

<프로그램 4-67> **f** Function in ML

### 4.1.16.1 연습 문제

1. 다음 expression을 let을 사용하여 subexpression을 제거하고 재정의하시오.

```
(+ (- (* 3 a) b) (+ (* 3 a) b))
```

2. 다음 expression의 값이 무엇인지 작성하고, 이 값이 어떻게 도출되었는지 설명하시오.

2-1)

```
(let ((i 1) (j 2))
  (+ i j))
```

2-2)

```
(let ((i 1))
  (let ((j (+ i 2)))
    (* i j)))
```

2-3)

```
(let ([x 9])
  (* x
     (let ([x (/ x 3)])
       (+ x x))))
```

### 4.1.17 Data Objects

다음은 Scheme에서 data를 정의하고 활용하는 방법에 대해 알아보자.

#### (1) Data Abstraction

Scheme에서는 모든 data를 기본적으로 object로 취급한다.[403] 그리고 일반적인 data에 대한 추상화는, i) 복합자료객체(compound data object)를 사용하는 방법과 ii) 이 복합자료객체가 기본적인 자료객체(more primitive data object)로부터 어떻게 구축되었는지에 대한 상세한 정보를 따로 구분하는 방법, 이렇게 결합된 두 가지 방법을 의미한다. 이를 위해서는 다음과 같이 두 가지 관점의 기능이 요구된다:

1) Constructor: 복합자료객체를 구축하기 위한 연산자.
2) Selector: 복합자료객체의 구성 요소를 추출하기 위한 연산자.

Scheme에서는 다음과 같은 Constructor와  Selector가 있다:

1) Constructor :
   - **`cons`** : 2개의 object를 쌍으로 묶는 구축자.
2) Selector:
   - **`car`**[404] : 2개의 object로 묶인 쌍 object에서, 전자의 object를 반환하는 추출자.
   - **`cdr`**[405] : 위와 같은 쌍 object에서, 후자의 object를 반환하는 추출자.

---

403) 이런 의미에서 ML에서의 function을 Scheme은 procedure로 정의했는지도 모른다. Object를 입력받아서, object를 출력하는 동적인 entity를 procedure로 정의함으로써 기존 언어가 가지고 있었던, type에 대한 부담과 제약조건을 해결한 것일지도 모른다. 이런 면에서, procedure와 object라는 관점에서, Scheme은 아마도 기존 언어로 진화하기 이전의 가장 기본적인 함수언어의 특징을 λ-Calculus 관점에서 실현화한 언어라고 평가할 수 있을 것이다.

404) Contents of Address Register의 약자이다. 현재 쌍-복합자료객체의 주소값이 저장된 register의 값으로, 쌍의 전자 데이터로 해석할 수 있다. "카"[ka:r]로 발음한다.

405) Contents of Decrement Register의 약자이다. 현재 쌍-복합자료객체의 주소값에 저장된 register 이전의 register 값으로, 쌍의 후자 데이터로 해석할 수 있다. "쿠

간단한 예를 보자.

```
1  ]=> (define x (cons 1 2))
2  x
3  ]=> x
4  (1 2)
5  ]=> (car x)
6  1
7  ]=> (cdr x)
8  2
9  ]=> (define x (cons 1 2))
10 x
11 ]=> (define y (cons 3 4))
12 y
13 ]=> (define z (cons x y))
14 z
15 ]=> (car (car z))
16 1
17 ]=> (car (cdr z))
18 3
```

<프로그램 4-68> **car**, **cdr** Examples

위 코드를 간단하게 설명하면 다음과 같다:

1) [L1] 변수 **x** 선언: `(cons 1 2)`
2) [L2] 변수 **x** 등록: `(cons 1 2)`
3) [L3] **x** 호출.
4) [L4] **x**, 즉 `(1, 2)` 반환.
5) [L5] **x**, 즉 `(1 2)`에 대한 **car** 호출.
6) [L6] **x**, 즉 `(1 2)`의 **car**, 즉 **1** 반환.
7) [L7] **x**, 즉 `(1 2)`에 대한 **cdr** 호출.
8) [L8] **x**, 즉 `(1 2)`의 **cdr**, 즉 2 반환.
9) [L9] 변수 **x** 선언: `(cons 1 2)`
10) [L10] 변수 **x** 등록: `(1 2)`
11) [L11] 변수 **x** 선언: `(cons 3 4)`
12) [L12] 변수 **x** 등록: `(3 4)`
13) [L13] 변수 **z** 선언: `(cons x y)`

더"[cu:dər]로 발음한다.

14) [L14] 변수 **z** 등록: **((1 2) (3 4))**
15) [L15] **z**, 즉 **((1 2)(3 4))**에 대한 **car**, 즉 **(1 2)**에 대한 **car** 호출.
16) [L16] **z**, 즉 **((1 2)(3 4))**에 대한 **car**, 즉 **(1 2)**에 대한 **car**, 즉 **1** 반환.
17) [L17] **z**, 즉 **((1 2)(3 4))**에 대한 **cdr**, 즉 **(3 4)**에 대한 **car** 호출.
18) [L18] **z**, 즉 **((1 2)(3 4))**에 대한 **cdr**, 즉 **(3 4)**에 대한 **car**, 즉 **3** 반환.

그리고 cons, car, cdr는 각각 다음과 같이 정의할 수 있다:

```
1 (define (cons x y)
2   (define (dispatch m)
3     (cond ((= m 0) x)
4           ((= m 1) y)
5           (else (error "Argument not 0 or 1 -- CONS" m))))
6   dispatch)
7 (define (car z) (z 0))
8 (define (cdr z) (z 1))
```

<프로그램 4-69> **cons** procedure

이 코드를 간단하게 설명하면 다음과 같다:

1) [L1] Procedure **cons** 선언:
- 변수 선언: **x**, **y**

1-1) [L2] 지역 procedure **dispatch** 선언:
- 변수 선언: **m**

1-1-1) [L3~5] **cond**-expression.
- **(= m 0)** : procedure **car**에서 호출함 - 반환 **x**
- **(= m 1)** : procedure **cdr**에서 호출함 - 반환 **y**
- **else** : 이 외에 호출은 없음

1-2) [L6] Procedure **cons** 반환값: Procedure **dispatch** 반환.

2) [L7] Procedure **car** 선언:
- 변수 선언 : **(z 0)**, 즉 **(dispatch 0)**이므로 **(x y)**에서 **x** 반환.

3) [L8] [L1] Procedure **cdr** 선언:
- 반환값 : **(z 1)**, 즉 **(dispatch 1)**이므로 **(x y)**에서 **y** 반환.

참고로, 이를 ML로 전환하면 다음과 같다:

ML

```
]=> val x = [1, 2];
x
]=> hd(x);
1
]=> hd(tl(x));
2
]=> val x = [1, 2];
x
]=> val y = [3, 4];
y
]=> val z = [x, y];
z
]=> hd(hd(z));
1
]=> (hd(hd(tl(z))));
3
```

<프로그램 4-70> **x** in ML

ML

```
fun cons (x, y) =
   fn m => (cond ((= m 0) x)
                 ((= m 1) y)
                 (else (error "Argument not 0 or 1 -- CONS"
m))))
func car z = (z 0);
func cdr z = (z 1);
```

<프로그램 4-71> **cons** in ML

### 4.1.17.1 연습 문제

1. 다음 S-expression의 결과를 도출하시오.

   1-1) `(car '(0))`
   
   1-2) `(cdr '(0))`
   
   1 3) `(car '((1 2 3) (4 5 6)))`
   
   1-4) `(cdr '(1 2 3 . 4))`
   
   1-5) `(cdr (cons 3 (cons 2 (cons 1 '()))))`

### 4.1.18 Hierarchical Data

위의 Compound Data Object의 개념이 정해지면, 다음과 같은 계층적 구조를 정의할 수 있다.

#### (1) Sequence

Sequence는 다음과 같이 정의할 수 있다:

```
(cons 1
      (cons 2
           (cons 3
                (cons 4 nil))))
```

#### (2) List

List는 다음과 같이 정의할 수 있다:

```
(list <a1> <a2> ... <an>)
```

```
(cons <a1> (cons <a2> ... (cons <an> nil)...)))
```

간단한 예를 들어보자:

```
]=> (define one-through-four (list 1 2 3 4))
one-through-four
]=> one-through-four
(1 2 3 4)
]=> (car one-through-four)
1
]=> (cdr one-through-four)
(2 3 4)
]=> (car (cdr one-through-four))
2
]=> (cons 10 one-through-four)
(10 1 2 3 4)
```

<프로그램 4-72> List Example

위 코드를 간단하게 설명하면 다음과 같다:

1) [L1] Object `one-through-four` 선언: `(list 1 2 3 4)`
2) [L2] Object `one-through-four` 등록: `(1 2 3 4)`
3) [L3] Object `one-through-four` 호출 : `(1 2 3 4)`
4) [L3] Object `one-through-four` 반환 : `(1 2 3 4)`
5) [L5] Object `one-through-four`, 즉 `(1 2 3 4)`에 대한 `car` 호출.
6) [L6] Object `one-through-four`, 즉 `(1 2 3 4)`에 대한 `car`, 즉 `1` 반환.
7) [L7] Object `one-through-four`, 즉 `(1 2 3 4)`에 대한 `cdr` 호출.
8) [L8] Object `one-through-four`, 즉 `(1 2 3 4)`에 대한 `car`, 즉 `(2 3 4)` 반환.
9) [L9] Object `one-through-four`, 즉 `(1 2 3 4)`에 대한 `cdr`, 즉 `(2 3 4)`의 `car` 호출.
10) [L10] Object `one-through-four`, 즉 `(1 2 3 4)`에 대한 `cdr`, 즉 `(2 3 4)`의 `car`, 즉 `2` 반환.
11) [L11] Object `one-through-four` 에 `10`을 `car`로 `cons` 함: `(10 1 2 3 4)`
12) [L12] `cons`한 결과값 반환: `(10 1 2 3 4)`

참고로, 이를 ML로 전환하면 다음과 같다:

| [L#] | ML |
|---|---|
| 1 | `]=> val L = [1,2,3,4];` |
| 2 | *L* |
| 3 | `]=> hd(L);` |
| 4 | *1* |
| 5 | `]=> tl(L);` |
| 6 | *[2,3,4]* |
| 7 | `]=> hd(tl(L));` |
| 8 | *2* |
| 9 | `]=> 10::L;` |
| 10 | *[10,1,2,3,4]* |

<프로그램 4-73> List Example in ML

### (3) List Operations

간단한 list 관련 연산을 정의해 보자.

```
1  ]=> (define (list-ref items n)
2    (if (= n 0)
3        (car items)
4        (list-ref (cdr items) (- n 1))))
5  list-ref
6  ]=> (define squares (list 1 4 9 16 25))
7  squares
8  ]=> (list-ref squares 3)
9  16
10 ]=> (define (length items)
11   (if (null? items)
12       0
13       (+ 1 (length (cdr items)))))
14 length
15 ]=> (define odds (list 1 3 5 7))
16 odds
17 ]=> (length odds)
18 4
```

<프로그램 4-74> List Procedures

이 코드를 간단하게 설명하면 다음과 같다:

1) [L1] Procedure **list-ref** 선언: list에서 **n**-번째 객체를 반환하는 procedure.
   - 변수 선언: **items**, **n**
     - **items** : list.
     - **n** : 자연수.

1-1) [L2] **if**-expression:
   - [L3] [Base Case] **(= n 0)**이면: list의 **0**-번째, 즉 **n**-번째 object면, list의 맨 앞 object 반환.
   - [L4] [Inductive Case] **(= n 0)**이 아니면: list의 **(n-1)**-번째 object를 찾기 위한 list의 **cdr**에 대해 **list-ref** 재귀함수 호출.

2) [L5] Procedure **list-ref** 등록.

3) [L6] List 객체 **squares** 선언: **(1 4 9 16 25)**

4) [L7] List 객체 **squares** 등록: **(1 4 9 16 25)**

5) [L8] List 객체 **squares**에 대한 0부터 3번째 객체를 찾기 위한 procedure **list-ref** 호출: **(list-ref (1 4 9 16 25) 3)**

6) [L9] **squares,** 즉 **(1 2 3 4 9 16 25) 3)**에 대한 0부터 3번째 객체, **16** 반환[406].

7) [L10] Procedure **length** 선언: list의 길이를 연산하는 procedure.

- 변수 선언: **items**
    - **items** : list.

7-1) [L11] **if**-expression:

- [L12] [Base Case] **(null? items)**면: list가 empty면, **0** 반환.
- [L13] [Inductive Case] **(null? items)**가 아니면: list가 empty일 때까지 list의 **cdr**에 대해서 **length** 재귀함수 호출에 따른 현재 객체의 수 1 합산.

8) [L14] Procedure **length** 등록.

9) [L15] List 객체 **odds** 선언: **(1 3 5 7)**

10) [L16] List 객체 **odds** 등록: **(1 3 5 7)**

11) [L17] List 객체 **odds** 길이를 연산하기 위한 procedure **length** 호출: **(length (1 3 5 7))**

12) [L18] **odds,** 즉 **(1 3 5 7)**의 길이, **4** 반환[407].

참고로, 이를 ML로 전환하면 다음과 같다:

```
fun lr (items,n) =
  if (n=0)
    hd(items)
  else
    lr(tl(items),(n-1));
val lr = fn : int list * int -> int
val sq = [1,4,9,16,25];
sq
lr(sq,3);
16
fun length [] = 0
 |  length x::xs =
     (1 + (length xs);
val length = fn : 'a list -> int
val odds = [1,3,5,7];
odds
length odds;
4
```

<프로그램 4-75> List Functions in ML

406) **list-ref** 재귀함수에 의한 실행 과정이 매우 단순하므로 생략한다.

407) **length** 재귀함수에 의한 실행 과정이 매우 단순하므로 생략한다.

## (4) Iterative Approach

Recursion에 기반을 둔 연산자를 정의해 보자.

```
1  ]=> (define (length items)
2    (define (length-iter a count)
3      (if (null? a)
4          count
5          (length-iter (cdr a) (+ 1 count))))
6    (length-iter items 0))
7  length
8  ]=> (define (append list1 list2)
9    (if (null? list1)
10       list2
11       (cons (car list1) (append (cdr list1) list2))))
12 append
13 ]=> (append squares odds)
14 (1 4 9 16 25 1 3 5 7)
15 ]=> (append odds squares)
16 (1 3 5 7 1 4 9 16 25)
```

<프로그램 4-76> List Procedures

이 코드를 간단하게 설명하면 다음과 같다:

1) [L1] Procedure **length** 선언: list의 길이를 연산하는 procedure.
- 변수 선언: **items**
  - **items** : list.

1-1) [L2] Local Procedure **length-iter** 선언: Iterative 방식.
- 변수 선언: **items**
  - **items** : list.
  - **count** : 현재까지의 길이.

1-1-1) [L3] **if**-expression:
- [L4] [Base Case] **(null? a)**면: list가 empty면, 현재까지의 길이 **count** 반환.
- [L5] [Inductive Case] **(null? a)**가 아니면: list가 empty일 때까지, 현재의 길이 **count**에 **1**을 증가시키면서, list의 **cdr**에 대해 **length-iter** 재귀함수 호출.

1-2) [L6] List **items**에 대해 **length-iter** 호출: **count** 값은 0.

2) [L7] Procedure **length** 등록.

3) [L8] Local Procedure **append** 선언: 두 list를 연결하는 procedure.

- 변수 선언: **list1**, **list2**

3-1) [L9] **if**-expression:

- [L10] [Base Case] **(null? list1)**이면: **list1**이 empty면, **list2** 반환.
- [L11] [Inductive Case] **(null? list1)**이 아니면: list가 empty일 때까지, **list1**의 **cdr**에 대해 **length-iter** 재귀함수 호출과 동시에, **list1**의 **car**와 **cdr**에 대해 **length-iter**의 결과를 재귀적으로 **cons** 함.

4) [L12] Procedure **append** 등록.

5) [L13] Procedure **append** 호출: **(append squares odds)**

- **squares** : **(1 4 9 16 25)**
- **odds** : **(1 3 5 7)**

6) [L14] **(append squares odds)** 결과 반환: **(1 4 9 16 25 1 3 5 7)**[408]

7) [L15] Procedure **append** 호출: **(append squares odds)**

- **odds** : *(1 3 5 7)*
- **squares** : **(1 4 9 16 25)**

8) [L16] **(append squares odds)** 결과 반환: **(1 3 5 7 1 4 9 16 25)**[409]

참고로, 이를 ML로 전환하면 다음과 같다:

```
ML
fun append ([],Y) = Y
 | append (x::xs, Y) =
     x::(append(xs,Y));
val append = fn : 'a list * 'a list -> 'a list
val odds = [1,3,5,7];
odds
val sq = [1,4,9,16,25];
sq
append(odds,sq);
[1,3,5,7,1,4,9,16,25]
```

<프로그램 4-77> List Function in ML: **append**

408) **append** 재귀함수에 의한 실행 과정이 매우 단순하므로 생략한다.

409) 상동.

## 4.1.19 Representing Trees

위의 Compound Data Object의 개념을 확장하면, 다음과 같은 tree 구조를 정의할 수 있다.

```
1   ]=> (cons (list 1 2) (list 3 4))[410]
```

<프로그램 4-78> Tree

위 코드를 간단하게 설명하면 다음과 같다:

1) [L1] `(1 2)`와 `(3 4)`를 `cons` 함: `((1 2)(3 4))`

이를 도식화하면, <그림 4-21>과 같다.

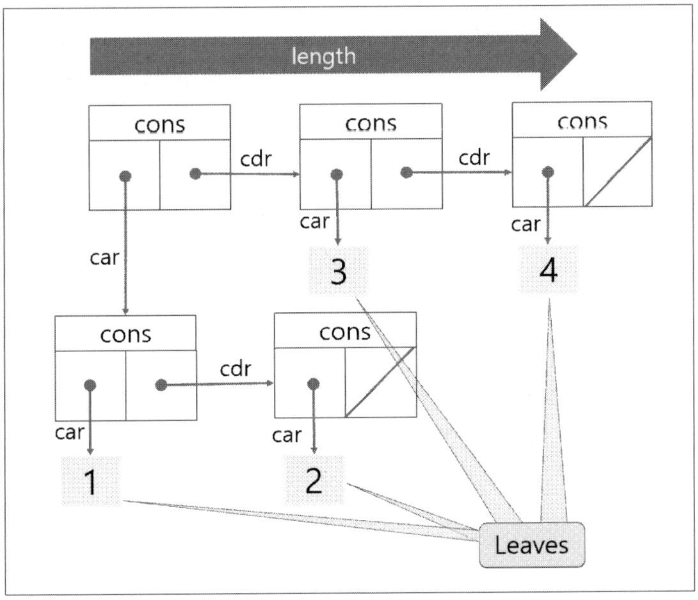


<그림 4-21>`(cons (list 1 2) (list 3 4))`

여기에서 사용하는 `count-leaves` procedure를 정의하면 다음과 같다:

---

410) `(list (1 2) 3 4)`와 같다.

```
1  (define (count-leaves x)
2    (cond ((null? x) 0)
3          ((not (pair? x)) 1)          ;; ((atom? x) 1)
4          (else (+ (count-leaves (car x))
5                   (count-leaves (cdr x))))))
```

<프로그램 4-79> **count-leaves** Procedure

위 코드를 간단하게 설명하면 다음과 같다:

1) [L1] Procedure **count-leaves** 선언: list의 모든 leaf, 즉 단말 노드의 수를 계산하는 procedure.
   - 변수 선언: **items**, **n**
     - **x** : list.

1-1) [L2] **cond**-expression:
   - [L2] [Base Case 1] **(null? x)**: list가 empty면, **0** 반환.
   - [L3] [Base Case 2] **(pair? x)**: 단말 노드면, **1** 반환.
   - [L4] [Inductive Case] **else** : 즉 internal node면 **car**에 대한 **count-leaves** 재귀함수의 결과값과 **cdr**에 대한 **count-leaves** 재귀함수의 결과값의 합을 반환.

```
1  ]=> (define x (cons (list 1 2) (list 3 4)))
2  x
3  ]=> (length x)
4  3
5  ]=> (count-leaves x)
6  4
7  ]=> (length (list x x))
8  2
9  ]=> (count-leaves (list x x))
10 8
```

<프로그램 4-80> Tree **x**

위 코드를 간단하게 설명하면 다음과 같다:

1) [L1] 데이터 객체 **x** 선언: **(cons (list 1 2) (list 3 4))**
2) [L2] 데이터 객체 **x** 등록: **((1 2) 3 4)**

3) [L3] 데이터 객체 **x**에 대한 procedure **length** 호출.
4) [L4] 데이터 객체 **x**에 대한 procedure **length** 호출 결과값 3 반환[411].
5) [L5] 데이터 객체 **x**에 대한 procedure **count-leaves** 호출.
6) [L6] 데이터 객체 **x**에 대한 procedure **count-leaves** 결과값 4 반환[412]: tree의 구조가 <그림 4-21>과 같아서, 4 반환 (<그림 4-21> 참조).
7) [L7] **(x x)**에 대한 procedure **length** 호출.
8) [L8] **(x x)**에 대한 procedure **length** 호출 결과값 2 반환[413].
9) [L9] **(x x)**에 대한 procedure **count-leaves** 호출.
10) [L10] **(x x)**에 대한 procedure **count-leaves** 결과값 8 반환[414]: tree의 구조가 <그림 4-21>과 같아서, 4의 두 배인 8 반환.

### 4.1.20 Symbolic Data

위의 Compound Data Object의 개념이 정해지면, 다음과 같은 Symbolic Data를 정의할 수 있다.

#### (1) Quotation

임의적인 부호(symbol)를 data로 표현하기 위한 Compound Data object다.

```
]=> (define a 1)
a
]=> (define b 2)
b
]=> (list a b)
(1 2)
]=> (list 'a 'b)
(a b)
]=> (list 'a b)
(a 2)
```

<프로그램 4-81> Quotation

411) Procedure **length**: tree의 구조가 <그림 4-21>과 같아서, 3 반환.

412) Procedure **count-leaves**: : tree의 구조가 <그림 4-21>과 같아서, 4 반환.

413) `(((1 2) 3 4) ((1 2) 3 4))`와 같아서, 길이는 2다.

414) Procedure `count-leaves`: : tree의 구조가 <그림 4-21>과 같아서, 4 반환.

위 코드를 간단하게 설명하면 다음과 같다:

1) [L1] 데이터 객체 `a` 선언: `1`
2) [L2] 데이터 객체 `a` 등록: `1`
3) [L3] 데이터 객체 `b` 선언: `2`
4) [L4] 데이터 객체 `b` 등록: `2`
5) [L5] `(a b)` 실행: `(1 2)`
6) [L6] `(a b)` 반환: `(1 2)`
7) [L7] `('a 'b)` 실행: `(a b)`
8) [L8] `('a 'b)` 반환: `(a b)`
9) [L9] `('a b)` 실행: `(a 2)`
10) [L10] `('a b)` 반환: `(a 2)`

여기에서 single quotation ("'")은 text 그 자체를 object로 간주한다.

```
1 ]=> (car '(a b c))
2 a
3 => (cdr '(a b c))
4 (b c)
```

<프로그램 4-82> Quotation

이 코드를 간단하게 설명하면 다음과 같다:

1) [L1] 데이터 객체 text `a`, `b`, `c` list에 대한 `car` 호출: `(car '(a b c))`
2) [L2] 데이터 객체 text `a`, `b`, `c` list, 즉 `(a b c)`에 대한 `car` 호출 결과값: `a`
3) [L3] 데이터 객체 text `a`, `b`, `c` list에 대한 `cdr` 호출: `(cdr '(a b c))`
4) [L4] 데이터 객체 text `a`, `b`, `c` list, 즉 `(a b c)`에 대한 `car` 호출 결과값: `(b c)`

### (2) eq?

```
]=>(define (memq item x)
  (cond ((null? x) '())
```

```
3        ((eq? item (car x)) x)
4        (else (memq item (cdr x)))))
5   memq
6   ]=> (memq 'apple '(pear banana prune))
7   ()
8   ]=> (memq 'apple '(x (apple sauce) y apple pear))
9   (apple pear)
```

<프로그램 4-83> **memq** Procedure

이 코드를 간단하게 설명하면 다음과 같다:

1) [L1] Procedure **memq** 선언: list에 객체 x가 있는지 점검하는 membership procedure.
   - 변수 선언: **items**, **x**
     - **item** : 객체.
     - **x** : list.

1-1) [L2] **cond**-expression:
   - [L2] [Base Case 1] **(null? x)**: list가 empty면, **()** 반환[415].
   - [L3] [Base Case 2] **(eq? item (car x))**: **x**의 첫 객체가 **item**이면, **x** 반환 (**x**를 시작으로 하는 list).
   - [L4] [Inductive Case] **else** : 그렇지 않으면, **x**의 **cdr**에 대한 **memq** 재귀 함수 호출.

2) [L5] Procedure **memq** 등록.
3) [L6] Procedure **memq** 호출: **(memq 'apple '(pear banana prune))**
4) [L7] Procedure **memq** 반환: **()**
5) [L8] Procedure **memq** 호출: **(memq 'apple '(x (apple sauce) y apple pear))**
6) [L9] Procedure **memq** 반환: **(apple pear)**

```
(list 'a 'b 'c)
(a b c)
(list (list 'george))
((george))
(car '((x1 x2) (y1 y2)))
```

415) **NULL**이다.

```
6   '(x1 x2)
7   (cdr '((x1 x2) (y1 y2)))
8   '((y1 y2))
9   (pair? (car '(a short list)))
10   false
11  (memq 'red '((red shoes) (blue socks)))
12   ()
13  (memq 'red '(red shoes blue socks))
14  red
```

<프로그램 4-84> Quotation

이 코드를 간단하게 설명하면 다음과 같다:

1) [L1] text 객체 **a**, **b**, **c**에 대한 list: **(list 'a 'b 'c)**
2) [L2] **(list 'a 'b 'c)**의 결과값: **(a b c)**
3) [L3] text 객체 **george**에 대한 list의 list: **(list (list 'george))**
4) [L4] **(list (list 'george))**의 결과값: **((george))**
5) [L5] text 객체 **x1**, **x2**, **y1**, **y2**에 대한 list의 list에 대한 **car** 호출: **(car '((x1 x2) (y1 y2)))**
6) [L6] **(cdr '((x1 x2) (y1 y2)))**의 결과값: **'(x1 x2)**
7) [L7] text 객체 **x1**, **x2**, **y1**, **y2**에 대한 list의 list에 대한 **cdr** 호출: **(cdr '((x1 x2) (y1 y2)))**
8) [L8] **(cdr '((x1 x2) (y1 y2)))**의 결과값: **'((y1 y2))**
9) [L9] text 객체 **a**, **short**, **list**에 대한 list에 대한 **car**가 **pair?**인지를 따지는 predicate: **((pair? (car '(a short list)))**
10) [L10] **(car '(a short list)))**의 결과값이 **a**이므로 false: ***false***
11) [L11] Procedure **memq** 호출: **(memq 'red '((red shoes) (blue socks)))**
12) [L12] Procedure **memq** 반환: **()**
13) [L13] Procedure **memq** 호출: **(memq 'red '(red shoes blue socks))**
14) [L14] Procedure **memq** 반환: **red**

## 4.2 Prolog

### 4.2.1 Prolog Overview

Prolog는 AI(Artificial Intelligence: 인공지능)[416]와 CL(Computational Linguistics: 연산언어학)[417]에서 사용되는 대표적인 논리프로그래밍언어 중 하나다.

다른 프로그래밍언어와 다르게, Prolog는 정형 논리의 하나인, 술어논리[418]에 기반을 둔 언어다. Prolog는, 기본적으로, 선언적 프로그래밍 언어(Declarative Programming Language)[419]로 개발되었다. 즉 Prolog 프로그램은 사실(facts)과 규칙(rules)이라는

---

416) AI(Artificial Intelligence; 인공지능): AI는, 인간이 제시하는 지능, 즉 HI(Human Intelligence)와 비교하여, 기계에 의해서 수행되는 지능을 의미한다. 학문적인 관점에서는 Intelligent Agents, 즉 주위 환경을 인식하고, 그 환경 하에서, 주어진 목적을 성공적으로 달성하기 위한 가능성을 극대화하기 위해 행동을 수행하는 장치에 대한 연구를 의미한다. 하지만 일반적인 개념에서는, 학습(learning)이나, 문제해결(problem-solving)과 같은, 인간의 지적인 능력과 관련된 인지성을 모방하는 기계나 컴퓨터를 의미한다. 따라서 과학의 발달에 따른 컴퓨터와 기계의 성능 향상을 일반적으로 AI의 결과라고 정의하지 않는다. 하지만 컴퓨터 성능의 발전에 따른, 기계에 의한 인간음성 인식률 향상, 게임의 승률 향상, 배송 전략의 최적화 등과 같은 기술의 발전은 AI의 범주에 포함된다. 즉 hardware의 급속한 발달과 용량의 확대에 기반을 둔 효율적이고 효과적인 연산 algorithm 및 학습 능력의 향상, 나아가 확률적 분석의 현실화에 의해서, 최근 AI의 성공적인 시대를 열고 있지만, 이에 따른 인간 사회의 발전과 변화를 위한, 윤리적이며 도덕적인, 나아가 법적인 운영 방안 및 철학이 요구된다.

417) CL(Computational Linguistics; 연산언어학): 자연어의 연산 모델과 언어학적인 질문에 수반되는 적절한 연산 방법이 서로 융합된 학문이다. 초기, 컴퓨터과학에서 수행되는 인공지능에서 자연히 이 학문이 태동했지만, 지금은 자연어처리 및 자연어기술과 유사하게 수용된다. 하지만 기본적으로 이론과 응용으로 나뉘며, 일반적으로, 이론은 언어론과 인지과학으로, 응용은 이 이론에 근거한 자연어에 대한 실용적인 적용으로 구분된다.

418) 술어논리(Predicate Logic): 술어논리는 1차논리(First-Order Logic), 양화논리(Quantificational Logic), 1차술어논리(First-Order Predicate Logic) 등으로 불린다. 술어논리는 수학, 철학, 언어학 및 컴퓨터과학에서 사용되는 정형체계다. 술어논리는 명제논리에 기반을 두고 있으며, 여기에 양화변수를 도입하여, 비논리 객체에 대해 양화변수를 적용한 술어적 문장을 구성할 수 있도록 했다. 여기에 비해, 고차술어논리(High-Order Predicate Logic)는 술어의 변수에 또 다른 술어나 함수를 적용할 수 있는 논리를 의미한다. 프로그래밍언어적 관점에서 고차술어논리는 ML의 High-Order Function과 Scheme의 Procedure와 비교할 수 있다.

419) 선언적 언어(Declarative Programming Language): 컴퓨터과학에서 프로그래밍언어의 paradigm 중 하나. 특히, 제어의 흐름없이 연산에 대한 논리만을 정의하는 유형으로, 프로그램을 구성하는 요소들 간의 관계가 '어떤'(what)이라는 조건을 주로 명세(specifiation)한다. 일반적으로 Database Query Language, Logic Programming, Functional Programming 등에서 주로 사용된다. 특히, 병렬 프로그램언어에서 큰 효과

규정된 관계(relations)로 작성된다. 그리고 프로그램의 연산은 이러한 relation에 대한 query를 기반으로 수행된다.

Prolog는 이론적으로 Robert Kowalski[420]의 Horn Clauses[421]에 대한 절차적 해석[422]에 기반을 둔다. 이는 J. A. Robinson[423]의 Resolution Principle[424]과 McCarthy[425]의 Functional Language[426]를 결합한 해석이다. Prolog언어는 1972년 Alain Colmeraue r[427]가 Phillippe Roussel과 함께, 프랑스 마르세유(Marseille)에서 고안하고 구현했다.

Prolog는 초기 논리프로그래밍언어의 하나이며, 다수의 공개 및 상용 SW가 제공됨에 따라, 지금까지 가장 많이 사용되는 언어로 평가받고 있다. 이 언어는 Theorem Proving, Expert Systems, Term Rewriting, Type Systems 및 Automated Planning 외에도, 원래 의도했던 자연어처리(Natural Language Processing)분야에서 지금까지 사용된다. 지금의 Prolog 환경은 GUI뿐만 아니라, 행정과 통신 분야도 지원한다. Prolog는 규칙기반 논리 질의의 혜택을 받을 수 있는 업무에 가장 적합하다고 평가받는다.

본 절에서는 Prolog를 간단히 설명하고, ML의 Meta-Language 관점에서 Prolog의 특징을  ML의 예를 들어 설명한다.[428]

---

를 볼 수 있다. 이와 반대로, 연산의 논리가, 연산에 대해 어떤 제어 흐름에 기반을 두는지에 대해 algorithm을 정의하는 유형으로, 프로그램을 구성하는 요소들 간의 관계가 '어떻게'(how)라는 조건을 주로 명세하는 언어를 규격적 프로그래밍언어(Imperative Programming Language)라고 한다.

420) Robert Kowalski(1041년 5월 15일 ~ )는 인간중심연산모델과 인간사고(思考)연산모델 개발을 연구하는 논리학자이며 컴퓨터과학자다.

421) Horn Clauses: 수학논리에서 유래한, 그리고 논리프로그래밍, 정형 명세(formal specification), 모델 이론(model theory) 등에서 사용하기 위해, 유용한 속성을 가진 특정한 규칙과 같은 형태로 표현된 논리 공식. Horn Clauses의 각 절(clause)은 최소한 하나의 positive literal(긍정 단독공식)의 선언식(disjunctive)이다.

422) [KOWALSKI70]

423) John Alan Robinson(1930년 3월 9일~2016년 8월 5일)은 자동이론검증(Automated Theorem Proving)을 창시했다고 평가받는 미국의 컴퓨터과학자로 미국의 Syracus 대학의 명예교수였다.

424) Resolution Principle: 수학 공식으로, 두 개의 기존 수학 공식으로부터 새로운 논리 공식을 유도하기 위해서 사용되는 추론 규칙이다.

425) Lisp언어의 창시자이다.

426) Lisp의 배경이론이다.

427) Alain Colmerauser(1941년 1월 24일~2017년 5월 12일)는 프랑스, Aix-Marseille 대학의 교수였으며, Prolog언어를 개발한 프랑스의 컴퓨터과학자다.

### 4.2.2 Language: Basic

Prolog언어의 구성 요소에 대해 간단하게 설명해 보자.

#### (1) Syntax

Prolog의 문법은 다음과 같다:

```
<input>        → <clause> | <query>
<clause>       → ( infer <goal> from <goals>+ )
<query>        → ( infer? <goals>+ )
<goal>         → <predicate> | ( <predicate> <expression>* )
<expression>   → <integer> | <variable> | <functor> | (<functor> <expression>* )
<predicate>    → <name>
<functor>      → <name> ; Not beginning w/ capital letter
<variable>     → <name> ; Beginning w/ capital letter
```

설명한 바와 같이, Prolog에서 프로그램의 논리는 fact와 rule로 구성된 relation으로 기술되고, 연산은 이들에 대한 query에 의해서 수행된다. 여기에서의 relation과 query는 Prolog의 단일 데이터유형인 term에 의해서 구축된다. Relation은 각 의미 있는 clause에 의해서 정의된다. 이렇게 정의된 clause를 기반으로, 주어진 query에 대해서, 그 query의 negation(부정)을 입증하는 논증을 Prolog의 engine이 입증을 해야 한다. 만약 그 부정의 논증이 입증되면, 역으로, 이는 원래의 query가 성립되는 근거로 인정받는다.

#### (2) Data Type

Prolog의 단일 데이터유형을 term이라고 한다. Term은 다음과 같이, atom, number, variable이거나 또 다른 compound term일 수 있다:

1) Atom:

428) Prolog의 기본 자료는 [BRATKO01], [KAMIN90], [MacLennan89]에 기반을 두고 있다. 그리고 본 장에서 제시된 예제 프로그램들 중의 일부는 부분적으로 이 저작에서 발췌한 것이 포함되어 있다.

- 상속의 의미가 없는 범용 이름.
- 예를 들면, **x**, **red**, **'x'**, **'x red'** 등이다.
- 일반적으로 소문자로 시작된다.

2) Number:
   - Float 또는 integer[429)]

3) Variable:
   - 임의의 term을 수용하기 위한 자리(place)로서, 술어논리의 변수와 같다.
   - 변수의 이름은 문자, 숫자, underscore 문자로 구성되며, 시작은 대문자와 underscore로 시작한다.

4) Compound Term:
   - functor term과 매개변수 term으로 구성된다.
   - 매개변수에 따라 term의 arity가 결정된다.[430)]

Compound term의 특수한 경우는 다음과 같다:

1) List:
   - 순서화 된 term의 배열이다.
   - 대괄호로 기술하고, term들은 comma(,)로 구분한다.
   - 예: `[ 1, 2, 3]` , `[ red, blue, yellow]`

2) String:
   - 인용된 문자의 배열.
   - 예: "`String is a sequence of letters.`"

### (3) facts & rules

Prolog 프로그램은 clause로 정의된 relation으로 작성된다.[431)] 그리고 clause의 유형에는 fact와 rule 두 가지 유형이 있다.

Rule은 다음과 같이 정의된다:

429) ISO 표준에서는 크기가 제한되어 있지만, 일반적으로 제한이 없다.

430) Atom은 arity가 0인 term이다.

431) Pure Prolog는 오직 Horn Clause만을 허용한다.

```
Head:- Body
```

이 뜻은, “만약 Body가 참이라면, Head가 참이다” 이다. Body는 predicate에 대한 호출로 구성되며, 이를 각각의 Goal이라고 한다.

Goal을 연결하는 논리연산자는 다음과 같이 두 가지가 있다:

1) Conjunction (연언(連言)) operator: “,/2”[432]
2) Disjunction (선언(選言)) operator: “;/2”[433]

**Body**가 없는 clause를 fact라고 정의한다:

```
night(dark)
```

이는 다음과 같다:

```
night(dark) :- true
```

여기에서 **true/0**은 built-in predicate이며, arity가 0이며, 항상 참이다.

### (4) Query

Query는, 주어진 relation들을 기반으로 특정한 clause가 성립되는지를 유도과정을 통해서 입증하는 방법이다. 우선 간단한 예를 들어보자. 위에서, **night(dark)**라는 fact를 선언했다. 그리고 **night(dark)**가 성립되는지는, 다음 query의 실행결과에 의해서 판명된다. 즉 이 절이 fact이기 때문에, 당연히 참으로 귀결된다.

```
?- night(dark).
true
```

432) 연산자 “,”의 arity는 2.

433) 연산자 “;”의 arity는 2.

또 다른 예를 들어보자.

## Example E.4-12) Sibling Example

```
1  mother_child(trude, sally).
2  father_child(tom, sally).
3  father_child(tom, erica).
4  father_child(mike, tom).
5  sibling(X, Y)      :- parent_child(Z, X), parent_child(Z, Y).
6  parent_child(X, Y) :- father_child(X, Y).
7  parent_child(X, Y) :- mother_child(X, Y).
```

<프로그램 4-85> Sibling Example

이 코드를 간단하게 설명하면 다음과 같다:

1) [L1] Fact 1: **`mother_child(trude, sally)`**
2) [L2] Fact 2: **`father_child(tom, sally)`**
3) [L3] Fact 3: **`father_child(tom, erica)`**
4) [L4] Fact 4: **`father_child(mike, tom)`**
5) [L5] Rule 1:
    - Head: **`sibling(X, Y)`**
        - predicate : **`sibling`**
        - 매개변수 : **`X, Y`**
    - Body:
        - Goal 1: **`parent_child(Z, X)`**
        - predicate : **`parent_child`**
            - 매개변수 : **`Z, X`**
        - Goal 1: **`parent_child(Z, Y)`**
            - predicate : **`parent_child`**
            - 매개변수 : **`Z, Y`**
6) [L6] Rule 2:
    - Head: **`parent_child(X, Y)`**
            - predicate : **`parent_child`**
            - 매개변수 : **`X, Y`**
    - Body:

- ◦ Goal 1: **father_child(X, Y)**
  - · predicate : **father_child**
  - · 매개변수 : **X, Y**

7) [L7] Rule 3:

- Head: **parent_child(X, Y)**
  - ◦ predicate : **parent_child**
  - ◦ 매개변수 : **X, Y**
- Body:
  - ◦ Goal 1: **mother_child(X, Y)**
    - · predicate : **mother_child**
    - · 매개변수 : **X, Y**

위 예제에 대해서, 다음과 같은 query를 입력했을 때, 이 query의 평가 결과는 참이 된다.

```
?- sibling(sally, erica).
Yes
```

<프로그램 4-86> **sibling** Query

그 이유는 다음과 같다:

1) Query: **sibling(sally, erica)**
- Query가 성립하기 위해서는 위 Rule 1에 의해서 다음 2개의 goal이 만족되어야 한다.

1-1) Goal 1: **parent_child(X, sally)**
- 이 goal이 만족하기 위해서는 위 Rule 3에 의해서 다음 goal이 만족되어야 한다.

1-1-1) Goal 1-1: **father_child(tom, sally)**
- Goal 1의 매개변수 X에 대입된 tom에 의한 fact 2가 존재.

1-2) Goal 2: **parent_child(X, erica)**
- 이 goal이 만족하기 위해서는 위 Rule 3에 의해서 다음 goal이 만족되어야 한다.

1-1-1) Goal 1-1: **father_child(tom, erica)**
- Goal 1의 매개변수 X에 대입된 tom에 의한 fact 3이 존재.

1-3) 2개의 goal이 모두 만족하므로, 즉 유도되므로, 이 query는 참(true)이 된다.

### (5) Loops & Recursion

반복적인 algorithm이 recursive predicate에 의해서 구현된다.

### (6) Negation

Build-in predicate인 "`\+/1`" failure에 의한 negation을 제공한다. 예를 들어, 다음 rule에서 "`\+ illegal(X)`"를 평가한다고 하자.

```
legal(X) :- \+ illegal(X).
```

이를 평가할 때, `illegal(X)`를 평가함으로써, 다음과 같이 두 가지의 결론에 도달할 수 있다:

1) `illegal(X)`에 대한 증거를 확보했을 경우: 원래 "`\+ illegal(X)`"의 goal이 실패한 것으로 결론이 난다.
2) `illegal(X)`에 대한 증거를 확보하자 못했을 경우: 원래 "`\+ illegal(X)`"의 goal이 달성한 것으로 결론이 난다.

이러한 이유 때문에, 원래의 "`\+ illegal(X)`", 즉 negation을 증명할 수 없는(not provable) goal이라고 한다. 즉 역으로, "`illegal(X)`"에 의해서만 증명될 수 있는 goal이라는 의미다.

## 4.2.3 Simple Examples

그럼 간단한 예를 작성해 보자.

### (1) 3-Coloring Problem

다음은 red, blue, yellow 3가지 색으로 도형의 각 영역을 같은 색으로 겹치지 않게 색칠하는 문제다. 우선 <그림 4-22>를 보자.

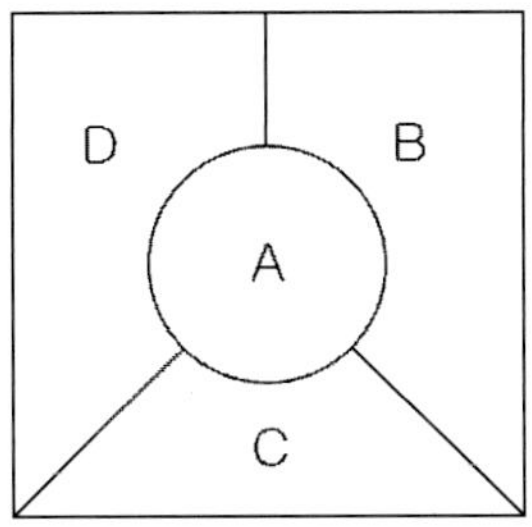


<그림 4-22> Map A

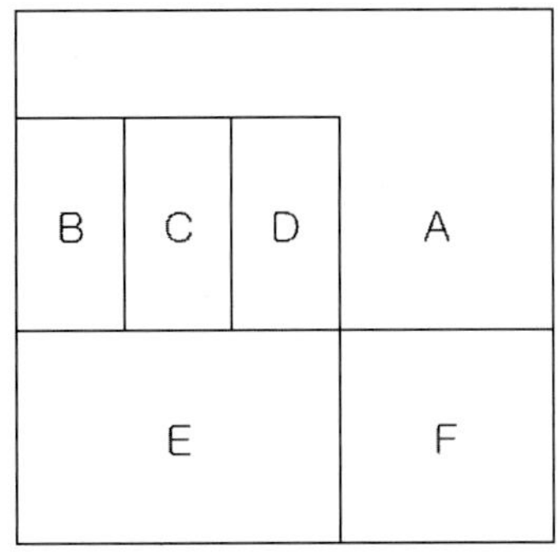


<그림 4-23> Map B

<그림 4-22>의 Map A는 가운데 위치한 영역 A에 근접한 영역이 B, C, D 3개이므로 3가지 색 중 한 가지 색을 A가 선택하고 난 다음 나머지 두 가지 색으로 3개의 영역에 대해 다른 색을 선택할 수 없다.

하지만, <그림 4-23>의 Map B가 가능한지 아닌지를 판단하는 것은 쉽지 않다. 이를 판단하기 위한 Prolog 프로그램을 작성하면 다음과 같다:

### Example E.4-13) 3-Coloring Example

<프로그램 4-87> 코드를 간단하게 설명하면 다음과 같다:

1) [L1] Fact 1: `(different yellow blue)`[434)]
   - Head: 서로의 색이 다름을 fact로 정함.
2) [L2] Fact 2: `(different yellow red)`
3) [L3] Fact 3: `(different blue yellow)`
4) [L4] Fact 4: `(different blue red)`
5) [L5] Fact 5: `(different red yellow)`
6) [L6] Fact 6: `(different red blue)`

434) Rule에서 Head만 정의되어 있고, Body가 없기 때문에 fact임을 알 수 있다. 또한 표기를 prefix notation으로 표현했다. 이전의 정의에 의하면, `different(yellow, blue)`와 같다.

```
1  (infer (different yellow blue))
2  (infer (different yellow red))
3  (infer (different blue yellow))
4  (infer (different blue red))
5  (infer (different red yellow))
6  (infer (different red blue))
7  ;
8  (infer (mapb-coloring A B C D E F)
9  from (different A B) (different A C) (different A D)(different A F)
10      (different B C) (different B E)
11      (different C E) (different C D)
12      (differnet D E)
13      (different E F))
14 -> (infer? (mapb-coloring A B C E D F))
15 Satisfied
16 -> (infer? (mapb-coloring A B C E D F) (print A B C D E F))
17 yellow blue red blue yellow blue
18 Satisfied
```

<프로그램 4-87> 3-Color Problem

7) [L8~13] Rule 1:

- [L8] Head: **`(mapb-coloring A B C D E F)`**[435]
    - predicate : **`mapb-coloring`**
    - 매개변수 : **`A B C D E F`**
- Body: 총 10개의 Goal이 정의됨.[436].
    - [L9] Goal 1: **`(different A B)`**
        - predicate : **`different`**
        - 매개변수 : **`A B`**
    - [L9] Goal 2: **`(different A C)`**
    - [L9] Goal 3: **`(different A D)`**
    - [L9] Goal 4: **`(different A F)`**
    - [L10] Goal 5: **`(different B C)`**
    - [L10] Goal 6: **`(different B E)`**
    - [L11] Goal 7: **`(different C E)`**
    - [L11] Goal 8: **`(different C F)`**
    - [L12] Goal 9: **`(different D E)`**

435) Map B의 모든 영역의 색이 서로 달라야 함을 명시한다.

436) Map B에 속한 각각의 모든 영역들이 근접한 다른 영역과 색이 달라야 함을 명시한다.

- ◦ [L13] Goal 10: **(different E F)**

8) [L14] Query 1: **(infer? (mapb-coloring A B C E D F))**
   - Head: **(mapb-coloring A B C E D F)**
   - Goal 1부터 10까지 만족하는 경우(instance)가 있는지를 따지게 됨.

9) [L15] 평가 결과: **Satisfied**[437]
   - 이를 만족하는 경우를 발견함.

10) [L16] Query 1: **(infer? (mapb-coloring A B C E D F) (print A B C D E F))**
    - Head 1: **(mapb-coloring A B C E D F)**
    - Head 2: **(print A B C D E F)**
      - ◦ Goal 1부터 10까지 만족하는 경우(instance)에 대해.
      - ◦ 그 경우를 만족하는 변수값, 즉 색의 이름을 출력함.

11) [L17~18] 평가 결과:
    - Head 2: **yellow blue red blue yellow blue**
    - Head 1: **Satisfied**[438]

위 Prolog의 프로그램을 통해서, Map B에 대해서 3-Coloring 문제가 해결될 수 있음을 확인할 수 있었다.

또 다른 예를 작성해 보자. 다음은 ML과 Scheme에서 거론했던 membership 문제다.

```
(infer (member X (cons X L)))
(infer (member X (cons Y M)) from (member X M))
-> (infer? (member 3 (cons 2 (cons 3 nil))))
Satisfied
-> (infer? (member 3 (cons 2 (cons 4 nil))))
Not satisfied
```

<프로그램 4-88> **member** Problem

---

437) 이러한 결과를 도출하기 위해서, Prolog의 엔진이 **different**로 정의된 기존의 6개의 fact로부터, **mapb-coloring** rule을 만족하는 최소한 하나의 경우가 존재하는지 점검을 수행한다. Imperative Language에서는 이 관계를 만족하는 algorithm을 작성해서 프로그램으로 실행시켰으나, Prolog와 같은 Declarative Language에서는 어떤 관계(relation)를 만족하는지에 대한 정의를 rule로만 규정하게 되면, 엔진에 의해서, 그 algorithm이 자동으로 수행된다. 당연히, 편리한 만큼, 엔진이 부담하는 부하가 크다.

438) **Satisfied** 문구가 **print**보다 나중에 출력이 된 이유는, **Satisfied**가 **print** 이후에 전체 query의 output으로 발생된 결과이기 때문이다.

이 코드를 간단하게 설명하면 다음과 같다:

1) [L1] Fact: **`(member X (cons X L))`**[439]
   - `(X L)`의 첫 번째 원소가 `X`다.
2) [L2] Rule 2: **`(member X (cons Y M)) from (member X M))`**
   - Head: **`(member X (cons Y M))`**
     - `(Y M)`의 첫 번째 원소가 `X`가 아니고, `Y`일 경우.
   - Body: **`(member X M)`**
     - `X`는 `(X M)`의 나머지 list `M`에 있어야 한다.
3) [L3] Query 1: **`(infer? (member 3 (cons 2 (cons 3 nil))))`**
4) [L4] 평가 결과: **`Satisfied`**
   - `(member 3 (2 3))`이므로, query가 만족됨.
5) [L5] Query 2: **`(infer? (member 3 (cons 2 (cons 4 nil))))`**
6) [L6] 평가 결과: **`Not Satisfied`**
   - `(member 3 (2 4))`이므로, query가 만족되지 않음.

참고로, 이를 ML로 전환하면 다음과 같다:

```
fun member (x, []) = false
 | member (x, y::ys) =
   if (x=y) true
      else member(x,ys);
-> member (3, [2, 3]);
true
-> member (3, [2, 4 });
false
```

<프로그램 4-89> **`member`** Function in ML

## 4.2.4 Semantics

Prolog 프로그램은 기본적으로 다음과 같이 두 가지 요소로 구성된다:

1) Relation: 첫째, Prolog 프로그램의 논리적 내용을 정의하는 relation으로 구성되어 있으며, 각 relation은 다음과 같은 형식을 가진 clause로 구성된다:

439) Prolog의 list는 Scheme의 list와 동일하게 정의한다.

```
( infer G from H1 ··· Hn )
```

그리고 이 clause는 다음 두 유형으로 구분된다:

a) fact:

- 위 형식에서 G[440]만 정의되어 있고, H[441]가 정의되지 않은 clause.
- G를 만족하기 위해서, H가 만족됨을 증명할 필요가 없다.

b) rule:

- 위 형식에서 G와 H가 모두 정의되어 있는 clause.
- G를 만족하기 위해서, H가 만족됨을 증명해야 한다.

2) Query: 둘째, 위에서 정의한 relation에 대해, 특정한 Goal이 만족되는지 따지는 문구이며, 다음과 같은 형식을 가진다:

```
( infer? G )
```

위의 프로그램을 실행하기 위한 Prolog의 의미론에는 다음과 같이 두 가지 방법이 있다:

1) Logical Interpretation: Prolog Interpreter의 목적이 Goal을 증명하는 방식이며, 이 방식에서 clause들은 증명에 필요한 추론규칙으로 활용된다.
2) Procedural Interpretation[442]: 일반 프로그램처럼, Prolog 프로그램이 궁극적으로 컴퓨터에게 특정한 작업(action)을 수행하도록 해야 한다. 이 방식에서는, 질의에 답하기 위해서, Interpreter가 어떤 작업(action)을 수행해야 하는지를 규정한다.

일반적으로, Logical Interpretation 방식은 단순하지만, 기계적이지 않기 때문에, 가끔 잘못된 결과를 유도할 수도 있다. 이에 비해, Procedural Interpretation 방식은, 기계적이기 때문에, Logical Interpretation 방식보다는 더 정확하다고 평가받는다.

그러면, 이 두 방식에 대해 알아보자.

### (1) Logical Interpretation

위에서 간략하게 설명한 바와 같이, 이 방식에서 Prolog Interpreter의 목적인 Goal을

440) Goal

441) Horn Clause

442) 이를 Operational Interpretation이라고도 한다.

증명하기 위하여, clause를 axiom과 추론규칙으로 활용한다. 이 관점에서 Prolog 프로그램의 relation과 Query를 다음과 같이 해석한다:

1) Rule: **( infer** G **from** $H_1$ ⋯ $H_n$ **)**
   - 만약 $H_1$, ⋯, $H_n$을 증명할 수 있다면, G가 성립됨을 추론할 수 있다.
   - $H_1$, ⋯, $H_n$과 G가 변수를 가진다면, 변수의 모든 값에 대해, $H_1$, ⋯, $H_n$이 참이라면, G가 참이 된다.
2) Fact: **( infer** G **)**
   - G의 변수에 어떤 값이 대입되어도 참이 된다는 의미.
3) Query: **( infer?** G **)**
   - Query의 G를 만족함을 증명하기 위하여, 위 1)의 rule을 추론규칙으로 사용하여, G의 변수에 대입되는, G가 참이 되게 하는 변수값, 즉 위 2)의 fact를 찾아야 한다.

간단한 예를 들어보자. 다음은 위에서 제시한 membership relation을 정의한 clause다.

```
(infer (member X (cons X L)))
(infer (member X (cons Y M)) from (member X M))
```

<프로그램 4-90> **member** Clauses

이를 Logic Interpreter 관점에서 정리하면 다음과 같다:

1) [L1] Fact: **(infer (member X (cons X L)))**[443]
   - **X**에 어떤 값이 대입된다 하더라도, 그리고 **L**이 어떤 값이라 하더라도, 앞의 **X**는 항상 뒤의 **(cons X L)**의 **X**와 같으므로, 항상 참일 수밖에 없다.
2) [L2] Rule: **(infer (member X (cons Y M)) from (member X M))**[444]
   - 앞의 **X**는 항상 뒤의 **(cons Y L)**의 **Y**와 다른 경우, 이것이 성립되기 위해서는, 즉 참이기 위해서는, **(cons Y L)**의 **L**에 대하여, **(member X M)**이 성립되어야 한다. 즉 참이어야 한다.

다음은, 이를 기반으로, 다음 Query를 어떻게 입증하는지를 알아보자.

443) ML과 Scheme의 관점에서, recursive function이나 procedure의 base case에 해당한다.

444) ML과 Scheme의 관점에서, recursive function이나 procedure의 inductive case에 해당한다.

```
-> (infer? (member 3 (cons 2 (cons 3 nil))))
Satisfied
```

<프로그램 4-91> **member** Query

Logical Interpreter 방식으로 Query가 처리되는 과정은 간단하게 다음과 같다:

1) Goal 1: **(member 3 (cons 2 (cons 3 nil)))**
   - Rule: **(infer (member X (cons Y M)) from (member X M))**
     - G: **(member 3 (cons 2 (cons 3 nil)))**
       - **X** : **3**
       - **Y** : **2**
       - **M** : **(cons 3 nil)**
     - H: **(member 3 (cons 3 nil))**

2) Goal 2: **(member 3 (cons 3 nil))**
   - fact: **(infer (member X (cons X L)))**
     - G: **(member 3 (cons 3 nil))**
       - **X** : **3**
       - **L** : **nil**

즉 Goal 1이 만족하기 위해서는, **member** rule에 의해, Goal 2가 만족해야 하는데; Goal 2가 **member** rule에 의해 만족되므로, Goal 1이 만족됨을 확인할 수 있다.

역으로 다음과 같은 Query를 만들어 보자.

```
-> (infer? (member X (cons 2 (cons 3 nil))) (print X))
2
Satisfied
```

<프로그램 4-92> **member** Query

이 경우는 다음과 같은 해석이 가능하다:

1) Fact: **(infer (member X (cons X L)))**
   - G: **(member X (cons 2 (cons 3 nil))**
     - **X** : **2**

- `L : (cons 3 nil)`
- `X : 2`

2) Fact: `(infer (member X (cons Y M)) from (member X M))`
- G1: `(member X (cons Y M))`
  - `X` : 2가 아닌 다른 수
  - `Y : 2`
  - `L : (cons 3 nil)`
- H1: `(member X (cons 3 nil))`
- G2: `(member X (cons 3 nil))`
  - `X : 3`
  - `X : 3`
  - `L : nil`
  - `X : 3`

위에서 바로 보여준 바와 같이, X의 값으로 2와 3이 모두 가능함을 확인할 수 있다. 즉 Logic Interpretation 방식에서는 Interpreter가 X의 값으로 2를 반환할 건지, 아니면 3을 반환할 건지는 정하지 않는다. 둘 중 하나를 반환할 뿐이다.

### (2) Procedural Interpretation

위에서 간략하게 설명한 바와 같이, Prolog 프로그램도 다른 언어 프로그램처럼, 궁극적으로 컴퓨터에게 특정한 작업(action)을 수행하도록 해야 한다. Procedural Interpreter 방식에서, Query에 답하기 위해서, Interpreter가 Prolog 프로그램을 어떤 작업(action)으로 전환하는지 알아보자.

Procedural Interpreter 방식을 기술하기 전에, Prolog 프로그램에서 선언하는 clause들에서 발생되는 몇 가지의 문제점을 정리해 보자:

1) Goal을 달성하는 위한 clause가 하나 이상인 경우:
- Clause들:
  - $C_i$ := ( **infer** $G_i$ **from** $H_{i,1}$ ⋯ $H_{i,ni}$ )
  - ...
  - $C_j$ := ( **infer** $G_j$ **from** $H_{j,1}$ ⋯ $H_{j,nj}$ )
- 이들 clause 중 하나만 만족되어도 된다.

- 중요한 점은 이 모든 경우을 따지는 절차, 즉 procedure를 정의하는 것이다.

2) Goal에 순환성이 발생되었을 때:
- Clause들:
  - $C_i$ := ( **infer** $G_i$ **from** $H_{i,1} \cdots G_j \cdots H_{i,ni}$ )
  - $C_j$ := ( **infer** $G_j$ **from** $H_{j,1} \cdots G_i \cdots H_{j,nj}$ )
- 즉 $C_i$와 $C_j$를 통해서 $G_i$와 $G_j$ 사이에 순환 goal이 형성됨을 확인할 수 있다.
- Query가 만족하는지 점검하는 과정에서, $G_i$와 $G_j$ 사이에 무한 loop이 발생된다.
- 중요한 점은 이러한 모순, 즉 무한 loop을 발견하고 문제를 인지할 수 있는 절차, 즉 procedure를 정의하는 것이다.

3) Goal에 중복성이 요구되는 경우:
- Clause들:
  - C := ( **infer** G **from** $H_1 \cdots H_n$ )
- G가 만족하는지를 증명하기 위해서는, 모든 H가 만족됨을 증명해야 한다.
- $H_1$부터 $H_n$까지 증명하는 과정에서 임의의 $H_i$의 증명 여부는 $H_1$부터 $H_{i-1}$까지의 만족 여부, 즉 증명을 기반으로 이루어지는 것이다. 만약 $H_i$를 증명할 수 없어서 G 자체가 만족할 수 없다고 성급하게 판단 내린다면, 위 1)에 의해서, 이전의 $H_1$부터 $H_{i-1}$에서 이들을 만족하는 또 다른 경우를 확인할 수 없게 된다. 즉 G를 만족할 수 있는 모든 가능한 경우를 점검하지 않는 오류를 범할 수 있다.
- 중요한 점은 이러한 모순, 즉 모든 경우를 점검할 수 있는 절차, 즉 procedure를 정의하는 것이다.

이러한 문제점을 해결하기 위해, 다음과 같은 몇 가지의 절차적인(procedural) 개념을 정의하였다:

1) Substitution(대입): $\sigma$
- Clause에 있는 변수의 유한한 집합을 수식(expression)으로 사상(mapping) 하는 방법.
- $\{X_1 \mapsto e_1, \cdots, X_n \mapsto e_n\}$
- 각 $e_i$ 에 $X_j$가 없어야 함.
- 이 경우, 각 $X_j$에 substitution $\sigma$에 bound(제한) 되었다고 함.

2) Application(적용): $\hat{\sigma}$[445)]

445) 일반프로그래밍언어에서 형식매개변수에 실질매개변수를 대입하는 것과 같은 개념으로 이해할 수 있다.

- Goal $g$와 Substitution $\sigma$가 주어졌을 때, $g$에 $\sigma$를 적용하는 것을 application이라고 정의하고, 이를 $\hat{\sigma}(g)$로 표기한다.
- 이는 $g$에, $\sigma$에서 규정한 바대로, 각 $X_i$를 $e_i$로 대체한다는 의미다.
- 예:
  - $g$ = `(member X (cons Y L))`
  - $\sigma$ = {`X` ↦ `3`, `L` ↦ `(cons 4 M)` }
  - $\hat{\sigma}(g)$ = `(member 3 (cons Y (cons 4 M))`
- 이 경우, 각 $X_j$가 substitution σ에 bound(제한) 되었다고 함.

3) Composition(조합): ∘

- 주어진 두 개의 Substitution $\sigma_1$과 $\sigma_2$에 대하여, $g$에 $\sigma_1$과 $\sigma_2$를 순서대로 적용(application)하는 것을 composition이라고 정의하고, 이를 $\sigma_1 \circ \sigma_2$로 표기한다.
- 이 의미는 다음과 같다: $\widehat{\sigma_1 \circ \sigma_2}(g) = \widehat{\sigma_2}(\widehat{\sigma_1}(g))$

4) Unification(통합):

- 주어진 두 개의 Goal $g_1$과 $g_2$에 대하여, 두 개의 Goal $g_1$과 $g_2$를 만족하는 Substitution $\sigma$를 Unification이라고 한다.
- 이 의미는 다음과 같다: $\hat{\sigma}(g_1) = \hat{\sigma}(g_2)$
  - 예 1:
  - $g_1$ = `(member 3 (cons 3 nil))`
  - $g_2$ = `(member X (cons X nil))`
  - $\sigma$ = {`X` ↦ `3`, `L` ↦ `nil` }
- 예 2:
  - $g_1$ = `(member Y (cons 3 nil))`
  - $g_2$ = `(member X (cons X nil))`
  - $\sigma$ = {`Y` ↦ `3`, `X` ↦ `3`, `L` ↦ `nil` }
- 예 3:
  - $g_1$ = `(member 3 (cons 4 nil))`
  - $g_2$ = `(member X (cons X nil))`
  - Not Unifiable: `X`는 동시에 `3`과 `4`의 값을 가질 수 없다.

이러한 개념을 기반으로, Procedural Interpretation 방식은 다음과 같은 절차대로 Query를 증명한다:

1) 주어진 Goal $g$를 만족하기 위해서, 다음과 같이, $g$를 Goal로 설정한 clause $C_i$를 순서대로[446] 찾는다.
   - $C_i$ := ( **infer** $G$ **from** $H_1$ $H_2$ ⋯ $H_n$ )

2) 맨 왼쪽에서부터 $g$를 만족하는 Substitution $\sigma_0$을 시작으로, 이 $\sigma_0$이 모든 $H_i$에 대하여, 순서대로, Unification이 성립되는지를 따진다. 모든 $H_i$에 대하여, 순서대로, Unification이 성립되면, $g$가 만족됨을 보인 것이다. 즉 Clause $C_i$에 의해, Query가 만족하는 경우가 입증된 것이다.

2-1) $\sigma_0$을 $H_1$에 대하여:
   - $\sigma_0$의 $H_1$에 대한 Unification을 따진다: $\widehat{\sigma_0}(H_1)$.
   - Unification이 성립되면, $\sigma_1$을 발생시킨다.

2-2) $\sigma_1$을 $H_2$에 대하여:
   - $\sigma_1$을 $H_2$에 대한 Unification을 따진다: $\widehat{\sigma_1}(H_2)$.

   Unification이 성립되면, $\sigma_2$를 발생시킨다.

2-i) $\sigma_i$를 $H_{i+1}$에 대하여:
   - $\sigma_i$를 $H_{i+1}$에 대한 Unification을 따진다: $\widehat{\sigma_i}(H_{i+1})$.
   - Unification이 성립되면, $\sigma_{i+1}$을 발생시킨다.

   2-n) $\sigma_{n-1}$을 $H_n$에 대하어:
   - $\sigma_{n-1}$을 $H_n$에 대한 Unification을 따진다: $\widehat{\sigma_{n-1}}(H_n)$.
   - Unification이 성립되면, $\sigma_2$를 발생시킨다.

3) 위 2-1)에서 Unification이 성립되지 않으면, $C_i$는 만족되지 않는다. 그리고 $g$를 Goal로 설정한 다른 모든 clause에서도 이러한 Unification이 성립되지 않는다면, Query는 궁극적으로 만족되지 않는 것이다.

4) 위 2-2)부터 2-n)까지 Unification이 성립되지 않는 경우가 있다면, 이전 단계로, 예를 들어, 2-i)의 경우, 2-i-1)의 경우로 되돌아가서, Unification이 성립되는 또 다른 $H_i$, 즉 $\widehat{\sigma_{i-1}}(H_i)$가 성립되는 $H_i$의 또 다른 clause가 있는지 점검한다.[447]

4-1) 만약 그런 절이 있다면, 그 다음 단계, 예를 들어, 2-i) 단계를 새로운 $\sigma_i$로 다

446) 위에서 지적한 문제 1)과 3)을 해결하기 위함이다.

447) 이를 일반적으로 backtracking이라고 정의한다. 특히, 이 Procedural Interpretation 방식에서 적용하는 backtracking은 위의 절차 2)에서 오직 오른쪽의 H에서만 허용하기 때문에 Backtracking within right-hand sides라고 정의한다. 이는 이전에 정의한 문제 3)을 해결하기 위한 것이다. 즉 Interpretation의 integrity, 즉 무결성을 보장하기 위한 것이다.

시 반복한다.

4-2) 만약 그런 절이 없다면, 이 이전 단계로, 예를 들어, 2-i)의 경우, 2-i-2)의 경우에 대하여, 다시, 이 단계, 즉 4)를 반복한다.

4-3) 만약 이렇게 역순으로 반복하다가, 최종, $H_1$, 즉 2-1)의 경우에서도 Unification을 만족하는 다른 clause가 존재하지 않는다면, 최종, $C_i$는 만족되지 않는다고 결론 짓는다. 그리고 다시 위 3)의 단계로 이전한다.

그러면, 이를 기반으로 Prolog 프로그램이 어떻게 실행되는지 알아보자.

### 4.2.5 Examples

다음은 Prolog의 몇 가지의 예를 통해서, 프로그램이 어떻게 작성되는지, 즉 clause를 통해서 어떻게 fact와 rule이 정의되고, 이를 기반으로 Query가 어떻게 입증되는지 알아보자.

#### (1) List

설명한 바와 같이, Prolog의 List는 Scheme의 List와 같은 개념으로 정의된다. 다음 relation은 두 개의 절로 이루어진, list 맨 뒤에 object x를 연결하는 predicate다.

#### Example E.4-14) addtoend Example

```
1 (infer (addtoend nil X (cons X nil)))
2 (infer (addtoend (cons Y L) X (cons Y M)) from (addtoend L X M))
```

<프로그램 4-93> List : Clause - **addtoend**

이 코드를 간단하게 설명하면 다음과 같다:

1) [L1] $C_1$ : Fact (Base Case[448])

- `(infer (addtoend nil X (cons X nil)))`

448) ML과 Scheme의 관점에서, recursive function이나 procedure의 base case에 해당한다.

- $G_1$ : **(addtoend nil X (cons X nil))**
  - **addtoend**는 3개의 변수로 정의된다: **L, X, L'**
    - List **L1** : **nil**
    - 원소 **X** : **X**
    - 결과 **L2** : **(cons X nil)**
  - **L1**이 **nil**이면, **X**를 **L1**의 맨 뒤에 연결한다.
- $H$ : 없음 (∵ fact)

2) [L2] $C_2$ : Rule (Inductive Case[449])

- **(infer (addtoend (cons Y L) X (cons Y M)) from (addtoend L X M))**
- $G_2$ : **(addtoend (cons Y L) X (cons Y M))**
  - **addtoend**는 3개의 변수로 정의된다: **L, X, L'**
    - List **L1** : **(cons Y L)**
    - 원소 **X** : **X**
    - 결과 **L2** : **(cons Y M)**
  - X를 L의 맨 뒤에 연결한다.
- $H_2$ : **(addtoend L X M)**
  - **L1**이 **nil**이 아니면, **L1**, 즉 **(cons Y L)**의 **cdr**인 **L**에 **X**를 맨 뒤에 **addtoend**로 연결한 결과가 **M**이 되고, 여기에 **L1**, 즉 **(cons Y L)**의 **car**인 **Y**에 **car**로 **cons**한 것이 **L2**가 된다.

그러면, 다음 Query를 어떻게 증명하는지 확인해 보자.

```
-> (infer? (addtoend (cons 3 nil) 4 L) (print L))
(cons 3 (cons 4 nil))
Satisfied
```

<프로그램 4-94> List : Query - **addtoend**

449) ML과 Scheme의 관점에서, recursive function이나 procedure의 inductive case에 해당한다.

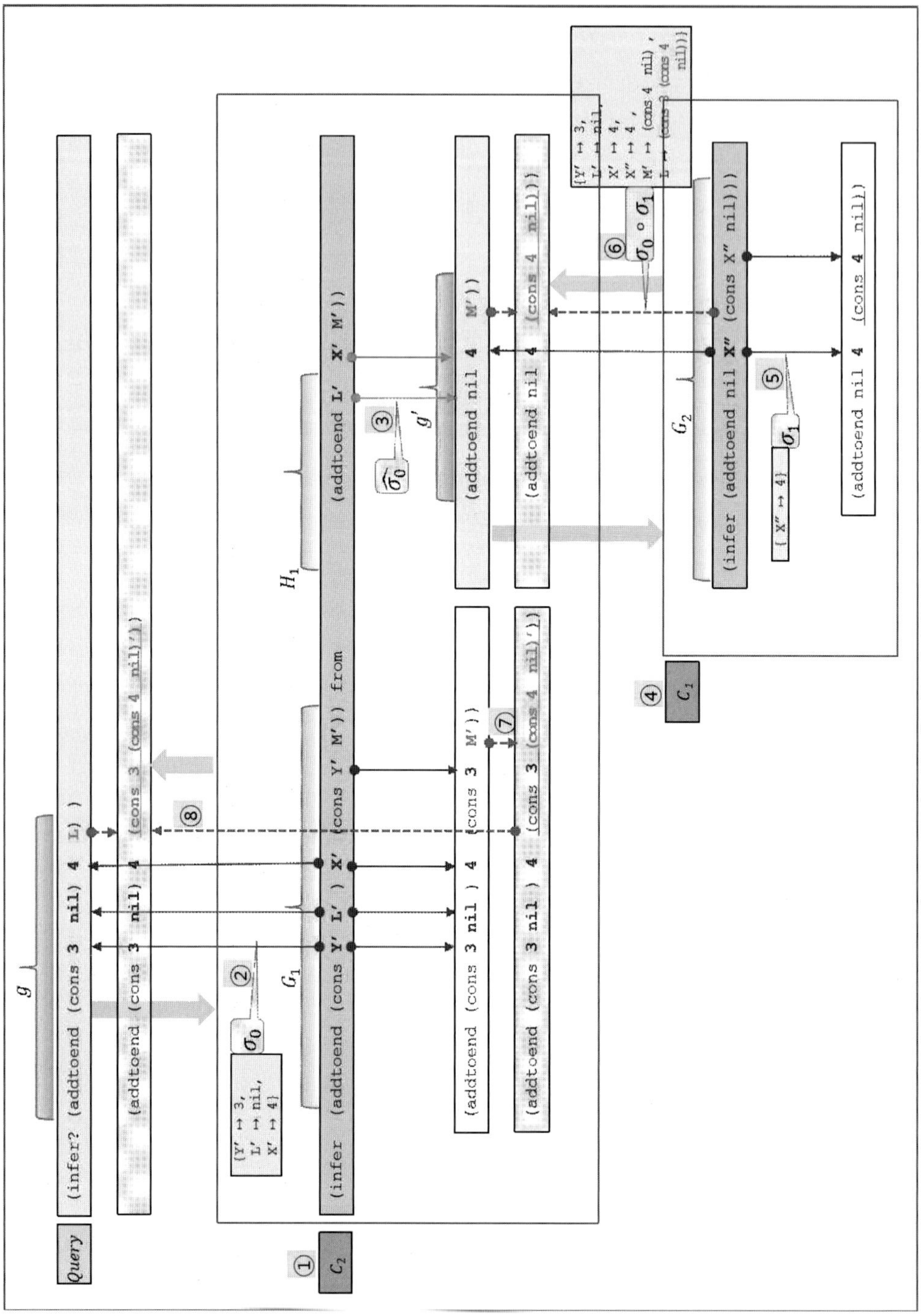


<그림 4-24> List **addtoend** : Query Execution (1)

위 Query가 만족하는지를 Procedural Interpretation 방식으로 확인하는 방법은, <그림 4-24>처럼, 다음과 같다:

1) [Query 1] `(addtoend (cons 3 nil) 4 L)`
   - $g$ : `(addtoend (cons 3 nil) 4 L)`

2) [그림의 ①] [Clause $C_2$] 위 Query에 해당하는 clause.[450)]
   - $C_2$ : `(infer (addtoend (cons Y' L') X' (cons Y' M')) from (addtoend L' X' M'))`
   - $G_1$ : `(addtoend (cons Y' L') X' (cons Y' M'))`
   - $H_1$ : `(addtoend L' X' M')`

3) [그림의 ②] Substitution $\sigma_0$ : 1)의 $g$와 2)의 $G_1$을 만족하는 Substitution.
   - $\sigma_0$ = {`Y'` ↦ `3`, `L'` ↦ `nil`, `X'` ↦ `4`}
   - $\widehat{\sigma_0}(g) = \widehat{\sigma_0}(G_1)$

4) [그림의 ③] Application $\widehat{\sigma_0}(H_1)$ : $H_1$에 대한 $\sigma_0$의 Application.
   - $H_1$ : `(addtoend L' X' M')`
   - $\sigma_0$ = {`Y'` ↦ `3`, `L'` ↦ `nil`, `X'` ↦ `4`}
   - $\widehat{\sigma_0}(H_1)$= `(addtoend nil 4 M')`

5) [goal 2] 새로운 $g$ 도출.
   - $g_2$ : `(addtoend nil 4 M')`

6) [그림의 ④] [Clause $C_1$] $g_2$에 해당하는 clause.[451)]
   - $C_1$ : `(infer (addtoend nil X" (cons X" nil)))`
   - $G_2$ : `(addtoend nil X" (cons X" nil))`

7) [그림의 ⑤] Substitution $\sigma_1$ : 1)의 $g_2$와 2)의 $G_2$를 만족하는 Substitution.
   - $\sigma_1$ = {`X"` ↦ `4`}
   - $\widehat{\sigma_1}(g_2) = \widehat{\sigma_1}(G_2)$ = `(addtoend nil 4 (cons 4 nil))`

8) [그림의 ⑥] Composition $\sigma_0 \circ \sigma_1$:
   - $\widehat{\sigma_1}(\widehat{\sigma_0}(g))$ = {`Y'` ↦ `3`, `L'` ↦ `nil`, `X'` ↦ `4`, `X"` ↦ `4`, `M'` ↦ `(cons 4 nil)`, `L` ↦ `(cons 3 (cons 4 nil))`}
   - [그림의 ⑦] `M'` ↦ `(cons 4 nil)`

450) 각 clause의 변수를 각각 single apostrophe로 구분하였다.

451) 각 clause의 변수를 각각 double apostrophe으로 구분하였다.

- [그림의 ⑧] `L` $\mapsto$ `(cons 3 (cons 4  nil))`}

9) [Query 1] **`(addtoend (cons 3 nil) 4 (cons 3 (cons 4  nil)))`**
   - Query의 $g$를 만족하는 경우가 있으므로 Query가 참임을 증명함.

10) [Query 2] **`(print L)`**
   - [그림의 ⑧] `L` $\mapsto$ `(cons 3 (cons 4  nil))`
   - `L` 값, 즉 `(cons 3 (cons 4  nil))`을 출력함.
   - 11) [Query 1] Query가 만족하므로 **`Satisfied`**를 출력함.

다음은 list `L`에 `4`를 더해서 `(cons 3 (cons 4 nil))`이 되었을 때, `L`이 무엇인지를 출력하는 프로그램이다.

```
-> (infer? (addtoend L 4 (cons 3 (cons 4 nil))) (print L))
(cons 3 nil)
Satisfied
```

<프로그램 4-95> List : Query - **addtoend**

위 Query가 어떻게 만족되는지를 Procedural Interpretation 방식으로 확인하는 방법은, <그림 4-25>처럼, 다음과 같다:

1) [Query 1] **`(infer? (addtoend L 4 (cons 3 (cons 4 nil))))`**
   - $g$ : `(addtoend L 4 (cons 3 (cons 4 nil)))`

2) [그림의 ①] [Clause $C_2$] 위 Query에 해당하는 clause.
   - $C_2$ : `(infer (addtoend (cons Y' L') X' (cons Y' M')) from (addtoend L' X' M'))`
   - $G_1$ : `(addtoend (cons Y' L') X' (cons Y' M'))`
   - $H_1$ : `(addtoend L' X' M')`

3) [그림의 ②] Unification / Substitution $\sigma_0$ : 1)의 $g$와 2)의 $G_1$을 만족하는 Substitution.
   - $\sigma_0$ = {`X'` $\mapsto$ `4`, `Y'` $\mapsto$ `3`, `M'` $\mapsto$ `(cons 4 nil)`}
   - $\widehat{\sigma_0}(g) = \widehat{\sigma_0}(G_1)$

4) [그림의 ③] Application $\widehat{\sigma_0}(H_1)$ : $H_1$에 대한 $\sigma_0$의 Application.
   - $H_1$ : `(addtoend L' X' M')`
   - $\sigma_0$ = {`X'` $\mapsto$ `4`, `Y'` $\mapsto$ `3`, `M'` $\mapsto$ `(cons 4 nil)`}

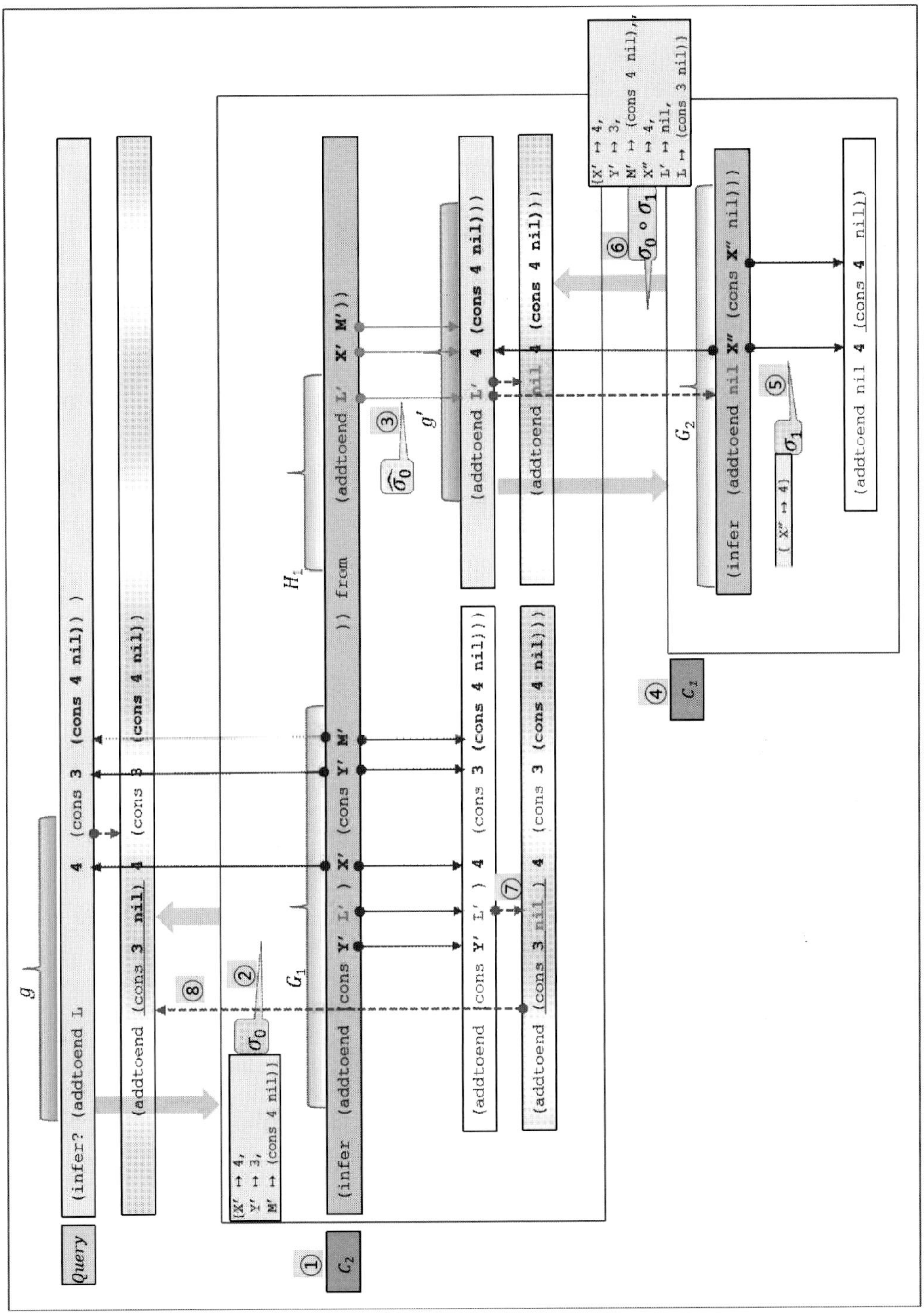


<그림 4-25> List **addtoend** : Query Execution (2)

- $\widehat{\sigma_0}(H_1)$= `(addtoend nil 4 (cons 4 nil))`

5) [goal 2] 새로운 $g$ 도출.

- $g_2$ : `(addtoend nil 4 (cons 4 nil))`

6) [그림의 ④] [Clause $C_1$] $g_2$에 해당하는 clause.

- $C_1$ : `(infer (addtoend nil X" (cons X" nil)))`
- $G_2$ : `(addtoend nil X" (cons X" nil))`

7) [그림의 ⑤] Substitution $\sigma_1$ : 1)의 $g_2$와 2)의 $G_2$를 만족하는 Substitution.

- $\sigma_1$ = {`X"` ↦ `4`}
- $\widehat{\sigma_1}(g_2) = \widehat{\sigma_1}(G_2)$ = `(addtoend nil 4 (cons 4 nil))`

8) [그림의 ⑥] Composition $\sigma_0 \circ \sigma_1$:

- $\widehat{\sigma_1}(\widehat{\sigma_0}(g))$ = {`X'` ↦ `4`, `Y'` ↦ `3`, `M'` ↦ `(cons 4 nil)`, `L'` ↦ `nil`, `L` ↦ `(cons 3 nil)`}
- [그림의 ⑦] `L'` ↦ `nil`
- [그림의 ⑧] `L` ↦ `(cons 3 nil)`

9) [Query 1] `(addtoend L 4 (cons 3 (cons 4 nil)))`

- Query의 $g$를 만족하는 경우가 있으므로 Query가 참임을 증명함.

10) [Query 2] `(print L)`

- [그림의 ⑧] `L` ↦ `(cons 3 nil)`
- `L` 값, 즉 `(cons 3 nil)`을 출력함.

11) [Query 1] Query가 만족하므로 `Satisfied`를 출력함.

참고로 이를 ML로 전환하면 다음과 같다.

ML
```
fun addtoend ([], x) = [x]
 | addtoend (y::L, x) = y::addtoend(L, x);
```

<프로그램 4-96> List : `addtoend`

## Example E.4-15) reverse Example

다음 예제는 list를 reverse하는 clause다. `Reverse` clause가 어떻게 정의되어 있고, 어떻게 실행되는지 알아보자.

```
1 (infer (reverse nil nil))
2 (infer (reverse (cons X L) M) from (reverse L N) (addtoend N X M))
```

<프로그램 4-97> List : Clause - **reverse**

이 코드를 간단하게 설명하면 다음과 같다:

1) [L1] $C_1$ : Fact (Base Case).
   - `(infer (reverse nil nil))`
   - $G_1$ : `(reverse nil nil)`
     - List가 nil이면 reverse할 대상이 없으므로 그 결과도 nil이다.
   - $H$ : 없음 (∵ fact).

2) [L2] $C_2$ : Rule (Inductive Case).
   - `(infer (reverse (cons X L) M) from (reverse L N) (addtoend N X M))`
   - $G_2$ : `(reverse (cons X L) M)`
     - `addtoend`는 3개의 변수로 정의된다: `X`, `L`, `M`
       - 원 List `L1` : `(cons X L)`
       - 결과 reversed List `L2` : `M`
     - `L1`을 `L2`로 `reverse`한다.
   - $H_{2,1}$ : `(reverse L N)`
     - `L1`을 `reverse`한 결과를 `N`이라 하자.
   - $H_{2,2}$ : `(addtoend N X M)`
     - 이 list `N`의 맨 뒤에 `X`를 연결한 결과가 `M`인데, 이를 $H_{2,1}$에서 `L1`을 reverse한 결과는 `M`과 같다.

그러면, 다음 Query를 어떻게 증명하는지 확인해 보자. <그림 4-26>은 Procedural Interpretation 방식으로 실행되는 절차를 보여준다.

```
> (infer? (reverse (cons 1 nil) 2 nil)) L) (print L))
(cons 2 (cons 1 nil))
Satisfied
```

<프로그램 4-98> List : Query - **reverse**

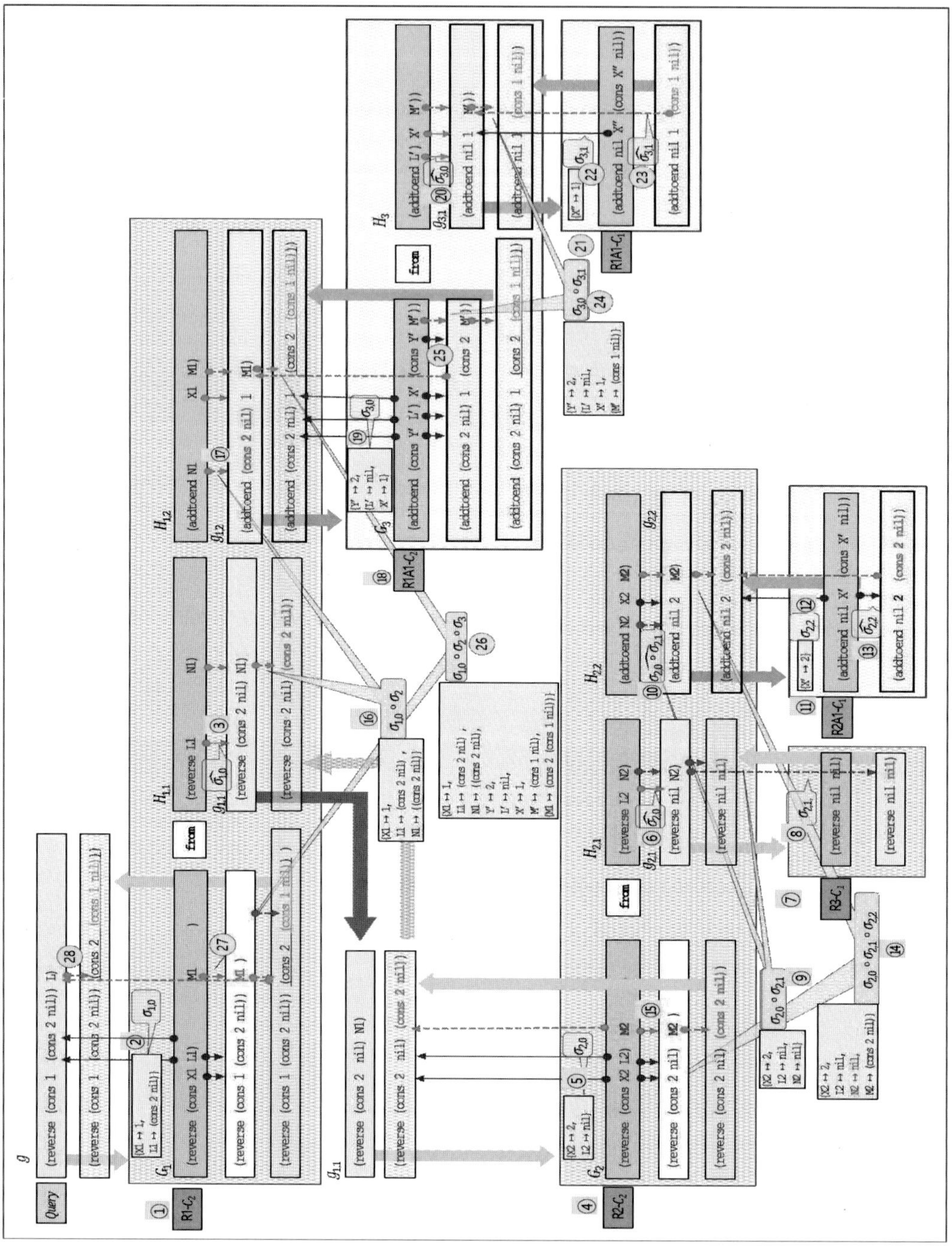

<그림 4-26> List `reverse` : Execution (1)

위 Query가 어떻게 만족되는지를 Procedural Interpretation 방식으로 확인하는 방법은 다음과 같다:

1) [Query 1] `(infer? (reverse (cons 1 nil) 2 nil)) L) (print L))`
- $g$ : `(reverse (cons 1 (cons 2 nil)) L)`
- [Clause [R1-$C_2$] 시작]

**2) [Clause [R1-$C_2$] 시작] [그림의 ①]** 위 Query에 해당하는 clause.
- $C_2$ : `(infer (reverse (cons X1 L1) M1) from (reverse L1 N1) (addtoend N1 X1 M1))`[452]
- $G_1$ : `(reverse (cons X1 L1) M1)`
- $H_{1,1}$ : `(reverse L1 N1)`
- $H_{1,2}$ : `(addtoend N1 X1 M1)`

2-1) [그림의 ②] Unification / Substitution $\sigma_{1,0}$ : 1)의 $g$와 2)의 $G_1$을 만족하는 Substitution.
- $\sigma_{1,0}$ = {`X1` $\mapsto$ `1, L1` $\mapsto$ `(cons 2 nil)`}
- $\widehat{\sigma_{1,0}}(g) = \widehat{\sigma_{1,0}}(G_1)$ = `(reverse (cons 1 (cons 2 nil)) M1)`

2-2) [그림의 ③] Application $\widehat{\sigma_{1,0}}(H_{1,1})$ : $H_{1,1}$에 대한 $\sigma_{1,0}$의 Application.
- $H_{1,1}$ : `(reverse L1 N1)`
- $\sigma_{1,0}$ = {`X1` $\mapsto$ `1, L1` $\mapsto$ `(cons 2 nil)`}
- $\widehat{\sigma_{1,0}}(H_{1,1})$= `(reverse (cons 2 nil) N1)`

2-3) [goal 1.1] 새로운 Goal 도출.
- $g_{1,1}$ : `(reverse (cons 2 nil) N1)`
- `(infer ? (reverse (cons 2 nil) N1))`: Clause [R2-$C_2$] 시작.
- $g_{1,2}$ : `(addtoend (cons 2 nil) 1 M1)`
- 미해결 상태: $g_{1,1}$ 해결 이후, 진행.

**3) [Clause [R2-$C_2$] 시작] [그림의 ④]** 2-3)의 $g_{1,1}$에 해당하는 clause.
- $C_2$ : `(infer (reverse (cons X2 L2) M2) from (reverse L2 N2) (addtoend N2 X2 M2))`[453]
- $G_2$ : `(reverse (cons X2 L2) M2)`

---

452) 각 clause가 여러 번 참조되므로 각각의 경우를 구분하기 위하여 이름에 숫자를 첨부하였다.

453) 상동.

- $H_{2,1}$ : `(reverse L2 N2)`
- $H_{2,2}$ : `(addtoend N2 X2 M2)`

3-1) [그림의 ⑤] Unification / Substitution $\sigma_{2,0}$ : 2-3)의 $g_{1,1}$과 3)의 $G_2$를 만족하는 Substitution.

- $\sigma_{2,0}$ = {`X2` ↦ `2`, `L2` ↦ `nil`}
- $\widehat{\sigma_{2,0}}(g_{1,1}) = \widehat{\sigma_{2,0}}(G_2)$

3-2) [그림의 ⑥] Application $\widehat{\sigma_{2,0}}(H_{2,1})$ : $H_{2,1}$에 대한 $\sigma_{2,0}$의 Application.

- $H_{2,1}$ : `(reverse L2 N2)`
- $\sigma_{2,0}$ = {`X2` ↦ `2`, `L2` ↦ `nil`}
- $\widehat{\sigma_{2,0}}(H_{2,1})$= `(reverse nil N2)`

3-3) [goal 2.1] 새로운 $g_{2,1}$ 도출.

- $g_{2,1}$ : `(reverse nil N2)`
- `(infer ? (reverse nil N2))`: Clause [R3-$C_1$] 시작.
- $g_{2,2}$ : 미해결 상태; $g_{1,1}$ 해결 이후, 진행.

**4) [Clause [R3-$C_1$] 시작] [그림의 ⑦]** 3-3)의 $g_{2,1}$에 해당하는 clause.

- $C_1$ : `(infer (reverse nil nil))`
- $G$ : `(reverse nil nil)`
- $H$ : 없음[454].

4-1) [그림의 ⑧] Unification / Substitution $\sigma_{2,1}$ : 3-3)의 $g_{2,1}$과 4)의 $G$를 만족하는 Substitution.

- $\sigma_{2,1}$ = {`N2` ↦ `nil`}
- $\widehat{\sigma_{2,1}}(g_{2,1}) = \widehat{\sigma_{2,1}}(G)$

**4-2) [Clause [R3-$C_1$] 종료] [그림의 ⑦]**

3-4) [그림의 ⑨] Composition $\sigma_{2,0} \circ \sigma_{2,1}$: $g_{2,1}$

- $\sigma_{2,0} \circ \sigma_{2,1}$ = {`X2` ↦ `2`, `L2` ↦ `nil`, `N2` ↦ `nil`}
- 9)의 $g_{2,1}$ : `(reverse nil N2)`
- $\widehat{\sigma_1}(\widehat{\sigma_0}(g_{2,1}))$ : `(reverse nil nil)`

3-5) [그림의 ⑩] Application $\widehat{\sigma_{2,0} \circ \sigma_{2,1}}(H_{2,2})$ : $H_{2,2}$에 대한 3-4) $\sigma_{2,0} \circ \sigma_{2,1}$의 Application.

- $H_{2,2}$ : `(addtoend N2 X2 M2)`

454) Fact (vs. Rule)

- $\sigma_{2,0} \circ \sigma_{2,1}$ = {X2 ↦ 2, L2 ↦ nil, N2 ↦ nil}
- $\widehat{\sigma_{2,0} \circ \sigma_{2,1}}(H_{2,2})$= (addtoend nil 2  M2)

3-6) [goal 2.2] 새로운 Goal 도출.

- $g_{2,2}$ : (addtoend nil 2  M2)
- (infer? (addtoend nil 2  M2)): Clause [R2A1-$C_1$] 시작.

5) [Clause [R2A1-$C_1$] 시작][그림의 ⑪] 3-6)의 $g_{2,2}$에 해당하는 clause.

- $C_1$ : (addtoend nil X' (cons X' nil))[455]
- $G$ : (addtoend nil X' (cons X' nil))
- $H$ : 없음[456].

5-1) [그림의 ⑫] Unification / Substitution $\sigma_{2,2}$ : 14)의 $g_{2,2}$와 15)의 $G$를 만족하는 Substitution.

- $\sigma_{2,2}$ = {X' ↦ 2}
- $\widehat{\sigma_{2,2}}(g_{2,2}) = \widehat{\sigma_{2,2}}(G)$

5-2) [그림의 ⑬] Application $\sigma_{2,2}$: $g_{2,2}$

- 14)의 $g_{2,2}$ : (addtoend nil X' (cons X' nil))
- $\widehat{\sigma_{2,2}}(g_{2,2})$ : (addtoend nil 2  (cons 2  nil))

5-3) [Clause [R2A1-$C_1$] 종료][그림의 ⑪]

3-7) [그림의 ⑭] Composition $\sigma_{2,0} \circ \sigma_{2,1} \circ \sigma_{2,2}$: $g_{2,2}$

- $\sigma_{2,0} \circ \sigma_{2,1} \circ \sigma_{2,2}$ = {X2 ↦ 2, L2 ↦ nil, N2 ↦ nil, X' ↦ 2, M2 ↦ (cons 2  nil)}
- 14)의 $g_{2,2}$ : (addtoend nil 2 M2)
- $\widehat{\sigma_{2,2}}\widehat{\sigma_{2,1}}(\widehat{\sigma_{2,0}}(g_{2,2})))$ : (addtoend nil 2 (cons 2  nil))

3-8) [그림의 ⑮] Application $\sigma_{2,0} \circ \sigma_{2,1} \circ \sigma_{2,2}$: $G_2$

- $\sigma_{2,0} \circ \sigma_{2,1} \circ \sigma_{2,2}$ = {X2 ↦ 2, L2 ↦ nil, N2 ↦ nil, X' ↦ 2, M2 ↦ (cons 2  nil)}
- $G_2$ : (reverse (cons 2 nil)  M2 )
- $\widehat{\sigma_{2,2}}\widehat{\sigma_{2,1}}(\widehat{\sigma_{2,0}}(G_2)))$ : (reverse (cons 2 nil)  (cons 2  nil) )

3-9) [Clause [R2-$C_2$] 종료] [그림의 ④]

2-4) [그림의 ⑯] Composition $\sigma_{1,0} \circ \sigma_2$ [457]

455) 각 clause의 변수를 각각 single apostrophe로 구분하였다.

456) Fact (vs. Rule)

- $\sigma_{1,0} \circ \sigma_2$ = {X1 ↦ 1, L1 ↦ (cons 2 nil), N1 ↦ (cons 2 nil)}

2-5) [그림의 ⑰] Application $\sigma_{1,0} \circ \sigma_2$ :

- 2-3)의 $H_{1,2}$ : (addtoend N1 X1 M1)
- $\widehat{\sigma_{2,0}}(\widehat{\sigma_{1,1}}(H_{1,2}))$ : (addtoend (cons 2 nil) 1 M1)

2-6) [goal 1.2] 새로운 Goal 도출: $g_{1,2}$

- $g_{1,2}$ : (addtoend (cons 2 nil) 1 M1)
- (infer ? (addtoend (cons 2 nil) 1 M1)): Clause [R1A1-$C_2$] 시작

6) [Clause [R1A1-$C_2$] 시작][그림의 ⑱] 3-6)의 $g_{1,2}$에 해당하는 clause.

- $C_1$ : (infer (addtoend (cons Y' L') X' (cons Y' M')) from (addtoend L' X' M'))[458)]
- $G_3$ : (addtoend (cons Y' L') X' (cons Y' M'))
- $H_3$ : (addtoend L' X' M')

6-1) [그림의 ⑲] Unification / Substitution $\sigma_{3,0}$ : 2-6)의 $g_{1,2}$와 6)의 $G_3$을 만족하는 Substitution.

- $\sigma_{3,0}$ = {Y' ↦ 2, L' ↦ nil, X' ↦ 1}
- $\widehat{\sigma_{3,0}}(g_{1,2}) = \widehat{\sigma_{3,0}}(G_3)$
- $G_3$ : (addtoend (cons Y' L') X' (cons Y' M'))
- $\widehat{\sigma_{3,0}}(G_3)$ : (addtoend (cons 2 nil) 1 (cons 2 M' ))

6-2) [그림의 ⑳] Application $\sigma_{3,0}$: $H_3$

- $H_3$ : (addtoend L' X' M')
- $\widehat{\sigma_{3,0}}(H_3)$ : (addtoend nil 1 M'))

6-3) [goal 3.1] 새로운 Goal 도출: $g_{3,1}$

- $g_{3,1}$ : (addtoend nil 1 M')
- (infer ? (addtoend nil 1 M')): Clause [R1A2-$C_1$] 시작

7) [Clause [R1A2-$C_1$] 시작][그림의 21] 6-3)의 $g_{3,1}$에 해당하는 clause.

- $C_1$ : (addtoend nil X" (cons X" nil))[459)]
- $G$ : (addtoend nil X" (cons X" nil))

---

457) $\sigma_2 = \sigma_{2,0} \circ \sigma_{2,1} \circ \sigma_{2,2}$

458) 각 clause의 변수를 각각 single apostrophe로 구분하였다.

459) 각 clause의 변수를 각각 double apostrophe로 구분하였다.

- $H$ : 없음460).

7-1) [그림의 22] Unification / Substitution $\sigma_{3,1}$ : 6-3)의 $g_{3,1}$과 7)의 $G$를 만족하는 Substitution.

- $\sigma_{3,1}$ = {X" ↦ 1}
- $\widehat{\sigma_{3,1}}(g_{1,2}) = \widehat{\sigma_{3,1}}(G)$
- $G$ : (addtoend nil X" (cons X" nil))
- $\widehat{\sigma_{3,1}}(G)$ : (addtoend nil 1 (cons 1 nil))

7-2) [그림의 23] Application $\sigma_{3,1}$: $g_{3,1}$

- $g_{3,1}$ : (addtoend nil 1 M')
- $\widehat{\sigma_{3,1}}(g_{3,1})$ : (addtoend nil 1 (cons 1 nil))

7-3) **[Clause [R1A2-$C_1$] 종료][그림의 21]**

6-4)[그림의 24] Composition $\sigma_{3,0} \circ \sigma_{3,1}$

- $\sigma_{3,0} \circ \sigma_{3,1}$ = {Y' ↦ 2, L' ↦ nil, X' ↦ 1, M' ↦ (cons 1 nil)}

6-5) [그림의 24] Application $\sigma_{3,0} \circ \sigma_{3,1}$: $H_3$

- 6-2)의 $H_3$ : (addtoend nil 1 M'))
- $\widehat{\sigma_{3,0}}(\widehat{\sigma_{3,1}}(H_3))$ : (addtoend nil 1 (cons 1 nil))

6-6) [그림의 25] Application $\sigma_{3,0} \circ \sigma_{3,1}$: $G_3$

- 6-1)의 $G_3$ : (addtoend (cons 2 nil) 1 (cons 2 M' ))
- $\widehat{\sigma_{3,0}}(\widehat{\sigma_{3,1}}(G_3))$ : (addtoend (cons 2 nil) 1 (cons 2 (cons 1 nil)))

6-7) **[Clause [R1A1-$C_2$] 종료][그림의 ⑱]**

- 2-4) [그림의 26] Composition $\sigma_{1,0} \circ \sigma_2 \circ \sigma_3$
- $\sigma_{1,0} \circ \sigma_2 \circ \sigma_3$ = {X1 ↦ 1, L1 ↦ (cons 2 nil) , N1 ↦ (cons 2 nil), Y' ↦ 2, {L' ↦ nil, X' ↦ 1, M' ↦ (cons 1 nil), M1 ↦ (cons 2 (cons 1 nil))}

2-7) [그림의 26] Application $\sigma_{1,0} \circ \sigma_2 \circ \sigma_3$: $H_{1,2}$

- 2-2)의 $H_{1,2}$ : (reverse (cons 2 nil) N1)
- $\widehat{\sigma_3}(\widehat{\sigma_2}(\widehat{\sigma_{1,0}}(H_{1,2})))$ : (reverse (cons 2 nil) (cons 2 nil))

2-8) [그림의 27] Application $\sigma_{1,0} \circ \sigma_2 \circ \sigma_3$: $G_1$

- 2-1)의 $G_3$ : (reverse (cons 1 (cons 2 nil)) M1)

460) Fact (vs. Rule)

- $\widehat{\sigma_3}(\widehat{\sigma_2}(\widehat{\sigma_{1,0}}(G_{1,2})))$ : `(reverse (cons 1 (cons 2 nil)) (cons 2 (cons 1 nil)))`

2-9) [Clause [R1-$C_2$] 종료] [그림의 ①]

1-1)[그림의 28] [Query 1]에 해당하는 경우가 있으므로 [Query 1]이 만족됨.

- $g$ : `(reverse (cons 1 (cons 2 nil)) L)`
- 결과: `(reverse (cons 1 (cons 2 nil)) (cons 2 (cons 1 nil)))`

1-2) [Query 2] `(infer? (reverse (cons 1 nil) 2 nil)) L) (print L))`

- $g$ : `(print L)`
- `L`에 해당하는 `(cons 2 (cons 1 nil))`을 출력함.

동일한 list에 대해, 다른 관점의 Query 예를 들어보자. 이전의 예제는 특정한 list **L1**에 대하여, **L1**의 **reverse**가 만족하는 list **L2**가 존재하는지를 따지는 Query였다. 이번 예제는, 그 반대로, 어떤 list **L1**을 **reverse**했는데, 이를 만족하는 list **L1**이 존재하는지를 따지는 문제다. 이러한 문제의 Query를 어떻게 정의하고, 이 Query가 어떻게 만족되는지를 Procedural Interpretation 방식으로 확인해 보자. 참고로, <그림 4-27>은 Procedural Interpretation 방식으로 실행되는 절차를 보여준다.

```
-> (infer? (reverse L (cons 1 (cons 2 nil))) (print L))
(cons 2 (cons 1 nil))
Satisfied
```

<프로그램 4-99> List : Query - **reverse**

이 Query를 증명하는 과정은 이전의 예제와 반대로 진행된다. 왜냐하면, 이전의 문제는 주어진 **L1**에 대한 reverse list **L2**를 구하는 문제였기 때문에, **reverse**를 하는 절차에 따라 clause가 전개되었다. 하지만, 이번 문제는 그 반대로, reverse list **L2**를 유도하게 할 수 있는 원 list **L1**을 구하는 문제이므로, 앞의 예제에서 전개한 역순으로 원 list **L1**을 구해야 한다.

1) [Query 1] `(infer? (reverse L (cons 1 (cons 2 nil))) (print L))`

- $g$ : `(reverse L (cons 1 (cons 2 nil)))`
- [Clause [R1-$C_2$] 시작]

2) [Clause [R1-$C_2$] 시작] [그림의 ①] 위 Query에 해당하는 clause.

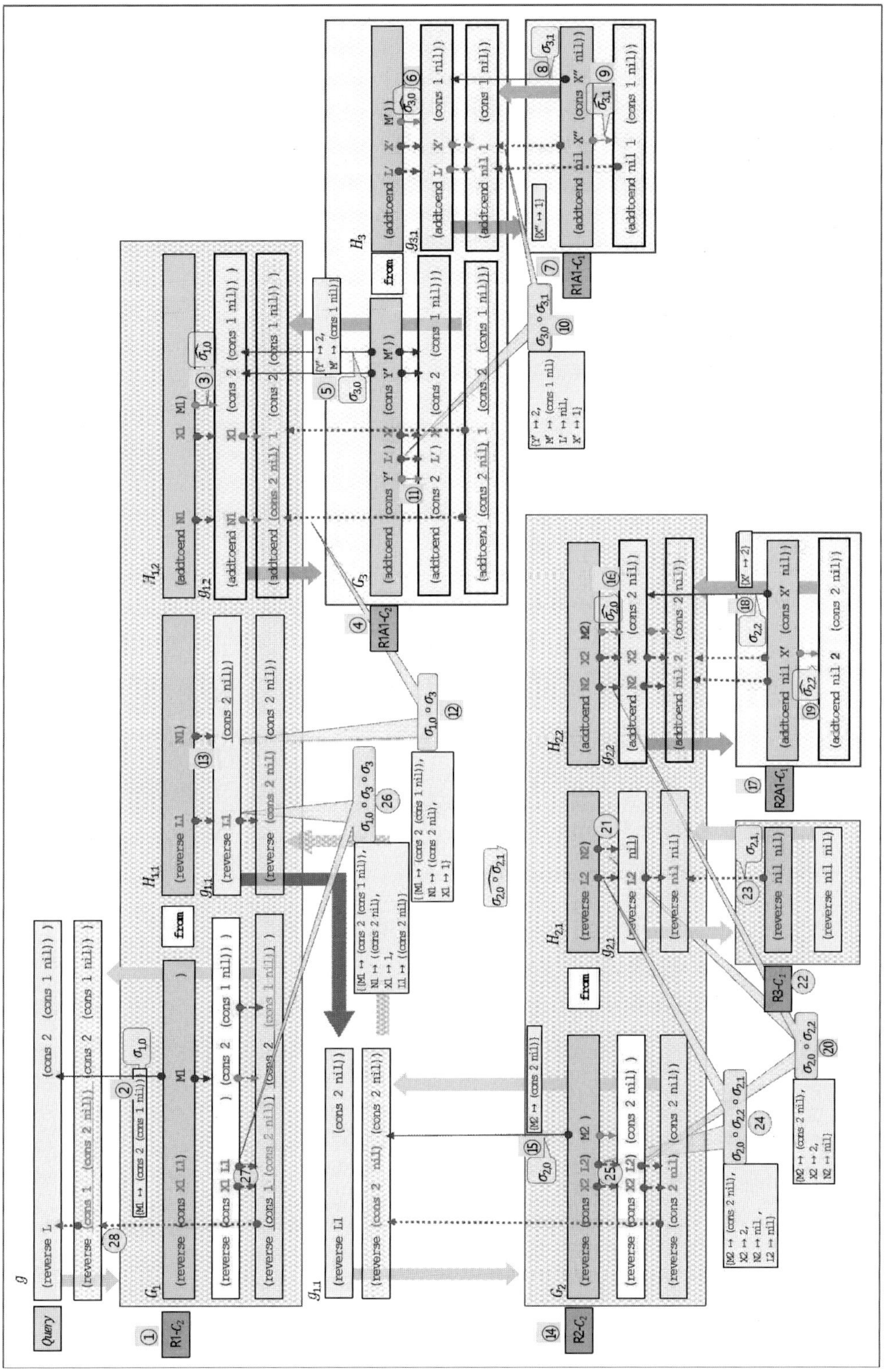

<그림 4-27> List **reverse** : Execution (1)

- $C_2$ : (infer (reverse (cons X1 L1) M1) from (reverse L1 N1) (addtoend N1 X1 M1))[461]
- $G_1$ : (reverse (cons X1 L1) M1)
- $H_{1,1}$ : (reverse L1 N1)
- $H_{1,2}$ : (addtoend N1 X1 M1)

2-1) [그림의 ②] Unification / Substitution $\sigma_{1,0}$ : 1)의 $g$와 2)의 $G_1$을 만족하는 Substitution.

- $\sigma_{1,0}$ = {M1 ↦ (cons 2 (cons 1 nil))}
- $G_1$ : (reverse (cons X1 L1) M1)
- $\widehat{\sigma_{1,0}}(G_1)$ : (reverse (cons X1 L1) (cons 2 (cons 1 nil)))
- 이를 만족할 수 있는 변수 X1, L1의 경우가 없으므로 $H_{1,1}$ 입증 수행.

2-2) Application $\widehat{\sigma_{1,0}}(H_{1,1})$ : $H_{1,1}$에 대한 $\sigma_{1,0}$의 Application.

- $H_{1,1}$ : (reverse L1 N1)
- $\sigma_{1,0}$ = {M1 ↦ (cons 2 (cons 1 nil))}
- $\widehat{\sigma_{1,0}}(H_{1,1})$= (reverse L1 N1)
- 변동 사항이 없고, 또 이를 만족할 수 있는 변수 L1, N1의 경우가 없으므로, 다음 단계인, $H_{1,2}$ 입증 수행.

2-3) [그림의 ③] Application $\widehat{\sigma_{1,0}}(H_{1,2})$ : $H_{1,2}$에 대한 $\sigma_{1,0}$의 Application.

- $\sigma_{1,0}$ = {M1 ↦ (cons 2 (cons 1 nil))}
- $H_{1,2}$ : (addtoend N1 X1 M1)
- $\widehat{\sigma_{1,0}}(H_{1,2})$ : (addtoend N1 X1 (cons 2 (cons 1 nil)))

2-4) [goal 1.2] 새로운 Goal 도출.

- $g_{1,2}$ : (addtoend N1 X1 (cons 2 (cons 1 nil)))
- (infer ? (addtoend N1 X1 (cons 2 (cons 1 nil)))):
- <u>Clause [R2-$C_2$] 시작.</u>
- $g_{1,1}$ : (reverse L1 N1)
- 미해결 상태; $g_{1,2}$ 해결 이후, 진행.

<u>3) [Clause [R1A1-$C_2$] 시작][그림의 ④]</u> 2-4)의 $g_{1,2}$에 해당하는 clause.

- $C_1$ : (infer (addtoend (cons Y' L') X' (cons Y' M')) from

461) 각 clause가 여러 번 참조되므로 각각의 경우를 구분하기 위하여 이름에 숫자를 첨부하였다.

(addtoend L' X' M'))

- $G_3$ : (addtoend (cons Y' L') X' (cons Y' M'))
- $H_3$ : (addtoend L' X' M')

3-1) [그림의 ⑤] Unification / Substitution $\sigma_{3,0}$ : 2-4)의 $g_{1,2}$와 3)의 $G_3$을 만족하는 Substitution.

- $\sigma_{3,0}$ = {Y' ↦ 2, M' ↦ (cons 1 nil)}
- $\widehat{\sigma_{3,0}}(g_{1,2}) = \widehat{\sigma_{3,0}}(G_3)$
- $G_3$ : (addtoend (cons Y' L') X' (cons Y' M'))
- $\widehat{\sigma_{3,0}}(G_3)$: (addtoend (cons 2 L') X' (cons 2 (cons 1 nil)))

3-2) [그림의 ⑥] Application $\sigma_{3,0}$: $H_3$

- $H_3$ : (addtoend L' X' M')
- $\widehat{\sigma_{3,0}}(H_3)$ : (addtoend L' X' (cons 1 nil))

3-3) [goal 3.1] 새로운 Goal 도출: $g_{3,1}$

- $g_{3,1}$ : (addtoend L' X' (cons 1 nil))
- (infer ? (addtoend L' X' (cons 1 nil))):
- <u>Clause [R1A2-$C_1$] 시작.</u>

<u>4) [Clause [R1A2-$C_1$] 시작][그림의 ⑦]</u> 6 3)의 $g_{3,1}$에 해당하는 clause.

- $C_1$ : (addtoend nil X" (cons 1 nil))
- $G$ : (addtoend nil X" (cons X" nil))
- $H$ : 없음.

4-1) [그림의 ⑧] Unification / Substitution $\sigma_{3,1}$ : 3-3)의 $g_{3,1}$과 4)의 $G$를 만족하는 Substitution.

- $\sigma_{3,1}$ = {X" ↦ 1}
- $\widehat{\sigma_{3,1}}(g_{1,2}) = \widehat{\sigma_{3,1}}(G)$
- $G$ : (addtoend nil X" (cons X" nil))
- $\widehat{\sigma_{3,1}}(G)$ : (addtoend nil 1 (cons 1 nil))

4-2) [그림의 ⑨] Application $\sigma_{3,1}$: $g_{3,1}$

- $g_{3,1}$ : (addtoend nil 1 M')
- $\widehat{\sigma_{3,1}}(g_{3,1})$ : (addtoend nil 1 (cons 1 nil))

4-3) <u>[Clause [R1A2-$C_1$] 종료][그림의 ⑦]</u>

3-4)[그림의 ⑩] Composition $\sigma_{3,0} \circ \sigma_{3,1}$:

- $\sigma_{3,0} \circ \sigma_{3,1}$ = {Y' ↦ 2, M' ↦ (cons 1 nil), L' ↦ nil, X' ↦ 1}}

3-5) Application $\sigma_{3,0} \circ \sigma_{3,1}$: $H_3$

- 3-2)의 $H_3$ : (addtoend L' X' (cons 1 nil))
- $\widehat{\sigma_{3,0}}(\widehat{\sigma_{3,1}}(H_3))$ : (addtoend nil 1 (cons 1 nil))

3-6) [그림의 ⑪] Application $\sigma_{3,0} \circ \sigma_{3,1}$: $G_3$

- 3-1)의 $G_3$: (addtoend (cons 2 L') X' (cons 2 (cons 1 nil)))
- $\widehat{\sigma_{3,0}}(\widehat{\sigma_{3,1}}(G_3))$:(addtoend (cons 2 nil) 1 (cons 2 (cons 1 nil)))

3-7) **[Clause [R1A1-$C_2$] 종료][그림의 ⑦]**

2-5)[그림의 ⑫] Composition $\sigma_{1,0} \circ \sigma_3$ [462]:

- $\sigma_{1,0} \circ \sigma_3$ = {M1 ↦ (cons 2 (cons 1 nil)), N1 ↦ (cons 2 nil), X1 ↦ 1}

2-6) Application $\sigma_{1,0} \circ \sigma_3$: $H_{1,2}$

- $H_{1,2}$ : (addtoend N1 X1 (cons 2 (cons 1 nil)))
- $\widehat{\sigma_3}(\widehat{\sigma_{1,0}}(H_{1,2}))$: (addtoend (cons 2 nil) 1 cons 2 (cons 1 nil)))

2-7) [그림의 ⑬] Application $\sigma_{3,0} \circ \sigma_{3,1}$: $H_{1,1}$

- $H_{1,2}$ : (reverse L1 N1)
- $\widehat{\sigma_3}(\widehat{\sigma_{1,0}}(H_{1,2}))$ : (reverse L1 (cons 2 nil))

2-8) [goal 1.1] 새로운 Goal 도출.

- $g_{1,1}$ : (reverse L1 (cons 2 nil))
- (infer ? (reverse L1 (cons 2 nil))): **Clause [R2-$C_2$] 시작.**

**5) [Clause [R2-$C_2$] 시작] [그림의 ⑭]** 2-8)의 $g_{1,1}$에 해당하는 clause.

- $C_2$ : (infer (reverse (cons X2 L2) M2) from (reverse L2 N2) (addtoend N2 X2 M2))[463]
- $G_2$ : (reverse (cons X2 L2) M2)
- $H_{2,1}$ : (reverse L2 N2)
- $H_{2,2}$ : (addtoend N2 X2 M2)

5-1) [그림의 ⑮] Unification / Substitution $\sigma_{2,0}$ : 2-8)의 $g_{1,1}$과 5)의 $G_2$를 만족하는 Substitution.

---

462) $\sigma_3 = \sigma_{3,0} \circ \sigma_{3,1}$

463) 각 clause가 여러 번 참조되므로 각각의 경우를 구분하기 위하여 이름에 숫자를 첨부하였다.

- $\sigma_{2,0}$ = {M2 ↦ (cons 2 nil)}
- $G_2$ : (reverse (cons X2 L2) M2)
- $\widehat{\sigma_{2,0}}(G_2)$ : (reverse (cons X2 L2) (cons 2 nil))

5-2) Application $\widehat{\sigma_{2,0}}(H_{2,1})$ : $H_{2,1}$에 대한 $\sigma_{2,0}$의 Application.

- $H_{2,1}$ : (reverse L2 N2)
- $\sigma_{2,0}$ ={M2 ↦ (cons 2 nil)}
- $\widehat{\sigma_{2,0}}(H_{2,1})$= (reverse L2 N2)
- 변동 사항이 없고, 또 이를 만족할 수 있는 변수 L2, N2의 경우가 없으므로 다음 단계인 $H_{2,2}$ 입증 수행.

5-3) [그림의 ⑯] Application $\widehat{\sigma_{2,0}}(H_{2,2})$ : $H_{2,2}$에 대한 $\sigma_{2,0}$의 Application.

- $\sigma_{2,0}$ = {M2 ↦ (cons 2 nil)}
- $H_{2,2}$ : (addtoend N2 X2 M2)
- $\widehat{\sigma_{2,0}}(H_{2,2})$ : (addtoend N2 X2 (cons 2 nil))

5-4) [goal 1.2] 새로운 Goal 도출.

- $g_{2,2}$ : addtoend N2 X2 (cons 2 nil))
- (infer ? addtoend N2 X2 (cons 2 nil))):
  - Clause [R2A1-$C_1$] 시작.
- $g_{2,1}$ : (reverse L2 N2)
- 미해결 상태; $g_{2,2}$ 해결 이후, 진행.

6) [Clause [R2A1-$C_1$] 시작][그림의 ⑰] 3-6)의 $g_{2,2}$에 해당하는 clause.

- $C_1$ : (addtoend nil X' (cons X' nil))464)
- $G$ : (addtoend nil X' (cons X' nil))
- $H$ : 없음465).

6-1) [그림의 ⑱] Unification / Substitution $\sigma_{2,2}$ : 5-4)의 $g_{2,2}$와 6)의 $G$를 만족하는 Substitution.

- $\sigma_{2,2}$ = {X' ↦ 2}
- $G$ : (addtoend nil X' (cons X' nil))
- $\widehat{\sigma_{2,2}}(G)$ : (addtoend nil 2 (cons 2 nil))

6-2) [그림의 ⑲] Application $\sigma_{2,2}$: $g_{2,2}$

464) 각 clause의 변수를 각각 single apostrophe로 구분하였다.

465) Fact (vs. Rule)

- 5-4)의 $g_{2,2}$ : (addtoend nil X' (cons X' nil))
- $\widehat{\sigma_{2,2}}(g_{2,2})$ : (addtoend nil 2 (cons 2 nil))

6-3) [Clause [R2A1-$C_1$] 종료][그림의 ⑰]

5-5)[그림의 ⑳] Composition $\sigma_{2,0} \circ \sigma_{2,2}$

- $\sigma_{2,0} \circ \sigma_{2,2}$= {M2 ↦ (cons 2 nil), X2 ↦ 2, N2 ↦ nil}

5-6) Application $\sigma_{1,0} \circ \sigma_3$: $H_{2,2}$

- $H_{2,2}$ : (addtoend N2 X2 M2)
- $\widehat{\sigma_{2,2}}(\widehat{\sigma_{2,0}}(H_{2,2}))$: (addtoend nil 2 (cons 2 nil))

5-7) [그림의 21] Application $\sigma_{3,0} \circ \sigma_{3,1}$: $H_{2,1}$

- $H_{2,1}$ : (reverse L2 N2)
- $\widehat{\sigma_{2,2}}(\widehat{\sigma_{2,0}}(H_{2,1}))$ : (reverse L2 nil)

5-8) [goal 2.1] 새로운 Goal 도출.

- $g_{2,1}$ : (reverse L2 nil)
- (infer ? (reverse L2 nil)): Clause [R3-$C_2$] 시작.

7) [Clause [R3-$C_1$] 시작] [그림의 22] 3-3)의 $g_{2,1}$에 해당하는 clause.

- $C_1$ : (infer (reverse nil nil))
- $G$ : (reverse nil nil)
- $H$ : 없음[466].

7-1) [그림의 23] Unification / Substitution $\sigma_{2,1}$ : 5-8)의 $g_{2,1}$과 7)의 $G$를 만족하는 Substitution.

- $\sigma_{2,1}$ = {N2 ↦ nil}
- $\widehat{\sigma_{2,1}}(g_{2,1}) = \widehat{\sigma_{2,1}}(G)$

7-2) [Clause [R3-$C_1$] 종료] [그림의 22]

5-9) [그림의 23] Composition $\sigma_{2,0} \circ \sigma_{2,2} \circ \sigma_{2,1}$: $g_{2,1}$

- $\sigma_{2,0} \circ \sigma_{2,2} \circ \sigma_{2,1}$= {M2 ↦ (cons 2 nil), X2 ↦ 2, N2 ↦ nil , L2 ↦ nil}
- 9)의 $g_{2,1}$ : (reverse nil N2)
- $\widehat{\sigma_1}(\widehat{\sigma_0}(g_{2,1}))$ : (reverse nil nil)

5-10) [그림의 24]] Application $\sigma_{2,0} \circ \widehat{\sigma_{2,2}} \circ \sigma_{2,1}(H_{2,1})$ : $H_{2,1}$에 대한 5-9) $\sigma_{2,0} \circ \sigma_{2,2} \circ \sigma_{2,1}$의 Application.

466) 상동.

- $H_{2,1}$ : (reverse L2 N2)
- $\sigma_{2,0} \circ \widehat{\sigma_{2,2}} \circ \sigma_{2,1}(H_{2,1})$ : (reverse nil nil)

5-11) [그림의 25]] Application $\sigma_{2,0} \circ \widehat{\sigma_{2,2}} \circ \sigma_{2,1}(G_2)$ : $G_2$에 대한 5-9) $\sigma_{2,0} \circ \sigma_{2,2} \circ \sigma_{2,1}$의 Application.

- $G_2$ : (reverse (cons X2 L2) M2 )
- $\sigma_{2,0} \circ \widehat{\sigma_{2,2}} \circ \sigma_{2,1}(G_2)$ : (reverse (cons 2 nil) (cons 2 nil))

5-12) **[Clause [R2-$C_2$] 종료] [그림의 ⑭]**

2-9) [그림의 26] Composition $\sigma_{1,0} \circ \sigma_3 \circ \sigma_2$ [467]: $g_{1,1}$

- $\sigma_{1,0} \circ \sigma_3 \circ \sigma_2$= {M1 ↦ (cons 2 (cons 1 nil)), N1 ↦ ((cons 2 nil), X1 ↦ 1, L1 ↦ ((cons 2 nil)}}
- 2-7)의 $g_{1,1}$ : (reverse L1 (cons 2 nil))
- $\widehat{\sigma_1}(\widehat{\sigma_0}(g_{1,1}))$ : (reverse (cons 2 nil) (cons 2 nil))

2 10) [그림의 24]] Application $\sigma_{1,0} \circ \widehat{\sigma_3} \circ \sigma_2(H_{1,1})$ : $H_{1,1}$에 대한 2-8) $\sigma_{2,0} \circ \sigma_{2,2} \circ \sigma_{2,1}$의 Application.

- $H_{1,1}$ : (reverse L1 N1)
- $\sigma_{1,0} \circ \widehat{\sigma_3} \circ \sigma_2(H_{1,1})$ : (reverse (cons 2 nil) (cons 2 nil))

2-11) [그림의 25]] Application $\sigma_{1,0} \circ \widehat{\sigma_3} \circ \sigma_2(G_1)$ : $G_1$에 대한 2-8) $\sigma_{1,0} \circ \sigma_3 \circ \sigma_2$의 Application.

- $G_1$ : (reverse (cons X1 L1) M1 )
- $\sigma_{1,0} \circ \widehat{\sigma_3} \circ \sigma_2(G_1)$ : (reverse (cons 2 nil) (cons 2 nil))

2-12) **[Clause [R1-$C_2$] 종료] [그림의 ①]**

1-1)[그림의 28] [Query 1]에 해당하는 경우가 있으므로 [Query 1]이 만족됨.

- $g$ : (reverse L (cons 1 (cons 2 nil)))
- 결과: (reverse (cons 1 (cons 2 nil)) (cons 2 (cons 1 nil)))

1-2) [Query 2] (infer? (reverse L (cons 1 (cons 2 nil))) (print L))

- $g$ : (print L)
- L에 해당하는 (cons 1 (cons 2 nil))을 출력함.

두 예제에서 확인해 보았듯이, Prolog의 Procedural Interpretation 방식으로 특정한

467) $\sigma_2 = \sigma_{2,0} \circ \sigma_{2,2} \circ \sigma_{2,1}$

Query가 만족되는지를 수작업을 통해서 입증하는 것은 결코 쉬운 일이 아니다. 이 이유는 특정한 Query를 만족하는 모든 경우를 Fact로부터 Rule을 통해서 유도됨을, 또는 그 역으로 Query로부터, Rule을 통해서, Fact에 도달할 수 있음을 직접 보여야 하기 때문이다. 그리고 이 과정에서, 모든 clause에 대하여, Procedural Interpretation의 semantics에서, Substitution, Application, Composition 및 Unification 등의 주어진 개념에 따라, 절차를 진행해야 하기 때문이다.

일반적으로 Logic Interpretation 방식보다 복잡한 Procedural Interpretation 방식은 자동화된 도구, 즉 Engine을 통해서 수행하는 것이 필수적이다. 이러한 도구들은 일반적으로 Theorem Proving의 목적으로 사용된다. 즉 프로그래머가 정의한 Rule과 fact를 기반으로 특정한 relation이 성립되는지를 유도과정을 통해서 자동으로 증명할 수 있기 때문이다.

### Example E.4-16) append Example

다음은, ML의 관점에서, Prolog 프로그램을 이해하고 실행시켜 보자.

| | |
|---|---|
| 1<br>2 | `(infer (append nil L L))`<br>`(infer (append (cons X L) M (cons X N)) from (append L M N))` |
| ML | `fun append ([],    L) = L`<br>`  \| append (x::L, M) = x::append(L, M);` |

<프로그램 4-100> List : Clause - `append`

이 프로그램은 다음과 같이 설명할 수 있다:

1) [L1] `append` Predicate: Base Case
    - 첫 번째 변수가 `nil`이면 두 번째 변수 `L`을 세 번째 변수 `L`로 반환한다.
2) [L2] `append` Predicate: Inductive Case
    - 첫 번째 변수가 `(cons X L)`과 두 번째 변수 `M`을 연결하면, 세 번째 변수 `(cons X N)`이 되는데,
    - 첫 번째 변수 `(cons X L)`의 `L`을 두 번째 변수 `M`에 재귀적으로 `append`하고, 그 결과를 `N`이라 하면,
    - 이 `N` 앞에 `(cons X L)`의 `X`를 연결한 것, 즉 `(cons X N)`이 세 번째 변수가 된다.

```
-> (infer? (append (cons 3 (cons 4 nil)) (cons 5 (cons 6 nil)) L)
          (print L))
(cons 3 (cons 4 (cons 5 (cons 6 nil))))
Satisfied
```

<프로그램 4-101> List : Query - **append(print L)**

위 Query가 어떻게 만족되는지를, <그림 4-28>처럼, ML의 함수적 관점에서 설명해 보자:

1) Query: **(infer? (append (cons 3 (cons 4 nil)) (cons 5 (cons 6 nil)) L) (print L))**
   - Goal $g_{0,1}$: **(append (cons 3 (cons 4 nil)) (cons 5 (cons 6 nil)) L)**
   - Goal $g_{0,2}$: **(print L)**

2) [A(1)] [그림의 ①]
   - Goal $g_{0,1}$: **(append (cons 3 (cons 4 nil)) (cons 5 (cons 6 nil)) L)**

2-1) Clause $C_2$ : Rule - Inductive Case.
   - $G_1$: **(append (cons X1 L1) M1 (cons X1 N1))**
   - $H_1$: **(append L1 M1 N1)**

2-2) Substitution: $\sigma_1$
   - $G_1$: **(append (cons X1 L1) M1 (cons X1 N1))**
   - $g_{0,1}$:**(append (cons 3 (cons 4 nil)) (cons 5 (cons 6 nil)) L)**
   - $\sigma_1$ : {**X1**↦**3, L1**↦**(cons 4 nil) , M1**↦**(cons 5 (cons 6 nil)) , L**↦ **(cons 3 N1)**}

2-3) Application: $\widehat{\sigma_1}$
   - $\widehat{\sigma_1}(G_1)$: **(append (cons 3 (cons 4 nil)) (cons 5 (cons 6 nil)) (cons 3 N1))**
   - $\widehat{\sigma_1}(H_1)$: **(append (cons 4 nil) (cons 5 (cons 6 nil)) N1)**
   - New goal $g_1$: $\widehat{\sigma_1}(H_1)$

3) [A(2)] [그림의 ②]
   - Goal $g_1$: **(append (cons 4 nil) (cons 5 (cons 6 nil)) N1)**

3-1) Clause $C_2$ : Rule - Inductive Case.

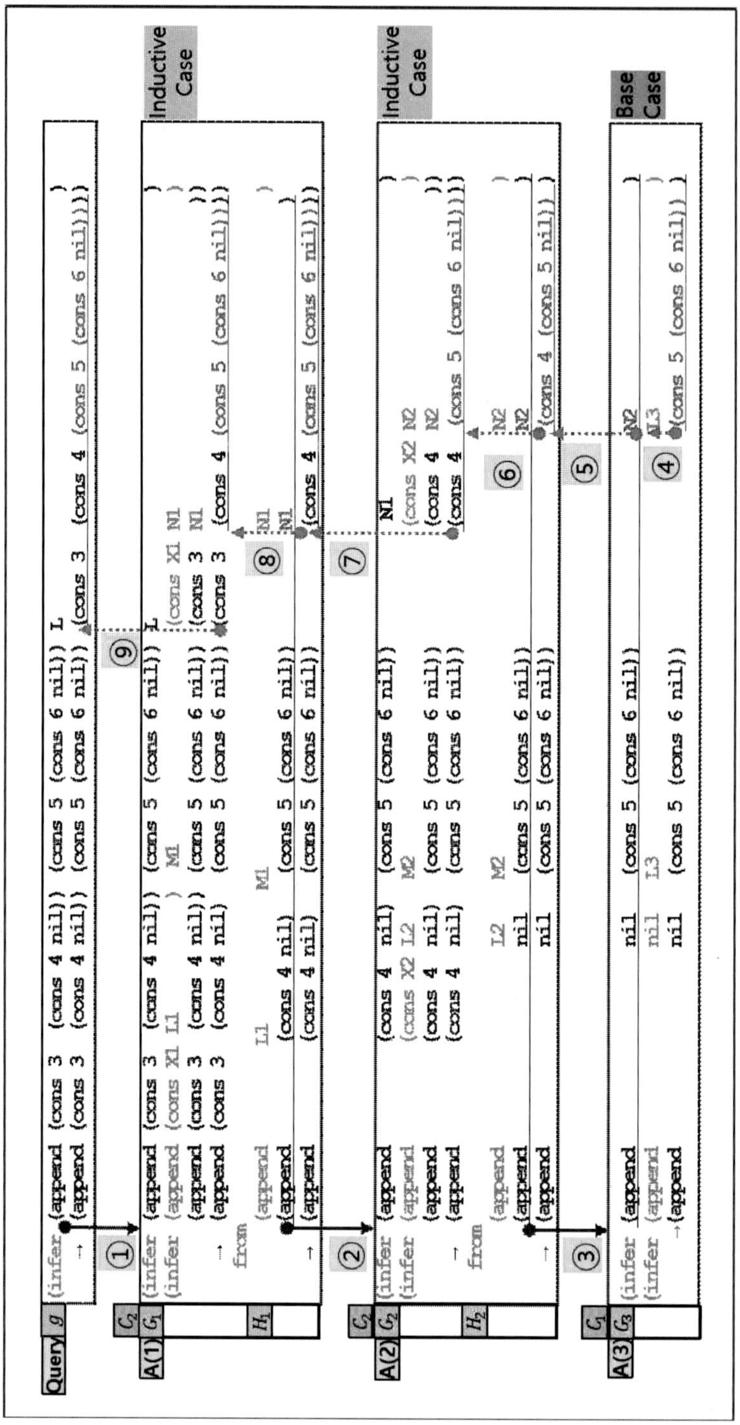


<그림 4-28> List **append** : Execution (1)

- $G_2$: (append (cons X2 L2) M2 (cons X2 N2))
- $H_2$: (append L2 M2 N2)

3-2) Substitution: $\sigma_2$

- $G_2$: (append (cons X2 L2) M2 (cons X2 N2))
- $g_1$: (append (cons 4 nil) (cons 5 (cons 6 nil)) N1 )
- $\sigma_2$ : {X2↦4, L2↦nil , M2↦(cons 5 (cons 6 nil)), N1↦(cons 4 N2)}

3-3) Application: $\widehat{\sigma_2}$

- $\widehat{\sigma_2}(G_2)$: (append (cons 4 nil) (cons 5 (cons 6 nil)) N1)
- $\widehat{\sigma_2}(H_2)$: (append nil (cons 5 (cons 6 nil)) N2)
- New goal $g_2$: $\widehat{\sigma_2}(H_2)$

4) [A(3)] [그림의 ③]

- Goal $g_2$: (append nil (cons 5 (cons 6 nil)) N2)

4-1) Clause $C_1$ : Fact - Base Case.

- $G_3$: (append nil L3 L3)

4-2) Substitution: $\sigma_3$

- $G_3$: (append nil L3 L3)
- $g_2$: (append nil (cons 5 (cons 6 nil)) N2 )
- $\sigma_3$ : {L3↦(cons 5 (cons 6 nil)), N2↦L3)}

4-3) [그림의 ④] Application: $\widehat{\sigma_3}$

- $\widehat{\sigma_3}(G_3)$: (append nil (cons 5 (cons 6 nil)) (cons 5 (cons 6 nil)))
- $\widehat{\sigma_3}(g_2)$: (append nil (cons 5 (cons 6 nil)) (cons 5 (cons 6 nil)))

4-4) [A(3)] 종료.

3-4) Composition: $\sigma_2 \circ \sigma_3$

- $\sigma_2 \circ \sigma_3$ : {X2↦4, L2↦nil , M2↦(cons 5 (cons 6 nil)), N1↦(cons 4 N2), N2↦(cons 5 (cons 6 nil))}

3-5) [그림의 ⑤] Application $\widehat{\sigma_2 \circ \sigma_3}$ : $g_2$

- Goal $g_2$ : (append nil (cons 5 (cons 6 nil)) N2 )

- $\widehat{\sigma_2 \circ \sigma_3}(g_2)$: (append nil (cons 5 (cons 6 nil)) (cons 5 (cons 6 nil)) )

3-6) [그림의 ⑥] Application $\widehat{\sigma_2 \circ \sigma_3}$ : 3-3)의 $\widehat{\sigma_2}(G_2)$

- $\widehat{\sigma_2}(G_2)$ : (append (cons 4 nil) (cons 5 (cons 6 nil)) N1 )
- $\widehat{\sigma_2 \circ \sigma_3}(G_2)$: (append (cons 4 nil) (cons 5 (cons 6 nil)) (cons 4 (cons 5 (cons 6 nil))) )

3-7) [A(2)] 종료.

2-4) Composition: $\sigma_1 \circ \sigma_2 \circ \sigma_3$

- $\sigma_1 \circ \sigma_2 \circ \sigma_3$ : {X1↦3, L1↦(cons 4 nil) , M1↦(cons 5 (cons 6 nil)) , L↦(cons 3 N1), N1↦(cons 4 (cons 5 (cons 6 nil)}

2-5) [그림의 ⑦] Application $\sigma_1 \circ \widehat{\sigma_2} \circ \sigma_3$ : $g_1$

- Goal $g_1$ : (append (cons 4 nil) (cons 5 (cons 6 nil)) N1)
- $\sigma_1 \circ \widehat{\sigma_2} \circ \sigma_3(g_1)$: (append (cons 4 nil) (cons 5 (cons 6 nil)) (cons 4 (cons 5 (cons 6 nil) )

2-6) [그림의 ⑧] Application $\sigma_1 \circ \widehat{\sigma_2} \circ \sigma_3$ : 2-3)의 $\widehat{\sigma_1}(G_1)$

- $\widehat{\sigma_1}(G_1)$:
  - (append (cons 3 (cons 4 nil)) (cons 5 (cons 6 nil)) (cons 3 N1))
- $\sigma_1 \circ \widehat{\sigma_2} \circ \sigma_3(G_1)$:
  - (append (cons 3 (cons 4 nil)) (cons 5 (cons 6 nil)) (cons 3 (cons 4 (cons 5 (cons 6 nil))))

2-7) [A(1)] 종료.

1-1) [그림의 ⑨] Application $\sigma_1 \circ \widehat{\sigma_2} \circ \sigma_3$ : 1)의 $g_{0,1}$

- Goal $g_{0,1}$ : (append (cons 3 (cons 4 nil)) (cons 5 (cons 6 nil)) L)
- $\sigma_1 \circ \widehat{\sigma_2} \circ \sigma_3(g_{0,1})$: (append (cons 3 (cons 4 nil)) (cons 5 (cons 6 nil)) (cons 3 (cons 4 (cons 5 (cons 6 nil)))))

1-2) [그림의 ⑨] $g_{0,2}$

- (print L) : cons 3 (cons 4 (cons 5 (cons 6 nil)))

1-3) 입증 결과: Satisfied

다음은 append의 또 다른 예이다. 이 Query를 만족하는 L이 어떻게 산출되는지는 <그림 4-29>가 보여준다.

```
-> (infer? (append L (cons 5 (cons 6 nil))
                     (cons 3 (cons 4 (cons 5 (cons 6 nil)))))
            (print L))
(cons 3 (cons 4 nil))
Satisfied
```

<프로그램 4-102> List : Query - **append**

참고로 이를 ML로 전환하면 다음과 같다.

ML

```
fun addtoend ([], x) = [x]
 |  addtoend (y::L, x) = y::addtoend(L, x);
```

<프로그램 4-103> List : **addtoend**

ML

```
fun reverse ([]) = []
 |  reverse (x::L) = addtoend(reverse(L),x);
```

<프로그램 4-104> List : **reverse**

ML

```
fun append ([],   L) = L
 |  append (x::L, M) = x::append(L, M);
```

<프로그램 4-105> List : **append**

### (2) Arithmetic

다음은 산술 연산에 관한 간단한 예제다.

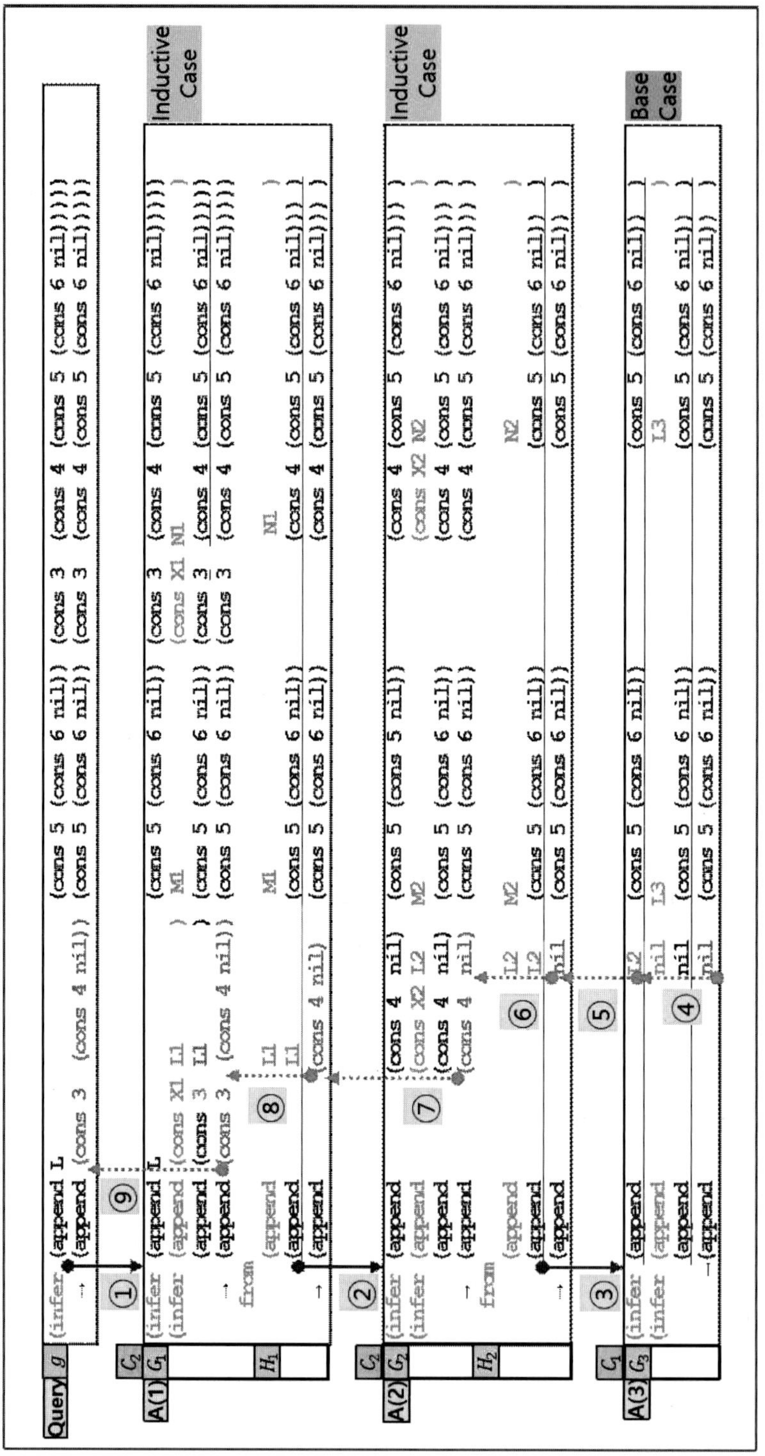


<그림 4-29> List **append** : Execution (2)

```
1  (infer (mult 0 Y 0))
2  (infer (mult X Y Z) from
3                        (minus X 1 V)
4                        (mult V Y W)
5                        (plus W Y Z))
```

<프로그램 4-106> Arithmetic : Clause - **mult**

이 코드를 제 1장에서 설명했지만, 이를 논리언어 관점에서 다시 설명하면 다음과 같다:

1) [L1] **mult** Predicate : Fact (Base Case).
   - 임의 수 **Y**에 **0**을 곱하면 **0**이 된다.

2) [L2] **mult** Predicate : Rule (Inductive Case).
   - 임의 수 **X**에 **Y**를 곱하면 **Z**가 되는데, **Z**는 다음과 같은 조건을 만족해야 한다.

2-1) [L2] **X**에서 **1**을 **minus**한 것을 **V**라 하자.

2-2) [L3] 이 **V**에 **Y**를 재귀적으로 **mult**한 결과를 **W**라 하자.

2-3) [L4] 그리고 이 **W**에 **Y**를 **plus**한 결과가 바로 **Z**다.

이 Prolog 코드의 특징은, 이전에 설명한 바와 같이, 프로그램에서 연산을 직접 수행하지 않고, 연산에서 성립되어야 하는 조건들을, 위와 같이, 정의하는 것이다. 당연히, 이러한 조건이 만족하는지를 따지는 과정에서 자연스럽게 연산이, Interpreter에 의해서 이루어지게 된다. 이 과정이 어떻게 이루어지는지 다시 확인해 보자.

### Example E.4-17) mult Example

```
-> (infer (mult 3 5 X) (print X))
15
Satisfied
```

<프로그램 4-107> Arithmetic : Query - **mult**

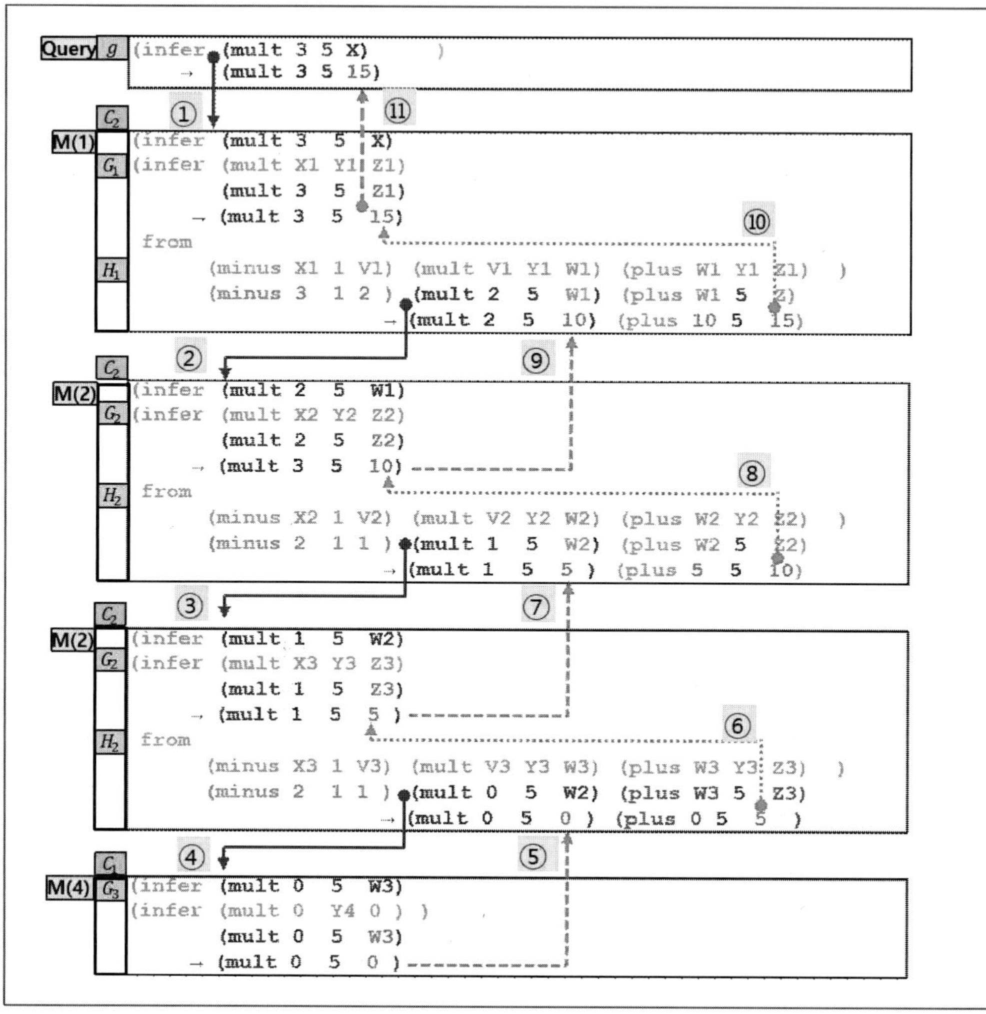


<그림 4-30> List `mult` : Execution (1)

위 Query가 어떻게 만족되는지를 ML의 함수적 관점에서 설명해 보자:

1) Query: `infer (mult 3 5 X) (print X))`
   - Goal $g_{0,1}$: `(mult 3 5 X)`
   - Goal $g_{0,2}$: `(print L)`

2) [M(1)] [그림의 ①]
   - Goal $g_{0,1}$: `(mult 3 5 X)`

2-1) Clause $C_2$ : Rule - Inductive Case.
   - $G_1$: `(mult X1 Y1 Z1)`
   - $H_{1,1}$: `(minus X1 1 V1)`
   - $H_{1,2}$: `(mult V1 Y1 W1)`
   - $H_{1,3}$: `(plus W1 Y1 Z1)`

2-2) Substitution: $\sigma_1$
   - $G_1$: `(mult X1 Y1 Z1)`
   - $g_{0,1}$: `(mult 3 5 X)`
   - $\sigma_1$ : {`X1`↦`3`, `Y1`↦`5`, `X`↦`Z1`}
   - $\widehat{\sigma_1}(G_1)$= `(mult 3 5 X)`

2-3) Application: $\widehat{\sigma_1}$
   - $\widehat{\sigma_1}(H_{1,1})$: `(minus 3 1 V2)` ↦ `(minus 3 1 2)`[468]
   - $\widehat{\sigma_1}(H_{1,2})$: `(mult V1 5 W1)` ↦ `(mult 2 5 W1)`
   - New goal $g_1$: $\widehat{\sigma_1}(H_{1,1})$ = `(mult 2 5 W1)`
   - $\widehat{\sigma_1}(H_{1,3})$: `(plus W1 5 Z1)`
     - Goal $g_1$ 이후에 진행함.

3) [M(2)] [그림의 ②]
   - Goal $g_1$: `(mult 2 5 W1)`

3-1) Clause $C_2$ : Rule - Inductive Case.
   - $G_2$: `(mult X2 Y2 Z2)`
   - $H_{2,1}$: `(minus X2 1 V2)`
   - $H_{2,2}$: `(mult V2 Y2 W2)`
   - $H_{2,3}$: `(plus W2 Y2 Z2)`

468) `minus` predicate가 있다고 가정하고, 그 결과를 얻는다.

3-2) Substitution: $\sigma_2$

- $G_2$: `(mult X2 Y2 Z2)`
- $g_1$: `(mult 2 5 W1)`
- $\sigma_2$: {X2↦2, Y2↦5, W1↦Z2}

3-3) Application: $\widehat{\sigma_2}$

- $\widehat{\sigma_2}(H_{2,1})$: `(minus 2 1 V2)` ↦ `(minus 1 1 1)`[469]
- $\widehat{\sigma_2}(H_{2,2})$: `(mult V2 5 W2)` ↦ `(mult 1 5 W2)`
- New goal $g_2$: $\widehat{\sigma_2}(H_{2,2})$ = `(mult 1 5 W2)`
- $\widehat{\sigma_2}(H_{2,3})$: `(plus W2 5 Z2)`
    - Goal $g_2$ 이후에 진행함.

4) [M(3)] [그림의 ③]

- Goal $g_2$: `(mult 1 5 W2)`

4-1) Clause $C_2$ : Rule - Inductive Case.

- $G_3$: `(mult X3 Y3 Z3)`
- $H_{3,1}$: `(minus X3 1 V3)`
- $H_{3,2}$: `(mult V3 Y3 W3)`
- $H_{3,3}$: `(plus W3 Y3 Z3)`
- 4-2) Substitution: $\sigma_3$
- $G_3$: `(mult X3 Y3 Z3)`
- $g_2$: `mult 1 5 W2`
- $\sigma_3$: {X3↦1, Y3↦5, W2↦Z3}
- $\sigma_3(G_3)$: `(mult 1 5 Z3)`

4-3) Application: $\widehat{\sigma_3}$

- $\widehat{\sigma_3}(H_{3,1})$: `(minus 1 1 V3)` ↦ `(minus 1 1 0)`[470]
- $\widehat{\sigma_3}(H_{3,2})$: `(mult V3 5 W3)` ↦ `(mult 0 5 W3)`
- New goal $g_3$: $\widehat{\sigma_3}(H_{3,2})$ = `(mult 0 5 W3)`
- $\widehat{\sigma_3}(H_{3,3})$: `(plus W3 5 Z3)`
    - Goal $g_3$ 이후에 진행함.

469) 상동

470) 상동

5) [M(3)] [그림의 ④]

- Goal $g_3$: `(mult 0 5 W3)`

5-1) Clause $C_1$ : Rule - Base Case.

- $G_4$: `(mult 0 Y4 0)`

5-2) Substitution: $\sigma_4$

- $G_4$: `(mult 0 Y4 0)`
- $g_3$: `(mult 0 5 W3)`
- $\sigma_4$: {W3↦0}

5-3) [M(3)] 종료.

4-4) Composition: $\sigma_3 \circ \sigma_4$

- $\sigma_3 \circ \sigma_4$ : {X3↦1, Y3↦5, W2↦Z3, W3↦0}

4-5) [그림의 ⑤] Application $\widehat{\sigma_3 \circ \sigma_4}$ : 4-3)의 $H_{3,2}$, 즉 $g_3$

- $g_3$ : `(mult 0 5 W3)`
- $\widehat{\sigma_3 \circ \sigma_4}(H_{3,2})$ : `(mult 0 5 0)`

4-5) Application $\widehat{\sigma_3 \circ \sigma_4}$ : 4-3)의 $H_{3,3}$

- $\sigma_3 \circ \sigma_4$ : {X3↦1, Y3↦5, W2↦Z3, W3↦0}
- $\widehat{\sigma_3 \circ \sigma_4}(H_{3,3})$: `(plus 0 5 Z3)` ↦ `(plus 0 5 5)`[471]
- $\sigma'_3$: {X3↦1, Y3↦5, W2↦Z3, Z3↦5}
  - $\sigma'_3$: $\widehat{\sigma_3 \circ \sigma_4}$의 결과를 반영하여, $\sigma_3$을 갱신.

4-6) [그림의 ⑥] Application $\widehat{\sigma'_3 \circ \sigma_4}$ : 4-2)의 $G_3$

- $\widehat{\sigma'_3 \circ \sigma_4}(G_3)$: `(mult 1 5 5)`

4-7) [M(2)] 종료.

3-4) Composition: $\sigma_2 \circ \sigma'_3$

- $\sigma_2 \circ \sigma'_3$ : {X2↦2, Y2↦5, W1↦Z2, W2↦5}

3-5) [그림의 ⑦] Application $\widehat{\sigma_2 \circ \sigma'_3}$ : 3-3)의 $H_{2,2}$, 즉 $g_2$

- $g_2$ : `(mult 1 5 W2)`
- $\widehat{\sigma_3 \circ \sigma_4}(H_{2,2})$ : `(mult 1 5 5)`

3-6) Application $\widehat{\sigma_2 \circ \sigma'_3}$: 3-3)의 $H_{2,3}$

- $H_{2,3}$: `(plus W2 5 Z2)`

---

471) `plus` predicate가 있다고 가정하고, 그 결과를 얻는다.

- $\sigma_2 \widehat{\circ \sigma'}_3(H_{2,3})$: `(plus 5 5 Z2)` ↦ `(plus 5 5 10)`[472]
- $\sigma'_2$: {`X2`↦`2`, `Y2`↦`5`, `W1`↦`Z2`, `W2`↦`5`, `Z2`↦`10`}
  - $\sigma'_2$: $\sigma_2 \widehat{\circ \sigma'}_3$의 결과를 반영하여, $\sigma_2$를 갱신.

3-7) [그림의 ⑧] Application $\sigma'_2 \widehat{\circ \sigma'}_3$ : 3-2)의 $G_2$

- $\sigma'_2 \widehat{\circ \sigma'}_3(G_2)$: `(mult 2 5 10)`

3-8) [M(2)] 종료.

2-4) Composition: $\sigma_1 \circ \sigma'_2$

- $\sigma_1 \circ \sigma'_2$ : {`X1`↦`3`, `Y1`↦`5`, `X`↦`Z1`, `W1`↦`10`}

2-5) [그림의 ⑨] Application $\sigma_2 \widehat{\circ \sigma'}_3$ : 2-3)의 $H_{1,2}$, 즉 $g_1$

- $g_1$ : `(mult 2 5 W1)`
- $\sigma_1 \widehat{\circ \sigma'}_2(H_{1,2})$ : `(mult 2 5 10)`

2-6) Application $\sigma_1 \widehat{\circ \sigma'}_2$: 2-3)의 $H_{1,3}$

- $H_{1,3}$ : `(plus W1 5 Z1)`
- $\sigma_1 \widehat{\circ \sigma'}_2(H_{1,3})$ : `(plus 10 5 Z1)` ↦ `(plus 10 5 15)`[473]
- $\sigma'_1$: {`X1`↦`3`, `Y1`↦`5`, `X`↦`Z1`, `W1`↦`10`}
  - $\sigma'_1$: $\sigma_1 \widehat{\circ \sigma'}_2(H_{1,3})$의 결과를 반영하여, $\sigma_2$를 갱신.

2-7) [그림의 ⑩] Application $\sigma'_1 \widehat{\circ \sigma'}_2$ : 2-2)의 $G_1$, 즉 $g_{0,1}$

- $\widehat{\sigma_1}(G_1)$ : `(mult 3 5 X)`
- $\sigma'_1 \widehat{\circ \sigma'}_2(G_1)$ : `(mult 3 5 15)`

2-8) [M(1)] 종료.

1-1) [그림의 ⑨] Application $\sigma'_1 \widehat{\circ \sigma'}_2$ : 1)의 $g_{0,1}$

- $g_{0,1}$ : `(mult 3 5 X)`
- $\sigma'_1 \widehat{\circ \sigma'}_2(g_{0,1})$ : `(mult 3 5 15)`

1-2) [그림의 ⑨] $g_{0,2}$

- `(print X)` : `15`

1-3) 입증 결과: `Satisfied`

472) 상동

473) 상동

```
-> (infer (mult X 5 15) (print X))
3
Satisfied
```

<프로그램 4-108> Arithmetic : Query - **mult**

## Example E.4-18) factorial Example

```
(infer (fac 0 1))
(infer (fac N R) from (minus N 1 N1) (fac N1 R1) (mult R1 N R))
```

<프로그램 4-109> Arithmetic : Clause - **fac**

```
(infer? (fac 3 X) (print X))
6
```

<프로그램 4-110> Arithmetic : Query - **fac**

참고로 이를 ML로 전환하면 다음과 같다.

ML

```
fun mult(0, y) = 0
 | mult(x, y) = plus(mult(minus(x,1),y),y)

fun plus (x, y) = x+y;
fun minus(x, y) = x-y
```

<프로그램 4-110-1> Arithmetic : **mult**

ML

```
fun fac (0) = 1
 | fac (n) = mult(fac(minus(n,1)),n)
```

<프로그램 4-110-2> Arithmetic : **fac**

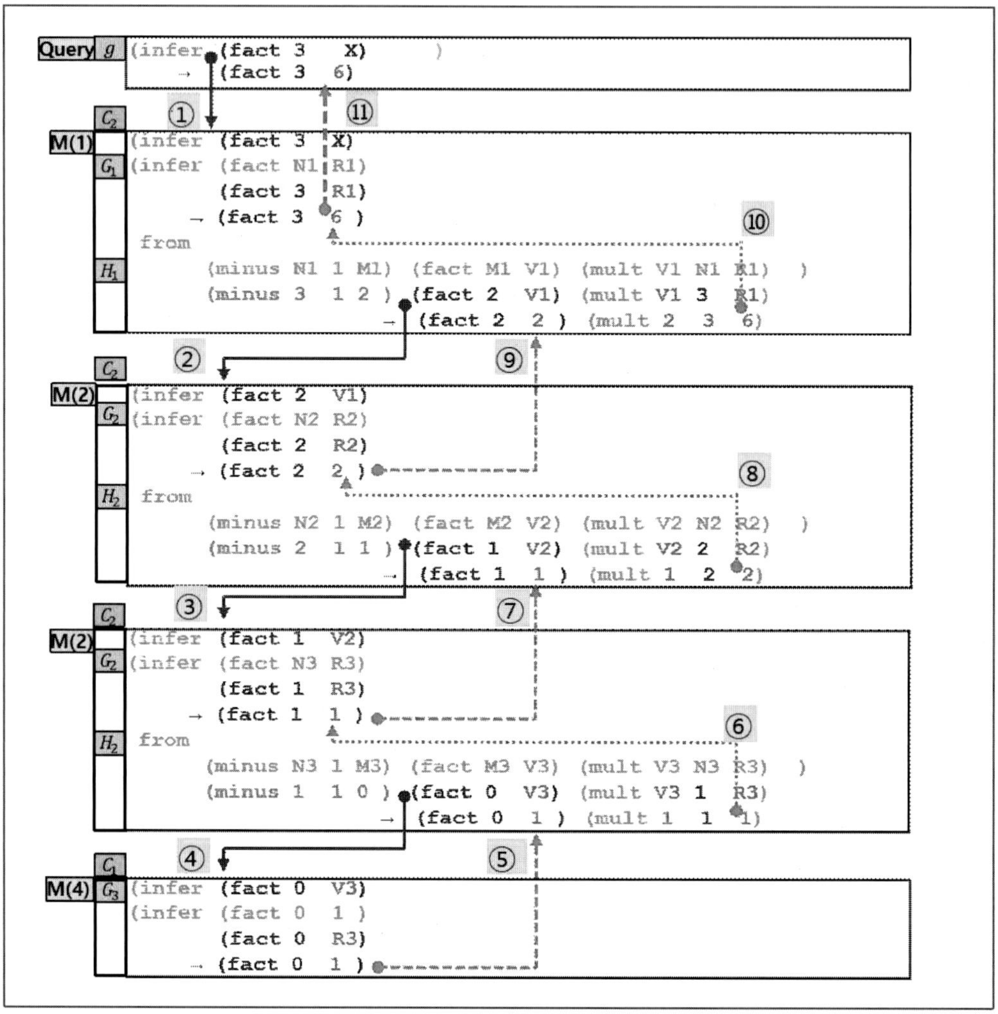


<그림 4-31> Arithmetic `fact` : Execution (1)

### (3) Sorting

다음은 sort에 관한 예제다:

```
(infer (<= X X))
(infer (<= X Y) from (less X Y))
;
(infer (ordered nil))
(infer (ordered (cons A nil)))
(infer (ordered (cons A (cons B L)))
          from (<= A B) (ordered (cons B L)))
;
(infer (permutation nil nil))
(infer (permutation L (cons H T))
from (append V (cons H U) L) (append V U W) (permutation W T))
;
(infer (naive-sort L M) from (permutation L M) (ordered M))
```

<프로그램 4-111> Sort : Clause - **naive-sort**

```
-> (infer? (naive-sort (cons 4 (cons 2 (cons 3 nil))) L) (print L))
(cons 2 (cons 3 (cons 4 nil)))
Satisfied
```

<프로그램 4-112> Sort : Query - **naive-sort**

```
(infer (partition H (cons A X) (cons A Y) Z)
          from (<= A H) (partition H X Y Z))
(infer (partition H (cons A X) Y (cons A Z))
          from (less H A) (partition H X Y Z))
(infer (partition H nil nil nil))
;
(infer (quicksort nil nil))
(infer (quicksort (cons H T) S)
from
   (partition H T A B)
   (quicksort A A1)
   (quicksort B B1)
   (append A1 (cons H B1) S))
```

<프로그램 4-113> Sort : Clause - **quicksort**

```
-> (infer? (quicksort (cons 8 (cons 2 (cons 3 (cons 7 (cons 1 nil)))))
                      S)
          (print S))
(cons 1 (cons 2 (cons 3 (cons 7 (cons 8 nil)))))]
Satisfied
```

<프로그램 4-114> Sort : Query - **quicksort**

참고로 이를 ML로 전환하면 다음과 같다.

ML

```
fun pr(x,[])    = []
 | pr(x,y::ys) = (x::y)::pr(x,ys);

fun pp([],[])      = [[]]
 | pp([], _)       = []
 | pp(x::xs,y::ys) = pr(y,pp(ys,ys))@pp(xs,ys@[y]);

fun p(L) = pp(L,L);
```

<프로그램 4-115> List : **Permutation**

### 4.2.5.1 연습 문제

1. 다음 예제를 Procedural Interpretation 방식으로 Query가 만족되는지 입증하시오.

   1-1) <프로그램 4-102> List : Query - `append`
   1-2) <프로그램 4-109> Arithmetic : Query - `mult`
   1-2) <프로그램 4-110-1> Arithmetic : Query - `fact`

# 4.3 Smalltalk

## 4.3.1 Smalltalk Overview

Smalltalk[474]은 동적-유형 (dynamically-typed)[475] 기반 반응형 (reflexive)[476] 객체지향 (object-oriented)[477] 프로그래밍언어다. Smalltalk은 원래 1971년부터 Xerox PARC[478]의 Alan Kay[479]를 중심으로, PARC의 학습연구회에서, 구성주의학습[480]의 명분으로 사용하기 위해 개발되었다. 이 Smalltalk에는 1980년, Xerox의 구동환경과 함께, Smalltalk-80으로 공개되었고, 1998년 ANSI에 표준 Smalltalk으로 등록되었다. Smalltalk은 2017년 가장 사랑받는 프로그래밍언어 2위로 Stack Overflow[481]에서 조사된 바 있다.

초기 Smalltalk은 Simula[482]의 영향을 받았다고 알려져 있다. 하지만, 전문가들에 의

474) Smalltalk은 여러 방언이 존재하지만, 여기에서는 Smalltalk-80을 의미한다. Smalltalk-80 첫 번째 version은 1980년에 개발되어 공개적으로 사용할 수 있도록 제공되었다.

475) Compile time에 type-checking이 수행되지 않고, Runtime에 수행되는 방식이다.

476) 반영형(reflexive): 프로그래밍언어적 관점에서, 언어를 구성하는 요소 자체가 자신의 구조와 행위를, 프로그램이 실행되는 동안, 특정한 조건, 예를 들면, 데이터의 유형이나 속성 등에 대한 검사를 통해 내관적(introspect) 과정을 거쳐, 그 결과를 반영하기 위해, 스스로 수정하고 진화하는 유형을 의미한다.

477) 프로그램이 object로 이루어져 있고, 각 object는 attribute라는 data와 이를 사용하기 위한 method라는 code로 구성되어 있으며, object의 data를 사용하기 위해서는 공개된 object의 method에 대한 call, 또는 message passing이라는 방식으로 프로그램이 작동되는 원리를 의미한다.

478) Palo Alto Research Center: 미국 California의 Palo Alto에 있는 연구개발회사다. 1969년 Xerox의 자회사로 설립되었으며, 주 업무는 컴퓨터 기반 제품과 하드웨어 시스템을 개발하는 것이었다. 대표적인 결과물은 레이저 프린트, Ethernet, PC, GUI & Desktop Paradigm, Object-Oriented Paradigm, Ubiquitous Computing, Electronic Paper, Amorphous Silicon applications, Mouse, VLSI 등이다.

479) Alan Curtis Kay(1940년 5월 17일~ )는 미국 컴퓨터과학자다. OOP의 GUI의 선구자다.

480) 구성주의학습(Constructionist Learning): 인간이 자신의 경험으로부터 지식과 의미를 구성한다는 교육이론이다.

481) 전문 프로그램을 위한 Q&A 사이트다.

482) Simula는 Simulation Programming Language의 공식명칭이며, 노르웨이 Computing Center에서 1960년대에 개발한 언어다. Simula는 문법적으로 ALGO60의 super set이며, Simula 67에서는 object, class, inheritance, subclass 등의 개념을 소개했으며, 일

해, Smalltalk은 Simula보다, 이론적인 측면과 실용적인 측면에서, 객체지향성(Object-Oriented-ness)이 강한 언어로 평가받고 있으며, 일반적으로, 또한 대중적으로도 첫 번째 객체지향언어(OOPL: Object-Oriented Programming Language)로 평가받는다. 이러한 Smalltalk의 특징을 정리하면, 다음과 같다:

1) Simula는 상업적으로 제품화되어 기업에서 활용된 바가 없다. 반면 Smalltalk은 1980년대와 1990년대의 대표적인 객체지향언어였다.
2) Simula는 이론적으로 순수한 객체지향언어라고 볼 수 없다. 단순히 ALGOL60에 class 개념을 도입했을 뿐이다. 그리고 구현 측면에서도, class는 지금의 OOP의 class와 다른 개념으로 구현되었다. 반면 Smalltalk은 이론적으로 순수한 객체지향언어다. 현재의 OOP 개념을 수립하고, 구현했다고 볼 수 있다.
3) Simula의 OOP와 Smalltalk의 OOP 개념은 좀 다르다. Simula는 Scalability가 제한되어 있는 반면 Smalltalk은 제한이 없다.[483)]
4) Simula의 Syntax는 ALGO60을 기반으로 하고 있지만, Smalltalk은 message-passing이라는 새로운 개념에 기반한 Syntax와 Semantics를 가진다. 일반적으로 제어문이라고 알고 있는, 조건문이나 반복문도 message로 정의한다.
5) Simula는 단순히 언어지만, Smalltalk은 언어 이상이다. Smalltalk은 초기에 운영체제로서 개발되었지만, 운영체제 이상의 결과를 창출했다. 그리고 단순히 언어에 한정된 것이 아니라, 언어를 사용하기 위한 IDE[484)]를 제공했으며, OOP 설계에 필요한 환경도 제공해 주었다.[485)]
6) Smalltalk은 우수한 메타-프로그래밍 기능을 가진 완전한 반영형(reflexive) 언어다.
7) Smalltalk은 1등급(first-class) 함수[486)]와 닫힘 성질을 가진다. 이는 Smalltalk이 함수언어에도 적합함을 의미한다.

---

부 언어학자들에 의해서, 첫 번째 객체지향언어로 평가받고 있지만, 일반적으로 정통 객체지향언어로 평가받지 못한다.

483) Smalltalk의 창시자인 Alan Kay는 Smalltalk언어와 구현 환경을 통해, 지금의 ICT 기반 사회를 제시하였다.

484) IDE(Integrated Development Environment): Visual Studio나 Eclipse와 같은 환경.

485) 지금의 UML에서 제공되는, Architecture, Interface, DFD 등과 같은 초기 OOP artifacts를 제공해주었다.

486) First-class function: high-order function과 같이, 함수를 변수와 같이 정의하고 사용할 수 있는 함수. 예를 들면, 함수의 매개변수로 전달할 수 있을 뿐만 아니라, 함수의 결과값으로 반환할 수 있다. 또한 함수를 변수값을 배정하여 사용할 수 있을 뿐만 아니라, 이러한 함수유형도 규정할 수 있다.

8) Simula는 지금은 사용하지 않고 있는, 사장된 언어다. Smalltalk은 지금도 사용되고 있고, 21세기의 요구에 따라 진화하고 있다.

이러한 속성 때문에, Smalltalk은 첫 번째 OOPL이라고 평가받고 있으며, Flavors[487], CLOS[488], Objective-C[489], Java[490], Python[491] 등과 같은 대부분의 현재 OOPL에 영향을 미쳤다.

다음은 OOP(Object-Oriented Paradigm)의 기본적인 특성에 대해 알아보자.

### 4.3.2 Object-Oriented Paradigm

OOP를 이해하기 이전에, 많은 프로그래밍 언어들은 value, variable, 그리고 function이나 procedure로 이루어져 있음을 상기하자. 이러한 요소로 구성된 프로그램을 OOP라는 개념으로 전환하기 위해서는, OOP의 가장 중요한 개념을 이해해야 한다. 즉 어떤 원리에 의해서, 이러한 정적인 entity인 데이터들과 동적인 entity인 function과 procedure들이 하나의 객체로 통합되는 것인지 먼저 이해하는 것이 중요하다.[492]

그러면, Smalltalk을 이해하기 위해서는 OOP의 기본적인 원리가 무엇인지 확인해 보자.

Smalltalk의 OOP 원리는 다음과 같은 OOP 개념에 기반을 둔다:

1) Class와 object: Smalltalk은 object로 구성되어 있고, 각 object의 유형을 class로 규정한다.

487) MIT에서 Howard Connon에 의해서 개발된 초기 OOP형 Lisp다.

488) CLOS(Common Lisp Object System): ANSI Common Lisp로 OOP 프로그래밍을 하기 위한 환경, 또는 시설이다.

489) C에 Smalltalk과 같은 message-passing 기능을 추가한 범용 OOPL이다.

490) HW나 OS에 종속되지 않는 Virtual Machine에서 실행될 수 있도록 개발한 OOPL이다.

491) 절차중심, 함수 및 OOP에 기반한 범용 프로그래밍언어다.

492) OOP가 정말 좋은 paradigm인가에 대한 의견은 분분하다. 나아가, OOP의 결점을 주장하는 학자들도 많다. 일반적으로 이를 정리하면, modularization의 약화, 재사용성과 확장성의 제약성, 코드의 방대함, 연산성과 알고리즘의 상실 등의 문제로 요약할 수 있다.

2) Attribute와 operation: 각 object는 attribute라고 불리는 데이터와 operation이 라고 불리는 코드로 구분된다.
3) Instance variable: 객체를 생성하고 소멸 및 관리하기 위한 변수.
4) Encapsulation & Information hiding: Encapsulation은 관련있는 데이터와 코드를 의미 있는 객체로 포장하는 것이며, information hiding은 이렇게 포장을 한 후에는 중요한 데이터와 코드를 은닉하는 것이다.
5) Composition: 하나의 class가 다른 object를 instance variable로 갖고 있는 경우를 의미한다.
6) Instantiation: Class로부터 객체를 생성하는 것이다.
7) Inheritance: Class들 간의 상속관계를 의미한다.

OOP와 관련된 각 개념에 대해 알아보자.

#### 4.3.2.1 Object, Class & Instantiation

OOP는 기본적으로 class에 대한 정의를 기반으로 한다. 일반적으로 class는 다음과 같이 정의된다:

1) Template
2) Prototype: 일반 기술 (General description)
3) Blue print: 유사한 사물 집단을 기술하기 위한 청사진.

Class는 일반적으로 다음과 같은 두 요소(element; member)로 구성된다:

1) Variables: data member.
    - Static member.
    - Class의 속성 및 특징을 규정하는 data.
    - Field, member, attribute, property라고 함.
2) Procedure: Member function.
    - Dynamic member.
    - Class의 행위를 규정하는 function 또는 procedure[493].
    - Method, operation, service라고도 함.

여러 요소로 구성된 class를 정의하고 난 다음에는 이 class의 경우에 해당하는 object

493) 이러한 동적인 성질을 기반으로 OOPL의 절차중심적인 또는 함수언어적인 특징을 주장하기도 한다.

를 생성할 수 있다. 즉 object는 이렇게 정의된 class의 instance로 정의된다.

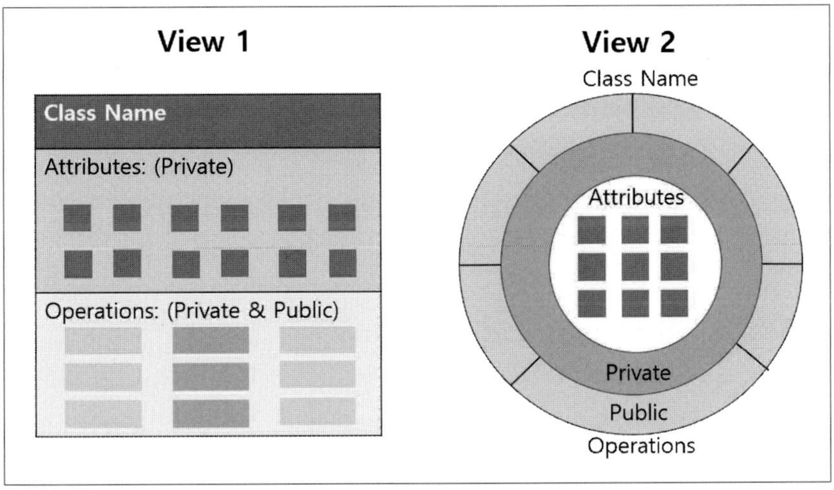


<그림 4-32> Class Concept Diagram

그리고 class와 그의 object에 속한 변수를 구분하는 것이 필요한데, 여기에서는 이들을 다음과 같은 변수의 유형으로 구분한다:

1) Class variable: class를 지칭하기 위한 이름. 한 class 당 하나.
2) Instance variable or attribute: 각 개별 object에 속한 데이터 이름. 각 객체는 유일한 이름을 가짐.
3) Member variable: 특정한 class에 의해서 정의된 class와 그 object에 속한 data 이름.
4) Class method: class에 속해 있으며, class variable에 접근할 수 있고, procedure call을 통해서 데이터의 입력이 가능한 procedure.
5) Instance methods: Class로부터 생성된 object에 속해 있으며, 본 객체의 instance variable/attribute에 접근하거나, 이 객체에 입력이 가능한 procedure.

이러한 class의 개념을 규명하는 도식적인 그림은 <그림 4-32>와 같다.

그럼, 무엇이 class가 될 수 있을까? class가 될 수 있는 것의 예를 들면 다음과 같다:

1) External entities.
2) Things.

3) Occurrences.
4) Roles.
5) Organizational units.
6) Places.
7) Structures.

이렇게 정의된 class로부터 object를 생성하는 과정을 instantiation이라고 정의한다.[494]

### 4.3.2.2 Encapsulation: Information Hiding

Object는 data와 이를 활용하는 procedure를 한데 묶은 것에 불과한 것이 아니다. OOP에서는 encapsulation이라는 개념을 통해서, object 내부에 있는 data를 직접 접근할 수 없도록 차단하고, 오직 object의 procedure만을 통해서 접근할 수 있도록 통제한다. 이와 같이 encapsulation은 data를 추상화하는 강력한 형식에 해당된다.[495] Java와 같은 OOP에서는 data와 procedure에 대한 이러한 접근을 다음과 같은 3가지 유형에 의해 명시적으로 규정하여 통제한다:

1) Data:
   - Private: 원칙적으로 모든 data는 private임. 외부에서 내부의 어떠한 procedure를 통해서도 접근할 수 없는 data.
   - Public: 규정한 내부의 procedure만을 통해서 외부에서 접근할 수 있는 data.
2) Procedure:
   - Private: 내부에서만 사용 가능한 procedure. 일반적으로 private data에 접근하는 procedure임.
   - Public: 외부에서 호출이 가능한 procedure. 일반적으로, public data에 접근 가능한 procedure임.
   - Protected: (Private와 Public의 중간(intermediate)) 동일한 class나 하위

494) 모든 class가 object로 instance를 생성할 수 있는 것은 아니다. 관념적으로만 존재하는 class가 있는데, 이를 abstract class라고 정의한다. 이 abstract class는 다른 class의 super class가 되어 속성과 연산을 상속해 줄 수는 있지만, 이 abstract class의 object를 직접 생성할 수 없다. 즉 instantiation이 불가능하다.

495) 이러한 추상화를 ADT(Abstract Data Type)의 추상화와 비교해 볼 수 있다. 특히, 초기 Smalltalk의 목적 중 하나가 data에 대하여 ADT와 같은 추상화를 제공하는 것이었으나, ADT와는 다른 관점의 OOP 개념으로 data에 대한 추상화를 구현했다고 볼 수 있다.

class에서의 접근이 가능한 procedure임.

Encapsulation은 information hiding의 한 방법이다. 일반적으로 중요한 데이터는 외부에서 접근할 수 없도록 차단을 해야 한다. 그리고 이 data에 직접 접근할 수 있는 방법은 같이 캡슐화가 된 procedure만을 통해서 접근할 수 있고, 외부에서 이 data에 접근하고자 한다면, object가 공개적으로 허용한 object의 procedure를 통해야만 간접적으로 접근할 수 있다.496) 이렇게 통제된 방법으로만 data에 접근하게 함으로써, data에 대한 integrity, 즉 무결성을 보장할 수 있고, 또한 이를 위한 보안이나 안전장치를 설치할 수 있게 된다.

위 <그림 4-33>의 View 2에서 보여주는 바와 같이, data는 모두 private이므로 외부에서 접근할 수 없고, 이를 접근할 수 있는 procedure는 모두 private procedure다. 그리고 외부에서 접근하고자 한다면, 오직 공개적으로 허용된 public procedure를 통해서만 간접적으로 접근이 가능하다.

| Student Record | | |
|---|---|---|
| private | name | John Doe |
| private | address | ● → Address |
| private | phone_m | ... |
| private | Phone_h | ... |
| private | year | ... |
| private | picture | ... |
| private | ... | ... |
| public | get_name() | {...} |
| private | get_addr() | {...} |
| private | get_phone_m() | {...} |
| private | get_phone_h() | {...} |
| public | get_year() | {...} |
| protected | get_picture() | {...} |
| ... | ... | {...} |

| Address | | |
|---|---|---|
| private | building | SI 101/101 |
| private | street | Broad N 21st |
| private | city | Phila |
| private | state | PA |
| private | country | USA |
| private | zip | 19130 |
| private | ... | ... |
| private | get_building() | {...} |
| public | get_street() | {...} |
| public | get_city() | {...} |
| public | get_state() | {...} |
| public | get_zip() | {...} |
| public | get_picture() | {...} |
| public | ... | {...} |

<그림 4-33> Student Record: Composition

496) OOP가 안전과 보안에 유용하다는 이유가 바로 이것이다. 즉 System을 구축하는 SW의 관점에서, SW를 구축하는 프로그래밍언어의 단계에서부터, 이러한 mechanism을 통해서, 중요한 data에 대한 접근을 통제함으로써, data에 대한 integrity, 즉 무결성을 보장할 수 있고, 또한 이를 위한 보안이나 안전장치를 설치 및 검사할 수 있다.

Class간의 관계(relation)는 일반적으로 다음과 같이 두 가지의 관계로 구분된다:

1) 'has-a' relation: 일반적으로 composition relation이라고 하며, 하나의 class가 다른 instance variable을 포함하는 경우를 의미한다.
2) 'is-a' relation: 일반적으로 inheritance relation이라고 하며, 하나의 class가 다른 class로부터 속성을 상속받는 경우를 의미한다.

다음은 이 composition과 inheritance에 대해 알아보자.

### 4.3.2.3 Composition

Class는 다른 object를 instance variable이라는 형식의 data로 선언할 수 있다. 이러한 기능을 다른 object와의 composition이라고 정의한다. 예를 들면, <그림 4-34>에서 보여주는 바와 같이, 학생기록부(Student Record)라는 class에는 이름(name)이나 주소(address)와 같은 또 다른 class의 instance를 변수(variable)로 가질 수 있다. 이를 일반적으로 'has-a' relation이라고 정의하고, 이 relation에 해당하는 다른 object를 class 내부에 instance variable로 직접 선언하여 내부에 포함시키거나, pointer 유형으로 선언하여 외부에 있는 address object를 참조할 수 있다.

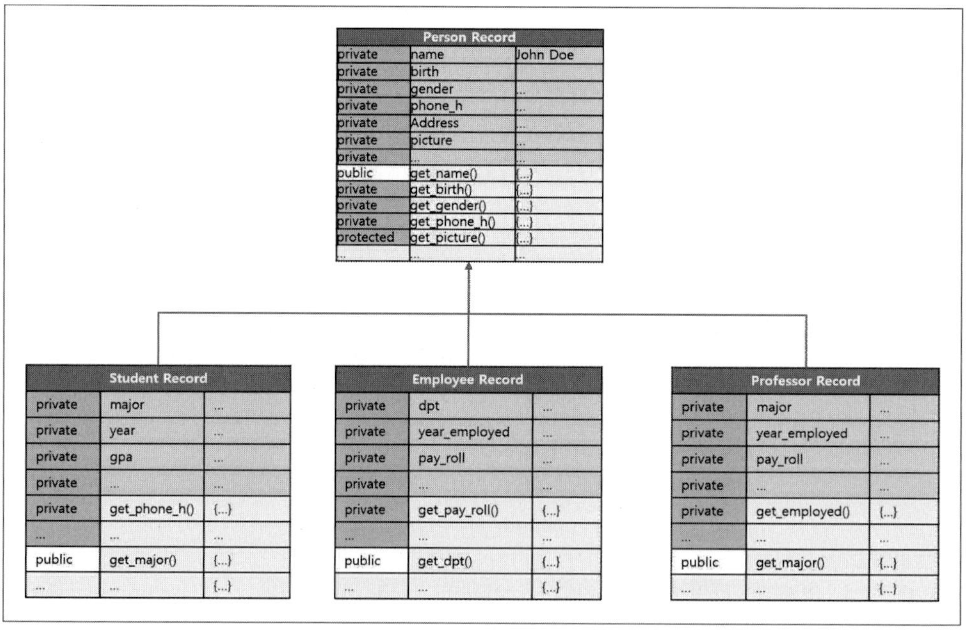


<그림 4-34> Student Record: Inheritance

#### 4.3.2.4 Inheritance

Class들 간에는 중첩 관계가 성립될 수 있는데, 이 포함 관계에 속한 속성이 ontology 관점에서 하나의 독립된 의미의 class로 정의될 수 있을 때, 이러한 meta-class를 superclass라고 정의한다.497)

간단한 예를 보자. <그림 4-34>는 대학교 소속원인 Student(학생), Employee(직원), Professor(교수)에 대한 기록부(Record)로 정의한 class들을 보여준다. 이 3 class의 공통 속성을 따로 구분하여, 독립적인 사람(Person)이라는 기록부(Record)로 정의할 수 있고, 이렇게 정의된 Person Record class를 각 Student, Employee, Professor Record들이 상속받게 된다. 이렇게 상속받을 경우, 각 Student, Employee, Professor Record마다 중복되게 정의하였던 속성과 연산을 하나의 superclass로 정의할 수 있게 된다. 이러한 관계를 'is-a' relation 유형이라 한다.

이러한 상속 관계에서 하위 class는 상위 class의 속성이나 연산을 무시하고 동일한 이름의 새로운 속성이나 연산을 정의할 수 있다. 또한 다중 상속도 가능하다. 그럴 경우, 어떤 속성이 더 우선권이 있는지, 상위 속성을 무시할 수 있는지에 대해서도 복잡한 정책이 요구된다. 하지만, 일반적으로 inheritance보다는 composition을 통해서 polymorphism에 대한 우선권이 행사되도록 요구된다.498) 이러한 관점에서, abstract class라는 흥미로운 class가 있다. 이 class는, 관념적으로만 존재하는 개념을 class로 선언하도록 허용하는 class의 유형이다. 이 abstract class는 다른 class의 superclass가 되어 속성과 연산을 상속해 줄 수는 있지만, 이 abstract class의 object를 직접 생성할 수 없다. 즉 instantiation이 불가능하다.

또 다른 OOP의 원리에는 class와 연산을 확장할 수 있도록 허용하되, 수정을 해서는

497) 일반적으로 OOPL을 사용하여 SW나 System을 구축하는 것은 쉬운 일이 아니다. 왜냐하면, 절차중심적인 방법으로 SW나 System을 module화에 기반하여 구축하던 방식과, OOP 방식에 기반하여 이들을 구축하는 기본적인 패러다임이 다르기 때문이다. OOP 패러다임은 modeling 과정에서 ontology라는 지식체계에 근거한 각 class의 속성과 기능을 규정하고, 이들 간의 유사 관계를 meta적 관점에서 이해하고 분석할 수 있는 체계가 필요하기 때문이다.

498) 이를 'composition over inheritance' doctrine이라고 한다. 이는 OOP에서 다중성 행위(polymorphic behavior)와 코드 재사용성(code reuse)은 상위 class나 기본 class로부터 상속 받지 말고, composition을 통해서 class의 instance variable로 정의해서 사용해야 한다는 원칙이다. 이 원리가 요구되는 대표적인 이유는, Domain Engineering 관점에서 각 Domain마다 다른 application이 요구되기 때문이며, 또한 각 Domain의 특징을 더 자연스럽게 반영할 수 있기 때문이다.

안된다는 'open/closed principle'도 있다.

#### 4.3.2.5 Polymorphism

OOP에서의 다중성(polymorphism)은 다음과 같이 두 가지 상황에서 발생된다:

1) Inheritance: 상위와 하위 class에 동일한 이름의 연산자(operation)가 있을 수 있다. 하위 class에서는 당연히 상위 class의 연산자를 실행하지 않고, 하위, 즉 자신의 class에서 정의한 연산자를 실행해야 한다.[499)]
2) Inheritance classes: 상속받은 하위 class들에 존재하는 동일한 이름의 연산자에 대해, polymorphism이 존재한다. 각 하위 class의 기능과 속성에 맞는, 서로 다른 연산을 동일한 이름으로 수행할 수 있다.
3) Different types: 한 class에 다른 type, 즉 signature를 가진 동일한 이름의 연산자를 정의할 수 있다.

#### 4.3.2.6 Open Recursion

OOP에서 하나의 method 또는 operation이 또 다른 method나 연산자를 호출할 수 있다. 특히, `this` 또는 `self`라는 keyword를 사용하여, 현재 실행되고 있는 object의 method를 호출할 수 있다. 이를 open recursion[500)]으로 정의한다.

### 4.3.3 Smalltalk Syntax

Smalltalk은 매우 간단한 선언문과 keyword를 가진 minimal 언어다.[501)] 특히, keyword는 다음과 같이 6개밖에 없다: `true`, `false`, `nil`, `self`, `super`, `thisContext`. 이들은 pseudo variable이라고 불리며, 변수 식별자의 규칙을 따르는 식별자이며, 프로그래머에 의해서 변경될 수 없는 binding을 가진다.

499) 이를 subtyping이라고 하는데, polymorphsim의 한 형식이라고 볼 수 있다.

500) 'Open' recursion은 동적으로(dynamically) runtime에 recursion의 주체 object가 결정되는 방식이라면, 반대로 'closed' recursion은 정적으로(statically) compile time에 recursion의 주체 object가 결정되는 방식이라고 볼 수 있다.

501) Smalltalk의 기본 자료는 [GoldRob83], [KAMIN90], [PLETZKE97]에 기반을 두고 있다. 그리고 본 장에서 제시된 예제 프로그램들 중의 일부는 부분적으로 이 저작에서 발췌한 것이 포함되어 있다.

#### 4.3.3.1 Literal

##### (1) Number

다음은 Smalltalk 숫자들의 예다:

```
12
-12
1.2345
12.345e2
2r10110110
16rAB90
```

여기에서 `r`은 radix를 의미한다. 즉 이 예는 2진법과 16진법을 의미한다.

##### (2) Character

다음은 문자에 대한 예다.

```
$A
```

문자는 `$`으로 시작한다.

##### (3) 문자열

다음은 문자열에 대한 예다.

```
'Hello, world!'
```

문자열[502)]은 single quotation으로 시작해서 single quotation으로 마감한다.

---

502) Smalltalk의 문자열은 동일한 문자열이어도 서로 다른 memory를 가지고 있어서 다른 object로 간주한다. 그리고 이러한 문자열 object를 Symbol이라는 class로 관리한다.

### (4) Symbol

Symbol은 #으로 시작하는 문자열이다. 문자열은 white space나 punctuation이 있으면 안된다.

```
#'foo'
```

문자열에서 single quotation을 제외해도 된다.

```
#foo
```

### (5) Array

Array는 다음과 같이 #으로 시작하는 중괄호식이다. 다음은 4개의 정수를 가진 array 예제다.

```
#(1 2 3 4)
```

ByteArray인 경우는 대괄호식을 사용한다.

```
#[1 2 3 4]
```

그리고 anonymous function들은 block으로 정의된다. 예를 들면, 다음과 같이 익명의 함수를 선언한다.

```
[ … add subtract mult …]
```

## 4.3.3.2 변수 선언

### (1) Declaration

Smalltalk에는 두 가지의 변수를 선언할 수 있다: instance variable, temporary variable.

Temporal variable은 method 내에서 선언되는 변수를 의미한다. 이는 다음과 같이, method의 본문 맨 앞에서 선언되면, '|'로 시작되고 '|'로 마감이 된다.

```
| x y z |
```

각 변수는 **nil** 로 초기값이 설정된다. 만약 String으로 선언되었다면, 초기 값은 null 문자가 된다. 반면 ByteArray의 경우는 초기값이 0이 된다.

### (2) Assignment

다음과 같이 '**:=**'를 통해서 변수에 특정한 값을 배정한다.

```
x:= 'eks'
```

'**eks**'는 runtime에 문자열 literal로 생성된 이후에 변수 **x**에 할당된다.

### (3) Message

Message는 Smalltalk의 핵심 개념 및 구문이다. Smalltalk의 제어 구조까지 message send로 구현되었다. Smalltalk의 message는 동기 동적 단일채널(synchronous dynamic uni-channel) 방식[503)]이다.

다음과 같이 '**:=**'를 통해서 변수에 특정한 값을 배정한다.

```
5 factorial
```

여기에서는 **5**를 message의 receiver라 하고, **factorial**을 message의 selector라고

503) Runtime에 동기(synchronous) 통신채널이 형성이 되어 message가 전달되는 방식을 의미한다.

한다. Receiver 5는 message **factorial**을 받고, 아마도 5!의 결과, 즉 120을 반환할 것이다. 그리고 이 message의 반환값은 특정한 변수에 할당된다.

```
someNumber := 5 facttorial
```

앞의 경우는 message 이름만 전달되었기 때문에, 이러한 유형의 message를 unary message라고 정의한다. 만약 message에 매개변수를 전달하고자 한다면, 다음과 같이 정의하면 된다.

```
2 raiseTo: 4
```

이 의미는 다음과 같다: receiver 2에게 message selector **raiseTo**를 보내면서 **raiseTo**의 형식매개변수에 실질매개변수 4를 전달한다. 그러면, object 2는 자신의 숫자에 4승을 한 결과, $2^4$ 즉 16이라는 결과값을 반환한다. 이러한 유형의 message를 keyword message라고 한다.

다음은 keyword가 두 개인 예를 보자.

```
'hello world' indexOf: $o startingAt: 6
```

이 예제의 의미는 다음과 같다: receiver "**hello world**"에게 자체 문자열에서 '**o**'가 있는 문자열의 위치가, 문자열의 첫 문자의 위치가 6이라고 가정했을 때, 이 위치에서부터 몇 번째인지를 반환한다. 여기에서 message selector는 **indexOf:startingAt:** 이며, 두 개의 keyword로 이루어져 있다. 그리고 각 keyword에 해당하는 매개변수가 하나씩 있다. 이렇게 message를 keyword와 매개변수들로 구성하게 된 이유는 message의 판독성을 높이기 위한 것이다. 즉 어떤 매개변수가 어떤 keyword에 해당되는지를 규명함으로써 message의 의미를 명확히 하기 위한 것이다.[504)]

504) 바로 이 유형의 message가, 다른 OOPL들에 비해, Smalltalk의 객체지향성의 우수성을 보여주는 단편적인 특징이라고 평가할 수 있다. 즉 OOP 프로그램은 객체로 이루어져 있고, 프로그램이 작동하는 것은 객체들 간의 message 전달로 이루어져 있다면, 언어적 관점에서, OOPL의 문법에서부터, 이러한 속성과 특성이 반영되어야 한다. 하지만, 다른 언어들은, Smalltalk과 다르게, message passing이, 객체들의 method들을 단순히 호출하는 그 이상의 의미를 문법적으로나 의미적으로 부각시킬 수 없는 한계를 가진다. 간단한 예를 들어보자. C++와 Java에서는 Rectangle class의 새로운 object를 다음과 같이 생성한다: **new Rectangle(100,200)**. 이때 매개변수인 100과 200이

이 외에도, binary message라는 다른 유형의 message 유형이 있다. 이러한 유형은, 문자가 아닌, 대부분의 특수 문자에 적용할 수 있다. 이 유형에 의해, 기본적인 수학 및 논리 연산을 전통적인 형식으로 기술할 수 있다. 간단한 예를 보자.

```
1 + 2
```

이 예제의 의미는 다음과 같다: receiver 1에 2를 매개변수로 message '+'를 보낸다. 그리고 그 결과는 7이 될 것이다.

```
1 > 2
```

동일한 관점에서, 예제의 의미는 다음과 같다: receiver 1에게 2를 매개변수로 message '>'를 보낸다. 그리고 그 결과는 **false**가 될 것이다.[505)]

### 4.3.3.3 Expression

다수의 message를 한 수식(문장)에 정의할 수 있다. 어떤 message를 먼저 수행하는 가는 parser에 의해 message의 우선순위로 결정된다. 그 순위는 다음과 같다:

1) Unary message.
2) Binary message
3) Keyword message.

간단한 예를 보자. 다음은 factorial message 예제다.

---

각각 어떤 의미인지 파악하기 어렵다. 하지만, Smalltalk의 경우, 다음과 같이 정의할 수 있다: **Rectangle width: 100 Height: 200**. Rectagle에 보내는 message 자체로 매개변수의 의미를 파악할 수 있다. 즉 Smalltalk이 다른 OOPL에 비해, message 전달에 기반한 객체지형성(性) 또는 객체지향도(度)가 높고, keyword에 의한 message 형식이 매개변수의 의미를 더 명확히 할 수 있음을 확인할 수 있다.

505) 여기에서, Smalltalk은 +와 >와 같은 연산자를 정의하지 않는다. 이 연산자의 의미는 1과 같은 object receiver의 +와 >와 같은 method의 정의에 의해서 결정될 뿐이다. 이러한 유형의 문제점은 연산자에 대한 overloading이 발생된다는 것이다. 왜냐하면, 연산자 message를 받는 receiver object들이 동일한 연산자에 대해 다른 의미를 수행할 수 있기 때문이다.

## Example E.4-19) factorial Example

```
3 factorial + 4 factorial between: 10 and: 100
```

<프로그램 4-116> **factorial** Example

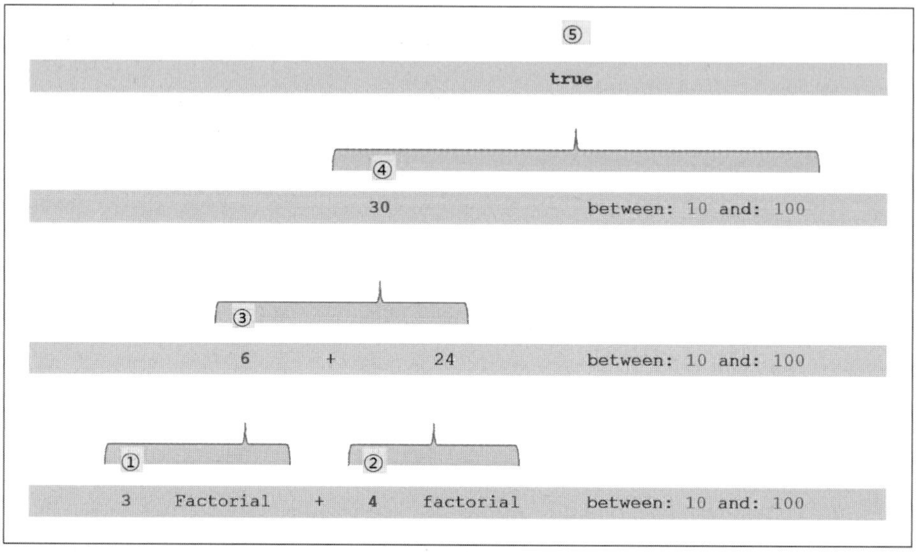


<그림 4-35> Message 전달 순서 (1)

이 예제를 위의 선행순위에 의해서 작동시키면, <그림 4-35>에서 보여주는 순서대로 실행된다:

1) **3 factorial**: Receiver **3**에 message **factorial**을 보내면, 결과 **6**이 반환된다.
2) **4 factorial**: Receiver **4**에 message **factorial**을 보내면, 결과 **24**가 반환된다.
3) **4 + 24**1: )의 반환값 **6**을 receiver로 message **+**와 2)의 반환값인 **24**를 매개변수로 보내면, 결과 **30**이 반환된다.
4) **30 between: 10 and: 100** : 3)의 반환값 **30**을 receiver로 message **between:and:**와 매개변수 **10**와 **100**을 보내면, **30**이 **10**과 **100** 사이에 있으므로 결과값 **true**를 반환한다.

만약 이 예제를 다음과 같이 수정하면, 의미가 <그림 4-36>과 같이 달라진다.

```
(3 factorial + 4) factorial between: 10 and: 100
```

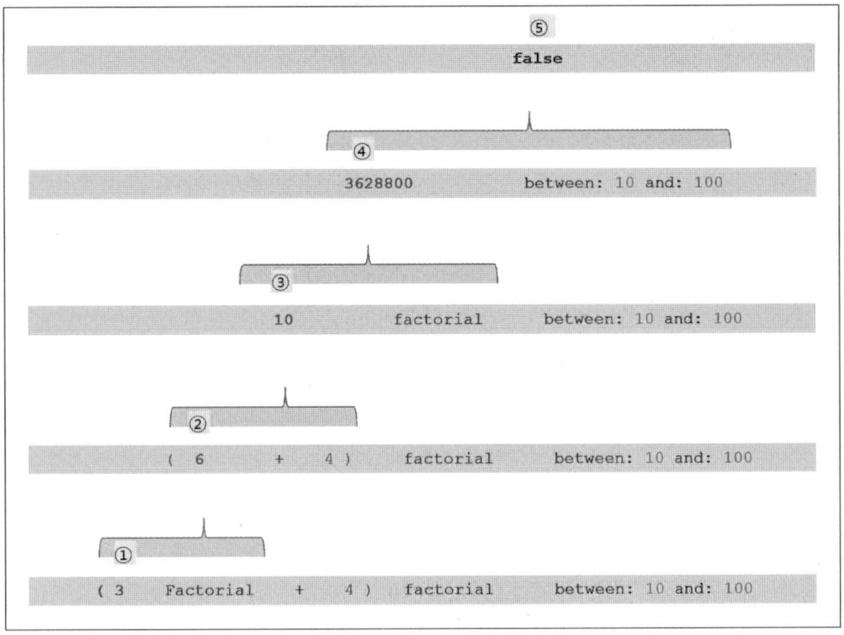


<그림 4-36> Message 전달 순서 (2)

1) **3 factorial** : Receiver 3에 message **factorial**을 보내면, 결과 6이 반환된다.
2) **6 + 4** : 1)의 반환값 6을 receiver로 message +와 매개변수 4를 보내면, 결과값 10이 반환된다.
3) **10 factorial** : 2)의 반환값 10을 receiver로 **factorial**을 보내면, 결과값 63628800이 반환된다.
4) **3628800 factorial between: 10 and: 100** : 3)의 반환값 3628800을 receiver로 message **between:and:**와 매개변수 10와 100을 보내면, 3628800이 10과 100 사이가 아니므로 결과값 **false**를 반환한다.

Binary message에 대한 연산을 다른 프로그래밍언어들처럼 precedence를 미리 정하지 않았기 때문에, 모든 binary 연산이 동일한 precedence가 있다고 가정한다. 따라서 이들 간의 연산에 대해서는 인위적으로 precedence를 규정해야 한다. 예를 들면, 다음 두 예제는 다른 결과를 반환한다.

```
1 + 2 * 3
```

```
1 + (2 * 3)
```

전자의 결과는 (1+2)*3=3*3=9이며, 후자의 결과는 1+6=7이다.

여러 개의 수식(문장)을 comma로 분리된 일련의 수식으로 표현할 수 있다.

#### 4.3.3.4 Code Block

Code block은 다음과 같이 literal로 정의된다.506) 이를 ML의 anonymous function으로 간주할 수 있다.507) 이 code block은 다음과 같이 대괄호로 시작한다.

```
[ :params | <message-expressions> ]
```

여기에서 ':' 다음에는 매개변수를 정의할 수 있다. 그리고 <message-expressions>는 반환값을 결정하는 식(expression)이다.

간단한 예를 보자. 이 예는 입력된 정수 객체에 1을 더하는 code block이다.

```
[ : x | x + 1 ]
```

이는 ML과 Scheme의 다음 코드와 같은 의미다.

| ML | fn x => x + 1; |
|---|---|
| Scheme | (lambda (x) (+ x 1)) |

그리고 이 block을 message passing으로 실행하는 방법은 다음과 같다:

506) Code block이 literal로 정의된다는 것은 이 block이 객체로 정의된다는 의미다. Smalltalk에서 모든 value는 객체다.

507) 이 block에는 아직 이름이 없다. 이는 ML의 anonymous function 또는 Scheme의 λ-procedure 와 같은 개념 및 구조를 가진다.

```
[ : x | x + 1 ] value: 2
4
```

이는 block `[ : x | x + 1 ]`에 **`value:`**라는 message를 보내면서 매개변수값으로 2를 보낸다는 의미다.

이는 ML과 Scheme의 다음 코드와 같은 의미다:

| ML | (fn x => x + 1)(2)<br>*3* |
|---|---|
| Scheme | (lambda (x) (+ x 1))(2)<br>*3* |

### (1) if-them-else Expression

Smalltalk에는 if-절이나, if-문이 없다. 설명한 바와 같이, Smalltalk에서는 모든 value가 object다. 즉 **`true`**와 **`false`** 값도 각각 object다. 때문에, 이 값이 **`true`**면, **`true`**에 해당하는 구문, 또는 이 값이 **`false`**면, **`false`**에 해당하는 구문을 실행하여 그 결과를 반환할 뿐이다. 이에 해당하는 message-passing 방법은 다음과 같다:

```
expr ifTrue: [statements to evaluate if expr]
     ifFalse: [statements to evaluate if not expr]
```

## 4.3.3.5 Control Structure

Smalltalk에는 제어문이 정의되어 있지 않다. 제어는 object에 message를 전달함으로써 실현된다. 예를 들면, if-절이나 if-문과 같은 조건식에 대해서는 그에 해당하는 message를 전달하면 된다. 간단한 예를 들어보자.

```
result := a > b
   ifTrue:[ 'greater' ]
   ifFalse:[ 'less or equal' ]
```

이 코드의 의미는 다음과 같다:

1) **a > b** : Object **a**에 message **>**를 매개변수 **b**와 같이 전달하면, 그 결과, **true**나 **false** value가 반환된다.
2) **true** 또는 **false** : Object에 **true** 또는 **false**에 message **ifTrue:ifFalse:**를 매개변수 [ **'greater'** ] 와 [ **'less or equal'** ] 을 같이 전달하면, 그 결과, **true** object는 [ **'greater'** ] 를, **false** object는 [ **'less or equal'** ] 을 실행한 결과를 반환한다.

### 4.3.3.6 Exceptional Handling

Smalltalk의 Exception Handler 메커니즘은, exception이 발생된 operation이 어떤 exception이 발생이 되었는지 handler에 입력하면, 그 exception을 어떻게 처리를 해야 하는지에 대한 message를 handler 매개변수에 전달한다. 예를 들면, proceed, reject, restart, 또는 return 등과 exception에 대한 처리를 해야 한다.[508] 간단한 예를 들어 보자.

```
1  [
2    some operation
3  ] on:Error do: [:ex |
4    handler-code
5    ex return
6  ]
```

이 코드의 의미는 다음과 같다:

1) [L2] **some operation** : Object **some**에 message **operation**을 전달하면, **some**은 **operation** method를 실행하고, 어떤 결과로서의 object를 반환한다.
2) [L3] **some operationb** : Object에 message **on:do:**를 매개변수 **Error**와 **[ :ex | handler-code ex return]** 을 같이 전달한다. 이 의미는 **Error**에 대해 handler **[ :ex | handler-code ex return]** 을 실행하라는 의미인데, 이는 handler에 제공된 매개변수 **ex**에 대해 **return**과 같은 처리를 하라는 의미다.

508) 이는 당연히 operation object의 method로 규정되어야 한다.

### 4.3.3.7 Class

Smalltalk에서 class를 선언하기 위한 형식은 다음과 같다.

```
1  Object subclass: #MessagePublisher
2      instanceVariableNames : ''
3      classVariableNames : ''
4      poolDictionaries : ''
5      category : 'Smalltalk Examples'
```

이 의미는 다음과 같다:

1) [L1] **Object subclass: #MessagePublisher** : Object **Object**에 message **subclass:**와 매개변수 **#MessagePublisher**를 같이 전달하면, **MessagePublisher** 이름(symbol)을 가진 **Object**의 subclass가 만들어진다.
2) [L2] **instanceVariableNames** : Class **MessagePublisher**에 속한 instance variable들.
3) [L3] **classVariableNames** : Class **MessagePublisher**에 속한 class variable들.
4) [L4] **poolDictionaries** : Class **MessagePublisher**에 속한 pool Dictionary.
5) [L5] **category** : Class **MessagePublisher**에 속한 category.

#### (1) Method

Object가 message를 받게 되면, message와 동일한 이름의 method가 실행된다. 간단한 예를 들어보자.

다음은 publish method다.

```
publish
    Transcript show: 'Hello World!'
```

이 **publish** method의 의미는 다음과 같다. Class **MessagePublisher**가 **publish** message를 받게 되면, 이 이름과 동일한 **publish** method를 실행하게 되는데, 그 내용은, **Transcript** object에 **show:** message를 '**Hello World!**'라는 string 매개변수와 같이 전달한 후, **Transcript** object가 반환된 결과를 반환한다.

### (2) Instantiation

특정한 class에 해당하는 object를 생성하기 위해서는, 그 특정한 class에 **new**라는 message를 다음과 같이 보내면 된다.

```
MessagePublisher new
```

이 경우, 위에서 선언한 **MessagePublisher** class에 **new** message를 전한다. 그 결과 **MessagePublisher**의 instance인 object가 생성된다.

그리고 이렇게 생성된 object를 변수로 선언할 수 있다.

```
publisher := MessagePublisher new
```

이 경우, 생성된 object에 **publisher** 변수가 배정되었다.

또한 다음과 같이, 변수에 선언하지 않고도, 생성된 object에 바로 message를 보낼 수도 있다.

```
MessagePublisher new publish
```

이 경우, 위에서 선언한 **MessagePublisher** class에 **new**라는 message를 전한 결과 새로운 object가 생성되었고, 이 object에 **publish**라는 message를 전달한다.

## 4.3.3.8 Class Hierarchy

### (1) Control Structure

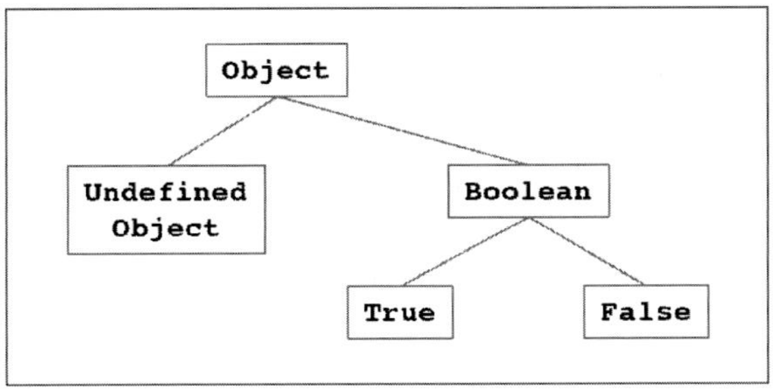


<그림 4-37> Class Control Structure

1) Class `Object`[509]

- Empty Class.
- 모든 class의 원 superclass.
- `ob [isNil: ↑false notNil ↑true]`

2) Class `UndefinedObject`[510]

- object가 아닌 class.
- 오직 하나의 object만이 정의됨: **nil**
- `nil [isNil: ↑true notNil ↑false]`

3) Class `Boolean`

4) Class `True`

- 오직 하나의 object만이 정의됨: **true**
- `true [ifTrue: ↑true ifFalse ↑false]`

5) Class `False`

- 오직 하나의 object만이 정의됨: **false**
- `false [ifTrue: ↑false ifFalse ↑true]`

## (2) Numbers

1) Class `Magnitude`

- Abstract Class[511].

509) Smalltalk에서는 class도 object로 간주한다.

510) ML의 unit 유형과 같은 개념으로 이해할 수 있다. Unit은 '()'이라고 하는 오직 하나의 값만을 가진 유형이다.

511) Instantiation을 할 수 없는 class를 의미한다. Abstract class처럼, 오직 superclass

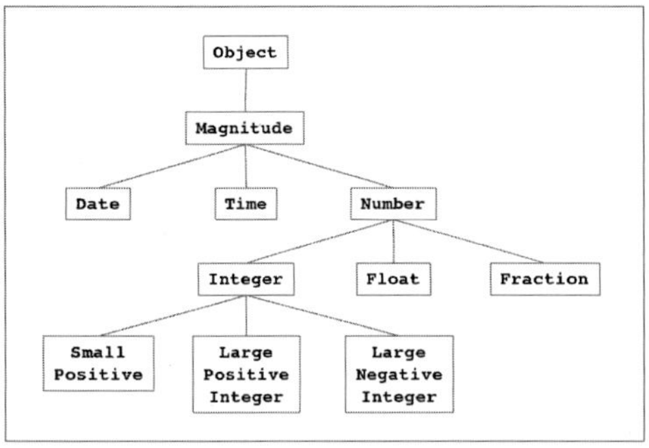


<그림 4-38> Class Numbers

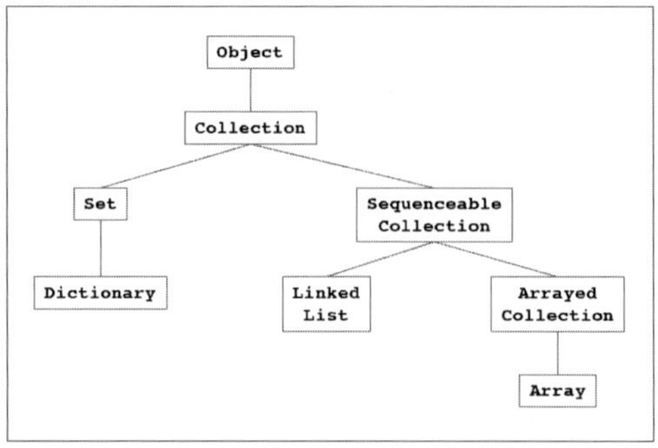


<그림 4-39> Class 채끄 ㅊ샤ㅐㅜ

2) `Magnitude` Class : Subclass들.

- <, <= ordering message 가능 .
- +, `abs`, `raiseTo` 등 산술연산 message 가능.

## (3) Collection

1) Class collection

- Enumeration
- `first`, `next` message 가능
- `do: aBlock` : aBlock을 모든 object에 순서대로 적용

## 4.3.4 Examples

다음은 FinancialHistory[512]라는 class다.

### Example E.4-20) FinancialHistory Example

로서만 존재할 수 있다.

512) [GoldRob83]와 [KAMIN90]에서 제시한 예제다.

```
1   (class FinancialHistory Object
2     (cashOnHand incomes expenditures)
3     (define initFinancialHistory (amount)
4       (begin
5         (set cashOnHand amount)
6         (set incomes (mkDictionary))
7         (set expenditures (mkDictionary))
8           self))
9     (define receive:from: (amount source)
10      (begin
11        (at:put: incomes source
12            (+ (totalReceivedFrom: self source) amount))
13       (set cashOnHand (+ cashOnHand amount))))
14    (define spend:for: (amount reason)
15      (begin
16        (at:put: expenditures reason
17            (+ (totalReceivedFrom: self reason) amount))
18        (set cashOnHand (- cashOnHand amount))))
19    (define cashOnHand () cashOnHand)
20    (define totalReceivedFrom: (source)
21      (if (includeKey: incomes source)
22      (at: incomes source)
23      0))
24    (define totalSpendFor: (reason)
25      (if (includesKey: expenditures reason)
26        (at: expenditures reason)
27        0))
28  )
29  (define mkFinancialHistory (amount)
30    (initFinancialHistory (new FinancialHistory) amount))
```

<프로그램 4-117> **FinancialHistory** Class

이 코드를 간단하게 설명하면 다음과 같다:

1) [L1~28]: Class **FinancialHistory** 선언: **Object** class의 subclass .

1-1) [L2]: Instance variable:

- **cashOnHand** : **Integer** object.
- **incomes** : **Disctionary** object.
- **expenditures** : **Disctionary** object.

1-2) [L3~8] Method : **initFinancialHistory**

- 매개변수:

- ◦ `amount` : `Integer` object.
- statements:
  (1) [L4] Block: begin
  (1-1) [L5] 변수 `cashOnHand`를 매개변수 `amount`로 설정.
  (1-2) [L5] 변수 `incomes`를 `Dictionary` object로 설정.
  (1-3) [L7] 변수 `expenditures`를 `Dictionary` object로 설정.
  (1-4) [L8] `self` 반환 .
  (2) [L8] Block: End.

1-3) [L9~13] Method : <u>`receive:from:`</u>

- 매개변수:
  - ◦ `amount` : `Integer` object.
  - ◦ `source` : `Symbol` object.
- statements:
  (1) [L10] Block: begin.
  (1-1) [L11~12] 변수 `incomes`에 message `at:put:`을 `source` 매개변수와 `source` 수입원에 의한 총수입을 전달함.
  - `(+ (totalReceivedFrom: self source) amount)`
  - `incomes`에서 `source` 수입원에 의한 총수입에 입력된 `amount`를 합함.

  (1-2) [L13] 변수 `cashOnHand`에 `amount`를 합함.
  (2) [L13] Block: End

1-4) [L14~17] Method : <u>`spend:for:`</u>

- 매개변수:
  - ◦ `amount` : `Integer` object.
  - ◦ `source` : `Symbol` object.
- statements:
  (1) [L15] Block: begin.
  (1-1) [L16~17] 변수 `expenditures`에 message `at:put:`을 `reason` 매개변수와 `reason` 지출원에 의한 총지출을 전달함.
  - `(+ (totalReceivedFrom: self reason) amount)`
  - `expenditures`에서 `reason` 지출원에 의한 총지출에 입력된 `amount`를 합함.

  (1-2) [L18] 변수 `cashOnHand`에 `amount`를 감함.
  (2) [L18] Block: End.

1-5) [L19] Method : <u>`cashOnHand`</u>

- 매개변수: 없음.
- statement: [L19] 변수 `cashOnHand` 반환.

1-6) [L20~23] Method : `totalReceivedFrom:`

- 매개변수:
  - `source` : `Symbol` object.
- statements:

  (1) [L21] `incomes`에 `includeKey:` message를 매개변수 `source`와 같이 전송해서 `true`를 반환받으면,

  . 즉 `incomes`에 `source`에 의한 수입이 있다면,

  (1-1) [L22] `incomes`에 message `at:`을 `source`와 같이 전달하여, 그 반환값을 받으면 이를 반환함.

  . 이 반환값은 `incomes`에서 `source`에 의한 총수입을 의미함.

  (1-2) [L23] `true`를 반환받지 못하면, `0`을 반환함.

1-7) [L24~27] Method : `totalSpendFor:`

- 매개변수:
  - `reason` : `Symbol` object.
- statements:

  (1) [L25] `expenditures`에 `includeKey:` message를 매개변수 `reason`과 같이 전송해서 `true`를 반환받으면,

  . 즉 `expenditures`에 `reason`에 의한 수입이 있다면,

  (1-1) [L26] `expenditures`에 message `at:`을 `reason`과 같이 전달하여, 그 반환값을 받으면 이를 반환함.

  . 이 반환값은 `expenditure`에 `reason`에 의한 총지출을 의미함.

  (1-2) [L27] `true`를 반환받지 못하면, `0`을 반환함.

2) [L29~30] 함수 : `mkFinancialHistory`

- 매개변수:
  - `amount` : `Integer` object.
- statements:

  (1) [L30] 새로운 `FinancialHistory` object를 생성하고,

  (2) [L30] 이 `FinancialHistory` object에 message `initFinancialHistory`와 초기 입금액 `amount`를 전달한다.

이렇게 생성된 `FinancialHistory` object에 대해 다음과 같은 message를 전달하여, 계정을 관리할 수 있다.

```
1  -> (set myaccount (mkFinancialHistory 1000))
2  -> (spend:for: myaccount 50 #insurance)
3  -> (receive:from: myaccount 200 #salary)
4  -> (cashOnHand myaccount)
5  1150
6  -> (spend:for: myaccount 100 #books)
7  -> (cashOnHand myaccount)
8  1050
```

<프로그램 4-118> **FinancialHistory** Class Application

1) [L1] 초기 입금액 **1000**으로 새로운 **FinancialHistory** object를 생성하여 이를 **myaccount**로 설정함.
2) [L2] **myaccount**에 **insurance**로 **50**을 지출했음을 기록함.
3) [L3] **myaccount**에 **salary**로 **200**을 입금했음을 기록함.
4) [L4] **myaccount**에 **cashOnHand**가 얼마인지 확인함.
5) [L5] **1150**을 확인함.
6) [L6] **myaccount**에 **books**로 **100**을 지출했음을 기록함.
7) [L7] **myaccount**에 **cashOnHand**가 얼마인지 확인함.
8) [L8] **1050**을 확인함

### Example E.4-21) DeductibleHistory Example

다음은 FinancialHistory class로부터 상속받은 **DeductibleHistory** class다.[513)]

```
(class DeductibleHistory FinancialHistory
   (deductible)
   (define initDeductibleHistory (amount)
      (begin
         (initFinancialHistory self amount)
         (set deductible 0)
         self))
   (define spend:Deduct: self amount reason)
      (begin
         (spend:for: self amount reason)
         (set deductible (+ deductible amount))))
```

513) [GoldRob83], [KAMIN90]에서 제시한 예제다.

```
12      (define spend:for:deduct: (amount reason deduction)
13         (begin
14            (spend:for: self amount reason)
15            (set deductible (+ deductible deduction))))
16      (define totalDeductions () deductible)
17   )
18   (define mkDeductibleHistory (amount)
19      (initDeductibleHistory (new DeductibleHistory) amount))
```

<프로그램 4-119> **`DeductibleHistory`** Class

이 코드를 간단하게 설명하면 다음과 같다:

1) [L1~17]: Class **`DeductibleHistory`** 선언: **`FinancialHistory`** class의 subclass

1-1) [L2]: Instance variable:

- **`deductible`** : **`Integer`** object.

1-2) [L3~7] Method : **`initDeductibleHistory`**

- 매개변수:
  - **`amount`** : **`Integer`** objec.
- statements:

  (1) [L4] Block: begin.

  (1-1) [L5] **`self`**에 **`amount`**로 **`initFinancialHistory`** message를 전달함.

  (1-2) [L6] 변수 **`deductible`**을 0으로 설정함.

  (1-3) [L7] **`self`** 반환.

  (2) [L7] Block: End.

1-3) [L8~11] Method : **`spend:Deduct:`**

- 매개변수:
  - **`self`** : **`DeductibleHistory`** object
  - **`amount`** : **`Integer`** object.
  - **`source`** : **`Symbol`** object.
- statements:

  (1) [L9] Block: begin.

  (1-1) [L10] **`self`**에 **`spend:for:`** message를 매개변수 **`amount`**와 **`reason`**으로 전달함.

  (1-2) [L11] 지출한 **`amount`** 모두 변수 **`deductible`**에 합산함.

(2) [L11] Block: End.

1-4) [L12~15] Method :**spend:for:deduct:**

- 매개변수:
  - **amount** : **Integer** object.
  - **reason** : **Symbol** object.
  - **deduction** : **Integer** object.
- statements:

  (1) [L3] Block: begin.

  (1-1) [L14] **self**에 **spend:for:** message를 매개변수 **amount**와 **reason**으로 전달함.

  (1-2) [L15] **deduction**을 변수 **deductible**에 합산함.

  (2) [L15] Block: End.

1-5) [L16] Method : **totalDeductions**

- 매개변수: 없음.
- statement: [L16] 변수 **deductible** 반환.

2) [L18~19] 함수 : **mkDeductibleHistory**

- 매개변수:
  - **amount** : **Integer** object.
- statements:

  (1) [L19] 새로운 **DeductibleHistory** object를 생성하고,

  (2) [L19] 이 **DeductibleHistory** object에 message **initDeductibleHistory**와 초기 입금액 **amount**를 전달한다.

이렇게 생성된 **DeductibleHistory** object에 대해 다음과 같은 message를 전달하여, 계정을 관리할 수 있다.

```
-> (set myaccount (mkDeductibleHistory 1000))
-> (spend:for: myaccount 50 #insurance)
-> (receive:from: myaccount 200 #salary)
-> (cashOnHand myaccount)
1150
-> (totalDeductions myaccount)
0
-> (spend:Deduct: myaccount 100 #mortgage)
-> (cashOnHand myaccount)
```

```
10  1050
11  -> (totalDeductions myaccount)
12  100
13  -> (spend:for:deduct: myaccount 100 #3-martini-lunch 50)
14  -> (cashOnHand myaccount)
15  950
16  -> (totalDeducitons myaccount)
17  150
```

<프로그램 4-120> **DeductibleHistory** Class Application

1) [L1] 초기 입금액 **1000**으로 새로운 **DeductibleHistory** object를 생성하여 이를 **myaccount**로 설정함 .
2) [L2] **myaccount**에 **insurance**로 **50**을 지출했음을 기록함.
3) [L3] **myaccount**에 **salary**로 **200**을 입금했음을 기록함.
4) [L4] **myaccount**에 **cashOnHand**가 얼마인지 확인함.
5) [L5] **1150**을 확인함.
6) [L6] **myaccount**에 **totalDeductions**가 얼마인지 확인함.
7) [L7] **0**을 확인함.
8) [L8] **myaccount**에 **mortgage**로 **100**을 **Deduct**로 지출했음을 기록함.
9) [L9] **myaccount**에 **cashOnHand**가 얼마인지 확인함.
10) [L10] **1050**을 확인함.
11) [L11] **myaccount**에 **totalDeductions**가 얼마인지 확인함.
12) [L12] **100**을 확인함.
13) [L13] **myaccount**에 **3-martini-lunch**로 **100**을 지출했고, 이 중 **50**이 **Deduct**임을 기록함.
14) [L14] **myaccount**에 **cashOnHand**가 얼마인지 확인함.
15) [L15] **950**을 확인함.
16) [L16] **myaccount**에 **totalDeductions**가 얼마인지 확인함.
17) [L17] **150**을 확인함.

### 4.3.4.1 연습 문제

1. 본 절에서 보여준 다음 프로그램의 실행 결과가 적합하게 산출되었음을 walkthrough를 통해서 입증하시오.

1-1) <프로그램 4-118> **FinancialHistory** Class Application

1-2) <프로그램 4-120> **DeductibleHistory** Class Application

## 4.3.5 ML로의 번역

다음은 Smalltalk으로 작성된 Financial History 예제를 ML로 작성해 보자.

### (1) Financial History Example

Smalltalk으로 작성된 Financial History를 ML로 번역하면 다음과 같다.

### Example E.4-22) FinancialHistory Example in ML

```
1  signature Sig_for_FinancialHistory =
2  sig
3     type simple_dictionary
4     val cashOnHand: int ref
5     val incomes: (simple_dictionary)list ref
6     val expenditures: (simple_dictionary)list ref
7
8     val at_put: string*int*(string*int)list*(string*int)list
9          ->(string*int)list
10    val at: string*(string*int)list -> int
11
12    val initFinancialHistory: int -> unit*unit*unit
13    val receive_from: string*int -> (unit*unit)
14    val spend_for: string*int -> (unit*unit)
15    val totalReceivedFrom: string -> int
16    val totalSpentFor: string -> int
17 end
```

<프로그램 4-121> **FinancialHistory** Structure (1):
`Sig_for_FinancialHistory`

<프로그램 4-121>을 간단하게 설명하면 다음과 같다:

1) [L1] 새로운 structure signature **Sig_for_FinancialHistory** 선언:

1-1) [L3] 새 type 선언: **simple_dictionary**

1-2) [L4] **cashOnHand** : **int ref**

1-3) [L5] **Incomes : (simple_dictionary)list ref**

1-4) [L6] **expenditures : (simple_dictionary)list ref**

1-6) [L8] **at_put : string * int * (string * int)list *(string * int)list -> (string * int)list**

1-7) [L10] **at : string *(string * int)list -> int**

1-8) [L12] **initFinancialHistory : int -> unit * unit * unit**

1-9) [L13] **receive_from : string * int -> (unit*unit)**

1-10) [L14] **spend_for : string * int -> (unit*unit)**

1-11) [L15] **totalReceivedFrom : string -> int**

1-12) [L16] **totalSpentFor : string -> int**

```
structure FinancialHistory:Sig_for_FinancialHistory =
struct
    type simple_dictionary = (string * int)
    val cashOnHand = ref 0
    val incomes = ref [("",0)]
    val expenditures = ref [("",0)]

    fun at_put(source, amount, hd, (dic_src, dic_amt)::tl) =
          if dic_src = source then hd@[(dic_src, dic_amt+amount)]@tl
          else at_put(source, amount,hd@[(dic_src, dic_amt)],tl)
    |  at_put(source, amount, hd, nil) = hd@[(source, amount)]

    fun at(source, (dic_src, dic_amt)::xs) =
          if dic_src = source then dic_amt
          else at(source,xs)
    |  at(source,nil) = 0

    fun initFinancialHistory(amount) =
          (incomes := tl((!incomes)),
           expenditures := tl((!expenditures)),
            cashOnHand := (!cashOnHand)+amount)

    fun receive_from(source, amount) =
          (incomes := at_put(source, amount, [], (!incomes)),
           cashOnHand := (!cashOnHand)+amount)

    fun spend_for(reason, amount) =
          (expenditures := at_put(reason,amount,[],(!expenditures)),
           cashOnHand := (!cashOnHand)-amount)
    fun totalReceivedFrom(source) = at(source,(!incomes))
    fun totalSpentFor(reason) = at(reason,(!expenditures))
end
```

<프로그램 4-122> **FinancialHistory** Structure (2): FinancialHistory

<프로그램 4-122> 코드를 간단하게 설명하면 다음과 같다:

1) [L1] 새 structure FinancialHistory 선언: Sig_for_FinancialHistory 유형.

1-1) [L3] 새 type simple_dictionary 선언: (string * int) 유형.

1-2) [L4] 변수 cashOnHand: ref 0 값을 배정.

1-3) [L5] 변수 incomes: ref [ ("", 0)] 값을 배정 (tuple들의 list 유형).

1-4) [L6] 변수 expenditures: ref [ ("", 0)] 값을 배정.

1-5) [L8] at_put 함수 선언 (1): 매개변수 source, amount, hd, (dic_sre, dic_amt)::tl

- source: 수입 혹은 지출의 출처.
- amount: 수입 혹은 지출 금액.
- hd: 이미 탐색을 마친 list.
- (dic_src, dic_amt): 현재 탐색 중인 tuple. tl의 head 원소를 의미함.
- tl: 탐색을 진행해야 할 list.
- [L9] source와 dic_src가 같을 경우: 탐색이 끝난 hd 및 tl에 갱신된 tuple인 (dic_src, dic_amt+amount)값을 하나의 list로 합친 후 반환.
- [L10] source와 dic_src가 같지 않을 경우: 이미 탐색을 마친 hd에 현재 탐색을 마친 tuple (dic_src, dic_amt)를 합침. 그 후 at_put를 다시 재귀적으로 호출.

1-6) [L11] at_put 함수 선언 (2): 매개변수 source, amount, hd, nil

- source: 수입 혹은 지출의 출처.
- amount: 수입 혹은 지출 금액.
- hd: 탐색을 마친 list.
- [L11] 탐색을 모두 마쳤는데 원소가 없으므로, 새 tuple (source, amount)를 hd에 합침.

1-7) [L13] 함수 at 선언 (1): 매개변수 source, (dic_src, dic_amt)::xs

- source: 수입 혹은 지출의 출처.
- (dic_src, dic_amt): 현재 탐색 중인 tuple. xs의 head 원소를 의미함
- xs: 탐색을 진행해야 할 list.
- [L14] source와 dic_src가 같은 경우: dic_amt를 반환.
- [L15] source와 dic_src가 같지 않을 경우: 함수 at 호출. 탐색을 마친 tuple은 호출 제외함.

1-8) [L16] 함수 at 선언 (2): 매개변수 source, nil

- source: 수입 혹은 지출의 출처.

- [L16] **source**와 같은 값을 가진 원소를 찾을 수 없으므로 0을 반환.

1-9) [L18] 함수 **initFinancialHistory** 선언: 매개변수 **amount**

- [L19] **incomes** list의 **tl** 값을 반환. 초기 선언된 **incomes**의 매개변수가 하나뿐이므로 원소가 없는 list를 반환함.
- [L20] **expenditures** list의 tl 값을 반환. 초기 선언된 **expenditures**의 매개변수가 하나뿐이므로 원소가 없는 list를 반환함.
- [L21] **cashOnHand** 변수값에 **amount** 변수값을 더함.

1-10) [L23] 함수 **receive_from** 선언: 매개변수 **source**, **amount**

- [L24] **incomes** list에 **at_put** 함수의 return 값을 저장. **at_put** 함수는 **receive_from**의 매개변수인 **source**와 **amount**를 활용하여 탐색을 수행함.
- [L25] **cashOnHand** 변수값에 **amount** 변수값을 더함.

1-11) [L27] 함수 **spend_for** 선언: 매개변수 **reason**, **amount**

- [L24] **exepnditures** list에 **at_put** 함수의 return 값을 저장. **at_put** 함수는 **spend_for**의 매개변수인 **reason**과 **amount**를 활용하여 탐색 수행.
- [L25] **cashOnHand** 변수값에 **amount** 변수값을 뺌.

1-12) [L30] 함수 **totalReceiveFrom** 선언: 매개변수 **source.**

- [L31] 함수 **at** 호출: 매개변수 **source**, **incomes**를 활용하여 동직 수행.

1-13) [L31] 함수 **totalSpendFor** 선언: 매개변수 **reason.**

- [L31] 함수 **at** 호출: 매개변수 **reason**, **expenditures**를 활용하여 동작 수행.

```
1  open FinancialHistory;
2
3  initFinancialHistory(1000);
4  spend_for("insurance", 50);
5  receive_from("salary", 200);
6  cashOnHand;
7  spend_for("books", 100);
8  cashOnHand;
```

<프로그램 4-123> **FinancialHistory** Structure (3): FinancialHistory Instance

<프로그램 4-123> 코드를 간단하게 설명하면 다음과 같다:

1) [L1] open structure 개방(**FinancialHistory**): **FinancialHistory**의 공

개 함수 사용 가능.

2) [L3] **initFinancialHistory(1000)** 함수 호출.
3) [L4] **spend_for("insurance", 50)** 함수 호출.
4) [L5] **receive_from("salary", 200)** 함수 호출.
5) [L6] **cashOnHand** 변수 호출.
6) [L7] **spend_for("books", 100)** 함수 호출.
7) [L8] **cashOnHand** 변수 호출.

```
signature Sig_for_FinancialHistory =
  sig
    type simple_dictionary
    val cashOnHand : int ref
    val incomes : simple_dictionary list ref
    val expenditures : simple_dictionary list ref
    val at_put:string * int * (string * int) list * (string * int) list
             -> (string * int) list
    val at : string * (string * int) list -> int
    val initFinancialHistory : int -> unit * unit * unit
    val receive_from : string * int -> unit * unit
    val spend_for : string * int -> unit * unit
    val totalReceivedFrom : string -> int
    val totalSpentFor : string -> int
  end
structure FinancialHistory : Sig_for_FinancialHistory
opening FinancialHistory
  type simple_dictionary = string * int
  val cashOnHand : int ref
  val incomes : simple_dictionary list ref
  val expenditures : simple_dictionary list ref
  val at_put:string * int * (string * int) list * (string * int) list
           -> (string * int) list
  val at : string * (string * int) list -> int
  val initFinancialHistory : int -> unit * unit * unit
  val receive_from : string * int -> unit * unit
  val spend_for : string * int -> unit * unit
  val totalReceivedFrom : string -> int
  val totalSpentFor : string -> int
val it = ((),(),()) : unit * unit * unit
val it = ((),()) : unit * unit
val it = ((),()) : unit * unit
val it = ref 1150 : int ref
val it = ((),()) : unit * unit
val it = ref 1050 : int ref
```

<프로그램 4-124> **FinancialHistory** Structure (4): 실행 결과

<프로그램 4-124>에서의 실행 결과를 간단하게 설명하면 다음과 같다:

1) [L1] structure signature `Sig_for_FinancialHistory` 선언됨.

1-1) [L3] `type simple_dictionary`

1-2) [L4] `cashOnHand : int ref`

1-3) [L5] `Incomes : (simple_dictionary)list ref`

1-4) [L6] `expenditures : (simple_dictionary)list ref`

1-6) [L7] `at_put : string * int * (string * int)list * (string * int)list -> (string * int)list`

1-7) [L9] `at : string * (string * int)list -> int`

1-8) [L10] `initFinancialHistory : int -> unit * unit * unit`

1-9) [L11] `receive_from : string * int -> (unit*unit)`

1-10) [L12] `spend_for : string * int -> (unit*unit)`

1-11) [L13] `totalReceivedFrom : string -> int`

1-12) [L14] `totalSpentFor : string -> int`

2) [L16] 새로운 structure `Financial History` 선언됨: `Sig_for_FinancialHistory` 유형.
   - `Sig_for_FinancialHistory`를 Signature로 사용하기 때문에 `Sig_for_FinancialHistory`의 선언 결과와 유사하다.
   - `simple_dictionary` 유형이 `string * int` 로 결정되었다.

3) [L30] `it = ((), (), ()) : unit * unit * unit`
   - `initFinancialHistory(1000)` 함수 호출 결과.
   - Data 유형이 unit인 이유는 reference 변수를 사용하기 때문이다. reference 유형의 변수에 값을 저장할 때 := 연산자를 사용하며, := 연산 결과의 데이터 유형이 unit으로 결정된다. 후술되는 함수 실행 결과의 data 유형이 unit인 이유도 이와 같다.

4) [L31] `it = ((), ()) : unit * unit`
   - `spend_for("insurance", 50)` 함수 호출 결과.

5) [L32] `it = ((), ()) : unit * unit`
   - `receive_from("salary", 200)` 함수 호출 결과.

6) [L33] `it = ref 1150 : int ref`
   - `cashOnHand` 변수 호출 결과.

7) [L34] `it = ((), ()) : unit * unit`
   - `spend_for("books", 100)` 함수 호출 결과.

8) [L35] `it = ref 1150 : int ref`
   - `cashOnHand` 변수 호출 결과.

## (2) Deductible History Example

Smalltalk으로 작성된 Deductible Financial History를 ML로 번역하면 다음과 같다.

### Example E.4-23) Deductible History Example in ML

```
1  (* 아래의 내용을 FinancialHistory 코드에 삽입 *)
2  signature Sig_for_DeductibleHistory =
3  sig
4     val deductible: int ref
5     val call_cashOnHand: unit -> int
6     val receive_from: string*int -> (unit*unit)
7     val spend_for: string*int -> (unit*unit)
8     val initDeductibleHistory: int -> (unit*unit*unit)*unit
9     val spend_deduct: string*int -> ((unit*unit)*unit)
10    val spend_for_deduct: string*int*int -> ((unit*unit)*unit)
11    val totalDeductions: unit -> int
12 end
```

<프로그램 4-125> **DeductibleHistory** Structure (1):
`Sig_for_DeductibleHistory`

<프로그램 4-125>를 간단하게 설명하면 다음과 같다:

1) [L2~12] 새로운 structure signature **Sig_for_DeductibleHistory** 선언:
1-1) [L4] 새 type 선언: **deductible**
1-2) [L5] **callcashOnHand : unit -> int**
1-3) [L6] **receive_from : string * int -> (unit * unit)**
1-4) [L7] **spend_for : string * int -> (unit * unit)**
1-6) [L8] **initDeductibleHistory : int -> (unit * unit * unit) * unit**
1-7) [L9] **spend_deduct : string * int -> ((unit * unit) * unit)**
1-8) [L10] **spend_for_deduct: string * int * int -> ((unit * unit) * unit)**
1-9) [L11] **totalDeductions: unit -> int**

```
1  functor Functor_for_DeductibleHistory(F:Sig_for_FinancialHistory):
2      Sig_for_DeductibleHistory =
3  struct
4      val deductible = ref 0
5      fun call_cashOnHand() = (!F.cashOnHand)
6      fun receive_from(source, amount) = F.receive_from(source, amount)
7      fun spend_for(reason, amount) = F.spend_for(reason, amount)
8      fun initDeductibleHistory(amount)
           = (F.initFinancialHistory(amount), deductible := 0)
9      fun spend_deduct(reason, amount)
           = (F.spend_for(reason, amount),
              deductible := (!deductible) + amount)
10     fun spend_for_deduct(reason, amount, duduction)
           = (F.spend_for(reason, amount),
              deductible := (!deductible) + duduction)
11     fun totalDeductions() = (!deductible)
12 end
```

<프로그램 4-126> **`DeductibleHistory`** Structure (2) :
`Functor_for_DeductibleHistory`

<프로그램 4-126> 코드를 간단하게 설명하면 다음과 같다:

1) [L1~12] 새 functor **`Functor_for_DeductibleHistory`** 선언:
   - **`F`**: Functor에서 사용되는 임의의 structure를 의미함.
   - **`Sig_for_FinancialHistory`**: **`F`**에서 사용되는 signature의 유형 선언.
   - **`Sig_for_DeductibleHistory`**: functor에서 사용되는 signature의 유형 선언.

1-1) [L4] 변수 **`deduction`**: **`ref 0`**

1-2) [L5] **`call_cashOnHand()`** 선언: **`F`**의 **`cashOnHand`** 변수를 호출.

1-3) [L6] **`receive_from`** 함수 선언: 매개변수 **`source`**, **`amount`**
   - **`source`**: 수입의 출처.
   - **`amount`**: 수입 금액.
   - **`F`**의 receive_from(source, amount) 함수를 호출.

1-4) [L7] **`spend_for`** 함수 선언: 매개변수 **`reason`**, **`amount`**
   - **`reason`**: 지출의 출처.
   - **`amount`**: 지출 금액.
   - **`F`**의 **`spend_for(reason, amount)`** 함수를 호출.

1-5) [L8] **`initDeductibleHistory`** 함수 선언: 매개변수 **`amount`**
   - **`amount`**: 공제액을 의미.

- **F**의 **initFinancialHistory(amount)**를 호출함.
- **deductible** 변수에 0을 저장함.

1-6) [L9] **spend_deduct** 함수 선언: 매개변수 **reason**, **amount**

- **reason**: 지출의 출처.
- **amount**: 지출 금액.
- **F**의 **spend_for(reason, amount)** 선언.
- **deductible** 변수값에 **amount** 변수값을 더함.

1-7) [L10] **spend_for_deduct** 함수 선언: 매개변수 **reason**, **amount**, **deduction**

- **reason**: 지출의 출처.
- **amount**: 지출 금액.
- **F**의 **spend_for(reason, amount)** 선언.
- **deductible** 변수값에 **deduction** 변수값을 더함.

1-8) [L11] 함수 **totalDeductions** 선언: **deductible** 변수를 호출함.

```
1  structure DeductibleHistory =
2  Functor_for_DeductibleHistory(FinancialHistory)
3
4  initDeductibleHistory(1000);
5  spend_for("insurance", 50);
6  receive_from("salary", 200);
7  call_cashOnHand();
8  totalDeductions();
9  spend_deduct("mortgage", 100);
10 call_cashOnHand();
11 totalDeductions();
12 spend_for_deduct("3-martini-lunch", 100, 50);
13 call_cashOnHand();
14 totalDeductions();
```

<프로그램 4-127> **DeductibleHistory** Structure (3) : DeductibleHistory

<프로그램 4-127> 코드를 간단하게 설명하면 다음과 같다:

1) [L1~2] 새 structure **DeductibleHistory** 선언: **Functor_for_DeductibleHistory** 유형, **Functor_for_DeductibleHistory**에서 사용되는 structure는 **FinancialHistory**임을 의미함(Functor를 정의할 때 선언된 임의의 **F**에 해당됨).

2) [L4] **initDeductibleHistory(1000)** 함수 호출.
3) [L5] **spend_for("insurance", 50)** 함수 호출.
4) [L6] **receive_from("salary", 200)** 함수 호출.
5) [L7] **call_cashOnHand()** 함수 호출.
6) [L8] **totalDeductions()** 함수 호출.
7) [L9] **spend_deduct("mortgage", 100)** 함수 호출.
8) [L10] **call_cashOnHand()** 함수 호출.
9) [L11] **totalDeductions()** 함수 호출.
10) [L12] **spend_for_deduct("3-martini-lunch", 100, 50)** 함수 호출.
11) [L13] **call_cashOnHand()** 함수 호출.
12) [L14] **totalDeductions()** 함수 호출.

```
...
signature Sig_for_DeductibleHistory =
  sig
    val deductible : int ref
    val call_cashOnHand : unit -> int
    val receive_from : string * int -> unit * unit
    val spend_for : string * int -> unit * unit
    val initDeductibleHistory : int -> (unit * unit * unit) * unit
    val spend_deduct : string * int -> (unit * unit) * unit
    val spend_for_deduct : string * int * int -> (unit * unit) * unit
    val totalDeductions : unit -> int
  end
functor Functor_for_DeductibleHistory
 (F: sig
    type simple_dictionary
    val cashOnHand : int ref
    val incomes : simple_dictionary list ref
    val expenditures : simple_dictionary list ref
    val at_put:string * int * (string*int) list * (string*int) list
        -> (string * int) list
    val at : string * (string * int) list -> int
    val initFinancialHistory : int -> unit * unit * unit
    val receive_from : string * int -> unit * unit
    val spend_for : string * int -> unit * unit
    val totalReceivedFrom : string -> int
    val totalSpentFor : string -> int
  end)
  : sig
    val deductible : int ref
    val call_cashOnHand : unit -> int
    val receive_from : string * int -> unit * unit
    val spend_for : string * int -> unit * unit
```

```
33     val initDeductibleHistory : int -> (unit * unit * unit) * unit
34     val spend_deduct : string * int -> (unit * unit) * unit
35     val spend_for_deduct : string * int * int -> (unit * unit) * unit
36     val totalDeductions : unit -> int
37   end
38 structure DeductibleHistory : Sig_for_DeductibleHistory
39 opening DeductibleHistory
40   val deductible : int ref
41   val call_cashOnHand : unit -> int
42   val receive_from : string * int -> unit * unit
43   val spend_for : string * int -> unit * unit
44   val initDeductibleHistory : int -> (unit * unit * unit) * unit
45   val spend_deduct : string * int -> (unit * unit) * unit
46   val spend_for_deduct : string * int * int -> (unit * unit) * unit
47   val totalDeductions : unit -> int
48 val it = (((),(),()),()) : (unit * unit * unit) * unit
49 val it = ((),()) : unit * unit
50 val it = ((),()) : unit * unit
51 val it = 1150 : int
52 val it = 0 : int
53 val it = (((),()),()) : (unit * unit) * unit
54 val it = 1050 : int
55 val it = 100 : int
56 val it = (((),()),()) : (unit * unit) * unit
57 val it = 950 : int
58 val it = 150 : int
59 -
```

<프로그램 4-128> **DeductibleHistory** Structure (4) : 실행 결과

<프로그램 4-128>에서의 실행 결과를 간단하게 설명하면 다음과 같다:

1) [L2~12] structure signature **Sig_for_DeductibleHistory** 선언됨.

1-1) [L4] **deductible: int ref**

1-2) [L5] **callcashOnHand : unit -> int**

1-3) [L6] **receive_from : string * int -> (unit * unit)**

1-4) [L7] **spend_for : string * int -> (unit * unit)**

1-5) [L8] **initDeductibleHistory : int -> (unit * unit * unit) * unit**

1-6) [L9] **spend_deduct : string * int -> ((unit * unit) * unit)**

1-7) [L10] **spend_for_deduct: string * int * int -> ((unit * unit) * unit)**

1-8) [L11] **totalDeductions: unit -> int**

2) [L13~37] Functor: **Functor_for_DeductibleHistory** 선언됨.

2-1) [L14-L27] Functor에서 사용되는 임의의 structure **F**의 signature인

**Sig_for_FinancialHistory**의 선언 결과임(<프로그램4-124>의 **Sig_for_FinancialHistory** 결과값 참조.

2-2) [L28-L37] Functor의 Signature인 **Sig_for_DeductibleHistory**의 선언 결과임(<프로그램4-125>의 **Sig_for_DeductibleHistory** 참조).

3) [L38] structure **DeductibleHistory** 선언됨: signature **Sig_for_deductibleHistory** 유형.

3-1) [L39-L47] **Sig_for_deductibleHistory**의 선언 결과임(<프로그램4-125>의 **Sig_for_DeductibleHistory** 참조).

4) [L48] `it = (((),(),()),()) : (unit * unit * unit) * unit`
   - `initDeductibleHistory(1000)` 함수 호출 결과.

5) [L49] `it = ((),()) : unit * unit`
   - `spend_for("insurance", 50)` 함수 호출 결과.

6) [L50] `it = ((),()) : unit * unit`
   - `receive_from("salary", 200)` 함수 호출 결과.

7) [L51] `it = 1150 : int`
   - `call_cashOnHand()` 함수 호출 결과.

8) [L52] `it = 0 : int`
   - `totalDeductions()` 함수 호출 결과.

9) [L53] `it = (((),()),()) : (unit * unit) * unit`
   - `spend_deduct("mortgage", 100)` 함수 호출 결과.

10) [L54] `it = 1050 : int`
   - `call_cashOnHand()` 함수 호출 결과.

11) [L55] `it = 100 : int`
   - `totalDeductions()` 함수 호출 결과.

12) [L56] `it = (((),()),()) : (unit * unit) * unit`
   - `spend_for_deduct("3-martini-lunch", 100, 50)` 함수 호출 결과.

13) [L57] `it = 950 : int`
   - `call_cashOnHand()` 함수 호출 결과.

14) [L58] `it = 150 : int`
   - `totalDeductions()` 함수 호출 결과.

### 4.3.6 ML Interpretation

이상으로 Smalltalk을 이해하려면, ML언어에 대한 이해가 필수적임을 확인하였다. 특히, anonymous function, first-class function, Structure, functor 등과 같은 ML언어의 특징은 Smalltalk의 순수 객체지향적 특성들을 이해하는 데 많은 도움을 주었다.

## 4.4 결어

이 장에서는, <그림 4-40>이 보여주는 바와 같이, ML의 meta-언어적 속성을 기반으로, ML이 어떻게 함수언어, 논리언어, 객체지향언어의 다중-패러다임 언어적 속성을 가졌는지를 학습하였다.

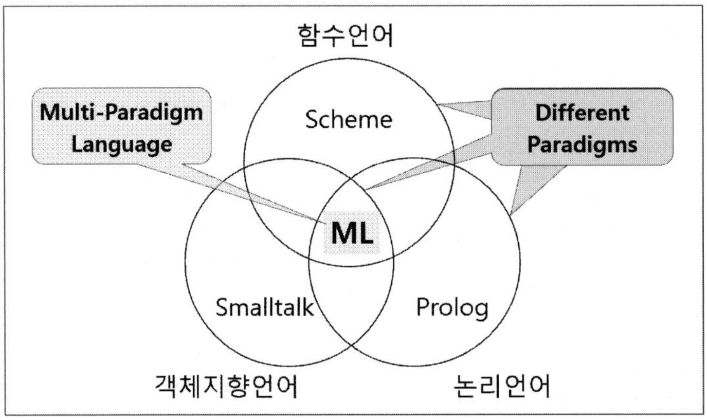


<그림 4-40> ML의 Meta-Language Property

이러한 ML의 다중 패러다임의 성격을 언어별로 정리하면 다음과 같다:

1) Scheme: Scheme은, 기본적으로, Lisp의 대표적인 특징을 상속받은 함수언어다. Scheme의 단순한 문법은 s-expression에 기반을 두었으며, 그렇기 때문에 프로그램은 다중 list로 구성된다. List는 Scheme의 기본 data structure다. 즉 프로그램과 data가 같은 구조를 가진다. Scheme은 Lisp의 list 연산자들을 사용하고, 제한된 동적 type checking을 적용하며, first-class procedure[514)]를 지원한다.
2) Prolog: Prolog는 AI와 CL에서 사용되는 대표적인 논리프로그래밍언어 중 하나다. 다른 프로그래밍언어와 다르게, Prolog는 정형 논리의 하나인, 술어논리에 기반을 둔 언어이며, 선언적 프로그래밍 언어로 개발되었다. Prolog 프로그램은 사실(facts)과 규칙(rules)이라는 규정된 관계(relations)로 작성된다. 그리고 프

514) First-class procedure는, high-order function처럼, procedure를 매개변수로, 결과값으로 반환하는 procedure를 의미한다.

로그램 연산은 이러한 relation에 대한 query를 기반으로 수행된다. Prolog는 초기 논리프로그래밍언어의 하나로서, 다수의 공개 및 상용 SW가 제공되는 환경으로 인해, 지금까지 가장 많이 사용하는 언어로 평가받고 있다. 이 언어는 Theorem Proving, Expert Systems, Term Rewriting, Type Systems 및 Automated Planning 외에도, 자연어처리 분야에서 지금까지 사용된다.

3) Smalltalk: Smalltalk은 동적-유형 기반 반응형 객체지향 프로그래밍언어다. 초기 Smalltalk은 Simula의 영향을 받았다고 알려져 있지만, 전문가들에 의하면, Smalltalk는 Simula보다, 이론적.실용적인 측면에서, 객체지향성(Object-Orientedness, Objectivity)이 강한 언어로 평가받고 있으며, 전문적인 면에서, 또한 대중적인 면에서, 첫 번째 객체지향언어(OOPL: Object-Oriented Programming Language)로 평가받는다.

이와 같이 본 교재에서는, ML의 meta-언어적인 속성을 이해하고, 이러한 속성이 다른 패러다임의 언어를 이해하는 데, 매우 체계적이고 논리적인 기반을 제공함을 확인하였나.

# 「Epilogue」

저자는 컴퓨터전공 과목에서 학생들에게 과학과 공학의 차이점을 항상 강조한다. 그 이유는 당연히 컴퓨터과학이라는 학문의 정체성과 이에 수반되는 전공학생들의 정체성을 일깨우기 위함이다.

일반적으로, 과학은 자연과 사회에서 발생되는 현상과 그 원리를 설명하기 위한 수단이며, 공학은 이러한 과학적인 원리를 응용하여 인간 및 사회 생활에 필요한 장치나 제품을 개발하는 것이라고 할 수 있다.[515)]

수학적 관점에서, 컴퓨터과학은 컴퓨터 및 응용의 원리를 설명한다. 학생들은, 기계적인 관점, 기계를 관리하기 위한 운영체제의 관점, 기계를 작동하기 위한 언어적 관점, 기계가 처리하는 자료 구조와 알고리즘과 더불어 자료의 관리와 접근 체계의 관점, 기계들 간의 소통을 위한 통신의 관점에서의 원리만이 아니라, 이를 기반으로 다양한 분야에 적용할 수 있는 기술적 관점의 원리까지도 수학적으로 이해하고 설명할 수 있어야 한다.

공학적 관점에서, 컴퓨터과학은 이러한 원리에 기반한, 인간 및 사회 생활에 필요한 장치나 제품을 제공한다. 학생들은, 기계적인 관점, 기계를 관리하기 위한 운영체제의 관점, 기계를 작동하기 위한 언어적 관점, 기계가 처리하는 자료 구조와 알고리즘과 더불어 자료의 관리와 접근 체계의 관점, 기계들 간의 소통을 위한 통신의 관점에서의 원리만이 아니라, 이를 기반으로 다양한 분야에 적용할 수 있는 기술적 관점의 원리를 이해함으로써, 인간 및 사회 생활에 필요한 장치나 제품을 개발할 수 있어야 한다.

즉 원리를 과학적으로 이해하고, 이를 공학적으로 응용할 수 있는 능력을 함양하는 것

515) 컴퓨터과학은 대표적인 응용과학 학문이다.

이 바로 컴퓨터과학 전공교육의 목적임을 강조한다는 의미다. 그리고 여러 전공과목 중에서 컴퓨터과학의 꽃이라 할 수 있는 프로그래밍언어론에서는 이러한 과학적 원리성과 공학적 응용성이 유기적으로 융합된 결정체가 바로 프로그래밍언어임을 더욱더 강조한다. 저자는 왜 컴퓨터과학이 응용학문의 대표적인 학문이며, 왜 프로그래밍언어론이 컴퓨터과학의 꽃이며, 왜 프로그래밍언어가 과학성과 공학성의 결정체라고 주장하는 것일까? 그 이유는 바로 언어라는 도구에 있다.

**[Mathematics ≡ Universe]**

한 때, 수학 만능주의에 빠져서, 수학으로 모든 우주의 현상을 설명할 수 있고, 역으로 수학으로 설명되지 않는 우주는 존재할 수 없다는 주장이 각광을 받았다.[516] 이 주장의 옳고 그름을 떠나서, 이러한 주장은 어쩌면 우주와 자연을 대하는 수학의 당연한 책무에 대한 집착의 결과일 수 있다. 그 이유는 자연과 사회의 현상과 원리를 기술하는 수단이 오직 수학이기 때문에, 결국 수학으로 설명할 수 없는 것은 아직 존재할 수 없다는, 또는 존재해서는 안된다는 수학의 위기감이나 그 위기감의 필연적 당착성을 가설화시킨 결과일 수 있기 때문이다.

하지만 컴퓨터과학은, 이러한 우주과학론과 다르게, 이미 수학적으로 입증할 수 없는 것이 존재할 수 있음을 입증한 Gödel[517]의 불완진성 이론[518]을 진제로 한 대표직인

516) 수학적우주론(MUH: Mathematical Universe Hypothesis): 우주론학자인 Max Tegmark에 의해서 주창된 이론적 TOE(Theory of Everything) 가설이다. 이 세상의 모든 것은 수학의 구조에 의해서 설명할 수 있고, 설명되지 않는 것은 존재할 수 없다는 이론이다. 역으로 수학적으로 설명은 가능하지만 존재하지 않는 우주는 아직 발견하지 못했을 뿐이라는 추론 또한 가능하다. 즉 개념적인 수학과 물리적인 우주의 등가성을 주장했다.

517) 쿠르트 괴델(Kurt Gödel)(1906년 4월 28일~1978년 1월 14일): 오스트리아-헝가리 제국 태생의 논리학자, 수학자, 분석철학자다. 1906년에서 태어나, 비엔나 대학에서 박사학위를 받은 1년 뒤인 1931년 25살에 불완전성이론을 발표했다. 1930대 초반부터 Princeton 대학의 고등교육원(IAS: Institute for Advanced Study)에서 Einstein과의 교류가 시작되었고, 1939년 비엔나를 떠나 1940년 Princeton 대학의 IAS에서 근무하게 되었다.

518) F.L.G. Frege, Alfred Russell, A.N. Whitehead, David Hilbert 등의 수학자에 의해 구축된 현대 논리학은 20세기 초반, 모든 수학에 적용할 수 있는 공리 체계를 원했다. 즉 모든 수학 체계에 건전성과 완전성을 보장할 수 있는 공리 체계를 구축하고 싶었다. 이런 과정에서 Alfred North Whitehead와 Bertrand Russell은 1910년, 1912년, 1913년 각각 발간되었던 3권의 수학원리(PM: Principia Mathematica)에서 기호 논리학의 공리 체계를 정의하였고[WR10, WR12, WR13], Emil Post는 1920년 콜롬비아 대학에서 본인의 박사 논문을 통해 Whitehead와 Russell의 PM이 완전함을 증명하였다[POST21]. 이를 기반으로, 모든 수학 체계에 건전성과 완전성을 보장할 수 있는 공리 체계를 구축할 수 있는 것처럼 보였다. 하지만 괴델은, 11년 뒤인 1931년에 자신의

응용학문이다. 특히 Turing[519]은 자신의 Turing Machine[520]으로 이러한 괴델의 불완전성이론을 입증하였다.[521] 이는 아마도 Turing Machine으로 Turing Machine의 불완전성을 검증했다는 의미일 수는 있겠지만, 역으로 이 검증에서, Turing Machine으로, 이러한 불완전성을 극복할 수 있는 가능성을 발견했을 수도 있다. 과연 그런 불완전성을 극복할 수 있는 가능성은 무엇일까? 그리고 그 가능성이 시사하는 바는 무엇일까? 이는, 아마도, 개념적으로 불완전하다는 것을 물리적으로 입증할 수 있다면, 그 역으로 물리적으로 불완전한 것에 대해 물리적인 보완을 통해서, 개념적인 불완전함도 역시 부분적으로 보완될 수도 있다는 점일 것이다. 즉 수 만, 수 억, 수 조개의 Turing Machine들이 Gödel의 불완전성을 보완할 수도 있을 것이라는 희망이다.

**[Language ≡ Knowledge]**

박사논문을 통해서, 1차 수학(1st Order Mathematics)이 불완전하다는 것을 '괴델 수'라는 체계를 사용하여 증명하였다[Gödel31a,Gödel31a]. 괴델은 여기에서 주어진 시스템 내에서 증명할 수 없는 정식이 있다고 가정했다. 만약 증명이 된다면, 거짓이 되는 정식이었다. 즉 참이지만, 증명할 수 없는 정식이 있다는; 참이지만 공리로부터, 추리규칙으로 유도할 수 없는 정식이 있다는 것을, 역설을 이용해 증명했다. 즉 불완전하다는 것을 증명했다. 괴델의 연구는 당시, F.L.G. Frege, Alfred Russell, A.N. Whitehead, David Hilbert 등을 포함한 수많은 수학자에게 엄청난 충격을 주었다. 모든 수학 체계에 건전성과 완전성을 보장할 수 있는 공리 체계를 구축할 수 있다는 희망이 무너진 것이었다. 이는 시사하는 바가 매우 크다. 어쩌면 인간이 추구하고자 하는 완벽한 논리 체계는 가능하지 않다는 것을, 상징적으로, 그리고 이론적으로 보여준 사건이라고 볼 수 있다.

519) 앨런 튜링(Alan Turing)(1912년 6월 23일 ~ 1954년 6월 7일)은 지금 우리가 사용하고 있는 컴퓨터를 Turing Machine이라는 수학 기반 automata로 고안한 수학자이며, 논리학자이자, 철학자다. 이 튜링 머신은 세계 최초의 컴퓨터 알려진 ENIAC의 기본 아키텍처인 von Neumann Architecture의 배경이 되었으며, 튜링은 이 기계를 통해서, 괴델의 불완전성 이론, 즉 참이지만 참임을 증명할 수 없는 명제가 있음을, 기계적으로 증명하였다[TURING].

520) Turing Machine: Turing은 1936년 "On Computable Numbers, with an Application to the Entscheidungsproblem"[TURING37, TURING38] 논문을 통해서 컴퓨터 수학적 모델인 Turing Machine을 발표했다.

521) 튜링은 이 모델을 통해서, 1931년 괴델의 포괄적 연산 정형 언어를, Turing Machine이라고 불리는, 간단하고 정형적인 가상 장치로 대체함으로써, 1928년 Hilbert가 제시한 '결정문제', 즉 Entscheidungsproblem(Decision Problem)[HC28]에 대한 연산과 증명에 대해 단점이 있음을 지적하고 이 문제를 재정식화(reformulation)하였다. 여기에서 Turing은 우리가 인지할 수 있는 연산 문제가 algorithm, 즉 결정 문제로 표현된다면, 자신이 제안한 Turing Machine으로 이 문제를 해결할 수 있다는 것을 증명했다. 그리고 이 Turing Machine은 Alozo Church의 λ-Cacculus와 동일하지만 [CHURCH32, CHURCH40], λ-Calculus보다 더 직관적이고 접근하기 편하다고 평가받았다. 이후 이 논문은 John von Neumann이 제작한 현대 컴퓨터의 기본 개념이 되었다. 실제 그는 1936부터 1938년 사이에 Princeton 대학에서 Church의 지도하에 박사 학위를 받았고, 이 시기에 John von Neumann Architecture 설계에 간접적으로 기여했다고 평가받는다.

Max Tegmark[522]의 MUH[523] 가설처럼 저자도 위와 같은 하나의 가설을 정립해 보자. 즉 언어로 모든 지식을 설명할 수 있고, 역으로 언어로 설명되지 않는 지식은 존재할 수 없다는 가설이다. 이는, 자연어[524]로 모든 인간의 지식을 설명할 수 있고, 역으로 자연어로 설명되지 않는 인간의 지식은 존재할 수 없다는 가설이며; 또한 인공어[525]로 모든 컴퓨터의 지식을 설명할 수 있고, 역으로 인공어로 설명되지 않는 컴퓨터의 지식은 존재할 수 없다는 가설이다.

이러한 저자의 주장은, 당연히, 이 주장의 옳고 그름을 떠나서, 컴퓨터과학의 입장에서, 인공어의 당연한 책무에 대한 집착의 결과일 수 있다. 그 이유는 컴퓨터를 운영하고 관리하는 수단이 오직 프로그래밍언어이기 때문에, 결국 프로그래밍언어로 설명할 수 없는 것은 아직 존재할 수 없다는, 또는 존재해서는 안된다는 컴퓨터과학에서의 프로그래밍언어의 위기감이나 그 위기감의 필연적 당착성을 가설화시킨 결과일 수 있기 때문이다.

하지만 인공어는, 이러한 저자의 가설과는 다르게, 이미 수학적으로 입증할 수 없는 것이 존재할 수 있음을 입증한 괴델의 불완전성 이론을 전제로 한 대표적인 응용학문의 결과이며, 특히 Turing Machine에서 작동되는 프로그래밍언어는 이미 불완전하다는 것이 입증되었다. 이는 아마도 프로그래밍언어로 인공어의 불완전성을 검증했다는 의미일 수 있겠지만, 역으로 이 과정에서, 프로그래밍언어로, 이러한 불완전성을 극복할 수 있는 가능성을 발견했을 수도 있다. 과연 그런 불완전성을 극복할 수 있는 가능성은 무엇일까? 그리고 그 가능성이 시사하는 바는 무엇일까? 이는, 아마도, 이론적으로 불완전하다는 것을 물리적으로 입증할 수 있다면, 그 역으로 물리적으로 불완전한 것

522) 막스 테그마르크(Max Tegmark)(1967년~ ): 스웨덴.미국의 물리학자, 우주과학자다. 그는 스웨덴에서 태어나, Stockholem School of Economics에서 경제학 학사를, UC Berley에서 물리학 석사와 박사를 받고, UPenn에서 tenure를 받은 후에, 현재 MIT에서 정교수로 활동하고 있다. Elon Musk의 지원을 받을 정도로 현재 각광을 받고 있고 있는 물리학자 중의 한 명이다.

523) Max Tegmark에 의해서 주창된 수학적 우주론(MUH: Mathematical Universe Hypothesis).

524) 자연어(Natural Language): 인간이 사용하는 자연어(natural language)는 기본적으로 굴절어(屈折語: infected language), 교착어(膠着語, agglutinative language) 및 고립어(孤立語, isolated language)로 구분되며, 지금까지 약 3000~8000개 정도의 자연어들이 기록이 되었다. 이중, 문자를 가지고 있는 자연어는 2000개 정도이며, 활성화된 자연어는 1000 정도이며, 이 1000개 중 600개 정도는 최근에 완성된 언어로 알려져 있다[ETHN09].

525) 인공언어(Artificial Language): 지금까지 개발된 인공어(artificial language)는 약 8500개 이상이며, 이 중 프로그램언어가 약 2300개 이상이라고 알려져 있다[HOPL09].

에 대해 물리적인 보완을 함으로써, 이론적인 불완전함도 역시 부분적으로 보완될 수도 있다는 점일 것이다. 즉 수 억, 수 조, 수 경, 수 google개의 헤아릴 수 없는 프로그램들이 Gödel의 불완전성을 보완할 수도 있을 것이라는 희망이다.

[Programming Languages ≡ Artificial Intelligence]

우리는 현재 가상화된 세계로 진입하고 있다. 앞으로 이 추세나 경향은 더 강화될 것이다. 이 과정에서 컴퓨터가 인간의 거의 모든 지식을 대체하고 있다. 아마도 가까운 미래에는 인간의 지능(HI: Human Intelligence) 역시 인공지능(AI: Artificial Intelligence)으로 대체될 것이다. 이런 면에서 프로그래밍언어의 완전성을 검증할 수 없다면, 당연히 인공지능의 완전성 또한 검증할 수 없는 상황에 이르게 될 것이다.

하지만, 이는 컴퓨터과학에서 이미 수학으로 입증할 수 없는 것이 존재할 수 있음을, 이론적으로, 연역적으로, 증명한 것처럼, 또한 Turing Machine으로 Turing Machine의 완전성을 기계적으로 검증할 수 없는 것처럼, 프로그래밍언어로 프로그래밍언어의 완전성을 검증할 수 없다는 전제는 시사하는 바는 매우 크다. 즉, 이론적으로 불완전하다는 것을 물리적으로 입증할 수 있다면, 그 역으로 물리적으로 불완전한 것에 대해 물리적인 보완을 함으로써, 이론적인 불완전함도 역시 실질적으로, 또한 부분적으로 보완될 수도 있다는 점에서, 수 만, 수 억, 수 조개의 Turing Machine들이 괴델의 불완전성을 보완할 수밖에 없다는 점에서; 수 억, 수 조, 수 경, 수 google개의 헤아릴 수 없는 프로그램들이 괴델의 불완전성을 보완할 수밖에 없다는 점에서, 우리는, 귀납적으로, 무수한 천문학적인 경우를 기반으로 한 언어에 의한, 지식의 축적을 통해 이러한 불완전성을 극복할 수밖에 없는 필연적인 운명을 타고 났는지도 모른다.

[Syntax ≡ Semantics]

*태초에 어둠이 있었다.*
*신이 빛이 있어라 했다. 빛이 생겼다.*

*빛이 생기고 혼돈이 있었다.*
*신이 하늘이 있어라 했다. 하늘이 생겼다.*
*신이 땅과 바다, 식물이 있어라 했다. 땅과 바다, 식물이 생겼다.*
*물이 모여라 했다. 물이 모였다.*
*열매를 맺으라 했다. 열매를 맺었다.*
*태양, 달, 별이 생겨라 했다. 태양, 달, 별이 생겼다.*

*물고기와 새가 생겨라 했다. 물고기와 새가 생겼다.*
*짐승과 인간이 생겨라 했다. 짐승과 인간이 생겼다.*

지구의 어떤 민족이나 그들의 신화에 등장하는 신의 언어는 위와 비슷했다. 문법론과 의미론의 등가성이 항상, 언제나 존재해야 하는 신의 언어. 이 신의 언어로 써진 모든 의미는 항상 현실화, 현재화가 되는 필연성을 항상, 언제나 제공해야 했다[526].

하지만, 인간은 불완전한 존재. 그리고 인간이 사용하는 자연어는 불완전한 언어[527]. 인간의 진화과정은 아마도 기계와 인공어를 통해 그 불완전성을 극복할 수 있는 완벽함을 추구하는 과정인지도 모른다. 하지만 이미 기계와 인공어조차 불완전함이 규명이 되어버린 진실과 현실 앞에서 인간이, 이러한 불완전성을 극복하기 위하여, 무수히 많은 진화의 기록을 남기고 진화의 지식을 축적한 것처럼, 앞으로 기계도 무수히 많은 인공적 진화의 기록을 남기고 진화의 인공적 지식을 축적하게 될 것이다.

∴[Incomplete HI ≡ Incomplete AI]

*태초에 불완전한 기계가 있었다.*
*불완전한 인간이 빛이 있어라 했다. 가상의 빛이 생겼다.*

*가상의 빛이 생기고 가상의 혼돈이 있었다.*
*인간이 하늘이 있어라 했다. 가상의 하늘이 생겼다.*
*인간이 땅과 바다, 식물이 있어라 했다. 가상의 땅과 바다, 식물이 생겼다.*
*물이 모여라 했다. 가상의 물이 모였다.*
*열매를 맺으라 했다. 가상의 열매를 맺었다.*
*태양, 달, 별이 생겨라 했다. 가상의 태양, 달, 별이 생겼다.*
*물고기와 새가 생겨라 했다. 가상의 물고기와 새가 생겼다.*
*짐승과 인간이 생겨라 했다. 가상의 짐승이 생겼다.*

*결국, 가상의 불완전한 인간이 생겨났다.*

앞으로 인공어로 구축되는 인공지능은 많은 시행착오를 거치고, 또한 많은 오류를 발

526) 세상과 인간을 만든 신은 [Syntax ≡ Semantics]의 등가적으로 완벽한 존재이어야 한다.

527) 인간이 완벽하면, 즉 [Syntax ≡ Semantics]이면, 인간은 더 이상 인간이 아니고 신이 된다.

생시킬 것이다. 하지만 이러한 결과는 불완전한 존재와 그 활동의 결과일 수 있다. 하지만 중요한 점은, 그 과정을 통해서, 불완전성을 극복하기 위한 끊임없는 도전이 필연적으로 수반될 수밖에 없다는 형이하학적인 실존의 가치가 될 것이다. 불완전성을 극복하기 위한, 인간과 기계의 끊임없는 진화의 결실이 될 것이다.

결국! 인공지능은 자신만의 또 다른 인공지능적인 가상의 Turing Machine과 인공지능적인 가상의 프로그래밍언어를 만들게 될 것이다.

2021년 1월 1일

화산(華山)의 석양 앞에서

저자 이문근

# 부록 A
# 참고문헌

[AbelSuss96] Harold Abelson and Gerald Jay Sussman (1996). Structure and Interpretation of Computer Programs (2nd Edition). MIT Press. 1996. ISBN 0-262-01077-1.

[ADA] https://en.wikipedia.org/wiki/Ada_(programming_language)

[ASCII] https://en.wikipedia.org/wiki/ASCII

[BRATKO01] Ivan Bratko (2001). Prolog: Programming for Artificial Intelligence. 3rd Edition. Addison-Wesley. 2001.

[CHOMSKY] https://en.wikipedia.org/wiki/Noam_Chomsky

[CHOM56] Chomsky, Noam (1956). Three models for the description of language. IRE Transactions on Information Theory. Feb 1956, pp. 113-124. doi:10.1109/TIT.1956.1056813.

[CHOM57] Chomsky, Noam (1957). Syntactic Structures. The Hague/Paris: Mouton. 1957. ISBN 978-3-11-021832-9

[CHURCH32] Church, A. (1932). A set of postulates for the foundation of logic. Annals of Mathematics. Series 2. 33 (2): 346–366. 1932. JSTOR 1968337. doi:10.2307/1968337.

[CHURCH40] Church, A. (1940). A Formulation of the Simple Theory of Types. Journal of Symbolic Logic. 5 (2): 56–68. 1940. JSTOR 2266170. doi:10.2307/2266170.

[COOK71] Cook, Stephen (1971). The complexity of theorem proving procedures. Proceedings of the Third Annual ACM Symposium on Theory of Computing. pp. 151–158. 1971.

[DANNY86] Hillis, W. Danny (1986). The Connection Machine. MIT Press. 1986. ISBN 0262081571.

[DoC90]Dictionary of Computing (1990), Oxford University Press, New York, 1990.

[EBCDIC] https://en.wikipedia.org/wiki/EBCDIC

[ETHN09] https://www.ethnologue.com/

[GARLAND86] Stephen Garland (1986). Introduction to Computer Science With Applications in Pascal. Addison-Wesley. 1986. ISBN-10 : 020104398X. ISBN-13 : 978-0201043983.

[GOLDSTINE72] Goldstine, Herman H (1972). The Computer from Pascal to von Neumann. Princeton University Press. Princeton, NJ. 1972. ISBN 978-0-691-02367-0.

[GoldRob83] A. Goldberg, D. Robson (1983). Smalltalk-80L The language abd its Implementation. Addison Wesley, Reading Mass. 1983.

[Gödel31a] Kurt Gödel (1931). Über formal unentscheidbare Sätze der Principia Mathematica und verwandter Systeme, I, Monatshefte für Mathematik und Physik, v. 38 n. 1, pp. 173–198. 1931.

[Gödel31b] Kurt Gödel (1931). Über formal unentscheidbare Sätze der Principia Mathematica und verwandter Systeme, I, in Solomon Feferman, ed., 1986. Kurt Gödel Collected works, Vol. I. Oxford University Press, pp. 144-195. ISBN 978-0195147209. 1931.

[HARPER11] Robert Harper (2011). Programming in Standard ML, (DRAFT: VERSION 1.2 OF 11.02.11.), CMU, 2011.

[HARPER93] Robert Harper (1993). Introduction to Standard ML, CMU, 1993.

[HC28] David Hilbert and Wilhelm Ackermann (1928). Grundzüge der theoretischen Logik (Principles of Mathematical Logic). Springer-Verlag. 1928. ISBN 0-8218-2024-9.

[HOPL09] "HOPL: an interactive Roster of Programming Languages". Australia: Murdoch University. Archived from the original on 20 February 2011. Retrieved 1 June 2009. This site lists 8512 languages.

[KAMIN90] Samuel N. Kamin (1990). Programming Languages: An Interpreter-Based Approach. Addison Wesley Publishing Company. 1990. ISBN 0-201-06824-9.

[KerRit78] Brian Kernighan, Dennis Ritchie (1978). C programming language. Prentice Hall. 1978.

[KOWALSKI70] Kowalski, R. A., The Case for Using Equality Axioms in Automatic Demonstration, in: M. Laudet et al. (eds.), Symposium on Automatic Demonstration, Lecture Notes in Mathematics, Vol. 125, pp. 112-127. Springer, 1970.

[KOWALSKI74] Kowalski, R. (1974). "Predicate Logic as Programming Language", in Proceedings IFIP Congress, pp. 569-574.

Stockholm. North Holland Publishing Co. 1974.

[MacLennan89] Bruce J. MacLennan (1989). Functional Programming Language: Practice and Theory. Addison-Wesley. 1989.

[McCARTHY62] John McCarthy (1962). LISP 1.5 Programming Manual. MIT Press. 1962.

[McCarthy60] John McCarthy (1962). "Recursive Functions of Symbolic Expressions and Their Computation by Machine, Part I". Archived from the original on 2013-10-04. Retrieved 2006-10-13.

[MILNER] https://en.wikipedia.org/wiki/Robin_Milner

[MIL80] R. Milner (1980). A Calculus of Communicating Systems, volume 92 of Lecture Notes in Computer Science. Springer-Verlag, Berlin, 1980.

[MIL99] R. Milner (1999). Communicating and Mobile Systems: The Pi-Calculus. Cambridge University Press. Cambridge, UK. 1999.

[MTH97] Robin Milner (1997). Mads Tofte, Robert Harper, and David MacQueen. The Definition of Standard ML (Revised). MIT Press, 1997.

[PLETZKE97] Jonathan Pletzke (1997). Advaned Smalltalk. Wiley Computer Publishing. 1997.

[POST21] Post, Emil Leon (1921). Introduction to a General Theory of Elementary Propositions. American Journal of Mathematics. 43: 163–185. 1921. doi:10.2307/2370324.

[QWERTY] https://en.wikipedia.org/wiki/QWERTY

[TMC95] The Rise and Fall of Thinking Machines. Inc. Magazine. September 1995.

[TMC06] "Thinking Machines". Technology Review. November 1, 2006.

[TURING37] Turing, A. M. (1937). On Computable Numbers, with an Application to the Entscheidungsproblem. Proceedings of the London Mathematical Society. 2. 42. pp. 230–65. 1937. doi:10.1112/plms/s2-42.1.230.

[TURING] https://en.wikipedia.org/wiki/Alan_Turing

[TRUING38] Turing, A.M. (1938). On Computable Numbers, with an Application to the Entscheidungsproblem: A correction. Proceedings of the London Mathematical Society. 2. 43 (published 1937). pp. 544-46. doi:10.1112/plms/s2-43.6.544.

[ULLMAN98] Jeffrey D. Ullman (1998). Elements of ML programming (ML97 ed.) Prentice-Hall. 1998. ISBN: 978-0-13-790387-0.

[WIRTH76] Wirth, Niklaus (1976). Algorithms + Data Structures = Programs. Prentice-Hall. 1976. ISBN 978-0-13-022418-7.

[WR10] Whitehead, Alfred North, Russell, Bertrand (1910). Principia mathematica, 1 (1 ed.). Cambridge: Cambridge University Press, 1910. JFM 41.0083.02.

[이문근17] 이문근 (2017). 정형기법. 전북대학교풀판문화원. 2017. ISBN 979-11-87892-50-2.

# 부록 B

# 연습 문제 답안

### 3.2.1.1

- 1.

- Compiler 방식
  1. 컴파일러는 프로그램을 Runtime 이전에 기계어로 해석하는 방식으로, 고급 언어로 작성된 프로그램 전체를 목적 프로그램(object program)으로 번역한 후, linking 작업을 통해 컴퓨터에서 실행 가능한 실행 프로그램을 생성한다.
  2. 번역 실행 과정을 거치기 때문에 번역 과정이 번거롭고 번역 시간이 오래 걸린다. 하지만 한번 번역한 후에는 다시 번역하지 않으므로 실행 속도가 빠르다.
  3. 컴파일러를 사용하는 언어에는 C언어 Java 등이 있다.

- Interpreter 방식
  1. 인터프리터는 고급 언어로 작성된 프로그램을 한 줄 단위로 해석(Interpret) 하고, 해석과 동시에 프로그램을 한 줄 단위로 즉시 구동시키는 방식이다.
  2. 프로그램이 직접 실행되므로 목적 프로그램은 생성되지 않는다.
  3. 줄 단위로 해석, 실행되기 때문에 시분할 시스템에 유용하며 원시 프로그램의 변화에 대한 반응이 빠르다.
  4. 해석 속도는 빠르지만 프로그램 실행 시 매번 해석해야 하므로 실행 속도가 느리다.
  5. 인터프리터를 사용하는 언어에는 Python, BASIC, SNOBOL, LISP, APL등이 있다.

### 3.2.2.1

- 1. 1-1

```
2+3;
val it = 5: int;
```

- 1. 1-3

```
6* 7;
val it = 42: int;
```

- 1. 1-5

```
37 mod 5;
val it = 2: int;
```

- 1. 1-7

```
3.12 * 4.3;
val it = 13.416: real;
```

- 1. 1-9

```
4.57E~3;
val it = 0.00457: real;
```

- 1. 1-11

```
"Hello ML world!"
val it = "Hello ML world!": string;
```

- 1. 1-13

```
#"x";
val it = #"x": char;
```

- 1. 1-15

```
( 2 = 0 ) andalso ( 37 div 0 = 5 );
val it = false: bool;
```

### 3.2.3.1

- 1. 1-2

```
~5;
val it = ~5: int;
```

- 1. 1-4

```
3.14;
val it = 3.14: real;
```

- 1. 1-6

```
4.57E~3;
val it = 0.00457: real;
```

- 1. 1-8

```
false;
val it = false: bool;
```

- 1. 1-10

```
“a”;
val it = "a": string;
```

### 3.2.4.1

- 1. 1-2

```
val radius = 5;
val pi = 3.14;
val area = pi * radius * radius;
type error: int * real
```

> pi 는 실수, radius는 정수이기 때문에 type error 발생.
radius의 값을 실수인 5.0로 변경하여 해결.

### 3.2.5.7

- 1. 1-1

```
if true then "then" else "else";
val it = "then": string;
```

- 1. 1-3

```
if true then 2 else 37 div 0;
val it = 2: int;
```

- 1. 1-5

```
val a = 3;
val b = 97.6;
val a = "One";
val c = a^str(chr(floor(b)));
val a = 3: int;
val b = 97.6: real;
val a = "One": string;
val c = "Onea": string;
```

### 3.2.6.1

- 1.

- Alphanumeric identifier

  답안: 문자와 숫자로 이루어진 이름

  > ' 로 시작하는 이름은 데이터 유형을 구별하는 변수 이름으로 'a 일 경우, a은 int, real, string, boolean 등과 같은 유형의 이름을 의미함.

  > '' 로 시작하는 이름은 등치 관계 또는 비교가 가능한 유형의 이름을 의미함. 변수 이름으로 ''a 일 경우, a은 x=y 식의 비교가 가능한 유형을 의미함.

- Symbolic identifier

  답안: 괄호 및 연산자와 같은 식별자

  > 독립 부호: ( ) [ ] { } " . , ;

  > 기타 연산자:

  + - * ~ : 산술 연산자 (더하기, 곱하기, 나누기, 음수)

  div / : 나누기 연산자 (div: 정수, /: 실수)

  mod : 나머지 연산자 (정수만 해당)

  = <> < <= >= > : 비교 연산자

  andalso orselse not : 논리 연산자

  @ : list 이음 연산자

  ^ : 문자열 이음 연산자

3.2.7.1

- 1. 1-1

```
#1(1);
error
```

- 1. 1-4

```
hd([ 3,4,5] );
val it = 3: int;
```

- 1. 1-7

```
tl([] );
Uncaught SML exception: Empty
```

- 1. 1-8

```
explode(“foo”);
val it =[ #"f", #"o", #"o"] : char list;
```

- 1. 1-11

```
implode(#“f”, #“o”, #“o”);
error
```

- 1. 1-12

```
“c”::[“a”, “t”];
val it =[ "c", "a", "t"] : string list;
```

- 1. 1-15

```
1@2;
error
```

3.3.4

- 1.

```
fun square(x:real) = x* x;
val square = fn : real -> real
```

- 2.

```
fun gcd(a, 0) = a
 |   gcd(a, b) = gcd(b, a mod b);
val gcd = fn: int * int → int;
```

- 5.

```
#include<stdio.h>
int fact(int n) {
    if (n == 0) return 1;
    else                  return n*fact(n-1);
}
int main() {
    int n;
    printf("Enter a positive integer: ");
    scanf("%d",&n);
    printf("Factorial of %d = %d", n, fact(n));
    return 0;
}
```

### 3.4.4

- 1. 1-2

```
fun printList(nil) = ()
 |   printList(x::xs) =
     (
         print(Real.toString(x));
         print("\n");
         printList(xs)
     );
val printList = fn: real list → unit;
```

### 3.5.1.1

- 1. 1-1

```
   []      =>   []
|  x::xs  =>   reverse (xs) @ [ x];
```

### 3.5.2.1

- 1. 1-1

```
val rec fact = (fn n => if n=0 then 1 else n*fact(n-1));
val fact = fn: int → int;
```

3.5.3.1

- 1.

```
case E1 of
   true => E2
  | false => E3
```

3.5.4.1

- 1. 1-1. a

```
exception Negative;
```

3.5.5.1

- 1. 1-1

```
fun expc x 0 = 1
 |   expc x y = x * expc x (y-1);
```

- 1. 1-2

```
expc = fn: int → int → int;
```

3.5.6.1

- 1. 1-1

```
g([ 1,2,3] , [ "a"] );
val it = ([ 1, 2] , [ "a"] ): int list * string list;
```

- 1. 1-3

```
g([ 1,2,3] , nil);
val it = ([ 1, 2] , [] ): int list * '~A list, '~A free;
Free type variables at top level.
```

3.5.7.1

- 1. 1-1

```
val g = exp 3;
val g = fn: int → int;
```

### 3.5.8.1

- 1. 1-1

```
map (fn x => if x < 0.0 then 0.0 else x) r1;
```

### 3.5.9.1

- 1. 1-2

```
val H = sq o ++;
val H = fn: int → int;
```

### 3.6.1.1

- 1. 1-1

```
type CL = char list;
type CL = char list;
```

- 1. 1-3

```
type RL = real list;
type RL = real list;
```

- 1. 1-5

```
type SLL = string list list;
type SLL = string list list;
```

- 2. 2-2

```
val r2 = [[ #"a",#"b"], [ #"C",#"d"], [ #"E"]]  : CLL;
val r2 = [[ #"a", #"b"], [ #"C", #"d"], [ #"E"]]: char list list;
```

- 2. 2-4

```
val r4 = [[ 1.1, 1.2], [ 2.1, 2.2, 2.3]]  : RLL;
val r4 = [[ 1.1, 1.2], [ 2.1, 2.2, 2.3]]: real list list;
```

- 2. 2-6

```
val r6 = [ 1.1, 1.2, 2.1, 2.2, 2.3] : RL;
val r6 = [ 1.1, 1.2, 2.1, 2.2, 2.3] : real list;
```

3.6.2.1

- 1. 1-2

```
val r2 = [ (1,2),(3,4),(5,6),(7,8)] : (int * int) list;
val r2 = [ (1, 2), (3, 4), (5, 6), (7, 8)] : (int * int) list;
```

- 1. 1-4

```
val r4 = [ (1.1, "a"),(3.3, "b"),(5.5, "c"),(7.7, "d")] : (real * string) list;
val r4 = [ (1.1, "a"), (3.3, "b"), (5.5, "c"), (7.7, "d")] : (real * string) list;
```

3.6.3.1

- 1.

```
datatype card =
   Club    |
   Heart   |
   Diamond |
   Spade;
datatype card = {
     con Club = Club: card;
     con Heart = Heart: card;
     con Diamond = Diamond: card;
     con Spade = Spade: card;
  };
```

3.7.1.1

- 1. 1-2

```
#weight(TREX);
val it = 7.0: real;
```

- 2. 2-1

```
val Bob = { name="Bob K", ID=1107, courses=nil} ;
val Bob = { ID = 1107, courses = [] , name = "Bob K"} : ∀ 'a .
{ ID: int, courses: 'a list, name: string} ;
```

3.7.2.1

- 1. 1-1

```
open Array;
val A = array(20, nil:int list);
val array = fn: ∀ 'a . int * 'a → 'a array;
val fromList = fn: ∀ 'a . 'a list → 'a array;
val tabulate = fn: ∀ 'a . int * (int → 'a) → 'a array;
val length = fn: ∀ 'a . 'a array → int;
val sub = fn: ∀ 'a . 'a array * int → 'a;
val update = fn: ∀ 'a . 'a array * int * 'a → unit;
val vector = fn: ∀ 'a . 'a array → 'a vector;
val copy = fn: ∀ 'a . { src: 'a array, dst: 'a array, di:
int} → unit;
val copyVec = fn: ∀ 'a . { src: 'a vector, dst: 'a array,
di: int} → unit;
val appi = fn: ∀ 'a . (int * 'a → unit) → 'a array →
unit;
val app = fn: ∀ 'a . ('a → unit) → 'a array → unit;
val modifyi = fn: ∀ 'a . (int * 'a → 'a) → 'a array →
unit;
val modify = fn: ∀ 'a . ('a → 'a) → 'a array → unit;
val foldli = fn: ∀ 'a 'b . (int * 'b * 'a → 'a) → 'a → 'b
array → 'a;
val foldri = fn: ∀ 'a 'b . (int * 'b * 'a → 'a) → 'a → 'b
array → 'a;
val foldl = fn: ∀ 'a 'b . ('b * 'a → 'a) → 'a → 'b array
→ 'a;
val foldr = fn: ∀ 'a 'b . ('b * 'a → 'a) → 'a → 'b array
→ 'a;
val findi = fn: ∀ 'a . (int * 'a → bool) → 'a array →
(int * 'a) option;
val find = fn: ∀ 'a . ('a → bool) → 'a array → 'a option;
val exists = fn: ∀ 'a . ('a → bool) → 'a array → bool;
val all = fn: ∀ 'a . ('a → bool) → 'a array → bool;
val collate = fn: ∀ 'a . ('a * 'a → order) → 'a array * 'a
array → order;
val A = [ |[], [], [], [], [], [], [], [], [], [], [], [],
[], [], [], [], [], [], [], [] |] : int list array;
```

3.7.3.1

- 1. 1-1

```
val i = ref 10;
val i = ref 10: int ref;
```

- 1. 1-3

```
val i = ref 1;
while !i < 10 do i := ! i+1;
!i;
val i = ref 1: int ref;
val it = (): unit;
val it = 10: int;
```

4.1.4.1

- 1. 1-1

| 2 × (4 + 5) |
|---|
| `(* 2 (+ 4 5));` |

- 1. 1-5

| 1 × -2 × 3 × -4 × 5 × -6 × 7 |
|---|
| `(* 1 -2 3 -4 5 -6 7);` |

4.1.5.1

- 1.

```
(define base 3)
(define height 5)
(define area (/ (* base height) 2))
area
] => 7.5
```

4.1.6.1

- 1. 1-1

```
(define (ho-hum x y) (+ x (* 2 y)))
(ho-hum 8 12)
] => 32
```

- 2. 2-1

```
(define (plus1 x) (+ 1 x))
(plus1 10)
] => 11
```

### 4.1.8.1

- 2.

```
(define (degree score)
  (cond ((>= score 80) "A")
        ((and (>= score 60) (<= score 79)) "B")
        ((and (>= score 40) (<= score 59)) "C")
        ((< score 40) "D")))
(display (degree 85))
] => A
(display (degree 75))
]=> B
(display (degree 55))
] => C
(display (degree 35))
] => D
```

### 4.1.9.1

- 2. 2-1

```
(define (my-abs x)
    (if (< x 0)
        (* -1 x)
        x))
(my-abs -2.2)
] => 2.2
```

### 4.1.10.1

- 1. 1-1

```
(define (my-proc x y z)
    (if (and (> x 0) (> y 0) (> z 0))
        (* x y z)
        #f))
(my-proc 1 2 3)
] => 6
```

```
(my-proc -1 2 3)
] => #f
```

4.1.13.1

- 1. 1-1

```
(define (double ls)
   (map (lambda (x) (* x 2)) ls))
(double '(1 2 3))
] => (2 4 6)
```

4.1.14.1

- 1. 1-1

```
(let ([ f (lambda (x) x)] )
  (f 'a))
] => a
```

- 1. 1-3

```
(let ([ f (lambda (x . y) x)] )
  (f 'a))
] => a
```

4.1.16.1

- 2. 2-1

```
(let ((i 1) (j 2))
  (+ i j))
] => 3
```

- 2. 2-3

```
(let ([ x 9] )
  (* x
     (let ([ x (/ x 3)] )
       (+ x x))))
] => 54
```

4.1.17.1

- 1. 1-1

```
(car '(0))
] => 0
```

- 1. 1-3

```
(car '((1 2 3) (4 5 6)))
] => (1 2 3)
```

- 1. 1-5

```
(cdr (cons 3 (cons 2 (cons 1 '()))))
] => (2 1)
```

# 부록 C

# 색인

(ㄱ)



(ㄴ)

(A)

(F)

(L)

(M)



(N)

## 이문근

미국, Pennsylvania State University, 컴퓨터과학, 학사
미국, The University of Pennsylvania, 컴퓨터정보과학, 석사
미국, The University of Pennsylvania, 컴퓨터정보과학, 박사
미국, CCCC, Computer Scientist
전북대학교 컴퓨터공학부 교수
소프트웨어재 · 역공학, 정형기법, 모델링기법, 행위공학 전공
개발도구 SRE(SW재 · 역공학 도구), SAVE(δ=Calculus 정형기법 도구), PRISM(행위온톨로지 도구) 등

### 저서

『정형기법』(전북대학교출판문화원), 『행위 온톨로지』, 『프로세스 대수』, 『모델링도구개발: 메타-모델링도구사용방법』, 『산업혁명4.0을 위한 CPS 구현 플랫폼』(어화출판사) 등

### 시집

『Meta-X』(문예연구사), 『봄이 오는 까닭』(시선사), 『그리움』, 『장마』(다가서포) 등

다중패러다임 프로그래밍언어론
Theory of Multi-Paradigm Programming Languages

**지은이** 이문근
**펴낸이** 김동원
**펴낸곳** 전북대학교출판문화원

**초판 1쇄 인쇄** 2021. 2. 1.
**초판 1쇄 발행** 2021. 2. 10.

**전북대학교출판문화원** 전라북도 전주시 완산구 어진길 32 (풍남동2가)
**전화** (063) 219-5321~2
**FAX** (063) 219-5323
**출판등록** 2012년 8월 20일 제465-2012-000021호



값 40,000원

**ISBN** 979-11-6372-114-7 93000